高 等 学 校 教 材

U0748444

SPSS统计分析基础教程

Basic Statistical Analysis Using SPSS

（第4版）

张文彤 编著

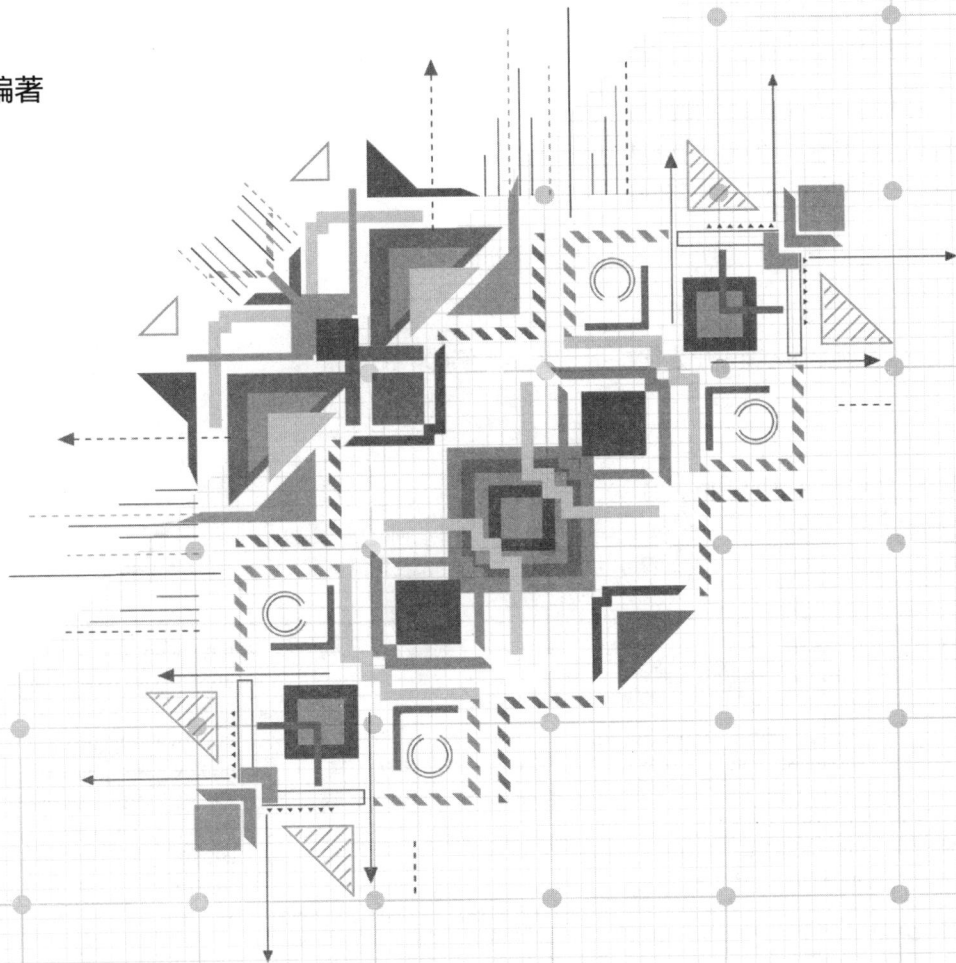

中国教育出版传媒集团

高等教育出版社·北京

内容简介

  本书将统计学理论与 SPSS 操作结合起来,是一本实用性很强的 SPSS 入门教程。本书共分 4 个部分:第一部分为软件入门与数据管理,主要内容包括 SPSS 入门、数据录入与数据获取、变量级别的数据管理、文件级别的数据管理、大型研究项目的数据管理、SPSS 程序设计;第二部分为描述性统计与统计图表,主要内容包括连续变量的描述性统计与参数估计、分类变量的描述性统计与参数估计、数据的报表呈现、数据的图形展示;第三部分为常用的假设检验方法,主要内容包括分布类型的检验、连续变量的统计推断、均值比较方法适用条件的考察、有序分类变量的统计推断、无序分类变量的统计推断、相关分析、线性回归模型入门、样本量估计;第四部分为统计实战案例集锦,主要内容包括 CCSS 项目的自动化生产、X 药物治疗原发性高血压的临床试验研究、咖啡屋需求调查、牙膏新品购买倾向研究、证券业市场结构与市场绩效间关系的实证分析。本书基于 IBM SPSS Statistics 29 中文版,从实际案例出发讲解各类统计方法的综合运用,有助于提高读者的统计分析实战能力。

  本书可作为高等学校本科生或研究生统计学课程教材,也可作为各行业没有统计学专业背景、需要进行统计分析工作的人员学习 SPSS 的参考书。

图书在版编目（CIP）数据

SPSS统计分析基础教程 / 张文彤编著. --4版. --
北京：高等教育出版社，2024.7（2025.7重印）
ISBN 978-7-04-062238-6

Ⅰ.①S… Ⅱ.①张… Ⅲ.①统计分析 – 软件包 – 高
等学校 – 教材 Ⅳ.①C819

中国国家版本馆CIP数据核字（2024）第094735号

SPSS Tongji Fenxi Jichu Jiaocheng

| 策划编辑 | 刘 艳 | 责任编辑 | 刘 艳 | 封面设计 | 李卫青 | 版式设计 | 马 云 |
| 责任绘图 | 于 博 | 责任校对 | 刘娟娟 | 责任印制 | 存 怡 | | |

出版发行	高等教育出版社	网　　址	http://www.hep.edu.cn
社　　址	北京市西城区德外大街4号		http://www.hep.com.cn
邮政编码	100120	网上订购	http://www.hepmall.com.cn
印　　刷	保定市中画美凯印刷有限公司		http://www.hepmall.com
开　　本	850mm×1168mm　1/16		http://www.hepmall.cn
印　　张	29	版　　次	2004年10月第1版
字　　数	710千字		2024年7月第4版
购书热线	010-58581118	印　　次	2025年7月第3次印刷
咨询电话	400-810-0598	定　　价	59.00元

本书如有缺页、倒页、脱页等质量问题,请到所购图书销售部门联系调换
版权所有　侵权必究
物　料　号　62238-00

前　言

本书自 2004 年第 1 版出版以来，已经有 20 年的时间了。本书和《SPSS 统计分析高级教程》一起受到广大读者的欢迎，被国内数百所高校选为本科生或研究生相关课程教材，这给予了作者不断精益求精、推出新版的动力。

本书第 3 版出版之后，SPSS 已从 24 版升级至 29 版，有必要对全书进行修订。第 4 版基于最新的 IBM SPSS Statistics 29（简称 SPSS 29）中文版，在修订过程中遵循了以下原则：

1. 保持原有的实战化和以统计为主线的特色

本书仍将 CCSS 项目作为贯穿全书的主要案例，并且突出统计分析的主线。本书每一章的编写都围绕着该项目的分析需求展开，使全书的结构更贴近项目的实际分析流程。本书最后一部分则提供了统计实战案例集锦，供学有余力的读者深入钻研。

2. 跟进软件新功能

针对近年来 SPSS 新增的样本量与检验功效计算、倾向得分匹配等功能，本书均用专门的章节进行讲解。对于 SPSS 提供的 Python 和 R 插件，本书也尽可能地在相应的章节中加以介绍。

3. 兼顾新旧软件版本

在 SPSS 中，有许多功能都是先在旧版本中以 Python 插件的方式提供，然后再整合入新版本的。本书在编写时充分考虑到了这一点，对于新增的功能，会尽可能地介绍其对应的 Python 插件，以使 SPSS 20~29 的用户都能顺利地使用相应的功能。

本书以实战案例教程的风格出现，是一本统计学理论与 SPSS 操作相结合的教学用书。本书的内容覆盖了目前统计学课程的主要教学范围，并结合 SPSS 的强大功能做了很多扩展。本书每章后均附有思考与练习，涉及统计学理论的章节还提供了本章小结；书中带有"*"号的内容具有一定的深度，读者可以根据个人基础和兴趣选学。本书和《SPSS 统计分析高级教程》一起构成了对 SPSS 的全面介绍。

希望本书能够帮助读者更好地了解统计分析知识，也希望广大读者能够一如既往地提出宝贵的意见和建议，使得本书再次改版时能够更上一层楼，更好地满足读者的学习和工作需要。作者的联系方式是：wintone_zhang@qq.com。

作　者
2024 年 3 月

目 录

第一部分 软件入门与数据管理

第二部分　描述性统计与统计图表

第三部分 常用的假设检验方法

第四部分　统计实战案例集锦

第一部分

软件入门与数据管理

第1章　SPSS 入门

1.1　SPSS 概述

SPSS 是世界上应用最广泛的专业统计软件之一,在全球有数十万用户,这些用户分布在通信、医疗、银行、证券、保险、制造、商业、市场研究、科研、教育等多个领域,在全球 500 强企业中,约有 80% 的企业使用 SPSS,它在市场研究领域则拥有超过 80% 的市场占有率。

SPSS 实际上是该软件全称的缩写,其全称发生过几次变化。最早为 Statistical Package for Social Sciences,意为"社会科学统计软件包";后来随着产品服务领域的扩大和服务深度的增加,该软件的供应商 SPSS 公司于 2002 年将其英文全称更改为 Statistical Product and Service Solutions,意为"统计产品与服务解决方案",以反映市场的发展趋势。但是,在 2009 年 4 月,SPSS 公司做了一个令广大用户费解的决定:将 SPSS 更名为 PASW(predictive analytics software)Statistics。幸好在当年 9 月 SPSS 公司就被 IBM 公司收购,而 IBM 公司则立即终止了这个更名计划,将软件命名为 IBM SPSS Statistics,算是给这一事件画上了句号,使得 SPSS 一直沿用至今。但无论名称如何更改,SPSS 的风格和基本定位始终未变,也一直是广大用户喜爱的统计软件。

1.1.1　SPSS 发展简史

1968 年,斯坦福大学的三位不同专业的研究生(两位博士研究生和一位硕士研究生)编制出了世界上最早的统计软件,并将其命名为 SPSS。随后,该软件和后续成立的 SPSS 公司就走上了持续的创新发展之路。

1968—1974 年:SPSS 成为真正的产品。它从一个雏形开始,通过不断的代码积累和修改,最终形成了成熟的、可销售的产品。

1975—1983 年:SPSS 公司成立。1975 年,SPSS 公司正式成立,并在一系列探索之后,将统计软件和统计分析服务作为主要的发展方向。

1984—1991 年:SPSS 进入个人计算机(PC)时代。SPSS 公司推出了 PC 版的统计软件 SPSS/PC+ 4.0,该版本是全球第一款以菜单为界面的统计软件,也是磁盘操作系统(DOS)时代的一款经典的统计软件。

1992—1996 年:SPSS 进入 Windows 时代。1992 年,SPSS 公司首次推出了 Windows 版的统计软件 SPSS 6.0。随着该软件的成功,SPSS 公司也走上了快速扩张之路,并购了 SYSTAT(1994)和 Jandel(1996)等其他统计软件供应商。

1997—2002 年:SPSS 公司向大型企业进化。SPSS 不断推陈出新,经典的 SPSS 11 就是在这一时期推出的。更重要的是,SPSS 公司的并购行动在继续,诸如 Quantime(市场研究应用软件供应商)、ISL(数据挖掘软件供应商)、ShowCase(商务智能中间件产品供应商)、NetGenesis(网络数据分析软件供应商）、LexiQuest（文本挖掘软件供应商）和 netExs（OLAP 网络接口及界面产品供应商）等一系列具有战略价值的企业被其收入囊中，这也意味着 SPSS 公司开始形成完整的产品线。

2003—2008 年：产品线向预测分析转型。在完成了上述并购后，SPSS 公司开始重新整合产品线，并整体向预测分析转型。SPSS 被定位为产品线中的普及类工具，与其他产品形成高低端搭配。由于市场的成熟速度落后于预期，这一转型过程并不顺利，但是 SPSS 公司坚持了下来。SPSS 也仍然在不断更新，SPSS 13 堪称又一个经典的 SPSS 版本，而且从 SPSS 17 起 SPSS 开始提供比较成熟的中文界面与输出结果。

2009 年至今：被 IBM 公司收购之后。随着被 IBM 公司收购，SPSS 公司的产品掀开了新的一页，出现了以 IBM 商务智能（BI）为发展方向的一条重要的产品线。SPSS 19~SPSS 29 主要是在数据的自动化准备、自动化分析等方面进行了更新，并开始提供与 Python、R 的接口，以便在保持易用性的同时为用户提供尽可能多的先进的统计方法。

除了常见的固定版本，SPSS 还有一种 365 版本，该版本类似 Office 365，可持续升级，供用户每年租用。而固定版本（该产品线未来有可能被取消）在以整数版本号升级时都是另收升级费的，这也是 SPSS 基本上每 1~1.5 年升级一个整数版本号的原因，但显然并非每次更新都有重大变化。基于对 SPSS 几十年的使用经验，笔者建议目前用户可以考虑使用 SPSS 26 和 SPSS 29，前者比较常见，后者的功能最完善。

1.1.2　SPSS 的产品定位

俗话说，尺有所短，寸有所长，每一种工具软件都有其定位与特点，SPSS 虽然是一种很好的工具软件，但如果不能正确理解其行业定位，就无法最大限度地发挥其功能。实际上，在被 IBM 公司收购后，SPSS 公司的产品线被进一步整合为以下 4 个：

1. Data Collection Family

该产品线主要用于满足中低端的数据获取与报告需求，它是一个完整的技术平台，支持从创建调查到收集数据、再到形成报告的整个调查研究的生命周期。根据应用的领域，可以将 Data Collection Family 分为 6 个部分：在线调查（online survey）、电话调查（phone survey）、离线调查（offline survey）、数据录入（data entry）、调查报告（survey reporting）、调查管理（survey management），其中的每一部分都是由数个产品组成的。

2. Statistics Family

该产品线主要用于满足中端的统计分析需求，就是原先的 SPSS，即现在的 IBM SPSS Statistics。但其中的 Statistics Base 不再是必备模块，原先的每个附加模块现在都可以独立安装和运行，而且每个附加模块都拥有数据访问、数据管理和绘图功能。人们所说的 SPSS，一般指的就是该产品线。

3. Modeling Family

该产品线由原先的 Clementine 软件发展而来，现更名为 IBM SPSS Modeler，并进一步涵盖了 Text Analytics、Social Media Analytics 等相关产品。该产品线主要用于满足高端的数据挖掘与商务智能需求，也是最有发展潜力的一条产品线。

4. Deployment Family

该产品线是对前三条产品线的整合,并为它们提供后台支持。该产品线包括 SPSS Collaboration and Deployment Services、Analytic Decision Management 等产品,用于将市场调研、统计分析技术、数据挖掘技术以及报表技术整合到一个平台中,从而用完整的预测分析流程支持企业日常业务的运行,帮助企业建立统一的中央资产存储库,方便统计分析人员分享资源。

1.1.3　SPSS 的基本特点

SPSS 受到用户的广泛欢迎并长盛不衰的原因在于其具有强大的统计分析与数据准备功能、方便的图表展示功能,以及良好的兼容性、友好的界面,得到了广大用户,特别是广大统计分析人员的青睐。

1. 功能强大

SPSS 囊括了各种成熟的统计方法与模型,为用户提供了全方位的统计方法,如方差分析、回归分析、多元统计分析等,体系完善、全面。在数据准备方面,SPSS 提供了各种数据准备与数据整理技术。例如,利用值标签来快捷地录入数据、对连续变量进行离散化转换、将几个小类别合并为一个大类别、发现重复个案和异常数据等。这些强大的数据准备与整理技术使数据更易于分析和使用。

在结果报告方面,SPSS 提供了自由灵活的制表功能,使制表变得更加简单、直接。同时,利用 SPSS 可以绘制各种常用的统计图,如条图、线图、饼图、直方图、散点图等,以对数据进行全面直观的展示。

2. 兼容性好

在数据方面,人们不仅可以在 SPSS 中直接录入数据,还可以将日常工作中常用的 Excel 表格数据、文本数据等导入 SPSS 进行分析,从而减少了工作量,并且避免了因复制和粘贴而引起的错误。

在结果方面,人们可以直接将 SPSS 的表格导出为 Word 文档、文本、网页、Excel 文档等,也可以直接在结果中嵌入高精度的图片或者可编辑的 Office 图形对象。SPSS 还彻底解决了输出结果的中文兼容问题,用户不需要进行任何设置就可以自由地使用中文,并且可以在 Word 等软件中直接使用其中文输出结果。

3. 易用性高

SPSS 之所以拥有广大的用户群,不仅因为它是一种权威的统计学工具,也因为它是一种简单易用的软件。事实上,不断地增强易用性(而不是盲目地追求方法的高精尖)几乎是近十几年来 SPSS 的主要改进方向。另外,SPSS 也提供了程序设计功能,使分析工作变得省时省力。

4. 扩展性强

SPSS 长期以来一直为人们所诟病的主要问题,是它对新方法、新功能的采纳速度很慢。这虽然与其市场定位有关,但毕竟是一个缺陷。对此 SPSS 提供了一个巧妙的解决办法,就是直接和 R 进行对接,通过调用 R 的各种统计模块来实现对最新统计方法的调用,从而彻底解决了这一问题,详见 1.4 节的相关介绍。

1.1.4　SPSS 的 client/server 结构与模块结构

1. SPSS 的 client/server 结构

自 SPSS 10 以来,SPSS 一直采用 client/server 结构体系。如果要分析的数据量很大,用户可以购买 SPSS server,以利用 SPSS server 的计算能力来解决数据量大(这里指的是有上亿个个案的情形)的问题。当然,如果要分析的数据量不大,只使用 SPSS client 就可以了。现在绝大多数用户所说的 SPSS,指的就是 SPSS client。

2. SPSS 的模块结构

无论是 SPSS client 还是 SPSS server,均是模块结构,即它把自己的所有功能划分为多个模块。用户可以根据分析过程中可能用到的数据处理和统计方法,选择适当的模块去购买,而不必购买所有模块。

SPSS 的模块数量随版本的不同而有所变化,在 SPSS 18 之前的版本中,Statistics Base 是必备模块,SPSS 的整个框架,以及基本的数据获取、数据准备等功能都集中在这个模块上,其他模块必须在 Statistics Base 所搭建的平台上工作。从 SPSS 18 起,其他模块也可以脱离 Statistics Base 单独存在并运行。但对于普通用户而言,Statistics Base + 其他模块的用法仍然最为常见。表 1.1 列出了 SPSS 的主要模块及其功能。

表 1.1　SPSS 的主要模块及其功能

模块名称	功能
Statistics Base	提供最常用的数据管理和统计分析功能
Advanced Statistics	一般线性模型、混合线性模型、对数线性模型、生存分析模型等
Regression	逻辑斯谛回归模型、非线性回归模型、概率单位(probit)回归模型等
Categories	对应分析、感知图、多维尺度分析等
Missing Value	缺失数据的报告与填补等
Conjoint	正交设计、联合分析等,适用于市场研究
Forecasting	ARIMA 模型、指数平滑模型、自回归模型等
Custom Tables	交互式创建各种表格(如堆积表、嵌套表、分层表等)
Complex Samples	多阶段复杂采样技术等
Bootstrap	提供计算统计学中的自助法(bootstrap),用于参数估计
Decision Trees	提供树模型分析方法
Neural Network	提供反向传播网络和径向基函数神经网络方法
Data Preparation	提供数据核查、自动清理等一系列数据准备工具
Exact Tests	为相应的统计检验提供确切概率法
Statistic Adapter	实际上是 SPSS 和 Deployment Family 产品的接口,可以在企业应用程序、工具和解决方案中管理对象的生命周期
Direct Marketing	提供了一组用于改善直接营销活动效果的工具,以针对特定的目标群体最大限度地提高促销措施的响应率

SPSS 以前通过许可证(license)来控制相应的模块能否被安装,但是自 SPSS 19 起不再限制模块的安装,而是限制模块的使用。也就是说,如果获得的是完整的安装包,那么在软件安装完毕之后,其菜单中会出现所有模块的菜单项,但是如果没有购买相应模块的许可证,则该模块是无法运行的。

需要说明的是,国内许多 SPSS 书籍由于对 SPSS 的功能模块介绍得不全,总是在前言中声明使用的是 SPSS 标准版。实际上,不同书籍在介绍 SPSS 时的区别只是在于拥有许可证的模块不同,即便是出于营销目的而打包销售的"标准版",其功能也远远超过了这些书籍所介绍的内容。

1.2 SPSS 操作入门

1.2.1 SPSS 的安装与激活

1. SPSS 的安装

SPSS for Windows 版的安装过程,与其他 Windows 环境下的软件的安装过程并无太大差异,而且越新的版本操作越简单。在最新的 SPSS 29 中,默认安装所有模块,并且 Python 插件和 R 插件所需的语言环境均已经被打包嵌入安装文件,用户只需要依次确认安装,对应的插件支持环境就会自动安装并配置完成。但是在更早的 SPSS 版本中,用户需要自行安装 R 环境或 Python 环境,甚至自行安装所需要的模块。

用户如果希望在同一台机器上安装不同版本的 SPSS,只要按照先安装低版本、再安装高版本的顺序,将它们各自安装在不同的目录中即可,SPSS 29 之前的各个 SPSS 版本是可以兼容的,但是 SPSS 28 和 SPSS 29 存在潜在冲突,建议只安装其中一个版本。

2. SPSS 的激活

SPSS 在刚安装完毕时,尚未进行软件授权确认,此时只能获得 14 天的试用期(有的版本即便是试用也需要提供相应的许可证),过了试用期软件就会自动关闭。用户需要在"开始"菜单中找到"IBM SPSS Statistics"组,然后运行其中的"IBM SPSS Statistics 许可证授权向导"命令(SPSS 29 将该向导整合到了 SPSS 的"文件"菜单中),在联网的状态下输入授权码可以将软件激活,激活后所购买的模块就可以正常使用了。

1.2.2 SPSS 的启动与退出

以在 Windows 系统中启动 SPSS 29 为例。在"开始"菜单中找到"IBM SPSS Statistics"组,选择其中的"IBM SPSS Statistics"命令,就会启动 SPSS 29,打开 SPSS 的数据编辑器窗口。对于第一次使用 SPSS 的用户,系统会弹出欢迎对话框,如图 1.1 所示,该对话框主要显示以下信息:

① 需要打开的文件:位于对话框的左侧,用户可以直接在此新建数据文件、打开已有的数据文件或者从已有的复原点恢复文件。该功能可以协助用户快速开始工作。

② 新功能:为了帮助用户尽快了解新增功能,SPSS 将其说明以翻页的形式放置在对话框的右上部,用户如果对新功能感兴趣则可以单击相应的链接了解其详细内容。

③ 社区:SPSS 社区的作用越来越重要,但很多用户还不了解其用途,因此 SPSS 将其直接放置在对话框的右中部并突出显示。

④ 服务与支持:位于对话框的右中部和右下部,为新用户提供"帮助与支持"和"教程"的入口。

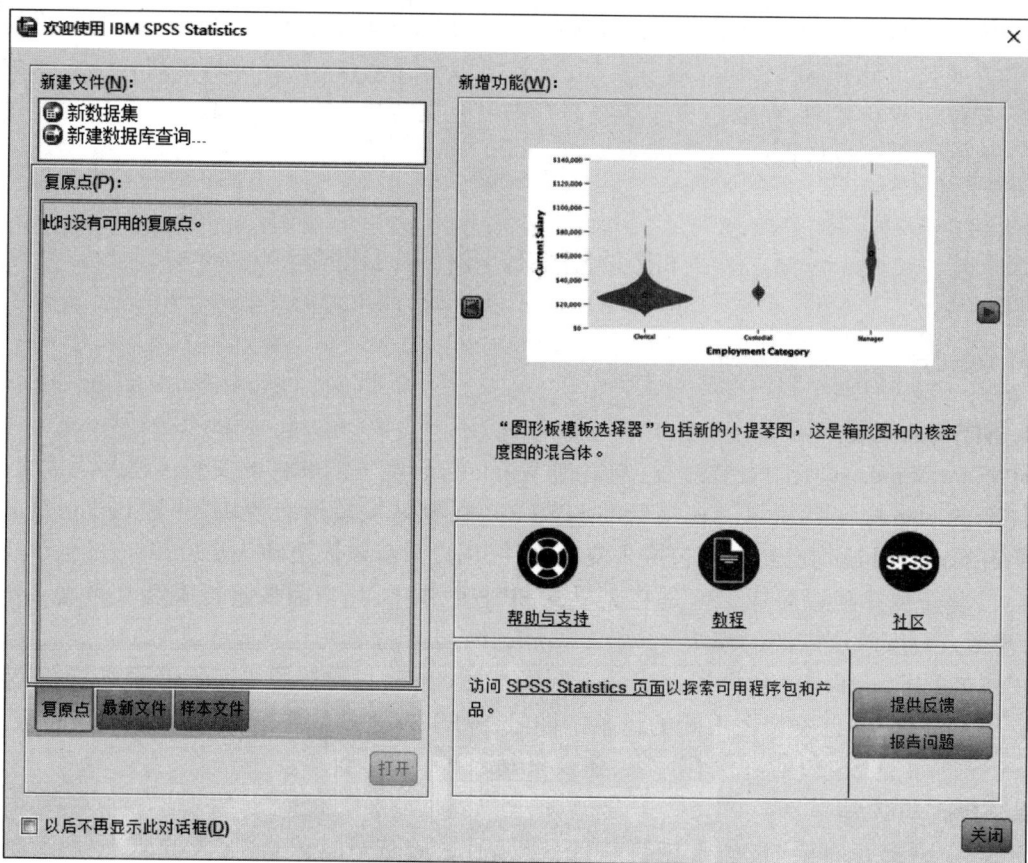

图 1.1　SPSS 29 第一次启动时的欢迎对话框

　　用户可以在该对话框中进行所需的操作,如果不希望该对话框再次出现,则可以选择该对话框左上部"新建文件"栏中的"新数据集",然后选中左下部的"以后不再显示此对话框"复选框并单击"确定"按钮。

　　如果要关闭该软件,则可以选择菜单"文件"→"退出"命令,或者直接关闭 SPSS 的数据编辑器窗口。

　　⚠️　笔者在编写本书时所采用的软件环境为 64 位 Windows 10、SPSS 29,如果采用其他 Windows 版本或 SPSS 版本,操作界面可能略有差异。

1.2.3　SPSS 的操作方式

1. 统计软件的常见操作方式

　　初学者对于 SPSS 的一个广泛误解,是它只提供菜单和对话框,让用户进行操作。实际上,在经历了几十年的发展之后,当前任何一个成熟的统计软件都会提供从初学者到专业人员各个层次所需的操作方式。具体而言,统计软件的常见操作方式有以下几种:

　　(1) 命令行

　　命令行是指用户一个一个地提交命令,系统直接对每个命令进行解释和执行,用户再根据执行结果提交下一个命令。这是最早出现的一种操作方式,也是统计软件 Stata 当前主要的操作方式。

(2) 程序

由于命令行无法实现一些复杂功能,因此随后出现了将多个命令组合起来,由用户批量提交,系统按程序的要求执行,批量输出结果的程序操作方式。程序操作方式不仅可以提高运行效率,还可以利用分支、循环等结构来实现更加复杂的统计分析功能。目前统计软件 SAS 和 R 就是用程序作为主要的操作方式。

(3) 菜单 + 对话框

由于使用程序操作方式需要用户先学习程序语法规则,对于初学者来说,学习的门槛较高,因此 SPSS 率先采用了菜单 + 对话框操作方式,这种操作方式在随后的几十年里也成为 SPSS 的主要操作方式。这一方式随着 Windows 系统的普及而得到了极大的发展,已经成为最受各层次统计软件用户欢迎的操作方式。

需要指出的是,各种大型统计软件都支持上述三种操作方式,只是存在首选方式或最佳方式的差别而已。例如,前面提到的 Stata、SAS 和 R 都支持比较简单的菜单 + 对话框操作方式,而 SPSS 也支持程序操作方式。

2. SPSS 对各种操作方式的支持和扩展

具体而言,作为常用的统计软件,SPSS 不仅支持上述几种操作方式,还提供了一些扩展的操作方式,以进一步提高软件的易用性:

(1) 自定义对话框

用户可以自定义对话框,以便将一些在分析过程中常用的程序用对话框的方式实现,实质上就是对软件进行二次开发,使用对话框来调用相应的程序进行计算。

(2) 命令行 / 程序

作为易学和易用的统计软件,SPSS 对程序操作方式做了很大的改进。首先,用户可以利用对话框中的"粘贴"按钮自动生成程序;其次,用户可以通过宏、INSERT 命令等方法使已有的代码段得到充分利用;最后,SPSS 还提供了用于程序全自动执行的"生产设施"(production facility)模块,进一步简化了操作。关于这种操作方式的详细介绍可参见第 6 章的相关内容。

1.2.4　SPSS 对话框操作基本规范

SPSS 的对话框都遵循统一的操作规范,下面对这些操作规范进行介绍。

1. 对话框元素

这里以"频率"对话框为例,选择菜单"分析"→"描述统计"→"频率"命令,打开的对话框如图 1.2(a) 所示。

(1) 变量列表框

这里共有两个变量列表框,左边为候选变量(包含当前数据文件中的分析变量或指定变量集) 列表框,右边为分析变量列表框(这里是"变量"框)。每个变量均按照"测量尺度 + 变量名标签 + [变量名]"这种三段式结构来显示。例如,图 1.2(a) 中的变量 time,可以看到其测量尺度为"有序",变量名标签为"月份",关于变量属性的详细介绍,可参见第 2 章。

(2) 变量移动按钮

变量移动按钮即图 1.2(a) 中的按钮 ⬛,用于在候选变量列表框和分析变量列表框之间移动变量。选中变量时,变量移动按钮会变黑,表示可用,同时该按钮上的箭头会指向可移动的方向。

（3）标准按钮组

标准按钮组位于图 1.2(a)所示的对话框的下部,几乎所有的 SPSS 对话框均有该按钮组。该按钮组由"确定""粘贴""重置""取消""帮助"5 个按钮组成。其中,"粘贴"按钮可将当前对话框的设置转换为 SPSS 程序,详细内容参见第 6 章。

（4）其他按钮及选项

为了实现不同的功能,对话框中还有一些特殊的按钮,单击这些按钮一般会打开相应的对话框,用于对相关选项做进一步的设置。例如,图 1.2(a)所示的对话框的右侧有 5 个按钮,分别用于对本次分析中的某些细节做进一步的设置,如单击"统计"按钮会打开有关统计量设置的对话框,如图 1.2(b)所示。

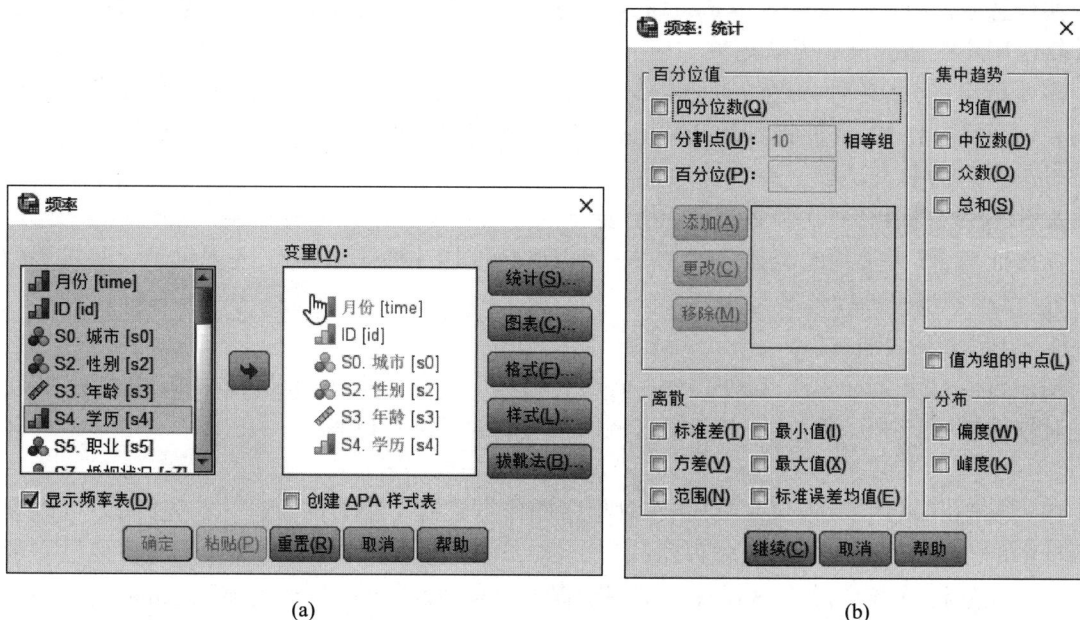

(a)　　　　　　　　　　　　　　　　(b)

图 1.2　对话框示例

（5）二级对话框

由于统计分析功能比较多,对话框通常会将一类功能放在一起,构成一个二级对话框,通过一级对话框中的一个按钮来调用,如图 1.2(b)所示的"频率:统计"对话框。在 SPSS 的二级对话框中,常见的元素有单选框、复选框、下拉列表框、文本框等,对于熟悉 Windows 操作的用户而言,这些元素的功能不言自明,这里只需要指出一点:在 SPSS 中往往按照功能将各个对话框元素分成若干框组,每个框组都用于执行某一方面的操作。例如,图 1.2(b)中一共出现了 4 个框组:"百分位值""集中趋势""离散"和"分布",关于这些框组中元素的功能介绍,可参见第 7 章,这里不做详述。

2. 对话框的基本操作规律

（1）按钮的颜色

当按钮为灰色时,表示当前对话框的设置尚不满足适用条件,只有满足适用条件相应的按钮才会变黑,表示可用。

(2) 选中变量

单击变量列表框中的某个变量名即可选中该变量,在按下 Shift 键的同时拖动鼠标可以选中多个连续的变量,而在按下 Ctrl 键的同时单击鼠标左键可以选中多个不连续的变量。如果变量列表框中的变量较长,除了使用滚动条查找所需的变量,也可以通过键盘输入希望查找的变量的变量名标签或者变量名(有冲突时变量名标签优先),就会快速找到相应的变量。

(3) 变量的移动

在选中变量后,既可以通过单击变量移动按钮将选中的变量移动到另一个变量列表框中,也可以用鼠标将选中的变量拖到另一个变量列表框中(如图 1.2(a)所示)。另外,对于已选入分析变量列表框的变量,直接双击就可以使其退回到候选变量列表框中。

(4) 更改变量的显示与排序方式

在候选变量列表框中单击鼠标右键,利用弹出的快捷菜单可以更改变量的显示方式(变量名或者变量名标签)、排序方式(字母次序、文件次序或者测量尺度),或者显示具体的变量信息。而在其他变量列表框中,则只能显示变量信息。

(5) 更改变量的测量尺度

对于图表构建器等对变量测量尺度有严格要求的对话框,在候选变量列表框中选中相应的变量并单击鼠标右键,就可以在弹出的快捷菜单中直接更改其测量尺度,但需要注意的是,此处对测量尺度的更改只是临时性的,将当前对话框关闭后就会失效。

> 目前在 SPSS 中可以通过拖放鼠标改变对话框的大小:只需要将鼠标指针移至对话框的边界,待鼠标指针变为双向箭头形状后按住鼠标左键拖动即可。这在候选变量较多的情况下非常有用。

1.3 SPSS 的窗口、菜单项和结果输出

1.3.1 数据编辑器窗口

1. 数据视图和变量视图

SPSS 是多窗口软件,但其中使用得最多的是数据编辑器(SPSS data editor)窗口,又称为数据窗口。如前所述,启动 SPSS 时就会默认打开数据编辑器窗口,如图 1.3 所示,其风格类似 Excel 的窗口,SPSS 主要的数据处理工作均在此进行。注意,数据编辑器窗口左下角的两个标签表明它包含两个视图:数据视图和变量视图,单击对应的标签可以在这两个视图之间切换,系统默认显示的是数据视图。数据视图用于显示具体数据:一行代表一个观测个体,在 SPSS 中称为个案(case);一列代表一个数据特征,在 SPSS 中称为变量(variable)。变量视图用于显示有关变量的信息,如变量名、类型、格式等,关于这些术语的详细解释,可参阅第 2 章。

2. 数据的工作名称

自 SPSS 14 起,SPSS 可以同时打开多个数据文件,每个数据文件都会独占一个数据编辑器窗口。为了便于管理同时打开的多个数据文件,SPSS 在其内部并不直接使用数据文件名称,而是为内存中的每个数据文件另行创建了工作名称,利用工作名称就可以准确地定位需要使用的数据文件。

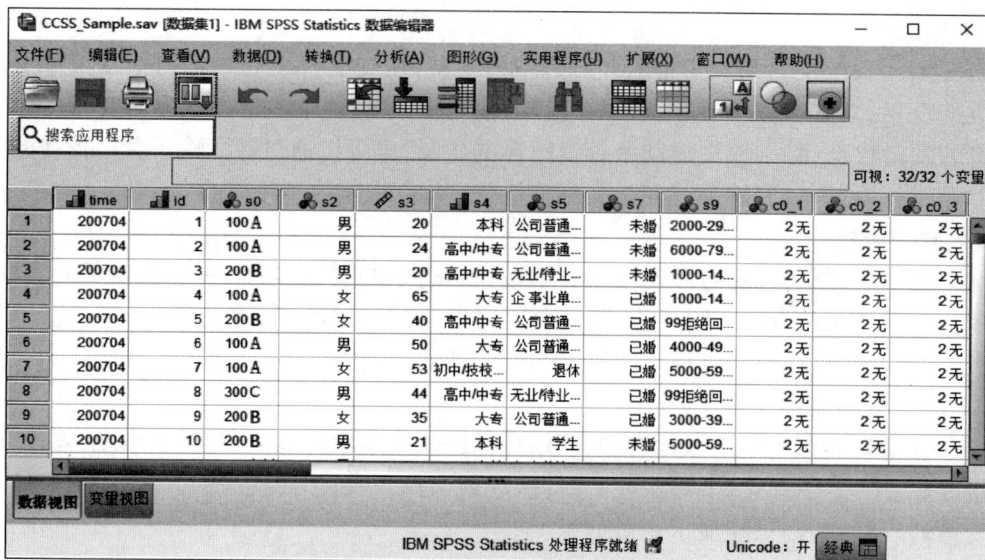

图 1.3　SPSS 的数据编辑器窗口

例如,在图 1.3 中,数据编辑器窗口左上角的文字是"CCSS_Sample.sav［数据集 1］",前面的 CCSS_Sample.sav 是保存在硬盘上的该数据文件的名称,但当该数据文件被读入 SPSS 后,SPSS 使用中括号里的"数据集 1"来识别该数据文件,这就是所谓的工作名称。SPSS 只要在内部使用该数据文件,就一律按照"数据集 1"这个工作名称来识别。

在定义了工作名称后,SPSS 对多数据文件的管理就变得非常容易。在 SPSS 程序中,只要事先指定数据文件的工作名称,就可以明确后续代码针对的是哪一个数据文件;也可以在 SPSS 语法编辑器窗口的工具栏上的"活动"下拉列表中选择代码所对应的数据文件的工作名称。

对于后续新建或者打开的数据文件,SPSS 会依次按照数据集 1、数据集 2、数据集 3 这样的次序加以命名。如果觉得这些工作名称不够直观,则可以选择菜单"文件"→"重命名数据集"命令,对当前数据文件的工作名称进行更改。

对于尚未保存在硬盘中的新建数据文件,SPSS 可能会显示为类似"无标题 1［数据集 0］"的名称,其含义是该数据暂时未被存储为数据文件,所以没有数据文件名称(无标题),其工作名称则为"数据集 0"。

1.3.2　其他窗口

除数据窗口外,SPSS 还有其他几种窗口用于管理不同类型的文件。

1. 结果查看器窗口

结果查看器(output viewer)窗口又称为结果窗口,如图 1.4(a)所示,用于输出分析结果。其形式类似 Windows 资源管理器。结果查看器窗口分为两个部分:左边为目录区,是 SPSS 分析结果的目录树;右边是内容区,是与目录一一对应的具体输出内容。

2. 语法编辑器窗口

语法编辑器(syntax editor)窗口又称为语法窗口,如图 1.4(b)所示,也称为语法编辑器。SPSS 最大的优势在于易用性,即菜单 + 对话框操作方式,但同时它还提供了命令行操作方式或程序操作方式进行分析。这两种操作方式既是对菜单 + 对话框操作方式的补充,也可以使烦琐的工作得到简化,特别适合高级统计分析人员使用。

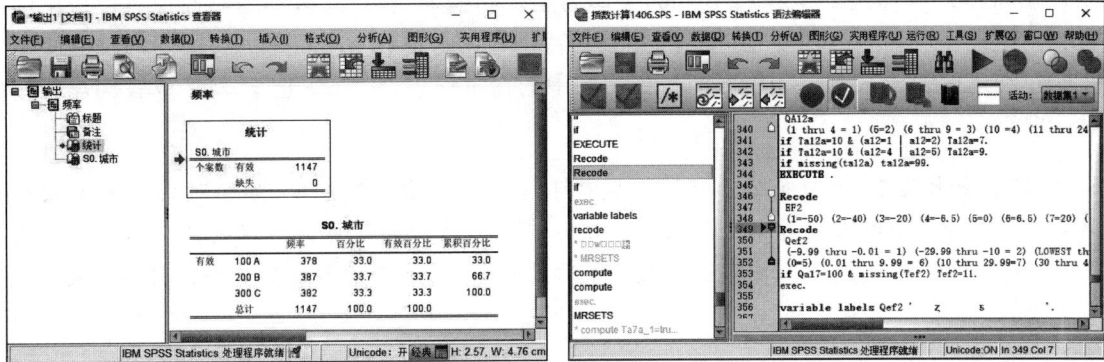

(a) 结果查看器窗口　　　　　　　　　　　　　　　(b) 语法编辑器窗口

图 1.4　结果查看器窗口和语法编辑器窗口

3. 工作簿窗口

近年来,类似 Jupyter Notebook 这种将代码和执行结果放在同一窗口中进行操作和展示的界面风格越来越流行。SPSS 也从 SPSS 28 开始提供具有此类界面风格的工作簿(workbook)窗口,如图 1.5 所示。实际上,工作簿窗口可以被简单地看作结果查看器窗口和语法编辑器窗口的集成。对于喜欢使用程序操作方式的用户而言,工作簿窗口使用起来还是非常方便的。用户可以在其中直接编写、修改和运行代码,并查看对应的输出结果。但是对于喜欢使用菜单 + 对话框操作方式的用户而言,使用传统的结果查看器窗口和语法编辑器窗口可能更合适一些。

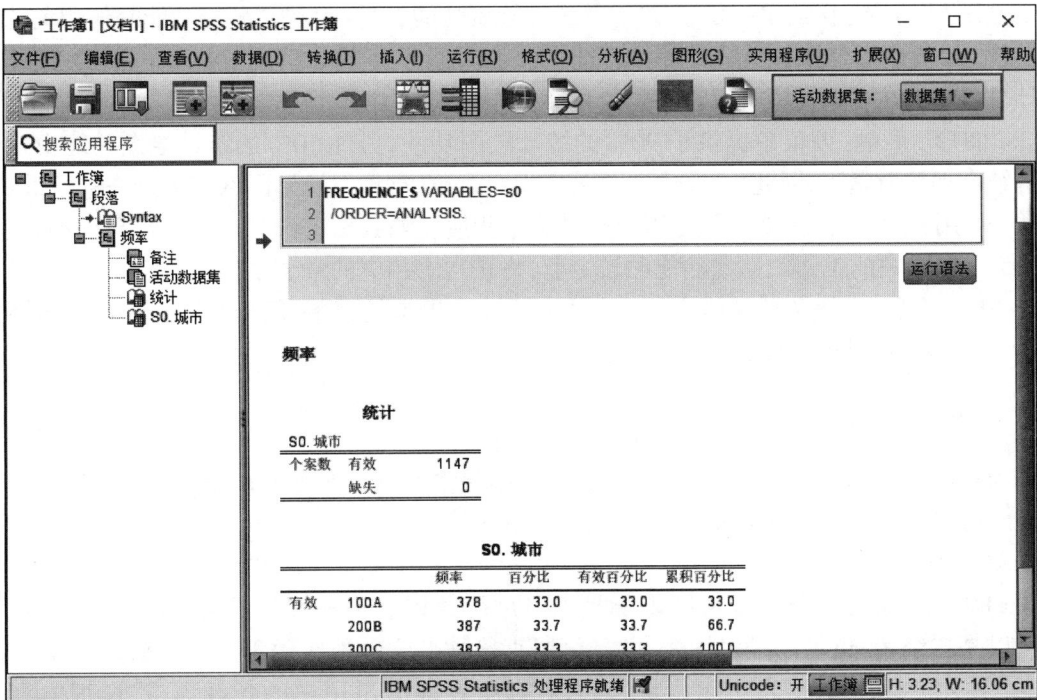

图 1.5　工作簿窗口

4. 脚本编辑器窗口

SPSS 29 之前的 SPSS 版本为 Statistics Basic 或者 Python 脚本提供了专门的脚本编辑器 (script editor) 窗口。但 SPSS 29 将 Python 3 作为主要的脚本语言,其脚本编辑器窗口也采用标准的 IDLE(集成开发和学习环境)界面,因此无须特别介绍。使用 Python 脚本,用户可以像使用宏一样构建和运行 SPSS 命令,利用当前数据文件中的变量信息,对结果进行编辑,或者构建一些新的对话框。

> 需要指出的是,在目前的 SPSS 版本中可以同时打开多个窗口,如同时打开多个数据文件,或者多个结果文件,也就是说,在实际工作中使用的窗口数可以远多于 4 个。而此时 SPSS 系统都是使用工作名称在数据编辑器窗口、结果查看器窗口中对文件进行定位的。

1.3.3　菜单

在 SPSS 中,每个窗口中都有 10 个以上的菜单,菜单随着窗口的不同而有所不同,下面简单介绍数据编辑器窗口中几个关键菜单的基本功能。

> 由于 SPSS 通常会直接安装一些 Python 插件,并提供 R 插件的安装,因此除标准的菜单之外,菜单中还有很多扩展菜单,它们均为对 Python 或者 R 插件的调用,其菜单图标基本上都有 "➕"。本书相应的章节中将选择其中比较有价值的菜单加以介绍,但本节介绍的内容仍然以 SPSS 的标准菜单为主。

① "数据"与"转换"菜单:这两个菜单提供了数据管理的相关功能,第 3~5 章将对其进行介绍。

② "分析"菜单:该菜单提供了 90% 的统计分析功能,以及少数与分析功能密切相关的统计绘图功能,如质控图、ROC(受试者工作特征)曲线、时间序列模型相关图形等。那么,另外 10% 的统计分析功能在哪里呢? 答案是需要用程序操作方式来实现。

③ "图形"菜单:该菜单提供了 90% 的统计绘图功能,另外 10% 的统计绘图功能由于与统计分析结合得较为紧密,因此由"分析"菜单提供。第 10 章将对统计图的相关操作进行讲解。

④ "实用程序"菜单:该菜单为用户提供了一些便捷的数据文件管理功能和界面编辑功能,可以大大简化用户的工作。这些功能比较专业,将在本书相应的章节中加以介绍。

⑤ "扩展"菜单:该菜单功能为 SPSS 24 之后独立出来的菜单,用于为用户提供下载并安装 SPSS 社区中各种插件的功能,详细内容见 1.4 节。

1.3.4　4 种结果输出格式

作为功能强大的统计分析工具,为了使分析结果更好地满足用户的需求,SPSS 提供了 4 种结果输出格式:透视表(pivot table)、文本、统计图和模型。

1. 透视表

在 SPSS 中,绝大部分的分析结果都是以专用的透视表格式展示的,如图 1.6(a)所示。这些表可以是二维表,也可以是多维表,并且可以直接粘贴到其他应用程序(如 Word、PowerPoint、Excel)中使用。SPSS 的制表功能非常强大,可以很好地满足用户的各种需求,详细内容见第 9 章。

2. 文本

对于一些不便于用表格和图形表达的输出结果,SPSS 提供了文本格式,如图 1.6(b)所示。随着版本的改进,在 SPSS 的结果输出格式中文本格式已经越来越少了,目前只有极个别的方法还在使用文本格式输出分析结果。需要指出的是,这里的文本并非简单的纯文本,而是与微软 Office 系列办公软件完全兼容的 RTF 格式文本,对于这种格式的文本,用户可以像在 Word 中一样对其进行编辑、复制和粘贴、格式设置等操作。

(a) 透视表

(b) 文本

图 1.6　SPSS 输出结果中的透视表与文本

3. 统计图

利用图形来展示数据,也是数据分析中必不可少的操作,如图 1.7(a)所示。SPSS 提供了功能非常强大的统计绘图功能,详见本书第 10 章。

4. 模型

有一些比较特殊的分析方法,用一种特殊类型的格式输出结果,这种输出格式称为模型,如图 1.7(b)所示。但是结果查看器窗口中显示的内容并不是模型唯一可用的视图,一个模型可以有多个不同的视图。用户可以通过激活结果查看器窗口中的模型,并直接与模型进行交互操作,来显示各种模型视图,以对模型进行深入分析。

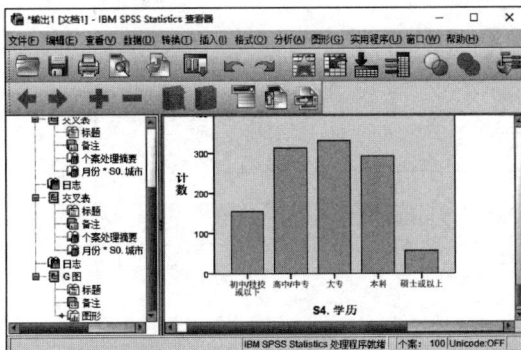
(a) 统计图

(b) 模型

图 1.7　SPSS 输出结果中的统计图与模型

模型目前被用于树模型、最近邻元素分析等特殊分析方法的结果输出,但它在某种程度上只是 SPSS 结果输出的一种过渡格式,SPSS 后续的版本会尽可能地将其替换为标准的透视表格式。本书的读者则基本上不会遇到模型这种结果输出格式。

1.3.5　分析结果的保存和导出

1. 直接保存

可以将 SPSS 的分析结果保存为 SPSS 自有的文件(SPV 格式文件),保存时只需要在结果查看器窗口中选择菜单"文件"→"保存"命令即可,而且可以根据需要为其设置密码。但是这种保存方式只能将分析结果保存为 SPV 格式文件。如果希望将其保存为其他格式的文件,则需要使用导出功能。

> 虽然从 SPSS 19 起分析结果文件都是以 SPV 格式文件保存的,但新老版本的分析结果文件并不完全兼容,即老版本 SPSS 有可能无法正常打开新版本 SPSS 生成的 SPV 格式文件中的数据表。

2. 导出

导出功能可以将分析结果保存为其他几种格式的文件,包括 HTML、DOC/DOCX、XLS/XLSX 和 TXT 等格式的文件。具体操作是:在结果查看器窗口中选择菜单"文件"→"导出"命令,或者单击工具栏上的"导出"按钮 ,打开如图 1.8 所示的对话框。

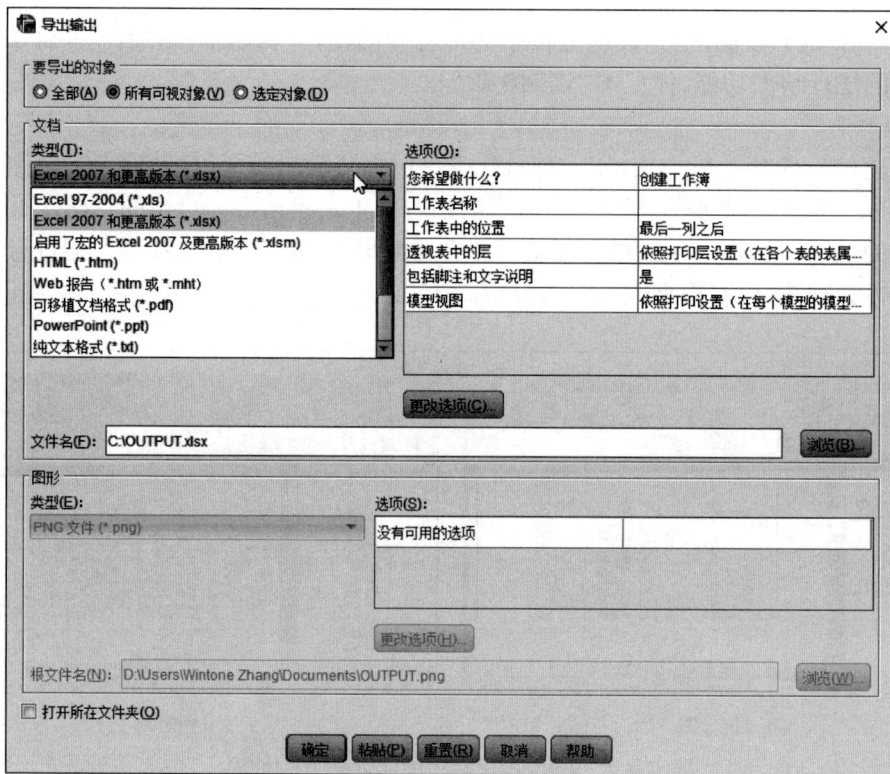

图 1.8　"导出输出"对话框

①"要导出的对象"框组：该框组用于选择希望导出的内容。需要指出的是，由于 SPSS 在输出的结果中会默认隐藏运行记录等不常用的内容，而在进行导出操作时，会默认将所有内容全部输出，因此通常选中"要导出的对象"框组中的"所有可视对象"选项，以简化导出的内容。

②"文档"框组：在该框组中，左侧的"类型"下拉列表框用于选择导出格式（export format），右侧的"选项"框则列出了该格式的相关设置，如果需要更改这些设置，则可单击下方的"更改选项"按钮，以对格式做进一步的设置。

③"文件名"框：用于指定文件保存的路径及名称。

④"图形"框组：在该框组中，"类型"下拉列表在指定只导出图形时有效，利用该下拉列表可进一步设置图形格式的细节。例如，设置存储格式（如 BMP、JPG 等格式），以及颜色深度（如 24 位、16 位）等。

3. 直接复制和粘贴

对于结果查看器窗口中的各种输出内容，也可以直接通过"复制"和"粘贴"操作应用到其他软件中。在默认情况下，透视表会被自动转换为 Word 或 Excel 表格，而统计图则会被转换为图片。

1.3.6　SPSS 与 Office 软件的交互操作

1. 数据界面

数据编辑器窗口的数据视图和变量视图呈现的都是增强的表格格式。如果选中并复制相应的单元格内容：将其粘贴到 Word 文档中，就会成为以制表符 tab 分隔的纯文本内容；将其粘贴到 Excel 文档中，则会成为与单元格内容一一对应的 Excel 表格内容。但是，由于数据中一般还有变量名、变量属性、变量名标签、变量值标签等附加信息，因此在复制数据时有不同的选择：

① 如果希望同时粘贴变量名，则在复制数据时选择"编辑"菜单中的"与变量名一起复制"命令，这样粘贴到 Office 软件中的数据的第一行就会携带相应的变量名。

② 如果希望粘贴的是变量值标签而不是变量值，则在数据编辑器窗口的工具栏上将"值标签"按钮 ![值标签] 改为按下状态后再复制，粘贴的内容就会是相应的变量值标签而不是变量值。

当将数据从 Word 表格或者 Excel 表格中复制到 SPSS 的数据编辑器窗口中时，如果数据的第一行是变量名，则在"编辑"菜单中选择"与变量名称一起粘贴"命令，相应的变量就会被自动设置为所提供的名称。但需要注意的是，在进行粘贴操作前需要将光标定位在数据单元格中，否则该菜单无法使用。

2. 结果界面

目前，SPSS 的统计表和统计图与 Office 软件有很好的兼容性，可以将它们直接复制和粘贴为 Office 软件中的表格或者图形对象。图 1.9 所示的就是在一个透视表上单击鼠标右键，在弹出的快捷菜单中显示了该表格可以复制和粘贴的格式类型：

① Excel 表格：此时复制和粘贴到 Office 软件中的是格式完整的表格，包括边框、底纹、字体格式等。

② 纯文本：此时复制和粘贴到 Office 软件中的是用制表符 tab 分隔的文本。

③ 图像：此时复制和粘贴到 Office 软件中的是普通格式的图像，其精度由屏幕 dpi（每英寸像素数，1 英寸 = 2.54 cm）决定。

④ EMF：此时复制和粘贴到 Office 软件中的是完全满足印刷需要的高精度图像，但在有的 SPSS 版本中有中文兼容的问题。

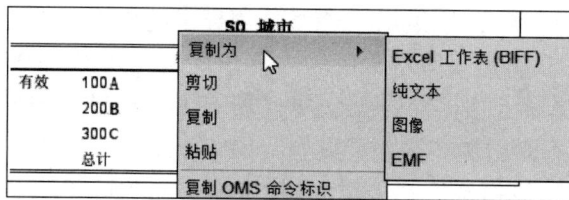

图 1.9 SPSS 的透视表可以被粘贴和复制到 Office 软件中的格式类型

对于 SPSS 统计图,也可以将其直接复制和粘贴为 Office 图形对象,随后在 Office 软件中继续对其进行编辑。如果不需要修改,则可以使用图像或者 EMF 格式对其进行复制和粘贴。

实际上,也可以将 Office 软件中的图形及文本直接复制和粘贴到 SPSS 的结果查看器窗口中,但由于实用价值不大,因此本书不做详述。

1.4 SPSS 的系统选项与扩展资源

1.4.1 系统选项

从 SPSS 19 起,如果中文 Windows 系统的用户在安装 SPSS 时选择了中文安装包,则 SPSS 启动后就会自动使用中文界面,不需要另行设置。如果用户需要进行一些特定的设置,则可以选择菜单"编辑"→"选项"命令,打开 SPSS 的"选项"对话框,如图 1.10 所示。下面介绍几个比较常用的设置。

(a) "语言"选项卡　　(b) "查看器"选项卡　　(c) "透视表"选项卡

图 1.10 SPSS 的"选项"对话框(部分)

1. 输出形式

该设置在"常规"选项卡的左上角。可以选择传统的语法编辑器窗口和结果查看器窗口分开的形式,或者两者合并的工作簿窗口形式,即新旧两种输出形式是不能同时使用的。相比之下,工作簿窗口形式更符合使用程序操作方式的用户的习惯,当然初学者也可以直接用它来学习SPSS 程序设计。

> 在 SPSS 29 中,只需要单击结果查看器窗口右下角的应用程序方式区域(即图 1.4(a) 右下角标记为"经典"的位置),就可以在工作簿窗口形式和传统形式之间切换。在 SPSS 28 中,则必须在"选项"对话框中进行设置。

2. 自动恢复

该设置在"常规"选项卡的左下角。SPSS 默认每 10 分钟保存一次复原点,最多保存 5 个复原点。如果 SPSS 未能正常关闭,则在用户再次进入时就会弹出对话框,用户可以在此选择所需的复原点来恢复数据文件,还可以修改间隔时间和复原点的保存数量。

3. 界面语言和结果输出语言

该设置在"语言"选项卡的左侧。可以选择用户界面语言和结果输出语言,注意这两种语言可以分别设置,如图 1.10(a) 所示。例如,用简体中文界面输出英语分析结果,当然前提是同时安装了这两种语言。

4. 字符编码

在"语言"选项卡的左下方可以设置字符编码,注意只有在未打开任何数据集的情况下才可以更改编码,否则相应的选项会显示为灰色。SPSS 29 默认的字符编码为 Unicode 编码,这种编码虽然会占用更多的内存,但可以同时兼容多种文字,而且在使用某些 Python 插件时也要求系统为 Unicode 编码。如果不涉及上述情况,则可以修改为按照系统编码,这样占用的内存空间最少。

5. 输出结果的字体设置

利用"查看器"选项卡可以设置输出结果的字体,如图 1.10(b) 所示。在"查看器"选项卡中使用默认设置即可,一般不需要更改,但是当以纯文本的形式输出图形时,如果图形中有中英文和空格混排的现象,就有可能因为默认字体不等宽而导致列排列混乱,此时若将相应的文本字体修改为等宽字体,如修改为"MingLiu"(即细明体),相应的输出就会自动按列对齐。

6. 透视表默认格式

在"透视表"选项卡中,可以设置统计表的格式,如图 1.10(c) 所示。目前透视表模板的设置已不再有中文兼容的问题,但统计表要求没有竖线,而默认的透视表模板是带有竖线的,因此建议在"透视表"选项卡左上方的"表格外观"(TableLook)框组中,将表格模板更改为"Academic",本书后面章节的结果输出也都将使用该表格模板。此外,常用的表格模板还有"Report",即只有表头线的单线表格式。

1.4.2　网站资源

SPSS 的产品支持网站提供了大量的附加资源,选择菜单"帮助"→"SPSS 论坛"命令,就可以进入 SPSS 社区,用户可以在这里交流使用 SPSS 过程中遇到的问题和经验等。此外,SPSS 社区还提供了很多资源供用户使用,其中常用的几类资源如下:

1. R/Python 插件

R/Python 插件可以为用户在 SPSS 中调用 R 或者 Python 提供支持。一些常用的 R/Python 插件默认在安装 SPSS 时一并安装。如果需要单独安装 R/Python 插件，则可在 SPSS 社区中下载。

2. 用户手册

用户手册包含所有模块的说明，而且绝大部分用户手册都有中文版，用户只需要选择并直接下载所需的用户手册的 PDF 版本即可。除了可以访问 SPSS 社区，也可以选择菜单"帮助"→"PDF 格式的文档"命令，这样能直接到达用户手册的下载页面。

3. 补丁包

SPSS 一般以 3~6 个月为周期提供升级补丁包，以修正所发现的软件错误。用户可以直接在相应的页面上下载该补丁。通过点击 SPSS 社区的下载链接，可直接进入该页面。

更多的下载内容读者可自行在 SPSS 社区中浏览，这里不做详述。

由于 SPSS 的官方支持页面经常会调整，因此这里无法给出具体的页面名称或者进入路径，读者可根据访问时最新的服务与支持页面自行查找相应的内容。

1.4.3　安装 Python/R 插件

SPSS 社区的资源极为丰富，但需要用户在里面仔细查找，这对于只需要使用一些常用插件的用户来说稍显繁复。因此，SPSS 将一批常用的插件放在菜单中，方便提供用户安装使用。

选择菜单"扩展"→"扩展中心"命令，系统就会自动连接到 SPSS 社区，并提供详细的 Python 或者 R 插件列表，供用户下载并使用。除了安装现成的插件，还可以在"扩展"菜单中自定义/编辑插件、定制插件对话框等。由于"扩展中心"命令目前只对部分国内用户有效，因此本书不对其功能进行讲解，而是在与本书配套的《SPSS 统计分析高级教程》（简称《高级教程》）的附录中详细介绍了如何直接访问 GitHub 网站下载并安装插件的方法，有需求的读者可参考相应的内容。

1.5　SPSS 的帮助系统

SPSS 提供了无处不在的"帮助"功能，可以随时随地为有不同层次需求的用户提供信息。选择菜单"帮助"→"主题"命令，就可以进入帮助页面，根据不同层次的用户需求，SPSS 也提供了从低到高的完整的帮助体系。

1.5.1　学习向导

SPSS 为初学者提供了系统的学习向导，它相当于一个手把手的教练，浅显易懂地告诉用户各种基本的统计分析操作在 SPSS 中是如何实现的。SPSS 中的学习向导有以下几种：

1. 统计指导

对于初学者可以快速完成的一些常用的统计分析操作，SPSS 提供了统计指导功能（statistics coach），其页面如图 1.11 所示。统计指导告诉用户为达到分析目的应当选择什么统计方法，并一步步地指导用户如何进行统计分析。统计指导实际上是一个经过编译的交互式网页，使用起来非常方便。

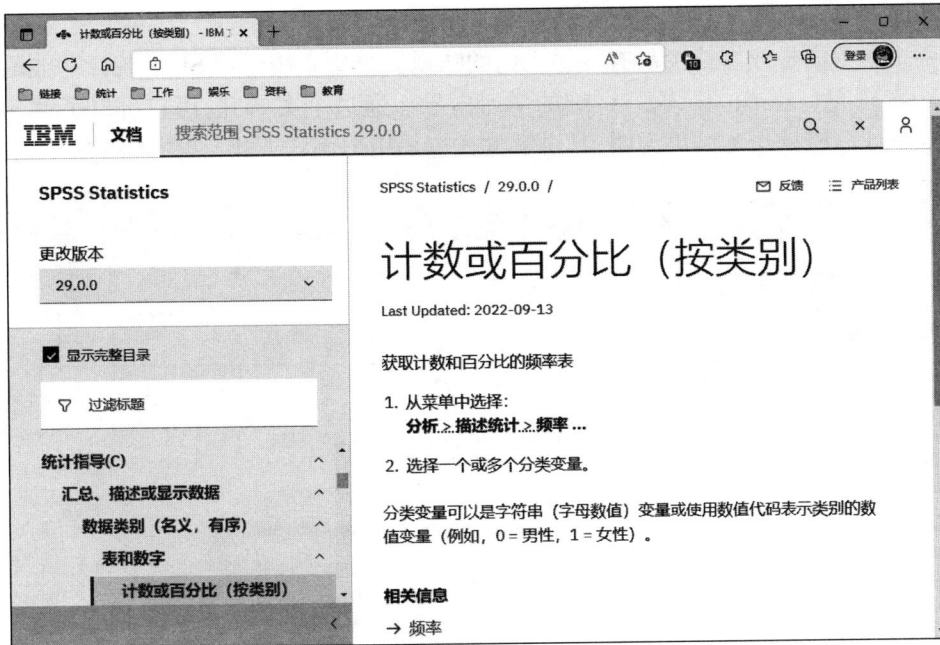

图 1.11   统计指导页面

2. 教程

教程(tutorial)为初学者提供了关于某个主题的详细指导,其页面如图 1.12 所示。它以图例的方式告诉初学者如何使用这个软件。初学者可以通过教程来掌握 SPSS 的所有常用功能(包括数据的输入、分析和绘图等)。教程的初始界面为一个目录列表,即所有主题的索引,用户可以从中选择需要阅读的主题。用户如果对 SPSS 完全不熟悉,则可以从头开始学习 SPSS 的基本操作方法。

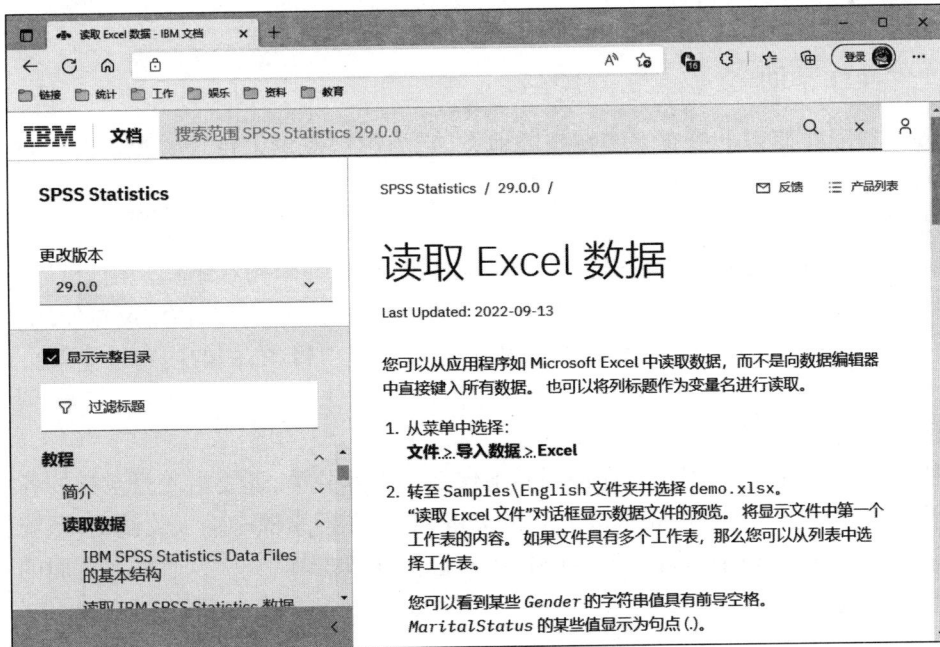

图 1.12   教程页面

3. 个案研究

上述两个学习向导或多或少都有一些入门的味道。希望系统学习 SPSS 统计功能的用户,则可以使用个案研究(case study)这一详细的学习向导。通过个案研究,用户可以了解 SPSS 各个模块的主要统计分析操作和结果说明,其讲解方式也采用图例的方式,如图 1.13 所示。

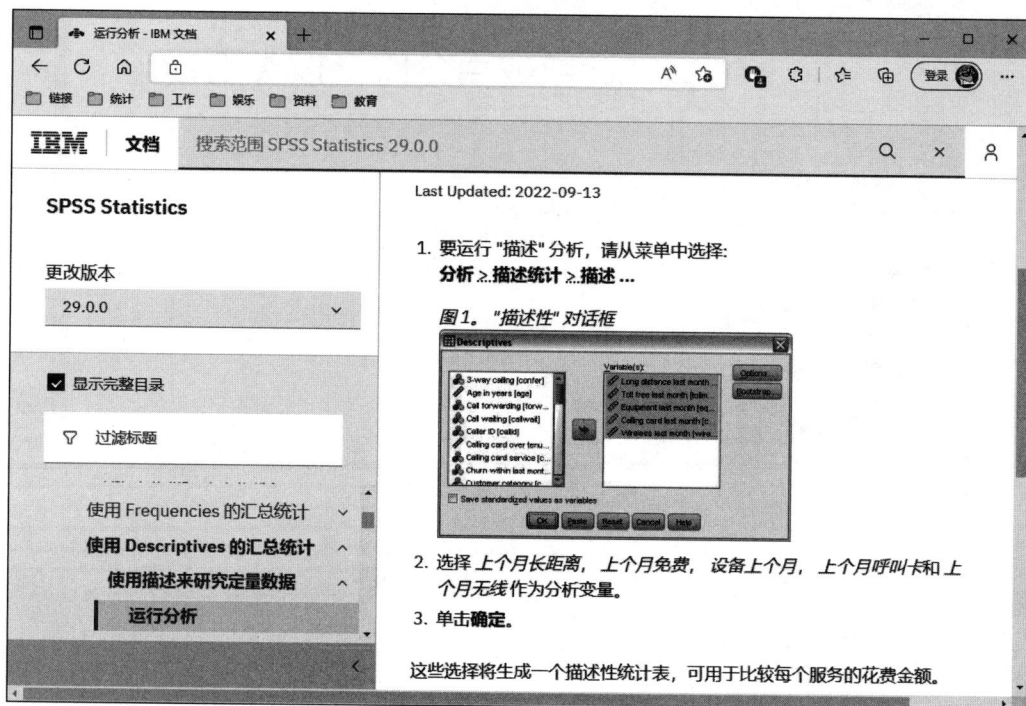

图 1.13   个案研究页面

1.5.2   软件操作帮助

软件操作帮助在使用上没有太多特殊的地方,它为用户提供了目录树和索引这两种方式来查找所需的内容。

1. 目录树方式

目录树像一本电子书的目录一样,它将所有项目组织成一个树状结构。用户只要沿着该目录树的各级分支一级级找下去,就能找到所需的内容。用户可以在目录树中浏览使用手册,学习 SPSS 的操作方法;若从帮助页面左侧的目录树中选择一个项目,右侧的内容区中就会显示此项目的详细内容,如图 1.14 所示。

2. 索引方式

目录树的结构比较完整,但用户在使用时不仅要熟悉其分类,还要沿着目录树的各级分支一级级地查找下去。而如果用户知道需要查找的关键词,并在搜索框中输入关键词,系统就会在索引栏中显示与输入的关键词完全匹配的项目,用户选择并双击其中一个项目,在页面的右侧即可出现该项目的详细内容。

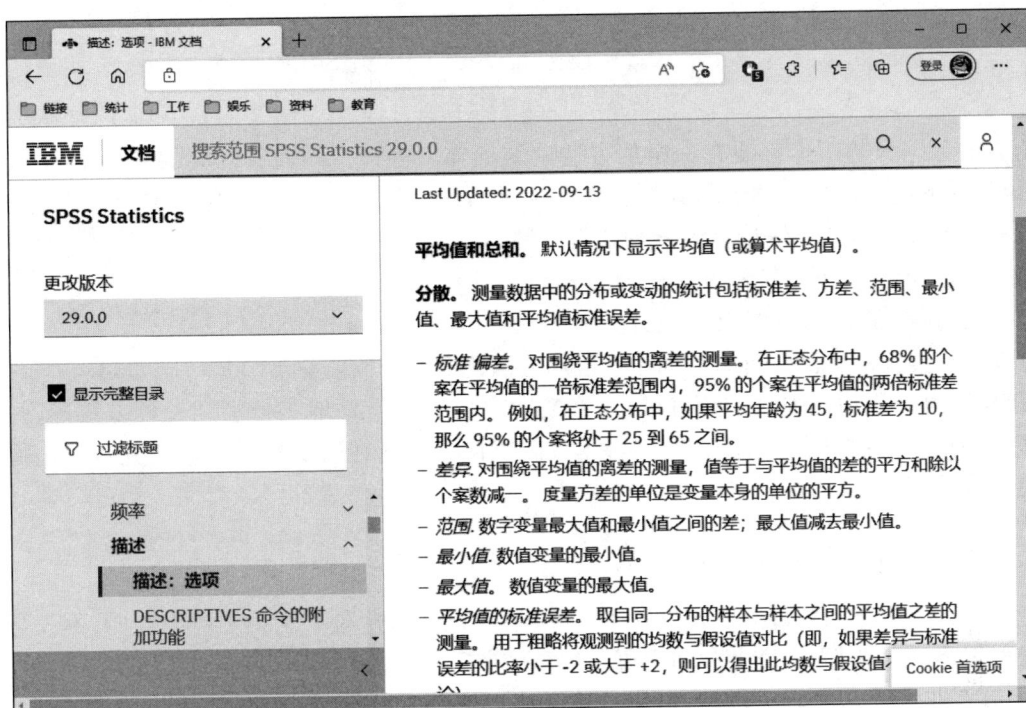

图 1.14 帮助页面

1.5.3 针对高级用户的帮助功能

对于高级用户而言,有关程序设计的帮助信息以及系统二次开发的信息是必不可少的,SPSS 针对此类用户也提供了全面的帮助功能。

1. 命令语法参考

用户在对 SPSS 达到一定的熟悉程度时,就会发现它的许多功能使用对话框实现起来非常麻烦,甚至无法用对话框来实现。实际上,至少有 10% 的高级分析功能需要使用程序实现,而且在使用程序来完成相同的工作时,效率也高得多。

由于目前国内几乎没有深入讲解 SPSS 程序设计的资料,因此用户可以查看 SPSS 附带的命令语法参考(command syntax reference)。SPSS 安装文件包含所有模块的命令语法参考,这是 SPSS 官方提供的最权威的 SPSS 程序设计资源。调用命令语法参考非常简单,只要选择菜单“帮助”→“命令语法参考”命令,就会自动打开相应的 PDF 文件。该文件自带目录树,用户通过目录树就可以查找到希望学习的 SPSS 功能。

2. SPSS 社区

SPSS 通过与 Python、R 等语言对接,大大提升了扩展性。要将 SPSS 与 Python、R 等语言更好地对接起来,就要使用 SPSS 提供的相关帮助文档。此外,进行 SPSS 的深度应用也需要许多资源,而这些资源都可以从前面介绍的 SPSS 社区(SPSS community)中获得。SPSS 社区提供了对 SPSS 进行二次开发所需的文档和资源,包括扩展命令的说明与教程、Python/R 扩展教程、相关的动态链接库(DLL)等资源。对 SPSS 二次开发感兴趣的用户可以利用 SPSS 社区深入钻研。

1.6 数据分析方法论概述

所有的数据分析工作都要在一定的方法论的指导下进行。而随着社会的进步、科学技术的发展,统计学的应用已经渗透到了人们工作和生活的各个方面,不同的领域所需要的数据分析方法论也有所差异。这些方法论大致分为如下三种:

① 严格设计支持下的统计方法论。

② 半试验研究支持下的统计方法论。

③ 偏智能化、自动化分析的数据挖掘应用方法论。

SPSS 作为一款功能强大的统计软件,在功能上可以非常好地支持上述三种方法论,并满足绝大多数情况下的统计分析需求。不过,读者需要自行判断在所从事的领域中究竟使用哪种方法论更为合适,并有针对性地进行学习和钻研。

1.6.1 严格设计支持下的统计方法论

严格设计支持下的统计方法论又称为经典统计方法论,这种方法论之所以经典,不仅是因为它发展得较早,更是因为研究者利用它可以在整个研究体系中掌控一切。其具体特征如下:

① 具有非常严密的研究设计,而且往往严格遵循所谓的 7 个步骤:试验设计、数据收集、数据获取、数据准备、数据分析、结果报告和模型发布。在这 7 个步骤中,试验设计最为关键,它直接影响整个研究的成败。

② 进行研究设计时会充分考虑需要控制的影响因素,并采用各种巧妙的设计方案,如进行配对、完全随机抽样、随机分组等来对这些因素的作用加以控制。

③ 整个试验过程会在尽量理想的情况下进行,以对非研究因素的作用加以严格控制。例如,在毒理学试验中可以对小白鼠的种系、周龄、生活环境、进食等做出非常严格的设定。

④ 原始数据往往需要从头采集,其质量完全取决于是否严格按照研究设计的要求采集数据,以及研究设计得是否合理。当然,这也意味着原始数据的采集成本非常高昂。

⑤ 在分析方法上,应当根据相应的研究设计来确定最终采用的统计模型。而由于在研究设计和实施过程中已经对非研究因素的影响做了充分的考虑和控制,因此在很多情况下,可以利用非常简单的统计方法来得到最终的结论。

这种方法论常用于实验室研究、临床试验等领域,其所使用的统计方法以单因素方差分析方法,或者一般线性模型(方差分析模型)为主。

1.6.2 半试验研究支持下的统计方法论

严格设计支持下的统计方法论需要对整个研究流程进行严格的控制和干预,但在许多情况下这是无法做到的,因此往往退而求其次,形成了所谓的半试验研究支持下的统计方法论,其具体特征如下:

① 研究设计具有明显的向实际情况妥协的特征,因此不一定严格遵循所谓的 7 个步骤。例如,在数据本来就存在的情况下,可以省去“数据收集”这一步骤。总体而言,在半试验研究支持下的统计方法论中,数据分析、结果报告和模型发布这三个步骤的重要性比严格设计支持下的统计方法论高。

② 研究设计可能无法做到理想化。例如,抽样/分组的完全随机性要求、试验组/对照组干预措施的严格控制要求等可能都无法得到满足。最典型的例子是,在药物研究中应当设立安慰剂对照组,但是如果是治疗恶性肿瘤的药物,则不可能让肿瘤患者去吃安慰剂。

③ 整个数据收集过程难以做到理想化。例如,街头拦截访问是市场研究中的一种十分常用的数据收集方式,但如果细究起来,街头拦截访问的具体地点、时间,甚至街头拦截访问当天的天气都可能会对样本的代表性和数据分析结果产生影响,但样本的代表性和数据分析结果的准确性最终只能凭借访问者的责任心和运气来保证,仅凭研究设计本身是无法进行控制的。

④ 一方面,一部分数据可能先于研究设计存在,在研究过程中需要基于这些数据去补充所需的另一部分数据。另一方面,数据有可能无法完全满足分析需求,但这种缺陷却难以得到弥补。例如,利用经济和人口数据对全国各省级行政区的综合发展程度进行排序,可以考虑使用因子分析方法,但因子分析原则上要求至少有 50 个个案,而全国则没有那么多省级行政区。

⑤ 在分析方法上,由于难以进行严格的研究设计,因此无法明确各种潜在的影响因素所起的作用,需要对可能的影响因素进行筛选。因此,影响因素的筛选,成为很多数据分析工作的重要内容。相应地,可能用到的分析方法也颇为繁杂,从简单的描述性统计,到复杂的广义线性模型都有可能用到,但这种方法论所使用的方法仍然以经典的统计方法为主。

这种方法论的应用范围目前是最广的,它广泛应用于社会学研究、经济学研究等领域。

1.6.3　偏智能化、自动化分析的数据挖掘应用方法论

这种数据分析方法论是随着计算机技术的飞速发展而诞生的:一方面,数据库技术使得许多行业开始使用业务系统,由于有自动积累的海量业务数据库,大批新的数据分析需求也产生了,但巨大的数据量却使得传统的数据分析方法论难以满足这些需求;另一方面,人工智能和计算能力的发展也促使一批全新的分析方法,如自助法(bootstrap)、贝叶斯方法与马尔可夫链蒙特卡洛(MCMC)法、神经网络、树模型与随机森林等产生了,它们赋予了统计分析人员全新的能力。在上述因素的作用之下,数据挖掘应用方法论应运而生了。

数据挖掘是由人工智能技术、统计学和数据仓库技术交叉发展而形成的一种新的方法体系,它采用各种自动化或半自动化的分析技术,在海量数据中发现有意义的行为和规则,迅速找到大量资料之间的关联与趋势。其最大的特点是自动化、智能化,即充分利用人工智能技术,自动化/半自动化地分析数据之间的复杂联系,探寻一种独特的、利用其他方法难以发现的模式,快速发现有价值的信息。其整个分析框架是动态的、可更新的,并且为数据分析结果的验证提供了许多新的思路。

与前面两种较为传统的数据分析方法论相比,数据挖掘应用方法论的特点如下:

① 完全以商业应用需求为导向。传统的数据分析方法论和数据挖掘应用方法论的最大区别在于:对于前者,方法体系/逻辑正确十分重要;对于后者,由于所面临的问题的数据量大、对时间的要求高,结果的可用性十分重要,而所采用的方法论的理论正确性并不重要,甚至连算法细节也可以是灰箱甚至黑箱。

数据挖掘所需要解决的问题往往对时间有很高的要求。例如,消费者在网上购物时,页面上往往会出现"购买此商品的顾客同时也购买了某某商品"之类的推荐栏目。其中的商品就是利用数据挖掘算法筛选出来的。虽然数据分析准确率高是一件好事,但是相比

之下,购物网站更愿意选择 2 s 就能给消费者反馈结果的弱关联算法,而不是 10 min 才能计算出更准确结果的强关联算法。

② 研究的步骤有了很大的变化,不再是线性的 7 个步骤,而是转换成周而复始的循环结构,并且强调前期的商业理解,以及后期的模型发布。跨行业数据挖掘标准流程(CRISP–DM)就是最具代表性的数据挖掘应用方法论。

③ 由于数据往往来源于业务系统,如超市的电子付款机、银行的自动柜员机、电信公司的业务数据库,因此数据收集是全自动化进行的,而且早于整个研究项目。这就意味着这些数据并不是为数据分析而准备的,因而难以进行理想化的研究。例如,在对电子付款机数据进行分析时,如果知道购物者的年龄、性别、收入情况等信息,就可以得到更有价值的分析结果,但即使关联了购物者的会员卡数据,这些信息也几乎不可能补全。

④ 由于业务系统的数据是动态增加的,因此难以通过人工收集的方式补全数据,只能根据具体的情况进行处理,否则整个项目将不能结束。

⑤ 在分析方法上,由于强调商业应用,选择何种分析方法并不重要,因此往往采取多种方法并行、从中择优的方式。例如,对于一个客户流失预测项目,完全可以同时采用判别分析、逻辑斯谛回归分析、神经网络、支持向量机(SVM)、贝叶斯分析、树模型等多种方法来并行分析,然后采用投票或者优选的方式得到最终的预测模型 / 结果。

一方面,在以满足商业需求为目标的情况下,很多经典和基础的统计方法,如参数估计和常规的假设检验方法,反而在数据挖掘中很难用到。另一方面,由于具有海量数据库、动态增量、并行分析等特点,数据挖掘应用方法论非常强调自动化,即使研究过程中有很多人的智力投入,但在研究项目结束时提交的一定是自动化的业务流,即用“电脑”代替“人脑”。

对于数据挖掘应用方法论而言,是否能满足商业需求,或者说模型是否能在业务系统中得到真正的应用,是判断研究项目是否成功的唯一标准,这一点和传统的数据分析方法论有很大的区别。

思考与练习

1. 检查所安装的 SPSS 共有多少个模块,这些模型包括哪些功能,并思考常见的统计分析一般需要哪些模块。

2. 浏览 SPSS 的扩展中心,熟悉其提供的各种插件,从中寻找能满足自己需求的插件并安装。

3. 浏览 SPSS 社区,熟悉其提供的各类资源,从中寻找能满足自己需求的安装包和文档。

第2章 数据录入与数据获取

2.1 CCSS项目背景介绍

为了使内容更贴近实践,本书将某一消费者信心调研项目作为主要的教学案例,通过实际操作该项目对SPSS的各项功能进行讲解。本节将对该项目的背景做一介绍,以便于读者的后续学习。

2.1.1 项目背景

消费者信心是指消费者根据国家或地区的经济发展形势,对就业、收入、物价、利率等问题进行综合判断而得出的一种看法和预期。消费者信心指数则是对消费者整体表现出的信心程度及其变动进行测度的一种指标体系。这一概念最早由美国密歇根大学调查研究中心的乔治·卡通纳在20世纪40年代后期提出,随后在美国联邦储备体系(简称美联储)的委托之下开展了相应的调研直至今日。70多年的历史已经证明了该指标体系在预测宏观经济走向方面具有不可替代的价值。

某市场研究机构看到了这一指标体系潜在的市场价值,于2007年启动了一项消费者信心调研项目(CCSS项目),这一项目是笔者与美国密歇根大学社会研究所消费者信心调查课题组负责人理查德·柯廷(Richard Curtin)博士共同设计开发完成,整个方法体系与密歇根大学的消费者信心调查基本相同,同时也根据我国国情进行了补充和完善,使之更贴近我国的实际情况。

CCSS项目始于2007年4月,每月在我国东部与中西部30个具有代表性的城市中抽取1 000个左右的家庭,通过计算机辅助电话访问(CATI)系统进行访谈。为了化繁为简,这里只抽取A、B、C三个城市在2007年4月、2007年12月、2008年12月和2009年12月共1 147个样本数据作为本书案例,具体数据参见文件CCSS_Sample.sav。

> 本书涉及的只是CCSS项目全部数据的一小部分,而且出于保密需要,在数据文件中删除了对消费者信心总指数计算至关重要的权重值,所计算出的指数值和真实指数值有一定的偏差,因此分析结果仅用于案例教学,不代表真实情况。

2.1.2 项目问卷

CCSS项目的问卷是标准化的,每月都按此问卷进行调查。由于问卷的内容比较长,本书只选择了其中的部分题目作为教学案例,具体如下(需要注意的是,为了便于讲解,下列题目的顺序和内容均经过调整,并非调查时的原始状况):

消费者信心指数研究问卷

S0. 受访者所在的城市：

100 A；200 B；300 C。

S1. 请问您的姓名是：＿＿。

S2. 记录受访者的性别：

1 男性；2 女性。

S3. 请问您的年龄是：＿＿。

S4. 请问您的学历是：

1 初中 / 技校或以下；2 高中 / 中专；3 大专；4 本科；5 硕士或以上。

S5. 请问您的职业是：

1 企事业单位管理人员；2 工人 / 体力工作者 (蓝领)；3 公司普通职员 (白领)；

4 公务员；5 个体经营者 / 私营业主；6 教师；

7 学生；8 专业人士 (医生、律师等)；9 无业 / 待业 / 失业、家庭主妇；

10 退休；11 其他职业。

S7. 请问您的婚姻状况是：

1 已婚；2 未婚；3 离异 / 分居 / 丧偶。

S9. 请问您的家庭月收入 (包括工资、奖金和其他收入) 的范围：

1 999 元或以下；2 1 000~1 499 元；3 1 500~1 999 元；

4 2 000~2 999 元；5 3 000~3 999 元；6 4 000~4 999 元；

7 5 000~5 999 元；8 6 000~7 999 元；9 8 000~9 999 元；

10 10 000~14 999 元；11 15 000~19 999 元；12 20 000~29 999 元；

13 30 000 以上；98 无收入；99 拒答。

C0. 请问您的家庭目前的还贷支出：

C0_1 房贷：1 有；2 无；99 拒答。

C0_2 车贷：1 有；2 无；99 拒答。

C0_3 其他一般消费还贷支出：1 有；2 无；99 拒答。

O1. 请问您的家庭有轿车吗？

1 有；2 没有。

A3. 首先，请问与一年前相比，您的家庭现在的经济状况怎么样？是变好、基本不变还是变差？

1 明显好转；2 略有好转；3 基本不变；4 略有变差；5 明显变差；9 不知道 / 拒答。

A3a. 为什么您这样说呢？（最多选两项）＿＿

0 中性原因；90 不知道 / 拒答；

10 改善：收入相关；110 恶化：收入相关。

20 改善：就业状况相关；120 恶化：就业状况相关。

30 改善：投资相关；130 恶化：投资相关。

40 改善：家庭开支相关；140 恶化：家庭开支相关。

50 改善：政策 / 宏观经济；150 恶化：政策 / 宏观经济相关。

A4. 那么与现在相比,您觉得一年以后您的家庭经济状况将会如何变化?

1 明显好转;2 略有好转;3 基本不变;4 略有变差;5 明显变差;9 不知道 / 拒答。

A8. 那么与现在相比,您认为一年以后本地区的经济发展状况将会如何变化?

1 非常好;2 比较好;3 保持现状;4 比较差;5 非常差;9 不知道 / 拒答。

A9. 您认为一年之后本地区的就业状况将会如何变化?

1 明显改善;2 略有改善;3 保持现状;4 略有变差;5 明显变差;9 不知道 / 拒答。

A10. 那么与现在相比,您认为五年之后,本地区的经济发展状况将会出现怎样的变化?

1 明显繁荣;2 略有改善;3 保持现状;4 略有衰退;5 明显衰退;9 不知道 / 拒答。

A16. 对于大宗耐用消费品,如家用电器、家用计算机,以及高档家具等,您认为当前是购买的好时机吗?

1 很好的时机;2 较好的时机;3 很难说,看具体情况而定;4 较差的时机;5 很差的时机;9 不知道 / 拒答。

2.2 数据格式概述

2.2.1 统计软件中数据的录入格式

包括 SPSS 在内的统计软件的数据录入格式,与人们平时记录数据所使用的格式不太相同,其数据录入格式的基本要求如下:

① 不同个案的数据不能在同一个个案中出现,即同一个个案的数据独占一行。

② 一个测量指标(变量)只能占一列的位置,即应当将同一个测量指标的值都录入到同一个变量中去。

但有时统计方法会对数据的录入格式有特别的要求,此时可能会违反上述一个个案占一行、一个变量占一列的格式要求,这种情况在配对数据和重复测量数据中最多见。这是因为根据统计模型的要求,需要将同一个观察对象的某个测量指标的不同次测量看作不同的指标,并录入为不同的变量。但初学者最好能够严格遵循以上要求。而且无论数据格式是怎样的,最终的数据集都要包含原始数据的所有信息。

对于 CCSS 项目而言,数据格式比较简单,每个受访者由于只会被访问一次,因此成为数据集中的一个单独的个案,而问卷中的每道题目都会构成一个或多个变量,随后还需要进一步考虑如何设置每个变量的属性,下面将详细讨论这个问题。

2.2.2 变量属性

对于任何一个变量而言,变量名都是其最基本的属性。例如,CCSS 项目问卷中的题目 S1,就可以用一个名称为 "name" 的变量来记录。但是为了进一步满足统计分析的需要,除变量名外,往往还需要为每一个变量定义许多附加的属性,如变量类型、变量宽度、小数位等,只有将多个属性联合起来才能构成对这个变量的完整定义。在 SPSS 的数据编辑器窗口中,单击左下角的"变量视图"标签,就可以切换到该窗口的变量视图,如图 2.1 所示,其中列出了 SPSS 中每个变量都需要定义的属性,下面就对这些属性进行介绍。

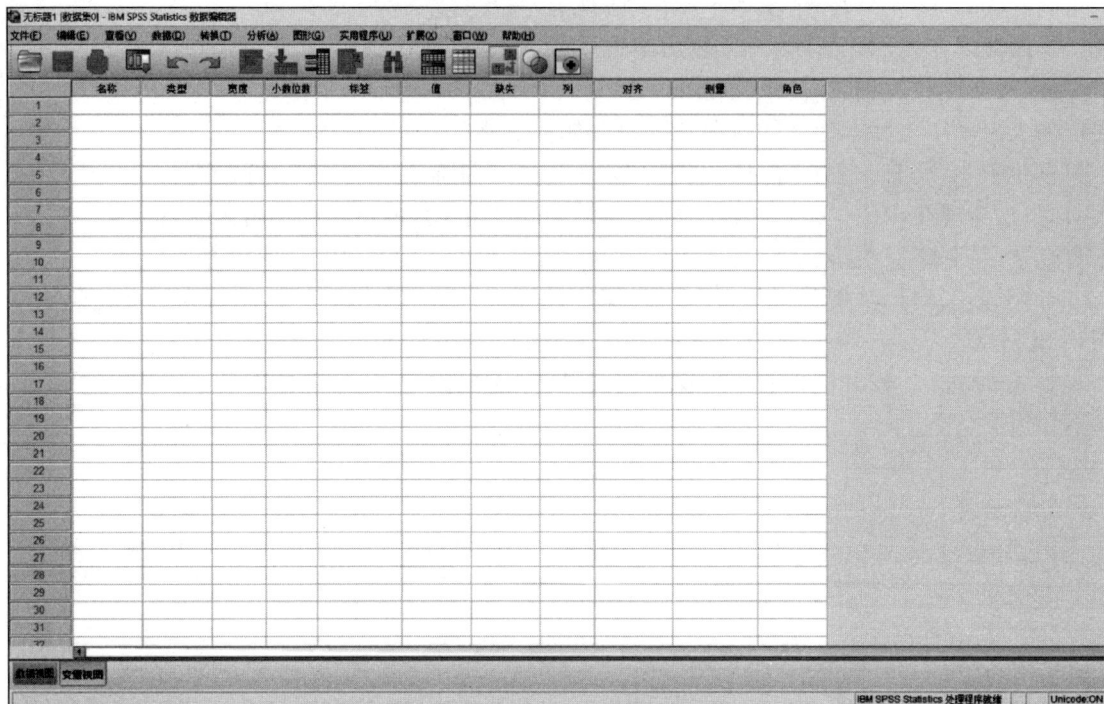

图 2.1 数据编辑器窗口的变量视图

SPSS 中的变量名比较灵活,目前的限制有长度不超过 64 个字符、不能以数字开头、中间不能有空格、一个数据文件中不能有相同的变量名等。但出于和其他软件兼容的考虑,建议尽量采用标准的由字母和数字构成的长度不超过 8 个字符的变量名。

1. 变量类型

变量类型指的是以何种方式存储变量。SPSS 中的变量有三种基本类型:数值型、字符型和日期型,其中数值型又被进一步细分,所以 SPSS 中的变量类型共有 9 种。在数据编辑器窗口的变量视图中单击"类型"属性单元格,右侧会出现按钮,单击该按钮会弹出"变量类型"对话框,如图 2.2 所示,其左侧为具体的变量类型,右侧则用于进一步定义变量的存储宽度、小数位数等。下面对 SPSS 中的三种基本的变量类型进行介绍。

(1) 数值型(numeric)

数值型变量是 SPSS 中最常见的变量,由 0~9 的数字和其他特殊符号,如美元符号、逗号或点组成。对于数值型变量,可以进行四则运算,使用起来最为方便。根据内容和显示方式的不同,数值型又可以分为标准数值型、每三位用逗号分隔的逗号数值型、每三位用点分隔的数值型、科学记数型、显示时带美元符号的数值型、定制货币型这 6 种不同的表示方法。实际上,在上述类型中只有标准数值型最常用,对其他几种变量类型感兴趣的读者可以直接查阅软件的帮助文档,这里不再赘述。

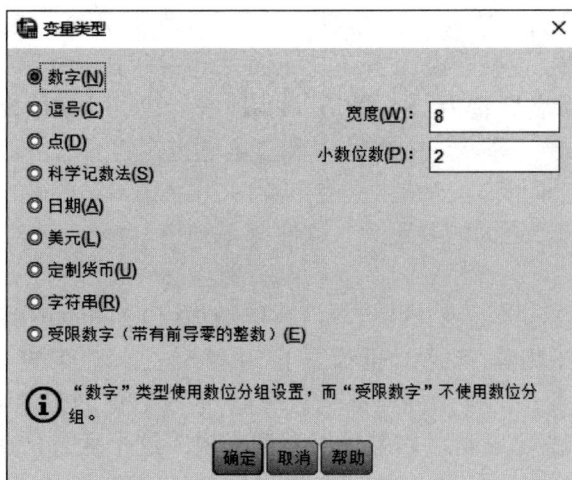

图 2.2 "变量类型"对话框

(2) 字符型(string)

字符型变量以字符串方式存储。对于字符型变量,不能进行四则运算,但可以进行拆分、合并、检索等操作。字符型变量的默认宽度为 8 个字符。在 SPSS 的数据处理过程中(如在由已知变量计算生成新变量时)需要用一对引号将字符型数据引起来,但输入数据时不应当输入引号,否则会将引号作为字符型数据的一部分。

(3) 日期型(date)

日期型变量用来存储日期或时间,其显示格式有很多,SPSS 在"变量类型"对话框的右侧会以列表框的形式给出各种显示格式供用户选择。如果选择 mm/dd/yy 或类似的两位数年份记录方式,则需要在系统"选项"对话框的"数据"选项卡中确定具体的世纪范围,系统默认为"自动"。

事实上,SPSS 中的日期型变量存储的是该日期/时间与 1582 年 10 月 15 日前一天零点相差的秒数。例如,1582 年 10 月 15 日零点所对应的变量存储的就是 $60 \times 60 \times 24 = 86\,400$,如果将变量类型转换为数值型就可以看到该数值。但是这里只能转换大于或等于 86 400 的正数,即比 1582 年 10 月 15 日更早的时间在 SPSS 中是无效的。日期型变量的处理和转换比较麻烦,由于它主要用于时间序列分析,因此在比较简单的分析问题中完全可以用普通的数值型变量来代替日期型变量。

目前全球使用的公历(即格里历,Gregorian calendar)来源于凯撒大帝对历法进行改革之后的儒略历(Julian calendar),但儒略历的时间与地球公转周期存在误差,每年会多算 11 分 14 秒,在使用了十几个世纪之后,累积的误差已经达到令人难以接受的程度。为此,16 世纪时罗马教皇格里高利十三世对历法做了微调,此即格里历。同时为了解决历史遗留的误差累积问题,罗马教皇决定将 1582 年 10 月 5 日至 14 日抹掉,即在公历中,1582 年 10 月 4 日的第二天就是 1582 年 10 月 15 日。

2. 变量的测量尺度

在统计分析中仅有变量类型还不够,因为很多时候只有变量类型并不能准确地说明变量特征。例如,CCSS 项目的数据中有以下几个变量:

① 性别变量 s2(变量名标签为 "S2. 性别"): 用 1 代表男, 用 2 代表女。这里 1 和 2 只是一个符号, 没有任何数学意义, 也就是说, 2 并不比 1 大, 1 也并不比 2 小。

② 学历变量 s4(变量名标签为 "S4. 学历"): 用 1 表示 "初中 / 技校或以下", 用 2 表示 "高中 / 中专", 用 3 表示 "大专", 等等。在这里, 1 和 2 虽然也是符号, 但却有高低之分, 1 所表示的学历就是比 2 低。但是究竟低多少? 是 "大专" 和 "高中 / 中专" 之间的差距大, 还是 "高中 / 中专" 和 "初中 / 技校或以下" 之间的差距大? 这些都不知道, 也就无法对各级别之间的差距大小进行衡量和比较。

③ 年龄变量 s3(变量名标签为 "S3. 年龄"): 年龄 20 和 21 正好相差 1, 而且两者之间的差距, 与 39 与 40 之间的差距相等, 都是 1, 也都等于 50 和 55 之间差距的 1/5。

由上可知, 上述三个变量的类型同样都是数值型, 但其数值的具体含义却不同, 所携带的信息量不同, 适用的统计方法也不同。如果只用类型来说明这个变量的属性, 就不能反映上述区别。为此, 有必要给变量增加测量尺度这一属性。按照携带信息量的多少, 该属性从低到高分为 4 个层次: 名义尺度、有序尺度、定距尺度和定比尺度。

目前在 SPSS 中, 测量尺度设置得不正确主要会导致统计图、统计表和模型的分析结果出错, 其他对话框暂时还没有用到该属性。但是建议读者养成良好的习惯, 从设计变量时起就要正确设置其测量尺度。

(1) 名义尺度

名义尺度(nominal measurement)是按照事物的某种属性对其进行分类或分组, 其变量取值仅代表各类别之间的差异, 不能比较各类别之间差异的大小, 如城市变量 s0(变量名标签为 "S0. 城市")就是一个名义尺度变量。这种变量只能计算频数和百分比, 如在所有个案中, 城市 A 有多少人, 城市 A 的人口占总人口的百分比是多少等。对于性别变量 s2 这种二分类变量, 人们一般仍然将其归为名义尺度变量。但是二分类变量较为特殊, 即使将其归为其他类型, 通常也不会影响后续分析。

(2) 有序尺度

有序尺度(ordinal measurement)是对事物等级或次序之间差异的测度, 可以用于比较优劣或排序。有序尺度变量比名义尺度变量的信息量多一些, 不仅包含类别信息, 还包含次序信息; 但是由于有序尺度变量只是测量类别之间的先后次序, 无法测量类别之间的准确差距, 所以其测量结果只能用于排序, 不能用于算术运算。CCSS 项目数据中的学历变量 s4 就是一个典型的有序尺度变量。

(3) 定距尺度

定距尺度(interval measurement)是对事物类别或次序之间间距的测度。定距尺度变量不仅能用于排序, 还能用于指出事物类别之间的准确差距; 定距尺度变量通常以自然单位或物理单位为计量尺度, 人们的日常生活中最典型的定距尺度变量就是温度。

(4) 定比尺度

定比尺度(scale measurement)是计算两个测量值之间比值的一种计量尺度, 它的测量结果表现为数值, 如职工月收入、企业销售额等。其与定距尺度变量的区别在于有一个固定的绝对 "零点", 而定距尺度变量则没有。例如, 对于温度而言, 0℃ 只是一个普通的温度(水的冰点), 并非没有温度, 因此它只是定距尺度变量; 而重量则是一个定比尺度变量, 0 kg 就意味着没有重量。年龄变量 s3 就是一个典型的定比尺度变量。

　　定比尺度是测量尺度的最高水平,它除具有其他三种测量尺度的全部特征外,还具有可以计算两个测量值之间比值的特征,因此可以对定比尺度变量进行四则运算,而对于定距尺度变量,严格来说只能进行加减运算。

　　由于定距尺度和定比尺度在绝大多数统计模型中都没有区别,因此 SPSS 将其合并为一类,统称为"标度" 📏 ,另外两类则分别用"有序" 📊 和"名义" ♣ 来表示,具体在"测量"属性单元格中定义。这三种尺度在许多统计学书籍中有更为通俗的称呼:无序分类变量、有序分类变量和连续变量。从实用的角度出发,本书将同时采用这两种命名体系。

3. 变量名标签与变量值标签

　　可以将变量名、变量类型和测量尺度看成是变量的基本属性,而充分利用变量的其他属性则可以让统计分析工作更为轻松。变量名标签属性可以对变量的含义做详细说明,变量值标签属性则可以对变量取值的含义加以说明。在图 2.3 所示的"值标签"对话框中,给出的是变量 s2 的值标签,显然 1 表示男,2 表示女。变量名标签属性和变量值标签属性都会在数据集和分析结果中出现,以提高数据和分析结果的可读性。

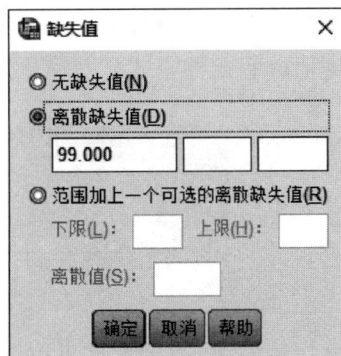

4. 缺失值

　　该属性用于自定义缺失值,主要用于问卷数据。SPSS 中的缺失值有系统缺失值和用户自定义缺失值两类。

　　对于数值型变量,系统缺失值用点"."表示,而对于字符型变量,系统缺失值则默认为空字符串。例如,在问卷调查中,有些数据项漏填了,则录入数据时只能将其跳过,相应的数据单元格也会被系统自动当作缺失值来处理。

　　用户自定义缺失值往往出现在一些设计得比较严格的大型调查中,一些题目会给出一个选项:不知道 / 拒答。相应的代码可以用 9 或者 99 来表示。例如,在 CCSS 项目中,家庭月收入变量 s9(变量名标签为"S9. 家庭收入")中就是用 99 来表示拒答的。显然,这里的 99 不是一个真实的答案,仅仅是缺失值代码,需要告知 SPSS 这是一个特定的标记数据,以在进行统计分析时区别对待。具体的做法为,单击相应变量"缺失"属性单元格右侧的按钮 ⋯ ,会打开"缺失值"对话框,如图 2.4 所示,利用该对话框,用户可以自定义缺失值。

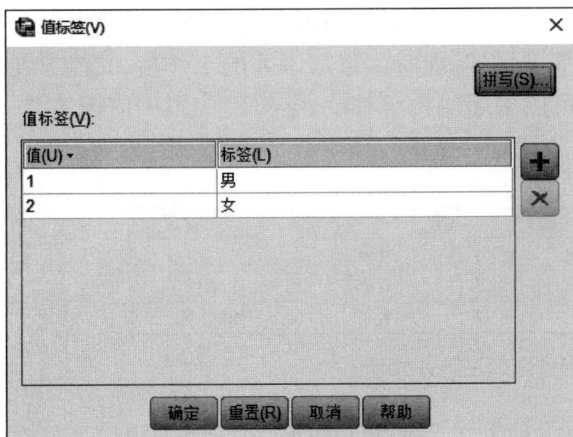

图 2.3　"值标签"对话框　　　　　　　　　图 2.4　"缺失值"对话框

其他变量属性相对容易理解,读者对照变量视图的相关内容即可理解,这里不再一一讲解。

读者可能会注意到变量视图的最右侧有一个"角色"属性,该属性主要用于满足数据挖掘应用方法论的要求,变量的角色可以是输入、目标、分区、拆分等,当使用 IBM SPSS Modeler 等数据挖掘软件打开该数据文件时,就可以直接读取变量的角色设置信息。但是该属性目前在 SPSS 中并无作用,因此本书不做介绍。

2.3 在 SPSS 中直接建立数据集

2.3.1 开放题和单选题的设置与录入

下面介绍如何在 SPSS 中为 CCSS 项目数据建立数据集。由于项目问卷所设计的问题类型不同,定义变量的方式也不同。下面将分别介绍开放题和单选题的设置与数据录入。

1. 开放题的设置

首先,为每个受访者都编制一个流水号,以便于管理。一般可以将该变量命名为"id"(变量名标签为"ID")。严格地说,应当将该变量设置为字符型变量,但由于它是数字流水号,只是为了方便检查和核对问卷,不参与后续的数据分析工作,因此完全可以用数值型变量来记录,即可以采用数值型代码 + 名义 / 有序尺度变量的组合作为流水号。

其次,在变量视图中定义该变量,直接在第一行的"名称"属性单元格中输入变量名"id",按 Enter 键后 SPSS 就会立刻在该变量的其他属性单元格中自动填入相应的默认值。在绝大多数情况下,SPSS 给出的默认变量类型(数值型)和变量精度(8.2 格式)就可以满足数据分析的需求,如果不能满足数据分析需求,就要对不满足需求的属性进行修改。在本例中,在变量 id 的"标签"属性单元格中输入"ID",该变量的其他属性采用默认值而不做修改。

最后,在项目问卷中还询问了受访者的"姓名"(题目 S1),这显然也是开放题。这里可以考虑用一个长度为 10 或 12 的字符型变量来记录。请读者自行操作,这里不做详述(注意,设置时需要修改变量的类型和宽度)。

2. 单选题的设置

单选题的设置与开放题类似,使用一个字符型变量或者数值型变量即可记录信息。与开放题不同的是,在单选题中可以定义变量值标签,这样既能减少数据录入的工作量,又能方便后续的数据分析工作。具体而言,单选题的设置可以采用原始字符串、字符型代码 + 值标签、数值型代码 + 值标签三种方式。对应于这三种方式,对题目 S2 进行设置后的界面如图 2.5 所示。

	名称	类型	宽度	小数	标签	值
1	S2_1	字符串	8	0	性别	无
2	S2_2	字符串	8	0	性别	{1, 男}...
3	S2_3	数值(N)	8	2	性别	{1.00, 男}...

图 2.5 设置单选题的三种方式示例

这三种方式,原则上都可以使用;但是第三种方式"数值型代码 + 值标签"可以方便后续的数据分析工作,建议读者使用。

问卷中包含"其他,请指出"选项的单选题,称为半开放单选题。在设置此类题目时,可以使用两个变量:第一个变量用于存储"其他,请指出"选项;第二个变量用于存储"其他,请指出"选项的具体内容,即将该选项的具体内容看作一个独立的开放题,按照开放题的录入方式录入数据,将没有选择该选项的受访者作为缺失值处理。

为了使变量名之间有一定的逻辑联系,可以将第二个变量的名称设置为第一个变量的名称后直接加"a"的形式。另外,在数据录入完毕后,应当在数据预处理阶段对第二个变量中的数据进行编码,以便于后续分析,相关方法可参见第 3 章和第 4 章的相关内容。

3. 数据的录入

变量定义完毕后,就可以向文件中录入数据了。在数据编辑器窗口中切换到数据视图,录入数据的过程如图 2.6(a) 所示。可见前几列显示的就是已定义的变量名,均显示为黑色。其他各列的变量名则仍显示为灰色,表示尚未使用。同样,各行标号也显示为灰色,表明当前还未输入数据,即该数据集内没有个案。

选中 1 行 1 列单元格,此时该单元格为当前单元格。输入第一个数据 1,并按 Enter 键,如图 2.6(b) 所示。与图 2.6(a) 相比,首先,当前单元格下移,变成了 2 行 1 列单元格,而 1 行 1 列单元格的内容则被替换为 1.00,出现两位小数是因为数值型变量的精度默认为 8.2 格式,有两位小数;其次,第一行的标号变黑,表明该行中已输入了数据;最后,1 行 2 列单元格(字符型变量)因为没有输入过数据而显示为空,1 行 3 列单元格(数值型变量)因为没有输入过数据而显示为".",表示该数据为缺失值。

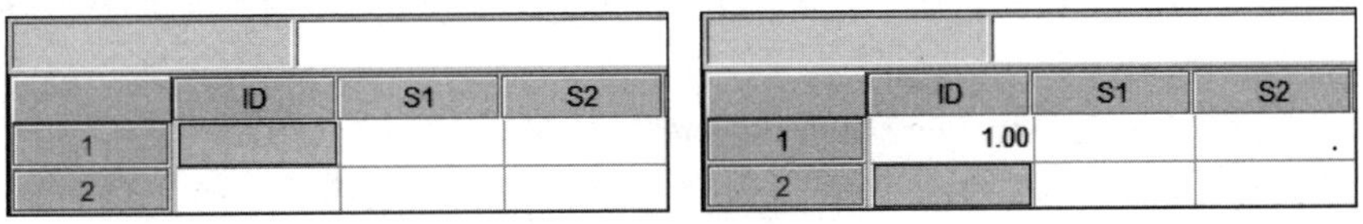

	ID	S1	S2
1			
2			

(a)

	ID	S1	S2
1	1.00		.
2			

(b)

图 2.6　录入数据的过程

如果重新将 1 行 1 列单元格选为当前单元格,则图 2.6(b) 所示的变量名行上方的数据栏内会同步显示格式化后的数值"1.00"。事实上,如果事先已建立了新变量,则录入数据时数据栏内就会同步显示相应的数值。

如果要继续录入数据,则用上述方式将数据录入完毕即可,但需要注意的是,在录入数据的过程中,要养成随时保存的习惯,以避免因突然断电或宕机而导致工作成果丢失。

初学者往往关心 SPSS 的数据量问题,实际上,作为一个功能完善的统计软件,SPSS 可以加载的变量和个案所对应的数据量很大。笔者曾亲自处理过包含上千个变量、上百万个个案的数据文件。对于此级别的数据量,即便使用常规的计算机硬件配置,SPSS 完成常用的统计分析工作的时间也是非常少的。

2.3.2　多选题的设置与录入

多选题又称为多重响应(multiple response),是社会调查和市场研究中的一种十分常见的数据记录格式。对于单选题,一个受访者只能选择一个选项,而对于多选题,一个受访者既可以选择一个选项,也可以选择两个或者两个以上的选项。例如,CCSS 项目中的题目 C0 和 A3a 就是如此。因此,多选题不能使用一个变量来定义(否则无法进行分析),而需要使用几个变量来定义。在统计软件中,多选题的记录格式有两种:多重二分法和多重分类法。其他记录格式均不能被 SPSS 直接使用,必须转换成这两种格式之一才能用于统计分析。

1. 多重二分法

所谓多重二分法,是指对题目中的每个选项都定义一个变量,有几个选项就定义几个变量,这些变量各自代表对其中一个选项的选择结果,一般为二分类变量,测量结果只有两个类别,其中一个类别代表受访者是否选择该选项。

以 CCSS 项目中的题目 C0 为例,其对应着三个选项,因此需要设置 c0_1、c0_2、c0_3 这三个变量,且均用 1 表示选择("有"),用 2 表示未选择("无"),如图 2.7(a)所示。图中第 1 个个案每月有房贷支出,但没有车贷和其他一般消费还贷支出,而第 2 个个案则没有任何还贷支出。

显然,在多重二分法中无论有多少个变量,其变量值标签的定义都应当是一致的,否则将会引起混乱。需要说明的是,题目 C0 中还增设了代码 99 表示拒答,这是根据访问的实际需求而增设的,后续分析中可以将代码 99 和 2 合并成一类,表示按照未选择该选项进行分析。

2. 多重分类法

多重二分法有时会给数据录入带来麻烦,以 CCSS 项目中的题目 A3a 为例,每个受访者最多只能选择两个选项,但该题目的总选项数多达 12 个,显然,如果使用多重二分法录入数据,则大部分数据都需要录入为未选择,徒增了许多数据录入工作。对于此类多选题,使用多重分类法来记录更为便捷。

多重分类法利用多个变量来对一个多选题进行定义,但变量总数要根据受访者可能给出的最多答案数来确定。而且,所有这些变量均为多分类变量,并采用同一套变量值标签,每一个变量都表示受访者的一次选择结果。以题目 A3a 为例,由于限定最多选择两个选项,因此只需要设置 a3a_1 和 a3a_2 这两个变量即可。从图 2.7(b)中可见,第 1 个个案选择了两个改善方面的选项,而第 2 个个案只选择了一个选项,随后的 a3a_2 则为缺失值。显然,这种数据缺失现象在多重分类法中是一种正常情况。

🛠 c0_1	🛠 c0_2	🛠 c0_3
1 有	2 无	2 无
2 无	2 无	2 无
1 有	2 无	2 无
2 无	2 无	2 无
2 无	2 无	2 无
1 有	2 无	2 无
2 无	2 无	2 无
2 无	2 无	2 无

🛠 a3a_1	🛠 a3a_2
改善: 就业状况相关	改善: 家庭开支相关
改善: 收入相关	
改善: 投资相关	改善: 投资相关
中性原因	中性原因
改善: 就业状况相关	
中性原因	
中性原因	改善: 就业状况相关
恶化: 家庭开支相关	

(a) 多重二分法   (b) 多重分类法

图 2.7 多重二分法和多重分类法的记录格式

多重分类法适用于题目的选项比较多的情况,尤其适用于"请在下列选项中选出您最喜欢的几个选项"之类的问题。

3. 两种多选题记录格式的比较与转换

多重二分法实际上是最标准的多选题记录格式,所有的统计软件均可直接使用,并且可直接用于统计建模,但是该记录格式要求对多选题的每个选项都建立相应的变量,当多选题的选项较多时效率很低。

相比之下,多重分类法的存储效率高很多。此外,在多重分类法中可以直接记录受访者选择选项的次序,即第一个变量存储的是第一提及选项,第二变量存储的是第二提及选项,以此类推。而"第一提及"在市场研究、社会学等很多学科中有着特殊的分析意义,这种信息则无法被多重二分法直接记录。

但是,多重分类法也有自己的缺陷:SPSS 之外的很多统计软件都不能直接使用该记录格式进行统计分析。即使在 SPSS 中,使用多重分类法记录的数据也只能用于多选题的描述性统计分析,如果希望对多选题建模,就必须将多重分类法记录格式转换为多重二分法记录格式。这种转换可以使用菜单"分析"→"表"→"转换多类别集"命令,调用相应的 Python 插件来实现。但是在转换之前需要先在统计软件中定义好相应的多选题变量集,如何定义多选题变量集可参见第 8 章的相关内容,此处不做详述。

4. 半开放多选题的处理方式

包含"其他,请指出"选项的多选题,称为半开放多选题,其处理思路与半开放单选题相似,即用一个变量来存储"其他,请指出"选项,而用另一个字符型变量来存储其具体内容。在数据录入完毕后再根据受访者回答频次的高低对该选项的具体内容进行二次编码,以进行更为深入的分析。

2.4 读入外部数据

对于以其他格式存储的外部数据,SPSS 可以用多种方式读入,读入的方式主要有三种:直接打开数据文件、利用文本导入向导读入文本数据文件,以及用 ODBC 接口读取数据库文件。

2.4.1 直接打开数据文件

1. 支持的数据格式

SPSS 可以直接读入多种格式的数据文件,选择菜单"文件"→"打开"→"数据"命令,或在数据编辑器窗口中直接单击工具栏上的"打开数据文档"按钮,打开"打开数据"对话框,单击"文件类型"列表框,就能看到可直接打开的数据文件格式。SPSS 在这方面的兼容性非常好,对于常见格式的数据文件都有直接读取的接口,如表 2.1 所示。选择所需要的数据文件格式,然后选中需要打开的文件,单击"打开"按钮,SPSS 就会打开相应的数据文件,并将其自动转换为 SPSS 格式的数据文件。

> 从菜单的结构可见,打开不同格式的数据文件需要使用不同的对话框,操作起来比较烦琐,因此 SPSS 提供了一个 Python 插件,能为可被 SPSS 直接打开的文件提供一个通用的打开对话框,该插件可通过菜单"文件"→"常规打开"命令调用。

表 2.1 常见的 SPSS 可直接打开的数据文件格式

数据标识	数据文件格式
SPSS Statistics (*.sav, *.zsav)	SPSS 各版本的数据文件
SPSS/PC+ (*.sys)	SPSS/PC+ 版本的数据文件
可移植格式 (*.por)	SPSS 可移植格式的数据文件
Excel (*.xls, *.xlsx, *.xlsm)	Excel 各版本的数据文件
SAS (*.sas7bdat, *.sd7, …)	SAS 各版本的数据文件
Stata (*.dat)	Stata 各版本的数据文件
dBase (*.dbf)	dBase 系列数据文件 (dBase Ⅱ~dBase Ⅳ)
Lotus (*.w*)	Lotus 各版本的数据文件
SYLK (*.slk)	以 SYLK (符号链接) 格式保存的数据文件
文本 (*.txt、*.dat)	文本数据文件

通过安装 Python 插件 STATS_GET_R.spe 和 STATS_GET_TRIPLES.spe, SPSS 还可以直接打开 R 和 Triple-S 格式的数据文件。

2. 操作实例

下面以 SPSS 自带的文件 demo.xlsx 为例,来看 SPSS 如何直接打开 Excel 文件。该 Excel 文件位于 SPSS 安装路径下的 "Samples\English" 子目录中,它只有一个名为 "Sheet1" 的工作表,其第一行是变量名,共有 200 行数据。

在 "打开数据" 对话框中,选择正确的路径、文件格式 ("Excel")、文件名 ("demo.xlsx") 后,单击 "打开" 按钮,就会打开如图 2.8 所示的对话框。该对话框用于设置希望打开的工作表、需要读取的数据单元格范围 (留空则表示全部读入),以及数据的第一行是否为变量名。设置完毕后,单击 "确定" 按钮,数据就会被读入 SPSS。

需要注意的是,在 "读取 Excel 文件" 对话框的 "预览" 框中,系统会根据当前的设置给出数据读取结果。例如,变量 Gender 的某些取值中有前导空格,如果希望去除前导空格,则选中 "从字符串值中除去前导空格" 复选框即可。

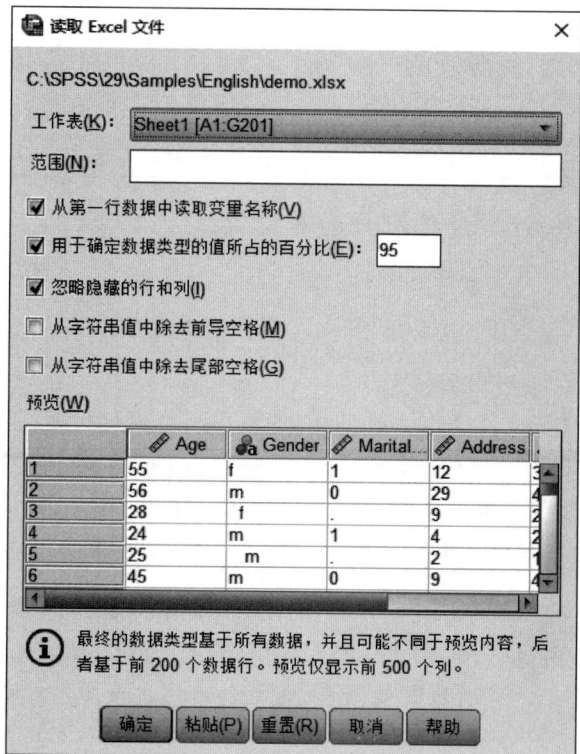

图 2.8 "读取 Excel 文件" 对话框

2.4.2 利用文本导入向导读入文本数据文件

文本数据文件是兼容性最好的数据文件,但在读入这种数据文件时需要对其格式做进一步的设置,SPSS 提供了文本导入向导来完成这项工作。这里以 SPSS 自带的文件 demo.txt 为例,来说明如何将文本数据文件读入 SPSS。该文件同样位于 "Samples\English" 目录中。选择菜单 "文件" → "导入数据" → "文本数据" 命令,在打开的 "打开数据" 对话框中选中相应的文件并单击 "打开" 按钮,系统就会自动启动 "文本导入向导" 对话框,该对话框的标题显示此向导共分为 6 步,下面就一步步地讲解。

细心的读者可以发现,通过菜单 "文件" → "导入数据" → "文本数据" 命令打开的仍然是 "打开数据" 对话框,只是文件类型自动选择为 "文本"。显然读入文本数据文件的菜单命令在功能上和直接打开数据文件的菜单命令是重复的。SPSS 中有很多地方都会出现这样重复的菜单命令,其主要目的是便于用户操作。

第 1 步的界面如图 2.9(a) 所示,系统会询问有无预定义的格式,如果有则选择相应的数据文件,并给出按预定义格式读入的数据文件的预览(之后的各个向导界面也会随时更新预览情况)。显然,如果读入的数据文件格式没有被预定义,SPSS 则基本上无法正确识别该数据文件。这时在 "您的文本文件与预定义的格式匹配吗?" 框组中按照默认的设置选择 "否" 项并单击 "下一步" 按钮。

第 2 步的界面如图 2.9(b) 所示,在此处设置变量的排列方式和变量名行。如果数据文件中有变量名,则需要在 "文件开头是否包括变量名?" 框组中选择 "是" 项,然后单击 "下一步" 按钮。

第 3 步的界面如图 2.9(c) 所示,在此处确定个案的开始行号、每个个案所占的行数、希望导入的个案数,一般前两者按照默认设置即可,后者则可以根据对个案进行随机抽样的需要来设置。

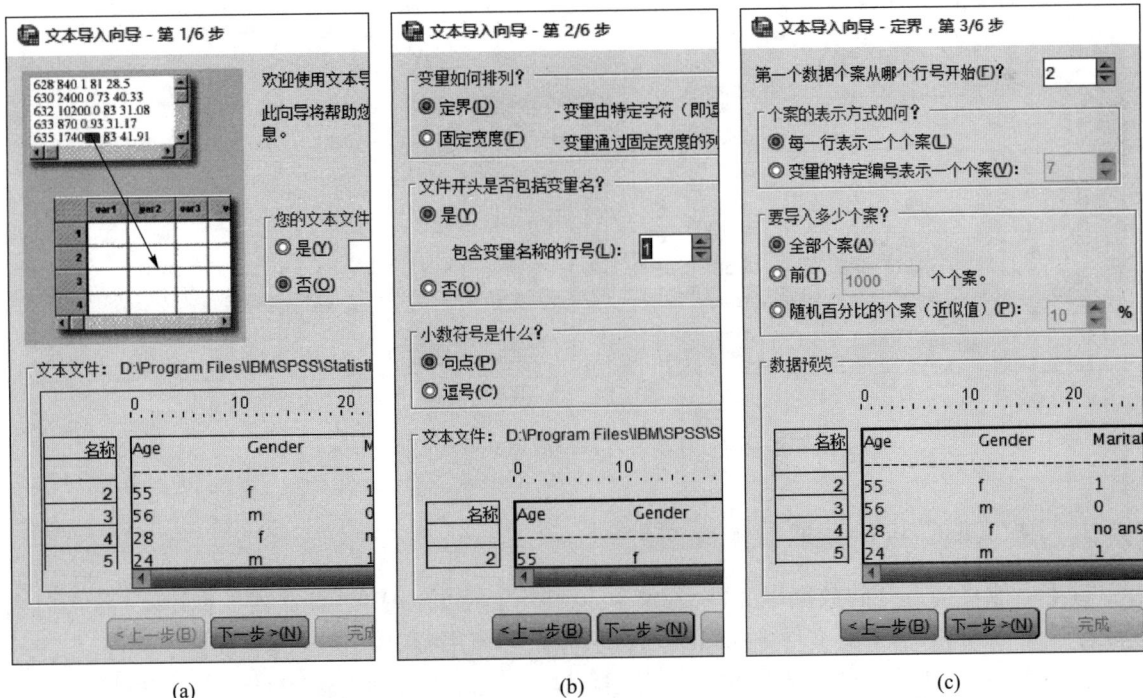

(a) (b) (c)

图 2.9 文本导入向导的第 1~3 步的界面(部分)

第 4 步的界面如图 2.10(a)所示,此处用于对变量定界符以及文本限定符进行设置,设置好后会在"数据预览"区域动态显示数据的预览情况。demo.txt 中的变量所采用的定界符是制表符,但是在"变量之间存在哪些定界符?"框组中系统自动识别并选择的是制表符和空格,因此"数据预览"区域显示的第三个变量"Marital Status"的读入结果不正确。于是,需要取消对"空格"复选框的选择,并在"数据预览"区域确认读入的数据无误后方可进行后续的工作。"文本限定符是什么?"框组提供了无、单引号、双引号和其他 4 个选项。如果文本数据中的字符型变量是用限定符分隔的,则需要在此处设置。

第 5 步的界面如图 2.10(b)所示,对各变量的属性做进一步设置,包括更改变量名和更改数据格式,在"数据预览"区域选择一个变量即可进行操作。在对变量"Marital Status"进行操作时会弹出对话框,提示"找到对此应用程序无效的变量名,已进行更改",原因是不允许变量名"Marital Status"中出现空格,SPSS 已自动将其中的空格删除。确认不需要做其他更改后,单击"下一步"按钮。

第 6 步的界面如图 2.10(c)所示,确认是否希望重复利用本次操作的结果。可以考虑将本次操作的结果保存为预定义格式文件,或者将本次操作粘贴为 SPSS 语句。如果单击"完成"按钮,则文本导入向导结束,随后就可以看到 SPSS 成功地读入了该文本数据文件。

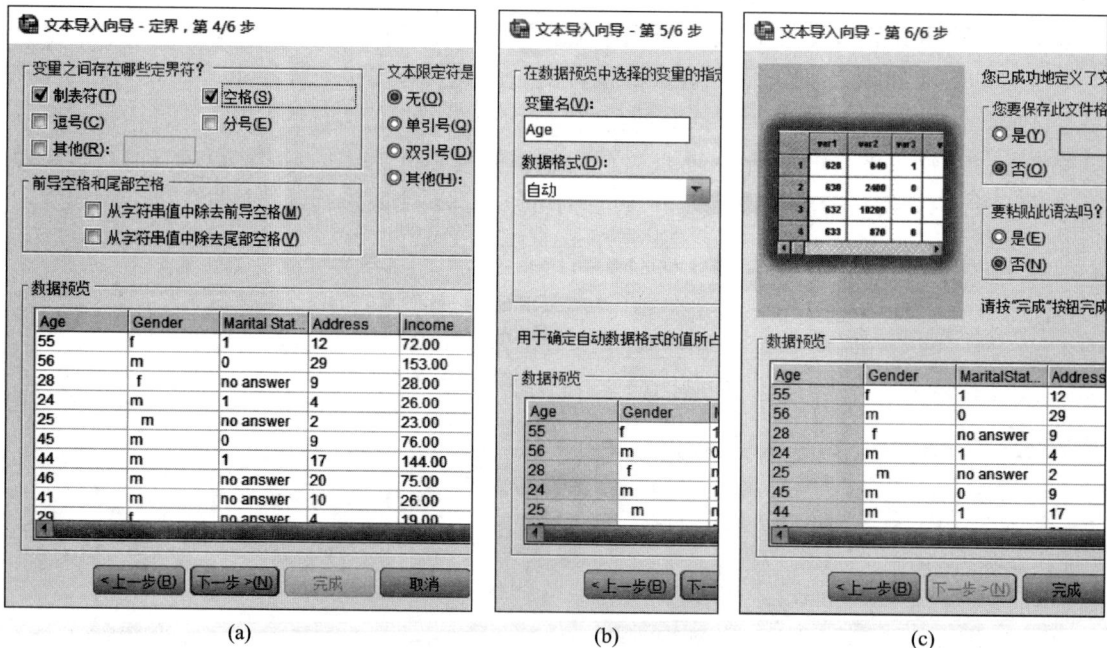

图 2.10　文本导入向导的第 4~6 步(部分)

2.4.3　用 ODBC 接口读取数据库文件

对于不能直接打开的数据库文件,SPSS 可以利用通用的 ODBC(开放式数据库互连)接口来读取。这里以 SPSS 自带的文件 demo.mdb 为例,介绍如何用 ODBC 接口读取数据库文件。

选择菜单"文件"→"导入数据"→"数据库"→"新建查询"命令,会打开数据库向导的第一个对话框,其中列出了本机上已安装的所有数据源,如图 2.11(a)所示,找到所需要的 MS

Access Database 数据源。为了能读入 demo.mdb，需要先对该数据源进行配置。单击"添加
ODBC 数据源"按钮，将 demo.mdb 配置给该数据源，然后回到数据库向导界面并单击"下一步"
按钮，系统就会正确读入 demo.mdb 中的数据，选择要检索的字段，如图 2.11（b）所示，后续的数
据库向导步骤都非常容易理解，这里不做详述。

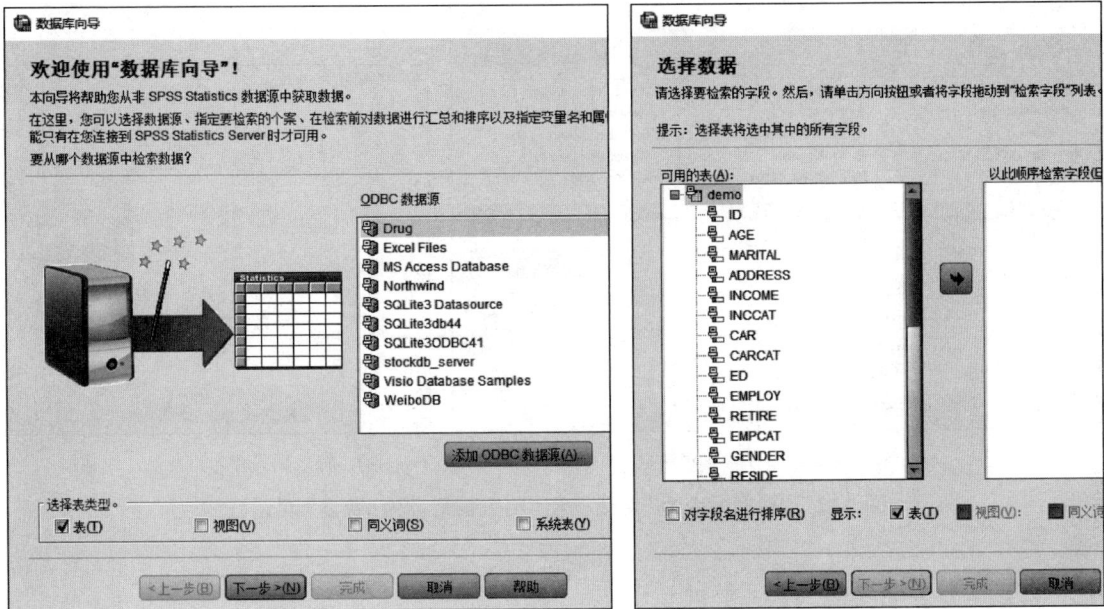

(a) 数据源列表　　　　　　　　　　　　　　　　(b) 选择数据

图 2.11　数据库向导初始对话框中的数据源列表和选择数据界面（部分）

2.5　数据的保存

在录入数据的过程中，要注意随时保存，以防止因出现意外情况而导致信息丢失。SPSS 不
仅能将数据保存为 SPSS 格式（SAV 或 ZSAV 格式）数据文件，还能将数据保存为其他格式数据
文件，对于能够读入的数据文件，SPSS 基本上都可以做到反向写回。

2.5.1　保存为 SPSS 格式数据文件

无论是录入数据还是修改数据，随时保存数据文件都是必不可少的工作。选择菜单"文
件"→"保存"命令，如果数据文件被保存过，则系统会自动按照原文件名保存更新的数据文件；
否则弹出的是"将数据另存为"对话框，如图 2.12（a）所示，只需要为数据文件指定保存路径、文
件名和保存类型就可以了。

有时在数据分析过程中会生成一些临时变量，如果不希望保存全部变量，则可以单击"将数
据另存为"对话框中的"变量"按钮，打开"将数据另存为：变量"对话框，来筛选需要保存的变
量，如图 2.12（b）所示。在该对话框中，每个变量的左侧都有一个复选框，表明它们是否会被保
存在数据文件中。对于不需要保存的变量，可以去除对相应复选框的选择，这样该变量就不会出

现在最近保存的数据文件中了。

除 SAV 格式外,SPSS 还为大数据集提供了一种 ZSAV 格式,该格式本质上是存储时将原 SAV 格式数据文件压缩为 ZIP 格式数据文件,打开时则先解压再读入。

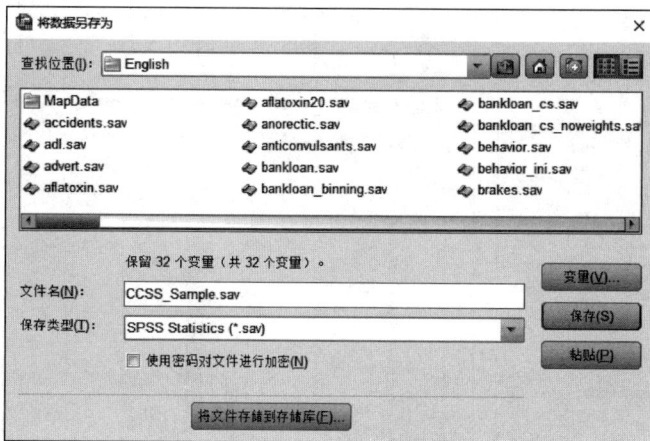

(a) "将数据另存为"对话框　　　　　　　(b) "将数据另存为:变量"对话框

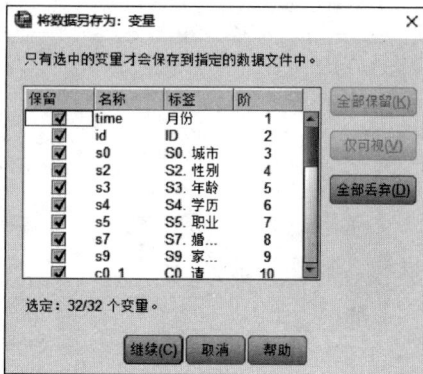

图 2.12　"数据另存为"对话框和"将数据另存为:变量"对话框

2.5.2　保存为其他格式数据文件

SPSS 不仅可以读入非 SPSS 格式数据文件,还可以将数据保存为多种非 SPSS 格式的数据文件。在"将数据另存为"对话框中单击"保存类型"下拉按钮,在打开的下拉列表中可以看到 SPSS 能够保存的各种数据格式,用户选择合适的数据格式,单击"确定"按钮即可。

不过,在将数据保存为非 SPSS 格式数据文件时,有些变量设置信息可能会丢失,如变量值标签和缺失值等。虽然 SPSS 会尽可能地保留这些信息,例如,在将数据文件保存为 SAS 等格式时会提示将变量值标签设置信息等另存为一个 SAS 程序文件,但这样毕竟不太方便。因此,除非确实需要和其他软件交换数据,否则在数据保存为非 SPSS 格式的数据文件时一定要慎重。

2.6　数据编辑器窗口的常用操作技巧

本章最后对数据编辑器窗口的常用操作技巧做一总结,以方便读者进行数据分析工作。与其他统计软件相比,SPSS 数据编辑器窗口最大的优势就是便捷。这些操作技巧是笔者在使用 SPSS 的过程中总结出来的,希望能对读者有所帮助。

2.6.1　数据录入技巧

1. 连续输入多个相同的数值

如果需要在数据编辑器窗口的许多连续单元格中输入相同的数值,则可以先在其中任意一个单元格内输入该数值,如"1",按 Enter 键后用鼠标右键单击该单元格,在弹出的快捷菜单中选择"复制"命令,然后选中所有希望填入该数值的单元格区域,再单击鼠标右键,在弹出的快捷菜单中选择"粘贴"命令,则所有被选中的单元格都会被自动填入该数值。

　　需要指出的是,该操作在数据视图和变量视图中均可进行,而且对变量值标签、缺失值的设置等均有效,读者可以自行尝试。

　　2. 快速定义成批变量

　　在变量视图中定义一个变量时,依次输入该变量各个属性的值,直到将该变量所有属性的值都输入完后才开始定义下一个变量。这样成批定义变量非常浪费时间。实际上,在定义变量时,其绝大部分属性,如类型、宽度、小数位数等,都可以采用默认值。因此,在成批定义变量时可以先定义各个变量的名称,之后再依次定义各个变量的变量名标签、变量值标签等属性,这样就可以成倍地提高变量定义的效率。

　　还有一种便捷的方式,即在需要定义很多变量且对变量名的要求不高,SPSS 自定义的变量名就可以满足需求的情况下,在变量视图中直接跳到最后一个变量处进行设置。例如,若需要定义 50 个变量,就直接跳到第 50 个变量处,输入变量名,按 Enter 键后就可以看到第 1 至第 49 个变量被自动定义好了,然后只需要调整不合适的变量定义即可。

　　3. 将 Excel 或 Word 文档中的数据直接导入 SPSS

　　对于 Excel 文档中的数据而言,如果已在 Excel 中打开了原数据文件,并且数据量较少,则可以直接用复制和粘贴的方法将数据导入 SPSS。首先,在 Excel 中选中所需的数据,利用复制命令复制数据;其次,切换到 SPSS,使 1 行 1 列单元格成为当前单元格;最后,利用粘贴命令将数据粘贴到该单元中,这样数据就会被全部导入 SPSS。

　　如果数据中含有文本,则在直接粘贴数据时有可能由于字符串长度设置得过短而丢失数据。解决这个问题的办法是先粘贴一次数据,然后在 SPSS 中对类型等变量属性进行修改,最后再重新粘贴一次数据,这样文本数据就不会丢失了。

　　对于 Word 文档中的数据,将其导入 SPSS 的方式与将 Excel 文档中的数据导入 SPSS 的方式基本相同。

　　如果要将 SPSS 中的数据粘贴到 Excel 或 Word 文档中,其操作逻辑和上面完全相同,只是操作次序相反。此外,在复制数据时,除了使用一般的复制方式,还可以在"编辑"菜单中选择"与变量名称一起复制"或者"与变量标签一起复制"命令,用户可以根据具体需求选择相应的命令。

　　4. 快速改变变量/个案排列次序

　　在数据视图中,选中需要改变排列次序的变量,然后用鼠标将其拖动到其他位置上。在上述操作过程中,可以选择连续的多个变量,或者按住 Ctrl 键选择不连续的多个变量,然后拖动鼠标将它们同时移动到合适的位置上。

　　上述方法对于改变个案的排列次序也同样有效,具体方法是,在数据视图中选中相应的个案,其余操作相同。

2.6.2　快速定位技巧

　　1. 个案的快速定位

　　个案的快速定位对于操作大型数据集来说非常有用,具体有以下两种情况:

　　(1) 快速定位到第 N 个个案

　　选择菜单"编辑"→"转到个案"命令,或者单击工具栏上的"转到"按钮,在打开的"转到"

对话框的"个案"选项卡中输入要转到的个案号,单击"跳转"按钮即可。

(2) 定位到变量值等于某个取值的个案(如 ID=34980)

先让相应的变量成为当前列,然后单击"查找"按钮,在打开的"查找"对话框的"查找"选项卡中输入相应的数值,单击"查找下一个"按钮系统就会查找到符合条件的第一个个案,再次单击该按钮系统则会找到符合条件的第二个个案,以此类推。

2. 利用排序功能快速查找异常值、极端值

要发现异常值、极端值,标准的做法是通过制作频数表来查看有无异常值,但这样做过于麻烦,而且无法立刻知道是哪一个个案。最简单的做法是,在数据视图中用鼠标右键单击相应的变量名,在弹出的快捷菜单中选择"升序排序"或"降序排序"命令,该变量的最小值(或缺失值)或最大值所对应的个案就会成为第一个个案。这样该变量有无异常值、极端值就一目了然。

3. 利用变量值标签检查录入错误

前面曾经介绍过,对于单选题,最好采用"数值型代码 + 值标签"的方式录入。下面再进一步介绍这种方式:

首先,由于表示单选题的变量绝大多数只有有限的几个取值,因此可以将这些变量一律设置为数值型变量,录入时只要输入代码 1、2、3 等即可,然后将代码的实际含义定义为变量值标签,这样可以大大加快数据录入速度。

其次,选择菜单"视图"→"值标签"命令,或者单击工具栏上的"值标签"按钮,数据编辑器窗口中所有设置了值标签的变量值均会显示为相应的值标签;再进行一次上述操作,它们就又会以变量值的方式显示。以值标签的方式显示变量值,不仅便于用户查看数据,还使变量值标签能以下拉列表的形式呈现,方便用户选择,避免出现录入错误。此外,以值标签的方式显示变量值,还便于用户发现缺失值和无标签数据,而后者往往就是错误的数据。

2.6.3　窗口操作与切换技巧

1. 冻结行或列

对于熟悉 Excel 工作表操作的用户而言,对工作表右侧的若干列或者上方的若干行进行冻结是常见的操作,SPSS 也可以实现类似的功能。通过仔细观察可以发现,在数据编辑器窗口中,数据表格的下方、右侧分界线中部都有形如▥的标记。将鼠标指针指向位于下方分界线中部的该标记,待鼠标指针变为↔形状后,按住鼠标左键上下拖动分界线,到合适的位置后松开鼠标左键,就会发现数据表格被该分界线分为两个部分。如果同时对下方和右侧分界线进行该操作,则可以将该数据表格分为 4 个部分,如图 2.13 所示。这 4 个部分均有独立的上下和左右滚动条,从而可以实现某些行 / 列滚动而其余行 / 列固定的效果。

此外,也可以选择菜单"窗口"→"拆分"命令,这样数据表格就会被直接拆分成 4 个部分,然后再用鼠标将分界线拖动至合适的位置即可。

如果希望取消拆分,则用鼠标将分界线重新拖动至数据表格的右侧 / 下方,相应的分区就会消失。

2. 快速重复调用对话框

一般通过在菜单栏上选择相应的菜单命令,调用对话框来完成数据分析工作。但这样做比较麻烦,尤其是在需要重复进行相同的分析操作时。要快速重复调用对话框,只要单击工具栏上的"重复调用最近使用的对话框"按钮▥,所打开的下拉列表中就会显示最近使用过的对话框,并且这些对话框中的设置信息都会得到保留(在该数据集关闭前均有效),这样用户在要重复使用这些对话框时,就不用再去反复选择菜单命令了。

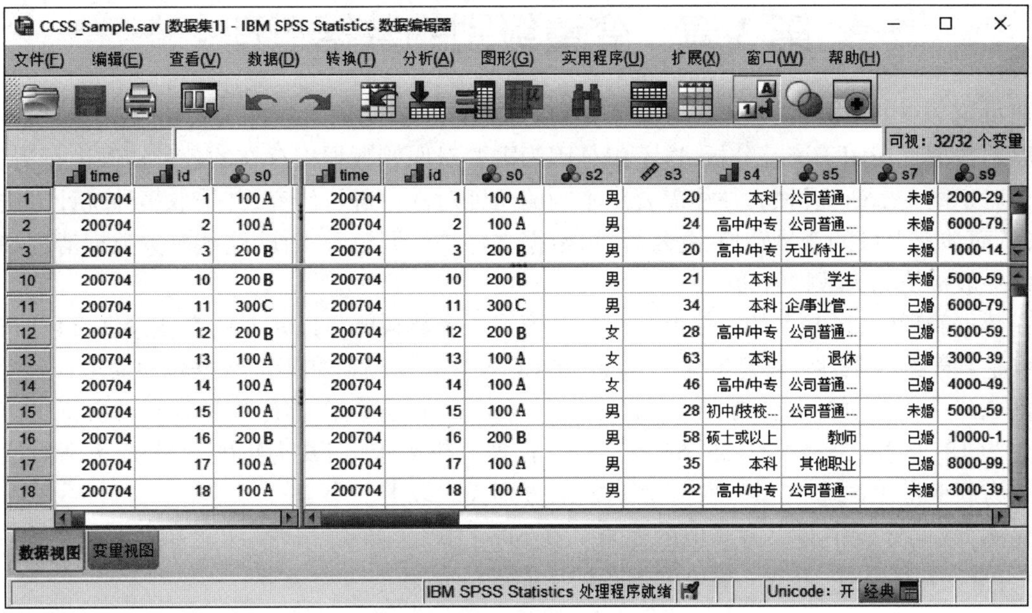

图 2.13　拆分状态的数据表格

3. 从其他窗口快速切换到数据编辑器窗口

数据编辑器窗口是 SPSS 的核心窗口,在实际操作中经常需要从其他 SPSS 窗口中切换回该窗口。其他 SPSS 窗口中的工具栏上都有一个"转到数据"按钮 ,只要单击该按钮,系统就会立刻切换到数据编辑器窗口。如果同时有多个数据编辑器窗口,则会切换到最近一次使用的那个数据编辑器窗口。

4. 指定结果查看器窗口

当同时打开了两个或两个以上的结果查看器窗口时,SPSS 默认使用最近一次输出结果的窗口来输出结果。如果要指定输出结果的窗口,则可以先切换到希望输出结果的结果查看器窗口,然后选择菜单"实用工具"→"指定窗口"命令,此时当前的结果查看器窗口就会被指定为结果输出窗口。

思考与练习

1. 针对 SPSS 自带的文件 demo.xls,进行以下练习:

(1) 将该数据文件读入 SPSS,并且仅包含以下变量:年龄、婚姻状况、家庭住址、收入。

(2) 设置婚姻状况变量 marital 的值标签,用 1 表示已婚,用 0 表示未婚,用 3 表示离异/分居/丧偶。

2. 在完成上述练习的基础上,请尝试自行在 SPSS 中按照 CCSS 项目的问卷建立相应的数据集结构。

第 3 章　变量级别的数据管理

通过第 2 章的学习,读者已经掌握了如何将 CCSS 项目的原始数据录入 SPSS。但是,一般不能将原始数据直接用于统计分析,这不仅是因为需要对原始数据中存在的各种错误进行清理,也是因为对于同一个研究目的,往往需要从不同的角度对数据进行研究,并采取多种统计方法进行分析,从而涉及大量的变量转换、变量计算、数据文件结构调整等工作,这些有关数据清理和转换的工作一般被统称为数据管理。

在数据管理中,最基本的需求就是变量转换。变量转换既可以是对已有变量进行数值转换,也可以是基于某些条件计算新变量。例如,在 CCSS 项目中就有如下的数据转换需求:

例 3.1　CCSS 项目中受访者的年龄在 18 岁到 65 岁之间,在进行数据分析时会将受访者的年龄分为 18~34 岁、35~54 岁、55~65 岁三组。根据分析需求,需要为年龄变量 s3 重新赋值并将其存储为新变量 TS3,新变量的取值为 1、2、3,分别代表以上三个组。

显然,数据分析中有很多类似的需求。在 SPSS 中,这类变量转换功能基本上都集中在"转换"菜单中,本章将对"转换"菜单中的各种功能进行介绍。

在一个完整的数据分析项目中,数据管理的工作量所占的比例往往达到 70% 甚至更高。一名出色的统计分析人员,往往善于基于描述性统计结果,将数据转换成任何所需的格式,从而为下一步的建模分析打下坚实的基础。

3.1　变 量 赋 值

所谓变量赋值,就是指在原始数据的基础上,根据用户的要求,使用 SPSS 算术表达式及函数,对所有个案或满足 SPSS 条件表达式的个案进行四则运算,并将结果存入一个用户指定的变量。该指定变量既可以是一个新变量,也可以是一个已经存在的变量。变量赋值是十分常用的操作,其使用量几乎占数据管理操作的一半以上。

3.1.1　基本概念

变量赋值涉及算术表达式、函数、条件表达式、逻辑表达式等基本概念,下面对这些概念进行简单介绍。

1. 算术表达式

在变量转换的过程中,应当根据实际需要,指出使用什么方法进行变量转换。这里所使用的方法一般以算术表达式的形式给出。算术表达式(numeric expression)是由常量、变量、算术运算符、括号等组成的式子,参与运算的数据和最终结果均为数值型数据,对于字符型和日期型变量/常量,则需要先进行函数转换再进行运算。

算术表达式中的运算符由加(+)、减(-)、乘(*)、除(/)、乘方(**)构成,运算次序以及括号的使用均遵循四则运算法则。

2. 函数

在进行数据处理时仅有算术表达式显然是不够的,为此 SPSS 提供了上百种系统函数。根据功能和处理对象的不同,可以将 SPSS 中的函数分成为 8 类:算术函数、统计函数、分布函数、逻辑函数、字符串函数、日期时间函数、缺失值函数和其他函数。

函数具体的书写形式为

函数名(参数)

函数名是系统已经规定好的。括号中的参数可以是一个,也可以是多个;参数的类型可以是常量(字符型常量应当用一对引号引起来),也可以是变量名或算术表达式。函数中如果有多个参数,各参数之间要用逗号","隔开。

在 SPSS 中,函数可以与算术表达式混合出现,用于完成更加复杂的计算。各类 SPSS 函数的说明请参考本书附录 2。

3. 条件表达式和逻辑表达式

通过 SPSS 的算术表达式和函数可以对所有个案进行计算,如果仅希望对部分个案进行计算,则可以利用 SPSS 的条件表达式加以指定。在根据实际需要构造条件表达式之后,SPSS 先对条件表达式进行计算,得到的值为一个逻辑常量(真或假);然后从所有个案中自动挑选出满足该条件的个案,并对它们进行计算。

在 SPSS 的条件表达式中,常用的关系运算符有以下几种:<、>、<=、>=、=、~=,其中最后一个符号表示"不等于"。在 SPSS 中也可以使用英文缩写,例如,也可以将"~="写为"NE"。

除了条件表达式,在 SPSS 中还会用到逻辑表达式,其作用和赋值类型均类似条件表达式,常见的是以下三个逻辑运算符:&、|、~,分别表示 AND、OR 和 NOT。

3.1.2 界面介绍

在 SPSS 中,变量赋值过程主要是通过"计算变量"对话框来实现的。选择菜单"转换"→"计算变量"命令,可打开"计算变量"对话框,如图 3.1 所示。

① "目标变量"框:用于输入需要赋值的变量名,在输入变量名后,下方的"类型和标签"按钮就会变黑,利用该按钮可以对变量进行详细的定义。变量默认为 8.2 格式的数值型变量,大多数情况下都不需要更改。

② 候选变量列表框:位于"类型和标签"按钮的下方,可以单击其右侧的变量移动按钮将选中的变量选入右侧的"数字表达式"框。

③ "数字表达式"框:将其翻译成"数值表达式"更为妥当,用于为目标变量赋值。

④ 软键盘:位于该对话框的中部,类似计算器,可以单击软键盘上的按键输入数字和符号。

⑤ 函数列表:分为"函数组"框、"函数和特殊变量"框、函数解释文字框三部分,可以在这里找到并使用所需的 SPSS 函数。图 3.1 所示的是选择了算术函数组、Abs 函数之后,函数解释文字框中出现 Abs 函数相应解释的情形。

⑥ "如果"按钮:单击"如果"按钮,打开"计算变量:If 个案"对话框,如图 3.2 所示,用于对个案筛选条件进行设置,在默认情况下选中"包括所有个案"项,如果需要进行个案筛选,则应当选中"在个案满足条件时包括"项,然后在下方的表达式框中输入相应的筛选条件。完成之后单击"继续"按钮,返回"计算变量"对话框,即可看到"如果"按钮右侧显示出相应的筛选条件表达式。

图 3.1　"计算变量"对话框

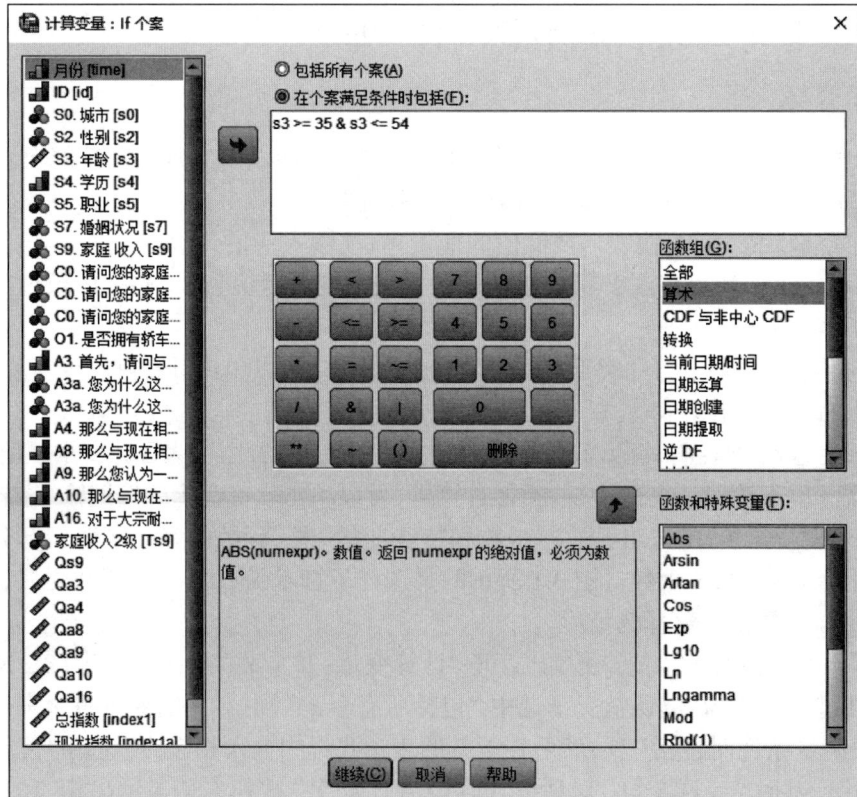

图 3.2　"计算变量: If 个案"对话框

3.1.3 案例：年龄变量 s3 的分组

下面演示例 3.1 的操作过程。该例实际上属于变量重编码的情形，但也可以利用变量赋值过程中的设置个案筛选条件操作来实现。也就是说，如果希望基于全部个案生成一个新变量，但对于不同的人群采用不同的赋值，则可以通过在设置不同筛选条件的情况下多次调用变量赋值过程来实现：

① 在"计算变量"对话框中，将"目标变量"设置为 TS3，将"数字表达式"设置为"1"，确认后即可建立该新变量，取值为 1。

② 重新进入"计算变量"对话框，将"数字表达式"更改为"2"，单击"如果"按钮，在打开的"计算变量：If 个案"对话框中将筛选条件设置为"s3>=35&s3<=54"。此即图 3.2 所示的情形，依次确认。

③ 重新进入"计算变量"对话框，将"数字表达式"更改为"3"，单击"如果"按钮，在打开的"计算变量：If 个案"对话框中将筛选条件设置为"s3>=55"，依次确认后，完成相应的操作。

3.2 已有变量的转换

在数据分析中，将连续变量转换为离散变量，或者将分类变量的不同类别合并起来是常见的工作。这些工作虽然也可以利用变量赋值过程来实现，但显然需要进行多次操作，而利用变量重编码过程则可以便捷地完成此类工作。

SPSS 提供了功能类似的两种变量重编码过程：重新编码为相同的变量过程和重新编码为不同变量过程。其中，重新编码为相同的变量过程用于直接对原始变量的取值进行重编码，替换原始变量值；而重新编码为不同变量过程则用于根据原始变量的取值生成一个新变量来记录重编码结果。应当说，两者除输出目标不同之外，其他功能都类似，因此本节将以功能更强的后者为主进行讲解。此外，将一个分类变量转换为哑变量组也是统计建模中常见的数据准备操作，本节将一并进行介绍。

3.2.1 对连续变量进行分组合并

在 SPSS 中，要将连续变量转换为离散（有序分类）变量，可以使用变量重编码过程和将在下一节介绍的可视化分段过程，但前者更为简单和常用。这里仍针对例 3.1 来介绍变量重编码过程的具体操作：

① 选择菜单"转换"→"重新编码为不同变量"命令，打开"重新编码为不同变量"对话框。

② 将年龄变量 s3 选入"输入变量->输出变量"框，其名称会更改为"数字变量->输出变量"框，同时"输出变量"框组变黑，在其中的"名称"框中输入新变量名 TS3 并单击"变化量"（此处为英文 change 的误译）按钮，则原来的"s3->？"变成了"s3->TS3"，如图 3.3 所示，表明新旧变量名之间已经建立了对应关系。注意，这里不能输入已有变量的名称，即只能建立新变量，而不能替换原始变量。

单击"旧值和新值"按钮，打开"重新编码为不同变量：旧值和新值"对话框，如图 3.4 所示。该对话框的左侧为原始变量的取值情况，右侧为新变量的赋值设置。两边设置完毕后单击"添加"按钮，相应的转换规则就会被添加到"旧→新"框中去。但需要注意的是，所有的范围都包含端点值,虽然此时前面设置的转换规则优于后面设置的转换规则,但为了避免误解,本例将不包括端点值的情形均设置为小数(已知变量 s3 的取值均为整数),请读者仔细体会这一技巧。

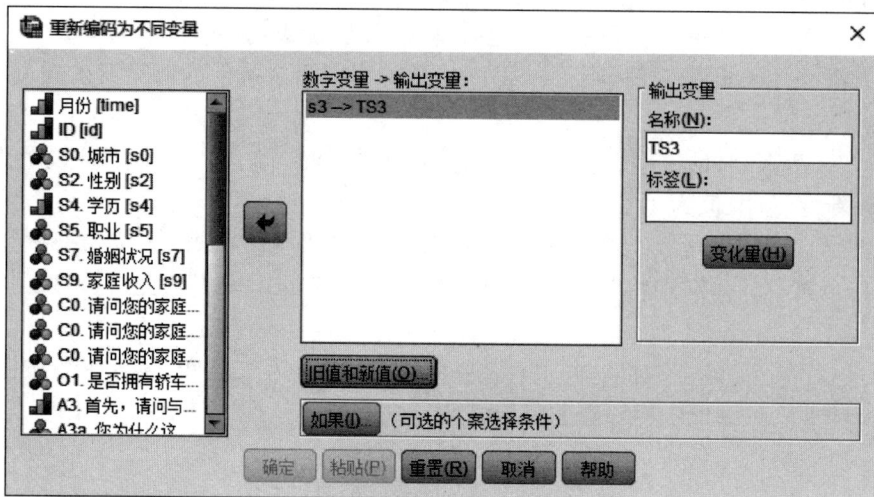

图 3.3　"重新编码为不同变量"对话框

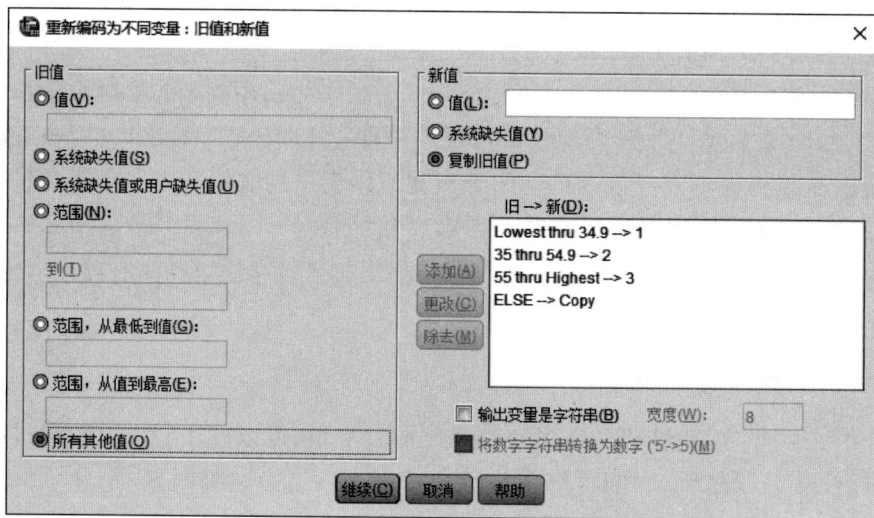

图 3.4　"重新编码为不同变量:旧值和新值"对话框

此处设置的转换规则有 4 条,很多初学者认为有 3 条转换规则就够了。例如,第 3 条和第 4 条转换规则完全可以用一条转换规则"ELSE->3"来替代。但需要指出的是,在进行数据整理时一定要考虑数据出错等例外情形,如果变量 s3 中存在缺失值、异常值等,只采用 3 条转换规则就无法发现,而上述设置则可以将异常情况保留在新变量中,从而在后续分析中发现这一异常情况(当然也可以一律设置成转换为缺失值)。一言以蔽之,不能随意简化数据管理程序,而要充分考虑各种极端情形下的需求。

　　上述变量重编码过程既可以将连续变量转换成数值型或者字符型离散变量,也可以将记录数字的字符型变量转化成数值型变量,只需选中"重新编码为不同变量:旧值和新值"对话框中的"将数字字符串转换为数字('5'->5)"复选框即可。

3.2.2　分类变量类别的合并

　　变量重编码过程也可以用于将某个分类变量的几个类别合并为一个类别,如果分类变量的类型为数值型,则其操作与 3.2.1 小节中介绍的基本上没有区别。但如果分类变量的类型为字符型,则默认将其转换为数值型,如果仍希望将其转换为字符型,则需要选中"输出变量是字符串"复选框。

3.2.3　将分类变量转换为哑变量组

　　将分类变量转换为哑变量组是统计建模中很常见的数据准备操作,它虽然可以通过多次使用变量赋值过程来实现,但操作起来过于烦琐。SPSS 为此提供了 Python 插件,可以使用相关对话框直接实现此功能。

　　哑变量的具体介绍可参见《高级教程》的相关内容。

　　安装好插件 SPSSINC_CREATE_DUMMIES.spe 后,"转换"菜单中就会新增"创建虚变量"命令。选择该命令,即可打开相应的对话框,如图 3.5 所示。在该对话框中,"针对下列变量创建虚变量"框用于选入希望转换为哑变量组的分类变量,可以选入多个分类变量;"虚变量标签"框组用于选择是将原始变量值还是将变量值标签作为新生成的哑变量的变量名标签;"值顺序"框组则用于确定新生成的哑变量的排列次序;"主效应虚变量"框组用于指定代表主效应的哑变量的根名称,所有哑变量都会按照"根名称_流水号"的规则自动命名。如果要同时对多个变量进行转换,则依次输入根名称并用空格分隔即可;如果希望对这些变量直接生成二阶、三阶的交叉哑变量,则直接在下方的"双向交互"或"三向交互"框组中进行设置即可。需要说明的是,对话框提及的宏功能为高级功能,普通用户可以直接忽略该功能。

　　例 3.2　将城市变量 s0 和婚姻状况变量 s7 转换为哑变量组,并生成其交叉相乘的哑变量。

　　本例如果用变量赋值的方式来完成,大概需要写 10 行代码,而如果使用插件来完成则非常简单,按图 3.5 所示的设置进行操作,就会在数据编辑器窗口中自动生成 15 个哑变量,并且在结果查看器窗口中给出哑变量的创建结果,如图 3.6 所示。可见每种变量取值均会生成一个哑变量,而各种变量取值交叉相乘也会生成相应的哑变量(交互项哑变量),因此总共有 $3+3+3\times3=15$ 个哑变量。但需要指出的是,该插件对所有同级别的哑变量都是连续编号的,因此婚姻状况的编号是 4~6 而不是 1~3,这也会影响交互项哑变量名称中流水号的编码方式。

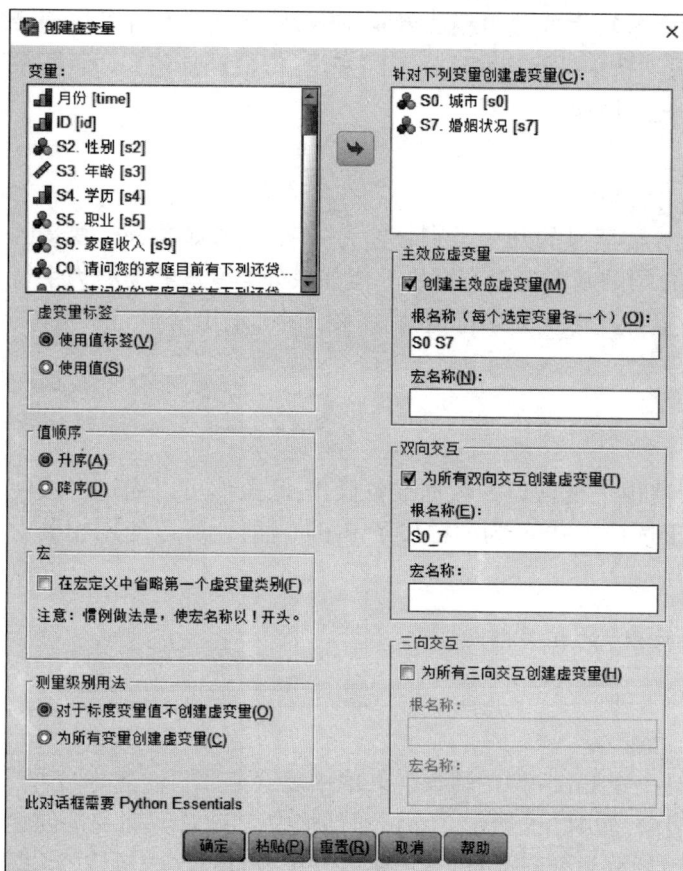

图 3.5 "创建虚变量"对话框

	标签
S0_1	s0=100 A
S0_2	s0=200 B
S0_3	s0=300 C
S7_4	s7=已婚
S7_5	s7=未婚
S7_6	s7=离异/分居/丧偶
S0_7_4_1	s0=100 A*s7=已婚
S0_7_4_2	s0=100 A*s7=未婚
S0_7_4_3	s0=100 A*s7=离异/分居/丧偶
S0_7_4_4	s0=200 B*s7=已婚
S0_7_4_5	s0=200 B*s7=未婚
S0_7_4_6	s0=200 B*s7=离异/分居/丧偶
S0_7_4_7	s0=300 C*s7=已婚
S0_7_4_8	s0=300 C*s7=未婚
S0_7_4_9	s0=300 C*s7=离异/分居/丧偶

图 3.6 哑变量的创建结果（★）[①]

3.3 连续变量的离散化

变量重编码过程提供了精确分组的功能,但是如果希望进行比较有规律的分组,如等距分组或者等样本量分组,使用变量重编码过程进行操作就非常麻烦,而且可视化程度不高,此时可以考虑使用可视化分段过程。SPSS 提供了两种可视化分段过程,分别是需要用户自行设置的可视离散化,以及基本上全自动的最优离散化。

3.3.1 可视离散化

可视离散化指的是在可视化界面中将连续变量分段,在该过程中可以使用百分位数、标准差范围或者等距方式将连续变量划分为若干组段,并采用图形化的方式进行操作,非常直观。

1. 界面介绍

选择菜单"转换"→"可视分箱"命令,最先打开的对话框要求用户选择希望进行离散化的变量,选择完毕后单击"继续"按钮,系统就会对相应的变量进行数值扫描,并进入如图 3.7(a)所

---

① 本书中用"★"号标识的插图均为 SPSS 的原始输出内容,由于在 SPSS 的中文界面和输出结果中,存在术语的译法、图表和数据表示方面的不规范问题,因此与本书正文的描述有所差异,请读者参照本书正文掌握相关内容。

示的对话框：

① "已扫描变量列表"框：列出在前一个对话框中选择的所有变量,若在此处重新选择变量,则该对话框中的其余内容均会按照新选择的变量状况进行更新。

② "复制分箱"框组：该框组中的按钮在选择了多个变量且已将其中的部分变量设置为离散化变量时可用。可以将设置好的属性复制"到其他变量"中,也可以"从另一个变量"(即已设置好属性的变量)中读取相应的属性设置信息。

③ 变量属性区域：在该区域列出了新旧变量的名称、标签,以及变量的最小值/最大值。需要注意的是,对于新变量来说,名称是必填的,否则离散化完毕后不会生成任何新变量。

④ 直方图：扫描完原始变量的取值情况后在此处绘制该变量的直方图,如果已设置好分割点,也会一并显示。

⑤ "网格"框：在此处显示所设置的分割点的位置和相应的标签。

⑥ "上端点"框：用于设置上侧区间是否包括端点。

⑦ "生成分割点"按钮：单击该按钮,打开"生成分割点"对话框,如图 3.7(b)所示。在该对话框中可以选择等间距(即"等宽区间")、等比例(等样本量,即"基于所扫描个案的相等百分位数")或者按照指定的标准差范围(即"基于所扫描个案的平均值和选定标准差处的分割点")三种方式进行分段,其中第三种方式可以用来在数据分析或质量控制中筛选异常值。

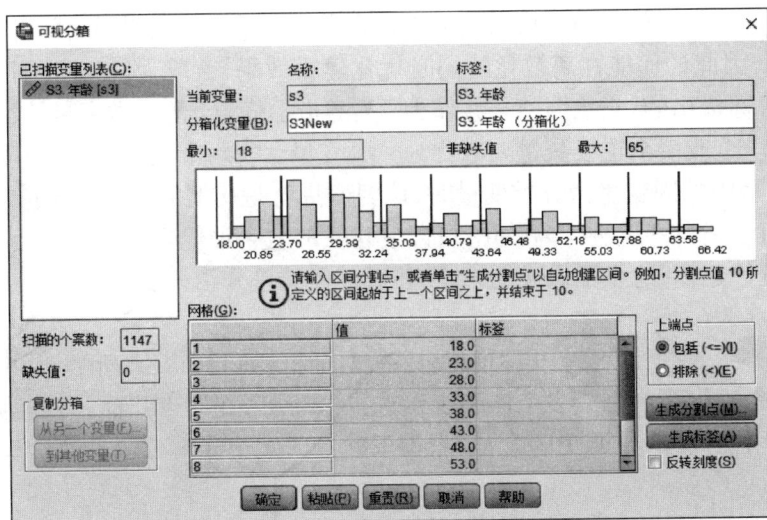

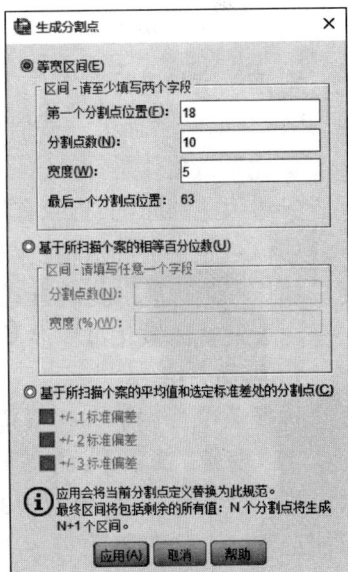

(a) "可视分箱"对话框   (b) "生成分割点"对话框

图 3.7 "可视分箱"对话框和"生成分割点"对话框

⑧ "生成标签"按钮：在设置完分割点后,单击该按钮可以自动生成相应的变量值标签。

⑨ "反转刻度"复选框：在默认情况下,新的离散化变量的取值是按照升序排序的一组整数。反转刻度则会使得这些取值成为按照降序排序的一组整数。

2. 分析实例

例 3.3 将年龄变量 s3 分为 10 组,要求等间距。

本例实际上是要求利用描述性统计中的直方图对连续变量进行分组,由于已知年龄变量的取值范围为 18~65,全距为 48,因此在分为 10 组的情况下,组距为 5 即可覆盖年龄变量的全部取值。当然,组数、组距和第一组段下限这三个因素是相互联系的,一般只需要在对话框中定义其中两个因素即可自动确定第三个因素的取值。

① 选择菜单"转换"→"可视分箱"命令,在最先打开的对话框中,将年龄变量 s3 选入"要分箱的变量"框,单击"继续"按钮,进入图 3.7(a)所示的对话框。

② 单击"生成分割点"按钮,在打开的对话框中设置"分割点数"为 10,"宽度"为 5,系统会自动填充第一个分割点的位置为 18,单击"应用"按钮回到图 3.7(a)所示的对话框。

③ 此时可见"网格"框中的"值"列已被自动填充,选择"上端点"框组中的"排除"项,然后单击"生成标签"按钮,使"标签"列也得到自动填充。

④ 将"分箱化变量"的"名称"设置为 S3New,单击"确定"按钮,系统会提示"分箱指定项将创建 1 个变量"。确认后就会在数据集中生成新变量 S3New。

如果注意结果查看器窗口中的 LOG 输出,就会发现可视化分段过程实际上运行的是变量重编码所对应的 RECODE 过程。也就是说,两者在代码级别上是一回事情,只不过可视化分段过程在对话框界面上做了进一步的开发。

3.3.2　最优离散化

对连续变量进行离散化,往往是为了使建模分析的结果更契合专业背景,也更容易解释。但是,离散化必然会损失一些信息,因此如何能在离散化的同时优化建模效果,就成为研究者的目标。最优离散化就是针对这一目标提出的,它按照使某些作为"关键指示变量"的分类变量的类间差异最大化的原则,将原有的一个或多个连续变量离散化为分类变量。实际上,从模型的角度来理解该过程会更加清晰:当模型中的因变量为分类变量时,该因变量就是所谓的"关键指示变量",而按照最优离散化的方式对连续自变量进行离散化,可以使建模的效果最优化。

由于最优离散化过程涉及统计建模,这里不做详细讨论,只对其做简单介绍。

1. 界面介绍

选择菜单"转换"→"最优分箱"命令,就会打开"最优分箱"对话框,如图 3.8(a)所示。

① "变量"选项卡:将需要离散化的一个或多个连续变量选入"要分箱的变量"框;将作为关键指示变量(一般为模型中的因变量)的分类变量选入"根据下列各项优化分箱"框,注意这里只能选入一个分类变量。

② "输出"选项卡:如图 3.8(b)所示,用于设置在离散化完毕后输出哪些统计结果。需要解释的是第三项"分箱化变量的模型熵",对于每个要进行离散化的输入变量,此选项要求输出相应的关键指示变量预测准确性的改善情况,并将其作为离散化效果的测量指标。

③ "保存"选项卡:如图 3.8(c)所示,可在此处将连续变量离散化的结果保存为新变量,以用于后续分析。同时,也可以将相应的 RECODE 语句保存为程序文件,以便重复利用。

④ "缺失值"选项卡:用于定义当数据中存在缺失值时系统的处理方式,一般不用更改。

⑤ "选项"选项卡:用于设置大数据集和关键指示变量存在罕见类别(稀疏块)等情况时的处理方式,以及设置分箱端点等细节,一般不用更改。

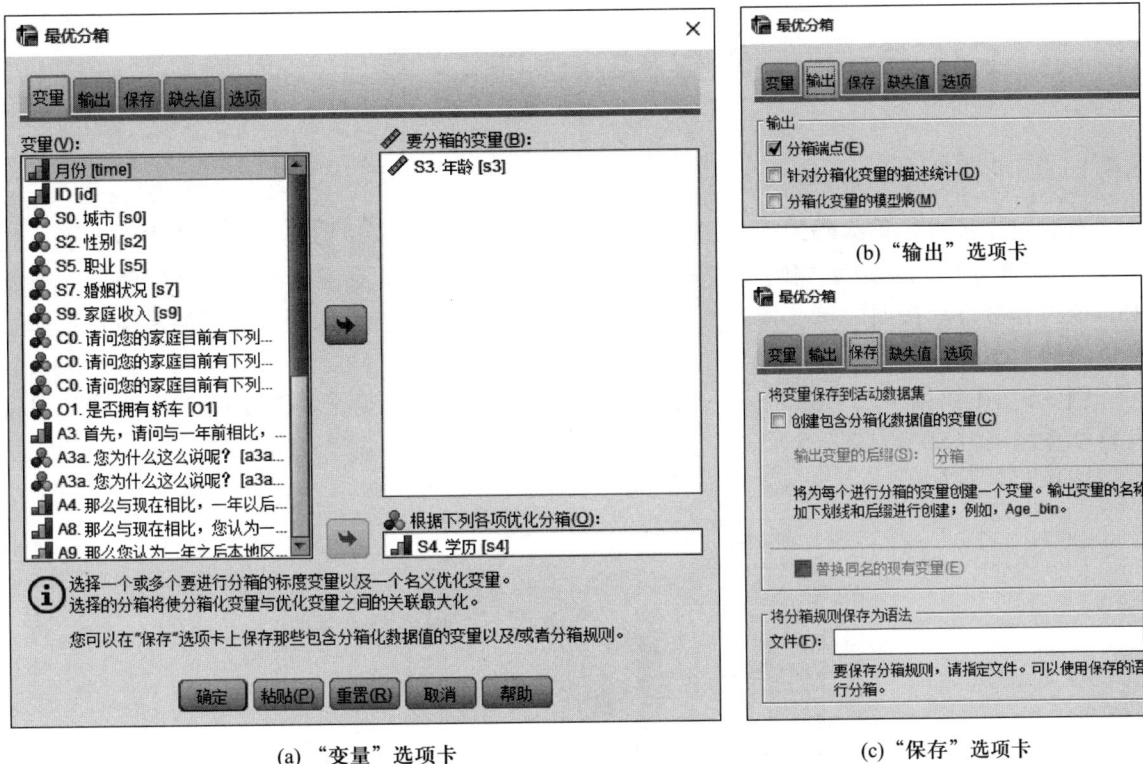

(a) "变量"选项卡 (b) "输出"选项卡 (c) "保存"选项卡

图 3.8 "最优分箱"对话框的相关选项卡(部分)

2. 分析实例

例 3.4 现希望利用年龄变量 s3 对学历变量 s4 进行预测建模,请基于此目的对年龄变量 s3 进行最优离散化。

本例的设置如图 3.8 所示,确认后相应的输出结果如图 3.9 所示。该表格实际上就是离散化后的分类变量和学历变量 s4 的交叉表,可见系统按 40 岁将年龄变量分为两组,从图 3.9 右侧的交叉数据可以看出 40 岁以下组的学历偏高,而 40 岁以上组的学历偏低。

	端点		级别为S4. 学历的个案数					
分箱	下限	上限	初中/技校或以下	高中/中专	大专	本科	硕士或以上	总计
1	a	40	56	149	236	234	48	723
2	40	a	98	164	95	58	9	424
总计			154	313	331	292	57	1147

每个分箱都计算为"下限<=S3. 年龄<上限"。

a. 无界限。

图 3.9 年龄变量的最优分箱结果(★)

在后面学习了相关分析、单因素方差分析等方法之后,对本例感兴趣的读者可以对上述问题做深入分析,这里不做详述。

3.4   自动重编码、数据编秩和指定数值的查找与计数

3.4.1   自动重编码

有时对变量进行重编码的需求比较简单,只要将变量的取值重编码为新的流水号即可。此时,使用前面介绍的变量重编码过程就显得过于烦琐,使用自动重编码过程便可以满足此类需求。该过程会自动按照原始变量值的大小或者字母顺序生成新变量,而新变量的取值就是原始变量值的大小或者字母顺序。

例 3.5   在数据文件 CCSS_Sample.sav 中,城市变量 s0 的取值分别为 100、200 和 300,现将其自动重编码为 S0New。

选择菜单"转换"→"自动重新编码"命令,打开"自动重新编码"对话框,如图 3.10 所示。

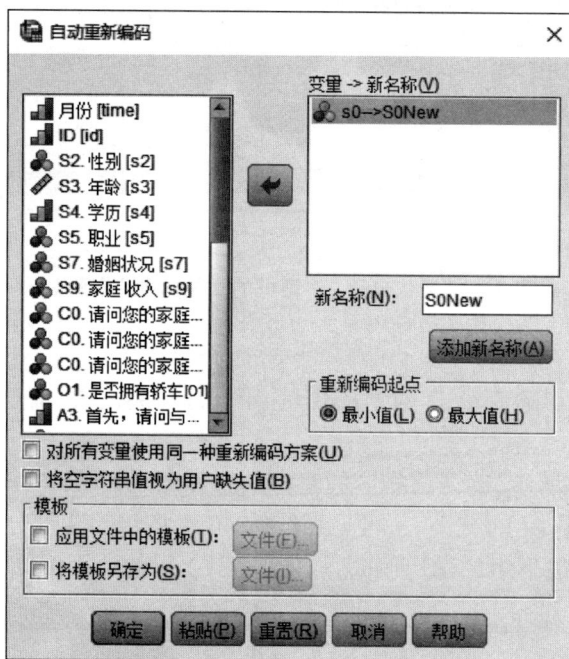

图 3.10   "自动重新编码"对话框

由于该对话框的内容非常简单,这里不做详细介绍,利用该对话框,除了可以在数据编辑器窗口中建立相应的变量,还会在结果查看器窗口中输出如下信息:

```
s0 into S0New(S0. 城市)
Old Value New Value Value Label

    100     1 100A
    200     2 200B
    300     3 300C
```

该输出结果列出了原始变量值和新变量值之间的对应关系,可见原先的 100、200、300 现在

被分别重编码为 1、2、3,并被存储在新变量 S0New 中。

3.4.2 数据编秩

上面介绍的自动重编码实际上是一个非常简单的数据编秩过程,而个案排秩过程就是一个功能强大的数据编秩过程,该过程不仅可以分组编秩,还可以对编秩方式等细节进行设置。

例 3.6 请根据性别变量 s2 分组计算年龄变量 s3 的秩。

选择菜单“转换”→“个案排秩”命令,打开“个案排秩”对话框,如图 3.11(a)所示。

① “变量”框:选入希望进行编秩的变量。

② “依据”框:此处对应的英文是“By”,列出进行分组编秩时所使用的分组变量。

③ “将秩 1 赋予”框组:用于确定将秩 1 赋给最小值还是赋给最大值。

④ “类型排秩”按钮:单击该按钮,可打开“个案排秩:类型”对话框,如图 3.11(b)所示。该对话框用于定义秩类型,默认选中“秩”复选框,这是最常用的秩类型,其他几个选项因为很少用到,这里不做详述,有兴趣的读者可阅读用户手册。

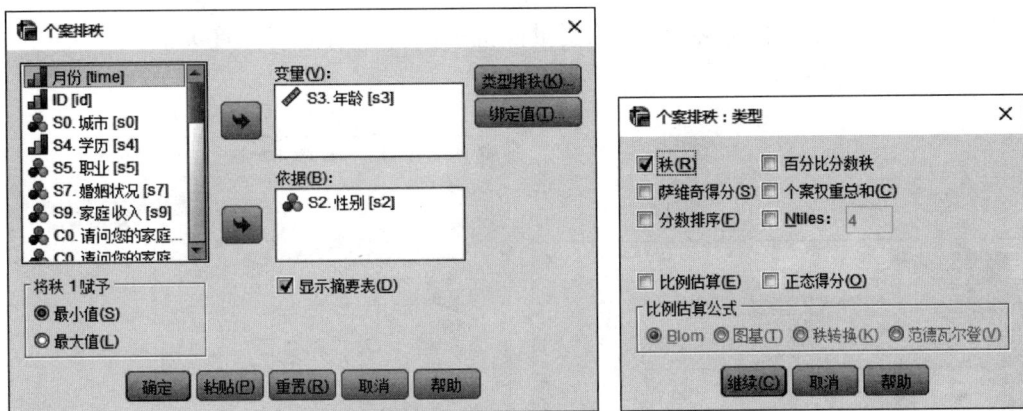

(a)“个案排秩”对话框   (b)“个案排秩:类型”对话框

图 3.11 “个案排秩”对话框和“个案排秩:类型”对话框

⑤ “绑定值”按钮:单击该按钮,可打开“个案排秩:绑定值”对话框,该对话框用于设置数据中出现相同值时的处理方式,这在编秩中被称为结(tie),处理方式可以是取平均秩、最小秩、最大秩或当作同一个个案来处理,默认为取平均秩。

这里,将年龄变量 s3 选入“变量”框,将性别变量 s2 选入“依据”框,其他设置使用默认设置,然后单击“确定”按钮,此时系统会建立一个新变量 Rs3(即在原始变量的名称前加 R 表示“秩”的意思),其取值为按照性别变量 s2 分组的年龄变量 s3 的秩,同时在结果查看器窗口中给出编秩的汇总报告,如图 3.12 所示。

源变量	函数	新变量	标签
s3[a]	秩	Rs3	Rank of s3 by s2

a. 秩按升序排列。

图 3.12 编秩的汇总报告(★)

那么,计算秩有什么用呢? 当参数检验的条件得不到满足时,需要使用非参数检验方法。不过,比较复杂的非参数检验方法无法直接使用对话框来完成,而是需要先计算秩。这方面的内容详见第 15 章的有关内容,这里不做详述。

3.4.3 指定数值的查找与计数

对个案中的值进行计数(count),用于判断某个变量的取值中是否出现了某些指定数值,这些指定数值可以是单个数值,也可以是指定区间。在计数时可以设置筛选条件,而不必对整个数据集进行操作。

选择菜单"转换"→"对个案中的值进行计数"命令,打开"计算个案中值的出现次数"对话框,如图 3.13(a)所示。

① "目标变量"框:用于输入希望生成的计数变量的名称。

② "目标标签"框:用于设置计数变量的变量名标签。

③ "数字变量"框:用于选入希望进行计数的数值型变量。

④ "定义值"按钮:单击该按钮,打开"对个案中的值进行计数:要计数的值"对话框,如图 3.13(b)所示,用于定义希望查找/计数的变量值范围。该对话框的设置类似"自动重新编码"对话框,因此不再重复解释。

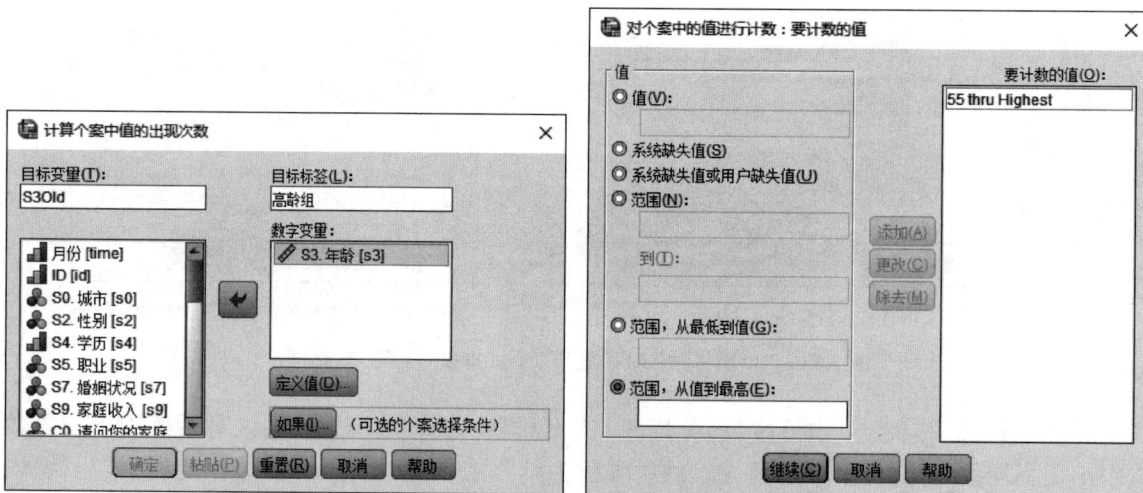

(a) "计算个案中值的出现次数"对话框 (b) "对个案中的值进行计数:要计数的值"对话框

图 3.13 "计算个案中值的出现次数"对话框及相关对话框

例 3.7 生成新变量 S3Old,用于标识 s3 ≥ 55 的个案。

相应的操作如图 3.13 所示,单击"确定"按钮后即会在数据集中生成新变量 S3Old,该变量对于 s3 ≥ 55 的个案取值为 1,否则为 0。

3.5 "转换"菜单中的其他功能

"转换"菜单提供了很多变量转换功能,由于后面的章节还会专门介绍自动数据准备、数据匿名化等过程,下面只简单介绍可编程性转换、数值平移、随机数生成器、时间序列模型专用过程这几个过程的功能及用途。

1. 可编程性转换

可编程性转换过程是一种 Python 插件,利用该过程用户可以将 Python 函数应用于活动数据集中的个案,并将结果保存到该数据集的一个或多个变量中。

2. 数值平移

在时间序列模型以及一些特殊的方法中,需要将个案按照时间次序排序,而在统计分析中则可能需要将相应的变量值向前移动或者向后移动,这就是所谓的数值平移。在 SPSS 中文版的"转换"菜单中相应的菜单命令则被翻译成"变动值"。实际上,对该对话框的操作等价于在程序级别调用 lag( )函数。

3. 随机数生成器

该过程用于设置伪随机函数的随机种子,但它对真随机函数没有任何影响。在默认情况下,由于伪随机函数的随机种子随着时间的变化而不停地改变,因此计算出的随机数无法重复,这在临床试验等场合是不符合要求的。此时可事先用随机数生成器指定一颗随机种子,以后所有的伪随机函数都会从这颗种子开始计算,即结果可重现。第 5 章的程序示例即使用了该生成器,只是用程序的方式实现而已,感兴趣的读者可以阅读相关内容。

4. 时间序列模型专用过程

时间序列模型专用过程包括日期和时间向导、创建时间序列、分解时间序列、替换缺失值等过程,对它们的讲解可参见《高级教程》中有关时间序列模型的内容,本书将不对其进行介绍。

思考与练习

1. 请自行完成本章所涉及的对 CCSS 项目的数据管理操作。

2. 针对 SPSS 自带的文件 employee data.sav 进行以下练习:

(1) 根据变量 bdate 生成一个新变量"年龄"。(提示:可以使用函数 XDATE.YEAR( ))

(2) 根据 jobcat 分组计算 salary 的秩。

(3) 根据雇员的性别变量对 salary 的均值进行汇总。

(4) 生成新变量 grade,当 salary<20 000 时 grade 的取值为 d,当 20 000 ≤ salary< 50 000 时 grade 的取值为 c,当 50 000 ≤ salary<100 000 时 grade 的取值为 b,当 salary ≥ 100 000 时为 a。

第4章 文件级别的数据管理

第3章主要介绍了变量转换功能,该功能虽然可以满足许多数据管理需求,但还是远远不够,如 CCSS 项目中的以下需求:

① CCSS 项目中的数据需要每月采集,所采集的数据在清理完毕后要并入总历史数据库。

② 要逐月对数据进行对比,这涉及按月份对数据文件进行拆分或者个案选择。

上述需求均涉及文件级别的数据管理功能,如变量排序、文件合并和拆分等。在 SPSS 中,这些功能基本上都集中在"数据"菜单之下。

4.1 几个常用过程

4.1.1 个案排序

数据编辑器窗口中的个案默认按照数据录入时的先后次序排序。在实际工作中,有时希望更改个案次序。例如,在 CCSS 项目中,会将数据的排序规则设置为先按月份升序排序、对于同月份数据再按流水号(ID)升序排序,以方便用户随时检索和浏览。

SPSS 中的个案排序,就是指将数据编辑器窗口中的数据按照用户指定的一个或多个变量的取值的升序或降序排序。如果是对个案进行分组排序,则在每个组内都按排序变量取值的大小对个案进行排序。

对于数据编辑器窗口中被选中的单个变量或者多个变量,SPSS 提供了一种简易的排序方法,就是在被选中的变量名处单击鼠标右键,在弹出的快捷菜单中选择"升序排序"或"降序排序"命令。但是,对于更复杂的多个变量的排序组合,则需要使用"个案排序"对话框来进行操作。由于该对话框并不复杂,这里不做详细介绍,仅给出如图 4.1 所示的示例。该示例显示的是将 CCSS 项目数据先按月份升序排序,再按 ID 升序排序。注意,每个变量名的后面都有升序或者降序的说明。如果要改变排序方式,则可选中相应的变量,然后在"排列顺序"框组中选择所需要的排序方式。在 SPSS 20 之后,可以在该对话框中直接要求将排序后的文件存储为一个外部数据文件。

需要注意的是,排序以后个案原来的次序将被打乱且不可恢复。如果需要恢复个案原来的次序,则要事先对原始数据进行备份。

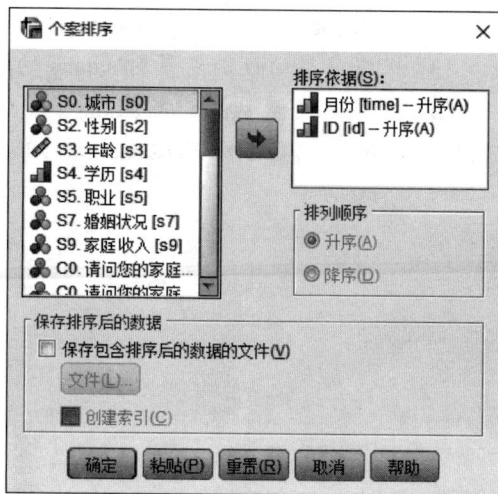

图 4.1 "个案排序"对话框

4.1.2 拆分文件

由于 CCSS 项目数据是逐月采集的,因此在数据分析中经常会遇到需要对分析结果进行逐月对比的情形。对于此类情形有两种解决方式:一种是按月份对数据进行拆分,然后同时完成对各月份数据的分析;另一种是按月份对数据进行筛选,然后依次加以分析。显然前者的效率更高,下面介绍数据拆分是如何实现的。

选择菜单"数据"→"拆分文件"命令,打开"拆分文件"对话框,如图 4.2 所示,下面介绍其各个元素的用途:

① 右上部的单选项框组:用于设置如何拆分文件,默认为第一项"分析所有个案,不创建组",即不拆分文件;第二项"比较组",即按所选变量拆分文件,并尽量将各组的分析结果放在一起(甚至放在同一张表格里)输出,以便进行比较;第三项"按组来组织输出",即按所选变量拆分文件,并将各组的分析结果单独放置。

② 中部的"分组依据"框:用于选入对数据进行拆分的变量,此处可以选入多个变量。

③ 右下部的单选项框组:用于设置文件的排序操作。默认为第一项"按分组变量进行文件排序",即要求拆分时将数据按"分组依据"组中选入的变量来排序。但是如果数据集很大,且已使用所选的拆分变量排序过了,则可以选择第二项"文件已排序",以节省运行时间,但该功能使用得较少。

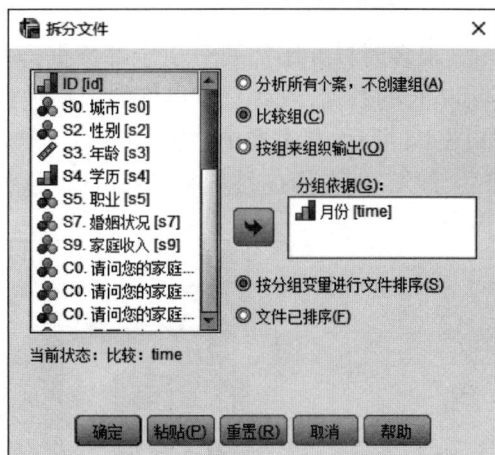

图 4.2 "拆分文件"对话框

如果按照图 4.2 所示的设置对数据进行拆分,则可以看到 SPSS 数据编辑器窗口的状态栏右侧出现"拆分依据 time"的提示,表明按照月份变量 time 所做的拆分正在生效。此时,如果对年龄变量 s3 进行描述性统计分析,则看到的结果如图 4.3 所示,显然已经分别按照不同的月份对数据进行了同一种分析,且结果被输出到了同一张表格中,以便于比较。

月份		N	最小值	最大值	平均值[①]	标准差
200704	S3. 年龄	300	20	65	38.65	12.876
	有效个案数(成列)	300				
200712	S3. 年龄	304	20	64	38.54	13.028
	有效个案数(成列)	304				
200812	S3. 年龄	304	20	64	37.73	13.381
	有效个案数(成列)	304				
200912	S3. 年龄	239	18	59	28.96	8.599
	有效个案数(成列)	239				

图 4.3 年龄变量按照月份的描述性统计结果(★)

---

① 在 SPSS 中,将均值表述为"平均值",以后不再一一说明。

需要指出的是,关于拆分文件的设置一旦完成,就在之后的数据分析中一直有效,而且会被存储在数据集中,直到再次对其进行设置为止。

这里介绍的拆分文件功能,实际上是在同一个数据文件中对个案进行分组分析,并不是生成新的数据文件。如果希望将一个数据文件直接拆分为多个独立的数据文件,则可以选择菜单"数据"→"拆分为文件"命令(Python 插件),该插件默认已安装好。

4.1.3　选择个案

很多时候并不需要分析全部数据,而是只需要分析其中的一部分数据。例如,只分析 2009 年 12 月的数据,或者只对男性的数据进行分析,这时就可以使用"选择个案"对话框,该对话框如图 4.4 所示,其主要由"选择"框组和"输出"框组构成。

首先,来看其右上方的"选择"框组,它用于确定个案的筛选方式:

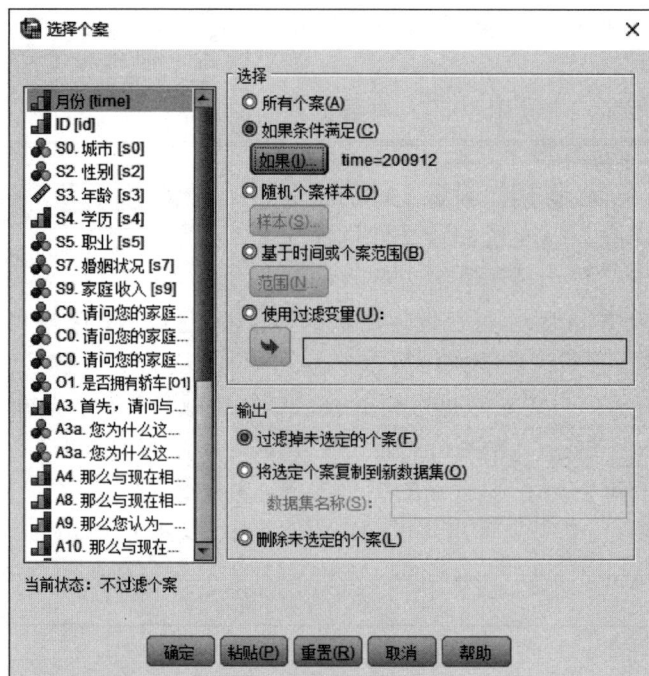

图 4.4　"选择个案"对话框

① "所有个案"项:为默认设置,表示对所有个案进行分析,不进行筛选。

② "如果条件满足"项:只分析满足指定条件的个案,单击其下方的"如果"按钮会打开"选择个案: If"对话框,用于定义筛选条件,该对话框和变量赋值过程中的"计算变量: If 个案"对话框几乎完全相同,因此不再重复解释。

③ "随机个案样本"项:按照某个条件从原始数据集中抽样,可以使用其下方的"样本"按钮进行设置,既可以按百分比抽取个案,也可以精确设置从前若干个个案中抽取多少个个案。

④ "基于时间或个案范围"项:要基于时间或个案号来选择个案,可以利用"范围"按钮来设置个案号范围。

⑤ "使用过滤变量"项：需要在其下方选入一个筛选指示变量,该变量取值为非 0 的个案将被选中,用于之后的数据分析。

其次,"选择个案"对话框右下方的"输出"框组,用于选择对没有选中的个案的处理方式：

① "过滤掉未选定的个案"项：在数据分析中将不包括未选定的个案,但这些未选定的个案会被保留在数据集中。使用该选项会在数据文件中生成一个名为 filter_$ 的变量：对于选定的个案,该变量的取值为 1;对于未选定个案,该变量的取值为 0。而在数据编辑器窗口的数据视图中未选定的个案号处也会用反斜杠线加以标记。

② "将选定个案复制到新数据集"项：用于将选定的个案复制到新数据集中,原始数据集将不会受到影响,新数据集则不包括未选定的个案。

③ "删除未选定的个案"项：用于直接从数据集中删除未选定的个案。此时如果保存对数据文件的更改,则会永久删除未选定的个案。因此,一般不要轻易使用该选项。

在对数据集做出筛选后,就可以看到数据编辑器窗口的状态栏右侧出现"过滤开启"的提示,表明所做的筛选正在生效。与拆分文件操作类似,筛选设置将在之后的数据分析中一直有效,而且会被存储在数据集中,直到再次设置筛选条件为止。

4.1.4 加权个案

加权个案可以为不同的个案赋予不同的权重,以改变个案在统计分析中的重要程度。一般而言,有如下两种情形需要进行加权个案操作：

1. 以频数格式录入的数据

在默认情况下,数据集中的每一行都是一个原始个案,这在多数情况下都没有什么问题,但有时却非常麻烦。例如,对于图 4.5(a) 所示的数据(有 121 个受访者的信息),如果每一行都是一个原始个案,则需要输入 121 行。此时可使用频数格式录入数据,即对于相同取值的个案只录入一次,另外用一个频数变量记录该值共出现了多少次。这时就需要在分析时用"个案加权"对话框将数据指定为频数格式。

2. 调整个案抽样权重

统计抽样在理想情况下是等概率随机抽样,但在许多时候是将总体拆分成若干层,然后对每层采用不同的抽样方法,这就造成了事实上的不等概率抽样。因此,需要在数据收集完毕之后、进行统计分析之前,对每个个案进行抽样权重的计算和调整。可以将抽样权重理解为一系列因素影响程度的乘积,每一个因素都对应着由抽样概率、覆盖率、应答率等的差异所导致的偏倚。CCSS 项目数据就是如此,每个月在收集完原始数据之后,根据人口分布特征、应答率等因素进行权重计算都是重要的工作内容,对此感兴趣的读者可参考第 5 章中对倾斜权重的介绍。

以上两种情形,都是利用"个案加权"对话框进行操作的,如图 4.5(b) 所示。在该对话框中有两个单选项,分别是"不对个案加权"和"个案加权系数",如果选择后者,则需要选择一个权重变量。在进行加权以后,SPSS 数据编辑器窗口的状态栏右侧会出现"权重开启"的提示,表明数据在按照某个变量的取值进行加权。

一个权重变量一旦被应用,就始终保持有效,并且可以被存储到数据集之中,直到选择另一个权重变量或关闭加权功能为止。

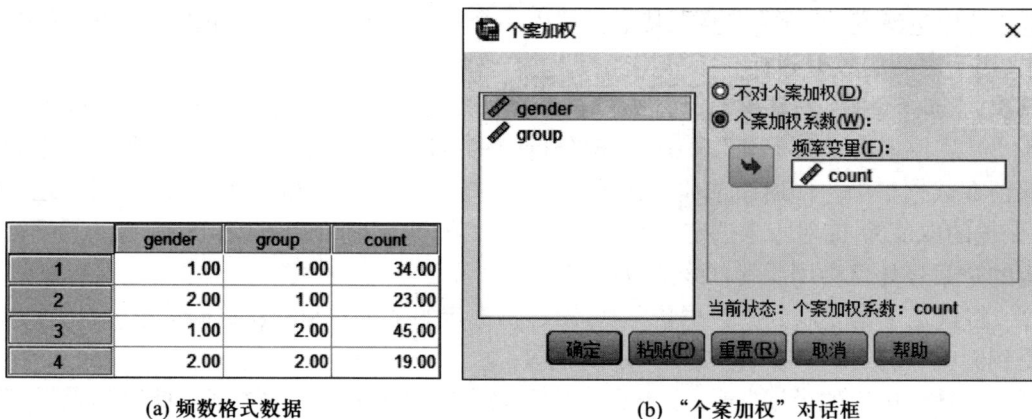

(a) 频数格式数据 (b) "个案加权"对话框

图 4.5 频数格式数据及其对应的"个案加权"对话框

在 SPSS 中,权重变量的值可以是小数,但是有的过程会将小数权重简单地四舍五入为最接近的整数权重,有的过程甚至会忽略权重变量,请读者注意相应过程的文档说明。

4.1.5 分类汇总

所谓分类汇总,就是按照指定的分类变量对个案进行分组,并分组计算变量的相关描述性统计量。对于所得到的结果,可以存入新数据文件,也可以添加到当前的数据文件中。对数据文件进行分类汇总是实际工作中经常遇到的需求。例如,在 CCSS 项目中分月份计算消费者信心总指数(简称"总指数")均值。

1. 界面介绍

在 SPSS 中,分类汇总可以利用"汇总数据"对话框进行。选择菜单"数据"→"汇总"命令,打开"汇总数据"对话框,如图 4.6 所示。

① "分界变量"框:用于选入分类变量,可以选入多个变量。

② "变量摘要"框:用于选入待汇总的变量,可以选入多个变量。此外,还有对同一个变量的多种汇总方式。

③ "函数"按钮:单击该按钮,打开"汇总数据:汇总函数"对话框,如图 4.7 所示。该对话框用于定义汇总函数,共提供了 4 组函数,分别为"摘要统计""特定值""个案数"以及"百分比、分数和计数"。以最常用的"摘要统计"组为例,该组为常用的汇总函数,有均值、中位数、总和、标准差 4 种。SPSS 默认选择的函数是对各组分别计算汇总变量均值的函数。

④ "名称与标签"按钮:单击该按钮,打开"汇总数据:名称与标签"对话框,利用该对话框可以定义新产生的汇总变量的名称和标签。

⑤ "个案数"复选框:用于定义一个新变量以存储同组的个案数,其右侧的"名称"框则用于定义相应变量的名称。

⑥ "保存"框组:用于设置汇总结果的输出方式,可以将汇总结果直接添加到当前的数据文件中,也可以定义一个新数据文件来存储汇总结果,还可以将汇总结果直接存储为外部数据文件。

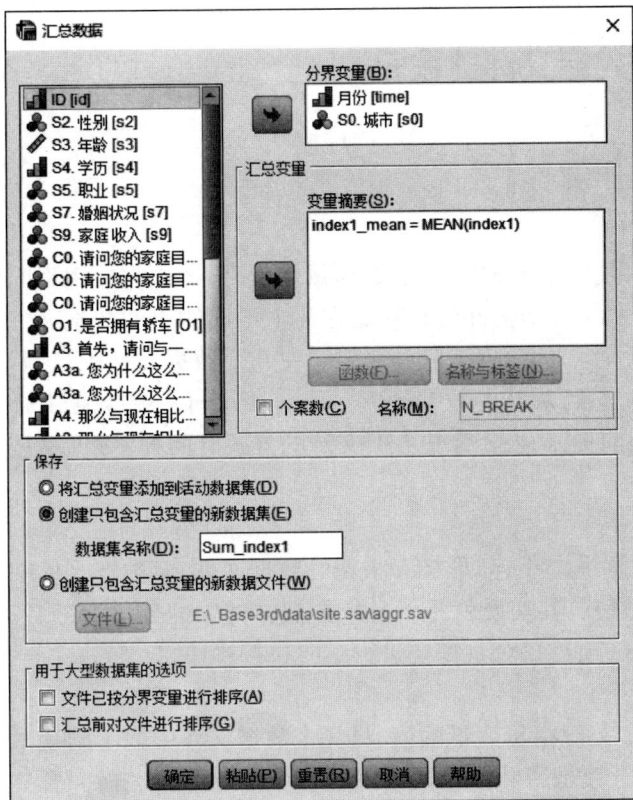

图 4.6 "汇总数据"对话框

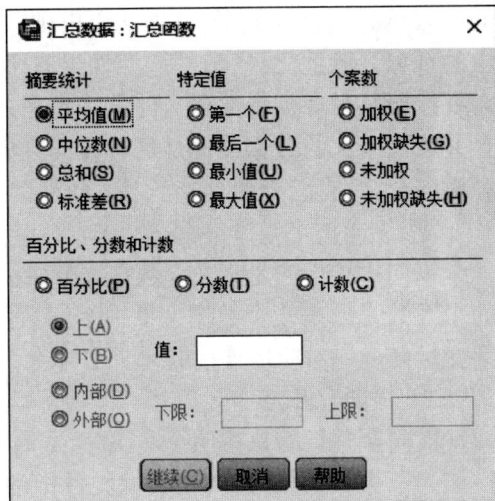

图 4.7 "汇总数据:汇总函数"对话框

2. 分析实例

例 4.1 按照月份变量 time 和城市变量 s0 对 CCSS 项目数据中的总指数变量 index1 进行均值汇总,并将汇总结果输出到内存中的汇总数据文件 Sum_index1 中。

本例中的分类变量不止一个,此时第一个指定的分类变量为主分类变量,其他分类变量依次为第二分类变量、第三分类变量,且汇总数据文件中的个案数等于各分类变量类别数的乘积,也就是说,本例的汇总数据文件中有 4×3=12 个个案。

按照图 4.6 所示的方式对该对话框进行设置,设置完毕后 SPSS 会在内存中新建一个数据文件 Sum_index1,其中存储的就是相应的汇总结果,如图 4.8所示。

	time	s0	index1_mean
1	200704	100 A	101.38
2	200704	200 B	101.23
3	200704	300 C	99.08
4	200712	100 A	97.30
5	200712	200 B	88.74
6	200712	300 C	90.32
7	200812	100 A	90.54
8	200812	200 B	87.87
9	200812	300 C	91.61
10	200912	100 A	101.54
11	200912	200 B	103.73
12	200912	300 C	99.63

图 4.8 新数据文件 Sum_index1 的内容

4.2　多个数据文件的合并

4.2.1　一些基本概念

1. 纵向拼接和横向合并

进行统计分析的第一步就是将待分析的数据录入 SPSS。当数据量较大时,经常需要由不同的录入员分别录入数据,这样就会出现一个大的数据文件分别存储在几个不同的小的数据文件中的现象。除此之外,数据来源如果有多个,则可能会使变量分散存储在几个数据文件中,这就需要按照某种规则将数据文件合并起来,以便进行后续的数据分析。可见,将若干小的数据文件合并成一个大的数据文件是进行数据分析的前提。SPSS 合并数据文件的方式有两种:纵向拼接和横向合并,它们分别对应了上述两种情况。

（1）纵向拼接

纵向拼接指的是将几个数据文件中的数据纵向相连,形成一个新的数据文件,新数据文件中的个案数是原来几个数据文件中个案数的总和。其实质就是将几个数据文件中的变量,按照各个变量名一一对应地连接起来。实际上,CCSS 项目每个月都要进行纵向拼接操作。

（2）横向合并

横向合并指的是按照个案次序,或者某个关键指示变量的值,将几个数据文件中的不同变量拼接为一个新数据文件,新数据文件中的变量数是原数据文件中不重名变量的总数。横向合并的实质,就是将几个数据文件中的个案按照某种对应关系一一左右对接起来。

2. 案例文件解释

这里先给出三个简单的案例文件,具体格式如图 4.9 所示。数据文件 a.sav 包括个案号为偶数的 5 个受访者的性别(sex)、年龄(age)和身高(height),数据文件 b.sav 包括个案号为奇数的 4 个受访者的性别(sex)、年龄(age)、身高(h)和体重(w),数据文件 c.sav 则提供了 4 个受访者的体重(weight)。注意,在三个数据文件中,相同的变量可能采用了不同的变量名称,因此在合并时要考虑变量对应关系的正确性。

	id	sex	age	height
1	2	1	16	158
2	4	1	34	164
3	6	2	56	170
4	8	1	68	172
5	10	2	25	178

(a) a.sav

	id	sex	age	h	w
1	1	2	19	165	53
2	3	1	30	175	70
3	5	2	28	162	48
4	7	1	44	169	68

(b) b.sav

	id	weight
1	2	46
2	6	92
3	8	51
4	12	70

(c) c.sav

图 4.9　数据文件 a.sav、b.sav 和 c.sav 的具体格式

在进行数据文件合并时,待拼接的字符型变量的长度必须相同,如果要在合并数据文件前调整此类变量的长度,则可以使用"文件"菜单提供的 Python 插件"跨文件调整字符串宽度"来完成。

4.2.2　数据文件的纵向拼接

例 4.2　将数据文件 b.sav 中的个案添加到数据文件 a.sav 中。注意,b.sav 中的变量 h 对应于 a.sav 中的 height。

在数据编辑器窗口中,分别打开数据文件 a.sav 和 b.sav,在 a.sav 为当前数据文件的情况下,选择菜单"数据"→"合并文件"→"添加个案"命令,并在如图 4.10 所示的添加个案的预定义对话框中选择待合并的数据文件 b.sav,单击"继续"按钮,打开如图 4.11 所示的对话框。

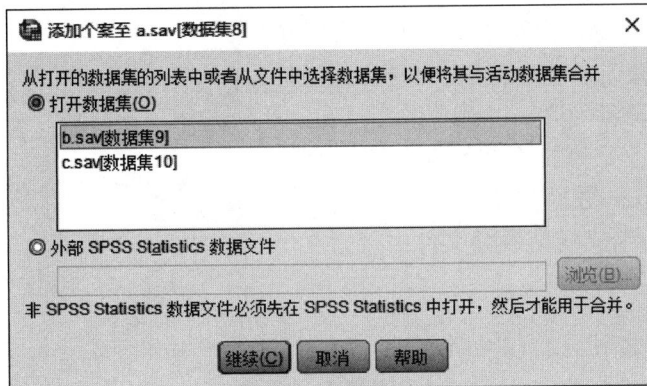

图 4.10　添加个案的预定义对话框

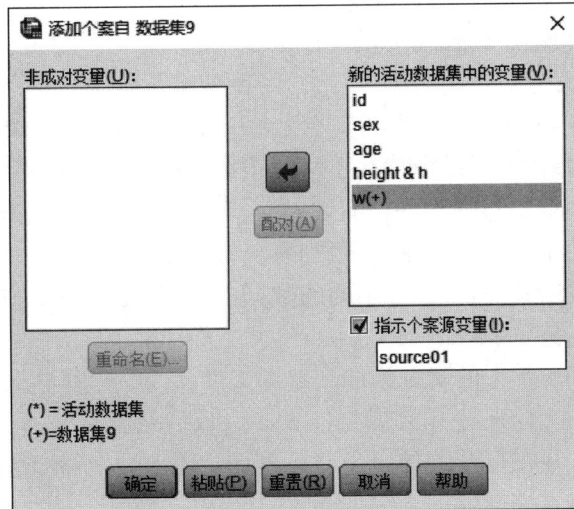

图 4.11　添加个案的主对话框

① "非成对变量"框:该框中的变量名后面都有"*"或"+"号,"*"号表示拥有该名称的变量是当前数据文件中的变量,"+"号表示拥有该名称的变量是外部待合并数据文件中的变量。在默认情况下,如果变量名没有同时在两个数据文件中出现,SPSS 就认为拥有该名称的变量不是待合并的两个数据文件所共有的,无法自动对其进行匹配,因此它们不能自动成为合并后的新数据文件中的变量。

② "新的活动数据集中的变量" 框：在待合并的两个数据文件中拥有共同名称的变量会被自动匹配，并出现在该框中。SPSS 默认它们具有相同的含义，自动成为合并后的新数据文件中的变量。如果需要修改默认设置，则可以将它们剔除到 "非成对变量" 框中。

③ 强行配对：在本例中，h 和 height 应当是同一个变量，因此可以将它们同时选中，然后单击 "配对" 按钮将它们强行匹配，此时新变量的名称默认按照当前数据文件中相应变量的名称来设置。

④ "重命名" 按钮：如果希望新数据文件中的变量名与先前不同，则可以先选中相应的变量并单击 "重命名" 按钮改名后再选入。

⑤ "指示个案源变量" 复选框：如果希望知道合并后的数据文件中有哪些个案来自合并前的哪个 SPSS 数据文件，则可以选中该复选框，此时合并后的数据文件中将自动出现名为 "source01" 的变量，其取值为 0 或 1：0 表示该个案来自当前数据文件，1 表示该个案来自被合并的外部数据文件。

上述设置完成后，生成的新数据文件中将有 9 个个案，如图 4.12 所示。

	id	sex	age	height	w	source01
1	2	1	16	158	.	0
2	4	1	34	164	.	0
3	6	2	56	170	.	0
4	8	1	68	172	.	0
5	10	2	25	178	.	0
6	1	2	19	165	53	1
7	3	1	30	175	70	1
8	5	2	28	162	48	1
9	7	1	44	169	68	1

图 4.12   纵向拼接完成后的数据文件示例

当有多个数据文件需要纵向拼接时，可以使用程序操作方式一次完成，相关知识可参见第 6 章。在对话框操作方式下只能两两依次进行纵向拼接。

4.2.3   数据文件的横向合并

数据文件的横向合并比较复杂，需要满足以下三个条件：

① 如果不是按照个案号对应的规则进行合并，则两个数据文件中必须至少有一个变量名和长度均相同的关键指示变量，如学号、贵宾卡号等，该变量是数据文件横向合并的依据，关键指示变量可以有多个，但关键指示变量的取值在不同的个案中最好具有唯一性。

② 如果使用关键指示变量进行合并，且希望尽可能多地保留数据信息，则两个数据文件都必须事先按照关键指示变量进行升序排序，否则系统将报错。

③ 为了方便 SPSS 数据文件合并，在不同的数据文件中，尽量不要为含义不同的变量取相同的名称，否则合并时很容易造成混乱。

例 4.3   将数据文件 c.sav 中的变量添加到数据文件 a.sav 中，并尽量保留数据。

在数据编辑器窗口中，分别打开数据文件 a.sav 和 c.sav，然后选择菜单 "数据" → "合并文件" → "添加变量" 命令，并在打开的预定义对话框中选择文件 c.sav，在随后打开的对话框中有两个选项卡：

首先，需要设置的是 "合并方法" 选项卡，如图 4.13（a）所示。

① 最上方的单选项框组：用于设置合并两个数据文件的具体方法。"基于文件顺序的一对一合并" 项指待合并的数据文件中的个案是按照个案号横向一一对应的，直接按顺序合并即可；"基于键值的一对一合并" 项最常用，它执行的是数据库连接中的外连接（outer join）操作，该操作要求两个数据文件中的个案必须严格一一对应，否则会报错；"基于键值的一对多合并" 项执行的则是数据库连接中的左 / 右连接操作，不要求个案严格一一对应。

② "选择查找表" 框组：当选择 "基于键值的一对多合并" 时，在本框组中设置左 / 右连接中

的多表或者副表,该表中键值不匹配的个案将会被全部抛弃,只有匹配的个案才会进入合并后的数据文件。

③ "在合并前按键值对文件进行排序"复选框:一对一和一对多连接都要求待合并的数据文件已经按照键值同向排序完毕,否则会报错。如果两个数据文件事先已经完成排序,则可以取消对该复选框的选择,以节省时间,但还是建议选中该复选框,以防万一。

④ "键变量"框:用于显示合并数据文件时使用的关键指示变量,注意这里不能进行修改,相应的修改操作需要在"变量"选项卡中进行。

其次,需要设置如图 4.13(b)所示的"变量"选项卡。该选项卡用于选择进行横向合并时所使用的关键指示变量,以及合并后数据文件中的变量名,其内容和纵向拼接时非常相似,这里不再重复解释。

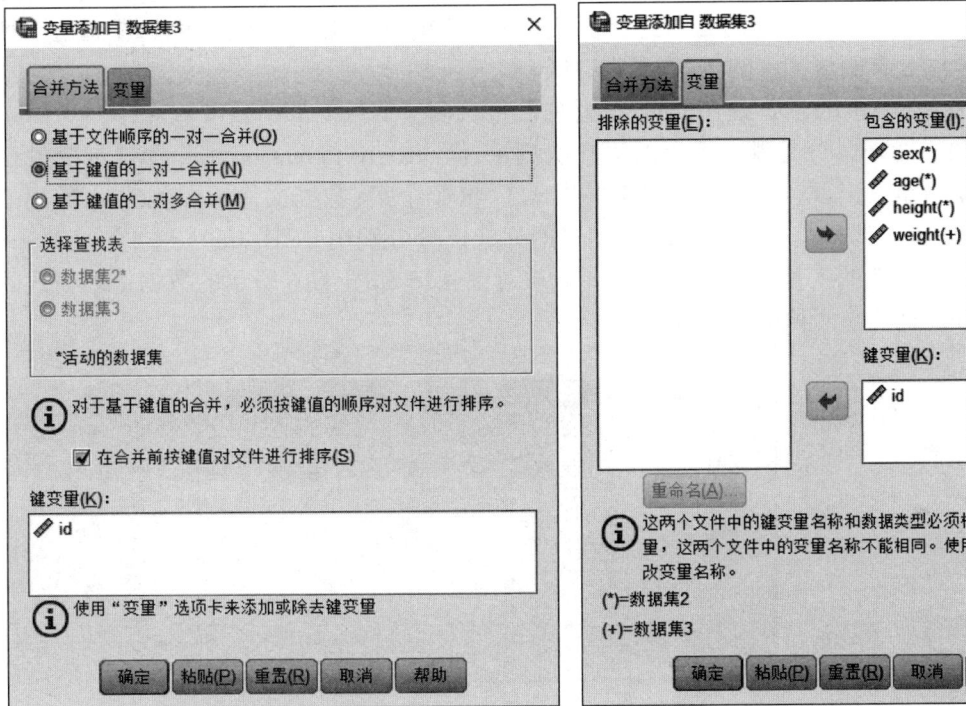

(a) "合并方法"选项卡　　　　　　(b) "变量"选项卡

图 4.13　添加变量对话框的"合并方法"选项卡和"变量"选项卡(部分)

按照上述设置方式,合并后的数据文件如图 4.14 所示。

	id	sex	age	height	weight	source01
1	2	1	16	158	46	1
2	4	1	34	164	.	0
3	6	2	56	170	92	1
4	8	1	68	172	51	1
5	10	2	25	178	.	0
6	12			.	70	1

图 4.14　横向合并后的数据文件示例

4.3　数据文件的重排与转置

数据文件的重排是统计分析中经常用到的功能。特别是重复测量数据,在使用不同模型进行分析时,要根据数据分析的要求改变数据的排列格式,而利用重构数据向导就可以实现数据排列格式的改变。

4.3.1　数据的长型格式与宽型格式

长型格式和宽型格式是重复测量数据的两种排列格式,以数据文件 Anxiety.sav 和 Anxiety2.sav 为例,这两个数据文件记录的都是 12 名精神病患者在接受治疗后的 4 个时间点的症状评分,其中变量 subject 表示患者 ID,变量 score 表示症状评分,变量 trial 表示测量症状评分的时间点编号,变量 anxiety 和 tension 则分别记录了患者在治疗前有无焦虑和紧张症状,注意这两种症状在精神病学中是有明显区别的,不能混为一谈。

数据文件 Anxiety.sav 使用的是长型格式,每次测量的数据都单独占一行(一个个案),用变量 subject 和 trail 来区分是哪名患者的第几次测量,而 anxiety 和 tension 则作为携带变量在相同患者的个案中重复出现,这样 12 名患者共形成了 48 个个案;数据文件 Anxiety2.sav 使用的是宽型格式,每名患者都只是一个个案,4 次测量的症状评分分别用 trail1~trail4 这 4 个变量来记录,用于区分测量次数的变量 trail 则不再需要。从对图 4.15 和图 4.16 所示的数据排列格式的比较中可以更好地理解这两种格式的特点。

	subject	anxiety	tension	score	trial
1	1	1	1	18	1
2	1	1	1	14	2
3	1	1	1	12	3
4	1	1	1	6	4
5	2	1	1	19	1
6	2	1	1	12	2
7	2	1	1	8	3
8	2	1	1	4	4
9	3	1	1	14	1
10	3	1	1	10	2

图 4.15　数据文件 Anxiety.sav 的数据排列格式

	subject	anxiety	tension	trial1	trial2	trial3	trial4
1	1	1	1	18	14	12	6
2	2	1	1	19	12	8	4
3	3	1	1	14	10	6	2
4	4	1	2	16	12	10	4
5	5	1	2	12	8	6	2
6	6	1	2	18	10	5	1
7	7	2	1	16	10	8	4
8	8	2	1	18	8	4	1
9	9	2	1	16	12	6	2
10	10	2	2	19	16	10	8

图 4.16　数据文件 Anxiety2.sav 的数据排列格式

事实上,在学习了第 2 章的内容之后,读者应当明白长型格式才是符合统计分析要求的数据排列格式,但是由于一般使用专门的模型来对重复测量数据进行分析,因此需要将数据转换为宽型格式,关于该模型的详情可参见《高级教程》的相关章节。

4.3.2 长型格式转换为宽型格式

下面就来看看如何使用重构数据向导来实现数据排列格式的改变。

例 4.4 将 Anxiety.sav 转换为宽型格式。

选择菜单"数据"→"重构"命令,弹出重构数据向导。重构数据向导的第一个界面如图 4.17(a)所示。该向导共提供了三种数据重排功能,分别是宽型格式转换为长型格式("将选定变量重构为个案"项)、长型格式转换为宽型格式("将选定个案重构为变量"项)以及行列转置("转置所有数据"项)。根据要求,本例需要使用的是第二种数据重排功能,选择"将选定个案重构为变量"项,单击"下一步"按钮后显示重构数据向导的第二个界面,如图 4.17(b)所示。在本界面中,用户需要指定表示重复测量个体 ID 的标识变量和反映测量时间点的索引变量,此处分别为 subject 和 trail,将它们分别选入相应的变量框后单击"下一步"按钮,重构数据向导会进入第三个界面,此时"完成"按钮已经可用,也就是说,后续界面的选项都有默认设置,一般情况下按照默认设置进行操作就可以了。如果需要更改默认设置,则可以对是否需要排序、重排后数据文件的结构、是否需要标识变量等进行设置,最后单击"完成"按钮,即可以得到转换后的数据文件,将其与数据文件 Anxiety2.sav 进行比较,可以看出除变量名和标签不同外,两个数据文件的内容实际上是一致的。此外,系统在结果查看器窗口中也会显示相应操作的汇总表格,这常被用来检查操作是否有误。

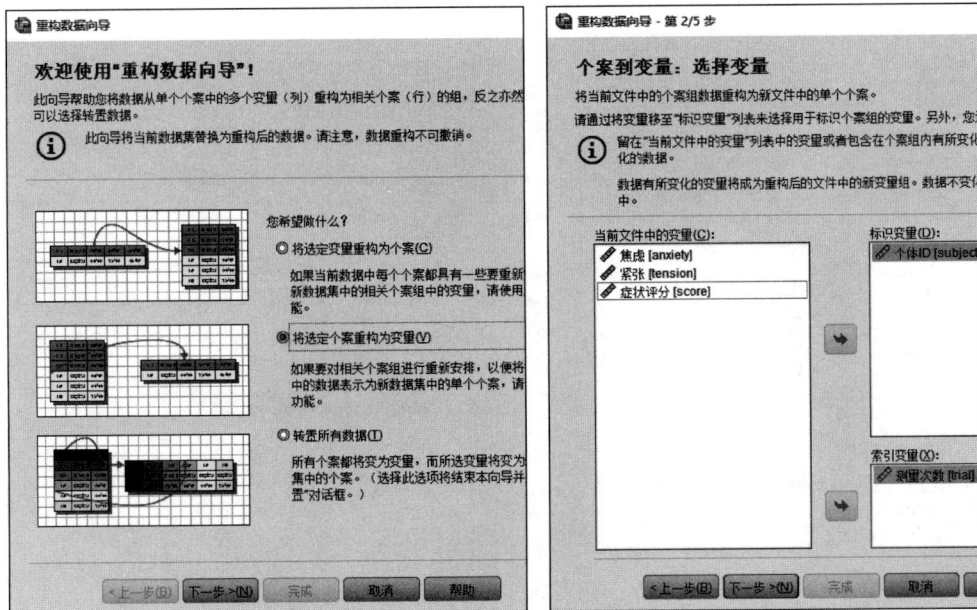

(a) 第一个界面   (b) 第二个界面

图 4.17 重构数据向导(长型格式转宽型格式)的第一个界面和第二个界面(部分)

这里有一个非常有趣的问题：在本例中并没有说明哪个变量需要转换，但最后系统只将变量 trail 转换成了宽型格式，而将变量 anxiety 和 tension 直接携带了过来，未加以转换。这是因为系统会自动扫描需要转换的变量，如果该变量对于相同的个体取值均恒定，则会被自动携带过来而不加以转换，本例中的变量 anxiety 和 tension 正属于这种情况。显然，SPSS 的这种设计大大方便了用户的使用。

4.3.3　宽型格式转换为长型格式

下面来看看如何将宽型格式转换为长型格式，有了前面的基础，这部分内容应当很容易理解。假设此处的任务是将 Anxiety2.sav 的排列格式，转换为像 Anxiety.sav 那样的长型格式，则可以在如图 4.17(a)所示的界面上选择第一项，单击"下一步"按钮后弹出如图 4.18(a)所示的界面，该界面询问共有几组重复测量变量需要转换，此处只有一个；单击"下一步"按钮后进入最重要的选择变量界面。"个案组标识"框用于指定表示重复测量个体 ID 的标识变量，此处为变量 subject。"要转置的变量"框组则用于设置需要转换的变量组：先将变量组名称从默认的"trans1"改为"症状评分"，随后将 trail1~trail4 选入下方的列表，表示将 trail1~trail4 中记录的数值均转换为重复测量变量"症状评分"，如图 4.18(b)所示。如果有多组变量需要转换，则依次设置即可。最下方的"固定变量"框则用于选入取值恒定的变量，此处应为 anxiety 和 tension。

在正确设置了选择变量界面之后，下面的工作就非常简单了。随后的几个重构数据向导界面分别用于设置重复测量变量、选择缺失值、指定对未选定变量的处理方式，以及确定是直接执行还是生成相应的程序。在本向导运行完毕后，数据排列格式就会被转换成长型格式。可以发现，转换后的数据文件和 Anxiety.sav 基本相同，同时结果查看器窗口中也会给出相应操作的汇总表格，用于检查错误。

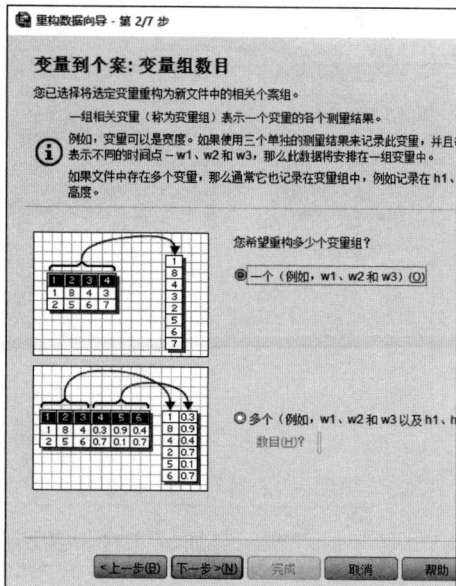

(a) 第二个界面

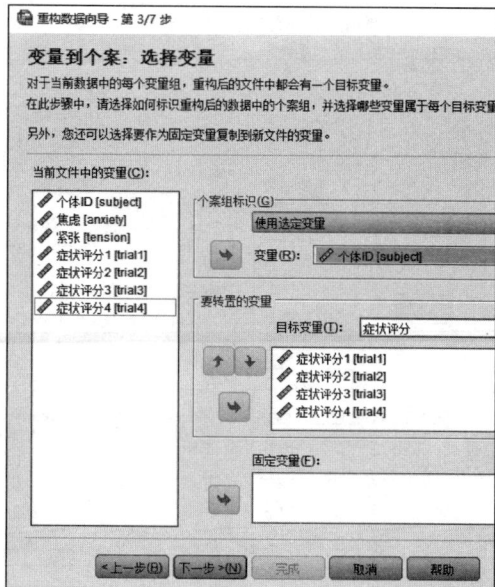

(b) 第三个界面

图 4.18　重构数据向导(宽型格式转长型格式)的第二个界面和第三个界面(部分)

4.3.4 数据转置

数据转置(transpose)实际上是重构数据向导的第三种数据重排功能,是指对数据进行行列互换,即将个案转为变量,将变量转为个案,最后将结果显示在数据编辑器窗口中。转置前后的数据排列格式如图 4.19 所示。

	varname	v1	v2
1	A	1.00	2.00
2	B	3.00	4.00

	CASE_LBL	A	B
1	v1	1.00	3.00
2	v2	2.00	4.00

(a) 转置前   (b) 转置后

图 4.19 转置前后的数据排列格式示例

除了使用重构数据向导打开"转置"对话框,也可以直接打开"转置"对话框来实现数据转置。选择菜单"数据"→"转置"命令,打开"转置"对话框,如图 4.20 所示。其左侧为候选变量列表框,右上方为"变量"框,用于选入需要转置的变量。应当选入除名称变量外的其他所有变量,变量如果未被选入,则会在转置时被自动丢弃;右下方为"名称变量"框,用于指定表示由个案转置得到的变量的名称的字符型变量,但不是必需的,若未设置"名称变量"框中的内容,则系统会自动将新变量按 var001、var002 等的次序命名。

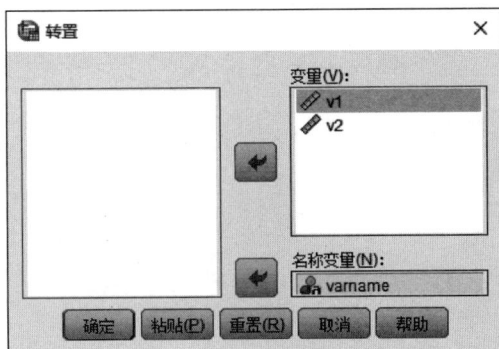

图 4.20 "转置"对话框

统计分析的初学者可能难以想象转置功能的用处。实际上,数据转置主要用于需要编程的矩阵转置操作,那些只需要调用现成的数据分析程序、不需要自行编写算法的用户,很少会用到数据转置功能。

4.4 "数据"菜单中的其他功能

"数据"菜单提供了丰富的数据管理功能,下面简单介绍几种前面未涉及的功能及其用途。

1. 与统计模型密切相关的功能

正交设计功能可以通过菜单"数据"中的"正交设计"命令实现。该功能实际上是结合分析模块的一部分,用于生成结合分析所需的设计,关于它的介绍可参见《高级教程》中有关结合分析的内容。定义日期和时间功能可以通过菜单"数据"中的"定义日期和时间"命令实现。该功能和 Python 插件"根据数据定义日期"均可用于时间序列数据分析,相关内容将在《高级教程》有关时间序列的章节中讲解。

2. 与大型研究项目数据管理相关的功能

与大型研究项目数据管理相关的功能,包括与数据字典有关的功能,与数据核查有关的功能,如数据验证模块、标识重复个案、双录核查,以及与数据准备有关的功能,如标识异常个案、自动数据准备、数据的匿名化等功能,这些功能都将在第 5 章中详细介绍。

3. 与研究设计相关的功能

与研究设计相关的功能包括倾斜权重、倾向得分匹配、个案控制匹配等 Python 插件,主要用于在大型数据库中按照要求进行抽样配对、计算校正权重等,以实现更加精确的配对研究设计,这些功能也将在第 5 章中详细介绍。

思考与练习

请自行完成本章所涉及的数据管理操作。

第5章 大型研究项目的数据管理

对于一般研究项目的数据管理,前面几章介绍的知识就已经完全够用了,但是,对于大型研究项目,常常存在以下问题:

① 项目问卷有数百页,涉及的变量非常多,而且由于数据不是一次性采集完毕的,因此在将数据分批入库时必须保证标准统一。

② 项目跨区域,在全国范围内有多个协作中心,涉及的人员和单位众多,在各个方面都必须有一套严格定义的流程和规范,否则极易出错。

③ 项目持续数年,核心人员存在流动性(如研究人员离职等),必须保证数据和相关标准在人员发生变化时不会丢失。

凡此种种,都是在进行大型研究项目的数据管理时必须解决的问题,而 SPSS 则为解决这些问题提供了一整套数据管理工具,本章将对这些更为专业的数据管理工具进行讲解。

5.1 数据字典

5.1.1 数据字典简介

在大型研究项目中,数据管理员往往会事先定义好一个非常详细的数据格式,包括变量格式、变量名标签、变量值标签、缺失值定义等,称之为数据字典,它是使用者定义具体数据文件格式的模板。在 SPSS 中,数据字典其实就是一个数据文件,它既可以是一个只有结构没有数据的空文件,也可以是一个存储了预试验数据的文件,但无论数据字典是什么样的数据文件,人们都只会使用它的数据格式定义。

SPSS 提供了 4 个与数据字典相关的对话框,用于定义数据字典、将预定义的数据字典引入当前数据文件、新建自定义属性、设置测量尺度,对于大型或者连续性的研究项目而言,这些都是非常有用的功能,可以大大减轻数据管理员的工作负担。下面介绍如何应用这些对话框来完成数据管理任务:

① 如果有预先定义的数据格式,则可以生成一个没有数据的空文件,并利用"定义变量属性"对话框,按照该数据格式定义好数据字典。在数据录入完毕后使用"复制数据属性"向导应用该数据字典即可。

② 如果没有预先定义的数据格式,则可以在数据录入工作进行了一段时间后先使用"定义变量属性"对话框来完成数据字典的定义工作,然后随着数据录入工作的开展经常性地对数据进行扫描,及时更新数据字典,这样在数据录入工作结束后就可以使用"复制数据属性"向导应用最终版本的数据字典了。

当然,如果数据管理任务不太复杂,也可以直接在数据字典中录入数据,或者直接在数据编辑器窗口的变量视图中修改相关属性,或者直接在 SPSS 中录入 / 导入数据,然后利用"数据"菜单中的"设置测量级别未知的字段的测量级别"命令来快速设置数据字典。但是在实际的大型研究项目中,单独建立和维护数据字典是非常关键的一环,建议从事大型研究项目数据管理与分析工作的读者尽早建立这一良好的维护习惯。

> 如果只想浏览而不修改数据文件的数据字典,则可以选择菜单"实用程序"→"变量"命令来依次查看单个变量的属性设置,或者选择菜单"文件"→"显示数据文件信息"→"工作文件"命令,将当前数据文件的数据字典以表格的形式在结果查看器窗口中输出。

5.1.2　定义变量属性

定义变量属性(define variable property)是指进一步定义数据文件中已存在的变量的属性,具体包括:列出所选变量的所有取值;分辨没有值标签的变量值,并自动给出值标签;将一个变量的属性复制到所选的变量中,或者将所选变量的属性复制到其他变量中。定义变量属性可以通过"定义变量属性"对话框来实现。乍看起来,该对话框的绝大多数功能都可以在数据编辑器窗口的变量视图中实现,它似乎有些多余,但对于复杂的研究项目而言,其可视化能力可以大大提高数据管理工作的效率。此外,对于初学者而言,使用该对话框进行变量设置也是一个很好的选择。

这里仍以 CCSS 项目数据为例对该对话框进行说明。选择菜单"数据"→"定义变量属性"命令,则首先会打开预定义对话框,要求选择希望进行设置的变量,可以选择多个变量,单击"继续"按钮后 SPSS 将会对选入的变量进行扫描,随后进入如图 5.1 所示的"定义变量属性"对话框。

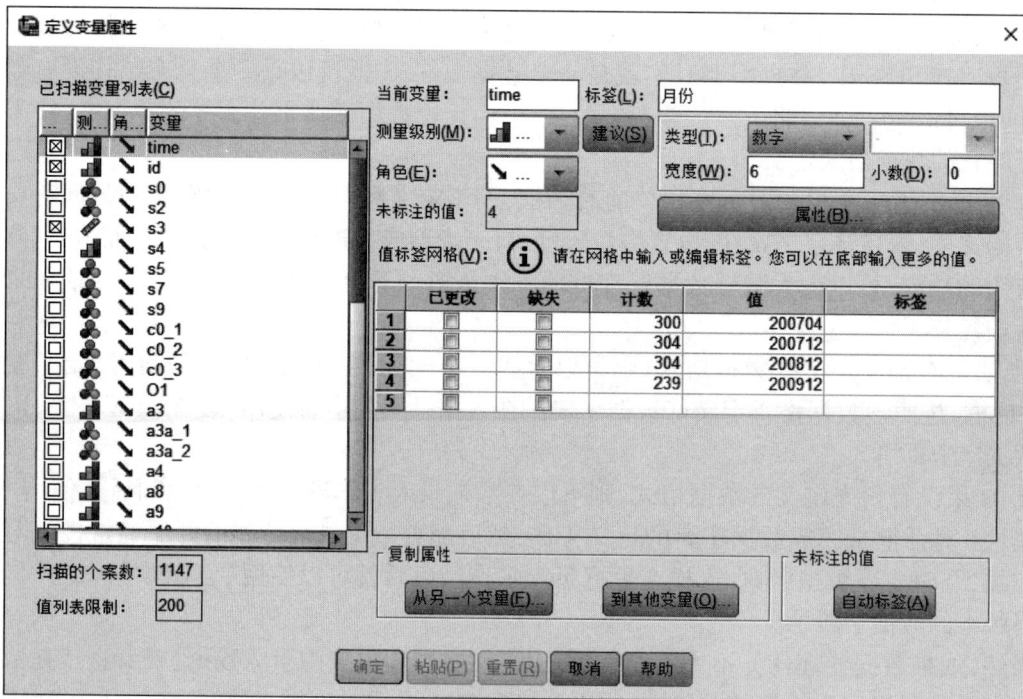

图 5.1　"定义变量属性"对话框

①"已扫描变量列表"框：列出所有被选择／被扫描的变量，这些变量分4列显示，分别为该变量有无值标签定义、测量尺度、角色和变量名。选中相应的变量名，右侧就会显示出相应的设置信息，供用户查看和修改。

②右上侧变量属性组：用于设置测量尺度、存储格式、变量名标签等，如果单击"建议"按钮，系统就会根据扫描过的数据给出建议的测量尺度。注意，其中的"属性"按钮用于新建自定义属性，详见5.1.4小节的介绍。

③"值标签网格"框：列出该变量所有取值的频数（"计数"列）、当前值标签（"标签"列）和缺失值的设置方式（"缺失"列）等，此处可以通过双击来更改值标签和缺失值的设置方式（例如，将当前数值设置为自定义缺失值）。

④"复制属性"框组：用于将一个被扫描变量的属性复制到所选变量中，也可以将所选变量的属性复制到其他被扫描变量中，该框组的功能可以参考3.3.1小节"可视离散化"中的相关内容。

⑤"自动标签"按钮：用于自动生成值标签，实际上就是将相应的变量值赋给空白值标签。

在"定义变量属性"对话框中，可以对变量的所有属性进行定义，也可以一次性定义多个变量的属性，并且系统可以扫描出变量的取值范围，这显然比在变量视图中进行操作容易得多，从而大大方便了数据字典的定义工作。

5.1.3　复制数据属性

"复制数据属性"（copy data property）向导用于将定义好的数据字典直接应用到当前数据文件中。在具体操作时，既可以将一个外部数据文件的相关属性全部应用到当前数据文件中，也可以只选择某些变量或者某些属性进行复制，这无疑会大大提高连续性研究项目对原有资源的利用程度。对于多选题变量集、普通变量集（详见5.3.4小节的介绍）、权重变量等，使用该向导进行复制更是会减少许多重复性工作。

选择菜单"数据"→"复制数据属性"命令，则会打开"复制数据属性"向导：

第一个界面：在该界面中可以选择希望复制的数据属性来源，如图5.2(a)所示，既可以是一个已经打开的数据文件，也可以是一个未打开的数据文件，甚至可以是当前数据文件。这里选择未打开的一个数据文件（即"外部SPSS Statistics数据文件"项），然后单击"下一步"按钮。

第二个界面：用于设置希望复制的变量属性类型，如图5.2(b)所示。这里有三种选择：选择同名同类型同长度变量的属性进行复制（即"将所选源数据集变量的属性应用于匹配的活动数据集变量"项）、选择一个变量的属性进行复制（"将单个源变量的属性应用于同一类型的所选活动数据集变量"项）和仅复制文件属性（即"仅应用数据集属性－未选择变量"项）。这里选择的是第二项，具体设置是将城市变量s0的属性定义复制到变量s2~s4这三个变量中，然后单击"下一步"按钮。

第三个界面：用于指定希望复制的变量属性，共有7种，并且可以选择是替换原有属性，还是与原有属性合并。

当第三个界面出现时，用户就可以单击"完成"按钮结束"复制数据属性"向导了。如果希望选择要复制的文件属性，以及设置是否生成相应的SPSS程序，则可以利用该向导的第四个和第五个界面来进行设置。该向导运行完毕后，就会看到变量s2~s4的属性已经全部更改为与变量s0相同的设置。

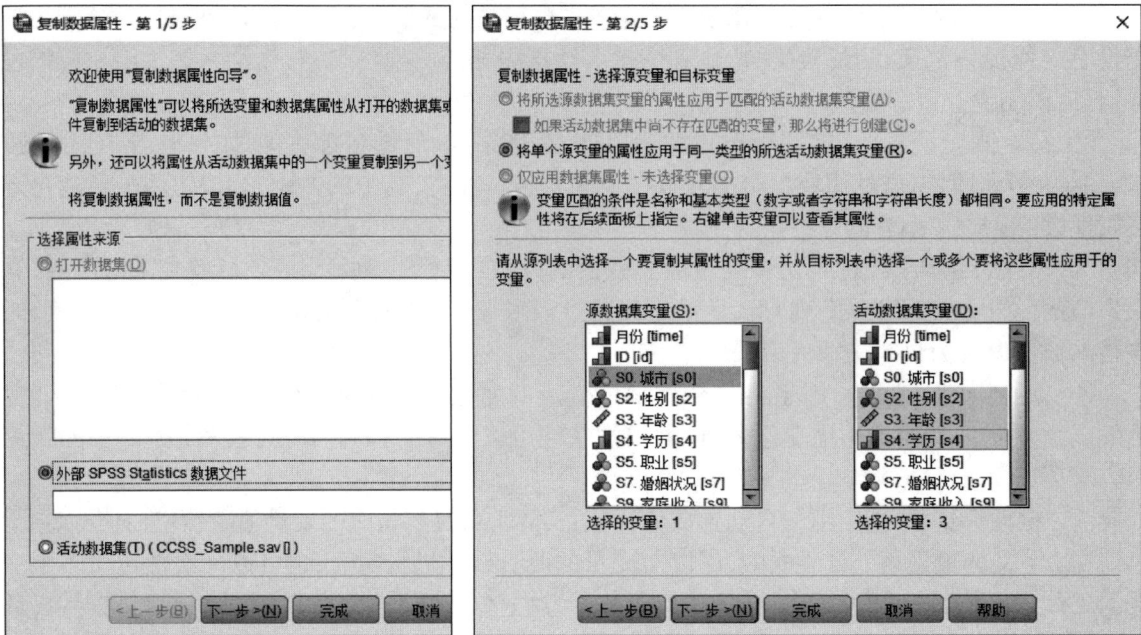

(a) 第一个界面   (b) 第二个界面

图 5.2 "复制数据属性"向导的第一个界面和第二个界面

5.1.4 新建自定义属性和设置新变量的测量尺度

在默认情况下,SPSS 会为每个变量都设置名称、类型等 11 个属性。这些属性在绝大多数情况下都是足够的,但是在一些大型研究项目中,用户可能需要自行创建一些特殊的变量属性。例如,可以创建识别调查问题类型的变量属性(如单选题、多选题、开放题)或计算变量所使用的公式等。与标准变量属性一样,这些自定义的变量属性也将随着数据文件一同保存。

在 SPSS 中新建自定义属性需要先将数据编辑器窗口切换到变量视图,然后选择菜单"数据"→"新建定制属性"命令,打开"新建定制属性"对话框,如图 5.3 所示。在该对话框的"属性名称"框中输入希望建立的变量属性名称,然后在"属性值"框中输入默认的属性值,并将希望设置默认属性值的变量选入"选择的变量"框(图 5.3 中选入的是总指数变量 index1),确认后就会看到变量视图的最右侧新增了一个"基准值"属性,其中总指数变量 index1 的"基准值"属性单元格中已经填充了数值 100,用户可以单击该单元格右侧的按钮来增删该变量属性可能的取值。对于空单元格则可以在双击后直接输入信息。单击该对话框中的"显示已定义的属性列表"按钮可以查看所有已经定义好的变量属性,事实上,SPSS 提供的这一功能类似变量注解,以和"实用

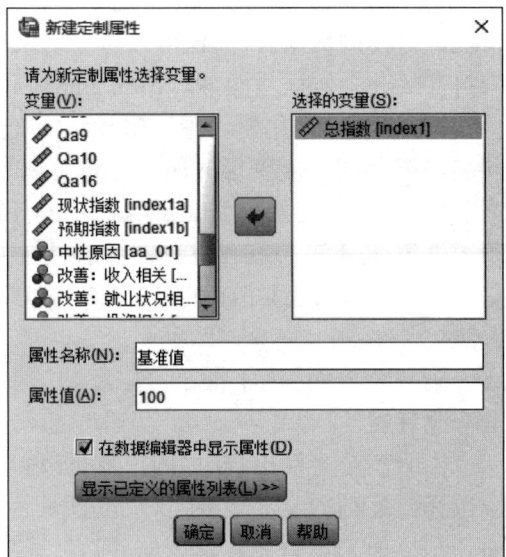

图 5.3 "新建定制属性"对话框

程序"菜单中的"数据文件注释"命令相对应。

> 目前在 SPSS 中无法删除自定义的属性,如果确实需要删除,则可以将数据转移到一个新的数据文件中,然后用"复制数据属性"向导将所需要的变量属性复制过来。

对于批量创建的新变量,或者从外部直接读取的数据文件,变量的测量尺度有可能是未知的,此时可以使用菜单"数据"→"设置测量级别未知的字段的测量级别"命令,使用相应的对话框对所有测量尺度未知的变量的测量尺度进行批量设置。关于该对话框的功能,这里不做详述。

5.2　数据核查

在数据被采集完毕、正式入库之前,必须对数据进行查错或验证。对于 CCSS 项目而言,虽然每月的数据均由计算机辅助电话访问系统收集,但为了保证数据质量,在数据入库前必须重新按照问卷设定的要求进行查错,本节将介绍如何利用 SPSS 来完成相应的工作。

> 在常用的数据核查功能中,SPSS 目前只有动态数值有效性检查这一功能没有提供,这是因为相应的功能被放在了 Data Collection Family 产品线中,对该功能有需求的读者可以考虑使用 Epidata 软件来实现。

5.2.1　数据核查概述

1. 数据核查的基本内容

一般而言,有以下几类数据核查:

① 配额检查:对于有配额限制的项目,检查所规定的配额要求是否得到了满足。

② 封闭题数值核查:封闭题的选项有限,数值中不应当出现选项外取值,如变量 A3 的取值只能为 1、2、3、4、5、9。

③ 开放题数值核查:相应的连续变量应当在有效范围内取值,如年龄变量 s3 的取值范围应当为 18~65。

④ 多选题数值核查:例如,在使用多重分类法记录数据时,同一个选项代码不应在不同列中重复出现,否则就意味着同一个选项出现了重复选择。

⑤ 逻辑核查:出于质量控制的要求,对题目的取值进行了逻辑控制。例如,变量 A3、A4、A8 不应当同时选择 9,否则按废卷处理。

在 CCSS 项目中,需要进行上述所有类型的数据核查。

2. 数据核查的技术路线

无论采取哪种软件或者技术方式,数据核查的技术路线基本相同,具体来说,可以分为如下几个步骤:

① 任务分解:将各种查错工作归纳为若干基本独立的类型。

② 技术实现:为每个分解出的类别定义适当的错误识别规则,并采用适当的技术手段来实现。

③ 结果反馈:采用适当的技术手段作为查错结果的输出接口,从而使查错结果能够以清晰

且一致的方式反馈给用户。

实际上,对于学习过软件工程的读者而言,上述思路和软件开发的思路是完全一致的,有兴趣的读者可以按照该思路编写一套查错软件,当然也可以利用 SPSS 来实现相应的功能。

5.2.2　数据验证模块

SPSS 中的数据验证模块专门用于实现数据核查功能,用户通过定义数据验证规则,并运用这些规则对数据进行核查,以确定个案的取值是否有效。数据验证规则主要分以下两种:

① 单变量规则:单变量规则包含一组应用于单个变量的数据验证规则,如对范围外值进行核查的规则。在单变量规则中,有效值可以表示为一个范围,也可以表示为一个有效值列表。

② 交叉变量规则:交叉变量规则是用户定义的、用于设计多个变量之间逻辑关系的规则,它由标记无效值的逻辑表达式定义,可以应用于单个变量,也可以应用于变量组合。

在用数据验证规则核查完数据后,用户就可以将其保存在数据文件的数据字典中,这样在指定一次规则后即可反复使用。

在 CCSS 项目中,对于各题目的取值,以及它们彼此之间的逻辑关系都有着严格的规定,为了简化叙述,只给出下列几种情形:

① 性别变量 s2:只有 1、2 两种取值编码。

② 年龄变量 s3:取值在 18 岁到 65 岁之间。

③ 关键题目的取值逻辑:变量 A3、A4、A8 不应当同时选择 9,否则作为废卷处理。

上述三种情形正好分别对应了取值列表、取值范围和交叉规则这三种情形,下面介绍如何在数据验证模块中定义这些数据验证规则。为了方便理解,读者可打开预先设置好问题的数据文件 CCSS_bad.sav,然后再继续下面的操作:

1. 定义数据验证规则

选择菜单 "数据" → "验证" → "定义规则" 命令,打开 "定义验证规则" 对话框,如图 5.4 所示,可见 "单变量规则" 和 "交叉变量规则" 各作为一个选项卡出现。先在 "单变量规则" 选项卡中对变量 s3 和 s2 的规则进行定义,具体操作如下:

① 性别变量 s2:将规则的名称设置为 RuleS2,类型默认为数值型,将 "有效值"(即有效值核查方式)更改为 "在列表中",然后在下方的 "值" 框中依次添加 1、2 作为有效值,如图 5.4(a)所示。

② 年龄变量 s3:将规则的名称设置为 RuleS3,类型默认为数值型,将有效值核查方式设置为 "在范围内",将最小值和最大值分别设置为 18 和 65,如图 5.4(b)所示。

③ 设定交叉规则:切换到 "交叉变量规则" 选项卡,采用默认的 CrossVarRule1 作为交叉规则名称。在下方的 "逻辑表达式(对于无效个案,求值结果应当等于 1)" 框中输入使个案无效的条件表达式 "A3=9 & A4=9 & A8=9",如图 5.4(c)所示。

上述操作界面中出现的软键盘、变量列表、函数列表等和第 3 章介绍的 "计算变量" 对话框中的完全相同,这里不再重复解释。在上述操作完毕后,单击 "确定" 按钮即可生成相应的规则,这些规则可以被直接保存在数据文件中,便于重复使用。

实际上,在数据验证规则定义完毕后,用户应当将其保存在数据字典中,以便将来需要时重复使用。

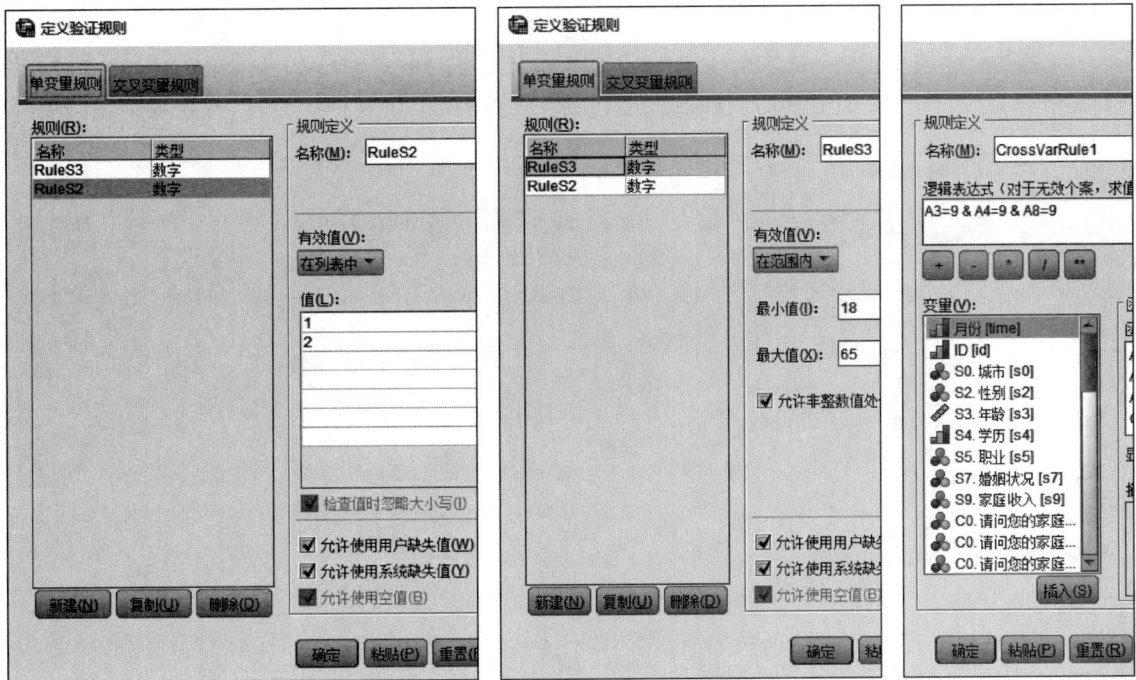

(a) "单变量规则"选项卡(1)   (b) "单变量规则"选项卡(2)   (c) "交叉变量规则"选项卡

图 5.4 "定义验证规则"对话框(部分)

2. 进行数据验证

在定义完数据验证规则后,下一步工作自然是使用这些规则来进行数据验证。选择菜单"数据"→"验证"→"验证数据"命令,打开"验证数据"对话框,如图 5.5 所示。

① "变量"选项卡:如图 5.5(a)所示,用于选入分析变量(即需要应用单变量规则的变量)和个案标识变量。为了节省核查时间,建议只将确实需要核查的变量选入"分析变量"框,如在本例中就只选入了所涉及的两个变量。在本例中,需要将月份变量 time 和 ID 变量 id 联合使用才能唯一标识一个个案,因此需要将两者均选入"个案标识变量"框,否则在输出结果中会报告个案 ID 重复的错误。

② "基本检查"选项卡:如图 5.5(b)所示,数据核查时会对所有入选变量/个案进行分析,并报告表现异常的变量/个案。本选项卡用于对变量/个案的核查/报告标准进行设置,一般无须更改,使用默认设置即可。

③ "单变量规则"选项卡:如图 5.5(c)所示,本选项卡用于将前面定义的单变量规则应用到具体的变量上,其左侧会列出所有的分析变量,右侧则通过复选框列表使定义好的规则和变量相对应。在本例中,应当在性别变量 s2 处选择 RuleS2,在年龄变量 s3 处选择 RuleS3。此外,如果发现规则还不完善,则还可以单击右下方的"定义规则"按钮(该按钮由于图 5.5(c)未完全展示本选项卡而未显示出来),新增或者修改单变量规则。

④ "交叉变量规则"选项卡:以复选框列表的形式列出了所有的交叉规则,使用时只要选中希望应用的规则即可。同样,如果发现规则还不完善,则可以单击该选项卡上的"定义规则"按钮新增或者修改交叉变量规则。

⑤ "输出"选项卡:用于设置数据核查后错误报告在结果查看器窗口中的输出形式。

⑥ "保存"选项卡:用于将数据核查的情况以标识变量的形式保存在数据集中,以便直接对原始个案进行修改,这些标识变量所反映的问题包括空个案标识、个案标识异常、验证规则违例数等。

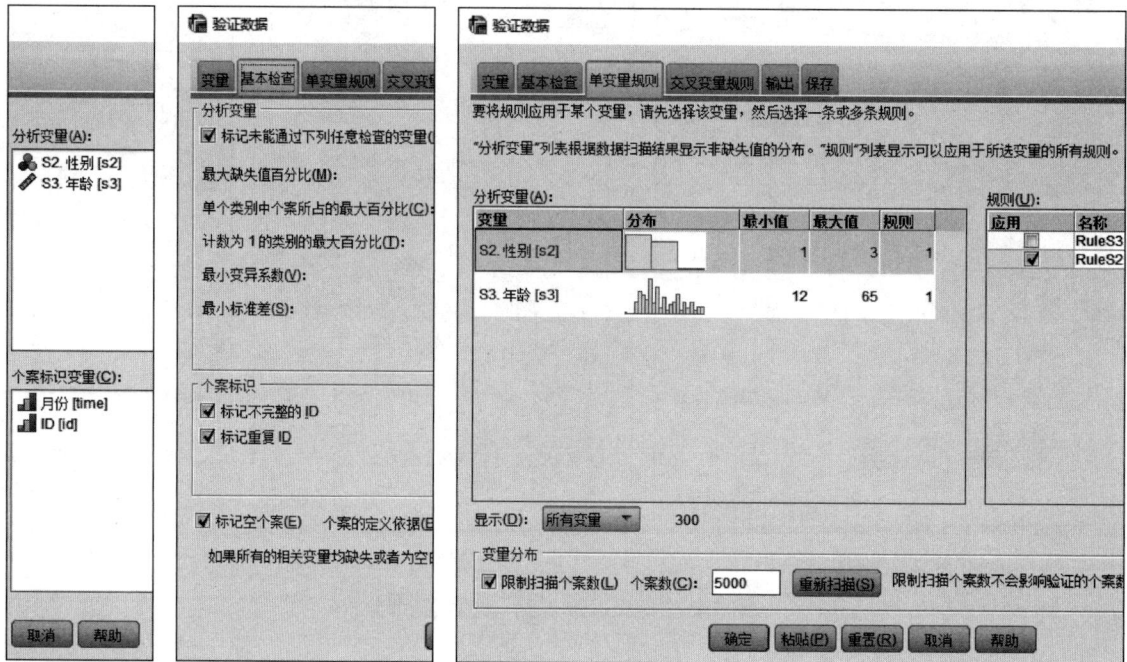

(a) "变量"选项卡   (b) "基本检查"选项卡   (c) "单变量规则"选项卡

图 5.5   "验证数据"对话框(部分)

设置完毕后单击"确定"按钮,SPSS 就会按照要求对数据进行核查,并在结果查看器窗口中给出相应的报告。

首先,给出的是如图 5.6 所示的重复标识报告表,其中列出了存在标识重复问题的个案,本例中第 21 个、第 137 个个案均被标识为 2007 年 4 月 ID 为 1 的个案,显然是标识重复了。

			标识	
重复的标识组	重复项数	具有重复标识的个案	月份	ID
1	2	21,137	200704	1

图 5.6   重复标识报告表(★)

其次,给出的是单变量规则的核查结果。先给出单变量规则描述表,如图 5.7 所示,指出了至少出现过一次违规的单变量规则,再给出违规变量摘要表,如图 5.8 所示。可见,性别变量 s2、年龄变量 s3 各有一个个案违反了相应的规则 RuleS2 和 RuleS3。

最后,给出的是交叉变量规则的核查结果。先给出交叉变量规则描述表,如图 5.9 所示,再给出包括单变量规则和交叉变量规则在内的所有违规个案报告表,如图 5.10 所示。可见,2007 年 4 月的 ID 为 16 的个案同时违反了性别的验证规则和交叉规则,而 2007 年 4 月的 ID 为 4 的个案则违反了年龄的验证规则。读者可据此自行检索数据文件中这些个案的取值情况,这里不做详述。

规则	描述
RuleS3	类型：数字
	域：全距
	标记用户缺失值：否
	标记系统缺失值：否
	最小值：18
	最大值：65
	标记范围内的未标注值：否
	标记范围内的非整数值：否
	$VD. SRule[1]：规则
RuleS2	类型：数字
	域：列表
	标记用户缺失值：否
	标记系统缺失值：否
	列表：1, 2
	$VD.SRule[2]：规则

显示了至少违反一次的规则。

图 5.7　单变量规则描述表（★）

	规则	违例数
S2. 性别	RuleS2	1
	总计	1
S3. 年龄	RuleS3	1
	总计	1

图 5.8　违规变量摘要表（★）

规则	违例数	规则表达式
CrossVarRule1	1	A3=9 & A4=9 & A8=9

图 5.9　交叉变量规则描述表（★）

| 个案 | 验证规则违例 | | 标识 | |
	单变量[a]	交叉变量	月份	ID
1	RuleS2(1)	CrossVarRule1	200704	16
2	RuleS3(1)		200704	4

a. 在每条规则后面，提供了违反该规则的变量数。

图 5.10　规则违规个案报告表（★）

3. 加载预定义规则

为了方便用户使用，SPSS 默认在 Predefined Validation Rules.sav 文件中设置了一些常用的单变量规则，如非负整数、月份、星期等，用户只需要选择菜单"数据"→"验证"→"装入预定义规则"命令即可将其载入。当然，对于经常使用的规则，用户也可以将其保存在该文件中形成自己的规则库，以方便使用。

实际上，用户也可以将自定义的规则存储为一个 SPSS 数据文件，在随后的工作中将其载入，但这种操作只能在程序级别实现，详见第 6 章的案例。载入预定义规则的对话框，目前只能载入默认路径下 Predefined Validation Rules.sav 文件中的规则。

5.2.3　标识重复个案

在数据管理中,同一份数据可能会被不同的数据录入员重复录入,虽然数据验证模块可以帮助用户发现个案标识重复问题,但操作相对复杂,在 SPSS 中还可以使用更简单的标识重复个案过程来迅速发现重复个案。

仍以数据文件 CCSS_bad.sav 为例,选择菜单"数据"→"标识重复个案"命令,打开"标识重复个案"对话框,如图 5.11 所示。

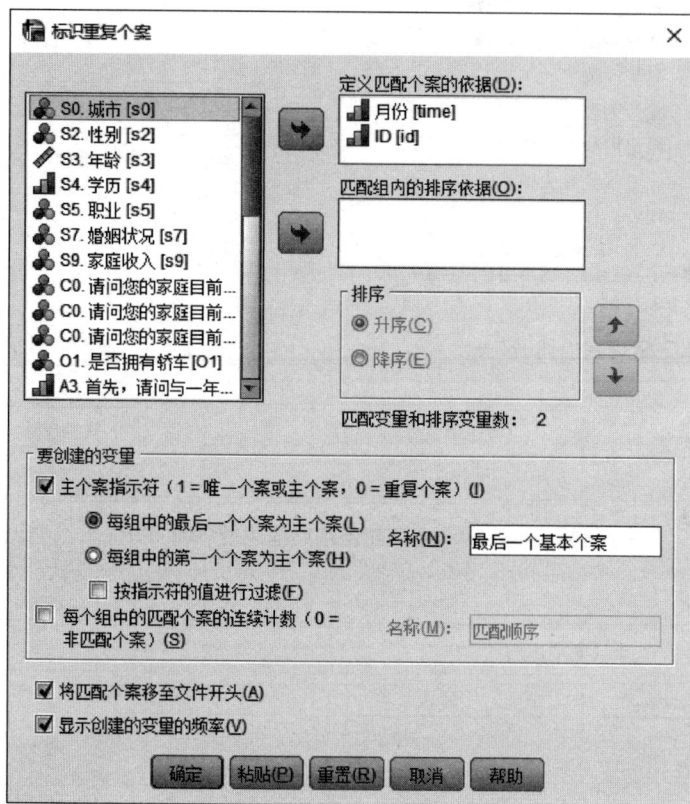

图 5.11　"标识重复个案"对话框

① "定义匹配个案的依据"框:选入用于确认重复个案的变量,如果个案关于所有这些变量的取值均相同,则将其视为重复个案。

② "匹配组内的排序依据"框:对于发现的重复个案,按照指定的变量值排序。

③ "主个案指示符"复选框:对于重复个案,可以指定其中一个为主个案,其他为多余的重复个案。可以将第一个个案或者最后一个个案设置为主个案,主个案的标识变量取值为 1,多余的重复个案的标识变量则取值为 0。

④ "每个组中的匹配个案的连续计数"复选框:在每一个匹配组中为个案创建取值范围为 $1\sim n$ 的变量。这个变量的取值基于每个匹配组中当前个案的次序,该次序可以是当前个案在原数据文件中的次序,也可以是由任何指定的排序变量决定的次序。

在后续分析中,可以将利用标识重复个案过程创建的变量作为过滤变量来选择个案,从而在报告和数据分析中排除重复个案,同时又无须从数据文件中删除这些个案。

在操作完毕后,结果查看器窗口中会给出重复个案报告表,如图 5.12 所示。可见,300 个个案中有一个个案在指定变量上与其他个案重复。同时,在数据编辑器窗口中也会对个案进行排序,凡是出现了重复个案的匹配组均会被前置,以便用户进一步核查。

		频率	百分比	有效百分比	累积百分比
有效	重复个案	1	.3[①]	.3	.3
	主个案	299	99.7	99.7	100.0
	总计	300	100.0	100.0	

图 5.12 重复个案报告表(★)

5.2.4 双录核查

在临床试验数据管理等非常严格的项目中,双份录入是很常见的需求。设置一个完整的数据字典,然后由不同的数据录入员将同一份问卷分别录入为一个数据集,最后再对这两个数据集进行对比,以发现两者的不同之处,从而尽可能地减少数据录入错误,这就是双录核查。

SPSS 的"数据"菜单中有时会出现两个"比较数据集"命令,其中一个是 Python 插件,目前基本上废弃不用。本节介绍的是 SPSS 内置的比较数据集过程。

利用 SPSS 的比较数据集过程,用户可以很轻松地完成两个双录数据集的对比工作。以 CCSS_bad.sav 和 CCSS_Sample.sav 的比较为例,可以先打开 CCSS_bad.sav,然后选择菜单"数据"→"比较数据集"命令,并在首先打开的对话框中选择希望进行比较的数据集,这里是 CCSS_Sample.sav,则会打开"比较数据集"对话框:

① "比较"选项卡:如图 5.13(a)所示,用于指定数据集比较中相应变量的角色,即哪些变量用于比较,哪些变量用作个案标识。

② "属性"选项卡:如图 5.13(b)所示,对于要求进行严格比较的双录数据,可以在该选项卡中进一步选择用于比较的属性。

③ "输出"选项卡:如图 5.13(c)所示,用于设置不匹配个案在数据集中的呈现方式,默认用一个新变量标识不匹配个案,也可以将这些个案输出到一个新数据集中,供用户核查。

按照图 5.13 所示的设置,将月份变量 time 和 ID 变量 id 作为个案标识,与其他所有变量比较,并且将所有不匹配的个案输出到一个名为"不匹配"的新数据集中,单击"确定"按钮后,SPSS 就会创建一个包含三条 CCSS_bad.sav 中不匹配个案的新数据集,同时 CCSS_bad.sav 中会新增变量 casecompare,其取值为 1 代表不匹配,取值为 0 代表匹配,取值为 –1 则代表被排除在比较操作之外。

---

① SPSS 在默认情况下,对于小数,是不显示小数点前面的 0 的;若要显示小数点前面的 0,则可以选择菜单"编辑"→"选项"命令,在打开的"选项"对话框的"常规"选项卡中,选中"对小数值显示前导零"复选框。

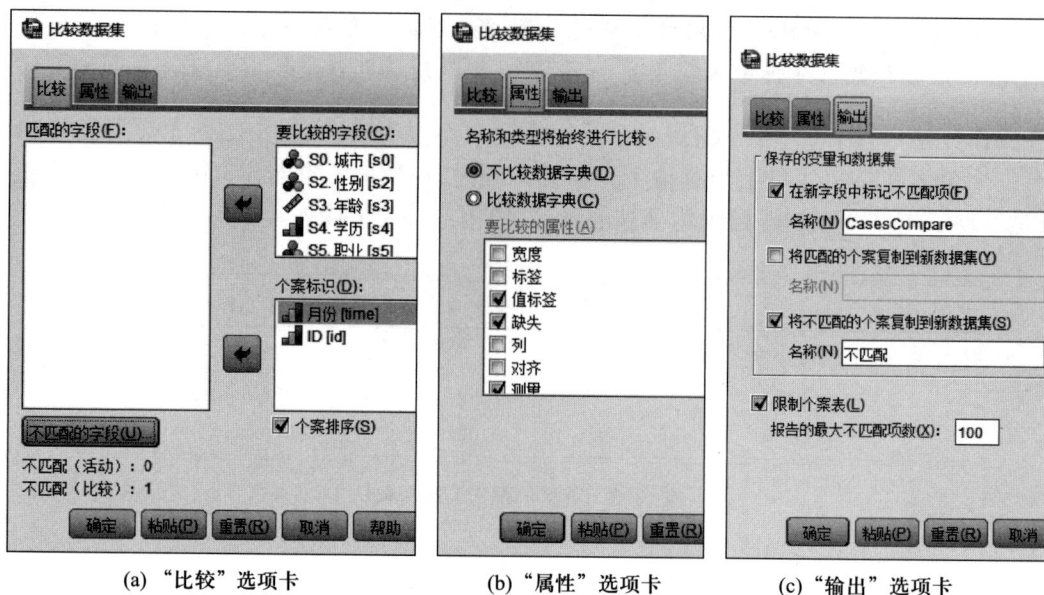

(a) "比较"选项卡   (b) "属性"选项卡   (c) "输出"选项卡

图 5.13   "比较数据集"对话框(部分)

下面通过输出的结果来进一步理解比较操作。先给出的表格说明当前活动数据集为 CCSS_bad.sav,此即主匹配数据集,随后则给出了数据比较结果摘要,如图 5.14 所示。可见,当前活动数据集中有一个个案未进入比较操作,由 5.2.3 小节的介绍可知,该数据集中在 2007 年 4 月这个时间点有两个个案的 ID 均为 1,此时由于无法准确地定位个案标识而自动删除了其中一条,最终进入比较操作(即在两个数据集中均存在且有唯一一个个案标识)的个案共有 299 个。

结果	统计	数据集	
		活动	比较
个案	计数	300	1147
比较个案数	计数	299	299
	百分比	99.7%	26.1%
未比较个案数	计数	1	848
	百分比	.3%	73.9%

图 5.14   数据比较结果摘要(★)

然后进一步给出了从个案角度和变量角度汇总的不匹配报告,可知有三个个案不匹配,涉及的变量则有城市、性别、年龄等。但更详细的输出是最后给出的个案不匹配列表,如图 5.15 所示。这里为了显示方便,删除了变量 s7(变量名标签为 "S7. 婚姻状况")之后的输出,可见不匹配的分别是 2007 年 4 月的 ID 为 1、4、16 的三个个案,而且具体的变量不匹配情况也都在这里列出了。

如果仔细阅读图 5.15 所示的结果,可以发现 ID 为 1 的个案实际上并非数据录入错误,而是完全不同的两个个案。事实上,标识重复个案过程中被自动删除的那个个案才是真正的 ID 为 1 的个案。也就是说,数据录入中 ID 必须绝对正确,如果 ID 录入错误,则会给后续的数据管理带来很大的影响,而且很多时候其所导致的后续问题是无法解决的。

个案ID		行							
time	id	活动	比较	S0. 城市	S2. 性别	S3. 年龄	S4. 学历	S5. 职业	S7. 婚姻状况
200704	1	1	1	(1) 200	(1) 2	(1) 30		(1) 4.00	(1) 1
				(2) 100	(2) 1	(2) 20		(2) 3.00	(2) 2
200704	4	5	4			(1) 12			
						(2) 65			
200704	16	17	16		(1) 3				
					(2) 1				

(1) 是活动数据集, (2) 是比较数据集。

图 5.15　个案不匹配列表(部分)(★)

5.3　数 据 准 备

在数据核查完毕且已经入库之后,往往还要根据统计分析的需要对数据进行各种预处理,如处理异常值、缺失值,按建模需求转换数据格式等,SPSS针对数据准备也提供了好几个过程,本节就来对这些过程进行介绍。

> 在功能分类上,缺失值分析(MVA)过程也和数据准备有关,它可以帮助用户确定数据的缺失模式,并应用多重插补或者最大期望值法等方法进行缺失值填充,但缺失值填充涉及的统计学知识比较复杂,对其感兴趣的读者可参考《高级教程》。

5.3.1　标识异常个案

异常个案是统计分析中的一个令人头痛的问题,这些个案的出现有可能是数据录入错误所致,这种情形比较好处理,找到错误之处并更正即可。麻烦的情形是数据录入无误,但变量值异常,这类个案往往就会成为研究者,特别是统计分析初学者所面临的一大难题,最常用的统计模型也可能因为其存在而无法使用,导致必须更换统计方法。但无论怎样,提前标识异常个案都会大大方便相应的数据管理和统计分析工作。SPSS提供了标识异常个案过程,该过程采用较为复杂的统计算法,可以在探索性数据分析过程中快速检测出异常个案,从而协助用户提前对其进行处理。

1. 算法原理

由于标识异常个案过程采用的算法比较复杂,这里只简单介绍其原理,希望深入了解相关内容的读者可在学习完相应的统计模型后再阅读其算法文档。整个算法分为如下三步:

① 聚类:采用两步聚类法(本方法的详情可参见《高级教程》),将所有个案按照相似性自动分为若干类(称为对等组)。所建立的聚类模型,以及相应的统计量均被存储起来,供后续分析使用。

② 评分:使用所建立的聚类模型,对每一个个案都进行相对于所属类别的偏差度评估,并计算相应的异常指标(anomaly indice,由各变量值的偏差度指标计算而来,其具体算法与对数似然

值的大小有关)。计算完毕后所有个案会按该指标降序排序,异常指标值最高的一部分(具体比例在相关对话框中设置)将被标识为异常个案。

③ 报告:对于标识出的每一个异常个案,其相应的变量都会按照所对应的偏差度指标排序,该指标值最高的变量以及对应的指标值、标准值(norm value)等将会作为该个案被标识为异常个案的原因列出。

2. 界面介绍

图 5.16 所示的就是"标识异常个案"对话框,该对话框中有多个选项卡:

① "变量"选项卡:如图 5.16(a)所示,"分析变量"框用于选入希望进行异常个案分析的变量,"个案标识变量"框用于选入一个个案标识变量,该变量用于标识个案,不会进入具体的分析过程。

② "输出"选项卡:默认输出异常个案及其异常原因的列表,在"摘要"框组中可以选择更详细的输出,包括对等组标准值、异常指标、按分析变量列出发生异常的原因,以及已处理的个案数。在了解了标识异常相关算法的原理之后,就可以理解上述输出的具体含义了。

③ "保存"选项卡:可以要求将所涉及的变量保存到当前活动数据集中,这些变量包括异常指标、对等组、异常原因三类。此外,还可要求以 XML 格式保存模型。

④ "缺失值"选项卡:用于设置用户缺失值和系统缺失值的处理方式,如在分析过程中排除缺失值,或者包括缺失值。

⑤ "选项"选项卡:如图 5.16(b)所示,在此处可以设置异常个案的标识条件,可以按照异常指标值最高的个案所占的百分比、固定数目,或者直接给出异常指标值的分界值来设置标识条件。此外,还可以设置聚类分析中的类别数(即对等组数量,建议不做更改),以及标识为异常个案的最大原因数。

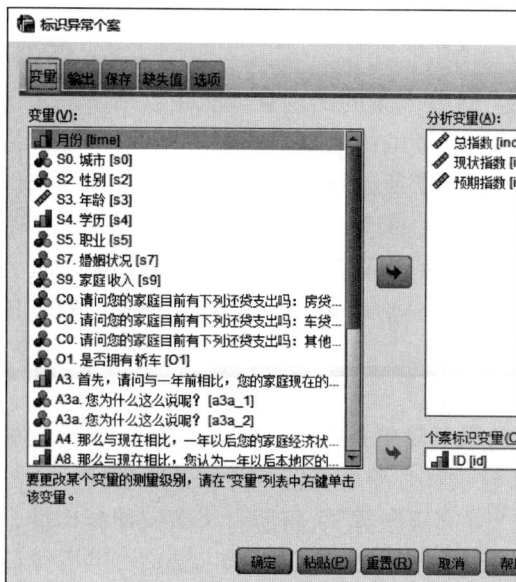

(a) "变量"选项卡

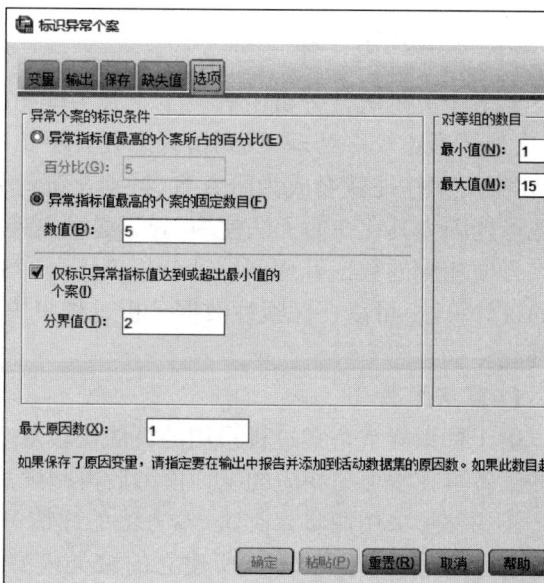

(b) "选项"选项卡

图 5.16　"标识异常个案"对话框(部分)

3. 分析案例

例 5.1 根据 index1、index1a、index1b 三个变量的取值在 CCSS 项目数据中标识异常个案。

选择菜单"数据"→"标识异常个案"命令,打开"标识异常个案"对话框,对该对话框进行设置,如图 5.16 所示。此处为了减少输出,在"选项"选项卡中设置只标识出 5 个异常个案,确认后输出结果。

首先,给出的是如图 5.17 所示的异常个案指标列表,其中给出了异常指标值最高的 5 个个案,注意这些个案是按照异常指标值降序排序的,其中异常指标值最高的是 ID 为 97 的个案,达到了 10.651。

其次,给出的是与聚类分析相关的异常个案对等组列表,如图 5.18 所示。可见,这 5 个异常个案在聚类分析中都被分入了对等组(ID=1),然后在该对等组中均被标识为异常个案。

个案	id	异常指标
397	97	10.651
577	277	7.311
703	99	6.215
622	18	6.020
588	288	5.706

图 5.17 异常个案指标列表(★)

个案	id	对等ID	对等大小	对等大小百分比
397	97	1	598	52.1%
577	277	1	598	52.1%
703	99	1	598	52.1%
622	18	1	598	52.1%
588	288	1	598	52.1%

图 5.18 异常个案对等组列表(★)

最后,给出的是这些个案被标识为异常个案的原因列表,如图 5.19 所示。以异常指标值最高的 97 号个案为例,系统是根据变量 index1 的取值将其标识了出来,该变量在其对等组中的标准值(其实就是本组均值)为 80.418 5,但该个案的变量值为 0,其偏差度指标值达到了 0.463。

原因:1

个案	id	原因变量	变量影响	变量值	变量范数
397	97	index1	.463	.00	80.4185
577	277	index1b	.461	.00	78.6153
703	99	index1b	.542	.00	78.6153
622	18	index1	.426	23.43	80.4185
588	288	index1	.449	23.43	80.4185

图 5.19 异常原因列表(★)

需要指出的是,标识异常个案所使用的算法对初学者而言过于复杂,而且分析结果也不一定符合需求,因此不要过于依赖此算法,只将其作为一个强有力的辅助工具即可。

5.3.2 自动数据准备

数据准备是数据管理中最重要的步骤之一,也往往是最耗时的一个步骤,因为要考虑异常值、变量分布、变量变换、关联趋势、方差齐性等各方面的问题,因此做好这一步需要长期的经验积累,但这却无法满足大数据时代对数据分析速度的要求。为此 SPSS 做了许多努力,如前面介绍的最优离散化过程就是自动化的数据准备工具之一。而这里介绍的自动数据准备(ADP)过程则更进一步,如果用户只是希望尽量精确地建立一个预测模型,而不太关注模型中自变量和因变量之间究竟存在怎样的关联趋势,那么就可以在最终建立预测模型之前,使用该过程自动分析数据,对其中的异常值进行识别和校正,筛选出存在问题或可能无用的变量,并在适当的情况下派生出新的变量,以尽可能改善模型的预测效果。

在自动数据准备过程中,因变量可以是连续变量、有序分类变量、无序分类变量等任何一种测量尺度,系统会自动选择相应的算法进行分析。用户可以采用几乎完全自动的方式使用该过程,也可以通过交互式的方式使用该过程。后者使用户可以在更改数据前对其进行预览,并根据需要选择接受或拒绝修改。

由于自动数据准备过程的自动化程度较高,且涉及最优尺度变换等比较复杂的统计学知识,因此这里不对其原理做深入介绍,下面只用一个实例进行演示,以使读者对其有一个初步了解。

1. 界面介绍

在菜单"转换"→"准备数据以进行建模"命令中共有三项:"自动"项用于进行全自动的数据准备,相当于"交互式"项的简化版;"交互式"项则在数据准备的过程中提供了与用户进行交互的能力;"逆转换得分"项则可以根据提供的信息将转换得分逆转换回原始变量。图 5.20 所示的是"交互式数据准备"对话框:

① "目标"选项卡:如图 5.20(a)所示,根据分析需求和计算机的配置,确定进行数据分析时是速度优先还是模型精确度优先。

② "字段"选项卡:如图 5.20(b)所示,对模型中的自变量和因变量进行设置,可以选择一个变量作为待预测的目标变量,而自变量(输入变量)则可以选择多个。注意,这里必须事先准确设置每个变量的测量尺度,否则模型会出错。

③ "设置"选项卡:如图 5.20(c)所示,对数据准备过程中的一些细节进行设置,如低质量字段排除标准、字段转换方法等。

④ "分析"选项卡:在完成预分析后提供详细的结果供用户解读。

2. 分析案例

例 5.2 考虑使用所有背景资料变量对消费者信心总指数进行预测建模,使用自动数据准备过程对原始数据进行预处理。

按照图 5.20 设置"交互式数据准备"对话框,然后单击左上方的"分析"按钮,系统会自动进行相应的数据分析,并在"分析"选项卡中给出分析结果报告,如图 5.21 所示。这里给出的是模型的输出结果,利用下方的两个"查看"下拉列表可以更改左右两侧窗口中显示的内容,图 5.21 所示的内容显示了转换后的变量在预测建模中的重要性,可见变量 s9、s5、s3 在转换后用于预测建模的重要性高于其他变量(注意,每次转换都会有一定的随机性,读者操作的结果可能和这里略有差异),因此其他次要变量在预测建模时可以省略。

(a) "目标"选项卡　　　　　(b) "字段"选项卡　　　　　(c) "设置"选项卡

图 5.20 "交互式数据准备"对话框（部分）

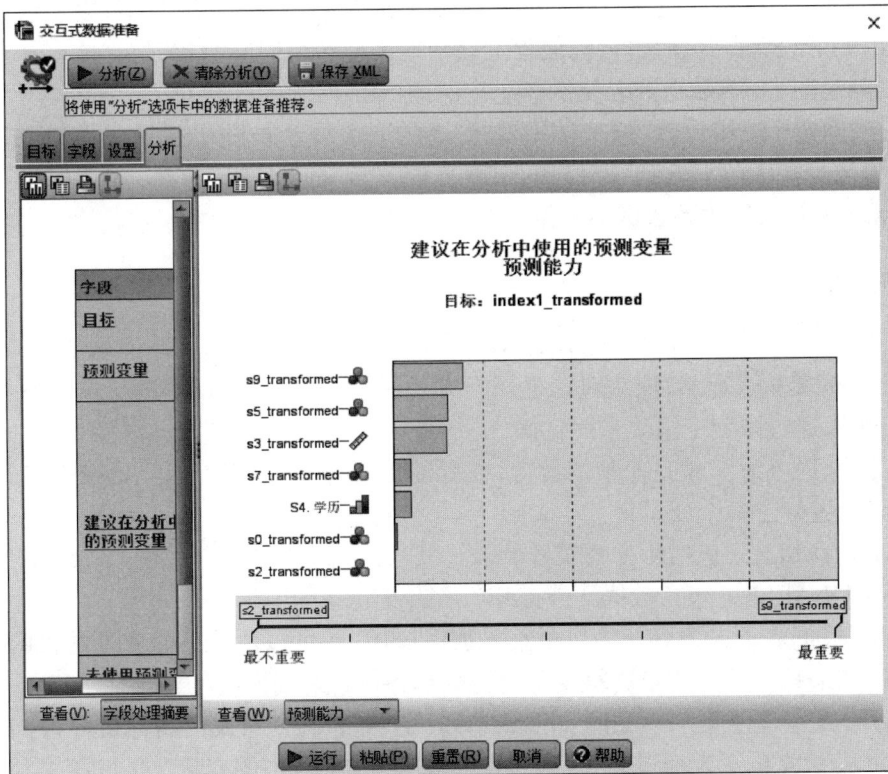

图 5.21 "交互式数据准备"对话框的"分析"选项卡

用户阅读该分析结果报告,如果对当前的变量转换效果满意,则可以直接单击"运行"按钮,系统就会将所有变量的转换得分以类似 s3_transformed、s5_transformed 的名称存储为新变量,供后续分析使用。

5.3.3　数据的匿名化

在大型研究项目中,往往会出于数据质量的考虑而收集一些受访者的个人信息,如姓名、家庭住址、电话号码等,这些信息显然需要得到保护以防止泄露:一种考虑是在外发数据时彻底删除这些字段;另一种考虑则是数据匿名化,即将外发的数据中敏感字段的内容全部用重编码后的伪码代替,数据管理员有原始数据或伪码对照表,其他人员均只能看到无法破解的伪码。

SPSS 为数据的匿名化提供了 Python 插件 SPSSINC_ANON.spe,安装完该插件后选择菜单"转换"→"变量匿名化"命令,就可以打开"变量匿名化"对话框。

① "要匿名化的变量"框:用于选择要替换原始值的变量。

② "需要 1–1 值映射的变量"框:如果使用随机交换的方法来替换原始值,而且又希望数据管理员能够准确地根据替换结果计算出原始值,就要将需要匿名化的变量都选入本框。

③ "替换值的上限"框:用于设置替换时随机选择的非负整数值或字符串值的上限,注意如果该上限值过小,就可能无法实现一对一映射。

④ "选项"按钮:单击该按钮,在打开的"变量匿名化:选项"对话框中可以选择匿名化方法,如连续编码、随机交换或者变量转换。在进行数据匿名化时,可以要求对变量名称进行匿名化处理,或者直接使用现有的映射表。

⑤ "保存"按钮:单击该按钮,在打开的"变量匿名化:保存"对话框中可以要求将变量名称或者变量值的映射表保存为新文件,以便根据该映射表逆转换回原始数据。

这里以年龄为例介绍数据匿名化操作。按照图 5.22 所示的内容对"变量匿名化"对话框进行设置,单击"确定"按钮后,数据文件中变量 s3 的取值就会被随机替换成类似"5204974"的伪码。使用该数据的人除非拿到一对一的映射表(在"变量匿名化:保存"对话框中设置保存信息),否则是无法逆转换回原始数据的。

5.3.4　使用变量集

大型研究项目的数据文件中可能有成百上千个变量,这些变量有的是原始变量,有的是中间变量,有的是分析变量。显然,使用对话框操作方式时,在上千个变量中进行选择是一件很麻烦的事情,此时可以通过限定变量集来简化操作。

所谓变量集,顾名思义就是变量的集合,或者说变量的分组。事实上,SPSS 在打开一个数据文件时就默认设置好了两个变量集:

① ALLVARIABLES:包括所有的变量。

② NEWVARIABLES:包括数据文件打开后所有新建立的变量。

显然,只要根据需求设置好新的变量集并加以应用,就可以达到简化变量的目的。例如,在 CCSS 项目中,如果只考虑对背景资料变量进行分析,则可以选择菜单"实用程序"→"定义变量集"命令,打开"定义变量集"对话框,如图 5.23(a)所示,将新变量集的名称设置为"背景资料分析集",然后将从变量 time 到变量 s9 的全部变量都选入"集合中的变量"框,并单击"添加集合"按钮,这个新变量集就设置完成了。

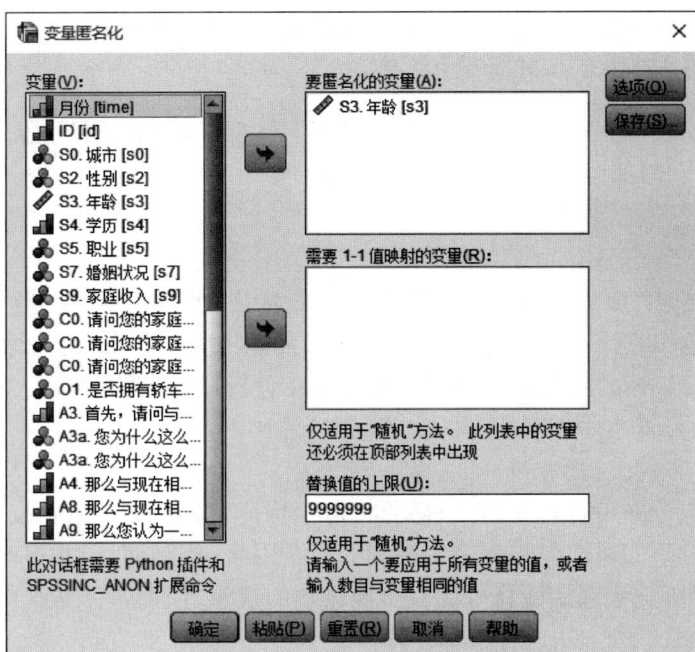

图 5.22　"变量匿名化"对话框

下一步是让相应的选择生效。选择菜单"实用程序"→"使用变量集"命令,打开"使用变量集"对话框,如图 5.23(b)所示,在其中只选中"背景资料分析集"复选框,单击"确定"按钮后,就会看到数据编辑器窗口中只出现了相应的几个背景资料变量,其他变量则均被屏蔽了。

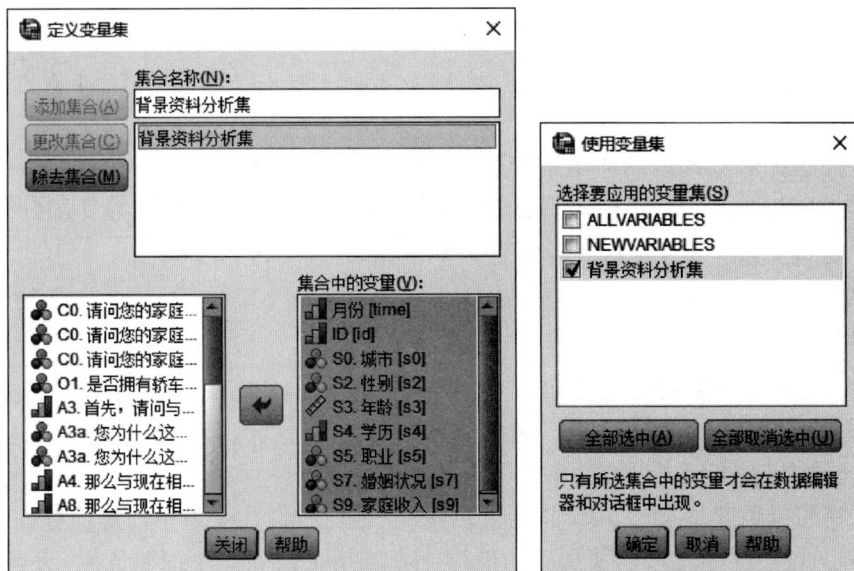

(a)　"定义变量集"对话框　　　　　　　　　(b)　"使用变量集"对话框

图 5.23　"定义变量集"对话框和"使用变量集"对话框

注意,这里也取消了对 NEWVARIABLES 的选择,这意味着所有新建变量均不会出现在对话框中,从而无法在分析过程中使用。

如果希望恢复原状,则可以选择菜单"实用程序"→"显示所有变量"命令,此时所有的变量集都会被选中,因而它们都会在数据编辑器窗口中出现。

5.3.5 倾斜权重

在大型抽样研究中,最终获取的样本的人口分布特征,如性别、年龄、收入等的分布往往和研究总体存在一定的偏差,此时就需要考虑按照已知的总体人口分布特征对抽样数据进行调整。例如,对于属于某人口分布特征组 a 的全部个案,其在分析过程中的权重大小 W_i^a 等于总体中该组所占的比例(FP^a)和样本中该组所占的比例(SP^a)之比:

$$W_i^a = FP^a / SP^a$$

当所考虑的人口分布特征较少时,只需要将每个特征与其他特征进行交叉,形成特征组,并计算每个特征组的权重即可。但是当需要控制的混杂因素(控制变量)很多时,特征交叉就会导致特征组中的样本量很小,直接计算可能会出现极端的权重,反而带来较大的误差,此时可以使用倾斜权重(rake weight)的方法进行权重计算。

倾斜权重的基本原理,是给出各个控制变量单独的分布特征(边际分布),然后对各个个案的权重进行迭代,最终找到能使加权后各个控制变量的分布特征符合相应要求的权重值。虽然有学者认为该方法在控制变量较多时仍然难以避免分布失控,但由于简单易用,这种方法仍然是目前最常用的抽样权重计算方法。

例 5.3 CCSS 项目在计算消费者信心总指数之前,每个月都要先将样本分布校正至与对应的研究总体分布相同。根据人口普查资料,已知研究总体具有以下分布特征,请据此计算所需的个案权重。

性别:男性占 51.66%,女性占 48.34%。

年龄:18~24 岁占 10.26%,25~34 岁占 28.12%,35~44 岁占 26.89%,45~54 岁占 21.06%,55~65 岁占 13.67%。

城市:期望的城市 A、B、C 的样本量分别为 90.63、111.62、61.23。

由于在原始数据中并未对年龄进行分组,因此需要先执行下列代码计算年龄分组变量:

```
RECODE s3 (18 thru 24=1) (25 thru 34=2) (35 thru 44=3) (45 thru 54=4)
(55 thru 65=5) INTO s3cls.
EXECUTE.
```

SPSS 为计算倾斜权重提供了 Python 插件 SPSSINC_RAKE.spe(默认已安装好),选择菜单"数据"→"倾斜权重"命令,即可打开"使权重倾向于控制总计"对话框,如图 5.24 所示。下面对其中的部分内容进行介绍:

① "要创建的权重变量"框:用于指定要创建的权重变量,此变量不能是已存在的变量。

② "控制总计变量"框:可以使用对话框操作方式指定最多 5 个控制变量(更多的控制变量可以在语法中指定)。注意,只能使用数值型变量。

③ "类别以及控制总计或尾数"框:对于每个指定的控制变量,给出各类别值以及期望比例或样本量的列表,并用空格分隔。这里可以使用数值表达式,只要将数值表达式用引号引起来即可。

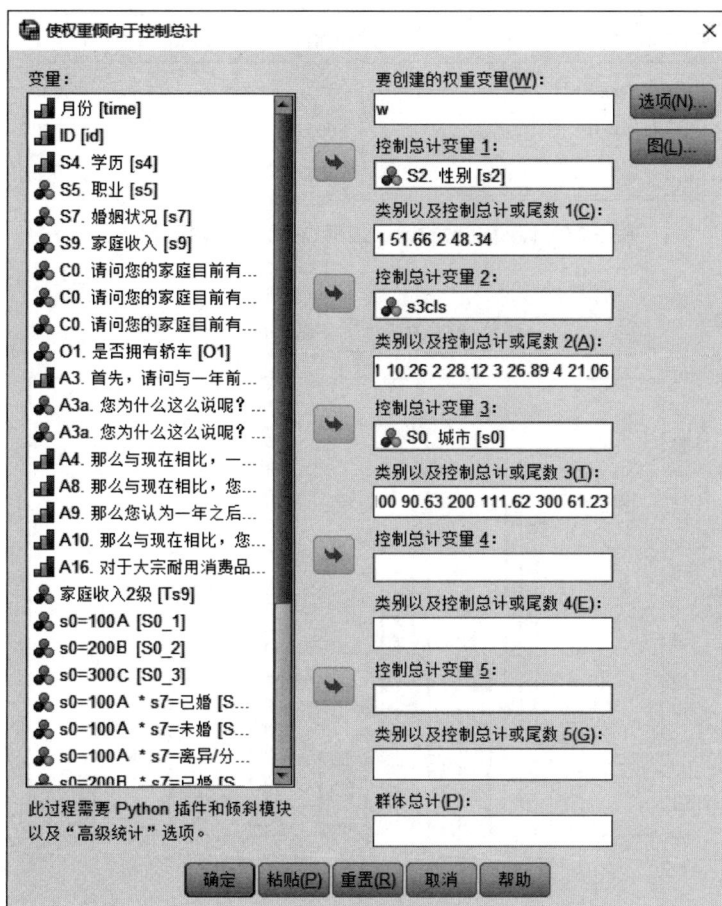

图 5.24 "使权重倾向于控制总计"对话框

④ "群体总计" 框: 输入整个数据集期望对应的加权后的总样本量。

⑤ "选项" 按钮: 单击该按钮, 在打开的对话框中可以指定迭代次数, 以及所使用的 Genlog 估算过程的条件, 并指定是否显示所生成的 Genlog 输出和辅助数据集。

⑥ "图" 按钮: 单击该按钮, 在打开的对话框中可以设置用于显示权重分布情况的直方图和热图, 其中热图最多能针对 4 个维度显示。热图中的深色区域表示具有较大权重的区域(单元格)。

本例按照图 5.24 所示的设置进行操作, 这样在输出的结果中先给出的是基于单元格期望边际分布的对数线性模型, 初学者可以直接忽略这些内容, 只需要知道该模型用于计算所需的单元格权重即可。

随后给出倾斜权重的计算结果, 其中核心输出内容如图 5.25 所示, 具体包括每个特征组的原始样本量, 以及计算出的最佳权重值。例如, 男性、18~24 岁、城市 A 的权重为 0.497, 即每个原始个案在最终加权后大约只相当于 0.5 个个案。

图 5.26 所示的为根据所有个案计算出的倾斜权重的直方图, 可用于全面考察权重的分布情况。

最后在数据集中会生成所指定的新变量 w, 并且该变量已经被用作权重变量。相应地, 加权后性别、年龄、城市的频数分布等于(或尽量接近于)所指定的边际分布。

s2, s3cls, s0	类别倾斜权重	未加权个案计数
1.0, 1.0, 100.0	.497	35.000
1.0, 1.0, 200.0	.605	36.000
1.0, 1.0, 300.0	.328	41.000

图 5.25　倾斜权重的计算结果（核心输出内容）（★）

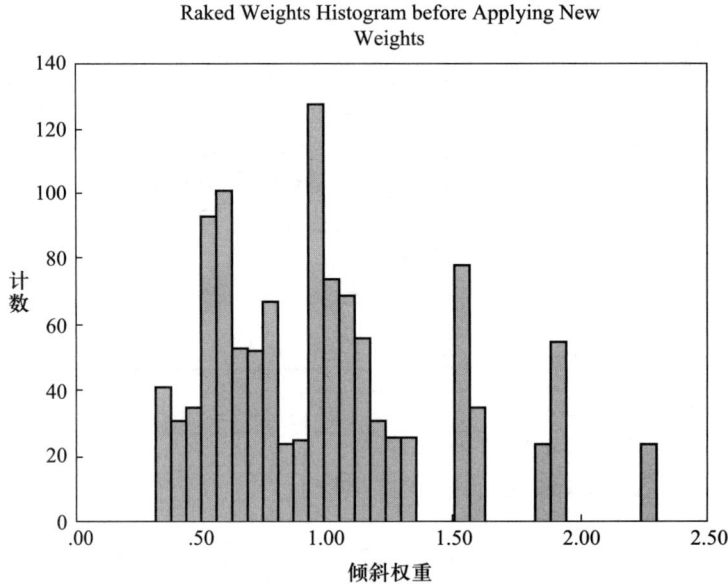

图 5.26　倾斜权重的直方图（★）

5.4　个案控制匹配与倾向得分匹配

随着统计工具的普及,目前大量的研究项目开始发掘各自领域中的弱关联因素,如针对疾病发生的弱危险因素。但是这些因素由于作用相对微弱,在普通的研究设计框架下很难显现出来,往往会被淹没在强关联因素的作用之下,或者因为其他混杂因素的存在,而无法在模型中发挥作用,这使很多研究很难得到理想的分析结果。

为了能够凸显弱关联因素的作用,研究者通常考虑对已知的强关联因素和混杂因素进行病例－对照匹配,从而用配对设计的方法保证病例组和对照组之间的均衡,提高研究效率。这就要求研究者能够事先明确需要进行匹配的因素究竟有哪些,然后据此进行研究设计。但此类研究设计的成本较高,而且一旦研究设计出现失误,后期无论采取何种措施都无法弥补。而随着信息化的普及,人们在工作中积累了大量的业务数据,因此出现了另一种思路,就是对于罕发疾病,可以考虑按普通的成组设计方法进行数据收集,然后再在已收集到的数据中(或直接基于历史数据库)根据筛选条件完成相应的病例－对照匹配,这样从表面上看虽然丢弃了很多样本,但通过配对设计大大提高了样本信息的利用效率,整体分析效果更好。

在利用基础数据库进行事后匹配方面,目前应用得较多的是个案控制匹配和倾向得分匹配,SPSS 提供了相应的 Python 插件来实现这些方法,本节将介绍如何利用这些插件来自动完成相应的匹配工作。

> 理论上,事后匹配可以直接生成 $m:n$ 的匹配结果,但从实际应用的角度看,还是 $1:1$ 的匹配结果更常用。

5.4.1 个案控制匹配

若基础数据库中可用于匹配的样本量非常充足,而且研究者非常明确应当用哪些变量来进行匹配(以及允许多大的数值差异),就可以使用个案控制匹配来进行精细的匹配操作。利用该方法可以对所有用于匹配的变量都进行严格控制,如只允许某些用于匹配的变量存在取值匹配容差,而另一些用于匹配的变量则必须严格相等。

1. 界面介绍

SPSS 为个案控制匹配提供了对应的 Python 插件 FUZZY.spe,且默认已安装好,选择菜单"数据"→"个案控制匹配"命令,就会打开"个案控制匹配"对话框,如图 5.27 所示。

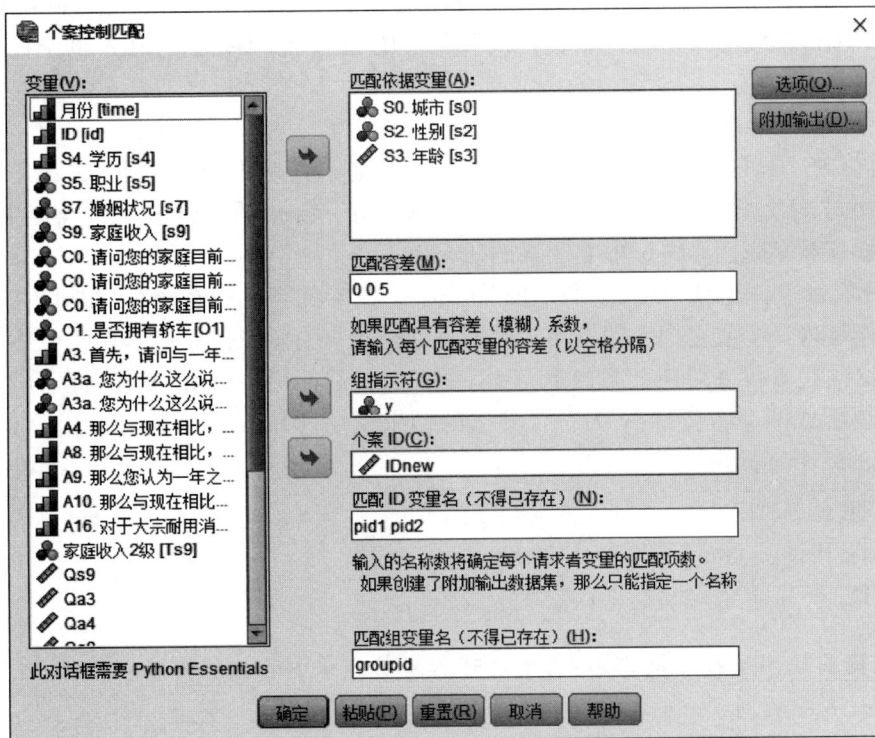

图 5.27 "个案控制匹配"对话框

① "匹配依据变量"框:用于选入进行病例 – 对照匹配的变量。

② "匹配容差"框:用于为每个进行匹配的变量输入容差值,若不输入容差值,进行的就是精确匹配。如果要进行模糊匹配,则依次针对每个变量输入容差值,并用空格分隔,最终输入的容差值的数量必须与进行匹配的变量的数量相同,否则系统会报错。此外,必须将字符型变量的

容差值设置为 0(因为无法计算两个字符串之间的容差值)。

③ "组指示符"框:用于选入对病例个案和对照个案进行区分的结果变量。注意,变量取值为 0 代表对照个案,取值为 1 代表病例个案。目前 SPSS 不接受其他编码方式,其他任何值(包括缺失值)都将导致该个案被忽略。

④ "个案 ID"框:用于选入能代表不同个案的标识变量。

⑤ "匹配 ID 变量名(不得已存在)"框:指定用于存储与该个案匹配成功的个案标识的新变量。如果输入用空格分隔的多个新变量名,则依次存储多个个案标识变量(若无相匹配的个案,则为缺失值)。

⑥ "匹配组变量名(不得已存在)"框:指定用于区分不同匹配组的新变量,该变量的取值本身没有意义,但该变量取值相同的两个个案会共享相同的匹配组。

⑦ "选项"按钮:单击该按钮,在打开的对话框中可以设置抽样方案、性能设置、随机种子等细节。其中的"合格个案数变量"框用于指定新变量,以存储能够和相应病例个案成功匹配的对照个案的总数,该变量的取值可用于判断是否有足够的信息量生成 1∶2 甚至更高比例的匹配结果。而"优先考虑精确匹配"框则要求尽量按精确匹配来操作(但这样有可能减少原本可以达成模糊匹配的个案数量)。

⑧ "附加输出"按钮:单击该按钮,在打开的对话框中可以要求生成包含匹配项的新数据集,但此时只能在"个案控制匹配"对话框的"匹配 ID 变量名(不得已存在)"框中输入一个变量名称,否则系统会报错。

2. 分析案例

例 5.4   CCSS 项目中的变量 O1 记录的是受访者的家庭是否拥有轿车,现研究者希望按照城市和性别相同、年龄相差小于 5 岁的原则对有无轿车的受访者的家庭进行个案控制匹配,以在分析过程中提高对家庭拥有轿车影响因素的研究效率。

在 CCSS 项目中,由变量 O1 的频数分布可知,有 27% 的家庭拥有轿车,相对占少数,因此比较合理的操作是将一个或多个不拥有轿车的家庭匹配给拥有轿车的家庭。由于个案控制匹配要求结果变量必须是 0 代表对照个案,1 代表病例个案,且只能用一个 ID 变量来区分不同的个案,因此这里需要生成两个新变量:y 为符合要求的结果变量,IDnew 则为由月份变量 time 和 ID 变量 id 整合成的新个案标识变量。

```
COMPUTE y=2-O1.
COMPUTE IDnew=(time-200000)*10000 + id.
EXECUTE.
```

这里提前使用了程序操作方式,读者可参考第 6 章中的相应内容。另外,在生成两个变量的过程中用到了一些小技巧,请读者自行理解其含义。

在生成这些新变量后,采用对话框操作方式的步骤如下:

① 选择菜单"数据"→"个案控制匹配"命令,打开"个案控制匹配"对话框。

② 将变量 s0、s2、s3 选入"匹配依据变量"框。

③ 在"匹配容差"框中输入"0 0 5"。

④ 将变量 y 选入"组指示符"框。

⑤ 将变量 IDnew 选入"个案 ID"框。

⑥ 在"匹配 ID 变量名(不得已存在)"框中输入"pid1 pid2"。

⑦ 在"匹配组变量名(不得已存在)"框中输入"groupid"。

⑧ "选项"按钮:单击该按钮,打开相应的对话框,在其中的"合格个案数变量"框中输入 casenum。

⑨ "附加输出"按钮:单击该按钮,打开相应的对话框,在其中的"创建新的匹配项数据集"框中输入"pairdb"。

⑩ 单击"确定"按钮。

按照上述设置进行操作,得到输出的结果。

在结果查看器窗口中,首先给出的是个案控制匹配统计结果,如图 5.28 所示。可见在 312 个个案中共有 41 个找到了完全匹配(即年龄也完全相同)的个案,另有 271 个个案找到的是模糊匹配(即年龄差异在容差值范围内)的个案,没有无法找到匹配个案的情形。因此,在本例中就不需要考虑通过增大容差值来实现更大范围的匹配了。

匹配类型	计数
完全匹配	41
模糊匹配	271
不匹配(包括缺失键)	0
不匹配(键有效)	0
抽样	不具有替换功能
日志文件	none
最大限度地提高匹配性能	yes

图 5.28 个案控制匹配统计结果(★)

其次,给出的是个案控制匹配容差情况,如图 5.29 所示。简单地说,如果一个变量所对应的模糊匹配尝试次数多,递增拒绝百分比高,就说明该变量是匹配不成功的主要障碍,如果匹配成功的比例太低,则可以增大该变量的容差值,从而提高匹配成功率。

匹配变量	值	模糊匹配尝试次数	递增拒绝百分比
精确(所有变量)	.	15742.000	99.740
s0	.000	15701.000	72.314
s2	.000	4347.000	54.083
s3	5.000	1996.000	86.423

尝试次数是绘制前的匹配比较次数。拒绝百分比显示匹配拒绝率。拒绝归因于 BY 列表中第一个导致拒绝的变量。

图 5.29 个案控制匹配容差情况(★)

除了这些结果汇总表,更重要的是数据集中发生的变化,原始数据集中会增加 casenum、groupid、pid1 和 pid2 这 4 个新变量,依次解释如下:

① 以 2007 年 4 月的 ID 为 190 的个案为例,其 casenum 的值为 8,说明一共可以找到 8 个与

之匹配的对照个案。

② groupid 实际上反映了哪些病例个案会被分在一个匹配组中。例如,上述个案和 2009 年
12 月的 ID 为 260 的个案的 groupid 值相同,说明它们实际上是被归在同一个匹配组中,会共享
匹配成功的对照个案。

③ pid1 和 pid2 分别记录了匹配成功的第 1 个个案和第 2 个个案的 ID。例如,2007 年 4 月
的 ID 为 190 的个案(即 IDnew 为 7040190),分别匹配成功的是 IDnew 为 9120210 和 IDnew 为
9120217 的个案。由于这两个个案已被使用,因此排在其后面的 IDnew 为 9120260 的个案的
casenum 值为 8-2=6,所对应的 pid1 和 pid2 也完全不同(即不能重复匹配)。对照上述解释,读者
应当不难理解其含义。

最后,SPSS 还会生成新的数据集 pairid,其中存储的是匹配成功的全部对照个案的 ID,以便
后续分析使用。

5.4.2 倾向得分匹配

个案控制匹配可以做到精确控制,但是在需要进行匹配的变量较多时往往难以实现。此外,
个案控制匹配需要研究者明确将哪些变量用于匹配,研究者如果在这方面准备不足,则可能导致
研究设计出现偏差,匹配后的数据就无法达成提高研究效率的目的。相比之下,倾向得分匹配在
这方面的要求就灵活得多,也因此更受研究者的欢迎。

倾向得分匹配(propensity score matching,PSM)是近年来比较流行的病例 – 对照二次匹配方
法,其原理是将病例 – 对照指示变量作为因变量,将用于匹配的变量全部作为自变量来拟合逻辑
斯谛(logistic)回归模型,并根据该模型为每个个案计算出倾向得分(该得分本质上是发病概率的估
计值),然后根据这一倾向得分,从对照组中为每个病例个案选择匹配项。由于所有进行匹配的变
量的信息都被综合在了倾向得分中,因此即使研究者对将哪些变量用于匹配把握得不太准确,只
要确实纳入了有匹配价值的变量,倾向得分匹配就能使研究者得到一个可用的匹配结果。

> 注意,倾向得分匹配的这种灵活宽松的优势不应当被滥用,理论上纳入倾向得分匹配的
> 变量都是对病例 – 对照有预测价值的变量,对应的逻辑斯谛回归模型的解释度也应当尽
> 可能地高。用于匹配的变量中无关变量的占比越高,倾向得分匹配的效果就越差。如果
> 纳入的都是无关变量,那么倾向得分匹配的结果也是彻底无效的。

1. 界面介绍

倾向得分匹配所对应的 Python 插件 PSM.spe 在 SPSS 中默认已经安装好,该插件使用起来
非常简单,但由于要事先运行逻辑斯谛回归模型,因此不允许用于匹配的变量存在缺失值,否则
相应的个案将无法完成匹配操作。

选择菜单“数据”→“倾向得分匹配”命令,即可打开“倾向得分匹配”对话框,如图 5.30 所
示。这里对于个案控制匹配中已经出现过的“组指示符”框等功能框不再重复解释,只对新出现
的一些功能框解释如下:

①“预测变量”框:用于选入进行匹配的变量,这些变量将用于随后的逻辑斯谛回归建模。
注意,这里选入的变量都默认为连续变量(老版本的插件对话框会严格区分连续变量和分类变
量,现在的插件对话框则将两种变量混合在一起),因此如果是分类变量,则必须先使用第 3 章介
绍过的相应功能将其转换为哑变量组后再选入,否则后续的逻辑斯谛回归模型会将其当作连续

变量,导致倾向得分匹配给出的结果全部不正确。

②"倾向变量名(不得已存在)"框:用于输入记录倾向得分的新变量的名称,将该变量存储起来有助于选择合适的匹配容差。

③"匹配容差"框:当匹配条件过于严格时,有可能找不到完全符合条件的对照个案,此时可以考虑放宽条件,允许匹配变量的取值和病例个案之间存在一定的差异,该差异的大小可以用两者的倾向得分(score)之差的绝对值来代表,此即匹配容差。如果输入 0,表示仅进行完全匹配;如果输入其他值,则只要两者倾向得分之差的绝对值小于或等于此值,就表明对照个案符合个案匹配条件。

④"匹配标识变量名(不能已存在)"框:和个案控制匹配不同,这里只能指定一个新变量名,即倾向得分匹配默认只实现 1∶1 匹配。

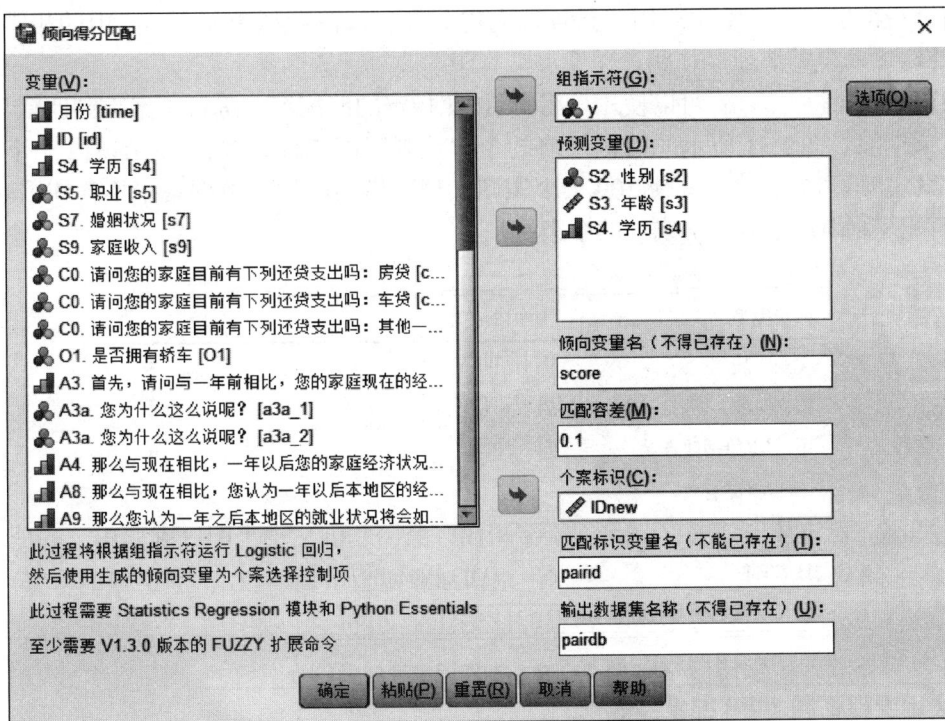

图 5.30 "倾向得分匹配"对话框

SPSS 29 默认安装倾向得分匹配的英文版本,其对话框和本书介绍的中文版本稍有不同,但功能和操作方法基本上无差异。

2. 分析案例

例 5.5 针对 CCSS 项目数据中的变量 O1,使用性别变量 s2、年龄变量 s3、学历变量 s4 这三个变量对 CCSS 项目数据进行倾向得分匹配。

这里直接利用前面生成的变量 y 和 IDnew,具体操作如下:

① 选择菜单"数据"→"倾向得分匹配"命令,打开"倾向得分匹配"对话框。

② 将变量 y 选入"组指示符"框。

③ 将变量 s2、s3、s4 选入"预测变量"框。

④ 在"倾向变量名(不得已存在)"框中输入 score。

⑤ 在"匹配容差"框中输入"0.1"。

⑥ 将变量 IDnew 选入"个案标识"框。

⑦ 在"匹配标识变量名(不能已存在)"框中输入 pairid。

⑧ 在"输出数据集名称(不得已存在)"框中输入 pairdb。

⑨ 单击"选项"按钮,在打开的对话框的"合格个案数变量"框中输入 casenum。

⑩ 单击"确定"按钮。

注意,在设置倾向得分匹配时,一般会考虑一定程度的匹配容差,以尽量充分地找到匹配个案。这里将其设置为 0.1 只是尝试,随后会根据匹配结果进行调整。

在结果查看器窗口中,首先会给出以 y 为因变量,以 s2、s3、s4 为连续自变量的逻辑斯谛回归模型的分析结果。该模型主要用于计算倾向得分,读者可参考《高级教程》中的相应章节,此处不再解释。

在计算出倾向得分后,就可以使用该得分,按照指定的匹配容差进行个案控制匹配了。随后将匹配结果返回。图 5.31 所示的就是最终的个案控制匹配统计结果,可见在 312 个个案中,只有 3 个个案实现了完全匹配,其他 309 个个案则实现了模糊匹配。数据集中不存在因存在缺失值、无法匹配等原因而未能匹配成功的个案。

匹配类型	计数
完全匹配	3
模糊匹配	309
不匹配(包括缺失键)	0
不匹配(键有效)	0
抽样	不具有替换功能
日志文件	none
最大限度地提高匹配性能	yes

图 5.31　个案控制匹配统计结果(★)

除输出的结果外,原始数据集中还会增加 score、casenum 和 pairid 这三个新变量,其中 pairid 记录的就是与该病例个案匹配成功的对照个案的 ID。同时,所有的病例个案,以及匹配成功的对照个案,共 624 个个案也会生成一个新的数据集 pairdb 供用户使用。

如果希望基于倾向得分匹配完成 1:2 或更高比例的匹配,则可以先在数据中保存倾向得分,然后利用该得分直接使用个案控制匹配来实现 1:2 或更高比例匹配。

思考与练习

1. 请自行完成本章所涉及的数据管理操作。

2. 尝试为 CCSS 项目建立相应的数据字典,并思考数据字典在此类大型研究项目的数据管理工作中究竟有多大的使用价值。

第6章 SPSS 程序设计

利用本书前 5 章的知识就已经可以完成 CCSS 项目中的一般数据管理工作,但是由于 CCSS 项目每月定期执行,如果采用对话框操作方式,就意味着每个月都要做完全相同的工作,这显然是效率极低的操作方式。本章将介绍 SPSS 中的程序操作方式,使读者能够更好地利用 SPSS 进行数据分析。

6.1 CCSS 项目的数据处理需求

在对 CCSS 项目数据进行管理之后,就进入了数据处理阶段。由于 CCSS 项目引进了美国密歇根大学的消费者信心调查体系,因此每月要进行的数据处理工作就非常明确:为了便于后续处理,需要计算题目得分、消费者信心总指数等一系列分析变量,并将这些分析变量和已准备好的数据一起入库。下面先来看一下数据处理工作有哪些典型的需求。

1. 计算题目得分

CCSS 项目问卷中的大多数主干题目都是五级量表,类似非常好(VF)、比较好(F)、一般、比较差(U)、非常差(VU),以及代表受访者无法给出评价结果的不知道 / 拒答。对于此类题目,需要将其转换为相应的题目得分,以反映消费者的乐观 / 悲观程度。具体方式为:针对每一道题目,计算每个选项被选中的百分比(包括 "不知道 / 拒答"),然后使用以下公式计算其得分:

$$题目得分 =100\%+1.0 \times VF\%+0.5 \times F\%-0.5 \times U\%-1.0 \times VU\%$$

题目得分反映的是答案偏向乐观的人群和偏向悲观的人群的比例之差,当人群中这两者的比例基本平衡时,得分接近于 100%(表示为 100);如果偏向乐观的人群的比例偏高,则题目得分大于 100;反之,则题目得分小于 100。

2. 计算消费者信心总指数

消费者信心总指数是基于下面五道题目的回答计算的:

A3:首先,请问与一年前相比,您的家庭现在的经济状况怎么样?

A4:那么与现在相比,您觉得一年以后您的家庭经济状况将会如何变化?

A8:那么与现在相比,您认为一年以后本地区的经济发展状况将会如何变化?

A10:那么与现在相比,您认为五年之后,本地区的经济发展状况将会出现怎样的变化?

A16:对于大宗耐用消费品,如家用电器、家用计算机,以及高档家具等,您认为当前是购买的好时机吗?

先计算出上述五道题目的得分,然后将其直接相加,再除以基准调查时相应题目的得分,即为当期的消费者信心总指数。因此,所计算出的消费者信心总指数代表的是当期数值相对于基准指数(即基准水平)的变动比例。如果偏向乐观的人群的比例高于基准指数,则消费者信心总指数大于 100,反之,则小于 100。在本例中,作为基准指数的是 2007 年 4 月的调查数值。

实际上,上述消费者信心总指数的计算方法与美国密歇根大学消费者信心调查体系中相应指标的计算方法相同。

3. 计算消费者信心现状指数和预期指数

消费者信心现状指数(简称"现状指数")和消费者信心预期指数(简称"预期指数")的计算原理及解读方式和总指数基本相同。现状指数是将题目 A3、A16 的得分相加,并将两者之和除以基准调查时相应题目的得分,预期指数则是将题目 A4、A8 和 A10 的得分相加并除以基准调查时相应题目的得分。两者对应的基准水平也都是 2007 年 4 月各自的调查数值。

4. 其他数值型题目的转换

除上述消费者信心总指数相关题目外,问卷中还有数值型题目,如关于家庭收入的题目 S9,对此类题目也需要进行重编码以进行均值汇总等操作,因操作起来比较简单,这里不做详细解释。

那么,如何满足这些每月都会出现的数据处理需求呢? 首先,由于 CCSS 项目以月为周期,所有的数据处理操作每月都要进行一次,因此将其以程序方式固定下来是必然的选择。其次,由于数值型题目大多采用相同的选项列表以及题目得分的计算方法,因此完全可以利用宏代码简化程序结构,使整个程序易于维护。

6.2　SPSS 程序设计入门

6.2.1　基本语法规则

通俗地讲,SPSS 程序是由若干 SPSS 命令构成的,这些 SPSS 命令将易于识别的英语单词作为命令关键字,同时遵循一定的规则。

1. 主命令格式

每个 SPSS 命令都必须从新行开始,但是可以从该行的任何列开始,并且可以连续占用任意多个行。为了保证兼容性,单行长度最好不超过 254 个字符。每个 SPSS 命令都应当以句点为命令终止符。如果没有句点,也可以将空行作为命令终止符。下面是一个典型的 SPSS 命令:

```
COMPUTE NEWVAR=OLDVAR*2.
```

该 SPSS 命令执行的就是第 3 章介绍的计算新变量,其组成如下:

① 命令动词:最前面的"COMPUTE"为命令动词,其英文字母不分大小写。在 SPSS 中,所有的命令动词均由具有相应含义的英文单词或者词组构成,而且在不重名的情况下,可以将其进一步缩写为相应英文单词的前 4 个字母。但是遗憾的是,本例中的 COMPUTE 不能被缩写为"COMP",因为还有一个命令为 COMPARE DATASETS,这就会出现缩写后重名的情况,此时两个命令动词都必须书写完整。

② 分隔符:命令动词后的空格用于分隔命令动词和命令表达式。空格是最常见的分隔符,但在特殊情况下,也可以用斜杠和逗号作为分隔符。

③ 命令表达式:空格的后面是具体的命令表达式,根据所执行命令的不同,该表达式可以是变量列表,也可以是数学表达式,在本例中就是一个数学表达式。

④ 命令终止符:整个命令会以一个句点作为命令终止符,当没有句点时,一个空行也可以代表命令终止。因此,一个 SPSS 命令完全可以占用多行,系统只有在读取到命令终止符时才会认为该命令已经结束。

根据上述规则,下面的语句是合法的语句:

```
Vari LABE var1
'label of var1'
/ var2 'label of var2'.
```

当然，为了方便阅读和使用，读者应当尽量养成良好的程序书写习惯。

2. 子命令格式

对于较为复杂的 SPSS 命令，还需要对一个主命令之下的各种选项细节进行设置，此时就要使用子命令。

子命令（subcommand）是对主命令的进一步说明和设置，它必须依附于某个命令动词存在，大多数统计分析命令都需要定义子命令。当然，系统对很多非关键的子命令都有默认设置，因此在书写 SPSS 程序时只需要设置少数几个关键子命令即可。

下面就是一个典型的带子命令的 SPSS 命令：

```
FREQUENCIES VARIABLES=var1 var2
 /STATISTICS=MEAN
 /ORDER=ANALYSIS.
```

该命令要求对变量 var1、var2 进行频数分析，并输出均值，对其中的子命令说明如下：

① 子命令动词：所有子命令动词均由具有相应含义的英文单词或者词组构成，而且也都可以用相应英文单词的前 4 个字母来表示。

② 分隔符：若同一个命令中有多个子命令，则需要用"/"分隔。但是对于第一个子命令，"/"是可以省略的，在本例中就是如此。

③ 子命令次序：在有的命令中，对于子命令的次序是有规定的，次序颠倒就有可能报错。不过读者无须记忆这些规定，可以利用相关对话框中的"粘贴"按钮来自动生成合法的程序。

3. 关键字与保留字

关键字（keyword）用于识别命令、子命令、函数以及其他指令。除了上述用于指明特定命令 / 子命令 / 函数名称的关键字，一些保留字也属于关键字，它们均不能用作自定义变量名，否则会造成错误，比较常见的保留字如下：

① 逻辑运算符：AND、OR、NOT。

② 关系运算符：EQ、GE、GT、LE、LT、NE。

③ 变量关系指定符：ALL、BY、TO、WITH。

④ 数值定义符：LOWEST、LO、HIGHEST、HI、THRU、MISSING、SYSMIS。

在上述保留字中，对较为有用的 ALL 和 TO 解释如下：

ALL：用于表示全部变量。例如，下列命令会对数据文件中的全部变量进行频数分析。

```
FREQUENCIES VARIABLES=all.
```

TO：当多个变量在数据文件中的物理位置是连续的时候，可以不用依次书写相应的变量名而用 TO 来代替。例如，下面两个命令的执行效果是等价的（如果这些变量确实是在数据文件中连续出现的）。

```
FREQUENCIES VARIABLES=v1 v2 v2a v3 v5.
FREQUENCIES VARIABLES=v1 to v5.
```

实际上,保留字 TO 只是用于定位变量列表在数据文件中的起点和终点,至于中间这些变量叫什么名字则没有关系,在这一点上 SPSS 程序和很多程序设计语言并不相同。

4. 临时变量与系统变量

(1) 临时变量

当需要在程序中定义一些临时变量,但又不准备将其写入数据文件时,可以将这些变量的名称定义为以 "#" 开头,这样系统就会自动将其识别为临时变量,并在程序运行期间存储于内存中,而在程序运行结束后自动将其丢弃,不写入数据文件。

(2) 系统变量

系统变量则是指 SPSS 系统预先定义好的一些特殊变量,它们均以符号 "$" 开头,在数据转换命令中与一个普通变量一样,可以直接调用,但用户不能更改其数值。

① \$CASENUM:返回个案的序号,除非程序编写得非常特殊,在绝大多数情况下该次序号就等于个案号。

② \$SYSMIS:返回系统缺失值。

③ \$JDATE:返回当前日期距 1582 年 10 月 15 日前一天零点的天数。

④ \$DATE:返回以 dd–mmm–yy 方式记录的字符串格式日期。

⑤ \$DATE11:返回以 dd–mmm–yyyy 方式记录的字符串格式日期。

⑥ \$TIME:返回当前时间距 1582 年 10 月 15 日前一天零点的秒数。

⑦ \$LENGTH:返回当前页面的长度。

⑧ \$WIDTH:返回当前页面的宽度。

5. 两个特殊命令

SPSS 命令的数量和种类都很多,这里没有必要一一进行详细介绍,下面只是结合实际使用需求给出如下两个特殊命令的解释:

(1) EXECUTE 命令

SPSS 命令可以大致分为统计分析过程命令和数据转换命令两大类。对于统计分析过程命令,提交后就能直接运行;但是对于数据转换命令,由于其可能涉及数据结构和数据内容的变化,因此提交后只是进入缓存,不会立即执行,而是等 EXECUTE 命令提交后才能一起解释并执行。因此,经常可以在数据整理程序段的末尾看到该命令。

(2) COMMENT 命令

为了增加程序的可读性,几乎所有的程序设计语言都有注释命令,也可以将本命令简化为以 "*" 开头。需要指出的是,该命令仍然以 "." 结束,否则系统会误以为随后的新命令仍然是注释的一部分,导致程序出错。

6.2.2　指定当前数据文件

在有多个数据文件被同时打开的情况下,必须明确指出程序是针对哪个数据文件执行的,对此有两种操作方式:用下拉列表选择和在程序中直接指定。

1. 用下拉列表选择

在 SPSS 语法编辑器窗口的工具栏的最右侧,有一个 "活动" 下拉列表,其中列出了已打开的所有数据文件,默认列出的是最后一次使用过或者编辑过的数据文件。如果希望更改数据文件,则在下拉列表中选择所需的数据文件即可。

2. 在程序中直接指定

用下拉列表选择的方式仅适用于整个程序只使用一个数据文件的情况,若 SPSS 程序中的不同代码段需要针对不同的数据文件执行,甚至需要进行合并、拆分、新建等多数据文件操作,就不再适用,此时可以考虑在程序中直接指定数据文件,相关命令如下:

> DATASET ACTIVATE 工作名称 .

该程序运行后,对应的数据文件就会被切换为所指定的数据文件了。除 ACTIVATE 外,新建、重命名、关闭文件等操作也都有相应的 DATASET 命令,这些命令均可用 6.2.3 小节介绍的对话框粘贴程序方式自动生成,此处不再一一介绍。

6.2.3 SPSS 程序的创建方式

在 SPSS 中创建程序的基本方法就是在语法编辑器窗口中直接编写程序,但这种方法效率较低,为了提高工作效率,SPSS 提供了以下三种程序创建方式:对话框粘贴程序、输出 LOG 粘贴程序和日志文件编辑程序。

1. 对话框粘贴程序

几乎所有的 SPSS 对话框中都有"粘贴"按钮,它是专门为程序设计而准备的。在使用菜单和对话框进行操作时,只要在操作完毕后单击"粘贴"按钮,与对话框的设置信息相对应的命令语句就会被粘贴到语法编辑器窗口中去,这是 SPSS 程序设计中最常见、也最轻松的一种方式。

2. 输出 LOG 粘贴程序

用户有时在分析工作基本结束后,希望将所进行的操作保存为程序,以供下次遇到类似情况时使用,这时可以利用输出 LOG 来生成相应的程序:SPSS 默认将所有操作所对应的程序命令都以 LOG 文本的形式输出到结果查看器窗口中去,用户只需要找到操作所对应的程序段,然后将其按顺序粘贴到语法编辑器窗口中,并进行编辑和保存即可。

如果在结果查看器窗口中没有看到 LOG 文本,则选择菜单"编辑"→"选项"命令,在打开的"选项"对话框的"查看器"选项卡中选中"在日志中显示命令"复选框即可。

3. 日志文件编辑程序

在 SPSS 中,几乎所有的操作都能以程序的形式保存在系统的日志文件中,这就为重复利用已有的分析操作提供了便利。具体操作是:首先,选择菜单"编辑"→"选项"命令,在打开的"选项"对话框的"文件位置"选项卡的"会话日志"框组中找到日志文件所在的位置,默认情况下是用户文档目录下的文本文件 statistics.jnl。其次,利用一种文字编辑软件打开该文件,即可看到该文件建立至今执行过的所有命令代码。最后,选择相应时间段的命令代码,将其编辑为所需要的程序并另存为程序文件。

6.2.4 结构化语句简介 *

每一种完善的结构化语言,其程序都是由顺序、分支、循环三种语句组成的,SPSS 程序也不例外。下面简要介绍分支语句和循环语句的语法,以使读者对 SPSS 程序设计有一个全面了解。

---

* 本小节适合于希望深入了解程序设计知识的读者阅读,读者如果对此不感兴趣则可以跳过,不影响对后续内容的理解。

1. 分支语句

（1）IF 语句

在 SPSS 中，最简单的分支语句是 IF 语句，其格式如下：

```
IF 逻辑表达式 目标表达式.
```

逻辑表达式用于给出逻辑判断条件，而目标表达式则是当满足逻辑判断条件时需要进行的操作。最常见的情况是为一个变量赋值，如下面的语句：

```
IF (age > 20 AND sex=1) GROUP=2.
EXECUTE.
```

其含义就是当 age>20 且 sex=1 时，变量 GROUP 被赋值为 2。注意，最后的 EXECUTE 不能省略，否则程序就会被存储在缓冲区里，没有真正执行。

（2）DO IF/END IF 语句

IF 语句适合于比较简单的情况，只能进行一种后续操作，如果需要多重分支，或者进行多种后续操作，则可以使用 DO IF/END IF 语句，其格式如下：

```
DO IF 逻辑表达式.
程序段
ELSE.
程序段
END IF.
```

DO IF/END IF 语句主要用于生成多重分支的判断结构，如下面的例子：

```
DO IF (age <20).
  COMPUTE ageclass=1.
  COMPUTE younger=1.
ELSE IF (age < 30).
  COMPUTE ageclass=2.
ELSE IF (age < 50).
  COMPUTE ageclass=3.
ELSE.
  COMPUTE ageclass=4.
END IF.
EXECUTE.
```

当然，对于比较简单的情况，以上工作也可以使用 RECODE 语句完成，但使用 DO IF/END IF 语句可以进行复杂的条件判断，其功能更强一些。

2. 循环语句

SPSS 提供了多个循环语句，有 DO REPEAT/END REPEAT、LOOP/END LOOP 等，这里只介绍后者。LOOP/END LOOP 语句的格式如下：

```
LOOP 控制变量名 = 起始值 TO 终止值 [ BY 步长 ].
程序段
END LOOP.
```

该语句主要用于建立数据文件和进行数据转换操作,如下面的语句:

```
SET MXLOOPS=10.  设置允许的最大循环次数为 10
LOOP.  开始无限循环,直到达到最大次数
  COMPUTE X=X + 1.  将变量 X 累加 1
END LOOP.  结束循环
EXECUTE. 开始执行以上程序
```

该程序会将数据文件中的 X 重复加 10 次 1,即加 10。但如果数据文件中没有变量 X,则程序执行后 X 为缺失值。再看下面的语句:

```
LOOP #LOP=1 TO 5.  开始循环,要求循环 5 次
  COMPUTE X=X + 1.  将变量 X 累加 1
END LOOP.  结束循环
EXECUTE. 开始执行以上程序
```

该程序会将变量 X 重复加 5 次 1,其中变量 LOP 前带有"#"号,表明其为临时变量,不写入数据文件,否则会在数据文件中建立一个新变量 LOP,其大小等于循环结束后 LOP 的取值 6。

6.2.5 一个简单程序示例

这里给出一个数据文件生成程序,其运用了许多前面学习过的知识,同时还运用了建立数据文件所需的一些语句,希望读者通过这个示例能对 SPSS 程序有一个深入的了解。

```
SET SEED 1.  将伪随机种子设为 1
INPUT PROGRAM.  开始数据录入程序段
  LOOP #LOP=1 TO 50. 一共循环 50 次,变量 LOP 不写入文件
    COMPUTE A=RV.NORMAL(0,1).  新变量 A 服从标准正态分布
    END CASE.  结束一个个案的定义
  END LOOP.  结束循环
  END FILE.  结束数据文件
END INPUT PROGRAM. 结束数据录入程序
EXECUTE. 开始执行以上程序
DO IF(A>=0).
  COMPUTE B=A. 如果 A ≥ 0,则新变量 B=A
ELSE.
  COMPUTE B=A*2.  否则,B=A*2
END IF.
EXECUTE. 开始执行以上程序
LIST.  在结果查看器窗口中输出数据列表
```

程序运行完毕,就会生成一个包含 50 个个案的新数据文件,其中变量 A 服从均值为 0、标准差为 1 的标准正态分布,而当变量 A 大于或等于 0 时,变量 B 的取值与变量 A 相等,否则等于变量 A 的两倍。同时,在结果查看器窗口中将所有个案打印输出。由于采用的是固定种子的伪随机函数,以上程序重复运行时所得到的结果都是相同的。

上面的程序示例演示的是比较复杂的分支、循环等操作,如果是简单的数据录入,则可以使用下面的程序框架:

DATA LIST FREE/ 变量名称及格式列表.
BEGIN DATA
数据列表
END DATA.

6.3 语法编辑器窗口操作入门

6.3.1 语法编辑器窗口界面

语法编辑器窗口是 SPSS 专为创建、编辑和运行命令语法而设计的窗口环境。在现有的 SPSS 版本中,语法编辑器窗口有以下特色:

① 自动完成:用户可以从上下文敏感列表中选择命令语法(即命令、子命令、关键字和关键字值)输入语法编辑器窗口。同时,用户可以选择自动提示列表或按需显示列表。

② 颜色编码:命令语法的识别元素是颜色编码,不同的命令语法,有不同的颜色编码,这样便于定位未识别项。另外,一些常见的语法错误,如未匹配的引号,也有相应的颜色编码,以便用户快速识别。

③ 分界点:分界点允许用户在语法编辑器窗口中的指定点停止执行命令语法,并在准备好后继续执行命令语法。

④ 书签:用户可以设置书签,以便在大型命令语法文件中快速找到所需的命令语法。

⑤ 逐步执行:可以一次一个命令地逐步执行命令语法,并通过单击鼠标左键前进到下一个命令语法。

图 6.1 所示的是一个典型的语法编辑器窗口,可见其被分为 4 个区域:编辑器窗格、装订线、导航窗格和错误窗格,下面就对其一一进行介绍。

图 6.1 语法编辑器窗口

1. 编辑器窗格

编辑器窗格位于语法编辑器窗口的右侧,是其主要的组成部分,用于输入和编辑程序命令。实际上,如果是熟悉现代程序设计环境的读者,对于该窗格的功能不需要做任何解释,但考虑到初学者的需求,这里还是简要列出该窗格的主要特点:

① 自动填充关键字:对于可以自动识别的命令关键字,系统会在用户输入的过程中自动弹出一个下拉列表供用户选择,用户选择后按 Enter 键,编辑器窗格中就会自动填入完整的命令关键字。

② 颜色标识:在编辑器窗格中,程序的不同内容会被自动按照系统识别的结果标为蓝色、黑色、灰色、红色,以及加粗等格式,以便于用户识别。需要特别指出的是,红色表示已确认的错误代码,需要加以修改。

2. 装订线

装订线位于编辑器窗格的左侧,用于显示行号、分界点、书签、命令跨度和进度指示等信息。

① 行号:可以通过选择菜单"视图"→"显示行号"命令来显示或隐藏行号。

② 分界点:用一个与设置分界点的命令相邻的红圈表示。

③ 书签:用于在命令语法中标记特定的行,用包含数字(1~9)的正方形图标表示,该数字是分配给书签的编号。将鼠标指针悬停在书签上,会显示相应的编号以及名称(如果有的话)。

④ 命令跨度:用于提示命令开始和结束的图标。可以通过选择菜单"视图"→"显示命令跨度"命令来显示或隐藏命令跨度。

⑤ 进度指示:在装订线中用向下箭头表示给定命令语法运行的进度。向下箭头将从第一个命令语法扩展到最后一个命令语法。这在运行包含分界点的命令语法和逐步执行命令语法时最有用。

3. 导航窗格

导航窗格位于语法编辑器窗口的左侧,给出了所有已识别命令的列表,并且自动以缩进格式按照它们在编辑器窗格中出现的顺序显示。

① 操作:单击导航窗格中的命令会使编辑器窗格中的光标置于相应命令的开始位置,也可以在已识别命令列表中用向上和向下箭头键找到并选中该命令。

② 颜色标识:将检查无误的命令标识为黑色,将检查有语法错误的命令标识为红色加粗文本,将未识别文本中的每一行的第一个单词标识为灰色。

③ 显示方式:可以通过选择菜单"视图"→"显示导航窗格"命令,来显示或隐藏导航窗格。

4. 错误窗格

错误窗格显示最近程序运行过程中出现的错误列表,如果没有运行过程序,或者程序运行过程中未发现错误,则该窗格被隐藏。可以通过选择菜单"视图"→"显示错误窗格"命令来显示或隐藏错误窗格。该窗格包含每个错误的信息,如存在错误的命令的起始行号。可以在错误列表中使用向上和向下箭头找到并选中某个错误项,光标将置于产生该错误的命令的第一行上。

> 对于一些比较简单的错误,如行末忘记写句点之类的错误,SPSS 目前可以自动识别出来并使程序正常运行。

6.3.2 程序的运行与调试

无论以何种方式生成程序,程序最终都是在语法编辑器窗口中运行的,下面以 6.2.5 小节中列出的程序为例来介绍程序的调试。首先,对该程序稍做修改,将第 9 行的"EXECUTE."改为

"EXECUTE1.",人为制造一个错误;其次,选择菜单"运行"→"全部"命令,程序会立即执行,但由于代码有误,结果查看器窗口中会有如下报错:

> 错误号 1.命令名: EXECUTE1
> 无法将行中的第一个单词识别为 SPSS Statistics 命令。
> 此命令的执行停止。

根据上述信息将程序修改回正确内容并重新运行,即可得到正确的结果输出。

除了选择运行全部程序代码,在"运行"菜单中还可以选择只运行所选语句、运行当前光标所在行中的语句、从当前语句起一直运行到程序结束,以及逐语句运行以进行调试等,读者可以自行尝试,这里不做详述。

6.4 宏程序与 INSERT 命令

通过前面几节的学习,读者已经掌握了在 SPSS 中编写和运行程序的基本知识。例如,根据 CCSS 项目的数据处理需求,计算题目 A3 得分的程序段如下:

```
RECODE A3
  (1=200)(2=150)(3=100)(4=50)(5=0)(ELSE=100) INTO Qa3.
EXEC.
```

该程序段等价于菜单"转换"→"重新编码为不同变量"命令的操作,Qa3 就是相应的题目得分变量。由于问卷中所有的主干题目均需要进行类似的计算,显然重复编写类似的代码比较烦琐,本节将在上述程序的基础上讲解程序段的重复利用方法。

6.4.1 宏程序

宏(macro)技术对于很多人而言已经不是新鲜事物了,在 Word 中就有宏功能。但人们对 SPSS 中的宏了解得还不是太多,实际上,SPSS 很早就嵌入了宏功能,用于实现对已有程序段的重复利用,从而提高了分析工作的效率。

1. 宏的基本格式定义

下面来看一个非常简单的宏示例:

```
DEFINE !M_SAMPLE( ) 'ABC'.
  * 任何有效的 SPSS 程序段 .
!ENDDEFINE.

IF VARX=1 VARY=!M_SAMPLE.
EXECUTE.
```

这个宏的名称是 M_SAMPLE,其作用是将字符串"ABC"赋值给宏名称本身,在随后的 IF 语句中,直接使用宏名称来代替对字符串"ABC"的使用。从上述程序段中可以看出宏的基本格式定义如下:

① 一个宏应当以 DEFINE 命令开头,其后指定宏名称,宏名称需要以"!"开头,以保证不会和程序中的其他变量重名。

② 宏名称后的括号用于定义宏参数,这些宏参数在调用宏时会被一同读入。即使没有宏参数,也应当保留此括号。

③ 宏的主体部分可以是 SPSS 命令,也可以是一些专门定义的宏语句,如条件语句、循环语句等。

④ 一个宏必须用! ENDDEFINE 语句结束。

⑤ 可以使用宏名称对一个宏进行调用,在不会引起歧义的情况下可以省略"! "号,但建议读者尽量保留该符号,以增强程序的可读性。如果宏定义中有参数,则在调用时需要为每个参数赋值,或者使每个参数均有对应的默认值,否则系统将会报错。

2. 宏参数

对于前面计算题目 A3 得分的需求,在 CCSS 项目中使用的是如下宏代码:

```
DEFINE M_COMP(INVAR1= !CHAREND('/')).
RECODE
  !INVAR1
(1=200)(2=150)(3=100)(4=50)(5=0)(ELSE=100) INTO !CONCAT('T',!INVAR1).
EXEC.
!ENDDEFINE.


M_COMP INVAR1=A3.
```

由于宏 M_COMP 的定义涉及宏变量 INVAR1,因此在随后的宏调用中,需要为宏变量 INVAR1 赋值。

当有多个宏变量需要定义时,只需要依次书写它们并用"/"分隔即可。例如,CCSS 项目的制表程序的代码如下:

```
DEFINE M_Tb02(invar1= ! charend('/') /strcat1= ! charend('/')
/strcat2= ! charend('/')).
* 宏程序段的主体 .
!ENDDEFINE.


M_tb02 invar1= a3a
  /strcat1=subtotal,10,20,30,subtotal,110,120,130,hsubtotal,othernm
  /strcat2=hsubtotal,10,20,30,110,120,130,hsubtotal,othernm.
```

当有多个宏变量时其定义格式有好几种,这里只列出最简单的一种,用户只要确保宏变量的定义格式与调用格式一致,就不会出现错误。

3. CCSS 项目中消费者信心总指数的计算程序段

当需要进行大量类似的分析任务时,宏程序的优势是非常明显的。以 CCSS 项目为例,在定义了上述宏之后,最终用于计算消费者信心总指数的程序段如下:

```
**************———— 定型指数计算 ————***********.
M_COMP INVAR1=A3.
M_COMP INVAR1=A4.
M_COMP INVAR1=A8.
```

```
M_COMP INVAR1=A10.
M_COMP INVAR1=A16.


COMP Index1=（Qa3+Qa4+Qa8+Qa10+Qa16）/5/1.2803.
VARIABLE LABELS index1  '总指数'.
EXEC.
**************————— 定型指数计算结束 —————***********.
```

在上述程序段中，1.280 3 就是基准水平下这五道题目的平均得分，显然在引入宏之后，代码变得更加简洁易读了。

6.4.2　INSERT 命令

在编写程序时，如果发现需要编写的程序语句正好是另一个程序文件的内容，或者需要编写的程序语句其实是若干程序文件的总和，除了可以通过"复制"和"粘贴"的方法利用原有资源，生成一个新的文件，还有一种更简单的办法，那就是使用 INSERT 命令。以 CCSS 项目的制表程序为例，由于需要针对不同地区的数据重复编制框架相同的表格，因此笔者将制表程序段单独存储为"CCSS 制表核心程序 .sps"，然后在主程序中以如下方式调用：

```
* ************************** 全国 .
USE ALL.
EXEC.
INSERT FILE='CCSS 制表核心程序 .sps'.
* ************************** 华北 .
COMPUTE FILTER_$=（TS0_1=1）.
FILTER BY FILTER_$.
EXEC.
INSERT FILE= 'CCSS 制表核心程序 .sps'.
```

采用这种方法，虽然"CCSS 制表核心程序 .sps"实际上有 500 余行，但由于需要重复调用 8 次，如果将其全部写入主程序，则主程序会有 4 000 余行。现在采用 INSERT 命令来调用，使得主程序只有数十行，且结构简单明了，大大减少了程序编写、调试和查错的工作量。

6.5　输出管理系统与程序自动化

6.5.1　输出管理系统

随着统计分析知识的普及，用户对统计分析报表的要求越来越高，SPSS 默认输出的报表格式已经不能满足用户需求，而输出重定向则可以将分析结果以指定的文件格式输出，使得制作指定格式的输出报表成为可能。

输出管理系统（output management system，OMS），为用户提供了提取和控制结果查看器窗口中输出内容的功能。SPSS 自 SPSS 12 起开始提供输出管理系统，该系统目前已经非常成熟，不仅可以将输出结果存储为 SAV 格式、XML 格式、HTML 格式、TXT 格式、PDF 格式等多种常见的文件格式,还可以将分析结果中的表格、文本、图形的一部分作为输出内容,如只输出回归分析中回归系数的检验结果,或者全部分析结果中的直方图等。而对输出管理系统的设置,则可以采用对话框操作方式,从而进一步方便了输出管理系统的使用。

1. 操作界面

选择菜单"实用程序"→"OMS 控制面板"命令,即可打开"输出管理系统控制面板"对话框,如图 6.2 所示。

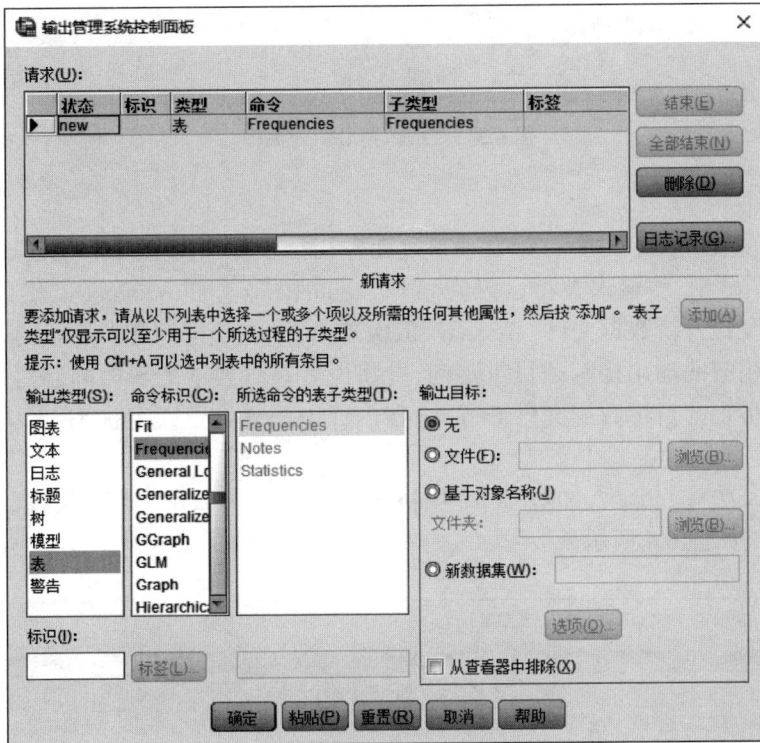

图 6.2　"输出管理系统控制面板"对话框

该对话框的上部列出了所有已经设置完毕的输出控制条目,其右侧的按钮可以对这些输出控制条目进行启动、终止或者删除。该对话框的下部则列出了所有可以被控制的输出项。几乎所有的输出类型均可被重定向输出,在每种输出类型中又可以选择具体的命令标识,以及该命令所有输出中的某一个具体表格,以做到精确控制。其右侧的"输出目标"框组则用于指定希望输出的文件名称和格式(具体的文件格式可通过"选项"按钮设置)。

在具体操作时,用户先选择希望控制的输出项,然后设置好输出的文件名称和格式,单击"添加"按钮即可将该输出控制条目加入请求列表。此时如果单击"确定"按钮,就可以启动相应的输出控制条目重定向。

除输出管理系统控制面板外,还可以选择菜单"实用程序"→"OMS 标识"命令,打开的"OMS 标识"对话框用于显示各类输出项所对应的 OMS 标识,如图 6.3 所示。由于该对话框实质上是一个 OMS 字典,主要用于程序设计,因此这里不做详细解释。

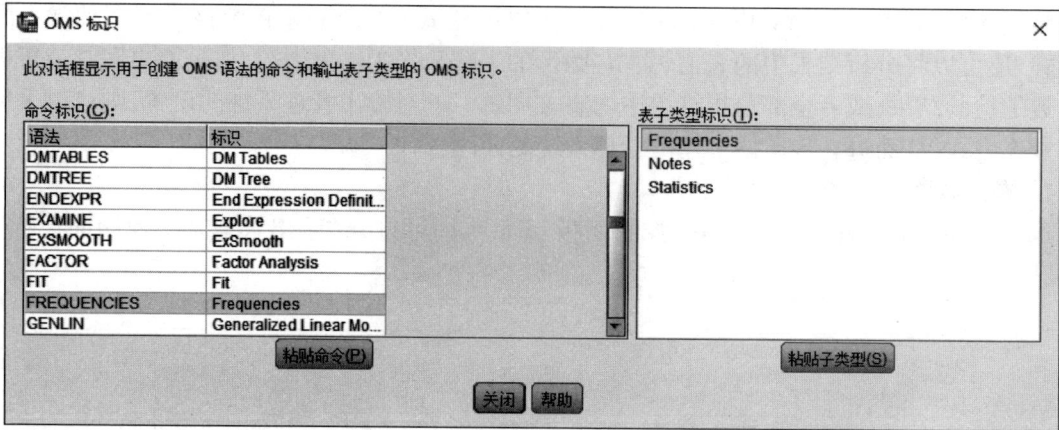

图 6.3 "OMS 标识"对话框

2. 分析实例

假设希望将频数过程中的所有频数表重定向输出至数据文件 freq.sav,则先在"输出管理系统控制面板"对话框中,将输出类型设置为表→ Frequencies → Frequencies,然后在"输出目标"框组中将输出项设置为新数据文件: freq.sav,依次单击"添加"按钮和"确定"按钮,此时输出管理系统就会启动相应的输出控制条目重定向,并将所有符合要求的表格内容写入指定的数据文件,当然,此时被写入的目标数据文件 freq.sav 在内存中一直处于锁定状态,无法在前台显示,也无法使用。

现在来运行一次频数分析,如对 CCSS 项目中的变量"S0. 城市"计算频数,结果查看器窗口中的相应输出结果如图 6.4 所示。

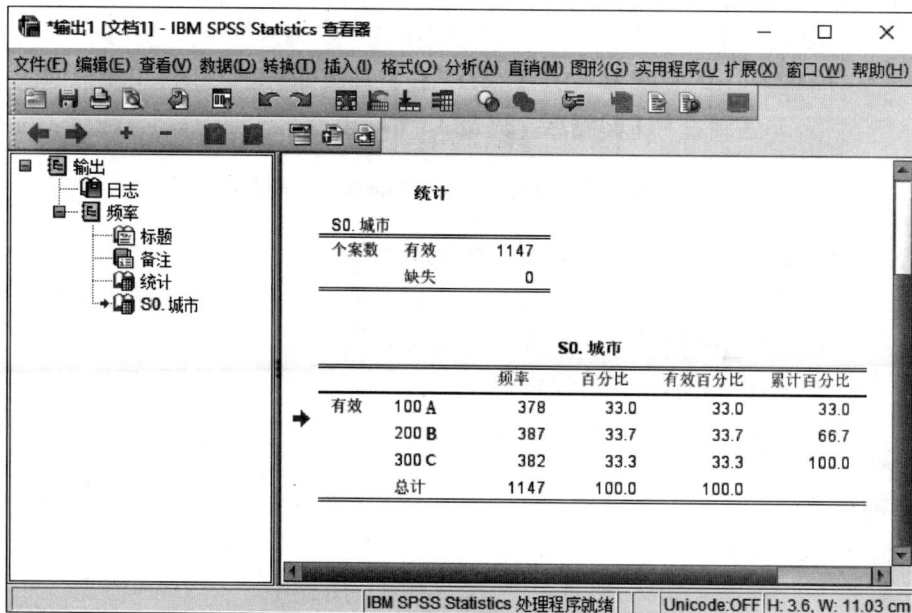

图 6.4 结果查看器窗口中的输出结果

读者如果运行其他一些分析过程,就会发现所有的输出结果都没有任何特殊之处。但如果此时重新进入输出管理系统控制面板,选择表→Frequencies → Frequencies 所对应的输出控制条目,并依次单击"结束"按钮和"确定"按钮,SPSS 就会弹出一个新的数据编辑器窗口,该数据文件被自动命名为 freq.sav,其内容如图 6.5 所示。

	Command_	Subtype_	Label_	Var1	Var2	频率	百分比
1	Frequencies	Frequencies	S0. 城市	有效	100 A	378	33.0
2	Frequencies	Frequencies	S0. 城市	有效	200 B	387	33.7
3	Frequencies	Frequencies	S0. 城市	有效	300 C	382	33.3
4	Frequencies	Frequencies	S0. 城市	有效	合计	1147	100.0

图 6.5 新生成的 freq.sav 数据文件的内容

可见,在图 6.5 所示的 freq.sav 数据文件中,除了命令索引、子类型索引、变量名称等必要的数据源标识变量,其他变量正好与图 6.4 所示的频数表中的内容一一对应。也就是说,该数据文件的内容实质上就是频数表输出的精确重定向,之后就可以利用该数据文件完成希望进行的分析工作了,这就是输出管理系统的实质。

3. 程序实现

输出管理系统属于高级功能,实际上以程序方式实现更多见,因此下面简单介绍输出管理系统的程序实现。以上面的分析为例,使用"粘贴"按钮,可以看到对应的输出管理系统程序如下:

```
* OMS.
DATASET DECLARE    freq.sav.
OMS
 /SELECT TABLES
 /IF COMMANDS= ['Frequencies' ]SUBTYPES= ['Frequencies' ]
 /DESTINATION FORMAT=SAV NUMBERED=TableNumber_
  OUTFILE='freq.sav'.
```

上面就是一个非常简单的输出管理系统程序,用于在特定情况下打开输出管理系统,监视所有的表格输出。当运行的命令为 'Frequencies',且所生成的结果表格为 'Frequencies' 时,就将相应的表格内容输出到数据文件 freq.sav 中。

在以上程序运行完毕后,输出管理系统就会一直保持打开状态,直到新的输出管理系统命令对其进行更改,或者 SPSS 关闭为止。在此期间,输出管理系统会将所有符合要求的表格内容写入指定的数据文件,而相应的目标数据文件也一直处于锁定状态,无法使用。如果希望将其关闭,则可以使用以下命令:

```
OMSEND.
```

这时输出管理系统就会关闭,并将所有数据写入目标文件,然后将其释放。

6.5.2 程序自动化

作为主流的统计软件,SPSS 不仅可以完成简单的数据分析操作,也可以针对海量数据完成大规模的统计运算。但是,对海量数据进行分析一般都比较耗时,实现程序运行的批处理和自动化就显得十分重要了。下面就介绍如何在 SPSS 中实现程序的自动化运行。

1. 界面说明

生产设施(production facility)过程原先是一个单独的软件,现在已经被整合入 SPSS,选择菜单"实用程序"→"生产设施"命令,系统就会打开"生产设施"对话框,如图 6.6 所示。"生产设施"对话框的"我的作业"选项卡,主要是用于定义相应工作所需要调用的程序段、具体的执行方式、结果输出方式等参数。

① "语法文件"框组:用于指定工作中需要调用的程序文件,可以调用多个程序文件,系统会依次执行。

② "语法格式"框与"错误处理"框:两者均默认为交互式执行,并且在出错后继续处理。一般在使用时将其修改为自动批处理,并且在出错后立即终止处理。

③ "输出"框组:用于指定希望输出的文件的名称和格式,输出格式除了默认的 SPV 格式,还有 DOC、XLS、PDF 等多种格式。

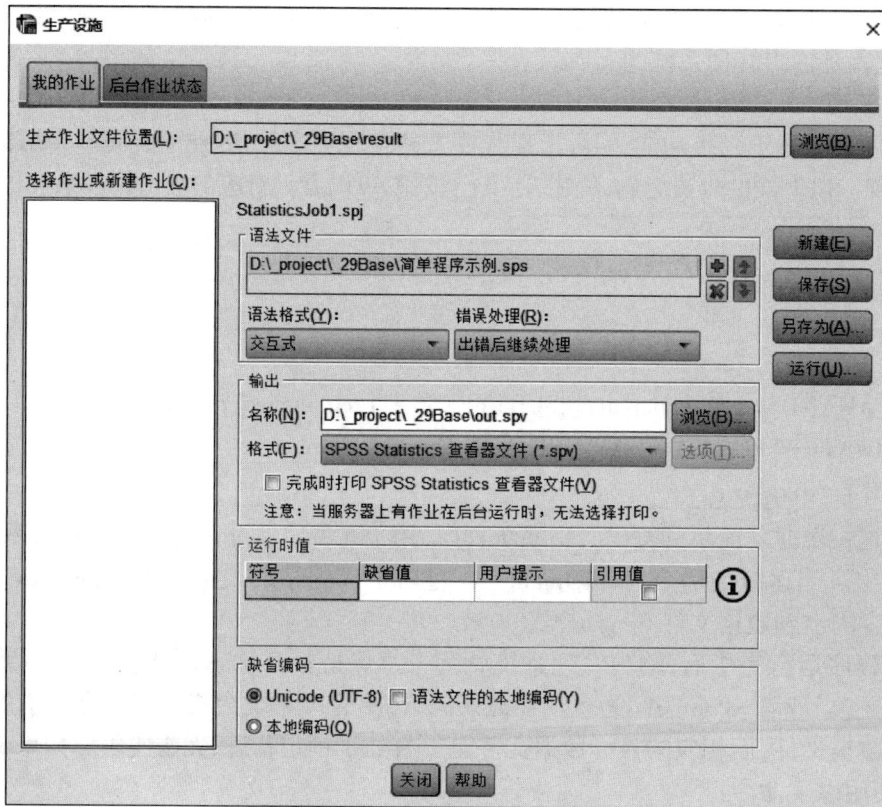

图 6.6 "生产设施"对话框

2. 操作实例

这里仍然以 6.2.5 小节的程序为例讲解生产设施的操作方法。首先,将该程序存储为"简单程序示例 .sps",然后在"生产设施"对话框的"我的作业"选项卡上单击"新建"按钮,创建一个新的数据文件。然后按照图 6.6 所示的内容进行设置,设置完毕后单击"运行"按钮,弹出一个对话框,提示正在运行相应的工作。此时,系统就进入无人值守方式,让其自动运行,用户可以离开,也可以在机器上进行其他工作。待指定的程序运行完毕后,系统就会弹出对话框,提示"Job1已完成",此时可以发现所指定的结果文件 out.spv 已经生成,打开该文件,看到的就是相应数据列表的输出结果。

思考与练习

1. 自行编写一个简单的数据文件生成程序(提示:可以利用 6.2.5 小节提供的程序模板)。
2. 自行练习本章所涉及的各种操作,特别是宏程序和输出管理系统程序方面的操作。

第二部分

描述性统计与统计图表

第7章 连续变量的描述性统计与参数估计

通过前面各章的学习,用户已经完成了 CCSS 项目数据的编码、录入、查错、清理、合并、存档等工作,最终获得了可供分析的数据文件。那么,究竟该如何利用这些数据文件来回答研究者感兴趣的问题呢？知己知彼,百战不殆。统计分析的第一步应当是对样本数据进行描述性统计,并在此基础上对其所在的总体进行推测和估计,即参数估计。本章将介绍连续变量的描述性统计与参数估计,而下一章将介绍分类变量的描述性统计与参数估计。

7.1 连续变量的描述性统计指标体系

当数据量较少,如只有 5 个人的身高数据,或者 7 个人的性别数据时,研究者可以通过直接观察原始数据来了解几乎所有的信息。但是,在实际工作中人们所接触到的数据量往往远大于人脑可以直接处理和记忆的数据量,此时最直接的方法是将原始数据按照其大小进行分组汇总,计算各组的频数,最终汇总成相应的频数表(或直方图),以反映数据的大致趋势。图 7.1 所示的是对 CCSS 项目中的变量 "S3. 年龄" 绘制的直方图,从中可以发现如果要使用统计指标(即统计量)来对年龄进行描述,则至少需要表现出以下几个方面的数据特征:集中趋势(central tendency)、离散趋势(dispersion tendency)、分布特征(distribution tendency),以及其他趋势,下面就分别介绍这些描述性统计指标。

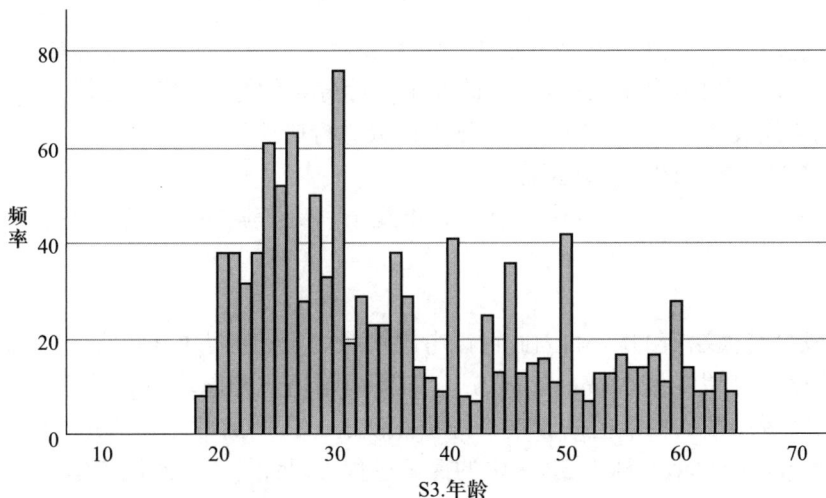

图 7.1 变量 "S3. 年龄" 的直方图 (★)

7.1.1 集中趋势的描述性统计指标

某一人群的平均年龄是多少？这可能是人们希望了解的最基本的汇总信息,在统计学中用于描述集中趋势,或者说数据分布的中心位置的描述性统计指标就称为位置统计量(location statistic)。针对不同的数据分布状况,统计学家提供了多种位置统计量来代表原始数据的集中趋势,如均值、中位数,以及其他描述集中趋势的描述性指标。

1. 均值

均值(mean)是最常用的描述集中趋势的统计量,又称为算术平均值(arithmetic mean)。总体均值(population mean)通常用希腊字母 μ 表示,样本均值通常用 $\overline{X}$ 表示。对于一组数据 $X = \{X_1, \cdots, X_n\}$ 而言,均值的计算方法为将各数据直接相加,再除以数据个数 n,即

$$\overline{X} = \frac{1}{n} \sum_{i=1}^{n} X_i$$

均值十分常用,但它不适于对严重偏态分布的变量进行描述,只有单峰分布和基本对称分布的数据,将均值作为描述集中趋势的统计量才是合理的。

均值误用的最常见的例子就是平均月收入,假设某单位有 6 个人,其中有 5 个员工、1 个经理。员工的月收入分别是 360 元、380 元、400 元、420 元、440 元,经理的月收入为 40 000 元,这样他们的月收入均值为 7 000 元。显然此时用均值并不能准确地反映该单位收入的一般水平,其结果对于员工和经理来说都没有代表性,此时中位数才是更妥当的指标。

2. 中位数

中位数(median)是将全体数据按大小次序排序后,在整个数列中处于中间位置的那个值。它把全部数据分成两个部分,比它小的数据和比它大的数据的个数正好相等,具体而言:

① 当 n 为奇数时,中位数 $M = X_{\frac{n+1}{2}}$;当 n 为偶数时,$M = (X_{\frac{n}{2}} + X_{\frac{n}{2}+1})/2$。

② 由于中位数是位置均值,因此它不受极端值的影响,在具有个别极大值或极小值的数列中,中位数比均值更具有代表性。例如,在前面的员工月收入的例子中,中位数就是 410 元,显然比均值更能够代表数据的集中趋势(至少对大多数员工来说具有代表性)。

③ 中位数适用于任意分布类型的数据,不过,由于它只考虑居中位置,对信息的利用不充分,当样本量较小时其数值会不太稳定,因此对于对称分布的数据,统计分析人员会优先使用均值,仅在均值无法代表集中趋势的情况下才用中位数进行描述。

3. 其他集中趋势的描述性统计指标

除了上述两种统计量,在 SPSS 中还有一些更复杂和更专业的描述集中趋势的统计量,简单介绍如下:

(1) 截尾均值

由于均值较易受极端值的影响,因此可以考虑按照一定比例去掉有序数列两端的数据,然后再计算均值,这就是截尾均值(trimmed mean)。如果截尾均值和原均值相差不大,则说明数列中不存在极端值,或者两端的极端值的影响正好相互抵消。常用的截尾均值是 5% 截尾均值,即在数列两端各去掉 5% 的数据。利用 SPSS 中的探索过程可以计算 5% 截尾均值。

(2) 几何均值

几何均值(geometric mean)用 G 表示,适用于原始分布不对称,但经过对数转换后呈对称分布的数据。例如,医学中的血清学滴度资料就常用几何均值来描述其分布的集中趋势。其计算公式是

$$G = \sqrt[n]{X_1 X_2 \cdots X_n}, \text{或者} \ G = \lg^{-1}\left(\frac{1}{n} \sum_{i=1}^{n} \lg X_i\right)$$

对于相同的数据,计算出的几何均值小于算术平均值。可以发现,几何均值实际上就是对数转换后的数据 lg X 的算术平均值的反对数。在 SPSS 中,几何均值可以利用"分析"菜单的"报告"子菜单中的"个案摘要"命令输出。

（3）众数

众数(mode)指的是样本数据中出现频数最大的那个数据,它易于理解,也不受极端值的影响,但不易确定,而且没有明确的统计特征,一般很少使用该统计量。在 SPSS 中,众数可以利用"分析"菜单的"报告"子菜单和"表"子菜单提供的制表命令输出。

（4）调和均值

调和均值(harmonic mean),又称为倒数均值,用符号 H 表示,现在已经很少使用了,它实际上是观测值 X 的倒数之均值的倒数,常用于完成的工作量相等而所用的时间不同的情况,主要用来求平均速度。实际上,在中学物理中学习过的并联电路的总电阻就是各分电路电阻调和均值的一半。各原始数据的大小相差越悬殊,该均值的"调和"作用就越明显。对于相同的数据,计算出的调和均值小于几何均值。在 SPSS 中,调和均值可以利用"分析"菜单的"报告"子菜单中的"个案摘要"命令输出。

7.1.2 离散趋势的描述性统计指标

显然,仅仅反映数据的集中趋势还远远不够,图 7.1 还反映了年龄的波动范围为 18~65 岁,这被称为数据的离散趋势。描述该趋势的统计指标就被称为尺度统计量(scale statistic),常用的尺度统计量有全距、方差、标准差、百分位数、四分位数、四分位距、变异系数等。

1. 全距

全距(range)又称为极差,是一组数据中的最大值与最小值之差,是最简单的变异指标。由于过于简单,因此全距一般只用于预备性检查。

2. 方差和标准差

对于数据 X 而言,其离散程度的大小就是其与均值的差值,简称偏差,而总体方差(variance)就是将偏差平方和除以观测值数 n:

$$\sigma^2 = \frac{1}{n} \sum (X-\mu)^2$$

其中,μ 为总体均值。

对于样本数据而言,其方差的计算公式有所不同:

$$S^2 = \frac{1}{n-1} \sum (X-\overline{X})^2$$

其中,$\overline{X}$ 表示样本均值,$n-1$ 称为自由度(degree of freedom),用符号 ν 表示。

但是,方差在使用上有一点不便之处,就是其量纲为原始指标量纲的平方,这不合乎常理,为此又将方差开平方,这就是所谓的标准差(standard deviation),总体标准差和样本标准差分别用 σ 和 S 来表示:

$$总体标准差\ \sigma = \sqrt{\frac{\sum (X-\mu)^2}{n}}, 样本标准差\ S = \sqrt{\frac{\sum (X-\overline{X})^2}{n-1}}$$

由于标准差和方差的计算涉及每一个变量值,所以它们所反映的信息在描述离散趋势的统计指标中是最全的,也是最理想、最可靠的。但也正是由于标准差和方差的计算涉及每一个变量值,所以它们会受到极端值的影响,当数据中有较明显的极端值时不宜使用。实际上,方差和标准差适用于服从正态分布的数据。

3. 百分位数、四分位数与四分位距

百分位数(percentile)是一种位置统计量,用 p_x 表示。百分位数 p_x 将一组观测值分为两个部分,理论上有 $x\%$ 的观测值比它小,有 $(100-x)\%$ 的观测值比它大。前面介绍的中位数实际上就是一个特定的百分位数,即 p_{50},又称为第 50 百分位数。

除中位数外,常用的百分位数还有四分位数,即第 25 百分位数、第 50 百分位数和第 75 百分位数这三个百分位数的总称。这三个百分位数正好能够将全部数据按大小等分为四个部分,而且第 25 百分位数和第 75 百分位数这两个百分位数之间的差值称为四分位距,其包含数列中间 50% 的观测值,因此四分位距既能够排除数列两端的极端值的影响,又能够反映大部分数据的离散趋势,是当方差和标准差不适用时的一个较好的描述离散趋势的统计指标。

> 严格地讲,百分位数并不仅限于描述离散趋势,显然,它也可以对数据的集中趋势等其他特征进行描述。将多个百分位数联合起来,实际上还可以完整地反映整个数据的分布规律。

4. 变异系数

当需要比较两组数据的离散程度大小时,直接使用标准差来进行比较并不合适。这可以分为以下两种情况:

① 测量尺度相差太大。例如,希望比较蚂蚁和大象的体重变异,直接比较其标准差显然不合理。

② 数据量纲不同。例如,希望比较身高和体重的变异,两者的量纲分别是米和千克,那么,究竟是 1 m 大,还是 2 kg 大? 根本就没法比较。

在以上情况下,应当考虑消除测量尺度和数据量纲的影响,而变异系数(coefficient of variation)就可以做到这一点,它是标准差与均值之比:

$$CV = S/\overline{X}$$

变量系数 CV 显然没有量纲,同时又按照其均值大小进行了标准化,这样就可以进行客观的比较了。

7.1.3　分布特征及其他趋势的描述性统计指标

除以上两大基本趋势外,随着对数据特征了解的逐步深入,研究者常常会假定数据所在的总体服从某种分布。这样,对于每一种分布,都可以用一系列统计指标来描述数据偏离分布的程度。例如,对于正态分布而言,就可以用偏度、峰度来反映当前数据偏离正态分布的程度。当然,这些分布特征的描述性统计指标使用得较少。

由于所假定的分布不同,因此所使用的分布特征描述性统计指标也会有所差异,下面只简单介绍与正态分布有关的偏度和峰度的概念。

1. 偏度

偏度(skewness)是用来描述变量取值分布形态的统计量,表示分布不对称的方向和程度。样本的偏度系数记为 $g1$:

$$g1 = \frac{\sum_{i=1}^{n} (X_i - \overline{X})^3}{(n-1)S^3}$$

这是根据矩法(详细内容见 7.2.2 小节)测定分布偏度的计算公式。测定分布偏度的方法还有分位数法和皮尔逊(Pearson)规则等,这里不做介绍,读者可以参考有关书籍。偏度是相对于正态分布的统计量。当 $g1>0$ 时,变量取值分布形态为正偏态或右偏态,即长尾在右、峰尖偏左;当 $g1<0$ 时,变量取值分布形态为负偏态或左偏态,即长尾在左、峰尖偏右;当 $g1=0$ 时,变量取值分布形态为对称。

> 需要特别注意的是,偏态的方向应当指长尾方向,而不是峰尖位置。有不少统计方面的书籍对左/右偏态的理解有误,而将两者弄颠倒。

2. 峰度

峰度(kurtosis)是用来描述变量取值分布形态陡缓程度的统计量,是指分布形态的尖峭程度或峰凸程度。样本的峰度系数记为 $g2$:

$$g2 = \frac{\sum_{i=1}^{n} (X_i - \overline{X})^4}{(n-1)S^4} - 3$$

这是根据矩法测定分布峰度的公式,测定分布峰度的方法还有分位数法等,这里不做介绍。峰度也是相对于正态分布的统计量。当 $g2>0$ 时,变量取值分布的峰的形状比较尖,比正态分布的峰陡峭;当 $g2<0$ 时,变量取值分布的峰的形状比正态分布平坦;当 $g2=0$ 时,变量取值分布的峰为正态峰。

3. 其他趋势的描述性统计指标

还有一些描述性统计指标,用于描述一些前面未提到的数据趋势,如数据是呈单峰分布还是呈双峰分布、数据中是否存在极端值。常用的有描述异常值的极端值(outlier)列表等,详见本章的后续内容。

7.1.4　SPSS 中的相应功能

SPSS 的许多过程都可用于实现描述性统计功能。除了各种用于统计推断的过程会附带进行相关的描述性统计,SPSS 还提供了几个可用于连续变量描述性统计的过程,它们均集中在"分析"菜单的"描述统计"(Descriptive Statistics)子菜单中:

1. 频数过程

频数(frequency,在 SPSS 中表述为"频率",以后不再一一说明)过程能够产生原始数据的频数表,并能够计算各种百分位数。选择菜单"分析"→"描述统计"→"频率"命令,打开"频率"对话框,单击其中的"统计"按钮,打开"频率:统计"对话框,如图 7.2(a)所示,该对话框所提供的描述性统计功能非常全面,且布局很有规律,基本上按照数据的集中趋势、离散趋势、分布特征和百分位数四大块对各个统计量进行了归类。有了前面介绍的知识,读者使用该对话框进行操作就没有任何困难了。

除了统计量,还可以利用频数过程绘制相应的统计图,如用于描述连续变量的直方图、用于描述分类变量的饼图和条图等。

2. 描述过程

描述(descriptive)过程用于进行一般的描述性统计,与频数过程相比,它不能绘制统计图,所能计算的统计量也比较少,但由于其输出格式紧凑,因此使用频率最高。选择菜单"分析"→"描述统计"→"描述"命令,打开"描述"对话框,单击其中的"选项"按钮,打开"描述:选项"对话框,如图 7.2(b)所示。在该对话框中,可以对服从正态分布的连续变量进行描述。

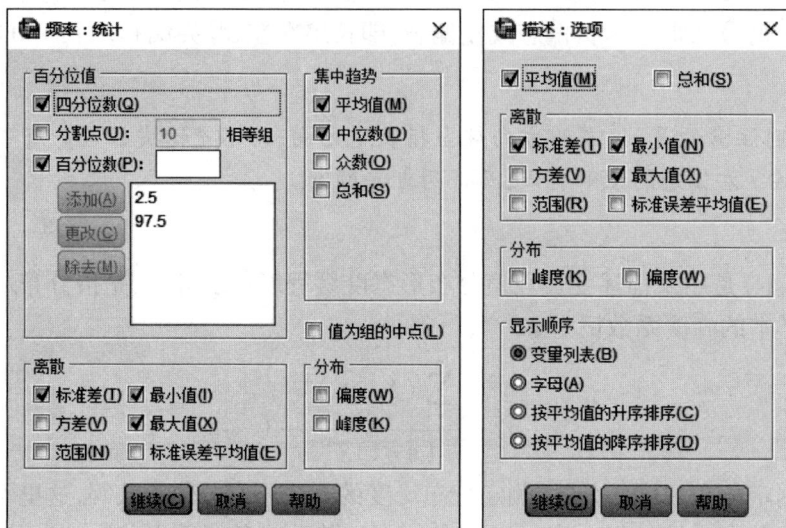

(a) "频率:统计"对话框　　　　(b) "描述:选项"对话框

图 7.2　"频率:统计"对话框和"描述:选项"对话框

3. 总体描述过程

总体描述过程为 Python 插件,其输出格式和描述过程的输出格式非常相似,但在计算标准差 / 方差时使用的是 n 而不是 $n-1$,因此均为总体标准差 / 总体方差。注意,该插件不支持中文,只能在英文输出窗口中使用。

4. 探索过程

顾名思义,探索(explore)过程用于在不清楚连续变量分布形态的情况下进行探索性数据分析,它可以计算许多描述性统计量,除了常见的均值、百分位数,还可以给出截尾均值、极端值列表等,并能够绘制各种统计图,功能十分强大。

5. 比率过程

比率(ratio)过程的功能比较特殊,用于计算两个连续变量的相对数指标。除了中位数、均值、加权均值等常见的统计量,利用该过程还可以计算出一系列专业的统计量,如以中位数为中心的变异系数、以均值为中心的变异系数、价格差异(PRD)、平均绝对偏差(AAD)等。但由于这些统计量在实际工作中应用得较少,因此本书不对它们做过多介绍。

　　除了描述性统计指标,统计图在连续变量的描述中也起着非常重要的作用,特别是在对其分布形态进行呈现时,P–P 图、Q–Q 图都是常用的工具,相关知识可参见第 10 章的内容。

7.2 连续变量的参数估计指标体系

通过描述性统计,研究者已经对样本数据的情况有了详细的了解。但数据分析的真正目的是考察样本所代表的总体情况,下面就来学习如何进行连续变量的参数估计。

7.2.1 正态分布

在对总体进行描述时,往往会先对该总体的分布类型做出假定,如假定年龄服从正态分布,这样就可以将描述总体的任务归结为对几个参数值进行估计(此即参数估计名称的由来)。常见的连续分布有正态分布、均匀分布、卡方分布、t分布和F分布等,其中以正态分布最为重要和常用,它在理论与实践中都占有重要的地位。

实际上,在现实生活中,绝对服从正态分布的变量几乎不存在,包括在统计类书籍中常用来作为例子的身高,现在也已经不服从正态分布了。只是由于许多常用的统计指标和统计方法都对此具有一定的耐受力(统计学中称其结果为 robust,即稳健的),因此只要变量分布的偏离程度不影响分析结论,就仍然使用常规方法,否则就需要另辟新路。本书因为突出实战性,因此在随后的许多章节中都会反复提及这一点。

1. 正态分布的定义

若连续随机变量 x 的概率分布密度函数为

$$f(x) = \frac{1}{\sigma\sqrt{2\pi}} e^{-\frac{(x-\mu)^2}{2\sigma^2}}$$

其中,μ 为均值,σ^2 为方差,则称连续随机变量 x 服从正态分布(normal distribution),记为 $x \sim N(\mu, \sigma^2)$。不同的 μ、不同的 σ,对应于不同的正态分布。

正态曲线是一条对称曲线,关于均值($x=\mu$)对称,因此均值被称为正态分布的位置参数,而该曲线的高矮形状则与标准差有关。标准差越大,个体差异越大,正态曲线也越矮阔;标准差越小,个体差异越小,正态曲线也越尖峭。因此,标准差被称为正态分布的尺度参数。除此之外,正态曲线下面积也有一定的分布规律。例如,约 95% 的样本数据的取值与均值的距离在 1.96 个标准差($\mu \pm 1.96\sigma$)之内,据此可以做出相应的总体推断。

2. 标准正态分布

均值为 0、标准差为 1 的正态分布被称为标准正态分布(standard normal distribution,SND),对于其他正态分布,则可使用以下变换将其转换为标准正态分布:

$$u = \frac{X - \mu}{\sigma}$$

该变换被称为标准正态变换。标准正态分布又被称为 u 分布或者 z 分布,因此该变换也被称为 u 变换或者 z 变换。

标准正态变换和标准正态分布的意义非常重大,因为在统计分析中经常需要计算曲线下面积(area under the curve,AUC),有了上面的变换方法,只需要知道标准正态曲线下面积的分布规律,就可以解决所有正态分布的曲线下面积的计算问题了。

7.2.2 参数的点估计

参数的点估计就是选定一个适当的样本统计量(又称为估计量),将其值作为参数的估计值。例如,将样本均值作为总体均值的点估计值。对于具体统计量的选择,有无偏性、一致性和有效性三个原则:

① 无偏性:统计量的值虽然不完全等于被估计参数的真实值,但应当在真实值的附近摆动。

② 一致性:样本量越大,样本统计量的值与真实值之间的差异应当越小。

③ 有效性:如果有两个样本统计量都符合上述要求,则应当选取误差小的一个样本统计量的值作为估计值。例如,前面介绍的均值和中位数,它们在反映正态分布的集中趋势时,都具有良好的无偏性和一致性,但由于中位数的误差比均值大,所以应当尽量使用均值来反映正态分布的集中趋势。

参数的点估计可以使用矩法、极大似然法、稳健估计方法以及自助法等方法实现,其中,由于自助法不属于经典统计学的方法体系,因此将在后面单独介绍。

1. 矩法

矩法这个名称听起来比较专业,但实际上其含义非常简单,它是指样本统计量本身往往就是相应总体参数的最佳估计量,这样就可以直接将样本统计量的值作为总体参数的点估计值。例如,样本均值、样本方差、样本标准差都是相应总体的均值、方差、标准差的估计量。对于正态分布而言,矩法几乎可以满足全部总体参数的点估计需求,所以一般统计学书籍中所说的点估计实际上使用的就是矩法。

2. 极大似然法

极大似然法是另一种参数的点估计方法,其优点在于所选定的估计量通常能满足一致性、有效性等要求,且具有不变性。不变性是指在对原始数据进行某种函数变换后,相应估计量的同一函数变换仍是新样本的极大似然估计量。

极大似然法的原理是,在已知总体分布但未知其参数值时,在待估计参数的可能的取值范围内进行搜索,使似然函数值(在参数所确定的总体中获得现有样本的概率)最大的那个数值就是极大似然估计值。

因为极大似然法已经超过了本书读者需要了解的范围,这里不做深入讨论,读者只需要知道有这样一种点估计方法即可。

3. 稳健估计方法

矩法和极大似然法虽然能够很好地满足参数点估计的需要,但也有明显的缺陷,就是估计值受异常值的影响十分显著,也容易因数据分布的偏离而使估计值产生较大变化。稳健估计方法就是针对这种情况的一个解决方案,它在观测数据不符合假定模型、与假定模型有偏离时,仍然能得出稳定且正确的分析结论。稳健估计指的就是估计值受异常值的影响较小,而且对于大部分的数据分布而言都是很好的(当然,这种特征意味着它不会对每个数据分布都是最佳的)。

稳健估计方法有 M 估计、R 估计等方法,前者是常用的稳健估计方法。M 估计最早由尤伯提出,其实是"极大似然估计"的简称,即该方法的核心仍然是极大似然法,但是在估计时它先构造一个 ψ 函数,该函数能够减小异常值的影响,而且对于所考虑的数据分布集合中的每个数据分布来说都是好的估计量。随后再对 ψ 函数的集中趋势进行参数的极大似然估计,因此相应的估计值受异常值的影响要小得多。

7.2.3 参数的区间估计

显然,仅仅有参数的点估计是不够的。例如,打靶时,打了 2 枪,平均 9 环;打了 100 枪,平均也是 9 环,显然人们更相信后者是一个好枪手,而对前者的水平却会有所怀疑。这就涉及参数的估计值究竟有多大误差的问题。

1. 标准误差

虽然原始数据可能服从各种各样的分布,但是根据中心极限定理,当样本量 n(如 $n>50$)足够大时,其抽样均值就会近似服从正态分布,而此正态分布所对应的标准差就可以用来表示抽样误差的大小,此即标准误差。

> 标准误差是最常见的用来描述参数估计值离真实值究竟有多远的统计量,请注意其英文和标准差英文的区别,标准差(standard deviation)中的 deviation 说明该统计量表示的是"偏差",而标准误差(standard error)中的 error 说明该统计量表示的是"误差",即进行参数点估计时可能出现的错误大小。标准误差越大,说明相应参数的点估计值越不可信。

2. 区间估计的计算

结合样本统计量和标准误差,可以确定一个置信度为 $100(1-\alpha)\%$(如 95% 或 99%,α 为显著性水平)的包含总体参数的区间,将该区间称为总体参数的置信度为 $100(1-\alpha)\%$ 的置信区间(confidence interval,CI),简称 $100(1-\alpha)\%$ 置信区间。

下面来看置信区间是如何求得的,以最常用的 95% 置信区间为例,其公式为

$$\overline{X}-1.96\sigma/\sqrt{n}<\mu<\overline{X}+1.96\sigma/\sqrt{n}$$

上述公式看起来很完美,但有一个问题,即 σ 也是未知总体参数,在计算时必须使用样本标准差 S 来代替,这样就必须对该公式加以校正。研究者发现,此时对样本均值 $\overline{X}$ 进行标准正态变换后其服从的是 t 分布而不是 u 分布,将相应的置信区间公式修改为

$$\overline{X}-t_{\alpha,\nu}S/\sqrt{n}<\mu<\overline{X}+t_{\alpha,\nu}S/\sqrt{n}$$

这就是最常用的置信区间计算公式,显然在使用时 t 分布的临界值需要根据自由度 ν 来确定,非常麻烦,而 SPSS 则可以直接完成这些烦琐的工作,用户只需理解如何阅读结果即可。

> 需要指出的是,置信度的概念往往会引起人们误解,它仅仅是大量重复抽样时的一个渐进概念。认为"95% 置信区间包括参数真实值的概率为 0.95",是一个错误的理解。由于这里得到的区间是固定的,而总体参数值也是固定的,因此只有两种可能:包含或者不包含,其中没有任何概率可言。置信度为 95% 只是说,如果能够大量重复抽样,则平均下来所计算的每 100 个置信区间中,约有 95 个置信区间覆盖真实值。

7.2.4 SPSS 中的相应功能

SPSS 的许多过程均具有连续变量参数估计功能,如 7.1.4 小节介绍的几个过程均可以用于计算标准误差。但针对性比较强的是"分析"菜单的"描述统计"子菜单中的以下几个过程:

1. 描述过程

除了进行参数估计,该过程较为特殊的一个功能就是将原始变量变换为标准正态分布下的

得分变量,具体方法是:在利用菜单"分析"→"描述统计"→"描述"命令打开的"描述"对话框中,选中"将标准化值另存为变量"复选框。

2. 探索过程

探索过程不仅能够用于计算标准误差,还能够直接给出均值的 95% 置信区间,而对于均值的点估计,还能够直接提供稳健估计值。

7.3 案例:消费者信心总指数的描述性统计

在系统学习了连续变量的描述性统计指标体系后,下面以 CCSS 项目数据为例来介绍各种描述性统计指标在 SPSS 中的实现方法。

7.3.1 使用频数过程进行分析

例 7.1 对 CCSS 项目数据中消费者信心的总指数变量 index1、现状指数变量 index1a 和预期指数变量 index1b 进行描述性统计分析,并计算置信度为 95% 的个体参考值范围(简称为 95% 个体参考值范围)。

本例要求计算 95% 个体参考值范围,这可以用百分位数法和正态分布法两种方法来计算。由于目前尚不了解总指数变量 index1 是否服从正态分布,且样本量较大,因此可以考虑使用频数过程计算第 2.5 百分位数和第 97.5 百分位数的数值,也就是用百分位数法计算 95% 个体参考值范围的上限和下限。

1. 界面说明

选择菜单"分析"→"描述统计"→"频率"命令,打开"频率"对话框,如图 7.3(a)所示,该对话框中的内容非常容易理解,下面简要介绍其各部分的功能:

① "变量"框:用于选入需要进行分析的变量,如果选入多个变量,系统就会依次对其进行分析。

② "显示频率表"复选框:用于输出频数表,系统默认选中该复选框。

③ "创建 APA 样式表"复选框:可要求输出 APA 格式的统计表,详见 9.1.5 小节的介绍。

④ "统计"按钮:单击该按钮,可打开"频率:统计"对话框。在该对话框中,可以定义需要计算的描述性统计量,包括集中趋势、离散趋势、分布特征和百分位数四大块,比较特殊的是右侧的"值为组的中点"复选框,当输入的数据是分组频数数据,并且具体的数值是组中值时,需要选中该复选框,这样 SPSS 在计算各种百分位数时会将该数据按频数表对待,而不会认为同一组中数据的取值都是组中值。

⑤ "图表"按钮:单击该按钮,可打开"频率:图表"对话框,如图 7.3(b)所示。在该对话框中,可以对要绘制的统计图进行设置:可以绘制描述分类变量的条图和饼图,也可以绘制描述连续变量的直方图,相关统计图的知识可参见第 10 章的内容,这里不做介绍。

⑥ "格式"按钮:单击该按钮,可打开"频率:格式"对话框。在该对话框中,可以定义要输出的频数表的格式,主要涉及频数表中频数的排序方式,一般不用更改,使用默认设置即可。

⑦ "样式"按钮:单击该按钮,可打开"频率:样式"对话框。在该对话框中,可以定义输出结果中的透视表格式。例如,可以将所有高于 100 的均值所在的单元格设置为蓝色,同时将小于 0.05 的假设检验 p 值所在的单元格设置为粗体和红色。由于该功能的实用性不高,因此本书不对其做介绍。

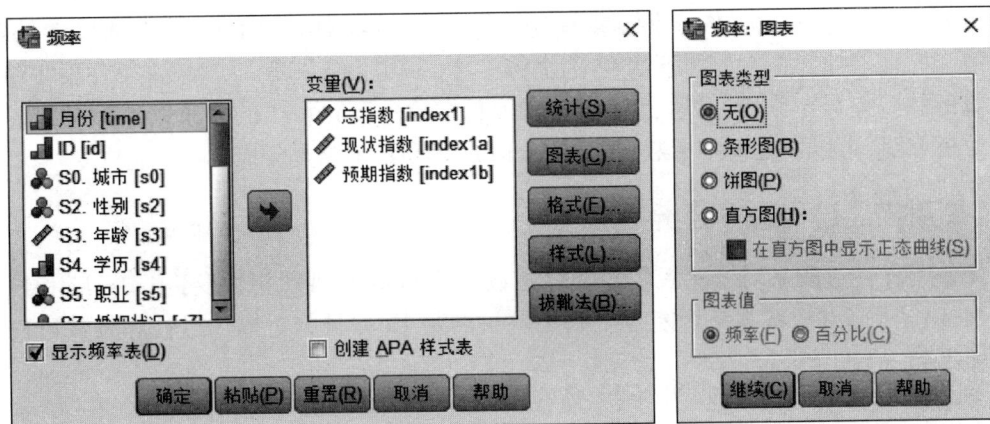

(a) "频率" 对话框   (b) "频率：图表" 对话框

图 7.3 "频率"对话框和"频率：图表"对话框

⑧ "拔靴法" 按钮：单击该按钮，可打开 "拔靴法" 对话框。"拔靴法" 即自助法，使用这种方法可进行任意总体参数的估计，详见 7.4 节的介绍。

2. 操作说明与结果解释

根据题目要求，本例的具体操作如下：

① 在 "频率" 对话框中，将变量 index1、index1a 和 index1b 选入 "变量" 框，取消对 "显示频率表" 复选框的选择（因为本例不需要）。

② 单击 "统计" 按钮，打开 "频率：统计" 对话框，选择所需的统计量，并在 "百分位数" 项中设定输出第 2.5 百分数和第 97.5 百分数，最终的设置如图 7.2(a) 所示。

③ 单击 "确定" 按钮。

使用频数过程的分析结果如图 7.4 所示，可见总指数变量 index1 的均值和中位数接近，

		总指数	现状指数	预期指数
个案数	有效	1147	1147	1147
	缺失	0	0	0
平均值		95.8935	99.2227	94.0598
中位数		93.7280	88.0359	96.8570
标准偏差		20.99710	28.43333	23.11645
最小值		.00	.00	.00
最大值		156.21	176.07	145.29
百分位数	2.5	46.8640	44.0180	48.4285
	25	85.9174	88.0359	84.7499
	50	93.7280	88.0359	96.8570
	75	109.3494	110.0449	108.9641
	97.5	132.7814	154.0629	133.1784

图 7.4 使用频数过程的分析结果（★）

而根据百分位数法计算出的 95% 个体参考值范围为 46.864 0~132.781 4。读者如果有兴趣,可以利用均值和标准差计算正态分布下的 95% 个体参考值范围,结果是 54.74~137.05,显然和百分位数法计算的结果差异不太大,这些信息都在暗示总指数变量 index1 的分布大致是对称的。而用同样的分析思路,可以发现现状指数变量 index1a 的分布可能略呈偏态分布。

7.3.2 使用描述过程进行分析

下面使用描述过程来对消费者信心的总指数变量 index1、现状指数变量 index1a 和预期指数变量 index1b 进行分析,看看是否能完全满足题目的要求,并且分析描述过程和频数过程的输出形式有何不同。

1. 界面说明

选择菜单"分析"→"描述统计"→"描述"命令,打开"描述"对话框,如图 7.5 所示。

① "变量"框:用于选入需要进行分析的变量,如果选入多个变量,系统就会在同一张表格中输出描述性统计结果。

② "将标准化值另存为变量"复选框:用于在数据文件中生成一个新变量,该变量被自动命名为"Z+ 原始变量名",其大小为原始变量的标准正态变换结果。

③ "选项"按钮:单击该按钮,打开"描述:选项"对话框。在该对话框中,可以对描述性统计量进行设置。显然,其功能比频数过程中的相应对话框少了许多,实际上这些统计量均只适用于正态分布变量。

④ 其他按钮:"样式"按钮、"拔靴法"按钮的功能和频数过程中相应按钮的功能完全相同,此处不再介绍。

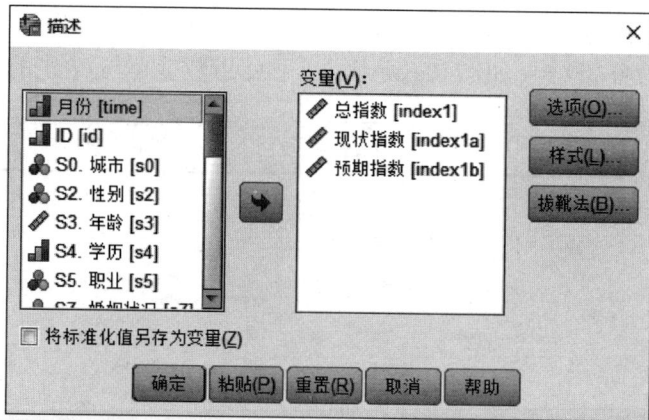

图 7.5 "描述"对话框

2. 操作说明与结果解释

描述过程的操作非常简单,只要将希望进行分析的变量选入即可,由于描述过程无法输出百分位数,因此无法计算个体参考值范围。使用描述过程的分析结果如图 7.6 所示。其大部分内容与图 7.4 相同,这里不再解释。显然,在同时描述多个变量时,描述过程会以一种紧凑的表格形式将正态分布变量常用的统计量一并输出,非常简洁。

	N	最小值	最大值	平均值	标准差
总指数	1147	.00	156.21	95.8935	20.99710
现状指数	1147	.00	176.07	99.2227	28.43333
预期指数	1147	.00	145.29	94.0598	23.11645
有效个案数（成列）	1147				

图7.6 使用描述过程的分析结果（★）

7.3.3 使用总体描述过程进行分析

如果要使用总体描述过程来对消费者信心的总指数变量 index1、现状指数变量 index1a 和预期指数变量 index1b 进行分析，则选择菜单"分析"→"描述统计"→"群体描述"命令，打开"群体描述"对话框，如图7.7所示，该对话框的内容比较简单，除了选入需要进行分析的变量，只需要进一步确认缺失值的删除方式即可。

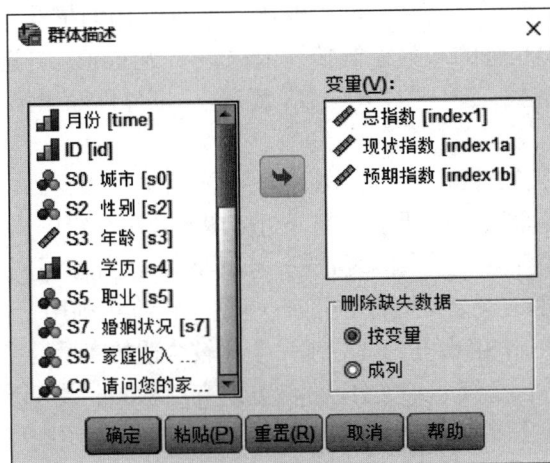

图7.7 "群体描述"对话框

使用总体描述过程的分析结果如图7.8所示（注意，在现有的 SPSS 版本中，该过程必须在英文操作界面和结果输出环境中使用，否则系统会报错），可见其中的均值与描述过程完全相同，但标准差会略小一点，下方的脚注则说明了计算中使用的是 N 而不是 $N-1$。

	N	Mean	Std. Deviation	Variance
总指数	1147	95.894	20.988	440.494
现状指数	1147	99.223	28.421	807.750
预期指数	1147	94.060	23.106	533.905
Valid N(listwise)	1147			

Std. Deviation and Variance use N rather than N−1 in denominators.

图7.8 使用总体描述过程的分析结果（★）

7.3.4 使用探索过程进行分析

例 7.2 分月份对消费者信心总指数进行统计描述,以详细了解其分布情况。

本例要求分月份对消费者信心总指数变量 index1 进行描述,如果使用频数过程或者描述过程,则需要先对数据文件进行拆分,才能得到相应的分析结果。而使用探索过程就可以直接得到这种分组的分析结果,使用起来更加方便。

选择菜单"分析"→"描述统计"→"探索"命令,打开"探索"对话框,如图 7.9(a)所示,该对话框中的内容简要介绍如下:

1. 界面说明

① "因变量列表"框:用于选入需要进行分析的变量。

② "因子列表"框:用于选入分组变量。

③ "个案标注依据"框:用于选入个案标识变量。

④ "显示"框组:用于决定分析结果是否包含描述性统计量、统计图,或者两者均包含。

⑤ "统计"按钮:单击该按钮,打开"探索:统计"对话框。在该对话框中,可以选择所需要的描述性统计量。选中"描述"复选框,可以输出一系列常用的描述性统计量。选中"M- 估计量"复选框,可以给出集中趋势的最大稳健估计值;选中"离群值"复选框,可以输出 5 个最大值与 5 个最小值,以供用户查找;选中"百分位数"复选框,则可以输出第 5、10、25、50、75、90、95 百分位数,以供用户查找。

⑥ "图"按钮:单击该按钮,打开"探索:图"对话框,如图 7.9(b)所示。在该对话框中,可以选择所需要的统计图。"箱图"框组,可以要求绘制分组箱图或者单一箱图;"描述图"框组,可以要求绘制茎叶图或者直方图;"含检验的正态图"复选框,可以要求绘制正态分布的 Q–Q 图,并进行变量是否符合正态分布的 K–S 检验;"含莱文检验的分布 – 水平图"框组则用于在存在分组变量的情况下,自动判断各组的离散程度是否相同,并为此寻求一个比较合适的变量变换方法,输出分布 – 水平图,给出回归直线斜率,同时进行稳健的莱文(Levene)方差齐性检验。关于茎叶图、直方图和 Q–Q 图等的介绍可参见第 10 章的有关内容,关于方差齐性和变量变换的介绍则可参见第 14 章的有关内容。

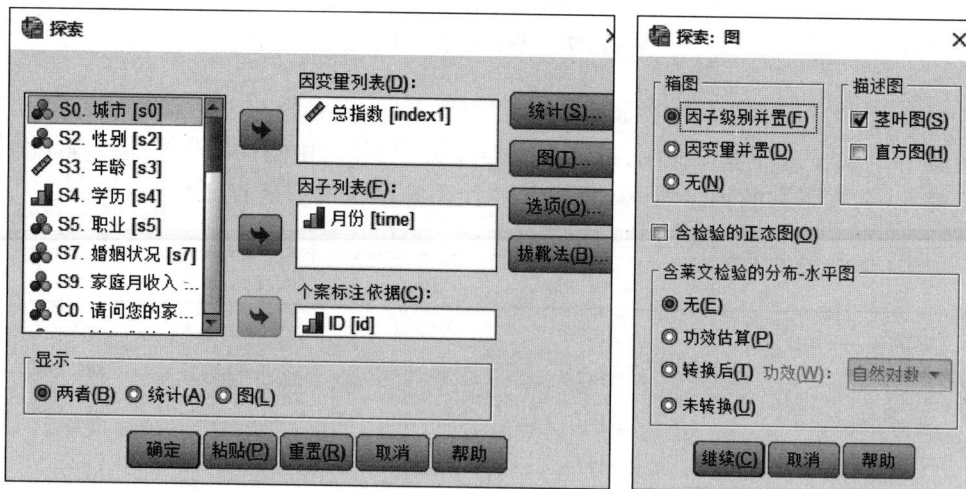

(a) "探索"对话框   (b) "探索:图"对话框

图 7.9 "探索"对话框和"探索:图"对话框

⑦ "选项"按钮：单击该按钮，打开"探索：选项"对话框。在该对话框中，可以设置存在缺失值时的处理方式，一般使用默认设置即可。

2. 结果解释

按照图 7.9 所示的设置，首先，SPSS 会给出使用探索过程的分析结果，如图 7.10 所示，因本例的分析结果较长，为了便于解释，这里仅给出 2007 年 4 月数据的分析结果，相关信息分析如下：

① 集中趋势的描述性统计指标：可见 2007 年 4 月总指数的均值为 98.336 3，而 5% 截尾均值为 98.993 0，中位数为 101.538 7，三者相差不明显，说明总指数的分布基本上是对称的。

② 离散趋势的描述性统计指标：总指数的方差为 357.994，其平方根即标准差为 18.920 74，样本中总指数的最小值为 31.24，最大值为 140.59，两者之差为全距（109.35）；中间一半样本的全距为四分位距（23.43）。

③ 参数估计：总指数均值的标准误差（"标准错误"列）为 1.092 39，总体均值的 95% 置信区间为 96.186 6~ 100.486 1。

④ 分布特征的描述性统计指标：结果表格的最下面还会给出表示数据偏离正态分布程度的偏度系数和峰度系数，以及其各自的标准误差，这里不做详述。

月份			统计	标准错误
总指数 200704	平均值		98.3363	1.09239
	平均值的95%置信区间	下限	96.1866	
		上限	100.4861	
	5%剪除后平均值		98.9930	
	中位数		101.5387	
	方差		357.994	
	标准偏差		18.92074	
	最小值		31.24	
	最大值		140.59	
	全距		109.35	
	四分位距		23.43	
	偏度		−.535	.141
	峰度		.768	.281

图 7.10 使用探索过程的分析结果（部分）（★）

其次，SPSS 会给出分月份总指数的茎叶图和箱图，从图形分布可以看出，分月份总指数的分布的确基本上是对称的。关于这两种统计图的介绍，读者可阅读第 10 章的有关内容，这里不做详述。

3. M- 统计量

如果选中"探索：统计"对话框中的"M- 估计量"复选框，则会给出使用 M- 统计量的分析结果，如图 7.11 所示。该表格一共会输出休伯 M 估计量、图基双权、汉佩尔 M 估计量和安德鲁

波四种 $M-$ 统计量,其中休伯 M 估计量适用于数据分布接近于正态分布的情况,另外三种统计量则适用于数据中有过多异常值的情况。同样以 2007 年 4 月的总指数为例,可以发现上述四种 $M-$ 统计量的估计值与原始数据的均值相似,同样说明数据分布是接近于对称的。

	月份	休伯M估计量[a]	图基双权[b]	汉佩尔M估计量[c]	安德鲁波[d]
总指数	200704	99.6194	100.3020	99.5448	100.3332
	200712	95.7921	96.5184	95.7521	96.5143
	200812	91.0241	91.2941	91.0482	91.2996
	200912	100.3076	100.0637	100.6882	100.0618

a. 加权常量为1.339。
b. 加权常量为4.685。
c. 加权常量为1.700、3.400和8.500。
d. 加权常量为1.340*pi。

图 7.11　使用 $M-$ 统计量的分析结果(★)

4. 极端值列表

在"探索:统计"对话框中选中"离群值"复选框后,即可输出使用极端值列表的分析结果,如图 7.12 所示。这里同样只给出了 2007 年 4 月的总指数分析结果,该结果中有 5 个最大值与 5 个最小值,以及这些数值所对应的个案号,从两端的极端值大小可见,在最大、最小两个方向上并没有特别明显的异常值,该结果同样支持前面得出的数据分布接近于对称的结论。

	月份			个案号	ID	值
总指数	200704	最大值	1	105	105	140.59
			2	158	158	140.59
			3	184	184	140.59
			4	194	194	140.59
			5	288	288	140.59
		最小值	1	258	258	31.24
			2	230	230	31.24
			3	248	248	46.86
			4	140	140	46.86
			5	72	72	46.86

图 7.12　使用极端值列表的分析结果(部分)(★)

5. 百分位数

选中"探索:统计"对话框中的"百分位数"复选框,则会输出使用百分位数的分析结果,如图 7.13 所示,其中给出了第 5、10、25、50、75、90、95 百分位数,并分别采用了加权平均和图基枢纽两种算法。当数据量较大且基本上无重复值时,两种算法的结果相同;反之,则加权平均算法会对数据进行内插,此时其结果比图基枢纽算法更为准确。

			百分位数						
		月份	5	10	25	50	75	90	95
加权	总指数	200704	62.4854	78.1067	85.9174	101.5387	109.3494	117.1600	124.9707
平均		200712	54.6747	62.4854	85.9174	93.7280	109.3494	117.1600	124.9707
(定义		200812	54.6747	62.4854	78.1067	93.7280	101.5387	117.1600	117.1600
1)		200912	78.1067	78.1067	85.9174	101.5387	109.3494	132.7814	140.5920
图基	总指数	200704			85.9174	101.5387	109.3494		
枢纽		200712			85.9174	93.7280	109.3494		
		200812			78.1067	93.7280	101.5387		
		200912			85.9174	101.5387	109.3494		

图 7.13　使用百分位数的分析结果（★）

7.4　自　助　法

7.4.1　模型介绍

前面对经典统计学的参数估计方法进行了介绍，可以看出，一方面，这些方法无一例外都需要先对变量分布形态进行假定，然后再进行相应的计算；另一方面，经典统计学对于均值的参数估计，特别是区间估计发展得比较完善，但对于其他一些分布参数，如中位数、四分位数、标准差、变异系数等进行区间估计就比较吃力，这无疑是经典统计学方法体系的一大缺憾。

自 20 世纪 80 年代以来，随着计算机技术的进步，借助于计算机日益强大的计算能力，计算统计学这一新的统计学分支得到了飞速发展，而自助法（bootstrap）就是发展较早且较为实用的一种计算统计学方法，可以很好地解决上面经典统计学所无法解决的难题。

1. 基本原理

自助法又称为自助抽样法或者拔靴法，由美国统计学家埃弗龙（Efron）于 1979 年提出，是一种基于大量计算的模拟抽样统计推断方法，使用这种方法主要出于两个目的：判断原参数估计值是否准确；计算出更准确的置信区间，判断所得出的统计学结论是否正确。

bootstrap 的原意为拔靴带，起源自马丁靴（一种皮靴）的一根短带，其位置在鞋帮后上侧靠近人的跟腱处，人在穿鞋时用手拉住拔靴带，无须他人协助就可以很容易地把皮靴穿上。该方法使用这一名称就是因为不需要借助于更多的信息，仅依靠原有数据的信息就可以自助解决问题。

自助法的基本思想为：在总样本量为 n 的原始数据中进行有放回的抽样，样本量仍为 n，每个抽样单元每次都被抽到的概率相等，为 $1/n$，所得的样本称为 bootstrap 样本。于是可得到任何一个参数 θ 的一个估计值 $\theta^{(b)}$，重复抽取这样的样本若干次，记为 B。例如，$B=1\,000$，就得到该参数的 1 000 个估计值，则参数 θ 的标准误差的 bootstrap 估计为

$$se_B = \left\{ \sum_{b=1}^{B} \left[\hat{\theta}^{*(b)} - \hat{\theta}^{*(\cdot)} \right]^2 / (B-1) \right\}^{1/2}$$

其中，$\hat{\theta}^{*(\cdot)} = \sum_{b=1}^{B} \hat{\theta}^{*(b)} / B$，根据其性质可以估计出 θ 的一些性质，如 $\hat{\theta}^{(b)}$ 的分布是否为正态分布，$\theta^{(b)}$ 的均值及标准差(标准误差)、θ 的置信区间等。

2. 参数法和非参数法

自助法有参数法和非参数法两种，前者需要假定 $\hat{\theta}^{(b)}$ 的分布状况，而后者则无任何限制。以置信区间的估计方法为例，其基本原理为：当 $\hat{\theta}^{(b)}$ 的分布近似服从正态分布时，以其均值 $\hat{\theta}^{(\cdot)}$ 进行点估计，用正态分布原理估计 bootstrap 置信区间；当 $\hat{\theta}^{(b)}$ 的分布服从偏态分布时，以其中位数进行点估计，用第 2.5、97.5 百分位数估计 95% 置信区间。与经典统计学中的情况类似，参数法的效率在一般情况下高于非参数法。但是因为参数法需要事先假定变量分布形态，当数据违反假定时分析结果可能不准确。另外，如果数据中存在明确的层次结构，则采用分层抽样而不是完全随机抽样也可以有效地提高分析效率。SPSS 默认使用非参数自助法，并采用完全随机抽样，但也可以根据需求改为分层抽样。

3. 抽样次数的确定

使用自助法时需要先确定抽样次数 B。显然，B 越大，分析结果就越准确，但分析需要花费的时间也越长。根据经验值可知，B 取 50~200 即可保证参数估计值的相对误差不大于 5%，但如果采用百分位数法来计算置信区间，则可用于计算置信区间的数据量太少，最好能将 B 增至 1 000 左右。在大多数情况下，B 高于 1 000 所带来的精度提高非常有限且耗时过多，因此将 B 设置为 1 000 最为常见。

7.4.2　案例：对总指数进行 bootstrap 估计

例 7.3　对 CCSS 项目中消费者信心总指数(简称"总指数")的均值、标准差进行自助法的参数点估计和区间估计。

按照经典统计学的思路，对任何参数进行点估计都比较容易，但是求标准差的置信区间就比较难了，而使用自助法则可以轻松地解决这一问题。

1. 界面说明

SPSS 目前在许多过程的对话框中都纳入了 bootstrap 模块，并以"拔靴法"对话框的方式出现，如图 7.14 所示。

① "执行拔靴"复选框：设置是否进行 bootstrap 抽样，其下方的"样本数"文本框则用于指定抽样次数，默认为 1 000，该设置适用于大多数情形，一般不需要修改。

② "设置梅森旋转算法种子"复选框：作为一种计算统计学方法，默认情况下自助法每次的抽样计算结果都是随机出现的，很难重现。选中该复选框就可以在其下方的"种子"文本框中指定随机种子，从而在设置相同随机种子的情况下得到完全相同的分析结果。

③ "置信区间"框组：默认采用百分位数法计算 95% 置信区间，如果希望得到更加精确的结果，则可以使用加速纠正偏差(BCa)算法来调整置信区间。该算法更加准确，但需要更长的计算时间。

④ "采样"框组：默认采用不分层的完全随机抽样，如果确认数据中存在明确的层次结构，则可以通过指定分层变量来实现分层抽样，以得到更准确的分析结果。例如，对于 CCSS 项目数据，就可以指定按照月份、城市来分层抽样，以改善分析结果。

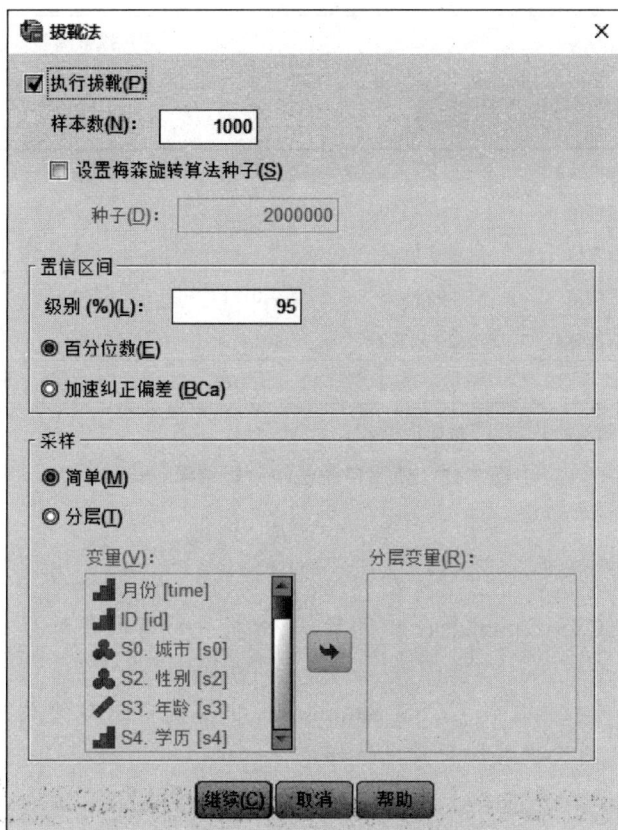

图 7.14　"拔靴法"对话框

2. 结果解释

　　这里以描述过程为例来解释自助法的输出,如果是对总指数变量 index1 进行分析,则使用自助法的分析结果如图 7.15 所示。其中的"统计"列是一般的描述性统计结果,但从"偏差"列起就全部都是和自助法有关的输出了。以"平均值"行为例,其"偏差"列指出使用自助法计算出的点估计值比直接计算出的均值低 0.017 1,显然该误差可以忽略不计;使用自助法计算出的 95% 置信区间为 94.695 2~97.105 4,读者也可以利用均值和标准误差计算出置信区间,为 94.7~97.1(也可以使用探索过程直接得到结果),显然两者非常接近,这说明总指数变量 index1 整体来说并未明显呈现偏态分布。

　　"平均值"行的下方是标准差的分析结果,显然,此处自助法显示出了其独特的功能。由该结果可知,总指数变量 index1 总体标准差的 95% 置信区间为 19.887 02~22.079 34,而利用标准差计算出的估计值 20.997 10 也基本上接近 bootstrap 点估计值,说明其估计也是准确的。

　　由于自助抽样具有随机性,读者自行分析得到的结果虽然不会和上述结果完全一致,但结论应当是基本相同的。

　　若自助抽样得到的结果明显与经典统计学的结果不同,则变量分布很可能违反了经典统计学的假定,如呈偏态分布,或者存在明显的极端值,此时应当以使用自助法计算出的点估计值和区间估计值为准。

			拔靴法[a]			
					95%置信区间	
		统计	偏差	标准误差	下限	上限
总指数	N	1147	0	0	1147	1147
	最小值	.00				
	最大值	156.21				
	平均值	95.8935	−.0171	.6190	94.6952	97.1054
	标准差	20.99710	−.01413	.55398	19.88702	22.07934
有效个案数（成列）	N	1147	0	0	1147	1147

a. 除非另行说明，否则拔靴法结果基于 1 000 个拔靴法样本。

图 7.15　使用自助法的分析结果(★)

思考与练习

1. 基于数据文件 CCSS_Sample.sav 中的数据，分析受访者的年龄分布情况，并尝试进行分城市描述／合并描述。

2. 使用描述过程，对数据文件 CCSS_Sample.sav 中消费者信心的总指数、现状指数和预期指数进行标准正态变换，对变换后的变量进行描述性统计。

第8章 分类变量的描述性统计与参数估计

在第7章中,我们已经学习了如何对 CCSS 项目中的连续变量进行描述性统计和参数估计,本章将继续学习如何对分类变量完成这些工作,并介绍如何对多选题变量集进行描述性统计。

8.1 分类变量的描述性统计指标体系

8.1.1 单个分类变量的描述性统计指标体系

相对于连续变量而言,分类变量的描述性统计指标体系非常简单,它先给出各类别的频数分布和集中趋势,再进一步计算所需的相对数指标。

1. 频数分布

对于无序分类变量,在进行分析时应当先了解各类别的频数和百分比,即各类别的样本量,以及各类别样本量占总样本量的百分比。这些信息往往会被整理并呈现在同一张频数表中。

对于有序分类变量,除了给出各类别的频数和百分比,往往还需要计算各类别的累积频数和累积百分比,即低于/高于某类别取值的个案的频数和百分比。当然,出于一些特殊的分析目的,累积频数和累积百分比也可能被用于无序分类变量,如希望知道各民族人口占全国总人口的百分比等。但需要注意的是,统计软件一般只按照类别编码从小到大的次序计算累积频数和累积百分比,如果类别编码不符合要求,则研究者只能手工计算,或者先对变量进行重编码再进行计算。

2. 集中趋势

除了原始频数表,研究者还可以使用众数来描述各类别的集中趋势,以了解哪一个类别的频数最大。显然,众数只反映频数最大的类别的情况,而会忽略其他信息,因此只有在集中趋势显著时众数才有价值。当变量的类别数不多时,其频数表的内容并不复杂,此时众数的使用价值并不高。

可能有的读者会觉得奇怪:为什么对于分类变量本章只提到集中趋势,而忽略了离散趋势呢?这是因为对于分类变量而言,其离散趋势实际上和集中趋势是有关联的,它们受同一个参数的控制,因此不需要分别描述。

3. 相对数指标

除了频数分布和集中趋势,研究者还经常需要计算一些原始频数的相对数指标用于分类变量的描述性统计,下面简单介绍三种常用的相对数指标:

① 比(ratio):指的是两个有关指标之比,用于反映这两个指标在数量/频数上的大小关系。事实上,也可以将比拓展到连续变量的范畴,如本月销售额/销售人员数。

② 构成比(proportion):用于描述某个事物内部各构成部分所占的比例,其取值为 0~100%。事实上,前面提到的百分比就是一个标准的构成比,而累积百分比则是构成比概念的延伸。

③ 率(rate):是一个具有时间概念,或者说具有速度、强度含义的指标,用于说明某个时期内

某个事件发生的频率或强度,其计算公式为

$$某事件的发生率 = \frac{观察期内发生某事件的对象数}{该时期开始时的观察对象数}$$

准确地讲,率是对一个时间点进行强度测量,但这在实际工作中很难做到,因此一般都按一个时期来进行强度测量,因此它的分子往往是一个时期的累积数。

在使用以上相对数指标时应当注意适用条件,只有在样本量较大时相对数指标才会比较稳定。此外,对于基数不同的相对数指标不能直接进行求和等运算。

8.1.2　多个分类变量的联合描述

在工作中,往往需要对两个或者两个以上的分类变量的频数分布进行联合观察,此时就涉及多个分类变量的联合描述。下面以两个变量为例来进行说明。假设根据两个属性(分类变量)A 和 B 对 n 个个体进行分类。属性 A 有 r 类:$A_1, A_2, \cdots, A_r$,属性 B 有 c 类:$B_1, B_2, \cdots, B_c$。在 n 个个体中,既属于 A_i 又属于 B_j 的个体有 n_{ij} 个,这样就构成了一张二维的 $r \times c$ 列联表,如表 8.1 所示。

表 8.1　二维的 $r \times c$ 列联表示意

属性 A	属性 B				
	B_1	B_2	$\cdots$	B_c	合计
A_1	n_{11}	n_{12}	$\cdots$	n_{1c}	$n_{1\cdot}$
A_2	n_{21}	n_{22}	$\cdots$	n_{2c}	$n_{2\cdot}$
$\cdots$	$\cdots$	$\cdots$	$\cdots$	$\cdots$	$\cdots$
A_r	n_{r1}	n_{r2}	$\cdots$	n_{rc}	$n_{r\cdot}$
合计	$n_{\cdot 1}$	$n_{\cdot 2}$	$\cdots$	$n_{\cdot c}$	n

在表 8.1 中,除"合计"栏外每一个单元格都反映了 A、B 两个属性某个类别交叉下的频数情况,两个"合计"栏则分别反映了 A、B 两个属性各自的类别频数,且表 8.1 中的数据有如下换算关系:

$$n_{i\cdot} = \sum_{j=1}^{r} n_{ij}, \; n_{\cdot j} = \sum_{i=1}^{c} n_{ij}, \; n = \sum_{i=1}^{c} n_{i\cdot} = \sum_{j=1}^{r} n_{\cdot j}$$

列联表除了给出频数,还可以在各单元格中给出行百分比、列百分比和总百分比等,分别用于反映该单元格频数在所在的行、列和总样本中的构成比情况。

8.1.3　多选题的描述性统计

多选题是调查问卷中常见的题目类型,在第 2 章中已对其记录方式进行了讲解,由于它所收集的数据也属于分类数据,因此本章将介绍如何对多选题进行描述性统计。

下面以标准的多重二分法为例进行介绍。对于多选题而言,由于使用多个变量加以记录,因此可以对其每一个单独的选项/变量进行描述性统计。但这样做并不全面,因为这些变量实际上回答的是同一个问题,将各选项割裂开来可能会导致不正确的分析结果,而且无法计算一些汇总指标。在多选题分析中比较特别的描述性统计指标有以下 4 个:

① 应答人数：是指选择各选项的人数，或者说原始频数。

② 应答人数百分比：是指选择该选项的人数占总应答人数的比例，应答人数百分比可以反映该选项在人群中的受欢迎程度。

③ 应答人次：是指选择各选项的人次。对于单个选项，应答人次和应答人数是相同的，但是对整个问题而言，应答人次可能远远大于应答人数，因为一个受访者如果选择了两个选项，则会被计为 1 个人数、2 个人次。

④ 应答人次百分比：是指在做出的所有选择中，选择该选项的人次占总应答人次的比例。应答人次百分比可以用于比较不同选项的受欢迎程度。

8.1.4 SPSS 中的相应功能

SPSS 的许多过程都可以用于对分类变量进行描述性统计，但常用的过程是位于"分析"菜单的"描述统计"子菜单中的频数过程和交叉表过程，以及用于多选题描述的"多重响应"子菜单和制表模块。

1. 频数过程

在第 7 章中已经介绍过频数过程了。显然，针对单个分类变量，输出频数表是其基本功能，从中可以得到频数、百分比和累积百分比等统计量。除了频数表，该过程还可以给出描述集中趋势的众数，以及描述分类变量的条图和饼图等。

2. 交叉表过程

交叉表过程的强项在于能够对两个或两个以上的分类变量进行联合描述。利用它可以产生二维至 n 维列联表，并能够计算相应的行／列／总百分比、行／列汇总指标等。

3. TURF 分析过程

TURF 分析过程是 Python 插件，TURF 即累计不重复到达率和频数分析（total unduplicated reach and frequency）的简称，是市场研究中常用的一种描述性统计方法，其基本思想是在多种产品各自的市场占有率组合之下，如何用尽可能少的产品组合达到尽可能高的市场占有率，以用尽可能少的资源取得最大的回报。该方法本质上就是对分类变量构成比的联合描述，由于其应用领域比较独特，因此本书不对其做深入介绍。

4. "多重响应"子菜单

"多重响应"子菜单属于 Statistics Base 模块，专门用于对多选题变量集进行设置和描述性统计，包括制作多选题的频数表和交叉表，可以满足基本的多选题分析需求。

5. 制表模块

制表模块提供了强大的制表功能，既可以对多选题进行描述性统计，也可以进行分类变量的参数估计，如给出相应类别频数或者百分比的置信区间的上限和下限等，详见第 9 章的介绍。

8.2 分类变量的参数估计指标体系

8.2.1 二项分布

对于分类变量而言，由于只能取若干离散的值，因此参数估计所关心的就是各类别在总体中所占的比例是多少，或者当在其中进行一次抽样时，抽得相应类别的概率是多少。在各种分类变量的分布中,二项分布最为常见,本节将对其进行介绍。

1. 二项分布的定义

如果有一个随机变量 X,它的可能取值是 $0,1,\cdots,n$,且相应的取值概率为

$$P(X=k)=\binom{n}{k}\pi^k(1-\pi)^{n-k}$$

由于 $\binom{n}{k}\pi^k(1-\pi)^{n-k}$ 是二项式 $[\pi+(1-\pi)]^n$ 展开式中的各项,故称此随机变量 X 服从以 n、π 为参数的二项分布,记为 $X\sim B(n,\pi)$。对于该随机变量而言,有均值 $\mu_X=n\pi$,方差 $\sigma_X^2=n\pi(1-\pi)$,标准差 $\sigma_X=\sqrt{n\pi(1-\pi)}$。显然,对于样本量 n 确定的情形,均值和标准差之间存在明确的换算关系,都只受 π 的影响,这也是为什么在 8.1.1 小节中不对分类变量的离散趋势进行描述的理论依据。

2. 二项分布的参数估计

在实际问题中,对于一个二项分布而言,其试验次数 n 可以是人为确定和控制的,因此只要对总体试验成功的概率(即总体率)π 进行估计,就可以明确整个二项分布的情况。由中心极限定理可知,当 n 较大、π 不接近于 0 也不接近于 1 时,二项分布 $B(n,\pi)$ 近似服从正态分布。一般认为,这个界限是 $n>40$,且 np 和 $n(1-p)$ 均大于 5,其中 p 为单次试验成功的概率,即样本率。这样就可以利用正态分布中的相应成果来进行参数估计,相应的 $100(1-\alpha)\%$ 置信区间为 $(p-1.96\sqrt{p(1-p)/n},\ p+1.96\sqrt{p(1-p)/n})$。

当不满足近似服从正态分布的条件时,可以直接利用二项分布的概率分布规律计算相应的置信区间,此处不做介绍。

8.2.2　更精确的二项分布参数区间估计方法[*]

随着计算统计学的发展,统计学家在进行了大量的模拟研究之后,发现利用二项分布的概率分布规律计算出的置信区间仍然不够准确。简单地说,由于二项分布是间断分布而非光滑曲线,所以直接计算出的置信区间不是连续变化的,在样本量较小时边界抖动得比较厉害,从而带来较大的误差。为此,研究者又提出了多种置信区间的计算方法,下面介绍比较常见的几种:

(1) 沃尔德法

沃尔德(Wald)法即正态近似法。一般认为,样本量 n 越大,近似程度就越高,得到的置信区间也就越准确;样本率 p 越接近于 0.5,计算出的置信区间就越准确。但是模拟研究发现,该方法的近似程度其实没有那么高,首先计算出的置信区间可能超过 $[0,1]$,其次当 $p=0$ 或 1 时置信区间的宽度可能为 0,最后其置信区间的覆盖率也比较差,所以小样本(样本量小)或者样本率较偏(接近于 0 或者 1)时必须找到更好的方法。

(2) 威尔逊区间法

由于在小样本情况下用正态近似法计算置信区间并不可靠,1927 年美国数学家埃德温·比德韦尔·威尔逊(Edwin Bidwell Wilson)提出了一个校正公式,称为"威尔逊区间",很好地解决了小样本情况下使用正态近似法的准确性问题。研究表明,该方法在置信区间的稳定性和覆盖率上都明显优于沃尔德法,被认为是目前非极端情况下最佳的置信区间构建方法。

---

[*] 本小节内容的理论性较强,为选学内容,读者即使不学习本小节,也不影响对后续内容的理解。

（3）阿格雷斯特 – 库尔区间法

阿格雷斯特 – 库尔（Agresti–Coull）区间法的主要思路是选择一个大于 0 的常数作为伪频数（pseudo–frequency），如对试验次数和试验成功次数分别加 4 和 2，在计算样本量时对点估计进行校正，以使点估计尽量向中央（样本率为 0.5）靠拢。该方法的置信区间覆盖率比威尔逊区间法高，但偏宽，往往会超出所要求的置信度。不过，一般认为在小样本情况下，该方法的表现是优于威尔逊区间法的。

（4）Jeffreys 贝叶斯区间法

Jeffreys（杰弗里斯）贝叶斯区间法属于贝叶斯推断，其基本原理是由于贝塔（Beta）分布属于二项分布的共轭分布，所以将贝塔分布作为先验分布，然后在此基础上去推断二项分布参数。利用该方法计算出来的置信区间比威尔逊区间法和 Agresti–Coull 区间法保守，并在小样本情况下覆盖率适中。

（5）确切概率法

确切概率法又称为克洛珀 – 皮尔逊（Clopper–Pearson）法，该名称实际上是指在计算中所使用的分布是确切的二项分布概率分布，但这并不意味着计算出的置信区间也是"确切"的，事实上，该方法计算结果的准确性并不是特别好。这一结论早在 1998 年就有学者发表论文加以确认。

（6）对数单位法

对数单位（logit）法利用 logit 变换进行区间求解，但使用得相对不多。

（7）纽科姆法

纽科姆（Newcombe）法的优点是当率或者率差接近于 0 或者 1 时能够计算出更准确的置信区间的上限和下限，在实践中主要是用于计算率差置信区间，对于其他领域而言则不是首选方法。

以上置信区间的计算方法还可以和连续性校正（详见第 16 章）结合起来，从而形成沃尔德法（连续性校正）、威尔逊区间法（连续性校正）等更复杂的方法。

由于这里涉及的计算方法较多，对于其应用场景简单总结如下：

① 当样本量够大、样本率也不太偏时，计算结果的精度足够好，这时使用传统的沃尔德法即可。

② 当样本量不够大时，在多数情况下威尔逊区间法表现得比较好。

③ 当样本量不够大时，也可以考虑使用 Agresti–Coull 区间法。

④ 如果计算率差置信区间，首选纽科姆法。

8.2.3 SPSS 中的相应功能

随着统计方法的发展，SPSS 将计算二项分布参数区间的功能先后加入几个过程，具体而言主要是以下三个过程，其功能依次增强：

1. 比例置信区间过程

比例置信区间过程是位于"分析"菜单的"描述统计"子菜单中的 Python 插件，可基于分子和分母的数值直接计算二项分布的置信区间。

2. 非参数检验过程

非参数检验过程位于"分析"菜单的"非参数检验"子菜单中。在进行二项分布检验时,该过程提供了确切概率法等二项分布参数区间估计方法的分析结果。

3. "比较平均值和比例"子菜单

从 SPSS 27 起,"比较平均值和比例"子菜单中新增了比较样本比例的命令,其会提供各种精确的二项分布参数区间估计方法。

8.3　案例:对学历等背景资料变量进行描述性统计

本节以 CCSS 项目的背景资料变量为例,说明分类变量的描述性统计在 SPSS 中的具体实现方法。

8.3.1　使用频数过程进行描述性统计

如果希望了解 CCSS 项目中受访者的学历分布情况,则可以使用频数过程输出相应的频数表,具体操作非常简单:在"频率"对话框中,将变量"S4.学历"选入"变量"框,单击"确定"按钮,可以得到相应的描述性统计结果,如图 8.1 所示。图 8.1 中依次为频数("频率"列)、百分比、有效百分比、累积百分比。其中,有效百分比指的是去除掉缺失个案后,各类别在有效个案中所占的比例,因为本例中学历变量没有缺失值,因此有效百分比等同于百分比。

		频率	百分比	有效百分比	累积百分比
有效	初中/技校或以下	154	13.4	13.4	13.4
	高中/中专	313	27.3	27.3	40.7
	大专	331	28.9	28.9	69.6
	本科	292	25.5	25.5	95.0
	硕士或以上	57	5.0	5.0	100.0
	总计	1147	100.0	100.0	

图 8.1　变量"S4.学历"的描述性统计结果(★)

读者可以自行对 CCSS 项目中的性别、职业、婚姻状况等背景资料变量进行分析,这里不做详述。

8.3.2　使用交叉表过程进行描述性统计

如果希望知道性别和学历的交叉频数分布,以及各种百分比的情况,那么该如何操作呢?这就需要使用交叉表过程。

1. 界面说明

选择菜单"分析"→"描述统计"→"交叉表"命令,就会打开"交叉表"对话框,如图 8.2(a)所示,其各部分的功能简单介绍如下:

①"行"框和"列"框:分别用于选择交叉表中的行变量、列变量,可以同时选择多个分类变量。

②"层"框组：用于选入层变量(详见第 9 章中关于表格结构的介绍)，可以同时选择多个分类变量作为层变量。注意，此处最多可以进行多达 10 层的嵌套。

③"显示簇状条形图"和"禁止显示表"复选框：选中前者可以指定绘制复式条图，而当交叉表太大时，可以选中后者以禁止表格输出。

④"精确"按钮：单击该按钮，可以打开"精确检验"对话框，在该对话框中可以对行 × 列表进行确切概率计算，并指定具体的计算方法。相关内容见 16.5 节。

⑤"统计"按钮：单击该按钮，可以打开"交叉表：统计"对话框，该对话框提供了一整套用于计算行 / 列变量关联性的描述性统计指标和检验方法，详见第 16 章和第 18 章的相关介绍。

⑥"单元格"按钮：单击该按钮，可以打开"交叉表：单元格显示"对话框，如图 8.2(b)所示。在该对话框中，可以定义列联表单元格中需要显示的描述性统计指标，这些指标分为计数、百分比和残差三大类，其中前两类比较常用。此外，该对话框还为多组比较提供了列与列两两比较的 z 检验结果输出。

⑦其他按钮：单击"格式"按钮，在打开的对话框中可以设置单元格的排序方式，但该对话框使用得不多。"样式"按钮和"拔靴法"按钮已经在第 7 章中介绍过了。

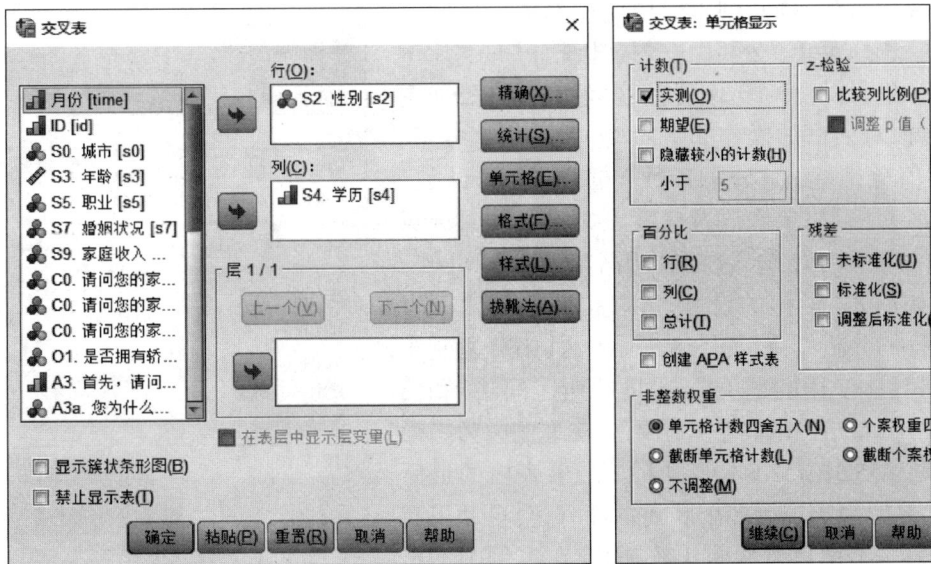

(a)"交叉表"对话框　　　　　　　　　(b)"交叉表：单元格显示"对话框

图 8.2　"交叉表"对话框和"交叉表：单元格显示"对话框

2. 操作说明与结果解释

根据分析目的，只需要在"交叉表"对话框中分别将变量"S2. 性别"和变量"S4. 学历"选入"行"和"列"框，然后在"交叉表：单元格显示"对话框的"百分比"框组中选择"列"复选框，即可得到所需的交叉表，如图 8.3 所示(有删减)。在该结果中，很清楚地给出了性别和学历的交叉分布情况。可以看出，随着学历的上升，男性所占的比例从初中 / 技校或以下的 48.1%，逐渐上升至硕士或以上的 63.2%。当然，由于这只是样本数据的描述情况，该学历分布情况究竟是由抽样误差所致，还是由总体中存在此趋势所致，需要通过假设检验来确认。

			S4. 学历					
			初中/技校或以下	高中/中专	大专	本科	硕士或以上	总计
S2. 性别	男	计数	74	167	191	169	36	637
		占S4. 学历%	48.1%	53.4%	57.7%	57.9%	63.2%	55.5%
	女	计数	80	146	140	123	21	510
		占S4. 学历%	51.9%	46.6%	42.3%	42.1%	36.8%	44.5%
总计		计数	154	313	331	292	57	1147
		占S4. 学历%	100.0%	100.0%	100.0%	100.0%	100.0%	100.0%

图 8.3　变量"S2. 性别"× 变量"S4. 学历"交叉表（有删减）（★）

8.3.3　计算比例的置信区间

1. 使用比例置信区间过程

从图 8.3 中可知，在 1 147 个个案中，男性有 637 个，占比为 55.5%，但这只是点估计，如果希望得到总体率置信区间，则可以使用比例置信区间过程来计算。选择菜单"分析"→"描述统计"→"比例置信区间"命令，打开"比例置信区间"对话框，如图 8.4 所示。该对话框的操作非常简单，只需要将分子、分母的数值分别输入"分子计数"框和"分母计数"框，然后确定是否需要修改置信度。如果要同时计算多个置信区间，则依次输入数据并用空格分隔即可。

按照如图 8.4 所示的设置，可以得到使用比例置信区间过程的分析结果，如图 8.5 所示，其中分别基于二项分布（具体使用的是 Jeffreys 贝叶斯区间法）和泊松（Poisson）分布给出区间估计结果。在本例中为二项分布，结果为 55.5%（52.6%，58.4%）。结果表格的最后三列为空，是因为当进行多个区间估计时，会自动将后续的率和第一个率进行两两比较，因此在本例中输出为空是正常的。

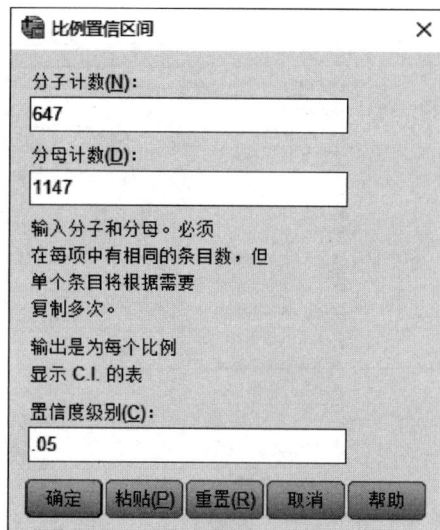

图 8.4　"比例置信区间"对话框

		Statistics						
Proportions	p	Binomial Lower CI	Binomial Upper CI	Poisson Lower CI	Poisson Upper CI	Difference from p0	Difference from p0 Lower CI	Difference from p0 Upper CI
1	.555	.526	.584	.513	.600	–	–	–

Alpha=0.050。

图 8.5　使用比例置信区间过程的分析结果（★）

2. 使用"比较平均值和比例"子菜单

比例置信区间过程使用 Jeffreys 贝叶斯区间法来进行计算，如果希望得到其他参数区间估计方法的分析结果，则可以使用"分析"菜单的"比较平均值和比例"子菜单中的相应功能。下面只列出相关的操作过程和结果解释，关于对话框界面的说明可参见第 16 章。

① 选择菜单"分析"→"比较平均值和比例"→"单样本比例"命令，打开"单样本比例"对话框。

② 将变量"S2. 性别"选入"检验变量"框。

③ 在"定义成功"框组中，选择"第一个值"项。

④ 单击"置信区间"按钮，打开"置信区间"对话框。在该对话框的"区间类型"框组中，选择"全部"项。

⑤ 单击"确定"按钮。

单样本比例置信区间分析结果如图 8.6 所示，可见由于本例的样本量很大，因此利用各种参数区间估计方法计算的置信区间之间的差异非常小。在图 8.6 中仅能看到沃尔德（"瓦尔德"行）和 Wald 连续校正（"Wald（连续性校正）"行）的置信区间略有差异。

		实测				95%置信区间	
	区间类型	成功	试验	比例	渐进标准误差	下限	上限
S2. 性别=男	Agresti−Coull	637	1147	.555	.015	.526	.584
	Anscombe	637	1147	.555	.015	.526	.584
	克洛珀−皮尔森(精确)	637	1147	.555	.015	.526	.584
	杰弗里斯	637	1147	.555	.015	.526	.584
	Logit	637	1147	.555	.015	.526	.584
	瓦尔德	637	1147	.555	.015	.527	.584
	Wald(连续性校正)	637	1147	.555	.015	.526	.585
	Wilson得分	637	1147	.555	.015	.526	.584
	Wilson得分(连续性校正)	637	1147	.555	.015	.526	.584

图 8.6　单样本比例置信区间分析结果(★)

注意，在上述 SPSS 的输出结果中，有关术语的表述不规范。例如，"克洛珀–皮尔森(精确)"表示克洛珀–皮尔逊法，即确切概率法；"杰弗里斯"表示 Jeffreys 贝叶斯区间法；"Logit"表示对数单位法；"瓦尔德"表示沃尔德法；等等。在本书的其他输出结果中也存在这样的问题，请读者注意。

8.4　案例：对多选题 C0 还贷情况进行描述性统计

这里以 CCSS 项目中的多选题 C0 还贷情况为例，介绍如何使用 SPSS "分析"菜单的"多重响应"子菜单对其进行描述性统计。首先需要明确的是，该多选题在数据文件中按照多重二分法的格式存储为 c0_1、c0_2、c0_3 三个变量，相关操作可参见第 2 章的相应内容。

8.4.1　设置多选题变量集

由于 SPSS 不能自动将数据文件中相关的多个变量识别为多选题，只默认它们是若干分散的变量,因此在分析之前必须在 SPSS 中进行多选题变量集的定义。选择菜单"分析"→"多重响应"→"定义变量集"命令,打开"定义多重响应集"对话框,如图 8.7 所示。

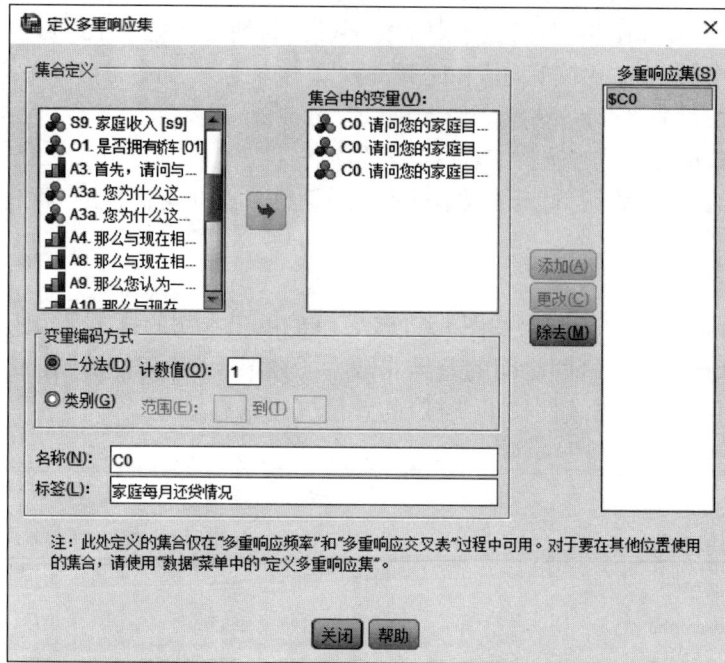

图 8.7　"定义多重响应集"对话框

①"集合中的变量"框:用于选入需要加入多选题变量集的变量,对于以多重二分法格式记录的多选题,这些变量必须为二分类变量,并按照统一的方式来编码(例如,都用 1 表示选择,用 0 表示未选择)。对于以多重分类法格式记录的多选题,这些变量必须为多分类变量,并共用一套变量值和变量值标签。

②"变量编码方式"框组:用于选择变量的编码方式。当选择多重二分法(即选择"二分法"项)时,需要在右侧的"计数值"文本框中指定用哪个数值表示"选择"。当选择多重分类法(即选择"类别"项)时,需要设置变量的取值范围,该范围内的记录值将被纳入分析。注意,在制表模块中不需要设置这一取值范围,因此操作起来更简单。

③"名称"框:用于输入多选题变量集的名称,此处定义的变量集名为 C0,下方的"标签"文本框可以为相应的多选题变量集定义一个名称标签。

设置完成后单击"添加"按钮,相应的多选题变量集就会被选入"多重响应集"框,而且其名称前会增加 $ 符号,表示定义的是多选题变量集。

> SPSS 中的"多重响应"子菜单和制表模块都可以用来设置和分析多选题变量集,但这两套系统完全独立。它们的主要区别是,"多重响应"子菜单的功能较弱,其定义的多选题变量集不能被保存在 SPSS 数据文件中;而制表模块的功能较强,可以保存所定义的多选题变量集。由于这两套系统定义多选题变量集的操作基本相同,因此本章以比较简单的前者为准进行介绍,制表模块的相关操作可参见第 9 章。

8.4.2 多选题的频数表

利用"多重响应"子菜单中的频数过程可以对多选题变量集进行整体的频数分析。

1. 界面说明

选择菜单"分析"→"多重响应"→"频率"命令，打开"多重响应频率"对话框，如图 8.8 所示。该对话框的内容比较简单，需要说明的是，"缺失值"框组用于选择对缺失值的处理方式，其中的两个复选框实际上分别对应了多重二分法和多重分类法这两种多选题编码方式，请注意正确选择，不能交错使用。

2. 操作说明与结果解释

本例的操作非常简单，将多选题变量集 C0 选入"表"框即可，首先输出个案摘要，如图 8.9 所示，给出了数据的基本信息。在全部 1 147 人中，有 163 人至少选择了一种贷款，随后的分析将基于这 163 人的情况进行。

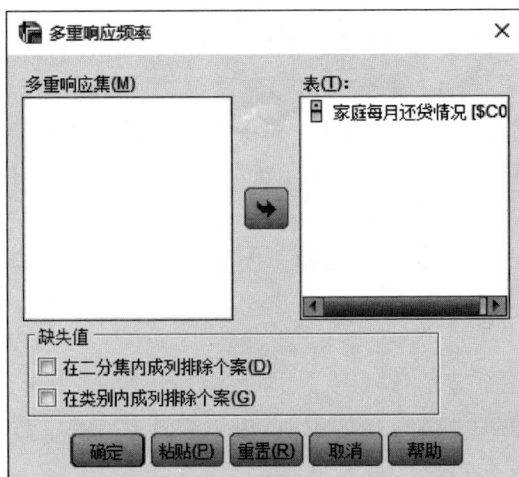

图 8.8　"多重响应频率"对话框

	个案					
	有效		缺失		总计	
	个案数	百分比	个案数	百分比	个案数	百分比
$C0^a$	163	14.2%	984	85.8%	1147	100.0%

a. 使用了值1对二分组进行制表。

图 8.9　个案摘要（★）

图 8.10 所示的为具体的多选题变量集的频数表（有删减），具体解释如下：

① 在 199 个有效应答中，各种还贷支出一共被选择了 199 次，其中"房贷"被选择了 118 次，"车贷"被选择了 33 次，"其他消费还贷支出"被选择了 48 次。

② 响应百分比指的是每个选项被选择的次数占总选择次数的比例，即应答人次百分比。例如，"房贷"被选择了 118 次，占总选择次数的比例为 118/199=59.3%。

		响应		个案百分比
		个案数	百分比	
家庭每	C0. 请问您的家庭目前有下列还贷支出吗：房贷	118	59.3%	72.4%
月还贷	C0. 请问您的家庭目前有下列还贷支出吗：车贷	33	16.6%	20.2%
情况[a]	C0. 请问您的家庭目前有下列还贷支出吗：其他一般消费还贷支出	48	24.1%	29.4%
总计		199	100.0%	122.1%

a. 使用了值1对二分组进行制表。

图 8.10　多选题变量集的频数表（有删减）（★）

③ 个案百分比指的是选择某选项的人数占总人数的比例,即应答人数百分比。仍然以房贷为例,选择"房贷"的 118 个人占总应答人数的比例为 118/163=72.4%,而最下方的比例 122.1% 则说明在这 163 人中平均每人选择了 1.221 种还贷支出。

8.4.3　多选题的列联表分析

8.4.2 小节直接给出了多选题变量集 C0 的频数表,但在分析中往往还需要对不同的人群分别进行描述性统计,即将多选题变量集和其他分类变量进行交叉描述性统计。例如,在本例中希望分婚姻状况考察还贷情况,这时可以使用多选题的交叉表过程来分析。

1. 界面说明

选择菜单"分析"→"多重响应"→"交叉表"命令,打开"多重响应交叉表"对话框,如图 8.11(a)所示。

① "多重响应集" 框:"多重响应交叉表" 对话框和普通交叉表过程的对话框相似,只是在左下方单独列出了"多重响应集"框,用于选入多选题变量集。需要指出的是,多选题变量集在使用上没有任何限制,可以被任意选入"行"/"列"/"层"框,只是不合适的选择会使表格过于复杂。

② "定义范围" 按钮:对于选入 "行" / "列" / "层" 框的分类变量,可以利用该按钮为其设置取值范围。

③ "选项" 按钮:单击该按钮,打开 "多重响应交叉表:选项" 对话框,如图 8.11(b)所示。在该对话框中,"单元格百分比" 框组用于定义输出行百分比、列百分比和总百分比指标;"在响应集之间匹配变量" 复选框用于当行 / 列变量均为以多重分类法格式记录的多选题变量集时,要求结果表格按两个变量集取值一一对应的方式生成;"百分比基于" 框组则用于定义交叉表中的比例计算是基于应答人数还是基于应答人次;"缺失值" 框组则用于设置缺失值的处理方式,这在前面已经学习过了。

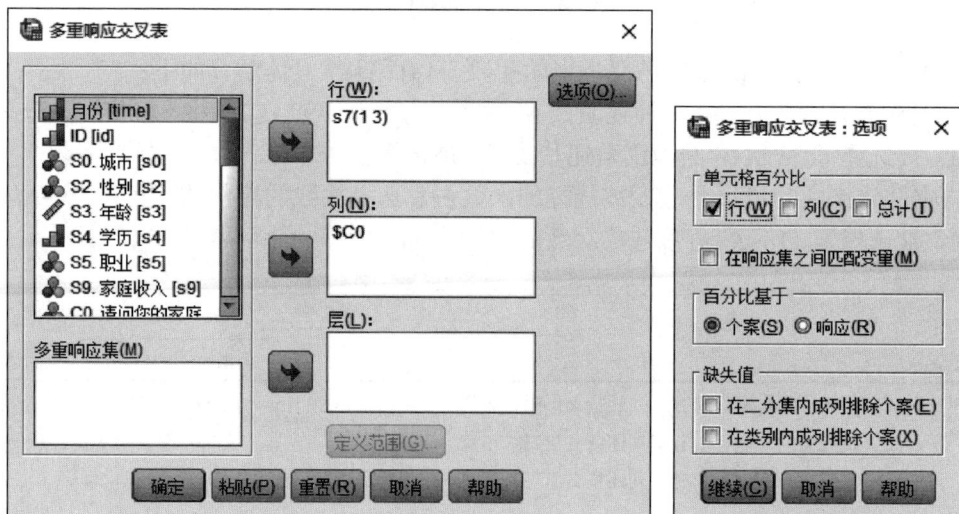

(a)"多重响应交叉表"对话框　　(b)"多重响应交叉表:选项"对话框

图 8.11　"多重响应交叉表"对话框和"多重响应交叉表:选项"对话框

2. 操作说明与结果分析

根据分析目的，只需要分别将变量 s7 和变量集 C0 选入"行"框 /"列"框，并在"多重响应交叉表：选项"对话框中要求输出行百分比即可，得到的交叉表如图 8.12 所示。在该交叉表中，分婚姻状况给出了家庭的还贷情况，为了便于输出，对该表的列标签做了一定的删减。可以发现，已婚人群的房贷还贷支出比例高于未婚人群，而未婚人群的车贷和其他消费还贷支出比例均高于已婚人群，看起来未婚人群的贷款范围更广一些。但对于这一结论有两点需要指出：首先，上述比例是基于 163 个有贷款的受访者计算的，而不是基于全部 1 147 人计算的，因此结论可能有一定的偏差；其次，上述趋势仍然只是样本情况，未经过假设检验的验证，因此仅仅是一种可能存在的趋势，尚不能下最终结论。

| | | | 家庭每月还贷情况[a] | | | |
			C0. 房贷	C0. 车贷	C0. 其他一般消费还贷	总计
S7. 婚姻状况	已婚	计数	91	23	30	120
		占 s7%	75.8%	19.2%	25.0%	
	未婚	计数	27	10	17	42
		占 s7%	64.3%	23.8%	40.5%	
	离异/分居/丧偶	计数	0	0	1	1
		占 s7%	0.0%	0.0%	100.0%	
总计		计数	118	33	48	163

百分比和总计基于响应者。
a. 使用了值 1 对二分组进行制表。

图 8.12　变量 s7 × 变量集 C0 交叉表（有删减）（★）

8.4.4　多选题变量集的转换

上面使用的多选题 C0 还贷情况是以多重二分法格式记录的，无论是进行描述性统计还是进行复杂建模都没有问题，但是对以多重分类法格式记录的多选题而言，由于不同选项的信息会被混在同一个变量中，在 SPSS 中就只能进行描述性统计，无法直接用于后续的复杂建模。为此 SPSS 专门提供了 Python 插件 STATS_MCSET_CONVERT.spe，利用该插件可以将多选题的记录格式由多重分类法转换为多重二分法。该插件的操作非常简单，但在使用过程需要注意以下两点：

① 该插件只能对采用 Unicode 编码方式的数据进行转换，因此如果是以 GBK 格式存储的数据，则必须先将系统切换为 Unicode 编码方式。

② 该插件是基于制表模块编制的，因此不能使用在"多重响应"子菜单中定义的多选题变量集，只能使用基于制表模块（选择菜单"分析"→"表"→"多重响应集"命令）定义的多选题变量集。

仍然以 CCSS 项目为例。在数据文件中已经设置好了以多重分类法格式记录的变量集 $TA3a，如果希望将其转换为多重二分法格式，则可以选择菜单"分析"→"表"→"转换多类别集"命令，打开"转换多类别集"对话框，如图 8.13 所示。其中"多类别集"框用于选入希望转换的多选题变量集,下方的"生成的变量名称的前缀"文本框则用于指定新的以多重二分法格式记录的变量的名称前缀,所有新变量将依次按照"名称前缀_流水号"的规则自动命名。需要注意的是,如果和已有变量同名,则原始变量会被直接覆盖;下方"新集合的名称"框用于指定转换后的以多重二分法格式记录的变量集的名称,注意这里的名称最好不要和原始变量集名称相同,否则原始变量集会被覆盖。

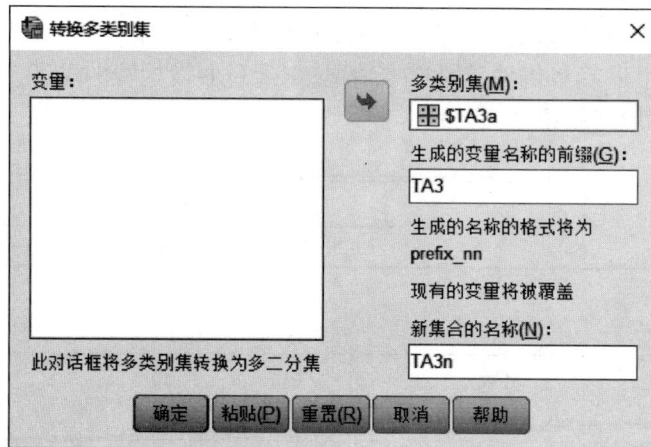

图 8.13　"转换多类别集"对话框

　　按照图 8.13 的设置进行操作,则数据编辑器窗口中会新增 TA3_01~TA3_12 这 12 个新变量,依次对应该多选题的 12 个选项,同时在结果查看器窗口中会给出转换情况的汇总表格。图 8.14 所示的为新生成的以多重二分法格式记录的变量集 \$TA3n 的情况报告,图 8.15 则给出了新生成的变量集与多选题数值之间的对应关系。同时,在结果查看器窗口中有报错信息出现,这是数值标签中存在"/"符号所导致的代码错误,直接忽略该错误,转换结果仍然是正确的。

⚠ 需要注意的是,如果多选题有某些选项完全没有在数据中出现(即无人选择),则变量集转换时会自动将该选项忽略,此时生成的新变量数会小于选项数。

名称	编码为	计数值	数据类型	基本变量
\$TA3n	二分法	1	数字	中性原因
				改善：收入相关
				改善：就业状况相关
				改善：投资相关
				改善：家庭开支相关
				改善：政策
				不知道
				恶化：收入相关
				恶化：就业状况相关
				恶化：投资相关
				恶化：家庭开支相关
				恶化：政策

图 8.14　变量集中 \$TA3n 的情况报告(★)

变量名	表示的值	标签
TA3_01	.000	中性原因
TA3_02	10.000	改善：收入相关
TA3_03	20.000	改善：就业状况相关
TA3_04	30.000	改善：投资相关
TA3_05	40.000	改善：家庭开支相关
TA3_06	50.000	改善：政策/宏观经济
TA3_07	90.000	不知道/拒答
TA3_08	110.000	恶化：收入相关
TA3_09	120.000	恶化：就业状况相关
TA3_10	130.000	恶化：投资相关
TA3_11	140.000	恶化：家庭开支相关
TA3_12	150.000	恶化：政策/宏观经济相关

图 8.15 变量集 $TA3n 与多选题数值之间的对应关系（★）

思考与练习

1. 根据数据文件 CCSS_Sample.sav，试对性别、城市、职业等分类变量进行交叉描述。
2. 根据数据文件 CCSS_Sample.sav，分析多选题 A3a 的选项分布情况。

第9章 数据的报表呈现

利用前面几章介绍的知识,读者已经能够对任意类型的数据进行描述性统计,并得到感兴趣的统计量了。但是,对于一个商业项目来说,将这些统计量以清晰、严谨、美观、易读的方式提供给用户而不只是给对方一堆原始的分析结果,是十分重要的。而将原始的分析结果按照用户的需求编排成格式化的统计表格往往需要花费大量的时间。那么如何能直接生成符合用户需求的统计表呢?本章将介绍如何用制表模块直接生成更专业和更复杂的统计表。

9.1 统计表入门

9.1.1 统计表的基本框架结构

SPSS 输出的统计表均以透视表的格式提供,但透视表并非如表面上看到的那样是一种简单的二维表,而是一种拥有数据透视、数据旋转、格式变换等多种强大功能的交互式表格。在对透视表的操作中,行、列、层是三个非常重要的概念,它们实际上是表格的三个维度。

所谓行(row),指的是形成表格横行的元素,而列(column),指的是形成表格纵列的元素。行、列相交就会构成一张最简单的二维表,行元素、列元素不同取值的组合就确定了一个单元格(cell)。

与行、列的概念相比,层(layer)的概念稍微复杂一些,它是表格的第三个维度。不妨把此时的表格想象成一个立方体,行、列、层就对应了该立方体的长、宽和高。由于屏幕上只能展示二维表,因此用户在屏幕上能够直接观察到的只是三维表中的一层,其余各层被隐藏在所观察到的层的背后,无法同时看到。

需要注意的是,表格中的元素和一般所说的变量并不相同,它既可能是一个分类变量的不同取值,也可能是一个变量组,还可能是一个统计量组。也就是说,表格的一个维度可以由多个变量联合构成。以 CCSS 项目数据中的变量"S0. 城市"为例,其频数表如图 9.1(a)所示。在结果查看器窗口中双击该表格,就会进入表格编辑模式,此时可以看到弹出了透视托盘,如图 9.1(b)所示,该透视托盘中显示的就是当前表格的框架结构,每一张表格都有行、列、层三个维度,请注意形如"🔳"的图标,它代表的就是一个表格元素,行、列、层上的表格元素,分别称为行元素、列元素、层元素。可见在行、列上都有表格元素出现,分别对应着变量"S0. 城市"和统计量(如频数、百分比等)。而在层上没有表格元素出现,说明该表格为一张简单的二维表。

> 如果进入表格编辑模式后没有看到透视托盘弹出,则可以选择菜单"透视"→"透视托盘"命令,要求显示该窗口。

透视托盘除了可以用于显示表格的框架结构,还可以用于调整表格的透视方向。例如,如果用鼠标将列元素"统计"的图标拖动到层元素的位置上,如图 9.2(a)所示,则表格会立刻发生变化,原先的分列取消,表格最上方出现"统计"下拉列表,这实际上对应了层元素的设置。表格中默认显示的是统计量组的第一项"频率"所对应的结果表格,如图9.2(b)所示。用户也可以单击该下拉列表右侧的下拉按钮,选择所需要的统计量层。

		频率	百分比	有效百分比	累积百分比
			S0. 城市		
有效	100 A	378	33.0	33.0	33.0
	200 B	387	33.7	33.7	66.7
	300 C	382	33.3	33.3	100.0
	合计	1147	100.0	100.0	

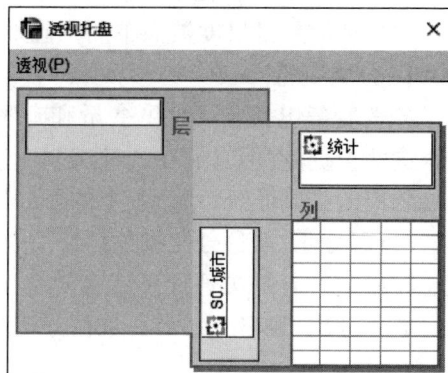

(a) 频数表   (b) 透视托盘

图 9.1 频数表与其相应的透视托盘(★)

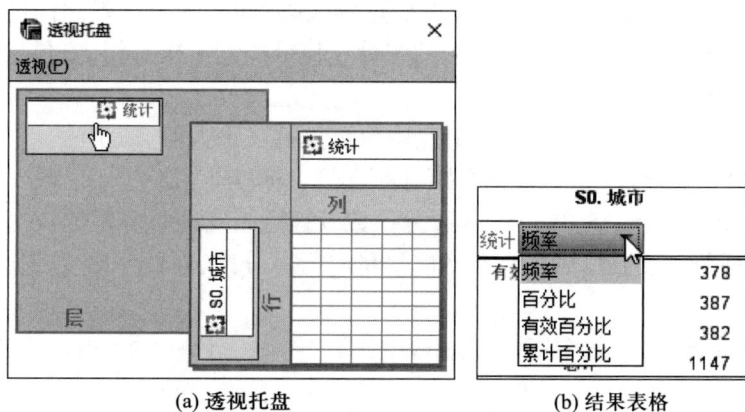

(a) 透视托盘   (b) 结果表格

图 9.2 使用透视托盘将列元素转换为层元素(★)

9.1.2 表头、数据区与汇总项

在了解了统计表的框架结构后,就可以将其和具体的表格内容对应起来。一张二维表的第一行、第一列就对应了透视托盘中行元素、列元素的具体取值,因此第一行、第一列也被称为表头。由于在 SPSS 的统计表中行、列没有本质区别,因此这里的表头和一般所指的包括第一行的表头的概念不同,需要注意区别。

除表头之外,统计表的其余部分均是由行元素、列元素相交而成的,用于给出相应的数值,这些部分统称为数据区。区分表头和数据区非常重要,因为它们的格式设置、操作方式等完全不同。

对于数据区,也可以做进一步的细分。例如,在图 9.1(a)所示的频数表中,除各类别之外,行元素中还出现了汇总项。在 SPSS 的表格中可以出现行总计、列总计、层总计,对于叠加表、嵌套表等统计表类型,还可以有子集总计等更细的汇总方式出现。

9.1.3 单元格的数据类型

在统计表制作过程中,变量以何种方式呈现在一定程度上取决于该变量的测量尺度。在统计表中变量的测量尺度被简单而明确地分为两大类:分类变量和连续变量。

1. 分类变量

分类变量包括名义尺度变量和有序尺度变量两大类,虽然在制表对话框中用不同的图标来标识这两类变量,但它们在统计表制作过程中几乎没有差异。对于分类变量来说,频数和百分比是最常用的描述性统计量,其中的百分比和具体的计算方向相结合,又形成了许多更细化的统计量,如行百分比、列百分比、层百分比、总表格百分比。此外,在存在缺失值的情况下,又可以根据汇总项中是否有缺失值而形成有效个案数、行有效个案数百分比、列有效个案数百分比、层有效个案数百分比、表格有效个案数百分比等新的组合。

> 在统计表制作过程中,系统将多选题变量集作为一类特殊的分类变量来处理。针对多选题变量集的描述性统计,系统也提供了一组较为特殊的百分比、频数指标等。

2. 连续变量

连续变量包括定距尺度变量和定比尺度变量两大类,同样在统计表制作过程中不对这两类变量加以区分。在统计表中,连续变量可用的统计量比分类变量丰富得多,包括前面介绍过的各种集中趋势、离散趋势描述性统计指标等:

① 集中趋势描述性统计指标:包括均值、中位数、众数、最大值、最小值。

② 离散趋势描述性统计指标:包括全距、标准误差、标准差、方差。

③ 百分位数:包括第 5、25、75、95、99 百分位数及任意指定的百分位数。

④ 百分比:按照相应的计算方向,有当前变量的行百分比、列百分比、层百分比、总表格百分比等。

⑤ 其他:包括个案数、有效个案数、总和等。

3. 汇总项

汇总项的情况类似普通单元格,其数据类型仍然只有分类变量和连续变量两种。汇总项除了可以使用被汇总单元格的统计量,还可以自定义不同的汇总项统计量,例如,对于各分项列出频数,而对于汇总项则使用某一个统计量的均值,在后面的分析实例中会看到这种输出。

9.1.4 几种基本的统计表类型

在熟悉了统计表的基本框架结构和常用术语后,下面介绍几种基本的统计表类型。需要指出的是,虽然在介绍这几种统计表时基本上都以类别频数表为例,但它们也可以用于输出其他连续变量的统计量。

1. 叠加表

叠加表(stacking)指的是在同一张表格中对两个变量进行描述性统计,或者说表格中有一个维度的元素是由两个以上的变量构成的。叠加表其实可以被简单地理解为对于每个变量都绘制一张简单的统计表,然后将它们拼接到一起,图 9.3 所示的叠加表就是在一张表格中同时给出了城市和性别的频数。也可以将连续变量放在叠加表中。例如,如果使用前面介绍过的统计过程同时计算多个变量,其结果实际上就是一张叠加表。

	S0. 城市			S2. 性别	
	100 A	200 B	300 C	男	女
	计数	计数	计数	计数	计数
	378	387	382	637	510

图 9.3 叠加表示例(★)

虽然"叠加"的字面含义是纵向拼接的意思,但也存在横向拼接的叠加表,因此叠加表可以分为纵向叠加表和横向叠加表。

2. 交叉表

交叉表(cross tabulation)是观察两个分类变量之间的联系时最常用的统计表格式,它的两个维度均是由两个分类变量的各个类别(及汇总项)组合而成的。例如,图 9.4 显示了性别和城市的交叉表。

		S0. 城市			
		100 A	200 B	300 C	合计
S2. 性别	男	188	221	228	637
	女	190	166	154	510
合计		378	387	382	1147

图 9.4 交叉表示例(★)

3. 嵌套表

嵌套(nesting)表类似交叉表,也可以用于显示两个分类变量之间的联系,不过这两个分类变量被放置在表格的同一个维度中,也就是说,该维度是由两个分类变量的各个类别组合而成的。例如,图 9.5 所示的嵌套表仍然显示了城市和性别不同组合的频数,但此时这两个变量都被放置在行上。显然,嵌套表不如交叉表直观,但是当单元格中需要呈现的统计量非常多时,嵌套表更加美观和紧凑。

				计数
S0. 城市	100 A	S2. 性别	男	188
			女	190
	200 B	S2. 性别	男	221
			女	166
	300 C	S2. 性别	男	228
			女	154

图 9.5 嵌套表示例(★)

4. 多层表

如果指定了层元素,则统计表就由二维扩展到了三维,即多层(layers)表。事实上,多层表和嵌套表非常类似,只是通过多层表每次都只能观察到其中一层的数据而已。在数据仓库技术中,多层表也被称为数据立方体（cube）。图9.2（b）给出的就是人工生成的多层表，因此这里不再给出实例。

5. 复合表格

以上给出的只是几种最简单的统计表类型，在实际的工作中，这些类型的统计表还可以互相组合，以更好地达到分析目的，如叠加-交叉表（一个维度是分类变量，另一个维度则是两个分类变量的叠加）、嵌套-交叉表（一个维度是分类变量，另一个维度则是两个分类变量的嵌套）等。

9.1.5　APA格式的统计表

基于上述几种基本的统计表，研究者可以创建各种各样的复杂表格。在社会科学研究领域，为了统一包括统计表格式在内的研究论文的撰写风格，相关组织制定了几种研究论文撰写格式。常见的有MLA（modern language association）格式和APA（American Psychological Association，美国心理学会）格式。MLA格式由美国现代语言协会制定，主要应用在人文学科，如文学、比较文学、文学批评和文化研究等领域。APA格式由美国心理学会制定，是在社会科学学术论文撰写中广泛使用的一种格式。APA格式规范了学术文献的引用和参考文献的撰写方法，以及表格、图表、脚注和附录的编排方式。在我国，外语类期刊（以语言学刊物为主）及自然科学类的学术期刊常使用APA格式。

为了方便用户，SPSS的很多分析过程都支持直接输出APA格式的统计表。例如，图9.6所示的就是使用频数过程直接输出的APA格式频数表，其中只有必需的类别名称、样本量和构成比；图9.7所示的则是APA格式的列均值间的两两比较结果，可见在各组均值的右下角都标注了其子集编号。类似这样的APA格式统计表，几乎无须编辑就可以直接用于研究论文，显然大大方便了用户。

	N	%
200704	300	26.2%
200712	304	26.5%
200812	304	26.5%
200912	239	20.8%

图9.6　分类变量的频数表（APA格式）（★）

	月份			
	200704	200712	200812	200912
总指数	$98.34_{a,c}$	$94.14_{a,b}$	90.44_b	102.00_c

图9.7　列均值间的两两比较结果（APA格式）（★）

9.1.6　SPSS中的统计表制作功能

作为功能完善的统计软件，SPSS具有非常强大的统计表制作功能。除了Statistics Base具有完整的统计表制作功能，SPSS还提供了Tables模块用于生成更专业的统计表。

1. Statistics Base模块

SPSS的Statistics Base模块可以为用户提供非常完善的统计表制作功能，除了涉及描述性统计的多个过程可以生成各种描述性统计量的基本统计表，"分析"菜单的"报告"和"多重响应"子菜单都提供了专门的统计表制作功能。

① "报告"子菜单：该子菜单提供了从最基本的变量值标签代码本，将原始数据汇总为数据立方体，到针对数据计算一些常用的描述性统计量并制作精细定义的输出表格等多种统计表制作功能，可以满足用户的各种要求。该子菜单涉及的各个过程的操作都较为简单，用户可以自行学习掌握，本书不做详述。

② "多重响应"子菜单：该子菜单是专门为对多选题数据进行描述性统计而设计的，提供了设置多选题变量集、制作多选题频数表和交叉表等功能。其操作方法已在第 8 章中介绍过了。

2. Tables 模块

Tables（制表）模块是一个功能非常强大的专业制表模块，可以针对各种要求产生复杂的多层 / 嵌套表格。与 Statistics Base 模块中的相应过程相比，它不仅功能更灵活和强大，还提供了交互式的操作界面，使用起来更加方便、快捷，该模块也是本章随后介绍的重点。

9.1.7 SPSS 中统计表制作的基本步骤

如果只是制作几张比较简单的统计表，则在操作上并没有太多需要注意的地方，只要使用能够满足相应需求的对话框，对表格进行正确设置即可。但是，实际上大多数任务复杂得多，有可能需要绘制数十张甚至上百张具有特定格式的统计表，此时使用 SPSS 制作统计表一般不会一次性到位，而会有一个由简入繁、循序渐进的过程。初学者往往希望通过设置对话框，将所需的选项一次性设置完毕，但这会导致事倍功半。为此，有必要给出常用的统计表制作步骤：

① 确定所需制作的统计表的基本框架结构，如行元素、列元素都是由什么构成的，是否会在统计表中出现多个元素的嵌套，有多少个汇总项，是否出现了嵌套汇总等。

② 使用对话框制作统计表的基本框架结构。在这一步骤中，不要拘泥于单元格的格式设置或者统计量是否已被选择等细节，也不要去考虑标题、脚注等次要问题，而是要将注意力集中在是否已经得到了所需的统计表框架结构上。如果没有得到所需的统计表框架结构，则需要继续修改直至完成。

③ 对细节进行完善，包括每个具体统计量的输出格式、汇总项的输出位置等，使得至少其中一部分单元格的输出格式已符合要求。

④ 将其他变量、统计量添加到统计表中来，使统计表中的内容满足相应的需求。

⑤ 对统计表中的文本，包括标题、统计量标签、变量名标签和变量值标签等进行修饰。

⑥ 再一次审核所制作的统计表，考虑有没有需要进一步改进之处。

⑦ 生成相应的统计表，并将其格式保存为模板，供后续任务使用。

本章随后的分析实例将会按照上述步骤进行，以便读者养成良好的统计表制作习惯。

9.2 简单案例：题目 A3 的标准统计表制作

9.2.1 案例介绍

例 9.1 CCSS 项目每月都会生成固定格式的统计表，图 9.8 所示的为针对题目 A3 的固定格式的统计表。在该统计表中，行标题先是题目 A3 的各个选项的应答人数百分比，随后为题目感受值的均值，列标题则为受访月份。请用 SPSS 的制表模块制作该统计表。

	2009.9	2009.10	2009.11	2009.12
明显好转	12.3	10.3	11.7	12.2
略有好转	20.1	22.7	34.2	31.1
基本不变	46.3	53.1	41.3	50.6
略有变差	8.8	7.6	6.9	3.7
明显变差	11.9	4.4	3.4	0.2
不知道/拒答	0.5	1.8	2.5	2.2
感受值	106.0	113.5	121.9	125.7

图 9.8   CCSS 项目中的针对题目 A3 的统计表（★）

该统计表的结构并不复杂, 首先它是一张二维表, 其列元素就是月份变量 time, 而行元素则由两个部分构成: 一是题目变量 A3 的选项应答人数百分比, 二是题目变量 A3 的得分均值, 后者可以用数据文件中已经生成的中间变量 Qa3 来计算。下面介绍具体的操作过程。

9.2.2   制作统计表的基本框架结构

1. 界面说明

选择菜单"分析"→"表"→"定制表"命令, 打开"定制表"对话框, 如图 9.9 所示。和 SPSS 中的其他过程不同, 定制表过程的操作界面有多个选项卡, 其中最常用的就是"表"选项卡, 用于对统计表的框架结构进行定义。

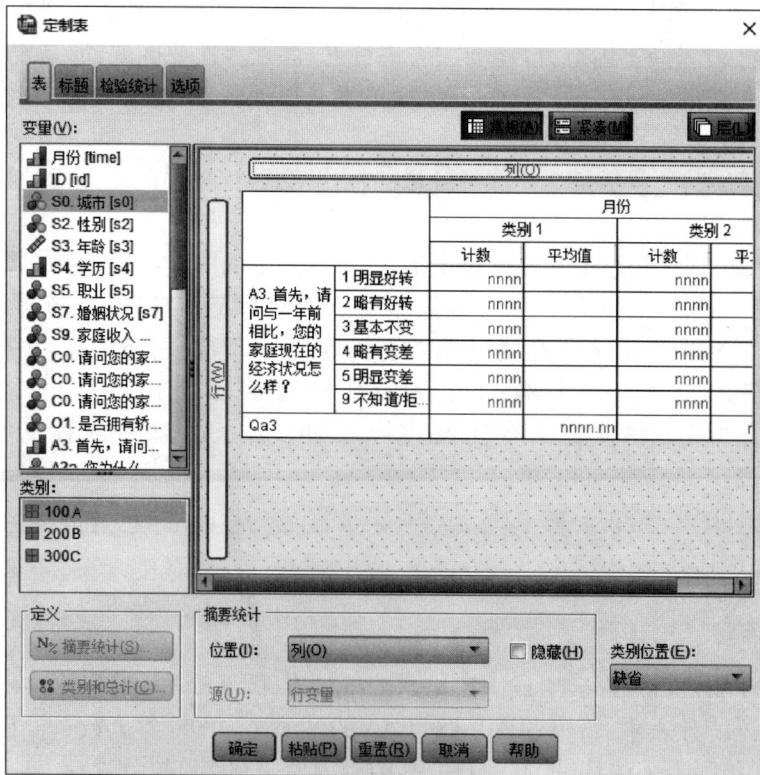

图 9.9   "定制表"对话框

①"变量"框：列出所有可用的变量，如果设置了多选题变量集，则多选题变量集会显示在列表的最后。用户可以通过拖放操作将相应的变量/多选题变量集选入右侧的画布。

②画布(canvas)：画布占据了该选项卡的绝大部分空间，类似画家绘画时所使用的空白画布，用户可以在这张空白画布上进行拖放操作，以制作合适的表格。该画布有两种视图：常规视图和紧凑视图，分别用画布上方的"常规"和"紧凑"按钮控制。对于多层表，该选项卡还提供了"层"按钮，单击该按钮可出现"层"框，用于选入层变量。

③"类别"框：当在"变量"框中选中分类变量时，该框中就会自动列出其所有的类别取值/标签。例如，图 9.9 所示的就是选中变量 s0 时，"类别"框中自动列出的该变量的各类别取值/标签，供检查数据使用。

④"定义"框组：用于设置制表变量的统计量、汇总方式等。

⑤"摘要统计"框组：用于控制不同类统计量的排列方向和变量标签的显示方向。

⑥"类别位置"下拉列表：用于设置类别标签的显示和排列方向。

"表"选项卡中各选项的详细功能，以及其余几个选项卡的功能将在后面介绍，下面先介绍例 9.1 的具体操作过程。

2. 具体操作过程

下面以被放置在表格行元素上的变量 A3 为例来说明基本的操作要点：选中"变量"框中的变量 A3，将其拖入画布，如图 9.10(a)所示。当用鼠标将变量 A3 拖动至画布的"行"框时，"行"框变红，同时鼠标指针形状还原为手形，表明该变量已找到停留位置，如图 9.10(b)所示。此时松开鼠标左键，则变量 A3 会被放置在"行"框中，而相应的变量名标签、变量值标签也会立刻在画布上显示出来，如图 9.10(c)所示。

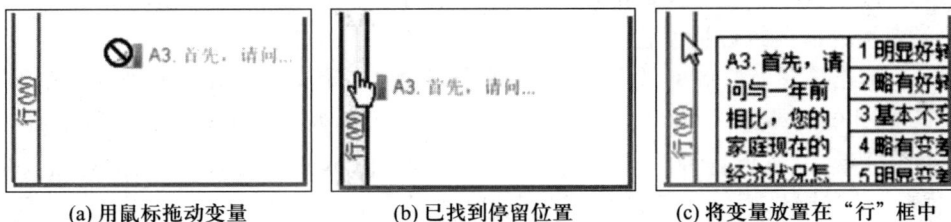

(a) 用鼠标拖动变量　　　(b) 已找到停留位置　　　(c) 将变量放置在"行"框中

图 9.10　操作过程示例(★)

对于变量 Qa3(放置在行元素上)以及变量 time(放置在列元素上)，操作方式与变量 A3 基本相同，这里不做详述。但是需要说明的是，在用鼠标拖动变量 Qa3 时，由于此时"行"框中已有变量 A3 存在，根据变量 Qa3 放置位置的不同可以得到完全不同的 5 种结果：上叠加、下叠加、左嵌套、右嵌套和替代，在本例中为下叠加。操作完毕后，统计表的框架结构如图 9.11(a)所示。

本章介绍的制表模块和下章要介绍的绘图功能均需要借助于变量的测量尺度来确定对该变量做何种分析，因此在使用之前要正确设置变量的测量尺度。如果设置不当就会得到完全错误的结果。

除事先在数据文件中正确设置变量的测量尺度之外，也可以用鼠标右键在相关对话框的"变量"框中的相应变量处单击，在弹出的快捷菜单中选择相应的命令临时修改变量的测量尺度，但这一修改只对当前过程有效。

如果所制作的统计表太大,则可以切换到紧凑视图,此时画布上将只显示变量的位置,而不再显示具体的单元格设置信息等,如图 9.11(b)所示。这样统计表的框架结构更清晰,但是却无法显示和精细设置标签。

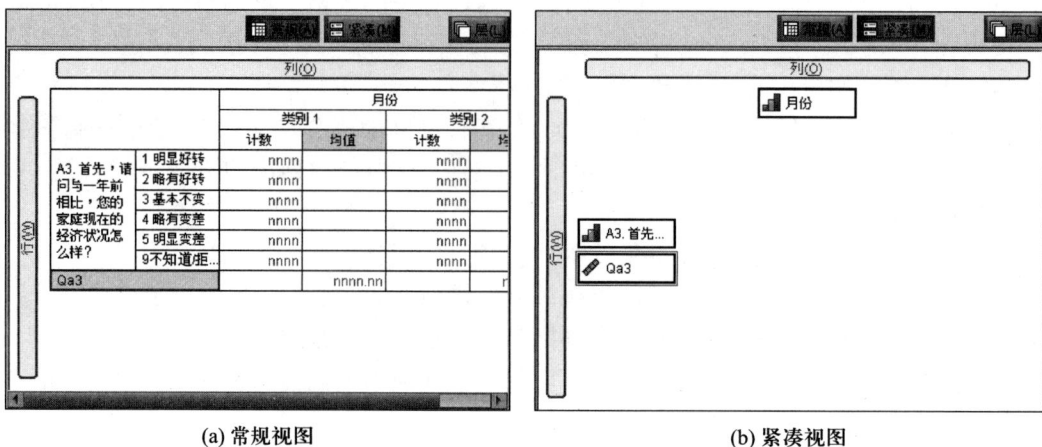

(a) 常规视图   (b) 紧凑视图

图 9.11 统计表画布的常规视图和紧凑视图

9.2.3 设置摘要统计量及格式

在图 9.9 所示的统计表画布的常规视图中,可以看到对于变量 A3 的每个类别默认输出的都是频数,而对于变量 Qa3 的均值默认输出的则是两位小数,这些都和本例的要求不符。因此,需要对各变量的统计量进行设置,这些设置都在"摘要统计"对话框中完成,具体操作如下:

1. 分类变量的摘要统计量设置

在画布上单击变量 A3,此时"摘要统计"按钮变黑,表示可用。单击该按钮,打开"摘要统计"对话框,如图 9.12 所示。可见,在其"统计"框中以折叠列表的方式给出了该分类变量可以计算的各种统计量,共有近百种。但在默认情况下"显示"框中只有频数(在该对话框中显示为"计数")这一个统计量,根据本例的要求将其移除,然后选入"列 N%"。注意,此处需要在"格式"下拉列表中将该统计量的显示格式修改为不带 % 符号的"nnnn.n",即设置为 1 位小数。最后单击"应用于所选项"按钮即可使设置生效。

在"摘要统计"对话框中,汇总项的统计量默认和单元格的相同,但如果希望为汇总项设置不同的统计量,则选中"有关总计和小计的定制摘要统计"复选框,即可激活"统计"框,以单独设置汇总项的统计量。

> 实际上,调用相应统计量对话框的最快捷方式,是双击画布上变量 A3 及其统计量标签所在的区域,这时会直接打开相应的"摘要统计"对话框,本书为了使条理更清晰,因此仍然基于功能按钮进行介绍。

2. 连续变量的摘要统计量设置

在画布上单击变量 Qa3,此时"摘要统计"按钮变黑。单击该按钮后,弹出的就是针对该连续变量的"摘要统计"对话框,如图 9.13 所示,此处提供了上百种该变量可以计算的统计量。但默认情况下,"显示"框中只有均值(在对话框中显示为"平均值")这一统计量。均值就是本例所需要的统计量,如果需要修改其格式和小数位数,则可以在"格式"下拉列表和"小数位数"栏中修改格式和小数位数。

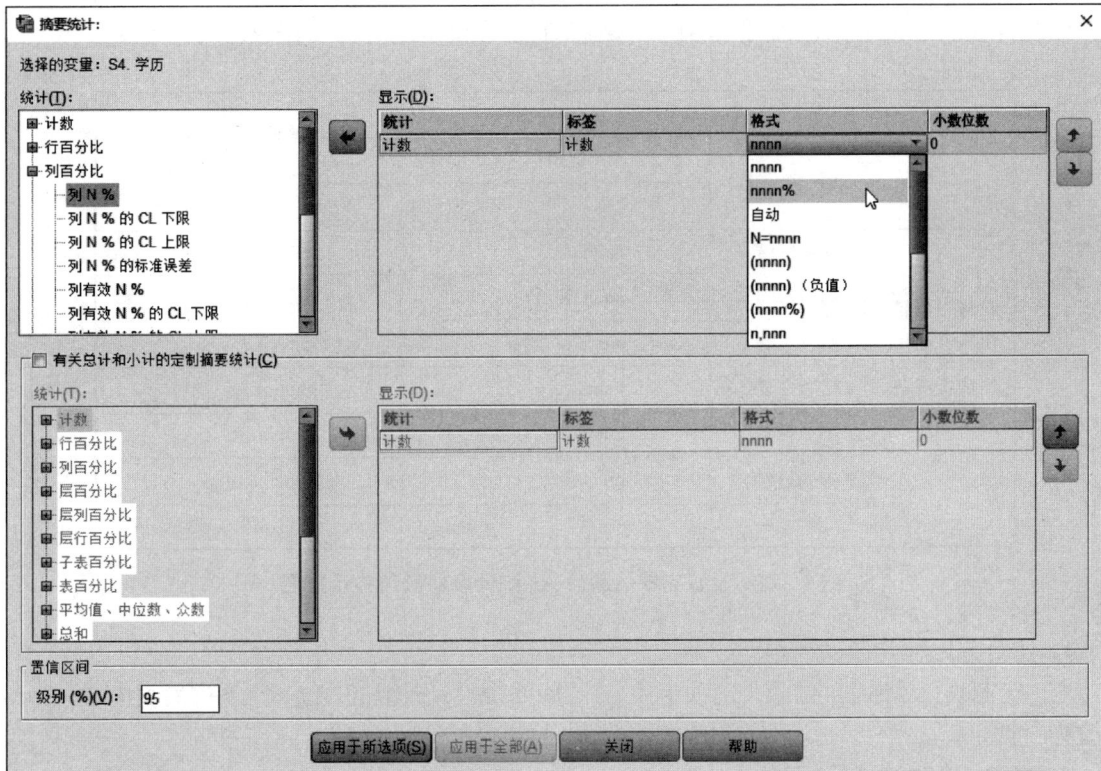

图 9.12　分类变量的"摘要统计"对话框

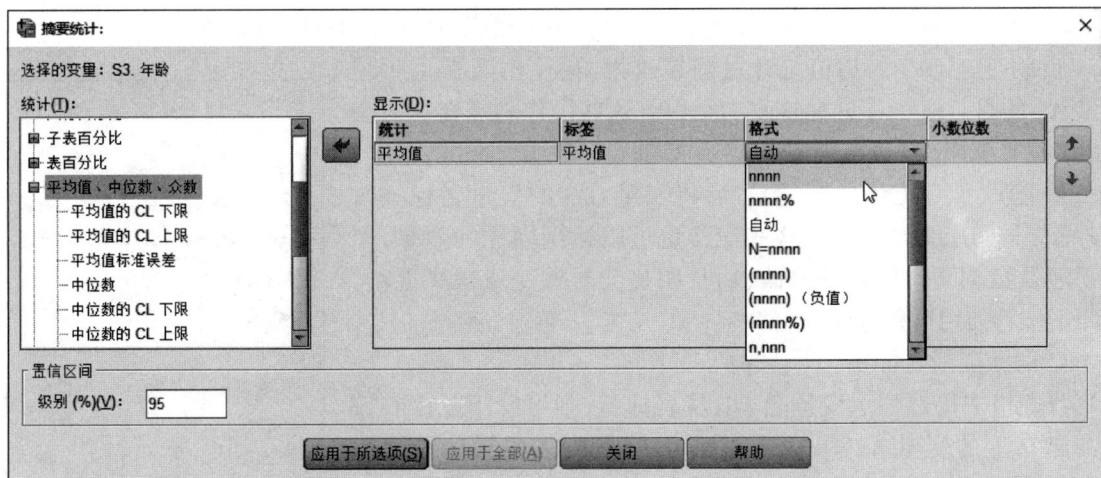

图 9.13　连续变量的"摘要统计"对话框

在例 9.1 中,没有使用"定制表"对话框的"定义"框组中的"类别和总计"按钮,因此这里暂不介绍该按钮的功能,在随后的复杂案例中会对其进行介绍。

9.2.4 调整各种显示细节

现在已基本上完成了所需的统计表框架结构的设置,相应的示意图如图 9.14 所示。显然,虽然该统计表的框架结构正确,但其在显示细节上还有很多地方需要修改:

		月份			
		类别1		类别2	
		列N %	平均值	列N %	平均值
A3.首先,请问与一年前相比,您的家庭现在的经济状况怎么样?	1 明显好转	nnnn.n		nnnn.n	
	2 略有好转	nnnn.n		nnnn.n	
	3 基本不变	nnnn.n		nnnn.n	
	4 略有变差	nnnn.n		nnnn.n	
	5 明显变差	nnnn.n		nnnn.n	
	9 不知道/拒…	nnnn.n		nnnn.n	
Qa3			nnnn.nn		nnnn.nn

图 9.14 基本设置完毕的题目 A3 统计表框架结构示意图(★)

1. 使百分比和均值同列显示

在“定制表”对话框的“表”选项卡中,在“摘要统计”框组的“位置”下拉列表中,将默认的列改为行即可。

2. 隐藏 / 修改统计量标签

在本例中,“列 N%”这样的统计量标签显然不需要输出,可以考虑去掉。在“摘要统计量”框组中的“位置”下拉列表的右侧,有一个“隐藏”复选框,选中该复选框则可以将所有统计量标签隐藏。但在本例中,需要将变量 Qa3 标记为“感受值”,对此有两种解决方法:

① 将变量 Qa3 的均值统计量标签改为“感受值”,然后再将变量 A3 的百分比统计量标签改为空白。这些操作均需在相应变量的“摘要统计”对话框中完成。

② 隐藏所有统计量标签,然后将变量 Qa3 的变量名标签改为“感受值”并加以显示。这些操作也可以达到同样的效果,但由于涉及数据文件的标签修改,而且明显会导致变量含义混淆,因此不推荐使用这种方法。

3. 隐藏变量名标签

若表格中仍然显示变量名 / 变量名标签,则可以用鼠标右键单击画布上的变量 A3、Qa3、Time,弹出如图 9.15 所示的快捷菜单,在其中去掉对“显示变量标签”复选框的选择,即可将变量名标签隐藏起来。

设置完毕后,就可以看到所需的统计表框架结构已经基本完成,最终设置完毕的题目 A3 统计表框架结构示意图如图 9.16 所

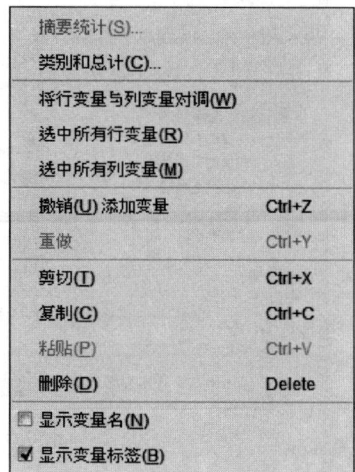

摘要统计(S)...	
类别和总计(C)...	
将行变量与列变量对调(W)	
选中所有行变量(R)	
选中所有列变量(M)	
撤销(U) 添加变量	Ctrl+Z
重做	Ctrl+Y
剪切(T)	Ctrl+X
复制(C)	Ctrl+C
粘贴(P)	Ctrl+V
删除(D)	Delete
☐ 显示变量名(N)	
☑ 显示变量标签(B)	

图 9.15 变量名 / 变量名标签的快捷菜单

示。从上述过程中可以看到，制表模块的一大特色就是不需要反复生成结果表格来检查制表过程，只要考察画布上的统计表框架结构，就可以很好地控制最终制作的统计表的质量。

			月份	
			类别1	类别2
A3.首先，请问与一年前相比，您的家庭现在的经济状况怎么样？	1 明显好转		nnnn.n	nnnn.n
	2 略有好转		nnnn.n	nnnn.n
	3 基本不变		nnnn.n	nnnn.n
	4 略有变差		nnnn.n	nnnn.n
	5 明显变差		nnnn.n	nnnn.n
	9 不知道/拒…		nnnn.n	nnnn.n
Qa3	感受值		nnnn.n	nnnn.n

图 9.16　最终设置完毕的题目 A3 统计表框架结构示意图（★）

需要注意的是，这里制作的统计表中的变量值标签还和本例的要求略有不同，这时可以先在数据文件中修改相应的标签属性，然后再重新制作统计表，也可以直接对统计表进行编辑，修改相应变量的值标签，详见 9.4 节。

9.3　复杂案例：题目 A3a 的标准统计表制作

9.3.1　案例介绍

例 9.2　图 9.17 所示的是 CCSS 项目报告中针对题目 A3a 的固定格式统计表。在该统计表中，列标题仍然为受访月份，行标题则为题目 A3a 的乐观与悲观选项的应答人次百分比，在相应选项的上方还分别对乐观与悲观选项进行了小计，注意小计的统计指标为应答人数百分比。请用 SPSS 的制表模块制作该统计表。

	2009.9	2009.10	2009.11	2009.12
导致家庭经济状况改善的原因	**25.6**	**20.4**	**30.7**	**25.0**
与收入相关的原因	17.3	15.8	24.6	22.8
与就业状况相关的原因	2.2	1.8	1.9	0.6
与投资相关的原因	1.9	0.5	1.2	0.0
与家庭开支相关的原因	4.2	2.3	2.2	1.9
与政策/宏观经济相关的原因	1.6	0.8	1.7	2.3
导致家庭经济状况恶化的原因	**38.4**	**20.9**	**24.2**	**12.3**
与收入相关的原因	11.7	7.0	5.6	6.2
与就业状况相关的原因	4.8	3.1	6.6	2.2
与投资相关的原因	1.5	0.5	0.2	0.0
与家庭开支相关的原因	24.1	12.0	14.4	4.1
与政策/宏观经济相关的原因	2.2	1.5	0.3	1.4

图 9.17　CCSS 项目报告中针对题目 A3a 的固定格式统计表（★）

该统计表的制作难点主要有以下几个：

① 题目 A3a 是一道多选题，因此需要先将相应的变量 a3a_1、a3a_2 设置为多选题变量集才能制作统计表。

② 并非所有的选项都需要在统计表中出现，这里将中性原因、不知道 / 拒答这两个选项隐藏掉。

③ 需要分别对乐观选项、悲观选项进行小计而不是对全部选项进行总计，且小计的位置在上方而不是常见的下方。

④ 小计采用的是应答人数百分比，而选项采用的是应答人次百分比，统计指标不同，需要分别设置。

下面将依次解决上述问题。

9.3.2　多选题变量集、统计表基本框架结构及汇总项的设置

1. 设置多选题变量集

首先，检查数据文件中变量 a3a_1、a3a_2 的测量尺度设置得是否正确（如果将它们错误地设置为"标度" ✐，后面的操作将会出错）；其次，按照第 8 章介绍的方法将其设置为多选题变量集 TA3a。这里不再重复叙述。需要注意的是，这里使用的是制表模块所对应的多选题变量集设置功能，相应的命令为菜单"数据"→"定义多重响应集"命令或者菜单"分析"→"表"→"多重响应集"命令，两者完全等价。

2. 设置统计表的基本框架结构

有了 9.2 节的基础，下面简单地列出主要的操作步骤：

① 在"定制表"对话框的"表"选项卡中，将月份变量 time 拖动到"列"框中。

② 将多选题变量集 TA3a 拖动到"行"框中。

③ 利用快捷菜单将月份变量 time 和多选题变量集 TA3a 的变量名标签设置为隐藏。

④ 在"摘要统计"框组中，在"位置"下拉列表中选择"行"项，选中右侧的"隐藏"复选框，以便在输出时隐藏统计量标签。

3. 设置摘要统计量

在画布上选中多选题变量集 TA3a 后，单击"摘要统计"按钮，在打开的"摘要统计"对话框中进行如下操作：

① 设置变量的统计量，即在"显示"框中删除"计数"，选入"列响应 %"，并将其格式更改为"nnnn.n"，即保留一位小数。

② 选中"有关总计和小计的定制摘要统计"复选框，清除下方"显示"框中的已有统计量，选入"列 N%"，同样将其格式更改为"nnnn.n"，即保留一位小数。

③ 单击"应用于所选项"按钮。

9.3.3　设置分类变量小结和汇总项

下面重点介绍如何对多选题选项的小结进行设置，这需要利用"定制表"对话框的"定义"框组中的"类别和总计"按钮实现。单击该按钮，打开"分类和总计"对话框，如图 9.18 所示。

1. 界面说明

① "值"框组：可以直观地显示该分类变量各类别的显示方式、次序、汇总方式等。该框组中列出了各类别的取值和值标签，其排列次序就决定了结果表格中相关内容的次序。

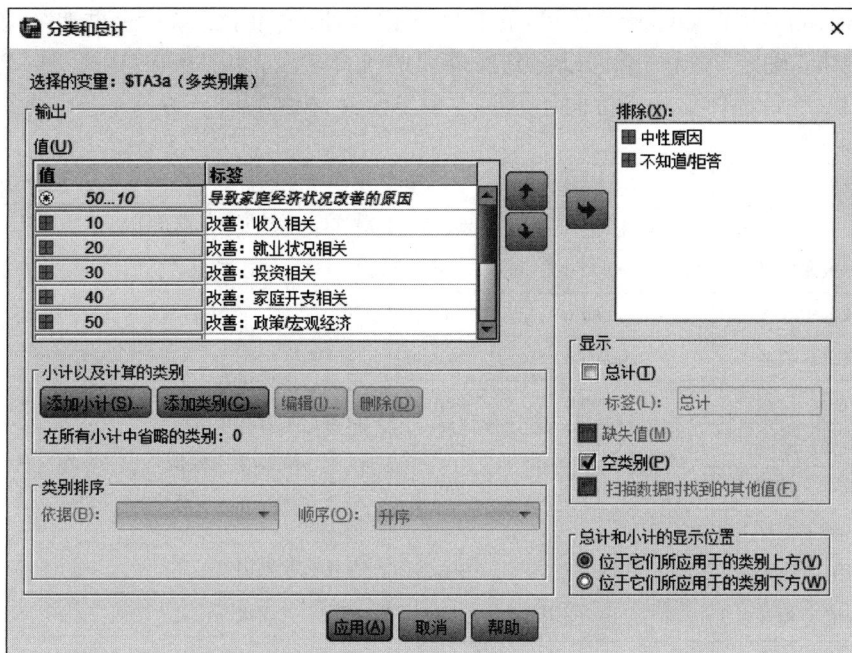

图 9.18 "分类和总计"对话框

② "小计以及计算的类别"框组: 用于在类别中插入子汇总项, 可插入多个子汇总项。

③ "类别排序"框组: 用于设置各类别的排序方式, 可以按照数值、标签、频数进行升序、降序排序。但是, 如果有类别被剔除, 或者加入了子汇总项, 则排序功能不可用。

④ "排除"框: 如果不希望在统计表中出现某些类别, 则可以将相应的类别取值选入该框。

⑤ "显示"框组: 用于设置某些项是否显示, 这些项包括总计、缺失值、未提供值标签的类别、扫描到的其他类别。

⑥ "总计和小计的显示位置"框组: 用于设置汇总和子汇总项的标签是在左 / 上部显示还是在右 / 下部显示。在许多项目中, 用户习惯于汇总项在左 / 上部显示, 对于这种情况, 该功能将非常有用。

2. 具体操作

① 将中性原因、不知道 / 拒答这两个选项选入"排除"框。

② 在"总计和小计的显示位置"框组中, 选择"位于它们所应用于的类别上方"项。

③ 在"值"框组中选中 10("改善: 收入相关"), 然后单击下方的"添加小计"按钮, 在弹出的对话框中将小计名称改为"导致家庭经济状况改善的原因"。

④ 按照与上述方式类似的操作, 在 110("恶化: 收入相关")上方插入名为"导致家庭经济状况恶化的原因"的小计。

在本例中, 在"分类和总计"对话框中使用"添加小计"按钮来实现项目汇总, 实际上使用"添加类别"按钮也可以得到完全相同的结果。利用添加类别方式可以将已有的类别、汇总项按照四则运算的方式组合成新的类别, 并在结果中呈现, 其功能比添加小计方式更灵活, 不但可以实现减法、除法、乘法等运算, 而且生成的新类别不需要与原有类别相邻, 而利用添加小计方式得到的汇总项需要与原有类别相邻。

设置完毕后的对话框如图 9.18 所示,单击"应用"按钮,画布上的统计表框架结构如图 9.19(a)所示。最后单击"确定"按钮,就可以得到所需要的统计表了,如图 9.19(b)所示。当然,对于该统计表,在列宽、小计黑体显示等方面还需要进一步设置,相关操作将在 9.4 节中介绍。

		月份	
		类别1	类别2
$TA3a	导致家庭经…	nnnn.n	nnnn.n
	改善：收入…	nnnn.n	nnnn.n
	改善：就业…	nnnn.n	nnnn.n
	改善：投资…	nnnn.n	nnnn.n
	改善：家庭…	nnnn.n	nnnn.n
	改善：政策/…	nnnn.n	nnnn.n
	导致家庭经…	nnnn.n	nnnn.n
	恶化：收入…	nnnn.n	nnnn.n
	恶化：就业…	nnnn.n	nnnn.n
	恶化：投资…	nnnn.n	nnnn.n
	恶化：家庭…	nnnn.n	nnnn.n
	恶化：政策/…	nnnn.n	nnnn.n

(a)

	200704	200712
导致家庭经济状况改善的原因	81.1	51.0
改善：收入相关	45.2	31.4
改善：就业状况相关	7.9	2.6
改善：投资相关	15.8	8.3
改善：家庭开支相关	5.1	3.9
改善：政策/宏观经济	4.0	.9
导致家庭经济状况恶化的原因	18.9	54.6
恶化：收入相关	7.9	6.1
恶化：就业状况相关	5.1	5.2
恶化：投资相关	.6	.4
恶化：家庭开支相关	8.5	40.6
恶化：政策/宏观经济相关	.0	.4

(b)

图 9.19　设置完毕后的题目 A3a 统计表框架结构及最终输出的统计表(部分)(★)

9.3.4　"定制表"对话框的其他选项卡

前面主要介绍了"定制表"对话框的"表"选项卡,该对话框还有另外三个选项卡,它们各自完成制表工作中的一些任务,使最终得到的统计表更加完善。

1."标题"选项卡

"标题"选项卡用于设置标题、文字说明、脚注等,并且将"日期""时间""表表达式"这三个可用的系统变量做成按钮放置在最上方,如图 9.20 所示,用户直接单击相应的按钮,即可将宏代码写入相应的框,使用起来非常便捷。

2."检验统计"选项卡

该选项卡为所制作的统计表提供了检验相应变量间关联情况的功能。该选项卡提供了以下三种检验方法:

(1) 行、列变量的独立性检验

考察被配置在表的各行、各列上的分类变量是否独立,具体采用的是卡方检验。如果表格为叠加表,则分别进行叠加维度上的每个变量和另一个维度上的分类变量之间的卡方检验。如果表格为嵌套表,则按照嵌套外层分类变量的各种取值,依次进行嵌套在内部的分类变量和另一个维度上的分类变量之间的卡方检验。

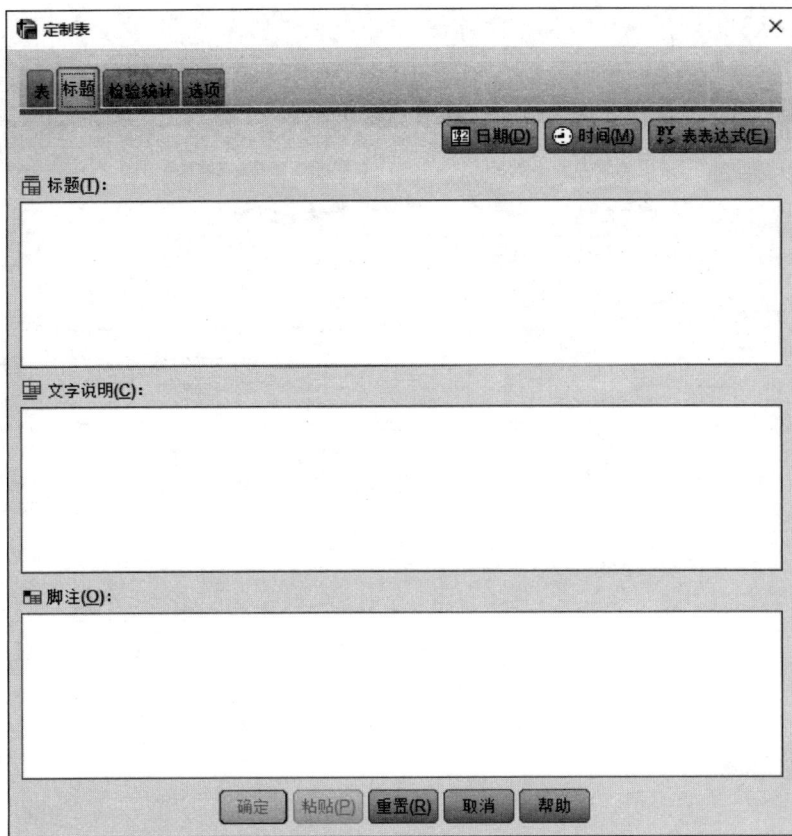

图 9.20 "定制表"的"标题"选项卡

(2) 各列均值的比较

若表格的列维度上有分类变量,而行维度上有连续变量,则按列维度上分类变量的取值进行该连续变量各组均值间的两两比较,具体为 t 检验。如果表格为叠加表,则分别进行叠加维度上每个变量各类别间的两两比较。如果表格为嵌套表,则按照嵌套外层分类变量的各种取值,依次进行嵌套在内部的分类变量各类别间的两两比较。

(3) 各列比例的比较

当表格的行维度、列维度上都有分类变量时,按照行维度的不同取值分别进行各列间构成比是否均衡的检验,具体方法为样本率和总体率比较中的近似 u 检验。叠加表和嵌套表的处理方式同前。

由于上述检验方法读者尚未学习,因此这里不再列举相应的分析实例,详细的内容可参见后续相关章节的介绍。

3. "选项"选项卡

"选项"选项卡如图 9.21 所示,用于对表格输出中的一些选项进行设置:

① "数据单元格外观"框组:用于设置空单元格和缺失统计量的显示方式。

② "数据列的宽度"框组:为制表模块特有的功能,用于定义数据列的宽度,如果数据较为特殊,或制表的要求较为特殊,则可以在此自定义列宽。

③ "标度变量的缺失值"框组:用于设置当连续变量存在缺失值时对数据的处理方式。

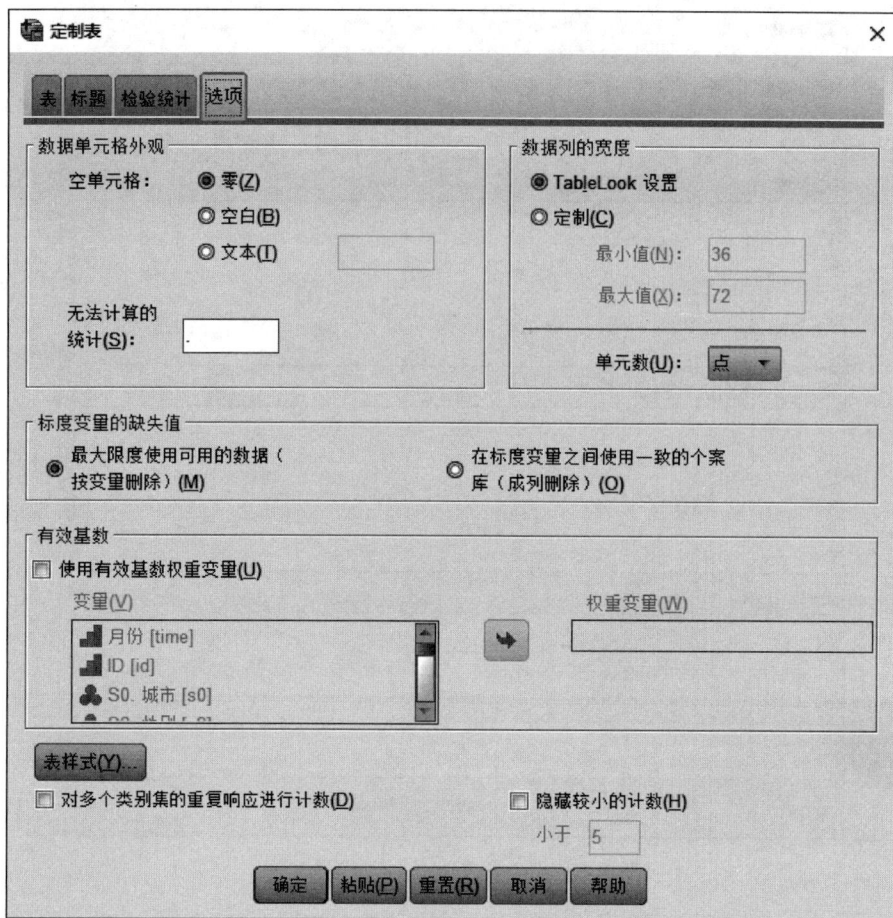

图 9.21 "定制表"的"选项"选项卡

④ "有效基数"框组：用于设置当数据为加权样本时，使用正确的权重变量进行表格输出。

⑤ 其他："表样式"按钮提供的功能与 7.3.1 小节中介绍的"样式"按钮完全相同。默认情况下，不会对多选题变量集中重复出现的数据计数，如果确有此需求，则可以选择"对多个类别集的重复响应进行计数"复选框。选中"隐藏较小的计数"复选框则可以屏蔽频数较小的单元格的输出，使表格更加精简。

9.4 表格的编辑

前面已经基本上完成了题目 A3 和 A3a 的表格制作，但与所要求的最终统计表格式相比，还存在如下问题：

① 在题目 A3 的表格中，类别标签的文字内容还需要修改。

② 在题目 A3 和题目 A3a 的表格中，均存在加粗显示的行。

③ 在题目 A3a 的表格中，有过多的横线需要删除。

④ 在题目 A3a 的表格中，小结标签因为默认列宽不足而被折行显示。

上述问题都可以通过对表格进行编辑来解决，下面就介绍具体的操作过程。

可能有的读者会对表格编辑提出其他建议：为什么不将表格复制到 Word 文档中进行编辑？这样操作不是更方便吗？要知道并非所有的结果表格最终都会在 Word 文档中出现。将其粘贴到不同的软件里，就需要使用不同的编辑方式来操作，因此还是学习一下 SPSS 自己的表格编辑操作更为稳妥。此外，可以将许多编辑操作存储为表格模板，以达到自动化制表的效果，这在实际工作中非常有用。

9.4.1　基本编辑操作

1. 两种不同的编辑窗口

在对结果表格进行编辑前，需要先进入它的编辑模式。相应的操作非常简单，只需双击选中的表格，就会进入其编辑模式。但根据 SPSS 系统设置的不同，可以在单独的窗口中进入编辑模式，也可以在结果查看器中嵌套进入编辑模式。一般而言，对于较大的表格，单独窗口的编辑模式在操作上更方便一些。如果希望控制编辑模式，除了可以对系统选项进行设置，还可以在选中相应表格后使用菜单"编辑"→"编辑内容"→"在查看器中"命令或"在单独窗口中"命令，前者使用嵌套方式，而后者则会以打开新窗口的方式进入表格编辑模式，如图 9.22 所示。

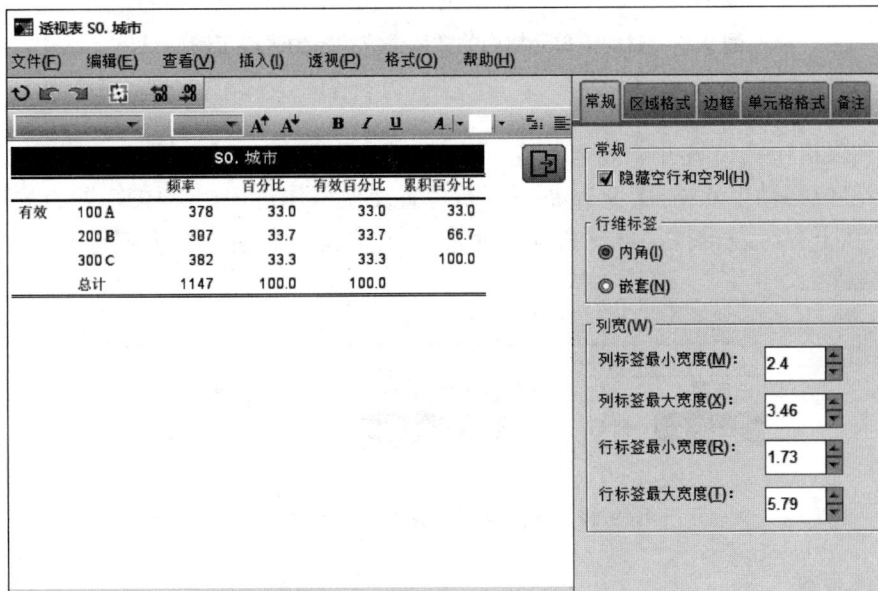

图 9.22　透视表的单独窗口编辑模式

2. 工具栏与透视托盘

在进入表格编辑模式后，默认情况下窗口中会同时出现编辑工具栏（老版本为浮动工具栏，新版本为固定工具栏）和透视托盘。使用工具栏可以对选定的单元格进行文字格式、对齐方式等的设置，其左侧的按钮▦可以控制透视托盘是否出现。透视托盘为浮动显示，用于控制和修改表格框架结构。

3. 表格元素的选择方式

在表格编辑中，单元格是基本的操作单位，表格标题和脚注均可被看成特殊的单元格来处理。虽然由于所使用的表格模板不同，有些单元格间的分界线并未被绘制出来，但它们在编辑操作中并不会被合并在一起,仍然是相互独立的操作单位。

要对表格中的内容进行编辑操作,应当先将相关元素选中,使系统得知后续操作是针对什么进行的。最常见的情形就是单击选中单元格。在选择表格元素时,不仅可以选中某个单元格,还可以选中表格中的一行或一列。此外,也可以先选中表格最上侧或最左侧的标题单元格,然后选择菜单"编辑"→"选择"命令,该命令的选项有表格、表格主体、数据单元格、数据和标签单元格等,选中所需的表格元素后,即可对它们进行删除、复制、更改格式等操作。

4. 单元格内容的编辑

在题目 A3 的表格中,还需要对变量值标签做进一步修改。可以先选中单元格,然后双击进入单元格内数据的编辑模式。此时,如果单元格内是数值,则不仅会显示相应数值的确切值,还可以直接对其进行修改。图 9.23 展示了对均值单元格内的数据进行编辑的全过程。显然,在编辑过程中用户可以随意修改其中的内容,甚至将数值修改为无关的纯文本。

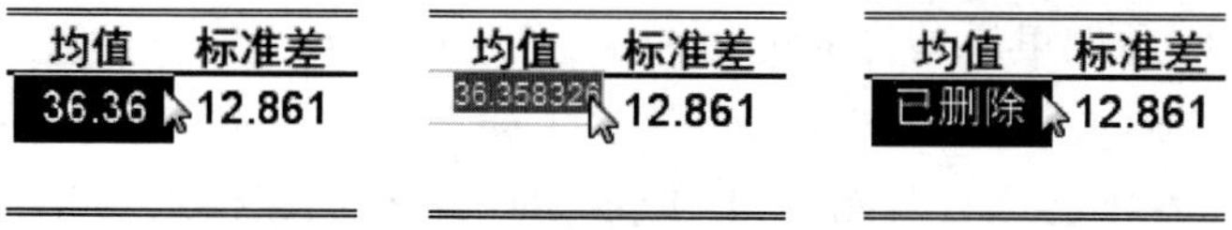

图 9.23　对均值单元格内的数据进行编辑的过程示例(★)

5. 单元格位置的移动

单元格在表格中的位置并非固定不变,可以移动。但是,为了保证表格内容不混乱,需要以行、列为基本单位移动单元格,图 9.24 展示了行位置交换操作过程。具体来说,首先选中行标题单元格,然后按下鼠标左键拖动鼠标移动单元格,到达合适的位置后松开鼠标左键,则该行会插入到示意的位置上。

图 9.24　行位置交换操作过程示例(★)

6. 列宽的更改

在题目 A3a 的表格中,小结标签因为默认列宽不足而被折行显示。其实表格中的列宽并非完全固定,而是可以自由调整的。为了方便操作,可以先选择菜单"查看"→"网格线"命令,这样可以将单元格的分界线用虚线精确地表示出来,之后就可以拖动鼠标直接对行宽进行调整了,具体的操作方式和调整 Word 表格一样,如图 9.25 所示。

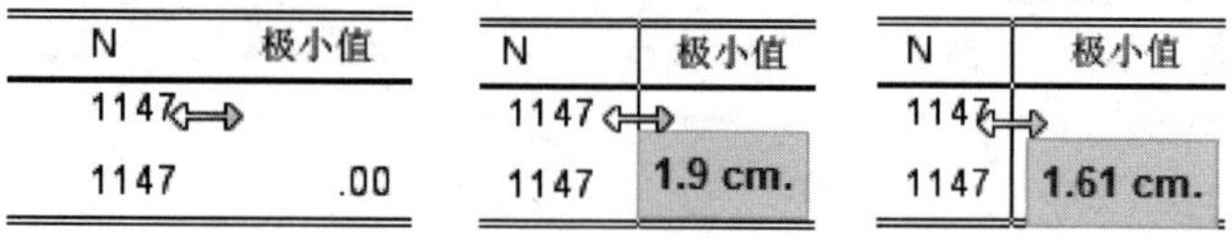

图 9.25　通过鼠标拖动的方式调整列宽示例(★)

除了内容、位置和列宽,也可以对单元格的其他属性进行更改。

9.4.2　主要菜单功能介绍

如果读者习惯使用 Windows,对于 SPSS 的许多菜单功能都会无师自通,下面仅对表格编辑中常用的菜单功能进行解释。

1."编辑"菜单

"编辑"菜单提供了复制、粘贴、删除、选择等常用的编辑功能,其中比较特殊的功能有以下几个:

① 分组 / 取消分组:用于为标题单元格加上或去掉分组的标签,选中标题单元格之后这两个菜单命令才会变黑,用户可以对相应的分组标签进行修改。

② 行排序:当选中某一列时,可以将表格内容按照该列数值的大小排序。

2."查看"菜单和"插入"菜单

"查看"菜单用于控制制表过程中的各元素,如编辑工具栏、表格维度标签、类别标签、脚注和单元格网格线的显示或隐藏。"插入"菜单用于插入新的标题、脚注等。

可以通过菜单"查看"→"语言"命令直接将当前的表格输出切换为所需的语言,如英语、法语等。

3."透视"菜单

"透视"菜单的功能是改变结果表格的显示方式。

① 类别重新排序:可以对行标签、列标签重新排序。具体操作是,先在表头区域选中希望移动 / 插入的位置,然后利用该菜单中的"类别重新排序"命令选择希望移动 / 插入的类别。当然,也可以用鼠标拖放操作来达到同样的效果。

② 行列转置:用于对表格进行行列转置操作,该操作在表格太宽时非常有用。

③ 透视托盘:用于显示或隐藏透视托盘。

4."格式"菜单

"格式"菜单的功能是对表格各个方面的格式进行精细调整,其中比较重要的功能如下:

① 表外观:可以利用该功能直接更换表格模板,但所做的设置只对当前表格有效。

② 自动调整:表格的行高、列宽会自动按内容的多少调整为最小。

除了以上功能,其他菜单的功能均非常明确,这里不做详述。

9.4.3　表格属性的详细设置

在各种编辑操作中,比较复杂但又十分常用的是表格属性设置功能。该功能可以在"表属性"对话框中设置。选择菜单"格式"→"表属性"命令,即可打开"表属性"对话框,该对话框现在已固定显示在数据编辑器窗口的右侧。

1."常规"选项卡

在"常规"选项卡中,"常规"框组用于显示或隐藏空的行 / 列;"行维标签"框组用于控制行维度标签的显示格式,可以位于左上角或嵌套;"列宽"框组用于控制最大、最小行 / 列标签的宽度。

2."区域格式"选项卡

"区域格式"选项卡如图 9.26(a)所示,若表格内容被分为若干区域,则可以在该选项卡中设置每个区域各自的显示格式。

3."边框"选项卡

"边框"选项卡如图 9.26(b)所示,用于设置表格中各种框线的格式。左侧的"边框"框中列出了表格中全部框线的名称,选中某个框线的名称后再在样式的两个下拉列表中选择线型和颜色。

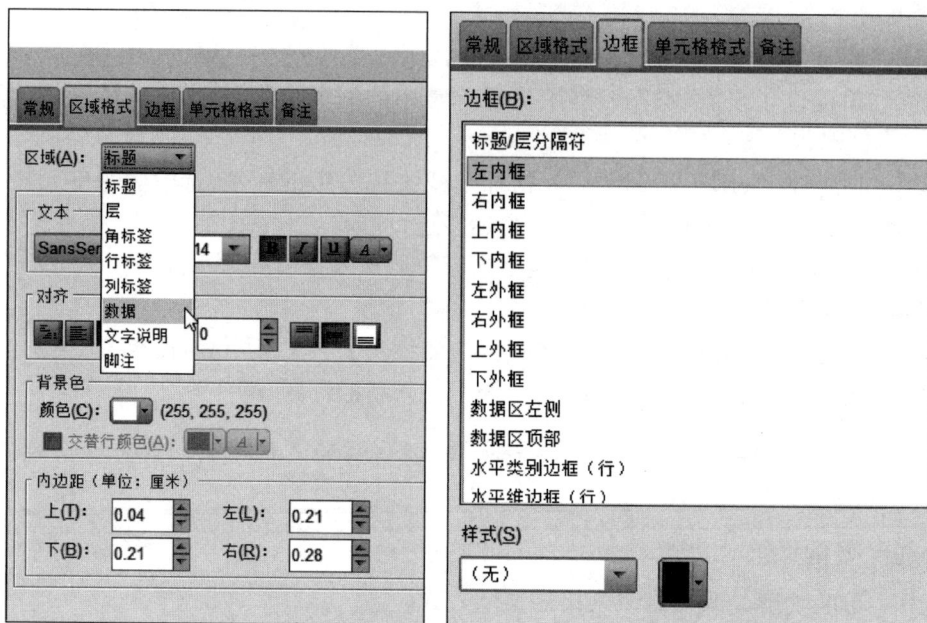

(a)"区域格式"选项卡　　　　　　　(b)"边框"选项卡

图 9.26　"表属性"对话框的"区域格式"选项卡和"边框"选项卡

4. 其他选项卡

"单元格格式"选项卡用于设置当前被选中的表格单元格的显示格式,包括数字格式、小数位数、页边距等;"备注"选项卡则用于进行表格脚注、注释的设置。

9.5　表格模板技术

前面介绍了如何对表格进行编辑,但是所有的编辑操作都只是针对当前表格进行的,对于新制作的表格,SPSS 仍然会使用默认设置的表格格式进行输出。可以设想这样的一个场景:某个项目中共需要制作 1 000 张表格,具体格式都相同,但是和 SPSS 默认的表格格式不同。如果对一张表格的格式进行编辑需要 5 min,那么编辑 1 000 张表格就需要 5 000 min,合计 80 多个小时。显然,如果有一种方法能将所需的设置保存下来,并且使得 SPSS 输出的表格均自动使用该设置,则可以大大减少相应的工作量。

利用表格模板技术就可以实现上述目的。所谓表格模板,是指存储了表格框线、单元格字体、颜色等设置信息的一种特殊格式的文件,SPSS 可以读取其中的设置信息,并将其应用于当前表格。

1. 为当前表格应用和存储不同的表格模板

除了默认的表格格式,SPSS 中还提供了一大批其他样式的表格模板,如果希望为当前表格更换一个新的模板,则选择菜单"格式"→"表外观"命令,打开"表外观"对话框,如图9.27所示。该对话框左侧列出的就是所有可用的模板,右侧则为相应模板的示意图。用户只需要在左侧列表中选中合适的模板,然后单击"确定"按钮即可。此时,就可以看到当前表格已经被更改为相应模板的格式。

利用"表外观"对话框,还可以将当前表格的格式存储为一个新的模板,供其他表格使用。注意,在图9.27所示的对话框的下方有三个按钮:"保存外观"按钮用于将表格格式的更改存储到当前使用的模板中;"另存为"按钮用于将当前表格格式存储为一个新的模板;"编辑外观"按钮则用于继续对现有表格的格式进行更改,单击该按钮,会弹出单独的表格属性对话框,供用户修改表格格式。

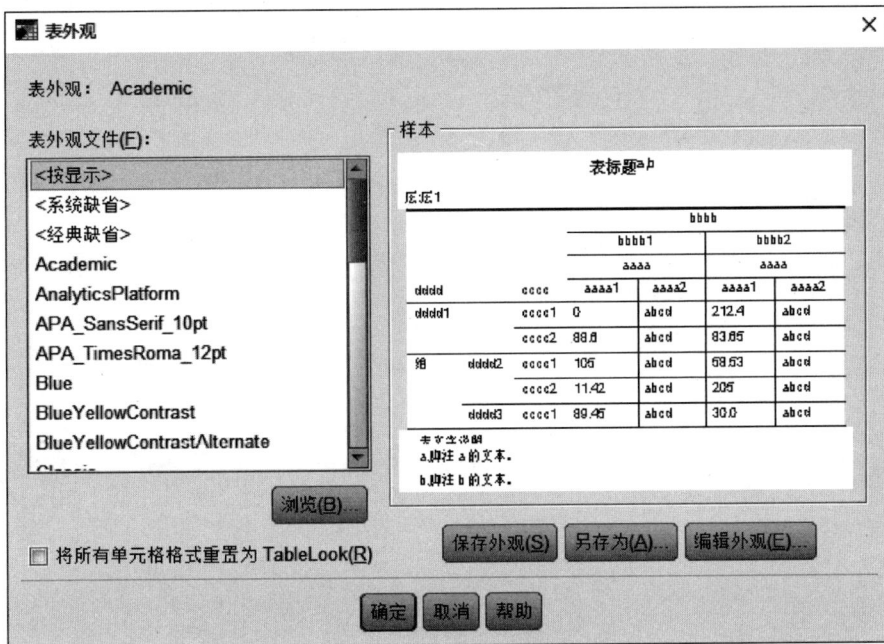

图9.27　"表外观"对话框

2. 将表格模板设置为系统默认值

通过上面的操作,可以将所使用的表格格式设置信息存储为模板,然后再将其应用到其他表格中。这虽然大大节省了工作时间,但是当需要操作的表格很多时,仍然非常麻烦。此时可以将相应的模板设置为系统默认的表格格式,从而在程序执行时就自动完成相应的表格格式设置工作。具体的操作可在系统"选项"对话框中进行。在SPSS中,选择菜单"编辑"→"选项"命令,在弹出的对话框中选择"透视表"选项卡。在该选项卡中,首先使用"浏览"按钮找到希望使用的模板,然后将该模板设置为默认表格外观即可,单击"确定"按钮后SPSS输出的所有表格均将按照该模板的格式设置。

在各种SPSS预先设置的模板中,Academic模板和Report模板最有用,如图9.28所示,Academic模板实际上就是统计学中最常用的三线表,如图9.28(a)所示,完全符合统计学中的表格要求。而Report模板更进一步,只保留了分隔表头和表格正文的横线,如图9.28(b)所示,是调研报告中常用的单线表格式。建议读者尽量使用这两种模板,以养成良好的习惯。

	N	极小值
总指数	1147	.00
有效的N	1147	

	N	极小值
总指数	1147	.00
有效的N	1147	

(a) Academic模板　　　　　　　(b) Report模板

图 9.28　透视表的 Academic 模板和 Report 模板（★）

思考与练习

自行完成本章所涉及的针对 CCSS 项目数据的统计表制作操作。

第 10 章　数据的图形展示

第 9 章介绍的统计表,其优势在于可以对各种数据细节进行精确呈现,缺点则是不够直观,用户很难立刻抓住主要的数据特征。统计图的特点则正好和统计表相反,它可以直观地呈现主要的数据特征,但对数据细节的呈现却不够精确。只有将统计图和统计表结合起来应用,才能使数据的呈现最为全面和清晰。本章就将介绍数据的图形展示技术。

由于统计图对数值的呈现比较粗略,因此当所展示的数据大小接近时可以考虑采用统计表。如果一定要用图形来呈现,则可以在统计图中标出具体的数值,以备查看。

本章的研究背景是希望初步了解不同地域、月份、人口分布特征的消费者信心总指数之间存在怎样的差异。下面就介绍统计图在数据呈现上可以达到怎样的效果。

10.1　统计图概述

如上所述,统计图可以简洁、直观地对主要数据特征进行呈现。针对这一特点,制作统计图有两个基本需求:一是正确,二是简洁。因此,偏离这两个基本需求,盲目追求图形的酷炫效果显然并不妥当。

10.1.1　统计图的基本框架结构

统计图的基本框架结构如图 10.1 所示。一张完整的统计图可以大致分为标题区、注解区、坐标轴、绘图区、图例区等多个部分,下面就对这些部分一一进行介绍。

1. 标题区和注解区

这两个区域分别位于统计图的最上方和最下方。位于图形的最上方、用于列出统计图名称的区域就是标题区,如图 10.1 中标明"分组条图……"的部分。在标题中,可以注明统计图的编号,标题内容则用于说明统计图的内容、地点、时间等,应当简明扼要。图 10.1 中图形最下方的区域即为注解区,用于添加对统计图内容的说明,文字不宜过多。

2. 坐标轴

包括坐标轴、图形本身(绘图区)在内的区域统称为数据区,是统计图的主要部分。坐标轴用于表示相应变量的取值情况,由于二维统计图最常用,一般将两个坐标轴分别称为横轴和纵轴。实际上,坐标轴应当按照所表示数据的类型分为连续轴和分类轴两大类,图 10.1 中的横轴就是分类轴,其刻度无大小之分,仅代表不同的类别。其纵轴则为连续轴,其刻度准确地表示了数量之间的差异。连续轴和分类轴的编辑功能相差极大,但与其是横轴还是纵轴无关。

坐标轴一般都有标目,用于说明其具体含义。对于连续轴而言,往往还需要注明数据单位,如年份、克、% 等。连续轴的刻度在一般情况下被设置为算术等距(如图 10.2(a)所示),但必要时也可以被设置为几何等距(如图 10.2(b)所示)、对数等距(如图 10.2(c)所示),以满足特殊的分析需求。纵轴和横轴尺度一般从 0 开始(对数线图、点图除外),以避免用户曲解统计图所表示的指标关系。

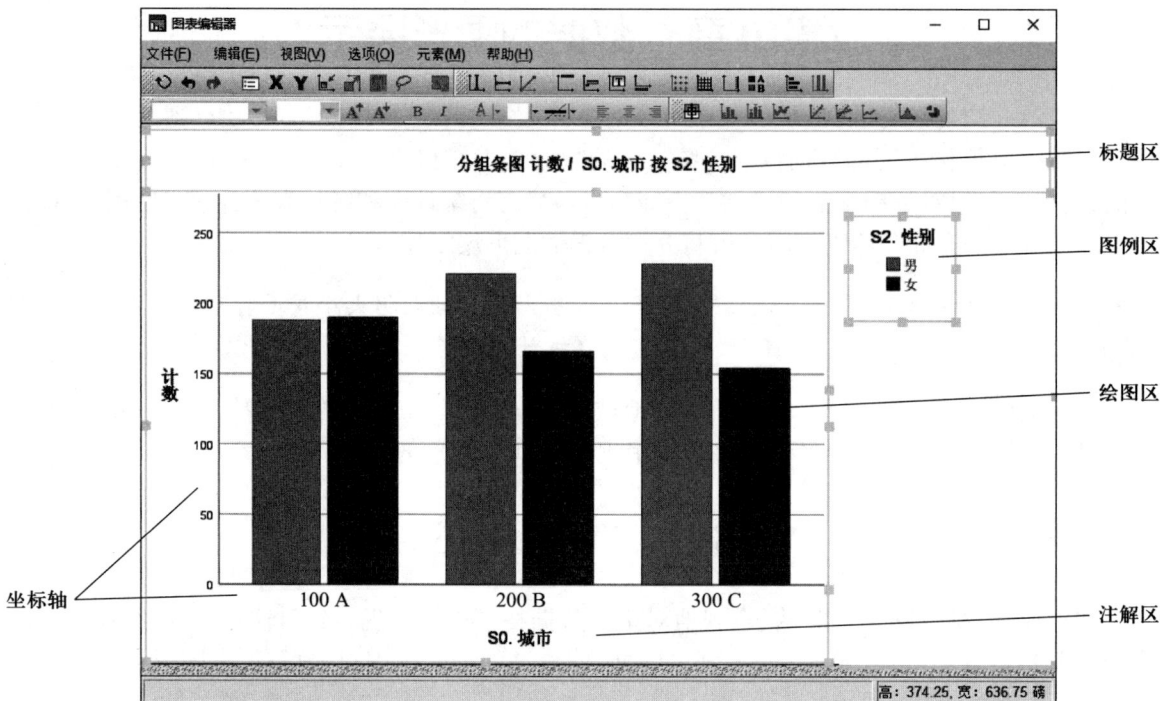

图 10.1　统计图的基本结构

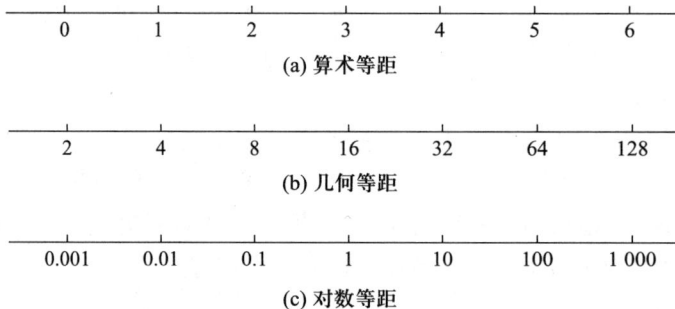

图 10.2　被设置为算术等距、几何等距和对数等距的连续轴

3. 绘图区

绘图区指的是被坐标轴包围、直接使用图形元素来对数据进行呈现的区域,在 SPSS 中又被称为内框区,以与表示整个图形范围的外框区相对应。绘图区中主要有表示变量取值情况的直条、区块、点、线等图形元素,使用者在阅读图形时要先注意坐标轴的具体含义,以明确各变量的坐标究竟表示的是数量,还是类别。例如,图 10.1 中不同的直条(横轴为分类轴)表示的是城市类别和性别的组合,而直条的高低(纵轴为连续轴)则表示这些组合下的具体样本量。

除了基本的图形元素,绘图区中还可能出现各种文字注解、辅助坐标线等方便图形阅读的元素。

4. 图例区

图例区位于图 10.1 的右侧,当要使用不同的颜色、线型等将图形元素分组,以表示不同的类别时,就需要在图例区中对此加以说明。以图 10.1 为例,可见其右侧的图例用不同颜色区分了不同性别的直条。图例可以被放置在图形的四周,当然,出于美观和使用习惯上的考虑,最常见的位置是图形的右上方。

以上介绍的是一个完整统计图的各个部分,实际上,这些部分并非在所有的统计图中都会出现,如标题区和注解区就很少用到,而如果不存在图形元素分组的问题,图例区也不会出现。一般而言,由坐标轴和绘图区组成的数据区是统计图的核心部分,其他部分则可以根据需要有选择地加以使用。

10.1.2　统计图的种类

统计图的分类方法有许多种,但和统计学最贴近的分类方法是先按照呈现变量的数量将其大致分为单变量图、双变量图、多变量图等,然后再根据相应变量的测量尺度进行更细的区分。本小节就按照这种分类方法进行讲述,毕竟这里介绍的是一种统计软件而不是绘图软件。虽然这种分类方法会将许多统计图分成更细的类型,但是这样更有利于读者正确地使用统计图。

> 在 SPSS 中创建统计图时,变量的测量尺度很重要,如果对变量的测量尺度定义有误,则可能无法生成相应的统计图。目前 SPSS 将绘图用变量主要分为以下三类:无序分类变量、有序分类变量和连续变量,同时也将多选题变量集作为一类特殊的无序分类变量进行处理。

1. 单变量图:连续变量

单变量图指的是利用图形元素的位置高低、范围大小等来对某个变量的数值 / 类别分布特征进行呈现,常用于描述、考察变量的分布类型。绘制这类统计图时只需要一个变量。

直方图是最常见的描述一个连续变量分布特征的图形工具,如图 10.3(a)所示,它通过直条在各组段的分布范围和长度来直观地显示连续变量的数量分布规律,直方图中的横轴表示不同组段,纵轴则表示相应组段连续变量的频数。对于样本量较小的情形,直方图会损失一部分信息,此时可以使用茎叶图来进行更精确的描述。

除了直方图,箱图也常用于描述连续变量,如图 10.3(b)所示,它主要使用百分位数统计指标体系,包括中位数、四分位数等对该变量的数量分布规律进行呈现,此外还可以帮助使用者进行对称性、极端值等的判定。

对于更为深入的研究,研究者往往还希望考察该连续变量是否服从某种理论分布,如考察其是否服从正态分布。除了进行假设检验,使用 P–P 图(如图 10.3(c)所示)和 Q–Q 图也可以直观地达到这一目的。

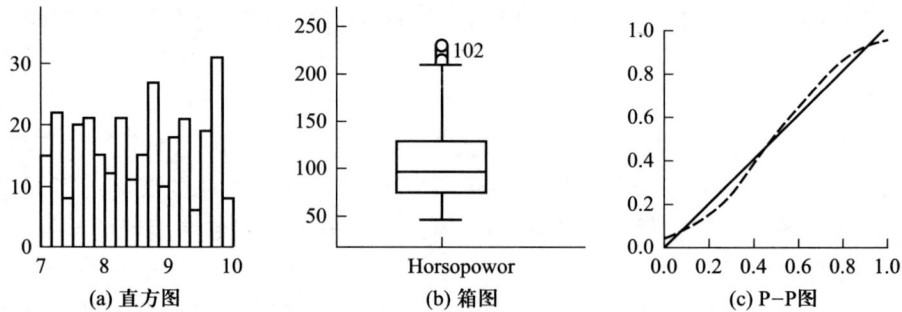

图 10.3　用于描述连续变量的几种常见的单变量图示例（★）

2. 单变量图：分类变量

对于分类变量的描述可以分为两种情况：展示分类变量各类别的频数和表示各部分占总体的构成比。对于前者而言，最常见的工具是简单条图，如图 10.4（a）所示，它使用等宽直条的长度来表示相互独立的类别的频数大小，换言之，横轴表示不同类别，而纵轴则和直方图一样，用于表示频数。

在表示各部分占总体的构成比时，饼图是最常见的工具，如图 10.4（b）所示，它用饼块的大小来表示各类别占总体的百分比。此外，条图也可以衍生出专门用于表示构成比情况的百分条图。

对于一些特殊的问题，研究者希望能在一张统计图中同时表示该变量各类别的原始频数和百分比构成，帕累托（Pareto）图就可以满足这一要求，如图 10.4（c）所示，它用直条的长度表示频数的大小，同时又用折线来表示累积百分比的变化情况。

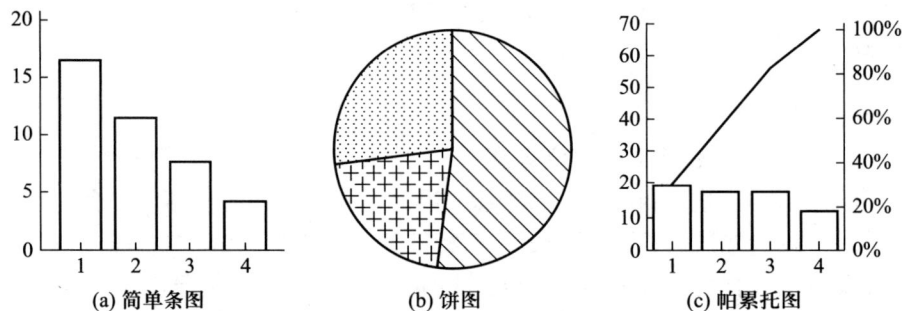

图 10.4　用于描述分类变量的几种常见的单变量图示例（★）

3. 双变量图：连续因变量

顾名思义，绘制这类统计图时需要两个变量，而这类统计图也主要用于呈现这两个变量之间的数量联系，或者说当一个变量改变时，另一个变量会如何变化。该统计图常用于对属于不同亚类（subgroup）的研究对象进行比较。

为了方便起见，这里首先考虑因变量为连续变量的情形。此时，一般会用纵轴刻度的高度来呈现因变量统计量的大小，所涉及的统计量可能是均值或者标准差等。当自变量为无序分类变量时，所使用的图形工具实际上还是简单条图，只是此时每个直条的高度代表的是在相应类别上该因变量统计量的大小。当自变量为有序分类变量，特别是表示年代或时间的变量时，在统计学中习惯用线图（如图 10.5（a）所示）来呈现其与因变量之间的关联，以直观地表现随着有序分类变量的变化,相应的因变量统计量是如何增大或减小的。当然,也可以用条图来呈现这一信息,但这主要是使用习惯的问题。当自变量也是连续变量时,所使用的图形工具就是散点图。它用散点的疏密程度和变化趋势来呈现两个连续变量之间的数量联系,如图 10.5(b)所示。

4. 双变量图:分类因变量

当因变量为分类变量、自变量为连续变量时,目前尚没有很好的图形工具可以使用,常见的处理方式是先将自变量/因变量的位置互换,再使用条图来呈现。当自变量也是分类变量时,可以使用的图形工具是比较单一的,基本上以条图为主。

按照具体的呈现方式,条图又可以分为复式条图、分段条图和马赛克图三种。复式条图主要用于呈现两个分类变量各类别组合下的频数情况,如图 10.5(c)所示,分段条图则用于突出一个分类变量各类别的频数,并在此基础上表现两个分类变量各类别组合下的频数情况。马赛克图也以一个分类变量为主,它呈现的是在一个变量的不同类别下,另一个变量各类别的百分比变化情况。10.5 小节将会对这些统计图做详细的讲解。

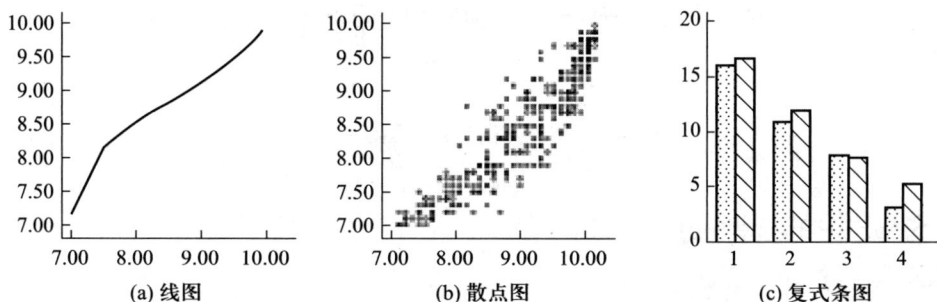

图 10.5　几种常见的双变量图(连续因变量)示例(★)

以上介绍的仅仅是常见的双变量图,双变量图还有分组箱图、复式饼图、直方图组等,对此感兴趣的读者可参考相应图形的介绍,这里不做详述。实际上,当自变量为分类变量时,分类别绘制相应的单变量图,也可以达到对数据进行充分和深入展示的目的。

5. 多变量图

当一张统计图用于呈现三个或者三个以上的变量之间的数量联系时,该统计图就称为多变量图。一般而言,由于一个坐标轴只用于呈现一个变量的数值特征,因此用二维统计图来表示两个变量的数值特征比较合适。如果要呈现三个变量之间的数量联系,最好采用有三个坐标轴的三维统计图。但是,在实际工作中常常需要在纸面或者显示器屏幕上呈现三维统计图,这使得三维统计图应用起来并不方便。因此,当多变量图中有变量为分类变量时,研究者往往用图例来对二维统计图进行扩充,使其能够表现更多的信息。例如,在散点图中用点的形状或者颜色来区分不同的类别,这样实际上就可以在一张带图例的散点图中呈现两个连续变量和一个分类变量之间的数量联系。类似的统计图还有多线图等。当然,如果所有变量均为连续变量,则图例并不能解决问题,仍然需要使用高维的散点图来呈现变量之间的数量联系。为了方便观察这种高维散点图,SPSS 提供了一系列功能,如散点图矩阵、三维散点图等,详见 10.7 节。

读者在使用多变量图时要注意"度"的问题,切勿将统计图绘制得太复杂,因为这样会使统计图失去"直观明了"的优点,得不偿失。

6. 其他特殊用途的统计图

除了上述可以按照统计学体系进行归类的统计图,针对一些特殊的应用领域和分析目的,SPSS 还提供了一系列专用统计图,这些统计图或者用于满足某个行业的特殊需求,或者用于完成某类特殊的统计分析任务。前者如统计数据与地域分布相结合的统计地图、用于工业质量控制的控制图(如图 10.6(a)所示)、用于股票分析的高低图,后者如用于描述样本指标置信区间或分布范围的误差条图、用于诊断性试验结果分析的 ROC 曲线(如图 10.6(b)所示)、用于时间序列数据预分析的序列图等。对于这些图形工具,本书将会有选择地在后续章节中加以介绍。

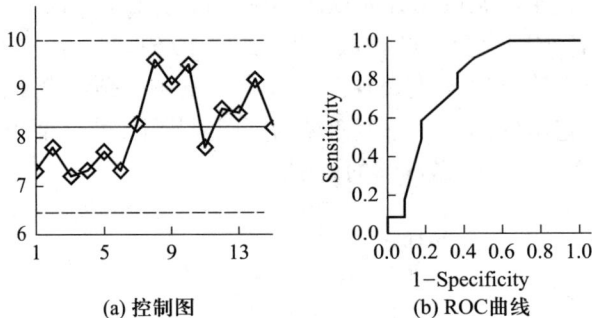

(a) 控制图　　　(b) ROC曲线

图 10.6　特殊用途的统计图示例(★)

10.1.3　SPSS 中的统计图绘制功能

1. SPSS 的三种统计图系统

SPSS 的统计图系统一直处于不断的演进之中,在 SPSS 29 中有三种统计图系统:

① 主统计图系统:是 SPSS 最主要的统计图系统,本章随后的讲解也将以其为主。

② 可视化图形板系统:是来自 IBM SPSS Modeler 的绘图系统。在 SPSS 中调用"图形"菜单中的"图形画板模板选择器"命令生成的就是此类统计图,由于其编辑功能很简单,且操作和主统计图系统完全不同,因此除了小提琴图和热图这些主统计图系统无法生成的特殊统计图,本书将不对该统计图系统的操作做进一步介绍。

③ R 统计图:通过调用 R 插件,可以直接在 SPSS 的结果查看器窗口中绘制 R 统计图。在 SPSS 中基本上不能对这种图形做任何编辑操作。

2. 统计图的三种对话框操作方式

SPSS 为绘制统计图提供了三种对话框操作方式:

(1)"图表构建器"对话框

选择"图形"菜单中的"图表构建器"命令,可以打开"图表构建器"对话框。该对话框是类似"定制表"对话框的画布式全交互对话框,对于其上的元素均可采用鼠标拖放的方式进行操作,这使得该对话框的可操作性大大增强,以前需要进行两至三层对话框操作才能完成的工作,现在只要进行一层对话框操作就可以完成。不仅如此,由于几乎所有的统计图操作都集中在该对话框中,因此用户的学习和操作效率也大大提高。本书将以"图表构建器"对话框为主进行讲解。

(2)"图形画板模板选择器"对话框

选择"图形"菜单中的"图形画板模板选择器"命令,可以打开"图形画板模板选择器"对话框。该对话框是一个类似绘图向导的可视化对话框,它能够根据用户选择的变量数量和测量尺度自动给出相关的图形,供用户选择。不过,通过该对话框调用的是来自 IBM SPSS Modeler 的可视化图形板系统。

(3) 标准的 SPSS 对话框

SPSS 为每一种图形都提供了对话框,这些对话框具有不同的操作界面。在"图形"菜单中有"旧对话框"命令,该命令按照图形类型对所提供的对话框进行了区分,以方便 SPSS 老用户使用。同时,在"分析"菜单中也提供了大量的此类对话框,供用户使用。

10.2 直方图和茎叶图

直方图(histogram)用于表示连续变量的频数分布,常用于考察变量是否服从某种分布,如正态分布。在直方图中,用各矩形(直条)的面积表示各组段的频数,各矩形的面积总和为总频数(或等于 1)。若各组段的组距不相等,则用各组段的组距去除相应组段的频数,将所得的商作为矩形的高度,将该组段的组距作为矩形的宽度,以保证矩形的面积等于该组段的频数。

10.2.1 案例:绘制消费者信心总指数的直方图

例 10.1 绘制消费者信心总指数的直方图,以考察其是否服从正态分布。

由于本例已经明确了要绘制的图形类型,因此在操作上并无歧义,选择简单直方图即可。但是由于本例的目的是考察消费者信心总指数变量 Index1 是否服从正态分布,因此在绘图时加绘正态曲线,以方便比较。

1. 界面说明

选择菜单"图形"→"图表构建器"命令,打开"图表构建器"对话框,如图 10.7 所示。该对话框实际上有多个选项卡,只是选项卡由于数量过多而被分别放置到了画布的下方和右侧。

① "变量"框:列出统计图绘制过程中所有可用的变量,如果有多选题变量集,则会显示在"变量"框的最后。用户可以将相应的变量 / 多选题变量集拖入画布。

② "类别"框:位于"变量"框的正下方,在"变量"框中选中某个分类变量时会自动在该框中列出其所有的类别取值 / 标签,图 10.7 中因选中的是连续变量 index1,所以在该框中没有任何显示。

③ 画布:画布在该对话框的中部,占据了其很大一部分空间,类似画家绘画时所使用的画布,用户就是在画布上进行变量的拖放操作,以得到所需的图形。需要注意的是,画布上有一些用虚线标出的放置区,变量只能被拖放到这些区域中。在图 10.7 中,可以看到有两个坐标轴放置区(用于放置图形元素)和一个空置的过滤器(用于在绘图时直接筛选个案)。根据绘制图形类型的不同,还会有分组放置区(如复式条图)、面板放置区和点标签放置区等出现。

④ 下方的选项卡组:在该对话框下方的选项卡组中,"图库"选项卡最重要,用于列出图库中的候选统计图,供用户选择。它将候选统计图按照基本特征分成若干组(范围),用户可先在"选择范围"框的左侧选择统计图的类型,然后在右侧列出的图标组中进一步选择所需的统计图图标。"基本元素"选项卡用于在已选定统计图的基础上进一步增加坐标轴、图形元素等内容;"组 / 点 ID"选项卡用于在统计图中增加行面板、列面板、点 ID 变量等元素(详见本节中有关直方图组绘制的内容);"标题 / 脚注"选项卡则用于在统计图中增加相应的注释内容。

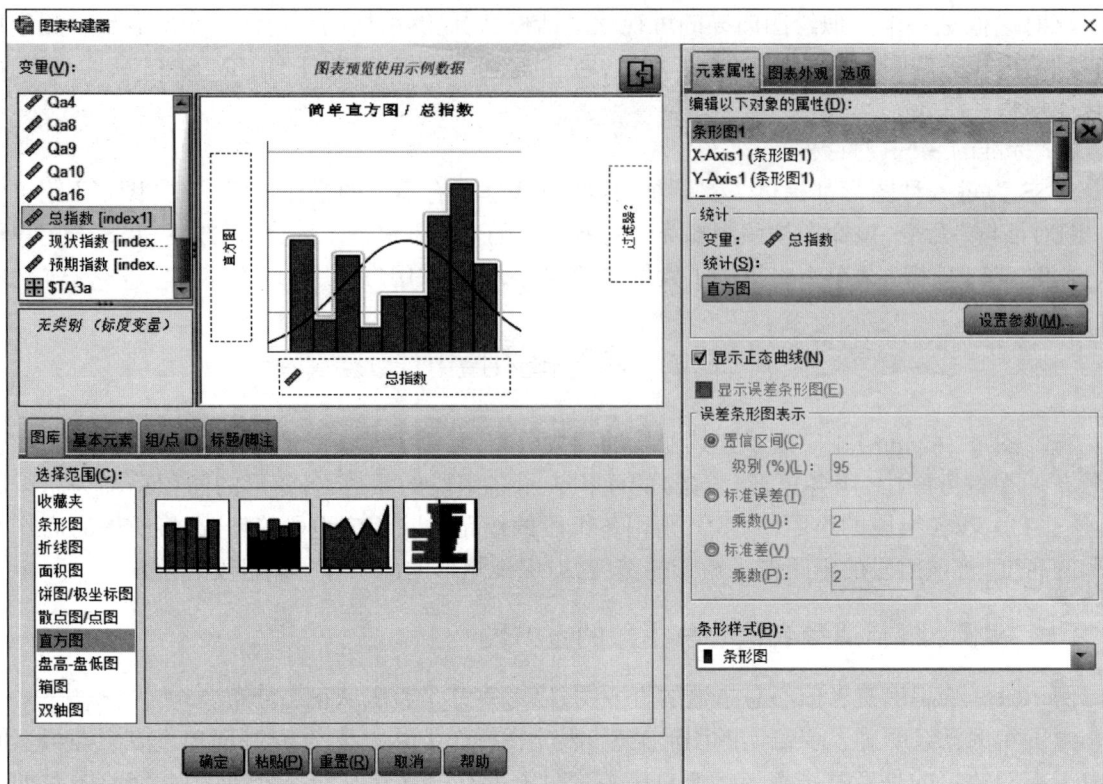

图 10.7　"图表构建器"对话框

⑤ 右侧的选项卡组：在画布中选入一种统计图后会自动弹出该选项卡组，也可以使用画布右上角的"折叠侧面板"按钮来控制其显示或隐藏。"元素属性"选项卡用于对图形元素的种类、统计量、显示格式等进行详细设置，在"编辑以下对象的属性"框中选择的图形元素不同，其下方所显示的选项也不同。"图表外观"选项卡用于对颜色循环顺序、网格线、图形模板等进行设置。"选项"选项卡用于对缺失值、图形大小比例等进行设置。

> 在较早的 SPSS 版本中，"图表构建器"对话框右侧的"元素属性"等三个选项卡被放在一个独立的"元素属性"对话框中，但在功能上和现在的版本并无差异。

> 图 10.7 中列出的"元素属性"选项卡显示的是直条属性的设置界面，这些属性对于以直条为基本元素的统计图，如直方图、箱图、条图，都是相似的，读者可仔细观察该界面中的内容，后面将不再对其重复介绍。

2. 具体操作

本例的操作非常简单，具体如下：

① 选择菜单"图形"→"图表构建器"命令，打开"图表构建器"对话框。

② 在"图库"选项卡的"选择范围"框中选择"直方图"项，在右侧选择简单直方图图标，将其拖入画布。

③ 在"变量"框中找到总指数变量 index1，将其拖入画布的横轴放置区。

④ 在"元素属性"选项卡中选中"显示正态曲线"复选框。

⑤ 单击"确定"按钮,在结果查看器窗口中即可看到最终绘制的统计图。

双击该统计图,打开"图表编辑器"窗口,如图 10.8 所示,可见总指数变量 index1 的分布还是非常接近正态曲线的,只是左侧稍有拖尾,也就是有几个偏低的极端值存在。统计图的右侧还会给出均值、标准差和样本量,以便用户全面了解样本情况。

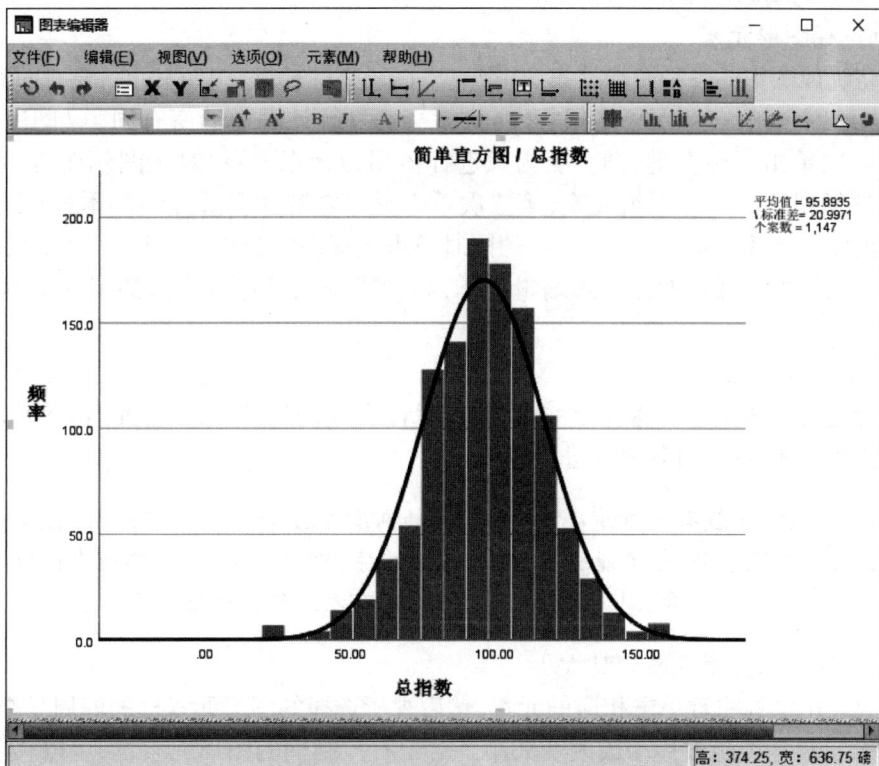

图 10.8　直方图的"图表编辑器"窗口

> 本章都是按照先绘制基本图形再对图形进行编辑的顺序介绍的。如果希望在绘制图形时就能够设置连续轴数据单位、直条分段方式等非图形特征选项,则可以在"元素属性"选项卡的"编辑以下对象的属性"框中先选中相应的坐标轴、标题等,然后在其中部和下部的区域进行相应的参数设置,此处不做详述。

10.2.2　图形的基本编辑操作

上面输出的图形无论是从统计学的要求上来讲,还是从美观程度上来讲都不完善,好在 SPSS 赋予了用户相当大的自主权,使他们可以对图形进行全方位的编辑。

1. "图表编辑器"窗口

在结果查看器窗口中双击欲进行编辑的统计图,就会打开一个独立的"图表编辑器"窗口,如图 10.8 所示。"图表编辑器"窗口中的所有图形元素都可以被单独选中或者成组选中,如果一个图形元素只能被成组选中,则说明该图形由于统计特性的原因而不允许被单独编辑。例如,直方图中的直条组、坐标轴的刻度和标签等都不允许被单独选中。

和"图表编辑器"窗口同时出现的还有一个"属性"对话框，它有多个选项卡，选项卡的内容和数量与在"图表编辑器"窗口中选中的图形元素有关。大多数图形编辑操作都在此对话框中实现。如果该对话框被关闭，则可以在"图表编辑器"窗口中使用菜单"编辑"→"属性"命令，或者单击工具栏上的按钮▤，使其重新出现。

2. 图形编辑的基本操作要点

（1）如何选择图形元素

系统会将统计图中的各种图形元素，如散点、直条、坐标轴等，按照其统计特征进行编组。用户若在某个图形元素上第一次单击鼠标左键，就会选择统计图中的所有同类／同组元素；若在原位置上第二次单击鼠标左键，则会变为只选择该图形元素本身（对于图例而言，第二次单击鼠标左键会选择图例的所有同组元素，第三次单击鼠标左键才会选择图例本身）。如果希望选择多个不同的图形元素，则在按住 Ctrl 键的同时单击鼠标左键分别选择即可。对于所选择的一组图形元素，用户可以同时进行格式编辑操作，如设置颜色、填充样式，甚至标出具体的数值、ID 等。

（2）如何编辑文本元素

先用鼠标左键单击文本元素，之后再次单击鼠标左键，即可进入文本元素的编辑状态，此时可更改其格式和字体，也可对其内容进行编辑。

文本元素编辑一般有三种情况：对于坐标轴刻度等移动／更改后可能导致图形误读的文本元素，既不能移动，也不能编辑；对于图例文字，则可以编辑，但不能在图例内部移动位置；对于其他文本元素，则既可以随意移动，也可以进行内容编辑。

（3）如何移动图形元素或改变其大小

同样需要先用鼠标左键单击相应的元素，然后视所选择的图形元素框的四周是否有控制柄，来确定该图形元素是否能被移动或改变大小。对于有控制柄的图形元素框，可以移动或改变其大小。以图 10.9 中的图例操作为例，单击鼠标左键选择整个图例，这时就会出现带 8 个控制柄的方框，将鼠标指针移动到框线上，鼠标指针就会变为十字形状，此时按下鼠标左键即可随意移动所选择的图例的位置。如果将鼠标指针移动到控制柄上，鼠标指针会变为双向箭头形状，此时按下鼠标左键拖动就可以更改图例的大小。

在移动图形元素位置或改变其大小时，相应区域内文本的大小和格式不会改变，只会随着区域的形状"流动"。而其中的图形元素则会自动调整大小和形状，如调整长度、宽度等，以达到最佳的显示效果。

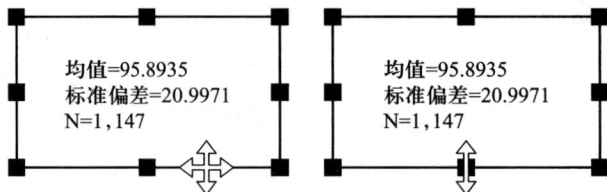

图 10.9 移动图例的位置或改变其大小（★）

图形元素的位置设置大致分为三种情况：坐标轴刻度等重要的图形元素的位置是完全固定的，以保证基本的图形特征；坐标参考线等图形元素的位置是半固定的，不能随意拖动，而只能通过在"属性"对话框的"图表大小"选项卡中输入坐标值进行精确定位，以保证位置的准确性；对于一般的注解、标签等，用户则可以在图形中随意移动。

3. 更改图形的长宽比例

近年来发布的 SPSS 版本，其默认的图形是按照 16∶9 的宽高比绘制的，如果希望将其更改为 4∶3 等其他比例，则可在"属性"对话框的"图表大小"选项卡中取消对"保持宽高比"复选框的选择，然后在"单位 厘米"框组中的"高度"框和"宽度"框中输入希望设置的图形的高度和宽度，如图 10.10(a)所示，再单击"应用"按钮。

4. 图例的位置移动和大小改变

系统默认将绘制的分组图形的图例放置在统计图的右上方，如果希望将图例移动到其他位置，则可以用拖动的方式实现。对于图例的文字大小、种类、颜色等属性，则需要利用"图表编辑器"窗口中的格式工具栏更改，这里不做详述。

5. 更改背景色、直条颜色、边框颜色、文本颜色等图形元素属性

如果希望更改背景色、直条颜色、边框颜色、文本颜色等图形元素属性，则需要先选择相应的图形元素。选择的图形元素不同，"属性"对话框中的内容也会有所不同。该对话框根据所选择的图形元素，即时给出可用于该图形元素编辑的各种选项卡，如"填充与边框"选项卡、"线"选项卡、"文本样式"选项卡，如图 10.10(b)、图 10.11(a)和图 10.11(b)所示，这些选项卡的共同特征是可以进行颜色设置。此外，它们还各自有一些独特的选项，如对于图元素可以更改填充样式、边框样式，对于线条元素可以更改线型和粗细，而对于文本元素则可以更改字体、大小和对齐方向等。

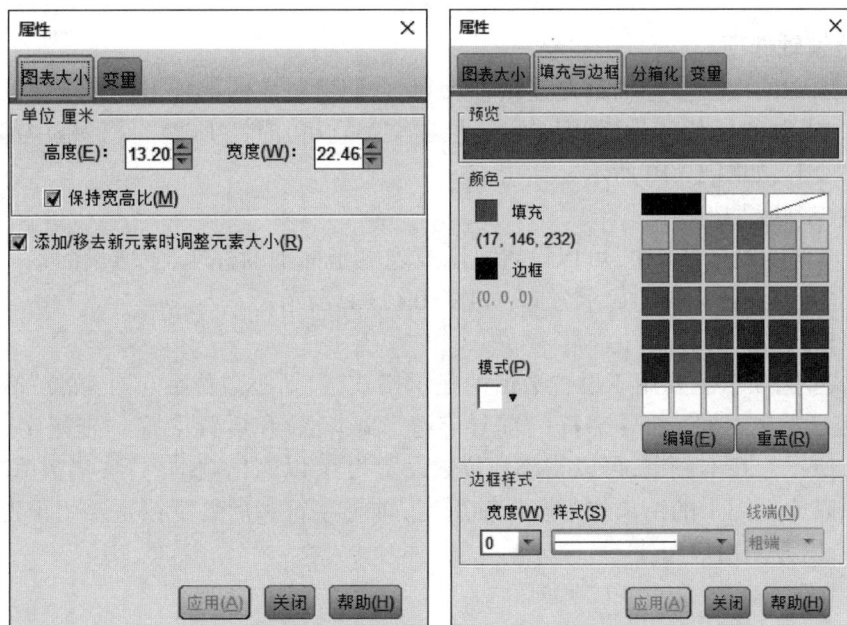

(a) "图表大小"选项卡   (b) "填充与边框"选项卡

图 10.10 "属性"对话框的相关选项卡(1)

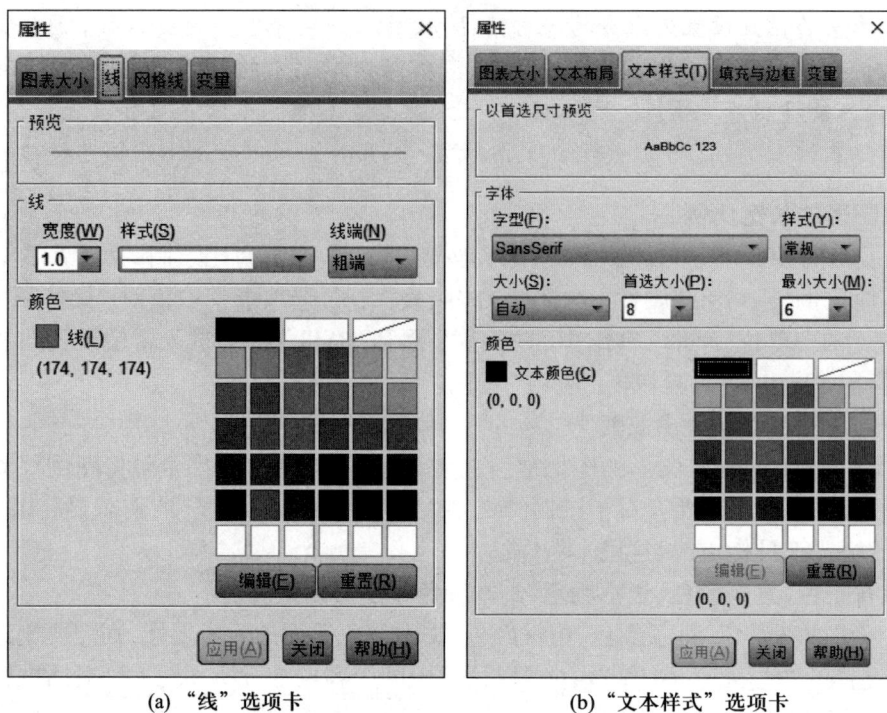

(a)"线"选项卡 (b)"文本样式"选项卡

图 10.11 "属性"对话框的相关选项卡(2)

用户可以在相应的"属性"对话框中自行选择所需的格式,并在预览栏中查看相应的效果。读者可自行进行如下操作:去掉背景色,并且将直条颜色更改为更醒目的红色,具体的操作过程,这里不做详述。

6. 更改连续轴选项

由于直方图中的两个坐标轴都是连续轴,因此它们所对应的选项卡也完全相同。这里以纵轴为例,当选中纵轴的任意部分(刻度、轴线、标题文字均可)时,"属性"对话框中都会出现适用于连续轴的选项卡,如图 10.12 所示。

(1)"标签与刻度"选项卡

在"标签与刻度"选项卡中,可以设置显示或隐藏坐标轴的标题、主增量标签、主刻度标记、辅刻度标记,也可以设置标签的显示方向,如图 10.12(a)所示。

(2)"编号格式"选项卡

"编号格式"选项卡主要用于设置数值的显示格式,包括小数位数("小数位"文本框)、比例因子("比例因子"文本框)、前导字符("前导字符"文本框)和后置字符("拖尾字符"文本框),如图 10.12(b)所示。在本例中,可以将小数位数设置为 0,以简化输出内容;当数值较大时,可以将原始数值除以比例因子的结果作为坐标轴刻度;前导字符和后置字符主要用于为显示的数字添加说明文字,以方便用户阅读。

(3)"刻度"选项卡

"刻度"选项卡如图 10.12(c)所示。在"刻度"选项卡的"范围"框组中,可以设置坐标轴的起止数值("最小值"和"最大值"文本框)、间距大小("主增量"文本框)和原点所在的位置("原点"文本框)。在本例中,可以缩小显得过大的直方图的上方和左侧边距。在"刻度"选项卡的"类型"框组中,则可以更改连续轴的刻度类型,默认为算术等距,也可以更改为几何等距或对数等距。

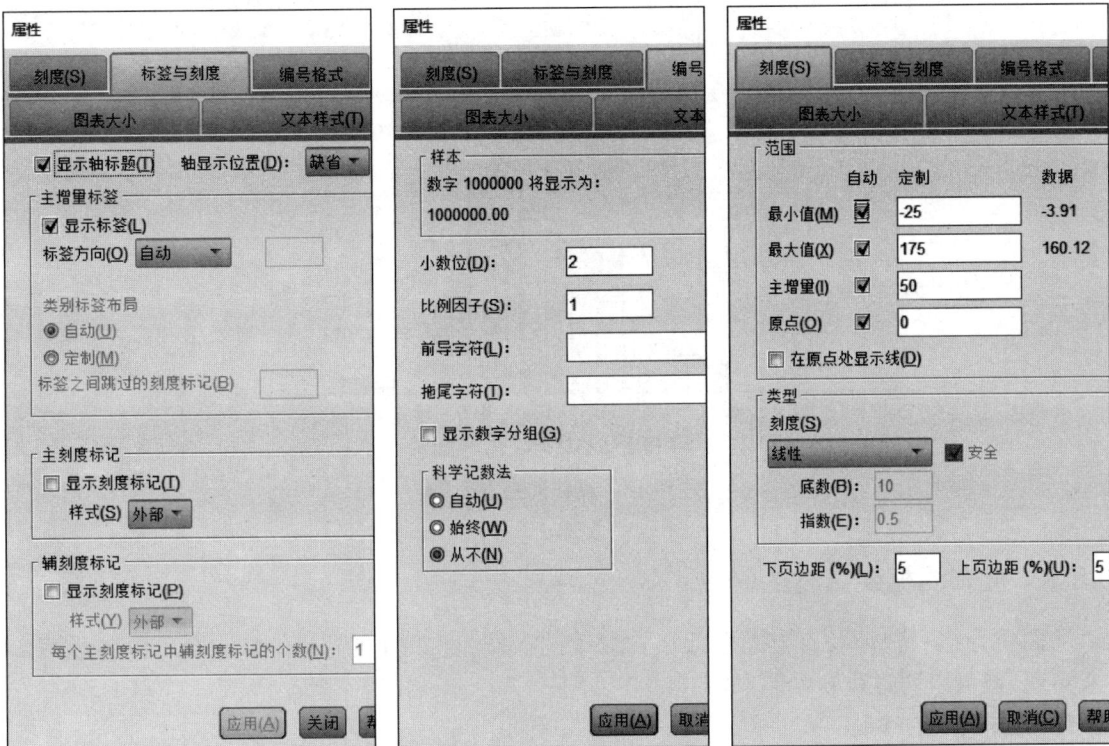

(a) "标签与刻度"选项卡　　　(b) "编号格式"选项卡　　　(c) "刻度"选项卡

图 10.12　连续轴"属性"对话框的相关选项卡(部分)

除了以上选项卡,适用于连续轴的选项卡还有"文本样式"选项卡,因其比较简单,读者可自行操作,这里不做详述。此外,也可以修改坐标轴的标签,只要在标签上连续单击两次,即可进入标签的编辑状态,在本例中可以将纵轴的标签修改为"频数",将横轴的标签修改为"消费者信心总指数"。

7. 增删图形元素

显然,消费者信心总指数低于 50 的受访者明显比较悲观,那么能否在图形上添加一条参考线以突出显示哪些组段达到了这一标准呢? 要做到这一点,只需要在"图表编辑器"窗口中单击鼠标右键,在弹出的快捷菜单中选择"添加 X 轴参考线"命令即可(该快捷菜单实际上调用的是"选项"菜单的内容,因此也可以直接利用"选项"菜单进行操作)。操作完毕后,由于该参考线被默认放置在连续轴的正中间,即 75 的位置,因此需要再次选中该参考线,在"属性"对话框的"参考线"选项卡中将该参考线的位置由 75 改为 50。

如果要删除某图形元素,则要先选择该图形元素,然后单击鼠标右键,如果该图形元素可以被删除,则弹出的快捷菜单中会出现"删除"命令。由于编辑的需求不同,各种图形元素的快捷菜单命令也不相同。

在进行完以上操作后,得到最终的直方图,如图 10.13 所示,通过上述介绍,读者应当能体会到 SPSS 强大的统计图编辑操作。后面将重点介绍各种图形元素的用途,对于其具体的编辑操作则不再做详细介绍。

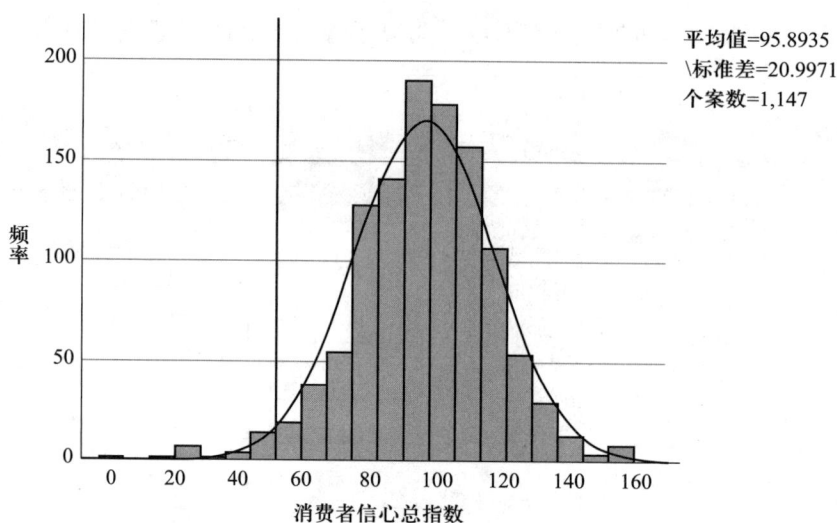

图 10.13　最终的直方图（★）

10.2.3　直方图框架结构的修改

下面将介绍一些涉及直方图框架结构修改的操作，直方图框架结构修改既可以通过编辑图形来实现，也可以通过重新绘制来实现。

1. 直方图组的绘制

如果希望比较 A、B、C 三个城市的消费者信心总指数分布之间有无差异，除了分别绘制三张直方图，还可以用绘制直方图组的方式来实现。除了 10.2.2 小节所介绍的对话框操作方式，绘制直方图组时新增的操作如下：

① 在"图表构建器"对话框中，切换至"组 / 点 ID"选项卡，选中"行面板变量"复选框。

② 将变量"S0. 城市"选入画布上新增的面板放置区。

③ 在右侧的"选项"选项卡中确认未选中"面板回绕"复选框。

最终绘制的直方图组如图 10.14（a）所示（注意，该图形已被编辑过），可以看出三个城市的消费者信心总指数基本上都服从正态分布，但它们之间的均值差异则并不明显。

2. 堆积直方图的绘制

堆积直方图主要用于描述连续变量的累积分布，其绘制原理和普通的直方图是一样的，只是按照从小到大的次序将各直条的频数累积起来而已。除了普通直方图的操作，绘制堆积直方图时新增的操作主要是：在"元素属性"选项卡中，在"统计"下拉列表中选择"累积百分比"项，在"条形样式"下拉列表中选择"细线"项，最终绘制的堆积直方图如图 10.14（b）所示。

3. 直方图选项的修改

直方图默认绘制的是正态曲线，如果希望数据服从其他类型的分布，则可以先选中分布曲线，在新出现的"分布曲线"选项卡中选择相应的分布及参数，如图 10.15（a）所示，确认后图形就会出现相应的变化。

简单直方图/ 总指数 按S0. 城市

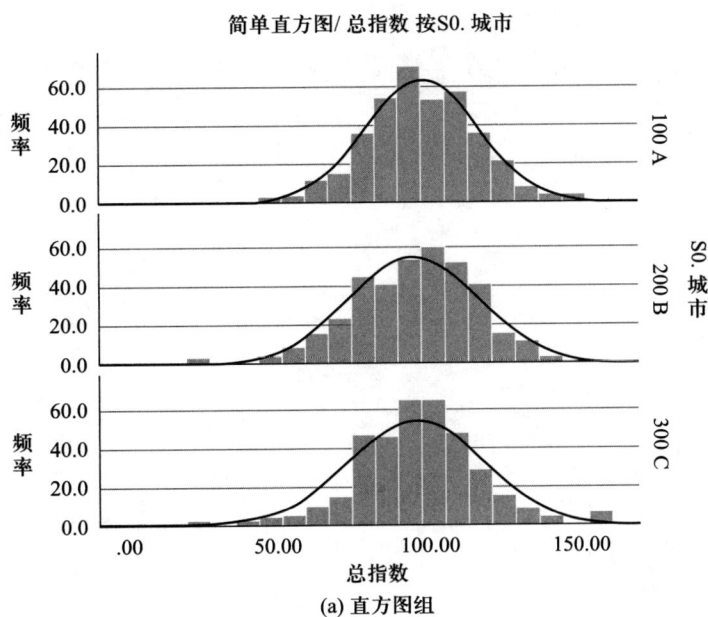

(a) 直方图组

简单直方图 累积百分比/ 总指数

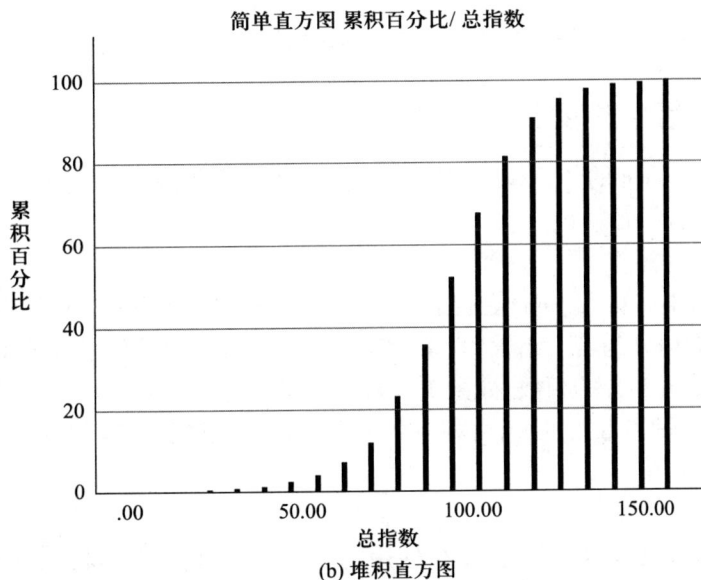

(b) 堆积直方图

图 10.14 消费者信心总指数的直方图组与堆积直方图(★)

除了更改分布类型,还可以调整直方图中的直条数目。先在"图表编辑器"窗口中选择直条,则在"属性"对话框中会出现"分箱化"选项卡,如图 10.15(b)所示,在该选项卡中对直条的起始位置("用于定位的定制值"文本框)和直条数("区间数量"文本框)等进行设置。然后,在"变量"选项卡中,对直方图的框架结构进行详细设置,包括坐标轴上出现的元素、统计量等。但由于此处可以对直方图进行的操作不多,因此只对该选项卡做简单介绍,关于其详细的功能,将在后续对其他图形编辑的讲解中介绍。

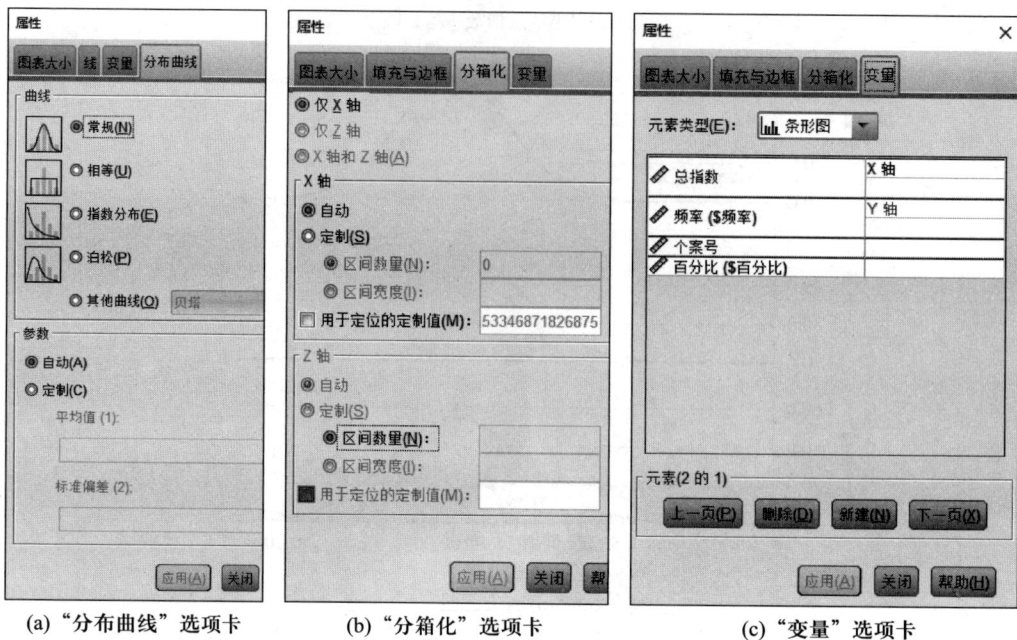

(a)"分布曲线"选项卡　　　(b)"分箱化"选项卡　　　(c)"变量"选项卡

图 10.15　"属性"对话框的相关选项卡(部分)

10.2.4　直方图的衍生图形

"图表构建器"对话框的"图库"选项卡中的"直方图"项,除了基本的直方图,还提供了以下几种衍生图形,简单介绍如下:

1. 分段直方图

分段直方图(stacked histogram)在普通直方图的基础上增加了一个分段变量,图形中的直条会按照分段变量的取值分为若干组段,直条全长仍然代表某个变量各组段的总频数,各组段的长短则代表该组段各组成部分的频数,如图 10.16(a)所示。在绘制分段直方图时并无特殊操作,只是画布上多了一个分段变量放置区,将相应的分段变量拖入该放置区即可。分段直方图使用得较少,这里不做详细讲解。

2. 面积直方图

面积直方图(即频数多边形图)是很少使用的一类图形,其实就是将原直方图各直条的顶点连接起来所形成的具有特殊用途的面积图,如图 10.16(b)所示。绘制面积直方图的操作几乎和绘制普通直方图完全相同,只是可以在相应的"元素属性"选项卡中选择不同的顶点连接方式,默认为"直连",如果希望曲线圆滑一些,则可以选择"样条"。

3. 总体锥形图

总体锥形图(即人口金字塔,population pyramid)是直方图的另一种衍生图形,在用于描述人口数据时,它按性别拆分,左右对称,以提供两个紧挨着的有关年龄数据的水平直方图。该图形在人口统计学中有重要的价值,因其对人口年龄结构为年轻型的国家/地区所产生的图形呈金字塔状而得名。

实际上,该图形也可以用来绘制营销分析中常用的漏斗图(也称为销售漏斗),其操作和人口金字塔的绘制非常类似,这里不做专门阐述。

堆积直方图/ 总指数 按月份

月份
- 200704
- 200712
- 200812
- 200912

200704
平均值=98.3363
\标准差=18.92074
个案数=300

200712
平均值=94.1391
\标准差=22.71719
个案数=304

200812
平均值=90.4393
\标准差=20.5924
个案数=304

200912
平均值=101.9962
\标准差=19.73351
个案数=239

(a) 分段直方图

频率多边形图/ 总指数

平均值=95.8935
\标准差=20.9971
个案数=1,147

(b) 面积直方图

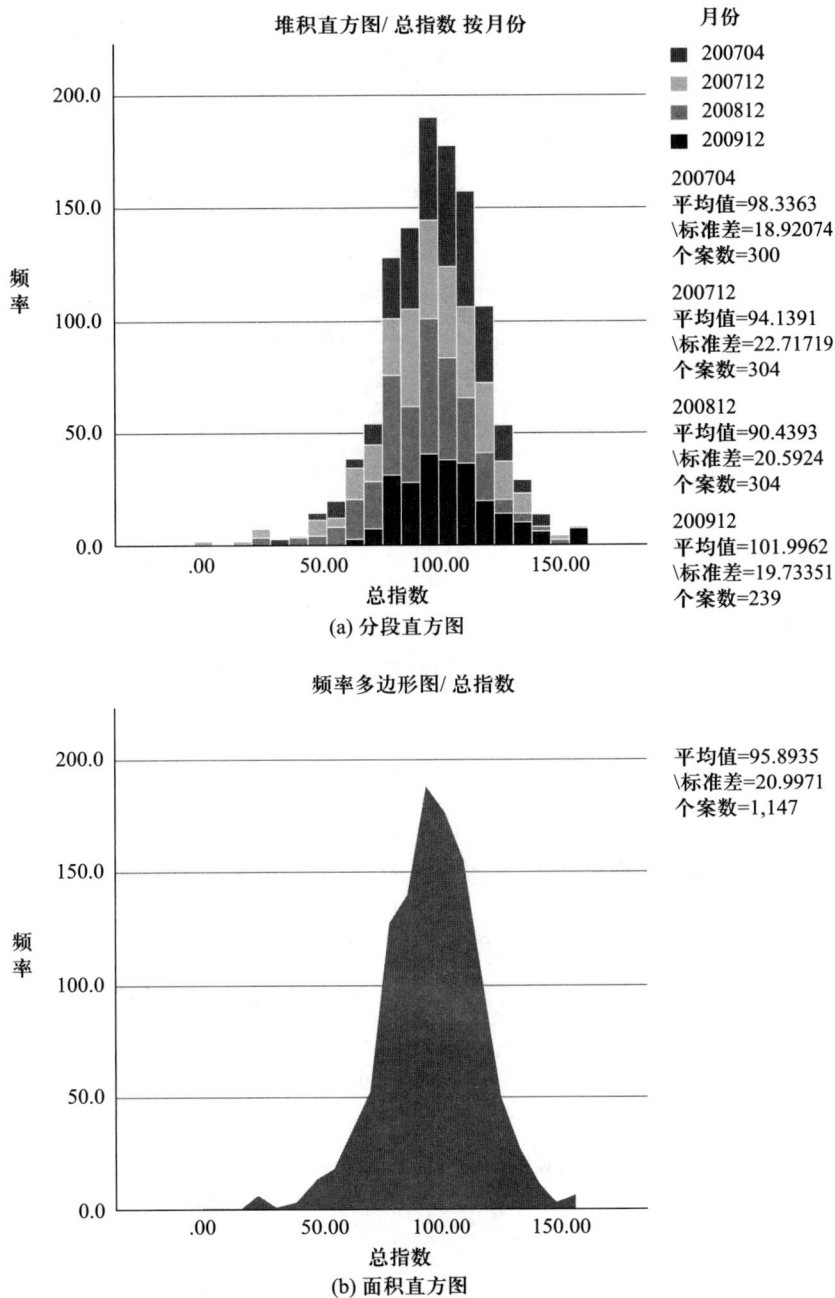

图 10.16　分段直方图与面积直方图示例(★)

　　在绘制人口金字塔时需要指定两个变量:首先是用于拆分金字塔的分类变量,将其拖入画布中的拆分变量放置区即可;其次是用于绘制水平直方图的分布变量,将其拖入画布中的分布变量放置区即可。

　　需要指出的是,虽然用于绘制水平直方图的分布变量从理论上讲是连续变量,但在绘制人口金字塔时往往需要使用汇总后的频数数据。SPSS 对于这两种数据都能正确绘制,但如果是频数数据,则一定要先正确设置相应的频数变量,再绘制水平直方图。

图 10.17 所示的为基于 CCSS 项目数据绘制的人口金字塔,读者也可以自行寻找某地人口年龄分布的频数数据,来绘制该地某特定年代的人口金字塔。

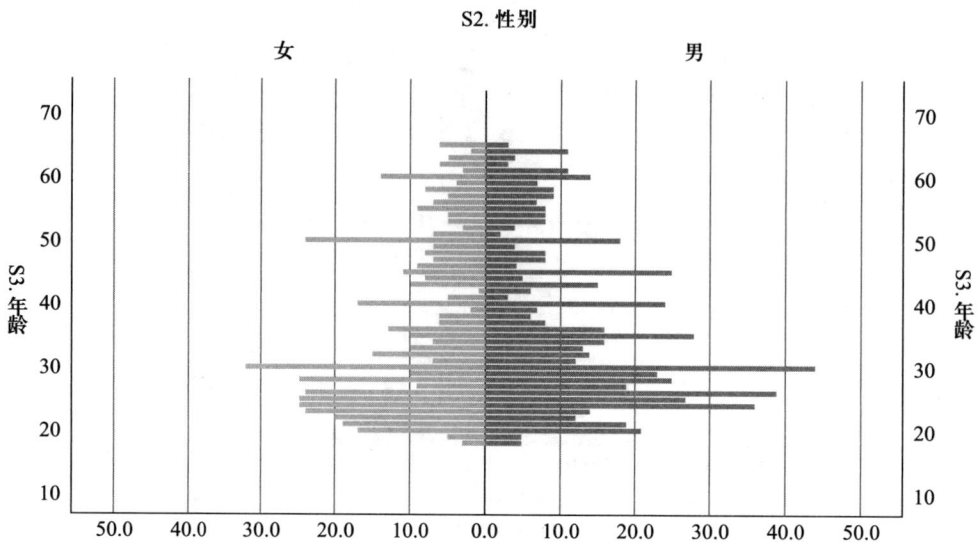

图 10.17 基于 CCSS 项目数据绘制的人口金字塔(★)

10.2.5 茎叶图

在 10.1.2 小节中曾经提到,对于样本量较小的情形,直方图会损失一部分信息,此时可以使用茎叶图来对数据进行更加精确的描述。和直方图相比,茎叶图在反映数据整体分布趋势的同时还能够精确地反映其具体的数值大小,因此在小样本情形下优势非常明显。

茎叶图(stem-and-leaf graph)的形状与功能和直方图非常相似,但它是一种文本化的图形,因此 SPSS 并没有用“图形”菜单中的命令去实现,而是用菜单“分析”→“描述统计”→“探索”命令去实现。以总指数变量 index1 为例,使用“探索”命令可以绘制茎叶图,如图 10.18 所示。可见,茎叶图可以被近似地被看成是将传统直方图横向放置的结果,整个图形完全由文本输出构成,其内容主要分为三列:

① 第一列为“频率”,表示所在行的观测值频数。

② 第二列为“主干”,表示实际观测值除以主干宽度(stem width,即茎宽)所得到的结果的整数部分,即茎数。

③ 第三列为“叶”,表示实际观测值除以主干宽度所得到的结果的小数部分,即叶子。

在茎叶图的下方还会给出注解。例如,在本例中茎宽为 10,每片叶子代表 2 个个案。

在解读茎叶图时,应当将以上几个部分结合起来。例如,由图 10.18 所示的茎图的第二行数据可知,由于茎宽为 10,茎数为 5,且叶子部分的第一个数字为“4”,则该片叶子表示在数据文件中,有 2 个个案的总指数变量 index1 的取值为 54(注意,该数值为近似取整),而本行共代表了 19 个个案。

需要注意茎叶图的第一行数据和最后一行数据。例如,第一行数据给出的频数为 29,但并未给出具体的茎数,仅用“Extremes”来表示,而且对于叶子也仅标出“=<47”,表示 SPSS 将小于或等于 47 的个案一律看成极端值,这样的个案共有 29 个。茎叶图的极端值,以及更远的异常值的临界值的计算方式与箱图完全相同,读者可参考随后的介绍,这里不做详述。

```
总指数 茎叶图

频率           主干 & 叶

   29.00  Extremes    (=<47)
   19.00       5 .  444444444
     .00       5 .
   38.00       6 .  22222222222222222222
     .00       6 .
   54.00       7 .  000000000000000000000000000
  128.00       7 .  88888888888888888888888888888888888888888888888888888888888888888
     .00       8 .
  141.00       8 .  5555555555555555555555555555555555555555555555555555555555555555555555
  190.00       9 .  3333333333333333333333333333333333333333333333333333333333333333333333333333333333333333333
     .00       9 .
  178.00      10 .  11111111111111111111111111111111111111111111111111111111111111111111111111111111111111111
  157.00      10 .  999999999999999999999999999999999999999999999999999999999999999999999999999999
     .00      11 .
  106.00      11 .  7777777777777777777777777777777777777777777777777777777
   53.00      12 .  4444444444444444444444444
     .00      12 .
   29.00      13 .  222222222222222
     .00      13 .
   13.00      14 .  000000
   12.00  极值        (>=148)

主干宽度:    10.00
每个叶 :       2 个案
```

图 10.18 总指数变量 Index1 的茎叶图(★)

10.3 箱 图

箱图(box plot)也称为箱线图,和直方图一样都用于描述连续变量的分布情况,但两者的功能并不重叠,直方图侧重于对一个连续变量的分布情况进行考察,而箱图则更注重基于百分位数勾勒出主要的统计信息。由于使用箱图便于同时对多个连续变量进行考察,或者对一个连续变量进行分组考察,因此使用起来比直方图更灵活,用途也更广泛。

10.3.1 案例:用箱图分月份考察消费者信心总指数的分布

例 10.2 用箱图分月份对样本的消费者信心总指数(简称"总指数")进行描述性统计,以考察总指数随时间的基本变化趋势。

由于箱图可以将不同月份的箱体绘制在同一张统计图中,因此对它们进行比较非常方便。本例的具体操作如下:

① 选择菜单"图形"→"图表构建器"命令,打开"图表构建器"对话框。

② 在"图库"选项卡中选择"箱图"项,选择右侧出现的图标组中的第一个图标,即简单箱图图标,将该图标拖入画布。

③ 在"变量"框中找到总指数变量 index1,将其拖入画布的纵轴放置区。

④ 将月份变量 time 拖入横轴放置区。

⑤ 单击"确定"按钮。

通过上面的操作,总指数变量 index1 的取值被用于确定连续轴的刻度范围,并最终生成箱图中的箱体,而月份变量 time 由于被设置为有序尺度,其不同取值则被用于形成分类轴中的类别。最终绘制的箱图如图 10.19 所示,显然整个样本数据按受访月份被分成了 4 组,从而在箱图中一共绘制了 4 个箱体:

① 每个箱体都由中间的粗线、一个方框、外延出来的两条细线和最外端可能有的散点组成。

② 箱体中间的粗线表示当前变量的中位数(注意不是均值),箱体方框的两端分别表示上、下四分位数(即第 25 和第 75 百分位数),两者之间的距离为四分位距(interquartile range,IQR),箱体包含中间 50% 的样本数值分布范围。

③ 箱体外延出来的上、下两条细线分别表示去除异常值后的最大值、最小值。在箱图中,凡是与四分位数(即箱体方框的两端)的距离超过 1.5 倍四分位距的数值都会被定义为异常值,在图 10.19 中用"○"表示;超过 3 倍四分位距的数值则为极端值,用"*"表示。在散点旁默认标出相应的个案号,以备查找。在图 10.19 中,可见 575 号个案被标识为极端值,而 509 号等多个个案被标识为异常值。

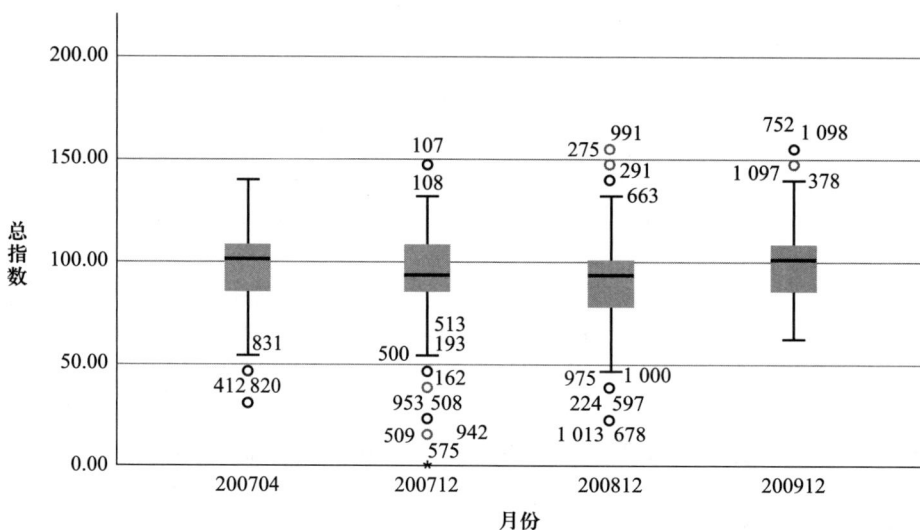

图 10.19　最终绘制的箱图(★)

在了解了箱图的基本结构后,从整体上对图 10.19 进行观察,可以得到如下信息:

① 从中位数来看,2007 年 12 月、2008 年 12 月的总指数平均水平较低,而 2007 年 4 月和 2009 年 12 月的总指数平均水平较高。

② 从箱体宽度来看,4 个月份的总指数离散程度相差不大,未发现有(相应总体)方差不齐的迹象。

③ 从异常值和极端值的分布情况来看,样本中有一些离散程度较大的数值,但情况并不十分严重,在进一步的分析中关注一下其影响即可。

显然,与直方图相比,箱图可以更简明清晰地反映数据分布的主要趋势,且便于进行组间比较,因此是一种有力的数据预分析工具。

需要指出的是,由于箱图主要用于呈现以百分位数为基础的统计信息,因此当百分位数不稳定时箱图并不适用。由此可知,当样本量太少,或者相同的数值过多时,不宜用箱图呈现,此时茎叶图或者条图是更好的选择。

10.3.2　箱图的编辑

由于箱图是由方框、线段和散点构成的,因此前面介绍过的对图形元素的常规编辑操作,如设置填充样式、边框样式、颜色等,对于箱图也同样适用,下面介绍箱图的一些特有的编辑操作,而对常规的图形编辑操作则不做讲解。

1. 分类轴选项的修改

分类变量包含的信息少于连续变量,与此相对应,分类轴中可供修改的选项也明显少于连续轴。分类轴选项的修改主要是在"图表编辑器"窗口对应的"属性"对话框的"类别"选项卡中完成的。利用该选项卡,可以设置各类别在坐标轴中的排列次序,以及在坐标轴中显示是否某个类别,如图 10.20(a)所示。在"类别"选项卡中选择一个变量后,可以利用"顺序"框右侧的按钮■和▼更改变量各类别在分类轴上的排列次序,而按钮✕和⬆则用于将变量移出或重新移入"顺序"框。此外,选中"类别"选项卡上方的"折叠(汇总)小于以下值的类别"复选框可以将各小类合并,默认是将构成比小于 5% 的类别合并成一个"其他"类别(注意,合并后的总构成比可以大于 5%)。

在编辑分类轴时另一个可能用到的选项卡是"标签与刻度"选项卡,它主要用于控制主、辅刻度的显示方式。该选项卡在前面讲解连续轴编辑时已经介绍过,这里不做详述。

2. 箱体格式的编辑

对于箱体格式,也可以进行编辑。在选中箱体后,"属性"对话框上就会出现"条形图选项"选项卡,如图 10.20(b)所示。其中,"宽度"框组用于设置箱体的宽度,若选中"基于计数的刻度箱图和误差条形图宽度"复选框,则可以按照各组样本量的多少来设置箱体宽度。当选中箱体外侧的细线时,则可以利用"箱图和误差条形图样式"框组中的选项来设置细线的显示格式,如可以将细线设置为无两端的细线,或者细直条方式。

3. 设置异常值散点的标签

默认情况下,系统会在异常值散点的旁边标出相应的个案号作为标签,当然也可以对此进行更改,具体操作是:选中异常值散点的标签,"属性"对话框中就会出现"数据值标签"选项卡,如图 10.20(c)所示,在该选项卡中可以更改用作标签的变量和标签的显示位置等。注意,如果在绘图过程中不指定标签变量,则此处只有"个案号"这一个标签变量可供选择,即要么在散点旁显示个案号,要么什么也不显示。如果希望新增其他变量作为标签,则需要重新绘图,具体操作是:在"图表构建器"对话框的画布上单击鼠标右键,在弹出的快捷菜单中选择"点 ID 区域"→"添加"命令,或者在"组 / 点 ID"选项卡中选中"点 ID 标签"复选框,画布上就会增加一个点标签放置区,将相应的标签变量拖入该放置区即可。

此外,系统默认将散点的标签都显示出来,如果箱图中的散点太多,统计图就会难以辨认。这时可以利用 SPSS 提供的相关功能使箱图中只显示某些散点的标签,具体操作是:在"图表编辑器"窗口中选择菜单"元素"→"数据标签模式"命令,或者在工具栏上单击"数据标签模式"按钮▦,即可进入数据标签模式,此时鼠标指针也会变成▦形状,单击相应的散点,该散点所对应的标签就会在显示 / 隐藏之间切换。而如果因散点重叠而同时选中了多个散点,则系统会弹出"选择标签的图表元素"对话框,用于确定对哪些散点进行操作,这时选择需要进行操作的散点即可。操作完毕后,只需要再次选择菜单"元素"→"数据标签模式"命令,系统就会切换回正常的状态。

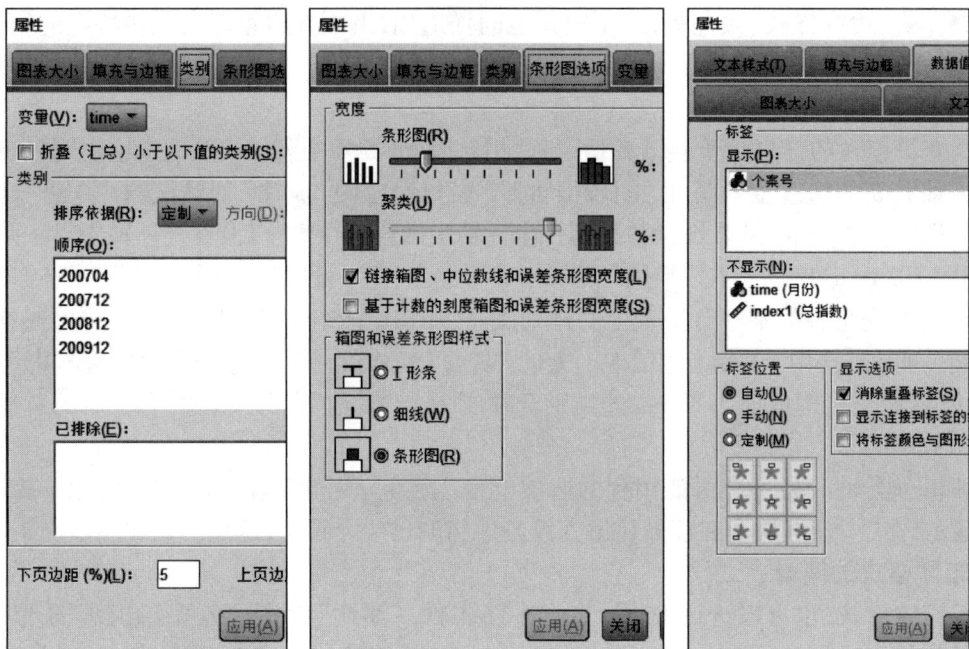

(a)"类别"选项卡	(b)"条形图选项"选项卡	(c)"数据值标签"选项卡

图 10.20　"属性"对话框中的相关选项卡(部分)

10.4　饼　　图

饼图(pie chart)用于表示各类别某种特征的构成比情况,它用扇形面积的大小来表示各部分所占的百分比。在饼图中,一般以时钟 12 点位置为起点,各部分按习惯或按数值大小次序顺时针排列,"其他"类别放在最后。当同时绘制多张饼图并进行比较时,各饼图的图例应当一致,以便进行比较。

10.4.1　案例:分城市、月份考察受访者性别比例

例 10.3　现希望分城市、月份考察 CCSS 项目中受访者性别比例是否存在一定的变化趋势。

由于性别为二分类变量,因此在本例中既可以用饼图来表现性别所占的百分比,也可以简单地用条图来呈现男性或者女性一方的比例。这里用饼图来实现。由于需要分城市、月份进行考察,因此可以考虑将这两个变量分别设置为行面板变量和列面板变量。从使用习惯上讲,将月份这一有序分类变量设置为列面板变量更为妥当。

本例的具体操作如下:

① 选择菜单"图形"→"图表构建器"命令,打开"图表构建器"对话框。

② 在"图库"选项卡中选择"饼图/极坐标图"项,将右侧出现的饼图图标拖入画布。

③ 切换至"组/点 ID"选项卡,选中"行面板变量"复选框和"列面板变量"复选框。

④ 将性别变量 s2 拖入分区依据放置区。

⑤ 将月份变量 time 拖入列面板放置区,将城市变量 s0 拖入行面板放置区。

⑥ 在"元素属性"选项卡中,在"统计"下拉列表中选择"计数"项。

⑦ 单击"确定"按钮。

最终绘制的饼图如图 10.21 所示,可见在本例中:

① 在绝大多数的月份 × 城市组合中,男性受访者的比例都高于女性。

② 在 A、B、C 三个城市中,城市 C 的男性受访者比例明显更高。

③ 随着时间的推移,男性受访者比例在三个城市中似乎都有一定的上升趋势,在城市 C 这一趋势似乎更明显一些。

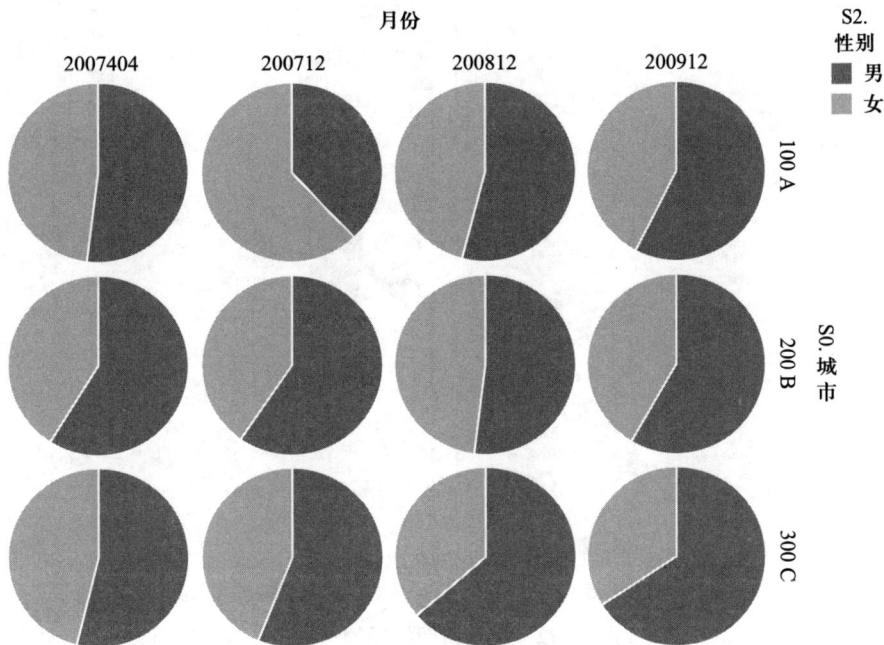

图 10.21 最终绘制的饼图(★)

对上述图形进行观察,可以发现受访者性别比例在不同月份、城市间存在波动,而且随着时间的推移似乎存在男性受访者比例上升的趋势。显然如果男性和女性的消费者信心总指数平均水平之间有差异,则受访者性别比例的变化可能会影响最终计算出的消费者信心总指数值。不过 CCSS 项目在实际计算各统计量之前都会对样本进行人口特征资料的加权调整,因此最终计算出的消费者信心总指数值并不会受到影响。

10.4.2 饼图的编辑

由于饼图表现数据特征的形式比较特殊,没有横轴和纵轴,所以也不存在设置坐标轴的问题。下面介绍饼图绘制过程中特有的编辑操作。

1. 行面板和列面板的编辑

行面板和列面板的编辑并不单单针对饼图,只是在这里做一介绍。当在"图表编辑器"窗口中选中饼图主体时,"属性"对话框中就会出现"嵌板"选项卡,如图 10.22(a)所示,可以在其中设置是否将图形水平或垂直翻转显示,或者是否允许面板变量换行显示,即所谓的回绕。

2. 饼图主体的编辑

选中饼图主体后,"属性"对话框中会出现"深度与角度"选项卡,如图 10.22(b)所示。该选项卡用于对饼块格式进行设置,如设置阴影效果、三维效果等。在该选项卡中,还可以定义第一个饼块起始于时钟的哪个位置,以及整个饼图是按顺时针方向还是按逆时针方向排列。这些操作非常简单,读者可自行操作,这里不做详述。

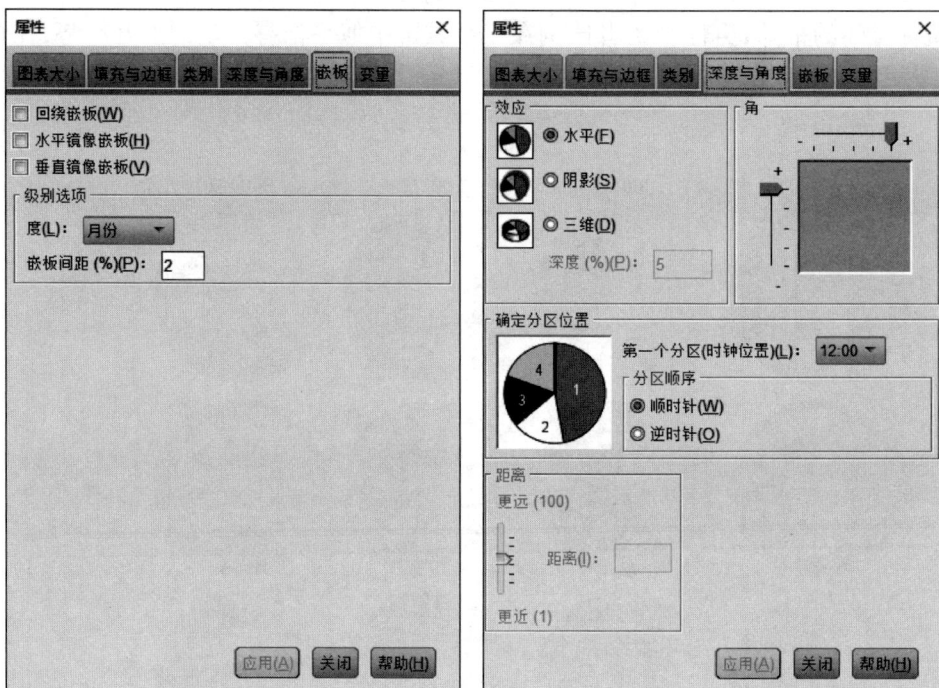

(a)"嵌板"选项卡   (b)"深度与角度"选项卡

图 10.22 用于饼图编辑的选项卡

3. 设置饼块的数据标签

在绘制的饼图中,默认不显示数据标签,若希望显示数据标签,则先选中希望显示数据标签的饼块或饼块组,然后选择菜单"元素"→"显示数据标签"命令,或者单击工具栏上的"显示数据标签"按钮 ,则相应的饼块就会出现数据标签,用于标识相应的统计量,如频数或构成比等。

如果希望改变数据标签的内容,则可以选中该标签,在相应的"属性"对话框的"数据值标签"选项卡中设置数据标签的内容等,也可以使用菜单"元素"→"数据标签模式"命令选择个别标签加以显示。这些操作与箱图的相应操作完全相同,不再重复介绍。

4. 饼块的突出显示与合并

有时用户特别关注饼图中的某个部分,希望将其突出显示,这时可以先选中相应的饼块(注意,要连续单击两次才能将其选中),然后选择菜单"元素"→"分解分区"命令,或者在工具栏上单击"分解分区"按钮 ,则相应的饼块就会被突出显示,再次选择"分解分区"命令饼块就会恢复原状。

在实际应用中,往往不需要将所有部分都单独显示出来,对于那些占例很小(如小于5%)的部分,常常不将它们单独显示出来,而是将它们合并为"其他"类别,这样饼图会更加简洁、清晰。这一功能在箱图中已经使用过了,就是在"属性"对话框的"类别"选项卡中选中"折叠(汇总)小于以下值的类别"复选框即可。除了合并显示,该选项卡也可以用于调整各饼块的排列次序、隐藏某些类别等,具体操作和前面介绍的其他统计图相同。

10.5 条图与误差图

条图(bar chart)用等宽直条的长短来表示数值的大小,该数值可以是连续变量的某汇总指标,也可以是分类变量的频数或构成比。各(组)直条之间的距离应当相等,其宽度一般与直条的宽度相等或为直条宽度的一半。为了便于比较,一般将被比较的统计量按照大小次序排序或者按照某种自然次序排序。

绘制条图时纵轴刻度应当尽量从 0 开始,中间不宜折断,否则会给人以错误的印象。例如,在图 10.23 中,甲组的某个统计量的观测值为 8,是乙组的两倍。若纵轴从"2"开始,则给人以甲组的该统计量的观测值是乙组的 3 倍的错觉,需要进一步对照坐标轴刻度才能得出正确的结论。而这恰恰是一些 IT 硬件测评类文章的做法,它们把原本性能差别甚微的两种芯片表现得差别巨大。对于这类文章,读者应当更为冷静、客观地阅读,避免在一时冲动之下做出错误的购买决策。

图 10.23 条图的纵轴刻度起点必须为 0 的示意图

条图虽然结构简单,但由于可以灵活构建出各种各样的信息组合,因此操作起来反而比较复杂。本节将由浅入深地对各种条图加以介绍。

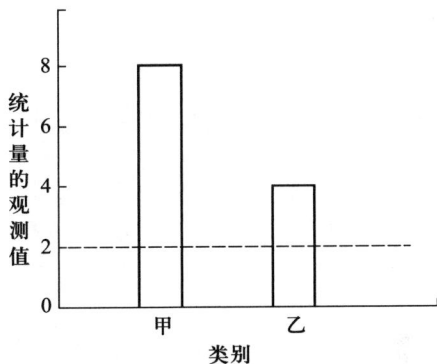

10.5.1 简单条图案例:比较不同职业人群的消费者信心总指数均值

例 10.4 用条图考察不同职业人群的消费者信心总指数均值之间有无差异。

根据题目要求,用职业变量 s5 来定义直条类别,但直条的长度则需要用总指数变量 index1 的均值来定义。同时为了使图形展示得更为清晰,可以在直条绘制完后再对其进行排序:

① 选择"图形"→"图表构建器"命令,打开"图表构建器"对话框。

② 在"图库"选项卡中选择"条形图"项,将右侧出现的简单条图图标拖入画布。

③ 将职业变量 s5 拖入横轴放置区。

④ 将总指数变量 index1 拖入纵轴放置区。

⑤ 单击"确定"按钮绘制出条图,然后双击该条图打开"图表编辑器"窗口,选中类别分类轴,在"属性"对话框的"类别"选项卡中,在"类别"框组中将"排序依据"改为"统计",将"方向"改为"降序",单击"应用"按钮。

有的读者可能会想:为什么不在绘图时就在"图表构建器"对话框的"元素属性"选项卡中,将"排序依据"改为"统计",而一定要在绘图完毕后再进行编辑呢?虽然这个想法不错,但操作时就会发现"图表构建器"对话框的"元素属性"选项卡的"排序依据"中根本就没有"统计"这个选项。

读者不用对此感到惊讶,SPSS 在这个问题上的逻辑是这样的:在图形绘制完毕之前,均未计算相关的统计量,因此不可能用其来排序。在图形绘制完毕之后,相关的统计量已经被存储在图形中了,因此可以在编辑状态下调用。这种情况不仅会在条图中遇到,在后面要学习的带误差线的条图等多种图形中都会遇到。

最终绘制的简单条图如图 10.24 所示,可见在本例中:平均而言,学生的消费者信心总指数均值最高,紧随其后的是个体经营者 / 私营业主,而公务员的消费者信心总指数均值排在第三,高于专业人士(医生、律师等),以及企事业单位管理人员。而工人 / 体力工作者(蓝领)、退休人员以及无业 / 待业 / 失业、家庭主妇的消费者信心总指数均值则位于最后三位。

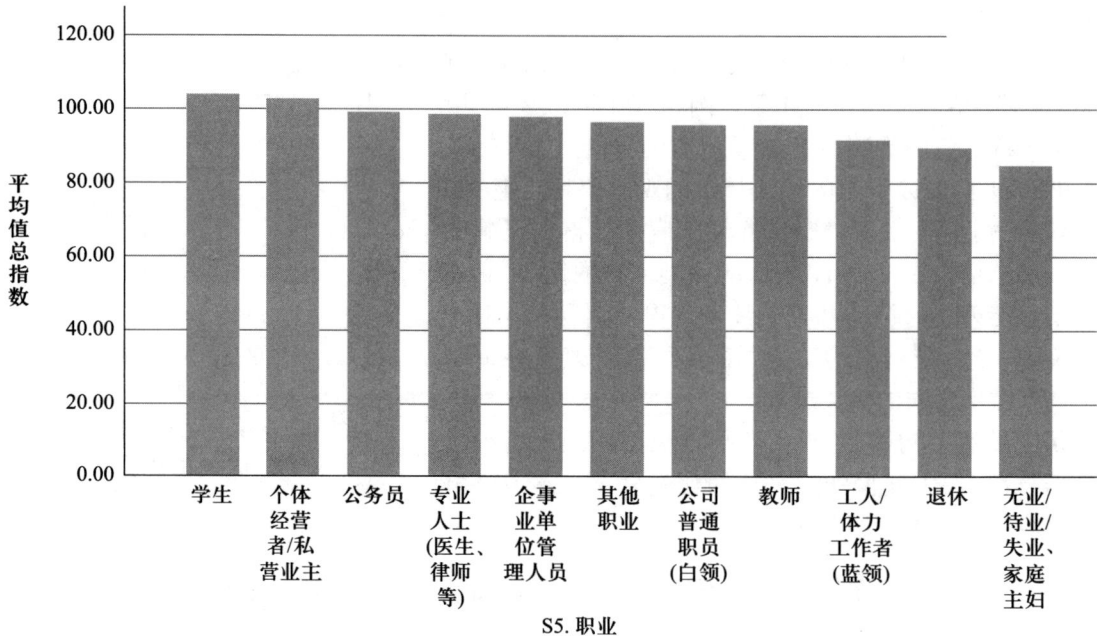

图 10.24   最终绘制的简单条图(★)

10.5.2   复式条图案例:分职业进一步比较不同人群的现状指数和预期指数均值

例 10.5   在例 10.4 的基础上,用条图进一步展示不同职业人群的现状指数和预期指数均值之间的差异情况。

根据题目要求,对于每一个职业类别,都同时展示消费者信心的总指数、现状指数、预期指数这三个变量的均值。显然一个直条不够用。复式条图(clustered bar chart)是指由两条或两条以上的小直条组成条组的条图,各条组之间有间隙,组内各小直条之间无间隙。在本例中,直条类别仍然用职业变量 s5 来定义,但条组则需要同时用三个变量的均值来定义,具体操作如下:

① 选择菜单“图形”→“图表构建器”命令,打开“图表构建器”对话框。

② 在“图库”选项卡中选择“条形图”项,将右侧出现的复式条图图标拖入画布。

③ 将职业变量 s5 拖入横轴放置区。

④ 按住 Shift 键,在左侧的“变量”框中同时选中变量 index1、index1a 和 index1b,将它们拖入纵轴放置区。此时 SPSS 会弹出“创建摘要组”对话框,单击“确定”按钮,返回“图表构建器”

对话框。

⑤ 单击"确定"按钮即可绘制出图形,然后双击该图形打开"图表编辑器"窗口,选中类别分类轴,在"属性"对话框的"类别"选项卡中,需要用手工方式在"类别"框组中的"顺序"框中将类别的排序方式更改为和例 10.4 中的简单条图相同的次序,然后单击"应用"按钮。

在本例中,由于创建了多个汇总变量的摘要组,因此不能按照例 10.4 的方式利用"类别"选项卡中的"排序依据"和"方向"来进行排序。

如果不是像本例这样创建多个汇总变量的摘要组,则在进行绘图操作时需要再指定一个分类变量作为复式条图的分组因素。

图 10.25 即为最终绘制的复式条图,可见在本例中:

① 收入较高的个体经营者 / 私营业主、专业人士(医生、律师等)、企事业单位管理人员,以及收入虽然偏低但很稳定的公务员、教师的现状指数均值较高。

② 除了无业 / 待业 / 失业、家庭主妇,其他所有职业人群的预期指数均值均低于现状指数均值。

③ 教师的预期指数均值低于其现状指数均值,也低于其他大多数职业人群的预期指数均值。

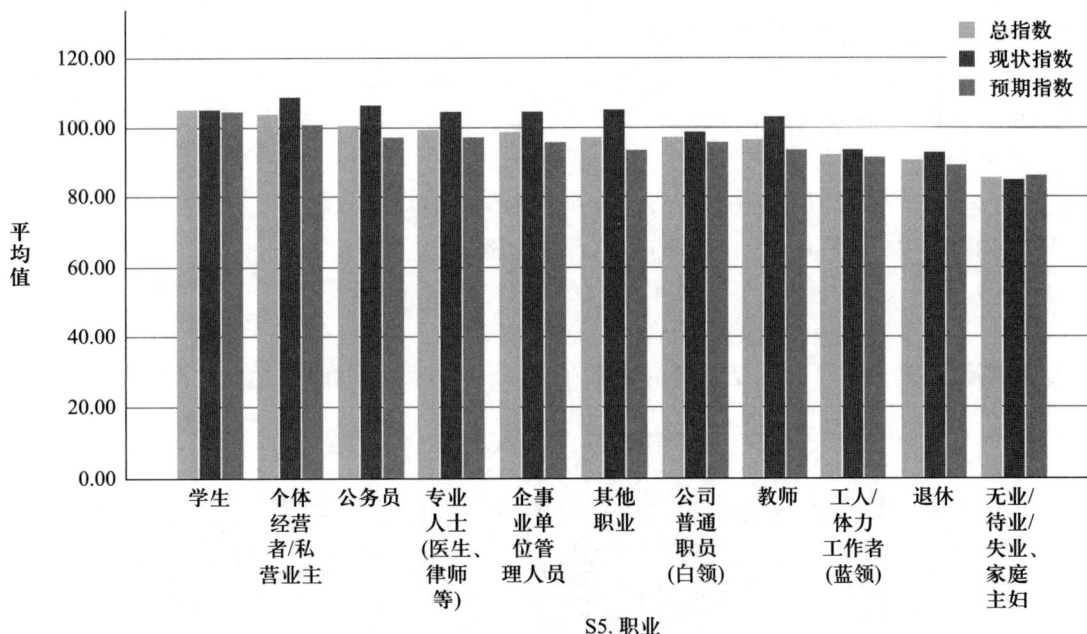

图 10.25　最终绘制的复式条图(★)

10.5.3　分段条图与百分条图案例:比较不同月份的多选题 A3a 选项比例分布

1. 分段条图与百分条图的定义

分段条图(stacked bar chart)和复式条图一样,也需要多考察一个分组因素,但分段条图是用直条全长表示某个变量的总量,用其中的分段长度表示不同亚类对总量的贡献(构成比或数量大小)。

与分段条图密切相关的是百分条图(percent bar chart),也称为马赛克图,它用直条内部各部分面积的大小来表示事物各组成部分所占的百分比。在 SPSS 中,百分条图既可以利用"图表构建器"对话框直接绘制,也可以在图形编辑时由分段条图转换而来。

2. 百分条图的绘制

例 10.6　多选题 A3a 记录的是受访者对当前家庭经济状况做出判断的依据,现希望考察不同月份各选项应答比例的变化有无某种内在趋势,以帮助解读消费者信心总指数的变化趋势。

根据题目要求,需要对多选题 A3a 各选项的提及率进行逐月对比,显然如果用各选项的应答人次百分比来绘图的话,各直条的长度都是 100%,而不同的选项会将直条切分成若干段,每段的长度就是各选项的应答人次百分比。这里由于图形特征的限制,只能在图中显示应答人次百分比,而不是应答人数百分比,但这并不影响对图形结果的阅读。此外,为了使变化趋势更明显,将在图形中略去对中性原因、不知道 / 拒答等选项的比例输出。具体操作如下:

① 选择菜单"图形"→"图表构建器"命令,打开"图表构建器"对话框。

② 在"图库"选项卡中选择"条形图"项,将右侧出现的分段条图图标拖入画布。

③ 将月份变量 time 拖入横轴放置区。

④ 将多选题变量集 $TA3a 拖入"堆积"放置区。

⑤ 在"元素属性"选项卡中,在"编辑以下对象的属性"框中选择"条形图 1"项,在"统计"下拉列表中选择"百分比(?)"项,然后单击"设置参数"按钮,在打开的"元素属性:集合参数"对话框中将"用于计算百分比的分母"设置为"每个 X 轴类别的总计",单击"继续"按钮。

⑥ 在"元素属性"选项卡中,在"编辑以下对象的属性"框中选择"Group Color(条形图 1)"项,在"顺序"框中移除选项"中性原因"和"不知道 / 拒答"。

⑦ 单击"确定"按钮。

最终绘制的百分条图如图 10.26 所示,可见在本例中有以下趋势:

① 2008 年年末,回答说收入变差的受访者的比例大幅度增加。

② 2009 年年末,回答说收入有改善的受访者的比例明显上升。

③ 回答说投资收益有改善的受访者的比例持续减少。

④ 回答说家庭开支恶化的受访者的比例在 2007 年年末达到高峰,随后逐渐降低。

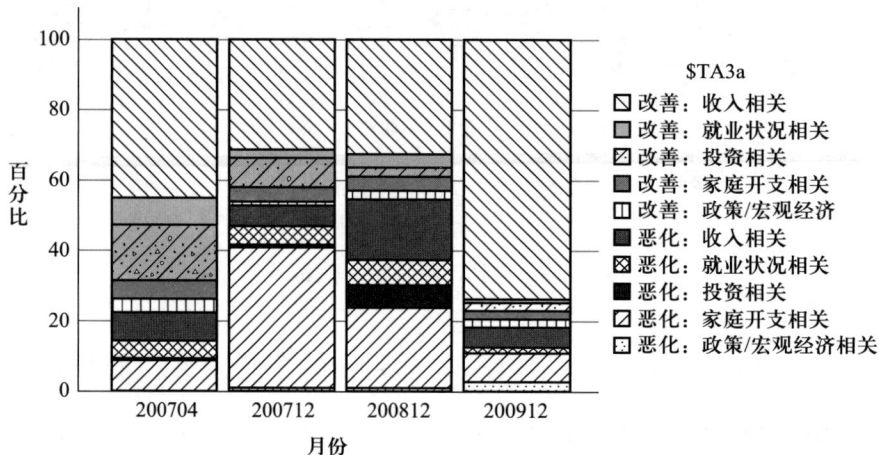

图 10.26　最终绘制的百分条图(★)

显然,百分条图提供了丰富而直观的信息,有助于进一步分析和理解消费者信心总指数的变化趋势。

3. 分段条图的绘制

如果例 10.6 还希望考察各选项的应答频数,则只要保留直条的默认统计量——频数(在"图表构建器"对话框的"元素属性"选项卡中,保留"统计"下拉列表中的默认选项"计数")即可,最终绘制的分段条图如图 10.27 所示,此时各直条的长度就不再相等,而是反映了当月所有选项的总应答频数。

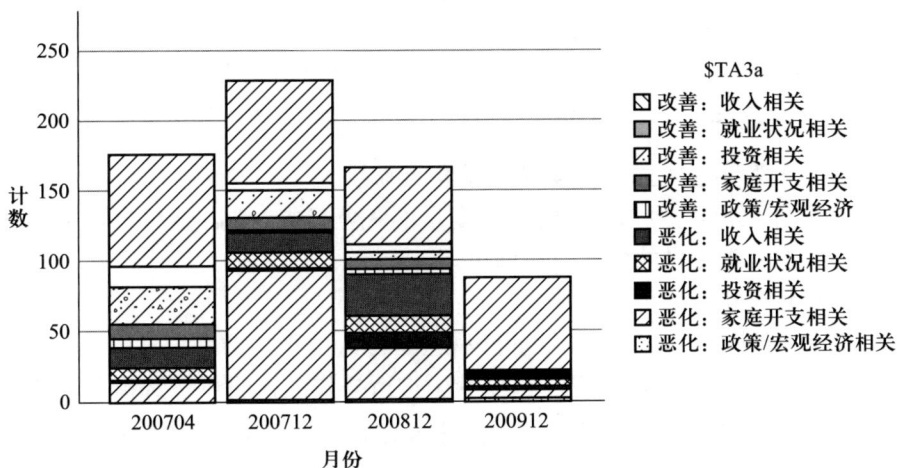

图 10.27 最终绘制的分段条图(★)

10.5.4 条图的编辑

条图中的图形元素基本上都是前面提及过的,因此对于许多编辑操作这里不再重复讲述。下面只讨论一些条图特有的编辑操作。

1. 分类轴标签的编辑

在例 10.4 中绘制的简单条图,其分类轴为职业,有的职业类别标签文字很长,可能会影响图形效果。实际上,SPSS 统计图的分类轴标签文字是可以修改的,两次单击分类轴标签,进入其编辑状态,修改相应的文字即可。例如,可以将"公司普通职员(白领)"简化为"白领",修改完毕后按 Enter 键,就可以看到文字修改后的效果。

> 初学者对于图形中究竟哪些文字能编辑、哪些文字不能编辑往往感到无所适从,实际上文字编辑的基本逻辑是:如果修改文字可能引起图形的误读,则不允许对其进行编辑;否则,就可以对其进行编辑。

2. 条图与其他统计图的相互转换

由于饼图、条图、线图、面积图都可以反映分类变量的分布情况,它们的区别仅在于表达统计量的图形元素不同,因此这些统计图是可以相互转换的。以前面绘制的简单条图为例,只要选中统计图的主体,然后在"属性"对话框的"变量"选项卡中,将"元素类型"框中的选项由"条形图"修改为所需的统计图类型,如饼图、线图或者面积图等即可。需要注意的是,有些转换需要同时对坐标轴变量等进行设置,否则会由于提供的图形信息不足而无法进行转换。

3. 复式条图和分段条图的相互转换

复式条图和分段条图相比,只是次分类变量的显示方式不同而已,因此两者完全可以相互转换。以例 10.5 中绘制的复式条图为例,同样在"属性"对话框的"变量"选项卡中,可以看到该统计图的主分类变量为职业变量 s5,用于定义"X 轴";而次分类变量为变量组名称"变量",用于定义"X 轴聚类"且用颜色来标识,这里只需要将"X 轴聚类"更改为"堆积",单击"应用"按钮后就会看到复式条图已经转换为分段条图了。

> 实际上"变量"选项卡相当于整个统计图框架结构的总控制台。读者可能已经发现,在"变量"选项卡中,不仅可以将上述变量的功能更改为"堆积",也可以将其更改为"Y 轴"或"Z 轴",甚至"行嵌板""列嵌板"等。而相应的图形元素样式也可以在颜色、模式、大小等之间自由转换,只要是显示为黑色而不是灰色的选项就可以进行转换。

4. 复式条图 / 分段条图中主、次分类变量的相互转换

要实现复式条图 / 分段条图中主、次分类变量的相互转换,只需要在"属性"对话框的"变量"选项卡中将主、次分类变量的功能对换即可。

5. 分段条图和百分条图的相互转换

分段条图和百分条图在编辑状态下也可以相互转换,由于这两种统计图的框架结构完全相同,因此无法在"属性"对话框的"变量"选项卡中进行操作。这时可以选择菜单"选项"→"缩放至 100%"命令,或者单击工具栏上的"显示误差条形图"按钮 ,分段条图和百分条图之间就可以切换显示了。

10.5.5　带误差线的条图与误差图

1. 绘制带误差线的条图

在许多分析问题中,研究者希望用条图来表示各类别某统计量均值的大小,并同时给出其区间估计的范围。具体而言,希望给出的区间估计范围有以下三种情况:

① 指定置信度下的均值置信区间:最常见的情形为 95% 置信区间。

② 均值 ± 指定倍数的标准差:最常见的情形为 2 倍标准差,此时计算出的置信区间实际上是正态分布下的 95% 个体参考值范围。

③ 均值 ± 指定倍数的标准误差:最常见的情形为 2 倍标准误差,此时计算出的置信区间基本上等价于正态分布下的 95% 置信区间。

在 SPSS 中,也可以绘制这种带误差线的条图,具体操作是:在绘图时,在"图表构建器"对话框的"元素属性"选项卡的"编辑以下对象的属性"框中选择"条形图 1"项,并选中"显示误差条形图"复选框。此处,可以将误差线范围指定为确定比例的置信区间(默认为 95%,可修改),或者 2 倍的标准差 / 标准误差,此处可修改倍数。图 10.28 给出的就是误差线范围为均值的 95% 置信区间的条图。

> 上述带误差线的条图可以在编辑状态中通过隐藏误差线转换为简单条图,当然也可以再转换回来。但是简单条图则无法通过编辑方式增加误差线。原因很简单——图形中并未存储相应的统计信息。这和 10.5.1 小节介绍的简单条图在绘制时不能直接按统计量排序的逻辑是完全一样的。

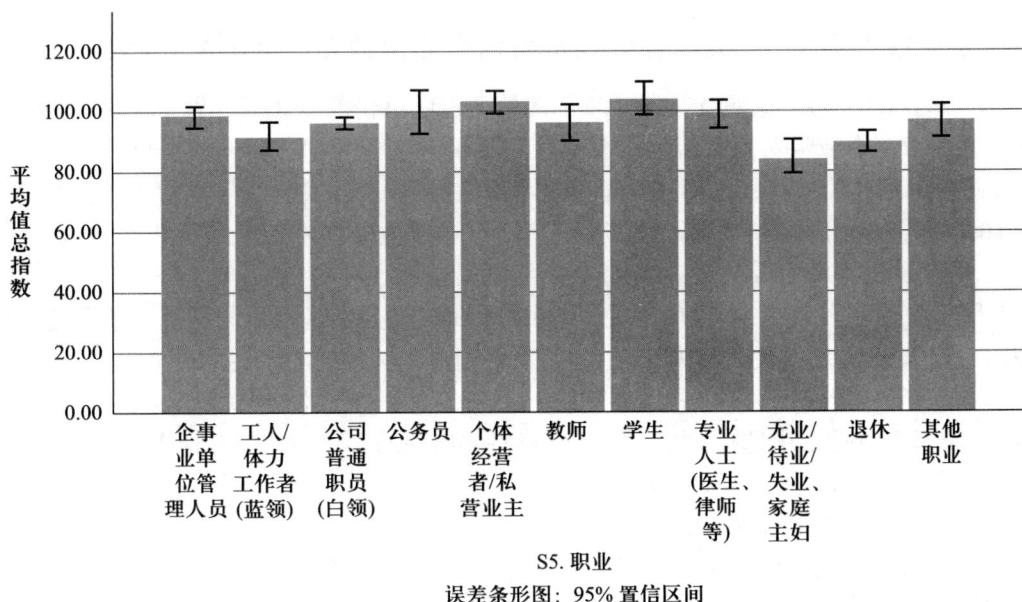

图 10.28　误差线范围为均值的 95% 置信区间的条图(★)

2. 误差图

误差图目前也被归入条图,用于显示数据的置信区间、标准差或均值标准误差的范围,以估计其离散程度。

在 SPSS 中,误差图也可以被绘制为简单条图或复式条图,其绘制操作和条图没有明显差异。实际上,可以将刚刚学习的带误差线的条图看成简单条图和误差图的组合。或者换言之,只要在编辑状态下将带误差线的条图中的直条隐去,相应的图形就变成了误差图。因此,建议先绘制带误差线的条图,然后在需要时将其编辑成误差图,这样后续操作会更灵活。

10.6　线图、面积图、点图与垂线图

线图用线段的升降表示一个事物随另一个事物(如时间)的变化趋势,一般而言,它所反映的统计量类型和条图完全相同,可以是频数、构成比等分类变量的描述指标,也可以是均值、标准差等连续变量的汇总指标。与条图相比,线图更倾向于反映连续变量的汇总指标,同时线图中应当有一个坐标轴反映一个有序分类变量的取值情况(最常见的例子就是年份),从而通过连线走向的变化来考察相应统计量的变化趋势。因此,线图的两个坐标轴和条图一样,包括一个分类轴和一个连续轴,只是分类轴代表的是一个有序分类变量而已。

从绘制原理上讲,线图实际上是先将有序分类变量各类别下相应统计量的散点绘制出来,然后将各散点连接起来(一般使用直线)。因此,虽然线图往往由一条或多条折线构成,但其骨架实际上是由多个隐藏起来的散点构成的。明白了这一点,对理解线图的绘制有很大的帮助。

10.6.1　多重线图案例：分城市比较消费者信心总指数随时间的变化趋势

在 10.5.3 小节中，对多选题 A3a 的选项的应答比例随月份的变化规律做了探讨，得到了一些很有价值的线索。本节将对消费者信心总指数随月份的变化规律进行考察。显然，完成这一任务的最佳图形工具是简单线图。不过这里可以考虑做更进一步的探讨：分城市来观察样本。

例 10.7　现希望分城市考察不同月份消费者信心总指数的均值变化有无内在趋势。

首先，由于月份为有序分类变量，因此使用线图最合适。其次，题目要求分城市观察样本，因此需要在图形中绘制多条折线，也就是说，使用多重线图来分别呈现不同城市的数据变化规律。另外，为了使得图形显示得更为清晰，这里还会稍做编辑，具体操作如下：

① 选择菜单"图形"→"图表构建器"命令，打开"图表构建器"对话框。

② 在"图库"选项卡中选择"折线图"项，将右侧出现的多重线图图标拖入画布。

③ 将月份变量 time 拖入横轴放置区。

④ 将总指数变量 index1 拖入纵轴放置区。

⑤ 将城市变量 s0 拖入分组（"设置颜色"）放置区，然后双击该放置区，在弹出的"分组区域"对话框中，将分组依据由"颜色"改为"图案"。

⑥ 单击"确定"按钮绘制出图形，然后双击该图形打开"图表编辑器"窗口，将均值连续轴刻度范围修改为 85~105，将小数位数修改为 0。调整绘图区大小至合适比例，将图例拖放到合适的位置上。

> 实际上，对连续轴刻度范围的修改也可以在绘图时通过"属性"对话框的"元素属性"选项卡来设置，具体操作是在该选项卡中选择"Y-Axis1（折线图 1）"，然后在"标度范围"框组中调整相关数值。但从绘图逻辑上讲，显然先绘制出图形，然后再根据图形的具体数值调整刻度范围更为常见。

最终绘制的多重线图如图 10.29 所示，可见在本例中有如下数据特征：

① 虽然在 2008 年年末之前，A、B、C 三个城市的消费者信心总指数都是下降的，但在随后的相关经济政策的作用下开始上升，且在 2009 年年末超过初值。

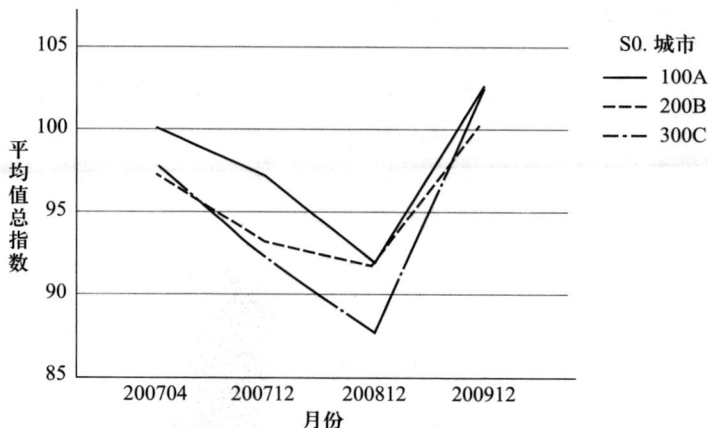

图 10.29　最终绘制的多重线图（★）

② A、B、C 三个城市的消费者信心总指数的变化规律不一样,城市 A 相对而言变化比较平缓,而城市 B 则变化幅度最大。

③ 就平均水平而言,城市 A 的消费者信心总指数均值最高,其次为城市 C,城市 B 的消费者信心总指数均值最低。

④ 在 2008 年年末之前,A、B、C 三个城市的消费者信心总指数均值之间存在较大的差异,但 2009 年年末的差异则大幅度缩小。

上述趋势和多选题 A3a 的分析结果相结合,就可以对消费者信心总指数随月份的变化规律及其原因有一个全面的了解。

10.6.2　线图的编辑

如前所述,线图的框架结构实际上是由一些隐藏的散点构成的,因此对线图的编辑操作功能也会围绕着这一图形框架展开。

1. 更改散点的显示方式

简单线图和多重线图默认不会显示各散点,若希望显示所有的散点,则可以在"图表编辑器"窗口中选择菜单"元素"→"添加标记"命令,或单击工具栏上的"添加标记"按钮。随后还可以针对散点进行编辑,使之更为突出。

2. 更改散点之间的连接方式

默认情况下,各散点之间用直线方式连接,从而使整个线图呈折线形式。如果希望更改散点之间的连接方式,则可以在选中线图主体后,在"属性"对话框的"内插线"选项卡(如图 10.30(a)所示)中更改各散点之间的连接方式,具体的连接方式有 4 种:直线(straight)、步长(step)、跳跃(jump)和样条(spline)。在本例中,可以将连接方式改为样条(即在"线类型"框组中选择"样条"项),以使指数的变化趋势更为连贯。

3. 突出显示某一段连线

对于选中的线图主体,还可以使用"属性"对话框的"线选项"选项卡进行修饰,如图 10.30(b)所示。选中其中的"显示类别范围条"复选框,可以将同类别的散点垂直连接起来,即加绘垂线图。"投影"框组则用于突出显示某一段连线。可以在该框组的"类别"下拉列表中选择一个具体的类别,该类别会将线图一分为二,其中一部分正常显示,另一部分突出显示,具体突出显示哪一部分由"方向"下拉列表中的选项确定。为了在图形中更突出显示这一分界值,还可以用加入横轴参照线的方法在相应的位置上添加一条参考线,使图形更加直观。

4. 半对数线图

半对数线图(semi-logarithmic line graph)用于比较两种或两种以上的事物的发展速度而不是比较它们的绝对数量,当事物数量之间的差别较大时,简单线图往往难以客观地表达或比较事物的发展速度,这时可以绘制半对数线图。由于不能对 0 和负数取对数,所以半对数线图的纵轴刻度起点为 0.01,0.1,1,10,…。

在 SPSS 中绘制半对数线图非常容易,只需要在绘图时在"图表构建器"对话框的"元素属性"选项卡中将相应坐标轴的刻度类型更改为"对数"即可。对于绘制好的线图,也可以将其更改为半对数线图:选中相应的连续轴,在"刻度"选项卡中将连续轴刻度更改为"对数"。

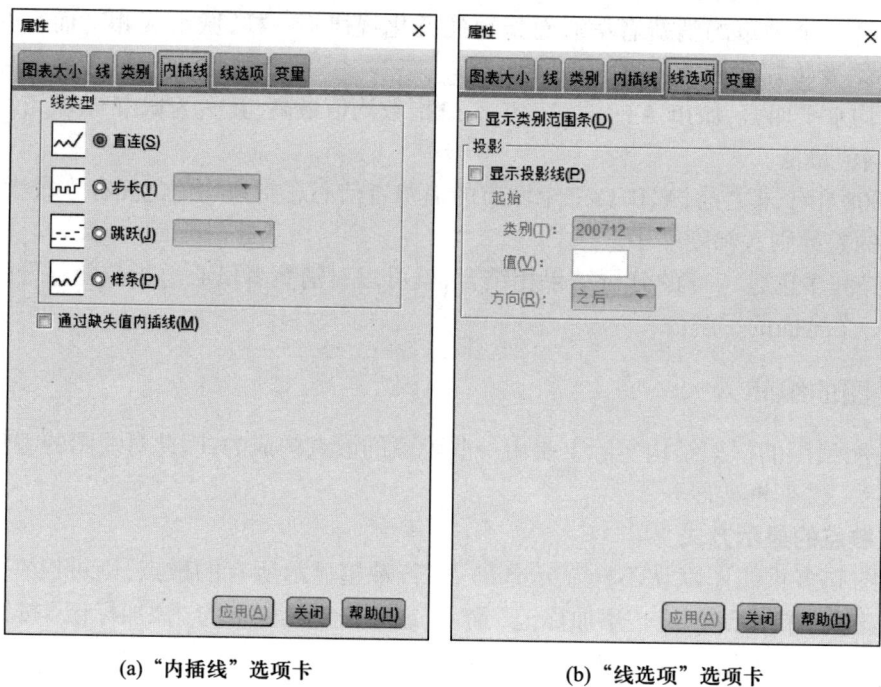

(a)"内插线"选项卡　　　　　　　(b)"线选项"选项卡

图 10.30　"属性"对话框的相关选项卡

10.6.3　面积图、点图与垂线图

1. 面积图

面积图（area chart）在"图表构建器"对话框中被归在"面积图"项中,是用面积区块的大小来呈现不同类别下某统计量大小的图形。实际上,面积图和条图、线图反映的是同类信息,它们之间没有本质区别。对于简单条图而言,只要将条图中直条的顶点相连,就构成了线图,而将线图中的折线下方全部涂色,就变成了相应的面积图。

多重面积图和条图、线图之间的对应关系要略微复杂一些,分段条图和分段面积图可以直接对应,它们都可以直接反映主分类变量各类别的频数情况,而多重线图实际上是和复式条图相对应的,它可以确切地表示各类别组合下的频数情况。

面积图和条图、线图可以在编辑状态下相互转换,具体操作可参照条图的相关编辑操作,这里不再重复介绍。而面积图的绘制、编辑等也与另外两种图形类似,这里不做详述。

2. 点图

点图（dot chart）在"图表构建器"对话框中被归在"散点图／点图"项中,但这只是从图形元素的角度进行的分组,从统计特征的角度看它和条图的关系更近:如果在表示频数大小时将条图中的直条高低改为散点数量,则图形就变换成了点图。只是与条图相比,点图更倾向于反映个体信息罢了（每个散点都代表一个个案）。当然,点图也可以用于反映均值等汇总指标,此即摘要点图,此时散点的纵坐标就是相应统计量的大小,显然在统计特征上它和条图没有区别。

3. 垂线图

垂线图（drop-line chart）同样被归在"散点图／点图"项中,前面在线图的编辑中已经提到过它了,垂线图也需要多个变量或者多个分类的信息,但是它不是绘制出多条折线,而是将属于同一类别的各个散点连接起来,这样垂线的长短就可以反映随着类别的变化,数值差异大小的变化情况。因此,与多重线图相比,垂线图更强调几个变量随另一个变量变化情况的差别所在。例如,从图 10.31 中可以很清楚地看到,学生群体的现状指数均值和预期指数均值之间没有太大差异,而教师、企事业单位管理人员等人群的预期指数均值则明显低于现状指数均值。

垂线图 平均值/ 现状指数,平均值/ 预期指数 按S5. 职业 按INDEX

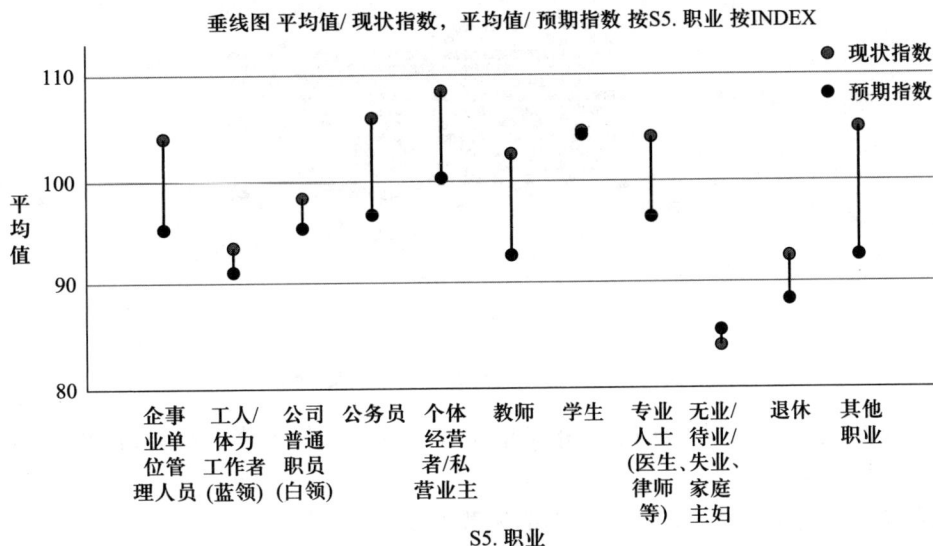

图 10.31 垂线图示例(★)

10.7 散点图、回归变量图与气泡图

散点图是常用的表现两个或两个以上的连续变量之间数量联系的统计图,它用点的密集程度和趋势表示两个变量之间的相关关系与变化趋势。在进行相关分析/回归分析之前,绘制合适的散点图,考察两个或两个以上的变量之间的相关关系及变化趋势是必须的。

在 SPSS 中有 4 种散点图,即描述两个变量之间关系的简单散点图、描述多个变量与一个变量之间关系的分组散点图、描述多个变量两两之间关系的散点图矩阵,以及描述三个变量之间综合关系的三维散点图,下面就分别加以介绍。

10.7.1 简单散点图案例:年龄与消费者信心总指数之间的关系

例 10.8 利用简单散点图考察年龄变量 s3 与消费者信心总指数之间的数量联系趋势。

由于本例实际上考察的是总指数变量 index1 如何随着年龄的变化而变化。也就是说,在这两个变量中,年龄变量 s3 相当于影响因素(自变量),而总指数变量 index1 则是被影响的因素(因变量),在这种情况下习惯上将因变量 index1 放置在纵轴上,具体操作如下:

① 选择菜单"图形"→"图表构建器"命令,打开"图表构建器"对话框。

② 在"图库"选项卡中选择"散点图 / 点图"项,将右侧出现的简单散点图图标拖入画布。

③ 将年龄变量 s3 拖入横轴放置区,将总指数变量 index1 拖入纵轴放置区。

④ 单击"确定"按钮。

最终绘制的简单散点图如图 10.32 所示,可见在本例中有如下数据特征:

散点图/总指数   按S3. 年龄

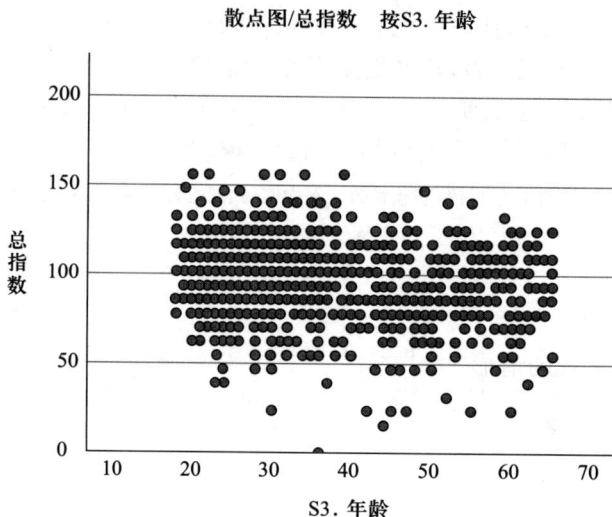

图 10.32   最终绘制的简单散点图(★)

① 随着年龄的上升,消费者信心总指数的平均水平有缓慢下降的趋势,且两者之间的数量联系基本上呈线性趋势。

② 消费者信心总指数在不同年龄段上的离散程度差异不明显。

③ 消费者信心总指数存在若干偏小的数值,其中在 30 岁到 40 岁之间有一个受访者的消费者信心总指数居然为 0。

如果进一步进行两个变量之间的相关分析 / 回归分析,上述信息将会对分析工作起到重要的指导作用。

10.7.2   散点图的编辑

散点图中的图形元素以散点为主,因此对散点的各种编辑操作,如更改散点的样式和大小、只显示某些散点的标签等均可以加以应用。除此之外,散点图中还有一些独特的编辑操作,如用套索模式选择离群散点、改变过密散点图的显示方式、添加回归线和置信区间等,下面结合例 10.8 来讲解。

1. 用套索模式选择离群散点

在图 10.32 所示的散点图中,有一些偏离散点图主体稍远的散点,可以将其显示方式修改得更醒目一些。但由于散点的数量太多,如果采取按住 Ctrl 键依次选中的方式显然太麻烦,这里可以采用套索模式来选择离群散点。具体操作是:在"图表编辑器"窗口中选择菜单"编辑"→"套索选择标记"命令,或者单击工具栏上的相应按钮 ⌇,可以看到鼠标指针变成套索形状,此时在散点图中按下鼠标左键拖动,将希望选择的散点圈到一个闭合曲线中,松开鼠标左键后就会看到这些散点已被同时选中,这时即可同时对这些散点进行各种编辑操作。

2. 改变过密散点图的显示方式

CCSS 项目数据的样本量虽然有上千个,但由于年龄只能取整数,消费者信心总指数也并非可以取任意值,导致所绘制的散点图中有大量散点是重叠显示的,使得人们无法看清各部分的疏密,严重影响了人们对散点图趋势的观察。

事实上,在大样本或者变量取值范围有限的情况下,散点重叠的情形十分常见,对于此类问题可以采用散点分组显示的方式加以解决。在"图表编辑器"窗口中选择菜单"选项"→"分箱元素"命令,或者在工具栏上单击"分箱元素"按钮▦,就可以将散点分组显示。同时在"属性"对话框中会增加一个"分箱化"选项卡,如图10.33(a)所示,用于设置具体的分组选项。"计数指示符"框组默认选择"标记大小"项,即用散点块的大小代表该区域散点数量的多少。在本例中可以选择"色彩强度"项,即用颜色深浅来表示该区域散点数量的多少。"标记位置""分箱布局""分箱大小"几个框组分别用于设置散点分组显示的位置、分组区域的计算方式,以及分组区域的大小,一般采用默认设置即可。

通过将本例散点图中的散点分组显示,可以清楚地看出在20~30岁的范围内,消费者信心总指数值在100上下的散点的密度比较高,而整张散点图也遵循了中部较密、两边较稀疏的基本规律,并未发现明显违背常规的情形。

3. 添加回归线和置信区间

回归线是回归分析的重要工具,如果能在散点图中直接添加各种回归线,散点图就能提供更丰富的信息,SPSS可以轻松地完成这一任务。在"图表编辑器"窗口中选中散点图主体后,选择菜单"元素"→"总计拟合线"命令,或者单击工具栏上的"添加总计拟合线"按钮☑,就可以在散点图中添加一条总样本的回归线。

但是,上述操作在默认情况下添加的是线性回归线,如果希望更改,则可以在选中线性回归线后使用"属性"对话框的"拟合线"选项卡来操作,如图10.33(b)所示。在"拟合方法"框组中,除了因变量的均值("Y的平均值"项),回归线的拟合方法有4种:

① "线性"项:根据最小二乘法确定的线性回归方程,这也是系统默认的拟合方法。

② "二次项"项:根据最小二乘法,用二次曲线回归方程对散点图中的数据点进行最佳拟合。

③ "立方"项:根据最小二乘法,用三次曲线回归方程对散点图中的数据点进行最佳拟合。

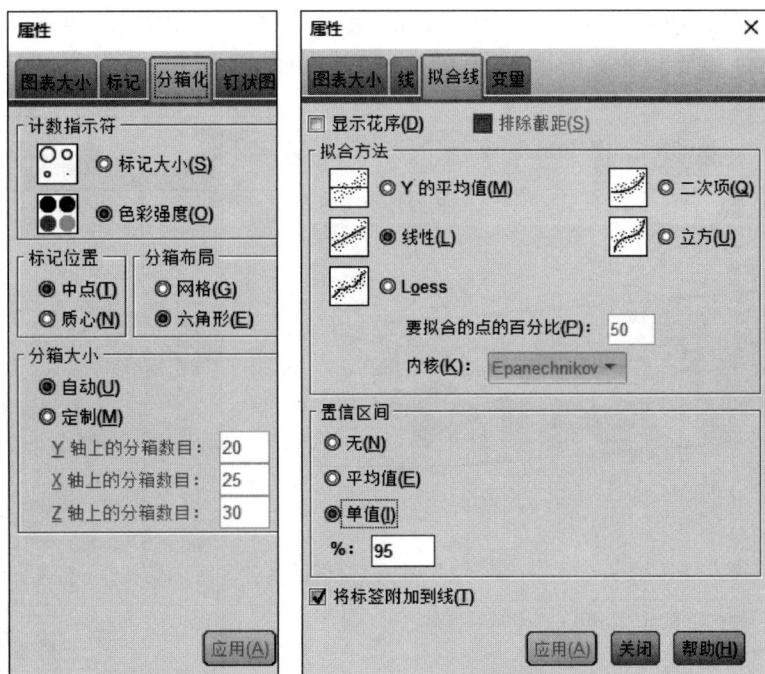

(a) "分箱化"选项卡   (b) "拟合线"选项卡

图10.33 "属性"对话框的相关选项卡

④ "Loess" 项：即局部加权回归光滑曲线（locally weighted regression smoother），该方法根据局部的数据点拟合一条曲线。也就是说，所拟合的曲线上的任意一点均只由指定范围内的邻近数据点的观测值来确定，因此可以将曲线拟合得非常光滑，与实际点吻合得很好。"要拟合的点的百分比"框用于指定在拟合曲线时使用样本数据中多少比例的数据点。拟合的数据点越多，曲线就越趋于直线。拟合的数据点越少，曲线就会越充分利用邻近数据点的信息，从而越圆滑，与散点越吻合。在多数情况下，默认设置就可以满足要求，不需要更改。

除了利用统计图，SPSS 还提供了 R 插件 STATS_LOESS.spe，可以用 Loess 模型来拟合数据，并给出预测值。

在"属性"对话框的"拟合线"选项卡中还有一个"置信区间"框组，用于绘制相应回归线的均值或个体参考值的 95%（或其他指定的置信度）置信区间。当要求绘制置信区间时，回归线本身将会消失。对此有一个简单的解决办法，即多绘制几条相同的回归线，将其中的几条回归线转换为希望显示的置信区间，而剩余的回归线就用来显示原有的回归线。

对本例而言，可以绘制出回归线所对应的 95% 个体参考值范围，并同时加绘 Loess 样条曲线，如图 10.34 所示，从中可以清楚地看出样条曲线和回归线趋势非常接近，也就是说，年龄和总指数之间的数量联系如果的确存在，那么应当是基本上呈线性趋势。

除了添加回归线，还可以像在线图中一样在散点图中添加散点之间的连接线，并进行相应的编辑操作，如突出显示某一段等，对此读者可自行操作，这里不做详述。

4. 添加钉线

钉线即 spike，其原意是钉子，或细而长的线，这里指的是在散点图中添加的辅助线。可以利用"属性"对话框的"钉状图"选项卡为散点图添加钉线，如图 10.35 所示，钉线可以从数据点到原点（origin），到两个坐标轴，或者到数据中心（centroid），其中从数据点到横轴的线常称为垂线。一般而言，钉线主要用于一些特殊用途的散点图，如市场研究中多维偏好分析的结果图，这里不做详述。

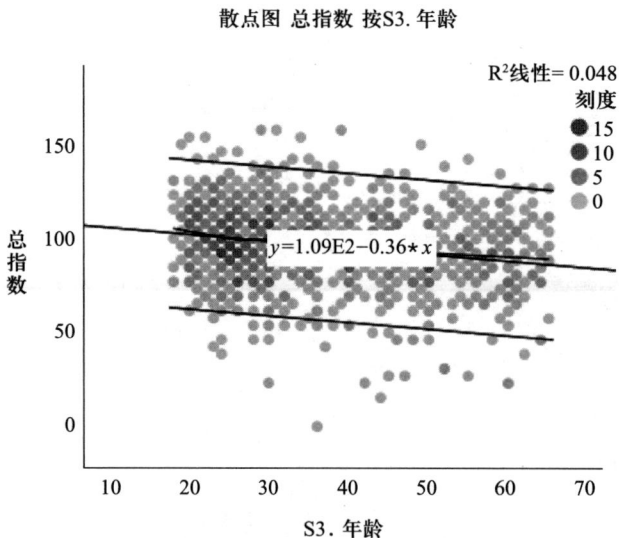

图 10.34　回归线所对应的 95% 个体参考值范围和 Loess 样条曲线（★）

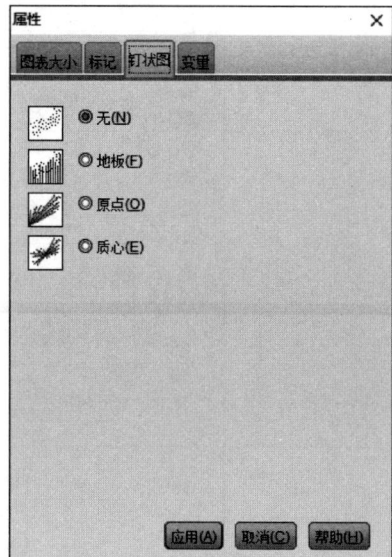

图 10.35　"属性"对话框的"钉状图"选项卡

10.7.3 分组散点图案例：分性别考察年龄对消费者信心总指数的影响

有时需要将两组或两组以上的变量的散点图绘制在同一张散点图中，以更好地比较它们之间的相关关系。此时可以考虑绘制分组散点图，也称为重叠散点图。在绘制分组散点图时由于要将多张散点图放置在同一个坐标系中，因此同一个坐标轴上的变量取值应当比较接近，否则就会出现有的变量组之间的相关关系表现得很清楚，而有的变量组之间的相关关系难以分辨的现象。

例 10.9 进一步分性别考察年龄变量 s3 与总指数变量 index1 之间的关系，以判断不同性别间年龄对消费者信心总指数的影响趋势是否不同。

由于本例的重点在于比较不同性别间的散点图趋势是否不同，因此分组散点图是一个较好的选择，而且绘图的重点应当是散点分布与显示回归线并重，具体操作如下：

① 选择菜单"图形"→"图表构建器"命令，打开"图表构建器"对话框。

② 在"图库"选项卡中选择"散点图 / 点图"项，将右侧出现的分组散点图图标拖入画布。

③ 将年龄变量 s3 拖入横轴放置区，将总指数变量 index1 拖入纵轴放置区。

④ 将性别变量 s2 拖入"设置颜色"放置区。

⑤ 单击"确定"按钮绘制出图形，随后双击该图形，打开"图表编辑器"窗口，对坐标轴刻度、图例位置等进行适当的调整。

⑥ 选择菜单"元素"→"子组拟合线"命令，或单击工具栏上的"添加子组拟合线"按钮 ，在图形中添加分组回归线，并在"属性"对话框的"拟合线"选项卡中将回归线的拟合方法更改为"Loess"。

最终绘制的分组散点图如图 10.36 所示（为了放大回归线，只显示了部分散点），可以看出在不同性别的人群中，无论是散点分布范围还是回归线的趋势都不存在明显区别。也就是说，不同性别间年龄对消费者信心总指数的影响趋势是基本相同的。

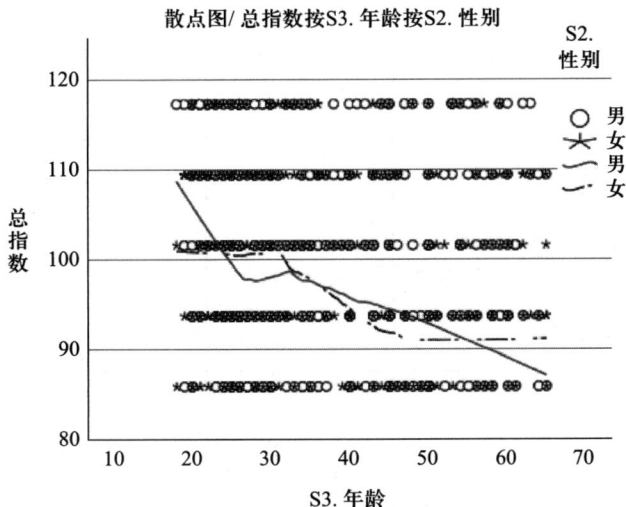

图 10.36 最终绘制的分组散点图（★）

也可以将变量组直接选入分组散点图的横轴和纵轴,此时所绘制的散点图就会按照横轴、纵轴变量的排列组合来确定。例如,在横轴中选入变量组 X、Y,在纵轴中选入变量组 A、B,则所绘制的分组散点图中会包含以下几对散点组合:X×A、X×B、Y×A 和 Y×B。

10.7.4　散点图矩阵案例:年龄与现状指数、预期指数之间的关系

当需要同时考察多个变量之间的相关关系时,若一一绘制它们之间的两两简单散点图,则十分麻烦,此时可以利用散点图矩阵来同时绘制各个变量之间的两两简单散点图,这样可以快速发现多个变量之间的主要相关性。这一点在进行多元线性回归时尤为重要。

例 10.10　在前面分析的基础上,进一步考察年龄变量 s3 对现状指数变量 index1a、预期指数变量 index1b 的影响。

本例实际上也可以采用分组散点图来考察,但可能会遇到散点范围严重重叠的问题,因此改用散点图矩阵观察,具体操作如下:

① 选择菜单“图形”→“图表构建器”命令,打开“图表构建器”对话框。

② 在“图库”选项卡中选择“散点图 / 点图”项,将右侧出现的散点图矩阵图标拖入画布。

③ 按住 Ctrl 键选中年龄变量 s3、现状指数变量 index1a、预期指数变量 index1b,将它们一起拖入画布上的“散点矩阵”放置区。

④ 单击“确定”按钮绘制出图形,随后双击该图形,打开“图表编辑器”窗口,对坐标轴刻度、图例位置等进行适当的调整。

⑤ 将散点图更改为按颜色区分的分组方式。

⑥ 选择菜单“元素”→“总计拟合线”命令,在图形中添加回归线,并在“属性”对话框的“拟合线”选项卡中将回归线的拟合方法更改为“Loess”。

最终绘制的散点图矩阵如图 10.37 所示,整个图形类似一个 3×3 矩阵,不同的是此处矩阵

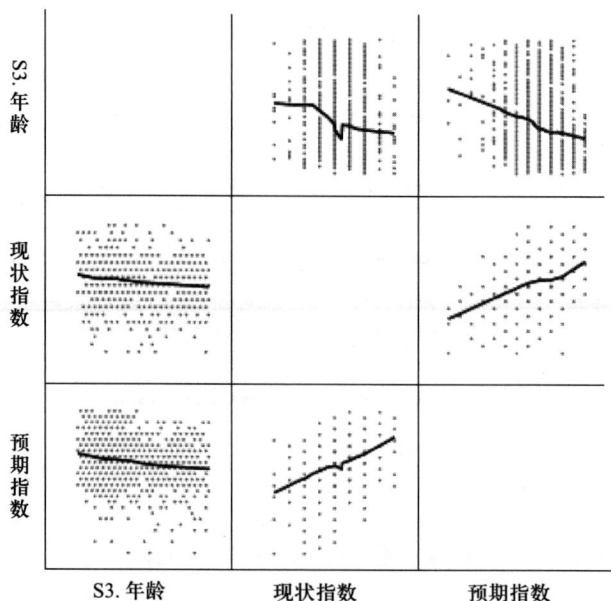

图 10.37　最终绘制的散点图矩阵(★)

的元素是一张一张的散点图。三个变量两两交叉,就形成了 9 个格子。每个变量所在的行上的图形,其纵轴都是该变量;所在的列上的图形,其横轴也为该变量,对角线处则为空白。

> 散点图矩阵的对角线处实际上显示的是该变量的直方图,只是默认隐藏而已,如果希望显示,则选择菜单"选项"→"显示沿对角线绘制的图表"命令即可。

从散点图矩阵中可见,年龄与现状指数和预期指数之间均存在负相关关系,年龄越大,现状指数和预期指数越低,但年龄与现状指数之间似乎存在一定的曲线关联,在后续分析中要加以注意。

10.7.5　三维散点图

虽然可以利用散点图矩阵同时观察多个变量之间的关系,但利用它只能两两进行二维散点图的观察,有可能漏掉一些重要的信息。三维散点图则可用于在由三个变量确定的三维空间中研究变量之间的关系,由于同时考虑三个变量,因此常常可以发现在二维图形中发现不了的信息。

1. 三维散点图的绘制

仍以例 10.10 为例,如果希望直接绘制变量 s3、index1a、index1b 的三维散点图,则只要在"图表构建器"对话框中将它们依次定义为 x、y、z 轴即可,所绘制的三维散点图如图 10.38(a)所示。该图形将三个变量之间的关系在同一个坐标系中立体地表现了出来,从而能更清晰和更直观地对因变量 / 自变量之间的关系进行观察,发现在二维空间中无法看到的信息,如曲线关系、异常值等。但是,由于实际上只能在二维平面上观察三维散点图,所以在观察时必须结合旋转功能,这将在下面进行介绍。

2. 三维散点图的旋转观察

进入图形编辑状态,在"图表编辑器"窗口中选择菜单"编辑"→"三维旋转"命令,或单击工具栏上的"旋转三维图表"按钮 ,就会出现"三维旋转"对话框,相应的操作示例如图 10.38(b)所示,设置相关参数,可以马上看到三维散点图旋转的效果。具体操作时,既可以在"三维旋转"对话框中更改横坐标和纵坐标,也可以在三维图形的各个方向上直接拖动鼠标,即按住鼠标左键,然后向所需要的方向拖动图形,图形就会向相应的方向转动,直到松开鼠标左键为止。

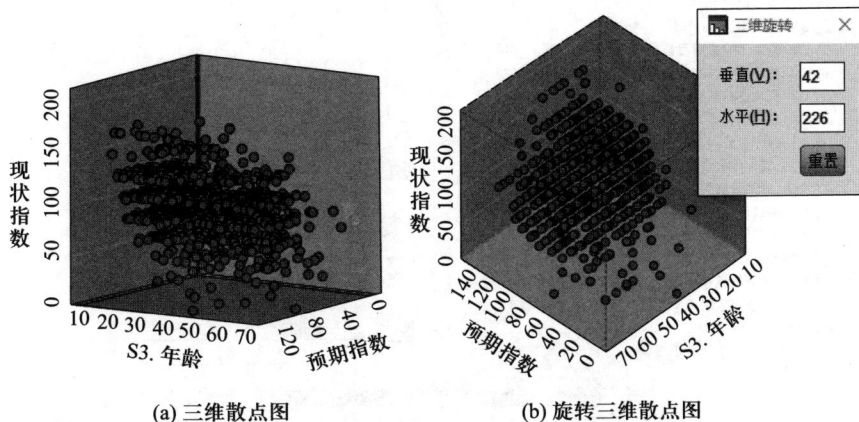

(a) 三维散点图　　　(b) 旋转三维散点图

图 10.38　三维散点图及"三维旋转"操作示例(★)

3. 三维散点图的缩放

三维散点图的主体通常只占据图形的一部分显示区域,这是由于对三维散点图的观察距离较远而导致的。如果希望三维散点图占据图形的主要显示区域,则可以选中散点图主体,然后在"属性"对话框的"三维旋转"选项卡中将距离设置得更近一些即可,默认为 80,一般改为 30,即可使三维散点图的主体占据图形的大部分显示区域。

4. 三维散点图与其他散点图之间的相互转换

由于三维散点图与其他散点图都是以散点的形式来表现各连续变量之间的数量联系的,因此它们之间可以相互转换。具体操作是:先在"属性"对话框中选择"变量"选项卡,然后在其中修改各个图形元素的类型即可。

理论上,三维散点图和分组散点图、散点图矩阵之间可以相互转换,它们也都可以转换为简单散点图。对此感兴趣的读者可自行操作,这里不展开论述。

10.7.6　回归变量图与气泡图

1. 回归变量图

回归变量图是 SPSS 提供的 Python 插件,其本质是散点图和描述连续变量的单独图形的结合,最常见的是散点图与箱图的结合。不仅如此,在回归变量图中还可以为散点组添加分组颜色、形状、大小等信息,并直接添加各种回归线,这样可以为后续的回归分析提供很多有用的信息。

在结果查看器窗口中,选择菜单"图形"→"旧对话框"→"回归变量图"命令,打开"回归变量图"对话框,如图 10.39 所示。如果希望添加回归线,则可单击"选项"按钮,在打开的对话框中进行相应的设置即可。

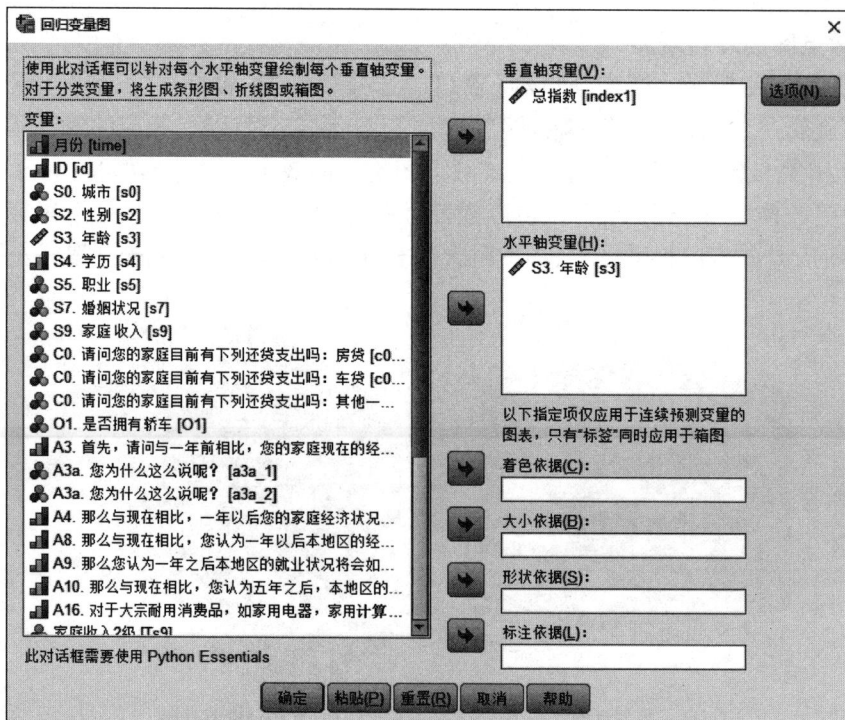

图 10.39　"回归变量图"对话框

图 10.40 所示的是年龄和总指数按性别分组的回归变量图,可见该图形分别在分组散点图的上方和右侧针对横坐标、纵坐标变量绘制了对应的箱图,从中可以清楚地看到总指数中存在若干较小的异常值。另外,需要注意的是,在该图形中只能加绘所有样本的回归线,而不能分组绘制回归线。

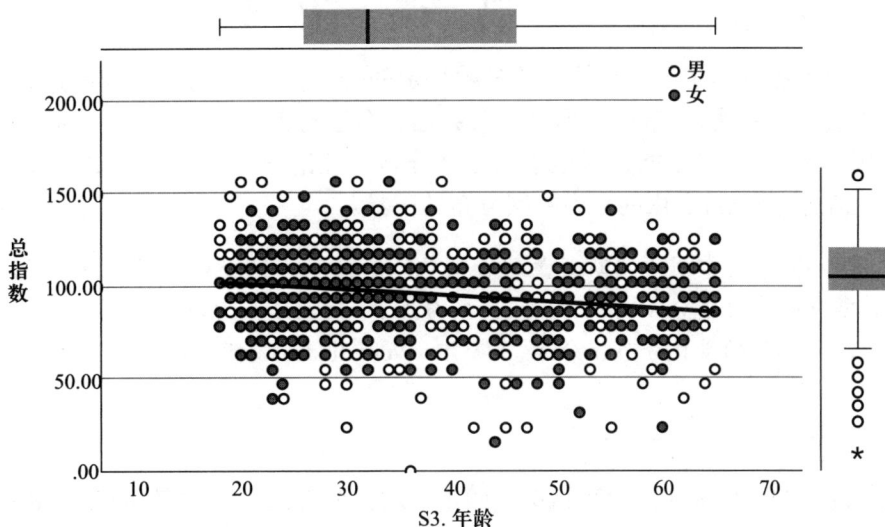

图 10.40 年龄和总指数按性别分组的回归变量图(★)

2. 气泡图

当希望以图形的方式来呈现三个连续变量之间的关系时,如果三个变量的重要性基本相同,则可以考虑采用三维散点图或散点图矩阵,但如果其中一个变量相对次要一些,则可以采用气泡图,即在二维散点图的基础上用第三个连续变量来定义散点的大小。

气泡图的操作并无特殊之处,只要在绘制散点图时将另一个连续变量拖动到“设置大小”放置区即可。图 10.41 所示的即为在现状指数和预期指数的二维散点图中加入年龄信息的气泡图,

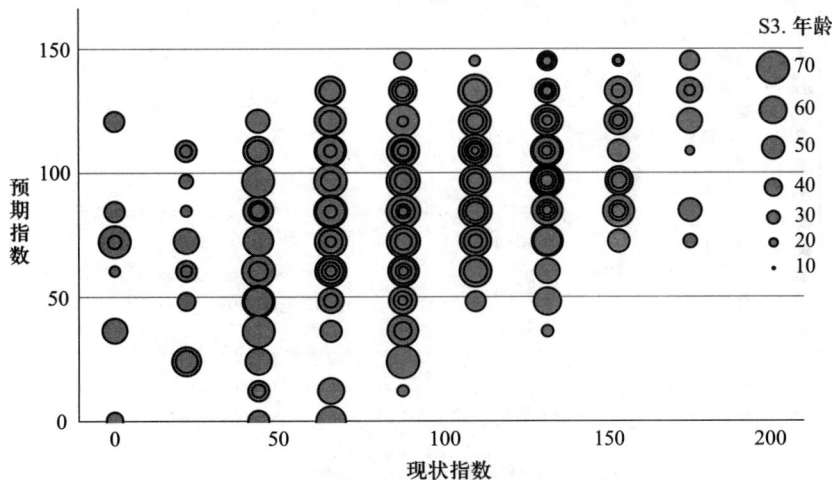

图 10.41 气泡图示例(★)

注意在本例中由于总指数取值相同,有很多散点重叠,又加上年龄不同,导致很多散点出现了同心环图案。因此,也可以使用这种方式解决散点重叠的问题,从而部分达到分组散点图的呈现效果。

10.8 P–P 图与 Q–Q 图

大多数检验方法都假定研究总体服从某种特定的分布,如正态分布、二项分布等,除了使用专门的检验方法进行考察,还常用图形直接对数据分布进行考察。直方图和茎叶图都是考察数据分布的常用图形,但它们不能直观地给出数据分布与理论分布相差多少,P–P 图和 Q–Q 图则可以给出上述信息,是非常有用的考察数据分布的工具。

P–P 图和 Q–Q 图常用于判断变量是否服从正态分布,但实际上它们还可以用于考察其他分布,常见的有贝塔分布、指数分布、伽马分布、半对数分布、拉普拉斯分布、逻辑斯谛分布、对数正态分布、帕累托分布、t 分布、韦布尔(Weibull)分布、标准正态分布等 10 余种分布。

10.8.1 P–P 图

P–P 图通过比较变量的实际累积概率与假定的理论分布的累积概率(即理论累积概率)的符合程度,来判断变量是否服从所考察的分布。如果变量服从假定的理论分布,则实际累积概率与理论累积概率应当基本一致。

1. 界面说明

由于涉及数据描述,P–P 图目前被放在"分析"菜单的"描述统计"子菜单中。"P–P 图"对话框如图 10.42 所示,其中的内容看似庞杂,实际上非常简单。

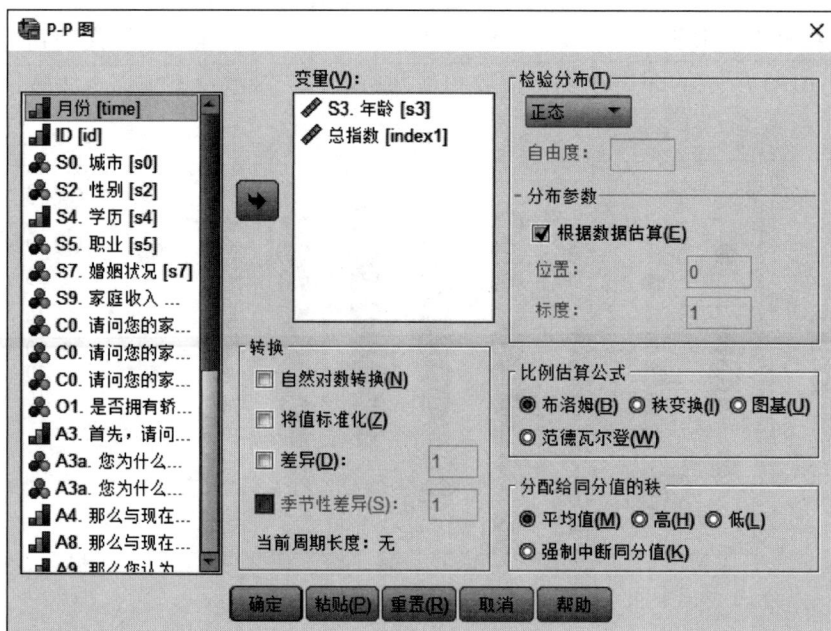

图 10.42 "P–P 图"对话框

①"变量"框:用于选入希望考察的变量,可一次性选入多个变量分别绘制 P-P 图。

②"检验分布"框组:用于指定希望考察的理论分布,默认为正态分布,在该框组中可以进一步指定相应分布的自由度、位置参数、形状参数等。

③"转换"框组:提供了自然对数转换("自然对数转换"复选框)、标准正态变换("将值标准化"复选框)、差分("差异"复选框)以及季节差分("季节性差异"复选框)这 4 种数据转换方法,以考察转换后的数据分布情况。

④"比例估算公式"框组:实际上应当译为"概率估计公式",即用于估计实际累积概率的算法,一般不需要更改。

⑤"分配给同分值的秩"框组:指定当样本中出现重复数值时的处理方式,默认为均值,一般也不需要更改。

2. 结果解释

这里以 CCSS 项目中的消费者信心总指数为例来说明如何阅读 P-P 图,输出的图形如图 10.43 所示,分别为正态 P-P 图和去趋势(de-trend)正态 P-P 图。图 10.43(a)中的两个坐标轴分别表示理论累积概率("预期累积概率")和实际累积概率("实测累积概率"),如果数据服从正态分布,则图中的数据点和理论直线(对角线)基本重合。可见,总指数变量 index1 的实际分布和理论分布基本接近。可以继续观察图 10.43(b)所示的去趋势正态 P-P 图,该图反映的是按正态分布计算的理论值和实际值之差的分布情况,即分布的残差。如果数据服从正态分布,则数据点比较均匀地分布在 $y=0$ 这条直线的上下。从该图中可见,残差虽然有一定的上下波动,但其残差绝对值均小于 0.05,这在绝大多数研究中都是可以忽略的分布差异。由此可以看出,总指数变量 index1 的原始数据与正态分布的理论数据相差很小,可以认为其基本上服从正态分布。

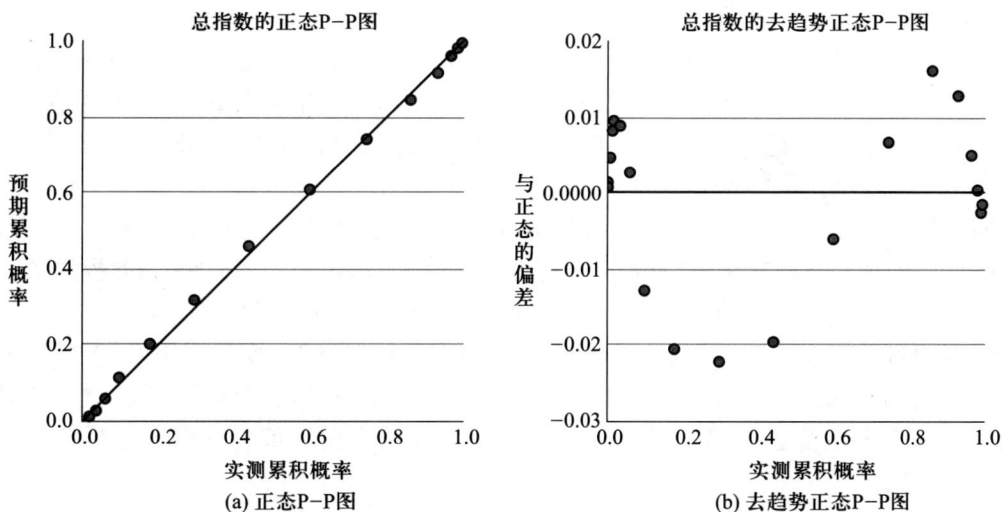

图 10.43 绘制的总指数的正态 P-P 图(★)

　　下面来看图 10.44 所示的不服从正态分布的例子,变量为年龄变量 s3,从其正态 P–P 图和去趋势正态 P–P 图可见,年龄变量 s3 的实际分布和理论分布之间有明显的差异,其残差绝对值也超过了 0.1,因此可以判断年龄变量 s3 并不服从正态分布。

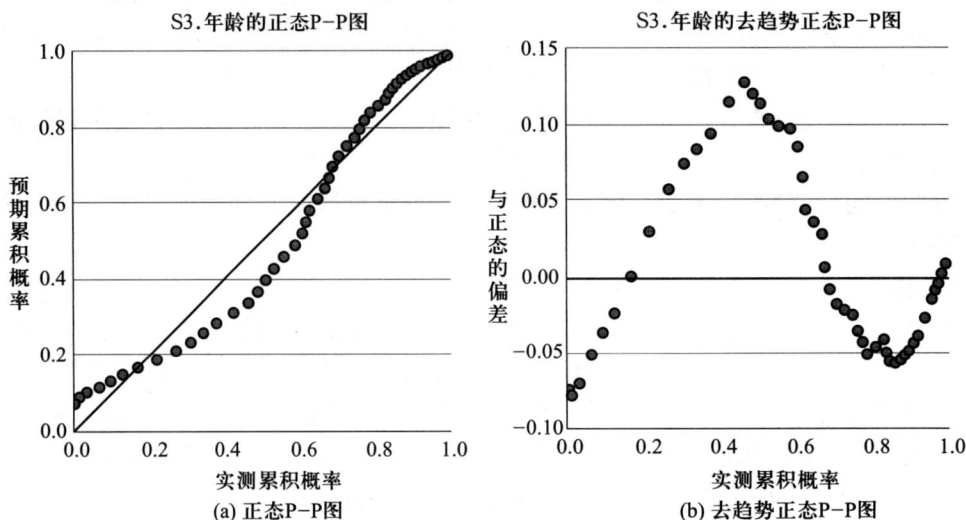

图 10.44　绘制的年龄变量 s3 的正态 P–P 图(★)

10.8.2　Q–Q 图与双变量 Q–Q 图

　　在 SPSS 中,Q–Q 图的对话框界面、操作方式和结果阅读方式与 P–P 图几乎完全相同,读者可以参照前面介绍的 P–P 图的相关内容,这里不再重复说明。Q–Q 图也用于比较变量的实际分布与假定的理论分布是否一致。但 P–P 图比较的是两者的累积概率分布,而 Q–Q 图则是根据变量的实际百分位数与理论百分位数绘制而成,或者更通俗地说,相比之下,Q–Q 图的适用条件更宽松,结果也更稳健。但是 Q–Q 图不像 P–P 图那样用经验临界值来判断实际分布是否明显和理论分布存在差异,因此应用得较少。

　　前面介绍的关于 P–P 图或者 Q–Q 图的内容,均只是呈现单变量的分布特征,但是在相关分析或更复杂的多元统计方法中,常常需要考察多个变量的联合分布,SPSS 为此提供了 R 插件 SPSSINC_QQPLOT2.spe,可以直接对两个变量的联合分布做 Q–Q 图呈现。

　　在数据编辑器窗口中,选择菜单"分析"→"描述统计"→"双变量或组 Q–Q 图"命令,即可打开相应的对话框。该对话框非常简单,只需要选入希望呈现的两个连续变量,或者一个连续变量和一个分组变量即可,如果是后者,则会按分组变量取值将连续变量拆分为两组来呈现。

　　图 10.45 所示的为绘制出的双变量 Q–Q 图。在图 10.45(a)中,实际数据的散点并未偏离主对角线太远,说明现状指数和预期指数的联合分布与二维正态分布相差不大(当然较大数值一侧略有偏离)。而在图 10.45(b)中,实际数据的散点明显偏离主对角线,说明总指数和年龄的联合分布不符合二维正态分布的假定。

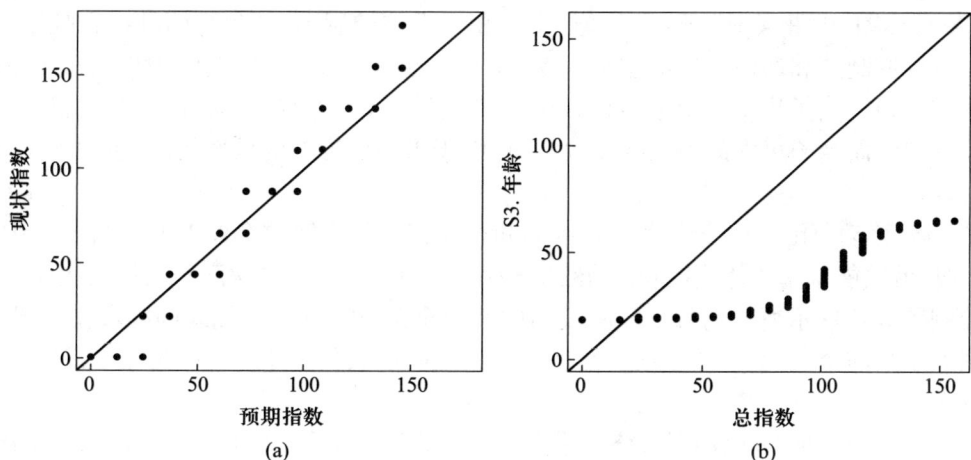

图 10.45　绘制的双变量 Q–Q 图（★）

10.9　其他统计图

除了前面已经介绍过的统计图，SPSS 中还有其他类型的统计图。生存曲线图、ROC 曲线、自相关图、互相关图等因为与相应的统计方法密切相关，将在《高级教程》中加以介绍；而在以 R 或者 Python 插件形式提供的统计图中，本书将介绍控制图、帕累托图、高－低图、分组小提琴图、热图，以及时间序列分析中使用的图形等具有实用价值的统计图，而略去对用处不大的统计图的讲解。

10.9.1　控制图

1. 图形简介

任何自然过程中都有随机变异，产品的生产线也不例外。在生产过程中，产品质量会出现波动，这一方面可能是由随机因素引起的，另一方面也可能是由可辨识的、作用明显的原因，如误操作、设备故障等引起的，对于后者显然可以通过采取适当的措施及时发现并排除。控制图就是用于分析和判断生产工序是否处于稳定状态的一种统计图。

控制图的原理非常简单，若一个生产过程仅受随机因素的影响，其产品的质量特性指标的均值和变异都基本上保持稳定，则称之为处于受控状态。此时，产品的质量特性指标服从某种确定的随机概率分布，因此可以每隔一定的时间对生产线进行抽样，若其数值符合原分布规律，就认为生产过程正常，否则，就认为生产过程中出现了某种系统性变化，或者说过程失控。这时就要考虑采取包括停产检查在内的各种措施，以查明原因并将其排除，恢复正常生产，避免失控状态延续并发展下去。

2. 控制图的种类

控制图的种类很多，可以先按照数据特征将其分为计量控制图和计数控制图两大类，然后根据是对个体还是对均值的变动情况进行监测，以及是用全距、百分位数还是用标准差作为控制范围，来对其做进一步的细分。

从图 10.46（a）所示的"控制图"对话框可以看出，SPSS 提供了比较全面的控制图种类，其具体用法如下：

①"X 条形图,R 图,s 图"项:即均值、全距和标准差控制图,其包括两种组合控制图,即均值 – 全距组合控制图和均值 – 标准差组合控制图。选择前者,会在控制图中显示每个子集测量值的均值和全距。当子集中的个案数比较少(如少于 10 个),不宜计算标准差时,就可以使用这种组合控制图。而当子集中的个案数比较多时,由于采用标准差的效率更高,也更稳定,因此建议选择后者。

②"个体,移动范围"项:计算均值时要求每个子集中的个案数都大于 1,当各子集中均只有一个个案时,就只能采用个体值控制图,该图显示个体值且个体值的次序与数据的次序一样。移动全距控制图能够展示所选的每个间隔段内的数值全距,也就是说,如果间隔段是 3,则移动全距控制图显示当前个案、前一个个案和前两个个案之间的数值全距。该图可用于反映数据波动情况的改变。

③"p 图,np 图"项:p 图即不合格品率图,np 图即不合格品数控制图。p 图显示每个子集中不一致的个案所占的比例,用于控制对象为不合格品率或合格率等计数型质量指标的场合。但是由于计算不合格品率时需要进行除法运算,比较麻烦,所以在样本量相同的情况下,用 np 图比较方便,后者显示的是每个子集中不一致的个案的数量。

④"c 图,u 图":c 图即缺陷数图,u 图即单位缺陷数控制图。u 图显示指定单位范围内出现的缺陷数目。当样品的大小保持不变时可以使用 c 图,而当样品的大小有变化时则应当将其换算为平均每单位的缺陷数后再使用 u 图。

3. 界面说明

选择菜单"分析"→"质量控制"→"控制图"命令,打开"控制图"对话框,如图 10.46(a)所示,在其中选择控制图的类型,随后会弹出相应的控制图操作界面,下面以个体值控制图为例加以说明,如图 10.46(b)所示。

①"过程测量"框:选入用于质量控制的变量。

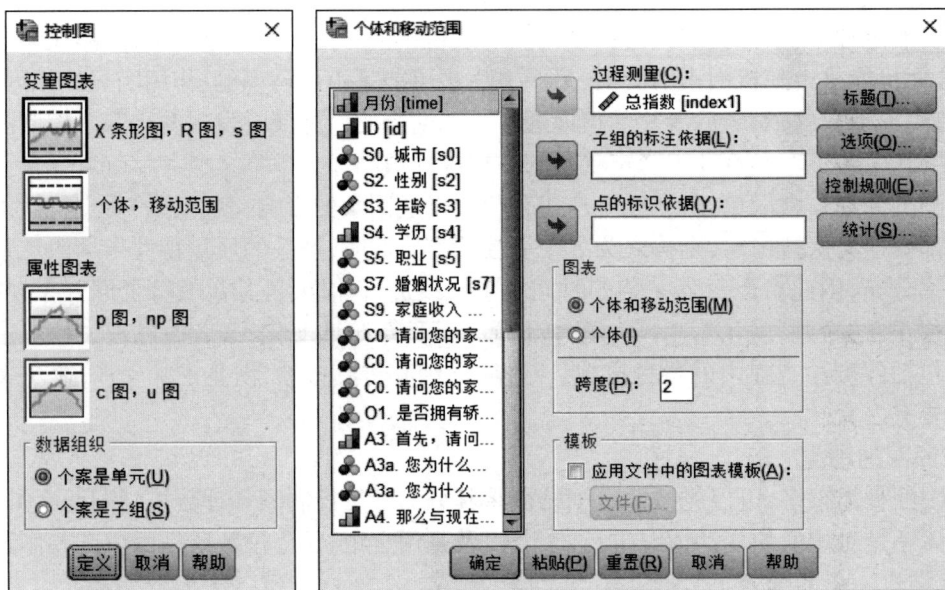

(a)"控制图"对话框   (b)"个体和移动范围"对话框

图 10.46 "控制图"对话框和"个体和移动范围"对话框

②"图表"框组：选择是只绘制个体值控制图，还是同时绘制移动全距控制图，"跨度"文本框用于指定计算移动全距的范围。

③"选项"按钮：单击该按钮，打开"个体和移动范围：选项"对话框，在该对话框中可以选择上／下控制限（control limit）和均值线之间所包括的标准差数，默认为3。

④"控制规则"按钮：单击该按钮，打开"个体和移动范围：控制规则"对话框，在此处可以指定一个或多个控制规则。如果某个点违反控制规则，则它在图形中具有与受控点不同的形状和颜色。该功能使得用户可以快速识别不受控制的点。

⑤"统计"按钮：单击该按钮，打开"个体和移动范围：统计"对话框，在该对话框中可以规定上／下控制限，并且可以选择在控制图中使用的统计量。

4. 分析实例

下面使用控制图来考察 2007 年 4 月的 CCSS 项目数据收集得是否正常，如果数据是随机收集的，则按照个案号次序收集的数据应当是上下随机波动的，即使出现异常值，也不应当有聚集性，否则可能存在数据造假或数据错误的问题。为了简化叙述，下面只考察总指数变量 index1 这一个变量，具体操作如下：

① 选择 2007 年 4 月的所有个案并将其纳入研究。

② 选择菜单"分析"→"质量控制"→"控制图"命令，打开"控制图"对话框。

③ 在"控制图"对话框中选择"个体，移动范围"项，单击"定义"按钮，打开"个体和移动范围"对话框。

④ 将总指数变量 index1 选入"过程测量"框，在"图表"框组中选中"个体"项。

⑤ 在"个体和移动范围：控制规则"对话框中，选择"在 +3 sigma 以上"和"在 –3 sigma 以下"复选框。

⑥ 单击"确定"按钮。

按照上述设置绘制出的控制图如图 10.47 所示。可见，有两个个案的 index1 值偏低，而且超

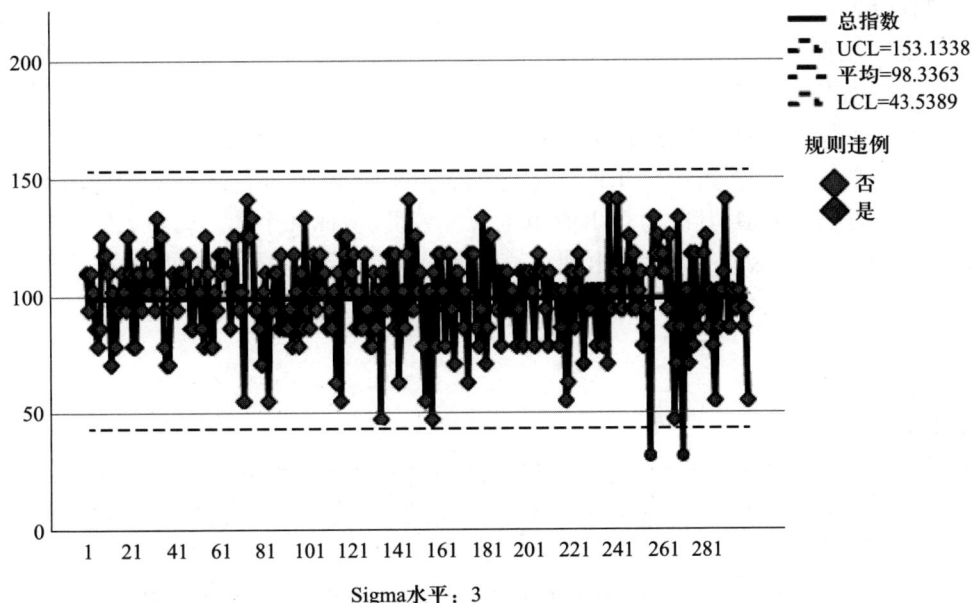

图 10.47　个体值控制图示例（★）

过了下控制限,但由于按照上下 3 倍的标准差范围,2007 年 4 月的 300 个个案应当出现 3 个异常值,因此 2 个异常值是可以接受的。此外,从曲线的走势来看,所有个案的 index1 值在均值上下随机波动,并未出现上升或下降的趋势,这说明 CCSS 项目运转正常,数据的质量是有保证的。

10.9.2   帕累托图

1. 图形简介

帕累托图(Pareto chart)又称为排列图,来自帕累托定律。该定律认为绝大多数的问题或缺陷是由相对有限的因素导致的,实际上就是人们常说的 80/20 定律,即 20% 的原因造成 80% 的问题。

帕累托图属于双纵轴图,本质上是条图和线图的组合,研究者通常会面对许多类别,因此需要用直观的方式来评估每个类别的相对重要性。而帕累托图则以条图的方式将各个类别按降序排列,其直条的高低表示各类别某个统计量观测值绝对值的大小;在条图上方加绘直条累积百分比的曲线(称为帕累托曲线),曲线的上升表示累积百分比的增加情况,使研究者可直观地找出引起问题的主 / 次要因素。

帕累托图的典型应用是显示由各种原因引起的缺陷数目或不一致的频数分布,按照帕累托图的一般阅读习惯,通常将影响质量的主要因素分为 3 类:A 类为累积百分比在 70%~80% 范围内的因素,是主要因素;B 类是除 A 类之外累积百分比在 80%~90% 范围内的因素,是次要因素;C 类为除 A、B 两类因素之外累积百分比在 90%~100% 范围内的因素。按照这个原则,研究者就可以根据条图上方的帕累托曲线快速确定问题或缺陷产生的主要原因。

2. 分析实例

选择菜单"分析"→"质量控制"→"帕累托图"命令,可以打开"帕累托图"对话框,该对话框的界面非常简单,如图 10.48(a)所示。在该对话框中,有"简单"和"堆积"两项,分别对应了简单条图和分段条图。这里选择"简单"项。在"图表中的数据为"框组中,默认选择"个案组的计数或总和"项,此处不做更改。单击"定义"按钮,打开"定义简单帕累托图:个案组的计数或总和"对话框,如图 10.48(b)所示,将希望分析的变量选入"类别轴"框,并在"条形表示"框组中设置直条高度所表示的指标,默认为类别频数("计数")。

下面以职业变量 s5 为例解读输出的帕累托图,如图 10.49 所示。从该图中可以看到受访者的职业以公司普通职员最多,其次为企事业单位管理人员、退休和个体经营者 / 私营业主。在 11 个类别中,前 5 类大约占 80%,并没有出现很高的聚集性,这说明 CCSS 项目的样本分布还是比较分散的。

10.9.3   高 – 低图

1. 图形简介

股票、商品、货币及其他市场数据每周、每日甚至每时的波动都相当大。为了展示这些数据的长期变动趋势和短期变化,就需要使用一些专门的图形工具来进行可视化分析。高 – 低图就是为此而设计的。

SPSS 在"图表构建器"对话框中专门提供了一组高 – 低图,包括以下几种图形:

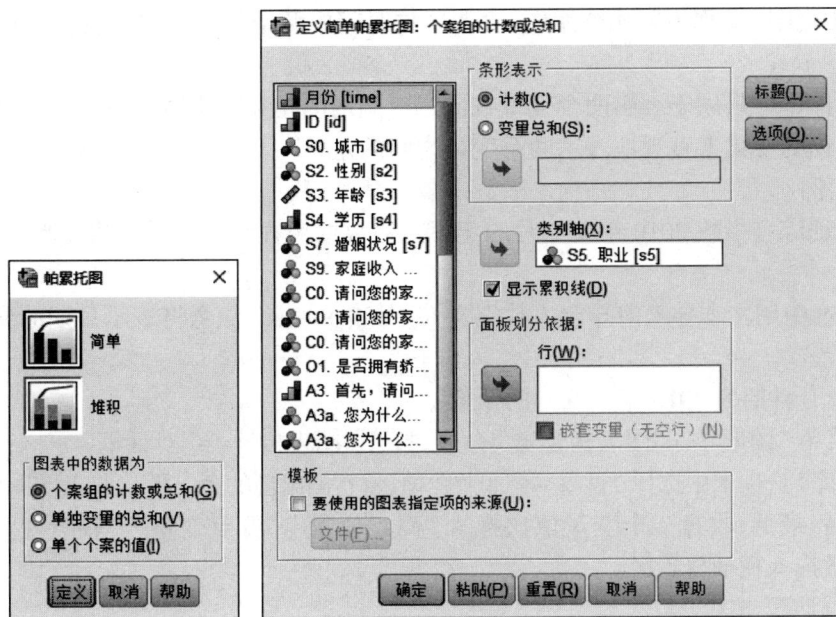

(a) "帕累托图"对话框   (b) "定义简单帕累托图：个案组的计数或总和"对话框

图 10.48 "帕累托图"对话框和"定义简单帕累托：个案组的计数或总和"对话框

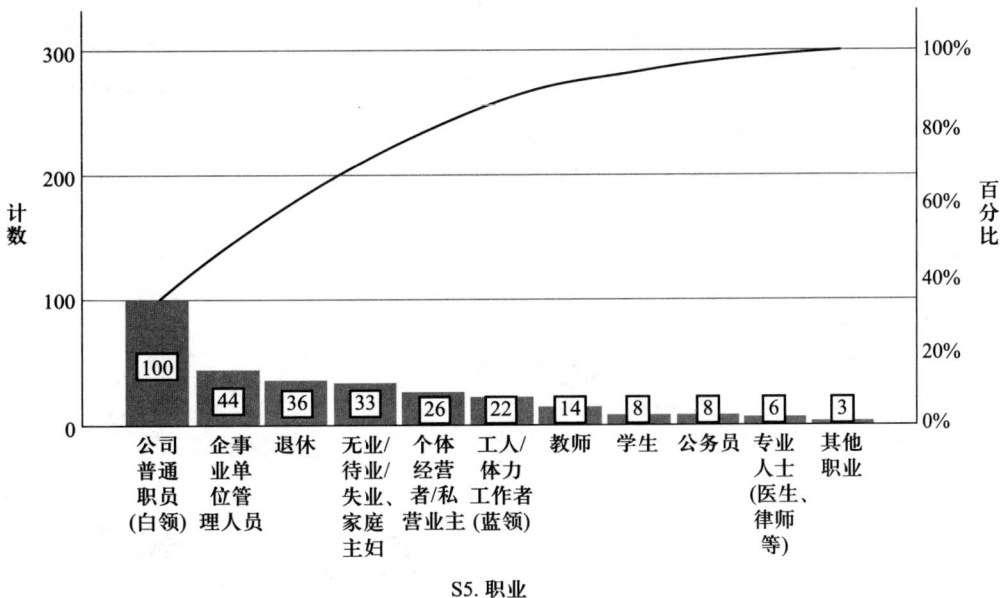

图 10.49 帕累托图示例 (★)

① 高－低－收盘图：可以形象地呈现单位时间内某变量的最大值、最小值和最终值，能说明某种现象在单位时间内的变化情况。这种图形适用于股票、期货和外汇等，可以说明相关产品每天的最高价格、最低价格和收盘时的价格。

② 简单全距图：又称为单式全距图，表明单位时间内某变量的最大值和最小值，它和高－低－收盘图的区别是省去了最终值。

③ 分组全距图：又称为复式全距图，表明单位时间内两个或两个以上的变量的最大值和最小值。

④ 差异面积图：是用于表明两个变量在同一时间内的相互变化对比关系的线性统计图。这种图形通过面积的变化来直观地表示两个变量之间的差异。

2. 分析实例

下面以上证综合指数 2010 年 1~9 月的实际走势数据来看看高 - 低图的绘制方法，具体操作如下：

① 在 SPSS 中用文本导入向导读入数据文件 SH999999.txt，注意将表示日期的变量设置为日期型变量。

② 选择所有日期为 2010 年 1~9 月的个案。

③ 选择菜单"图形"→"图表构建器"命令，打开"图表构建器"对话框。

④ 在"图库"选项卡中选择"盘高 - 盘低图"项，将右侧出现的高 - 低 - 收盘图图标拖入画布。

⑤ 将最高、最低、收盘三个变量依次拖入"高点变量""低点变量""收盘变量"三个放置区，将日期变量拖入横轴放置区。

⑥ 单击"确定"按钮。

相应的高 - 低图如图 10.50 所示，一个直条代表一天的交易数据，直条的上端、下端分别代表当天的上证综合指数的最高值、最低值，圆圈则代表当天的收盘指数值。显然，上证综合指数在 2010 年 1~9 月呈现的是先下跌，然后横盘反弹，最后一路下跌再筑底的走势。

> 读者可以在图 10.50 中发现序列中有若干间断点，这实际上代表了股市停盘的日期，如春节以及"五一"假期。在股票软件中，对于这些停盘日期都是自动略去的，但由于此处将表示日期的变量指定为日期型变量，因此 SPSS 不会将其省略。在本例中，如果将表示日期的变量指定为字符型变量，则这些间断点不会出现。

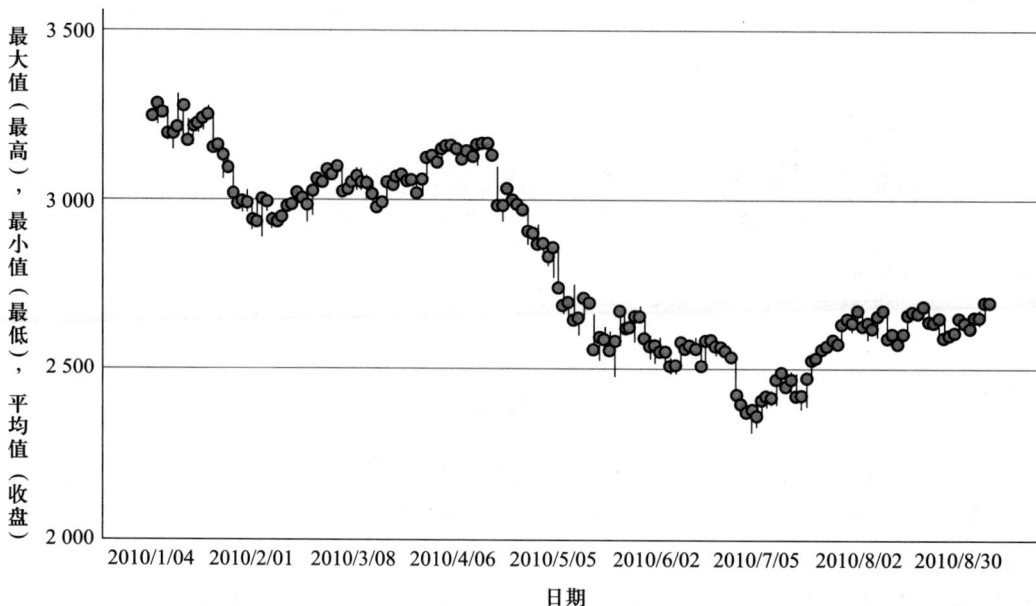

图 10.50　上证综合指数 2010 年上半年走势的高 - 低图（★）

10.9.4 分组小提琴图

小提琴图(violin plot)原本不是常用的描述连续变量的图形,但近年来随着大数据可视化的流行而逐渐得到广泛应用。小提琴图实际上是箱图与核密度图的混合展示。箱图前面已经介绍过了,核密度图则是指将连续变量在各个取值上的核密度估计值用曲线(或者面积)加以展示,其中核密度估计是一种估计随机变量概率密度的非参数方法,或者说基于样本数据拟合最适合的分布曲线。小提琴图将两者结合起来,可以直观地显示连续变量的分布情况。

SPSS 29 在图形画板模板选择器中提供了分组提琴图的功能。以分性别对年龄进行描述为例,具体操作如下:

① 选择菜单"图形"→"图形画板模板选择器"命令,打开"图形画板模板选择器"对话框。
② 在左侧的候选变量列表框中同时选中性别变量 s2 和年龄变量 s3。
③ 在右侧的图形列表框中,选中"小提琴"图标。
④ 单击"确定"按钮。

绘制的分组小提琴图如图 10.51 所示,各组图形外侧即为对称绘制的核密度曲线,可见男性组在 25 岁左右的比例高于女性组。图形内侧原本应当绘制对应的箱图,但是 SPSS 29 绘制的只有中位数所在的散点。

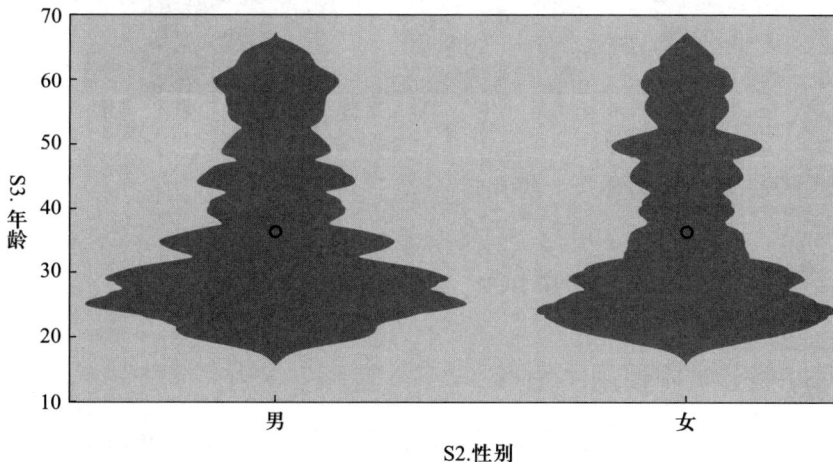

图 10.51 绘制的分组小提琴图(★)

10.9.5 热图

热图(heatmap)也是近年来流行的一种统计图,它通过色彩变化来显示数据。热图本质上是一张二维交叉表,但在行变量和列变量交叉形成的单元格中使用颜色而不是数值来反映其中的数据信息,这样研究者就很容易观察到行变量和列变量在单元格数值上究竟有怎样的联系。热图非常适合显示多个变量之间的差异,是否有相似的变量,以及检测这些变量彼此之间是否存在相关性。目前,在生物信息学中热图应用得较多,在管理学中也经常会见到热图。

SPSS 29 在图形画板模板选择器中提供了绘制热图的功能。以分城市、职业对年龄均值进行描述为例,具体操作如下:

① 选择菜单"图形"→"图形画板模板选择器"命令,打开"图形画板模板选择器"对话框。

② 在左侧的候选变量列表框中同时选中城市变量 s0、年龄变量 s3 和职业变量 s5。

③ 在右侧的图形列表框中,选中"热图"图标。

④ 单击"确定"按钮。

绘制出的热图如图 10.52 所示,可见无论在哪个城市,退休人群的年龄均值都明显更高(颜色更深),而学生的年龄均值则明显更低(颜色更浅)。工人/体力工作者(蓝领)、公务员和教师的年龄均值则在不同的城市间略有差异。

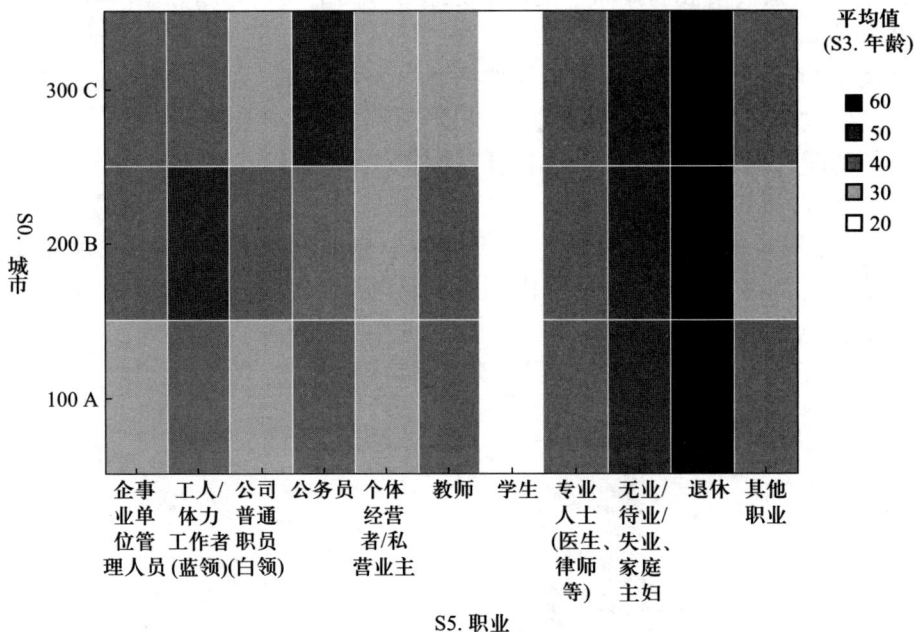

图 10.52 绘制的热图(★)

10.9.6 时间序列分析中使用的图形

SPSS 具有强大的时间序列分析功能,其提供的图形工具也比较全面,除了简单线图等,还提供了以下几种专用的图形工具:

① 序列图:实际上是一种特殊的线图,但与简单线图相比,有更多适合时间序列分析的功能,可用于对时间序列数据进行直观描述。与简单线图一样,它也把时间变量当作分类变量处理,所以在时间序列数据中存在间断的情况下要谨慎应用。

② 自相关图:用于分析单个时间序列数据,它包括任意滞后(含负的滞后,也就是超前)的自相关和偏相关图。

③ 互相关图:又称为交叉相关图,用于分析两个或两个以上的时间序列数据之间在不同时间滞后下的相关性。

④ 频谱图:在进行频谱分析时给出一个或多个序列的周期图和谱密度图。

由于上述图形工具的使用和解读均与时间序列分析密切相关,且对于选择模型参数及进行模型残差分析有着重要的意义,因此它们和时间序列模型一起被放置在"分析"菜单的"时间序列预测"子菜单中。这些专用的图形工具也将和时间序列模型一起在《高级教程》中进行介绍，对此感兴趣的读者可阅读《高级教程》的相应章节。

思考与练习

1. 简述本章所介绍的统计图的特点及其适用的变量类型。

2. 自行练习本章所介绍的对 CCSS 项目中的各种图形的绘制及编辑操作。

3. 自行练习复式条图、线图、面积图之间的转换操作，并考虑为什么这些图形之间可以互相转换。

4. 为了研究工人硅肺病患病率与工龄之间的关系，某市疾病控制中心收集了如表 10.1 所示的数据。

表 10.1　工人硅肺病患病率和工龄之间的关系

工龄	甲矿			乙矿		
	检查人数	硅肺病人数	患病率	检查人数	硅肺病人数	患病率
小于 5 年	5 406	39	0.007 2	1 856	11	0.005 9
5~10 年	2 537	77	0.030 4	2 734	84	0.030 7
大于 10 年	2 169	265	0.122 2	3 185	347	0.108 9
合计	10 112	381	0.037 7	7 775	442	0.056 8

对于以上数据，可以选用何种类型的统计图进行描述性统计，为什么？还可以选用其他类型的统计图吗？为什么？

第三部分

常用的假设检验方法

第 11 章　分布类型的检验

统计推断中的参数估计可以帮助研究者在对样本进行描述性统计的基础上,进一步外推得知样本所在总体的一些特征,如总体均值、总体标准差的情况究竟是怎样的。但是,仍然有一些针对研究总体的分析需求无法得到满足。例如,对于 CCSS 项目而言:

① 消费者信心总指数的平均水平在不同月份是否有变化?

② 性别、年龄、职业等因素是否对消费者信心总指数的平均水平有影响?

要回答这些问题,就必须使用统计分析中的一个重要工具:假设检验。而且还要事先考察相应检验方法的适用条件,如数据的抽样是否随机,相应统计指标的分布是否服从正态分布、二项分布等。因此,本章将首先介绍假设检验的基本思想,其次介绍几个比较重要的分布类型检验——正态分布检验、二项分布检验以及游程检验在 SPSS 中的实现方法,并借此使读者熟悉假设检验基本思想的具体应用。

11.1　假设检验的基本思想

11.1.1　问题的提出

这里用一个假设的场景来引出后面的讨论:在一个掷骰子游戏中,掷单颗骰子,猜到点数为胜,这时如果下注,输赢结果会是怎么样的呢?

对于每个人来讲,在掷骰子时 6 个点数出现的概率都是相同的,因此一般是随机选择一个点数进行下注。其实,在做出下注决策时,就已经做了相应的假设:这颗骰子是均匀的,因此每个点数出现的概率都相等,如果反复下注,大概平均每 6 次会赢一次。当然,这只是平均的情形,实际上每次掷骰子的猜中概率可能会高一些,也可能会低一些,参与者都是冲着可能出现的高猜中概率来的。但是,如果对多次参与的猜中概率进行平均,则猜中概率仍然在 1/6 左右。

下面考虑一种比较极端的情形。假定一共下了 600 次注,由于已经假设这颗骰子是均匀的,因此应当平均赢 100 次,但是最终竟然只猜中了一次,这究竟是什么原因呢? 对于这种结果,大多数人都倾向于认为不是自己运气不好,而是骰子均匀的假设实际上并不成立。

上述场景展示出了一个标准的假设检验流程,如果将上述过程用标准的统计学术语复述一遍,则可以表述为下列内容:

① 建立假设。原假设 H_0:骰子均匀,$\pi=1/6$;备择假设 H_1:骰子不均匀,$\pi<1/6$。

② 确定显著性水平,即犯第一类错误(弃真错误)的概率 $\alpha=0.05$。

③ 在原假设成立的前提下进行样本量为 600 的掷骰子试验,得到 1/600 的样本率。

④ 基于样本计算 p 值。如果原假设成立,则得到与现有样本率一样或更极端情况的可能性很小,远远小于可以容忍的显著性水平 $\alpha=0.05$。

⑤ 得出统计推断结论。由于基于原假设出现了小概率事件,因此认为原假设不成立。

这种表述方式虽然听上去索然无味,但却是继续讲解本章知识所必需的,下面就介绍假设检验的基本思想。

11.1.2 小概率事件与小概率反证法

1. 小概率事件

在介绍假设检验的基本思想之前,首先需要明确小概率事件这一概念。概率是用来表示一个事件发生的可能性大小的数值,通常概率大的事件更容易发生,概率小的事件不容易发生。习惯上,将发生概率很小(如 p 值 $\leqslant 0.05$)的事件称为小概率事件,表示在一次试验或观测中该事件发生的可能性很小,因此如果只进行一次试验,则可以认为该事件不会发生,这称为小概率原理。

这里需要澄清一个事实:上面的表述是"只进行一次试验,小概率事件被认为不会发生",这并不表示小概率事件不可能发生。也就是说,如果只进行一次试验,小概率事件不太可能发生;但如果进行多次(可能是无穷多次)试验,那么小概率事件几乎肯定会发生。

2. 小概率反证法

假设检验的基本思想是统计学的小概率反证法:由于可以认为小概率事件在一次试验中不会发生,因此可以先假定需要考察的假设是成立的,然后基于此进行推导,并计算在该假设所描述的总体中进行抽样研究,得到与现有样本一样或更极端样本的概率。如果结果显示这是一个小概率事件,就意味着若假设成立,则在一次抽样研究中竟然发生了小概率事件。这显然违反了小概率原理,因此可以按照反证法的思路推翻相应的假设,认为它们实际上不成立,此即小概率反证法。

11.1.3 假设检验的标准步骤

根据大量的实践经验,可以将假设检验的步骤总结为以下几个:

1. 建立假设

根据问题的需要提出原假设 H_0 以及其对立面的备择假设 H_1。前面例子中的原假设为"骰子均匀",而备择假设为"骰子不均匀,获胜概率比均值低"。而假设检验的核心目的就是在这两个都有可能成立的假设中进行统计决策,确定哪一个更有可能成立。

2. 确立显著性水平

确立显著性水平,即设立小概率事件的临界值,它被称为 α,这一步比较简单,习惯上用 0.05作为该临界值。

3. 进行试验

进行试验,得到用于统计分析的样本数据,将该试验的结果作为假设检验的根据。这一步往往是项目中花费经费最多的,而一个好的研究设计能够最大限度地保证项目达成目标,从而使这些经费得到充分利用。

4. 选定检验方法,计算检验统计量

由于本例中的问题比较简单,可以直接利用二项分布计算相应的 p 值,因此不需要本步骤。

5. 确定 p 值,做出统计推断结论

这里的 p 值对应的是当原假设成立时,进行试验得到与现有样本一样或更极端样本的累积概率,在本例中就是下注 600 次只猜中一次和一次也没有猜中这两种情况的概率之和。由于猜中概率太低,属于小概率事件,因此基于小概率反证法,推翻原假设,接受其对立面的备择假设,认为骰子不均匀;反之,若猜中概率在 1/6 上下,则在原假设成立的情况下这只是一个普通的非小概率事件,找不到任何理由来推翻原假设,因此最终的结论只能是不能拒绝原假设。当然,从实用的角度出发,当检验中得到的 p 值非常大时,研究者往往会将结果引申为接受原假设,但注意这仅仅是一个引申,和统计学无关。

11.1.4 假设检验的两类错误

显然,假设检验给出的是基于概率的统计结论,存在一定的犯错概率,那么这一犯错概率究竟是多大呢?为了回答这个问题,下面介绍假设检验中的两类错误。

假设检验的依据是"认为小概率事件在一次试验中不会发生"这一原理,然而小概率事件并非完全不会发生(只是它不经常发生),因而假设检验的结果就有可能出现错误,可以按照错误发生的情况将其分为两类,如表 11.1 所示:

表 11.1 统计推断结论和两类错误

实际情况	检验结果	
	拒绝原假设	不拒绝原假设
原假设成立(为真)	第一类错误(α)	结论正确($1-\alpha$)
原假设不成立(不为真)	结论正确($1-\beta$)	第二类错误(β)

1. 第一类错误

原假设实际上是成立的,但由于抽样误差的原因,或者说恰好发生了小概率事件,它被错误地拒绝,从而犯了"弃真"的错误,在统计学中称之为"第一类错误"。犯第一类错误的概率是人为指定的,就等于显著性水平 α,这相当于研究者为了进行统计决策而愿意承担的错误代价。

2. 第二类错误

原假设实际上不成立,但由于抽样误差的原因,在检验中得到的 p 值大于显著性水平 α,使得人们未能拒绝原假设,犯了"存伪"的错误,在统计学中称之为"第二类错误",用 β 表示。和第一类错误不同,人们在进行假设检验时一般并不知道犯第二类错误的概率,但可以根据相关信息进行估计。

11.1.5 假设检验中的其他问题

1. 单侧检验和双侧检验

如果备择假设是以单向形式表述的,则对原假设的检验称为单侧检验(one-side test)。如果研究者需要考察假设是否发生了变化,但并不了解发生变化的方向,就要使用双侧检验(two-side test),这也是绝大多数的情形。

使用单侧检验还是使用双侧检验,应当根据专业知识来确定,同时也应当考虑所要解决的问题。如果研究的背景比较明确,根据专业知识就能判断一种方法的结果不可能低于或高于另一种方法的结果,则可以考虑使用单侧检验。如果尚不能根据专业知识对检验结论的方向做出判断,则最好使用双侧检验,一般认为双侧检验更加保守和稳妥。

较新版本的 SPSS 基本上会在结果中同时提供单侧检验和双侧检验的 p 值,但老版本的 SPSS 一般只提供双侧检验的 p 值。此时如果需要得到单侧检验的 p 值,则只要明确当双侧检验的假设为左右对称时,单侧检验的 p 值只有同等情况下双侧检验的 p 值的一半,即将该 p 值除以 2,就可以了。

2. 检验结论有统计意义不等于有专业意义

当样本量过大时,由于能够提供的数据信息过于丰富,即使样本间的差异非常微小,也可能得出 p 值非常小的结论,即在统计学中有充分的证据认为这种差异在总体中的确存在。但这种差异是否真的有意义呢? 其实完全有可能毫无价值。因此,在假设检验中需要对样本量进行合理的估计,以避免出现这种尴尬的结果。同时,为了弥补这一缺陷,也可以使用检验效应量这一衡量总体间差异大小的指标,详见第 12 章的介绍。

3. 参数检验和非参数检验

参数检验通常是在已经知道相关数据的分布类型但不了解相应参数值的情况下采用的检验方法。而如果对相关数据的分布类型也并不了解,就必须事先确定数据的分布类型,这样才能进一步对数据分布做出更为具体的说明以及解释。本章将介绍几种常用的数据分布的假设检验,以使读者进一步熟悉假设检验的基本思想。

11.2　正态分布检验

正态分布是统计分析中最重要的分布,也是很多假设检验方法应用的前提条件,因此在许多时候,研究者希望能够确认数据服从正态分布。对于正态分布的考察,除了使用偏度系数和峰度系数等统计量,以及直方图、P–P 图等图形工具,也可以进行数据分布的假设检验,其中最常用的检验方法就是 K–S 检验。

11.2.1　K–S 检验的原理

K–S 检验(Kolmogorov–Smirnov test,科尔莫戈罗夫 – 斯米尔诺夫检验,在 SPSS 中表述为 “柯尔莫戈洛夫 – 斯米诺夫检验”)是一种分布拟合优度检验,其方法是将变量的累积分布函数与特定分布进行比较。用 A_i 表示理论(假设)分布每个类别的累积相对频数,用 O_i 表示样本数据的相应值,K–S 检验是以 A_i 和 O_i 之间的绝对差异为基础的,其检验统计量为

$$K = \max |A_i - O_i|$$

显然,如果原假设成立,则每次抽样所得到的 K 值应当不会偏离 0 太远,K 值越大,说明基于原假设得到现有样本数据的可能性越小,就越有可能判断原假设不成立。当在原假设成立的前提下得到的 K 值非常大,并且这个 K 值以及更大的 K 值出现的概率小于或等于显著性水平时,研究者就可以根据小概率反证法,认为在一次抽样中不应当出现这样的结果,从而拒绝原假设,接受备择假设,认为样本数据实际上并不服从所假定的理论分布。

以上给出的是 K–S 检验的基本思路,为了方便计算各种情况下 K 值所对应的概率大小,统计软件往往还会将 K 值进一步转换为 Z 值(注意,此处的 Z 值不是标准正态得分):

$$Z = \sqrt{N}\,K$$

上式中的 N 为样本量,随后再利用斯米尔诺夫(Smirnov)于 1948 年提出的公式来计算出相应的 p 值。因公式比较烦琐,这里不再列出。但这种转换只是为了便于求出 p 值而已,并不会改变 K–S 检验的本质。

研究者通常可以直接应用 K–S 检验来对样本数据进行正态分布检验。但是浓缩后的 p 值会省略掉太多的信息,建议研究者一律先对样本数据进行图形描述,以便对该数据可能服从的分布有一个直观的印象。

11.2.2 案例：考察消费者信心总指数是否服从正态分布

例 11.1 采用假设检验方法对消费者信心总指数进行分布特征检验，以便为随后的深入分析做准备。

这里分析的目的是对消费者信心总指数（简称"总指数"）的分布特征做大致估计，以使后续的分析更有针对性。考虑到不同月份总指数的分布之间可能会存在差异，这里只选取 2007 年 4 月的样本数据进行分析。相应的假设如下：

原假设 H_0：2007 年 4 月的总指数样本来自一个正态分布总体，理论分布与样本数据分布之间的差异完全是由抽样误差造成的。

备择假设 H_1：2007 年 4 月的总指数样本并非来自一个正态分布总体，理论分布与样本数据分布之间的差异不仅是由抽样误差造成的，还是由两者之间的偏差造成的。

显著性水平 $\alpha=0.05$。

下面就利用小概率反证法，来推断上述假设中哪一种成立的可能性更大。

1. 界面说明

选择菜单"分析"→"非参数检验"→"单样本"命令，就会打开"单样本非参数检验"对话框，如图 11.1 所示，其各部分的功能简要介绍如下：

①"目标"选项卡：如图 11.1（a）所示，具体有"自动比较实测数据和假设数据""检验序列的随机性"和"定制分析"三种目标。此处的选择会使对话框指向不同的分析方法，在本例中，按默认设置选择第一种目标。

②"字段"选项卡：如图 11.1（b）所示，用于指定需要检验的变量，如果使用预定义角色，则 SPSS 会默认将全部可供检验的变量选入"检验字段"框。虽然把所有变量都检验   遍结果会更丰富，但出于时间考虑，在本例中只选入所需的总指数变量 index1。

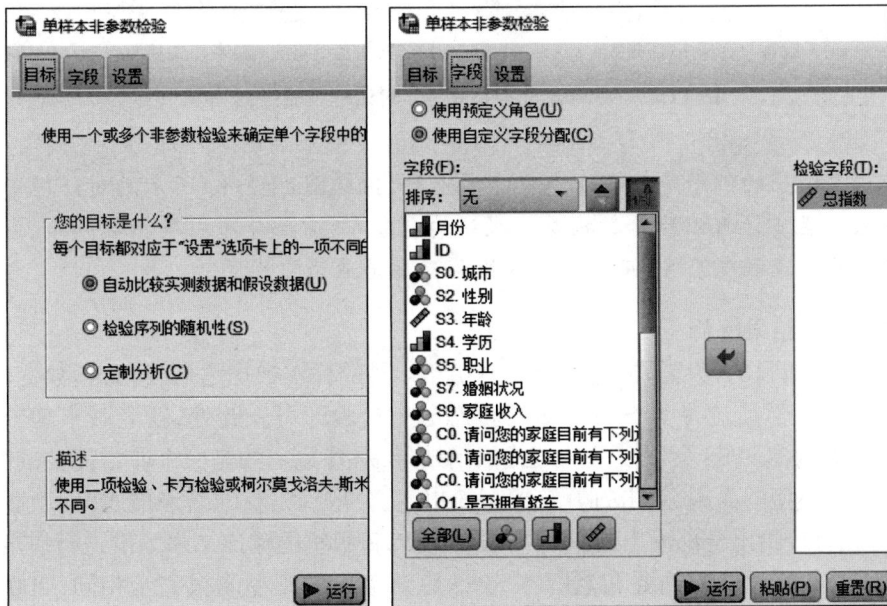

(a)"目标"选项卡　　　　(b)"字段"选项卡

图 11.1 "单样本非参数检验"对话框的相关选项卡（部分）

③"设置"选项卡：如图 11.2(a)所示，默认按照所选变量的测量尺度自动选择检验方法。例如，对二分类变量进行二项分布检验，对多分类变量自动进行卡方检验，对连续变量自动进行正态分布检验等。但是由于很多用户都没有事先正确设置变量测量尺度的习惯，因此最佳的操作方式还是选择"定制检验"项。这里选择的是进行 K–S 检验，即选中"检验实测分布和假设分布(柯尔莫戈洛夫 – 斯米诺夫检验)"复选框，并且在该检验方法相应的选项对话框中选择正态分布检验即可，如图 11.2(b)所示。另外，在"设置"选项卡中，还有"检验选项"和"用户缺失值"两个选项，可以对显著性 α 水平等做进一步的设置。

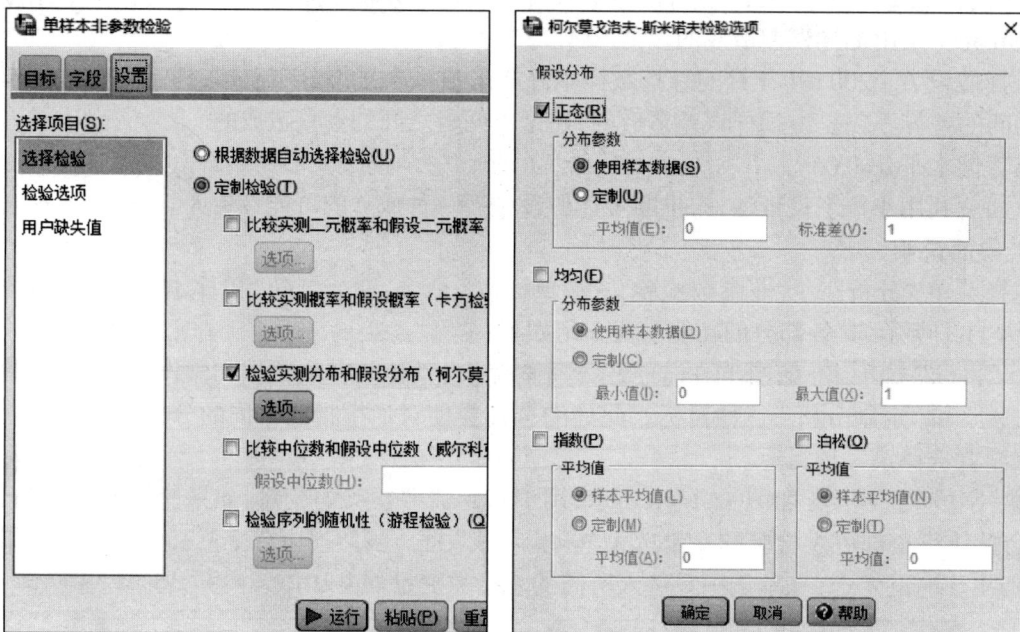

| (a)"设置"选项卡(部分) | (b)"柯尔莫戈洛夫–斯米诺夫检验选项"对话框 |

图 11.2   "单样本非参数检验"对话框及相关对话框

虽然这里给出的例子是关于正态分布的检验，但从图 11.2(b)所示的对话框中可以看出，K–S 检验至少还可以检验数据是否服从均匀分布、泊松分布以及指数分布。只不过就分布应用的广泛程度而言，正态分布的检验显然是最为常用的。

2. 操作说明与结果解释

按照本例的分析目的，只需要在筛选出 2007 年 4 月的样本数据之后，将总指数变量 index1 作为需要检验的变量，然后选择 K–S 方法进行正态分布检验即可。此处，新老版本 SPSS 的输出结果会略有差异：老版本 SPSS 会以模型的方式给出结果，对外显示的是一个非常简洁的图形输出结果，这实际上只是模型的简报，双击打开该模型简报，就会得到完整的结果描述；而新版本 SPSS 则会以标准的方式直接给出全部输出结果，本书随后将以新版本的输出结果为准进行讲解。

图 11.3 所示的假设检验摘要和老版本 SPSS 默认输出的模型简报完全相同：2007 年 4 月的总指数均值为 98.34，标准差为 18.920 74，p 值远小于 0.05，结论为拒绝原假设，在统计学中有充分的证据认为 2007 年 4 月的总指数不服从正态分布。

	原假设	检验	显著性[a]	决策
1	总指数的分布为正态分布，平均值为98.34，标准差为18.92074。	单样本柯尔莫戈洛夫－斯米诺夫检验	<.001	拒绝原假设。

a. 显著性水平为.050。基于10000蒙特卡洛样本且起始种子为1556559736的里利氏法。

图 11.3　假设检验摘要（★）

在老版本 SPSS 给出的结果中，上述 p 值会被显示为".000"，这只是单元格格式设置的问题，此时双击表格，进入相应单元格的编辑状态，即可看到精确的 p 值。因此，在阅读结果时将其理解为 $p=0.000$ 是严重的误解。假设检验的 p 值不可能等于 0，至多是无限接近于 0。

图 11.4 所示的为 K–S 正态性检验摘要，在 300 个个案中，实际分布与理论分布之间的正向最大频数差为 0.077，负向最大频数差为 –0.121，因此用于计算统计量的频数差绝对值的最大值为 0.121，相应的 p 值远小于 0.05。因此结论为：如果原假设成立，则从这样一个正态分布总体中按照现有样本量进行抽样，得到的实际分布和理论分布之间的差值 K 应该接近于 0，其等于甚至大于实际得到的 K 值（0.121）的情形显然是小概率事件，因此拒绝原假设，从统计意义上看，可以认为总指数不服从正态分布。

总计N		300
最极端差值	绝对	.121
	正	.077
	负	−.121
检验统计		.121
渐进显著性(双侧检验)[a]		<.001
蒙特卡洛显著性(双侧检验)[b]	显著性	<.001
	99%置信区间　下限	.000
	上限	.000

a. 里利氏校正后。
b. 基于10000蒙特卡洛样本且起始种子为1556559736的里利氏法。

图 11.4　K–S 正态性检验摘要（★）

注意，这里给出的 p 值称为"渐进显著性"，指的是按照正态近似法计算的近似 p 值，在样本量较大时正态近似的误差通常可以忽略不计，因而计算量小很多。如果希望得到精确的 p 值，则可以使用旧对话框进行计算。

图 11.5 给出的是所检验的总指数变量 index1 的图形输出结果，图 11.5(a) 给出的是实际分布和理论分布之间的差异情况，图 11.5(b) 则只给出了实际分布情况。

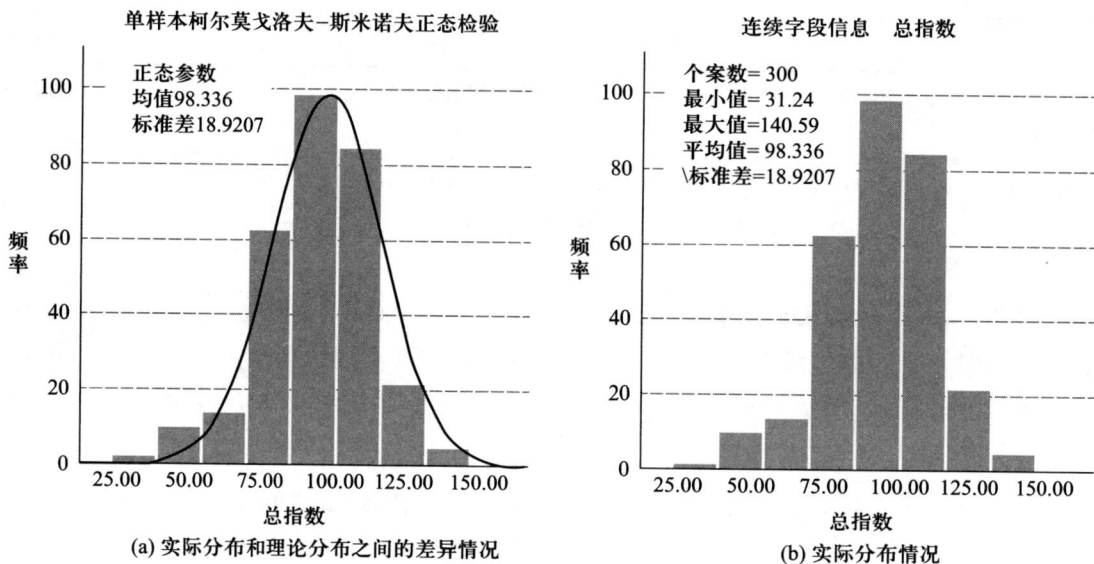

图 11.5　所检验变量的图形输出结果（★）

这里有一个初学者会感到颇为纠结的问题：既然此处拒绝了总指数的正态分布假设，那么在后面的分析中还可以使用诸如 t 检验等对变量分布有要求的方法吗？事实上，K–S 检验从实用性来说远不如图形工具，因为它在样本量少的时候不够敏感，而在样本量大的时候又过于敏感。本例就属于过于敏感的情况，实际上该数据基本上是符合正态分布的，在后续的分析中遵循数据服从正态分布的分析思路不会有任何问题。

11.3　二项分布检验

对于二分类变量而言，二项分布是最常见的分布类型，下面就介绍二项分布检验方法。

11.3.1　二项分布检验的原理

二项分布检验（binomial test）是对二分类变量的拟合优度检验，它考察各类别的频数与特定二项分布下的预期频数之间是否存在统计学差异。根据第 8 章介绍的相关知识，对于一个服从二项分布的随机变量而言，在 n 次试验中结局 A 出现的次数 X 的概率分布为

$$P(X=k) = \binom{n}{k}\pi^k(1-\pi)^{n-k}, k=0, 1, \cdots, n$$

使用上述公式，就可以计算出基于原假设各出现次数发生的概率，从而利用小概率反证法得出相应的检验结论。

11.3.2　案例：考察抽样数据的性别分布是否均衡

例 11.2　考察 CCSS 项目抽样数据中的受访者性别比例是否为 1:1。

本例所对应的检验假设如下：

原假设 H_0：男性（或女性）受访者比例 $\pi=0.5$，样本所对应的总体的男女性别比例一致。

备择假设 $H_1: \pi \neq 0.5$，样本所对应的总体的男女性别比例不一致。

显著性水平 $\alpha=0.05$。

注意，此处仍然只使用 2007 年 4 月的样本数据进行分析，筛选完个案之后的具体操作如下：

① 选择菜单"分析"→"非参数检验"→"单样本"命令，打开"单样本非参数检验"对话框。

② 在"目标"选项卡中，选择"自动比较实测数据和假设数据"项。

③ 在"字段"选项卡中，选择"使用自定义字段分配"项，将性别变量 s2 选入"检验字段"框。

④ 在"设置"选项卡中，选中"定制检验"项下的"比较实测二元概率和假设二元概率（二项检验）"复选框，单击其下的"选项"按钮，打开"二项选项"对话框，如图 11.6 所示。将"假设比例"设置为 0.5，单击"确定"按钮，返回"单样本非参数检验"对话框。

⑤ 单击"运行"按钮。

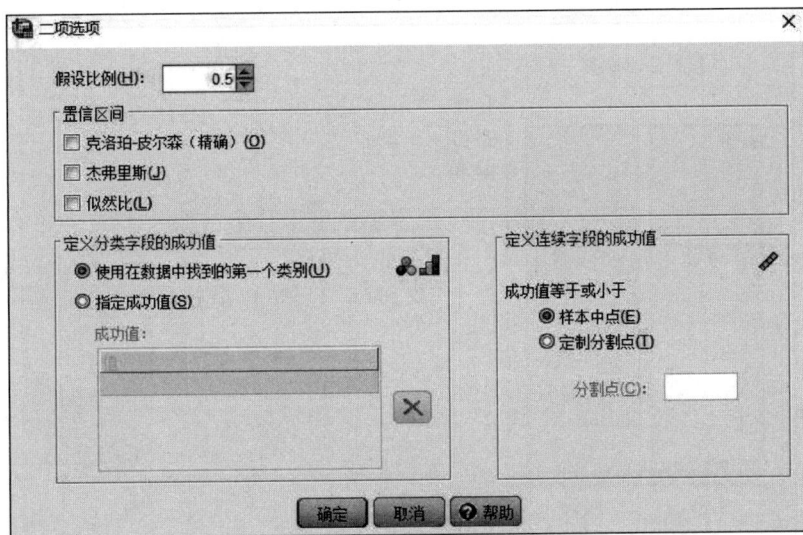

图 11.6　"二项选项"对话框

首先，输出的是图 11.7 所示的假设检验摘要，计算出的 p 值为 0.094，因此当原假设成立时，在 100 次抽样中平均有 9 次可以得到偏离理论值（150 个受访者）与现有样本数据一样远甚至更远的（包括大于或等于 165 个受访者，以及小于或等于 135 个受访者两种情况）的样本数据，按照默认的显著性水平 0.05，这并非小概率事件，不能拒绝原假设，因此尚不能认为 2007 年 4 月 CCSS 项目抽样数据中受访者的性别比例有差异。

	原假设	检验	显著性[a,b]	决策
1	S2. 性别=男和女所定义的类别的出现概率为.500和.500。	单样本二项检验	.094	保留原假设。

a. 显著性水平为.050。

b. 显示了渐进显著性。

图 11.7　假设检验摘要（★）

其次,图 11.8 给出的是更详细的单样本二项检验摘要,可见在 300 个个案中共有 165 个男性受访者,对应的标准化检验统计量为 1.674。

总计N	300
检验统计	165.000
标准误差	8.660
标准化检验统计	1.674
渐进显著性(双侧检验)	.094

图 11.8　单样本二项检验摘要(★)

最后,图 11.9 给出的是所检验的性别变量 s2 的图形输出结果,其中图 11.9(a)给出的是实际分布和理论分布之间的差异情况,图 11.9(b)则只给出了实际分布情况。

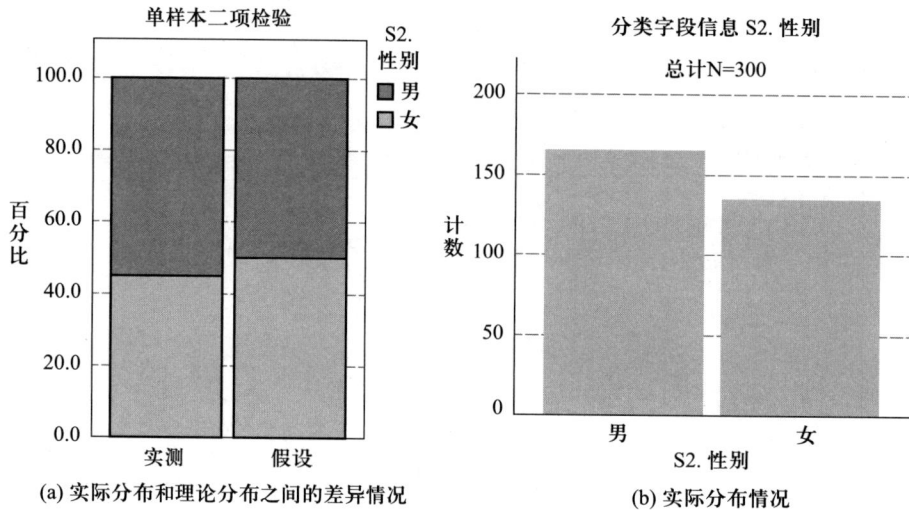

(a) 实际分布和理论分布之间的差异情况　　(b) 实际分布情况

图 11.9　所检验变量的图形输出结果(★)

11.4　游　程　检　验

11.4.1　游程检验的原理

在许多时候,研究者不仅关心数据分布的位置或者形状,也希望考察样本的随机性。因为如果样本不是从总体中随机抽取的,那么所做的任何推断都毫无价值。而游程检验就是满足此类分析需求的一种检验方法。

游程检验(run test)是对二分类变量的随机检验,它可用于判断观测值的次序是否是随机的。对于二分类变量,连续数个取值相同的个案被称为一个游程。例如,下面这个序列:

$$001101110001001000010$$

它有 6 个 0 的游程,其中长度为 1、2、3 的游程各有 2 个;有 5 个 1 的游程,其中长度为 1 的游程有 3 个,长度为 2 的游程有 1 个,长度为 3 的游程有 1 个。由此可见,上面的序列总共有 11 个游程。如果用 U 表示序列的游程总数,那么对于上面的序列来讲,$U=11$。

根据游程检验的假设,如果序列是真随机的,那么游程总数应当比较适中,也就是说既不过多也不过少。游程总数若极少,就意味着样本缺乏独立性,序列内部存在着一定的趋势或结构,这可能是由于样本数据不独立(如传染病的发病),或者样本数据来自不同的总体而引起的。样本中若存在大量的游程,则意味着有系统的短周期波动影响观测结果,同样不能认为序列是随机的。

要确定游程检验所需的临界值 u_α,就要知道在原假设成立时 U 的概率分布。相应的计算过程比较复杂,这里不做介绍,感兴趣的读者可以参考相应的文献。

> SPSS 提供的游程检验是基于游程个数的检验,对于连续变量,要先将其转化为二分类变量,然后再进行检验。另外,还有一种基于游程长度的检验,SPSS 没有提供。

11.4.2 案例:考察 CCSS 项目抽样数据是否随机

例 11.3 利用背景资料变量的游程检验考察 CCSS 项目中 2007 年 4 月样本数据的采集是否随机。

CCSS 项目反映的是抽样城市的常住居民对宏观经济的感受和预期,要求样本对总体有很好的代表性。该项目针对质量控制有多种指标,其中一种指标就是检查不同性别、年龄的受访者是否是随机获取的,如果基本上是随机获取的,则说明性别、年龄等背景资料变量的游程理论上属于真随机序列,否则就说明某些个案进入样本的时间可能存在聚集性。

在 CCSS 项目中,数据文件中个案号的大小次序就代表了个案进入样本的次序,且已经按照升序排序完毕,之后的具体操作如下:

① 选择菜单"分析"→"非参数检验"→"单样本"命令,打开"单样本非参数检验"对话框。

② 在"目标"选项卡中,选择"检验序列的随机性"项。

③ 在"字段"选项卡中,选择"使用自定义字段分配"项,并将性别变量 s2、年龄变量 s3 选入"检验字段"框。

④ 在"设置"选项卡中,选中"定制检验"项下的"检验序列的随机性(游程检验)"复选框,单击相应的"选项"按钮,打开"游程检验选项"对话框,如图 11.10 所示。该对话框的设置已经是所需的设置,不需要更改。单击"确定"按钮,返回"单样本非参数检验"对话框。

⑤ 单击"运行"按钮。

从图 11.10 中可见,对于年龄这样的连续变量,默认先用中位数将其拆分为二分类变量再进行游程检验。在输出结果中,首先,给出的是图 11.11 所示的假设检验摘要,可

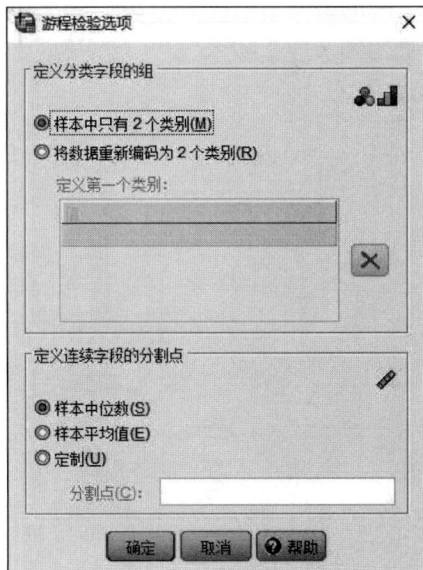

图 11.10 "游程检验选项"对话框

见 p 值均远大于 0.05,显然属于大概率事件,不能拒绝原假设,因此尚不能认为性别和年龄的序列是非随机的。

	原假设	检验	显著性[a,b]	决策
1	S2. 性别=(男)和(女)所定义的值序列是随机序列。	单样本游程检验	.683	保留原假设。
2	S3. 年龄<=35和>35所定义的值序列是随机序列。	单样本游程检验	.808	保留原假设。

a. 显著性水平为.050。

b. 显示了渐进显著性。

图 11.11　假设检验摘要(★)

其次,会依次给出所检验变量的具体检验结果。性别的游程检验摘要如图 11.12 所示,可见样本中共有 146 个游程,对应的标准化检验统计量为 −0.409,并据此进一步计算出 p 值为 0.683。说明在基于原假设的总体中,100 次抽样中平均有 68.3 次可以得到游程数大于或等于 154,或者小于或等于 146 的情况,显然属于大概率事件,不能拒绝原假设,因此尚不能认为性别序列是非随机的。

总计N	300
检验统计	146.000
标准误差	8.559
标准化检验统计	−.409
渐进显著性(双侧检验)	.683

图 11.12　性别的游程检验摘要(★)

图 11.13(a)给出的则是游程数的差异情况,即实测游程数与原假设成立情况下游程数(150)之间的差异,图 11.13(b)则提供了性别变量 s2 的分布情况。这些信息可以帮助用户了解游程检验的细节。

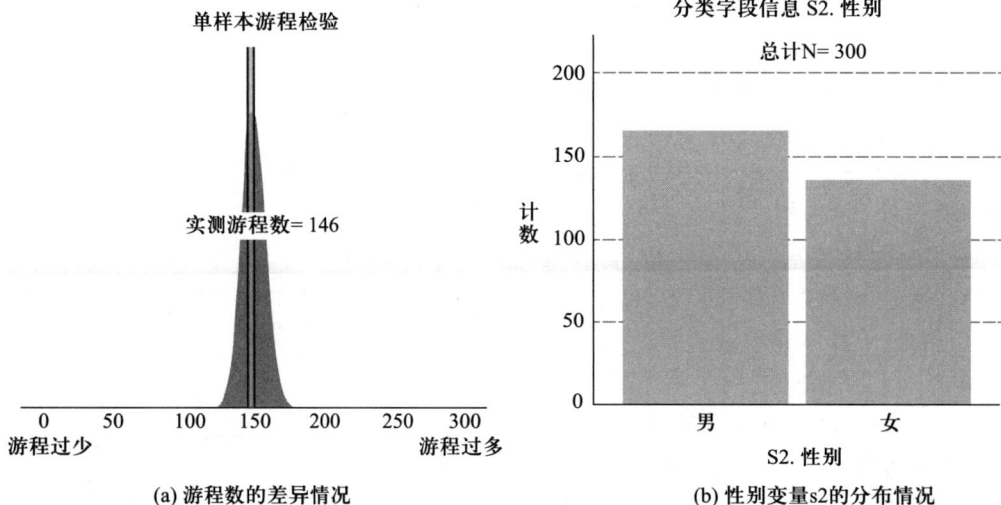

(a) 游程数的差异情况　　　　　(b) 性别变量s2的分布情况

图 11.13　所检验变量的图形输出(★)

年龄变量 s3 的游程检验结果的阅读方式与性别类似,这里不再赘述,需要指出的是,此时的游程是按照年龄的中位数 35 岁作为分割点进行计算的。对于连续变量,分割点不同,游程数和检验结果就会不同,这一点在阅读游程检验结果时非常重要。

这里有一个很有趣的问题:CCSS 项目中的核心指标是消费者信心总指数,那么为什么不直接针对该指标来进行游程检验,考察其随机性呢? 显然,消费者信心总指数会受到地域、时间等的影响,由于计算机辅助电话访问系统在访问时是每天按照座机区号集中拨打的,受访者自然会在地域和时间上存在聚集性,因此用消费者信心总指数来直接考察抽样的随机性并无实际意义。

11.5 本 章 小 结

通过本章的学习,希望读者掌握以下内容:

① 假设检验的理论基础是小概率反证法,无论多么复杂的检验方法,其分析的逻辑基础都是小概率反证法。

② 假设检验分析的基本步骤。

③ 假设检验涉及的几个概念:原假设、备择假设;第一类错误、第二类错误;显著性水平;p 值、单侧检验、双侧检验。

④ 参数检验以及非参数检验的概念。

⑤ 几种常用的非参数检验:正态分布检验、二项分布检验、游程检验,熟悉使用 SPSS 进行分析的过程,能够理解所获得的结果。

思考与练习

1. 假设检验的基本思路与理论基础是什么?
2. 什么是第一类错误与第二类错误? 它们之间的关系是什么?
3. 研究者可以接受原假设吗? 为什么?
4. 在遇到一个新的数据分析问题时,应当首先考虑哪些因素?
5. 正态分布检验的理论基础是什么? 请找一个合适的例子加以练习。
6. 二项分布检验的理论基础是什么? 请找一个合适的例子加以练习。
7. 什么是游程? 如何进行游程检验? 请找一个合适的例子加以练习。

第12章 连续变量的统计推断(一)——t 检验

根据第 10 章中的相关图形分析结果,可以发现不同背景的受访者的消费者信心总指数(简称"总指数")之间可能存在差异。但通过图形分析只能得到线索,不能确认差异是否存在,这时就必须利用假设检验来辅助做出统计决策。

那么,应当采用什么样的统计方法来辅助决策呢? 首先,研究者真正关心的指标是总指数,为连续变量,而如果该变量又服从正态分布,那么其集中趋势就可以用均值来表述。事实上,在大多数情况下研究者往往也只关心集中趋势(即平均水平)的比较,因此问题常常会被直接简化为均值的比较。而对于简单的均值比较问题,t 检验是最常用的方法。

其次,需要进一步明确做怎样的均值比较,如果是将样本所在总体的均值和一个假定的均值做对比,则应当使用单样本 t 检验;如果是考察两个样本所在的总体的均值是否相同,则应当使用两个样本的 t 检验;而如果研究设计比较特殊,样本实际上为成对出现的配对数据,那么就必须使用配对样本 t 检验,否则会浪费数据信息,并导致错误的结论。

由上述解释可知,当研究者关心的是离散趋势之间的比较,甚至特殊分布特征的比较时,t 检验显然是无能为力的。此时需要采用其他假设检验方法来辅助决策,不过此类需求并不常见。

12.1 t 检验概述

12.1.1 t 检验的基本原理

在针对连续变量的统计推断中,t 检验是最基本的假设检验方法,也是统计学中里程碑式的杰作。1908 年,英国数学与统计学家戈塞特(W.S.Gosset)在以笔名"Student"发表的一篇关于 t 分布的论文中提出了 t 检验,从此开创了小样本统计推断的先河,迎来了统计学的新纪元。

1. 均值比较的一个实例

例 12.1 在 CCSS 项目中,以该项目启动时的 2007 年 4 月的样本数据作为基准指数,基准指数为 100。CCSS_Sample.sav 提供了 A、B、C 三个城市的调查数据,研究者在进行描述性统计时注意到城市 C 的总指数均值偏低,希望用假设检验来进一步确认 2007 年 4 月城市 C 的总指数和基准指数 100 之间是否有差异(总指数的计算方法可参见 6.1 节的介绍)。

在本研究中,研究者对样本所在总体的均值有一个事先的假设(基准指数等于 100),而研究的目的就是推断该样本所在总体的均值是否确实等于这一已知总体均值。根据第 11 章中介绍的假设检验知识,可以给出以下两种假设:

原假设 $H_0: \mu = \mu_0$,样本均值与假定的总体均值之间的差异完全是由抽样误差造成的。

备择假设 $H_1: \mu \neq \mu_0$,样本均值与假定的总体均值之间的差异除是由抽样误差造成的外,确实也反映了实际均值与假定的总体均值之间的差异。

那么,究竟哪一种假设才是正确的呢? 根据假设检验的步骤,可以先假定原假设成立,这样该样本就是从均值为 100 的总体中随机抽样而来的。但是如果考察该样本的实际数据,则其具体的描述性统计结果如图 12.1 所示(注意,需要先使用选择个案过程对月份变量 time、城市变量 s0 做数值筛选):

	N	最小值	最大值	平均值	标准差
总指数	100	31.24	140.59	97.1647	20.80832
有效个案数(成列)	100				

图 12.1 描述性统计结果(★)

显然,2007 年 4 月城市 C 的样本均值略低于 100,两者之间存在差异。如果用公式来表示,就是 $\overline{X} - \mu = -2.835\ 3$。那么这种差异究竟是大还是小呢? 仅看这一个数字很难做出判断。因为它还和数据的离散程度有关,如果当这种差异较大时数据的离散程度也比较大,那么该差异就并不明显;否则,该差异就会比较明显,这时需要找到一种方式对该差异进行标准化。

2. U 检验

显然,标准化的基本思路是将该差异除以某个表示离散程度的统计量,但具体该怎样做呢? 假设有一个服从正态分布的总体 $N(\mu, \sigma^2)$,现对其进行抽样研究,每次抽样的样本量都固定为 n,这样对于每一个样本都可以计算其均值 $\overline{X}$。由于这种抽样可以进行无限多次,这些样本均值就会构成一个分布。研究者发现,该分布就是正态分布 $N(\mu, \sigma^2/n)$。即样本均值所在分布的中心位置与原数据分布的中心位置相同,而其标准差则为 $\sigma_{\overline{X}} = \sigma/\sqrt{n}$。为了区分样本所在总体的标准差,通常将样本均值的标准差称为样本均值的标准误差(简称均值标准误差);而且,即使是从偏态总体中随机抽样,当 n 足够大(如 $n > 50$)时,样本均值 $\overline{X}$ 也近似服从正态分布。这一规律就是数理统计中的中心极限定理(central limit theorem)。显然,由于样本均值 $\overline{X}$ 的分布规律为正态分布 $N(\mu, \sigma^2/n)$,只需要进行如下标准正态变换:

$$U = \frac{\overline{X} - \mu}{\dfrac{\sigma}{\sqrt{n}}}$$

则 U 服从标准正态分布 $N(0, 1)$。换言之,若变量服从正态分布 $N(\mu, \sigma^2)$,则样本量为 n 的样本均值 $\overline{X}$ 出现在 $(\mu - 1.96\sigma/\sqrt{n}, \mu + 1.96\sigma/\sqrt{n})$ 中的概率为 0.95,这样就完成了对差异的标准化工作,可以具体计算出从相应的基于原假设的总体中抽得当前样本(或更极端的样本)的概率,从而做出统计推断结论,此即所谓的 U 检验。

3. 从 U 检验到 t 检验

U 检验看上去虽然不错,但实际上用处并不大——因为在计算 $\sigma_{\overline{X}}$ 时需要使用总体标准差,而在实际工作中总体标准差和总体均值一样也常常是未知的,能够使用的仅仅是样本标准差 S。戈塞特的贡献正在于此:他发现如果用样本标准差来代替总体标准差进行计算,即 $S_{\overline{X}} = S/\sqrt{n}$,则由于样本标准差 S 会随着样本变化,相应的标准化统计量的变异程度要大于 U,它的概率密度曲线看上去有些像标准正态分布,但是更尖一些,尾巴也长一些。这种分布称为 t 分布,相应的标准化统计量也就称为 t 统计量。显然,t 统计量的分布规律和样本量有关,更准确地说和自由度有关。自由度(degree of freedom,一般用 ν 或者 df 来表示)这个概念还出现在其他分布之中,它是信息量大小的一个度量,描述了样本数据能自由取值的个数,在 t 分布中由于有给定的样本均值这一限定,所以自由度为 $\nu=n-1$。从图 12.2 中可以看出,当自由度增加时,它的分布就逐渐趋近于标准正态分布。因此,在大样本的情况下,t 分布逼近标准正态分布。

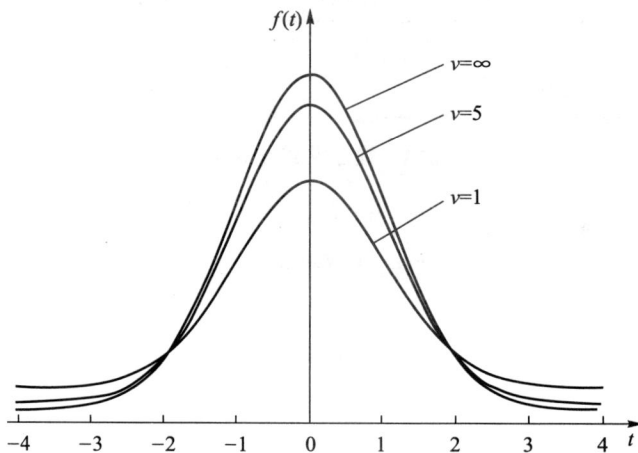

图 12.2　t 分布示意图

t 检验就是应用 t 分布的特征,将 t 作为检验统计量来进行的检验,由于戈塞特已经对不同自由度时 t 分布下面积的概率分布规律进行了很好的总结,所以可以直接利用 t 统计量来回答上述关于均值的假设检验问题。t 统计量的计算公式为

$$t=\frac{\overline{X}-\mu_0}{S_{\overline{X}}}=\frac{\overline{X}-\mu_0}{S/\sqrt{n}},\text{自由度 }\nu=n-1$$

12.1.2　检验效应量的估计

1. 什么是效应量

在理论上,所有的假设检验都应当先进行样本量或者检验功效的估算,然后再收集样本并进行相应的检验。但在实际工作中往往不会照此执行,而是直接收集样本并进行检验,这样就会带来一个从统计学的角度看起来很尴尬的问题:即使样本间的均值差异很小,当样本量过大时,假设检验的结论也会是备择假设成立,均值差异有统计学意义,但这种差异在专业上是否真的有价值呢? 为了弥补这一缺陷,效应量这一概念被越来越多地应用在统计分析中。

所谓效应量(effect size,ES),其实就是完全抛开假设检验这一整套体系,直接衡量总体间均值差异大小(或者影响因素作用强度)的指标。由于完全不采用假设检验,因此效应量不受样本量大小的影响,从而可用于不同研究的比较。

效应量的兴起实际上和元(meta)分析有关,因为元分析要整合的不同研究的样本量有可能非常悬殊,因此一定要找一个能够合理整合其效应的指标。只不过现在单项研究也开始流行报告效应量,这实际上并不合理,因为单项研究应当事先估算好样本量,不应当事后才去考虑效应量的问题。

在引入了效应量的概念之后，对于研究结果，有以下几种情形：

① 差异／影响无统计学意义。

② 差异／影响有统计学意义，但计算出的效应量很小：多半是由样本量过大所致，在统计学中可以确认差异存在，但无专业价值。

③ 差异／影响有统计学意义，而且效应量足够大：差异存在，且有专业价值。

在使用效应量时有以下几点需要特别注意：

① 效应量的计算不一定和统计模型有关，而且其临界值也是人为确定的，比较武断，因此仅适用于简单的分析方法。

② 效应量有标准化和未标准化两种，元分析一般使用标准化的效应量（以更好地整合效应），而单纯地衡量一项研究中的效应大小，使用未标准化的效应量即可。

③ 效应量也并不能够真正说明差异在专业上有没有价值，这个问题最终还是需要从专业的角度来加以判断。

2. 效应量指标

根据效应量所反映的效应，可以将效应量指标分为三类：

① *d*–family（difference family）：用于反映各组之间的平均水平差异，常见的指标有 Cohen's *d*、Hedges'*g* 等，说起效应量，往往指的就是这些指标。

② *r*–family（correlation family）：用于反映两个或两个以上的变量之间关联性的强弱，如皮尔逊相关系数（Pearson's *r*）、决定系数（R^2）、η^2、ω^2、Cohen's *f* 等。

③ OR–family（categorical family）：用于反映分类指标之间关联性的强弱，最常见的有比值比（odds ratio，OR）、相对危险度（relative risk，RR）。

针对上述三类效应量指标，研究者目前已经提出了 40 多种效应量指标，这里只对其中的几种进行说明：

① Cohen's *d*：是最常见的用于 *t* 检验的效应量指标，用于表明两个均值在标准化之后的差异大小。

两个样本的 *t* 检验：$d=(M_1-M_2)/s\_pooled$，其中 M_1、M_2 分别为样本均值 1 和样本均值 2，s_pooled 为两个样本的联合标准差；

相关样本：$d=(M_1-M_2)/s$，其中 *s* 为两组差值的标准差。

② Hedges'*g*：在 Cohen's *d* 的基础上对联合标准差做了进一步的校正。

③ Cohen's *f*：用于评估方差分析中的效应量，但不是很常用。

④ η^2：属于 *r*–family，同样用于评估方差分析中的效应量，表示自变量所导致的变异与总变异相比的程度。

3. 效应量的临界值

只计算效应量的值还无法确定该效应量是否足够大，必须有相应的判断标准才行。注意，这个判断标准完全是人为提出的，最终还要以专业知识为准。常用的效应量临界值表如图 12.3 所示，仅供参考。

Cohen's d	皮尔逊相关系数	η^2	科恩(Cohen)建议的临界值(1988)	哈蒂(Hattie)建议的临界值(2007)
<0	<0	--	负面效应 (adverse effect)	负面效应 (adverse effect)
0.0	0.00	0	无效应 (no effect)	发展效应 (developmental effect)
0.1	0.05	0.003		
0.2	0.10	0.010	小效应 (small effect)	教师效应 (teacher effect)
0.3	0.15	0.022		
0.4	0.20	0.039		预期效应区 (zone of desired effect)
0.5	0.24	0.060	中等效应 (intermediate effect)	
0.6	0.29	0.083		
0.7	0.33	0.110		
0.8	0.37	0.140	大效应 (large effect)	
0.9	0.41	0.168		
≥1.0	0.45	0.200		

图 12.3　常用的效应量临界值表

12.1.3　SPSS 中的相应功能

在 SPSS 中有很多过程都可以实现 t 检验。例如,利用定制表过程就可以给出 t 检验的结果。但专用的 t 检验功能都集中在"分析"菜单的"比较平均值和比例"子菜单中,其中最常用的是以下三个命令:

①"单样本 T 检验"命令:进行样本均值与已知总体均值的比较,即通常所说的单样本 t 检验。

②"独立样本 T 检验"命令:进行两个样本均值的比较,即通常所说的两个样本的 t 检验。

③"成对样本 T 检验"命令:进行配对资料的均值比较,即通常所说的配对样本 t 检验。

此外,还有两个比较特殊的过程:

①"平均值"命令:倾向于对样本进行分组描述,利用它可以先对需要进行比较的各组分别计算描述性统计量,然后再进行检验前的预分析。当然如果需要的话,也可以直接对各组进行比较。

②"摘要独立样本 T 检验"命令: 为 Python 插件。选择"分析"→"比较平均值和比例"→"摘要独立样本 T 检验"命令,打开"根据摘要数据计算 T 检验"对话框,如图 12.4 所示。该对话框提供了当只有各组的均值、标准差、样本量而没有原始数据时直接进行 t 检验的功能,等同于利用公式手工计算。由于该过程比较简单,这里不做详述。

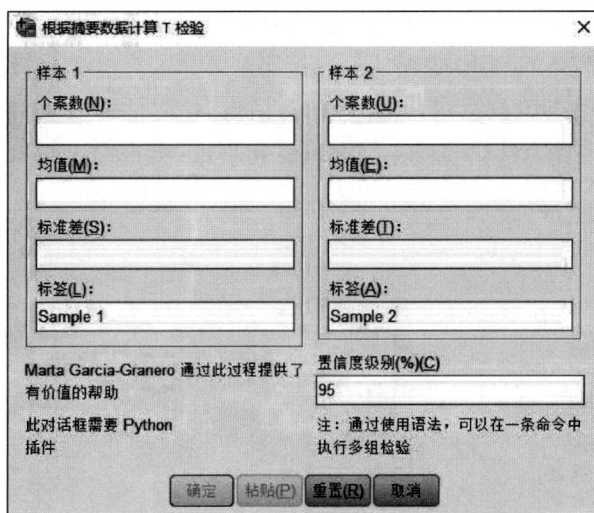

图 12.4 "根据摘要数据计算 T 检验"对话框

由于检验效应量涉及不止一种检验方法，因此会分别按照对应的检验方法输出结果。针对均值比较的 d–family 指标已经从 SPSS 27 起内置在 t 检验和单因素 ANOVA 检验过程中；r-family 和 OR–family 指标则一直包含在交叉表、相关分析、一般线性模型、回归分析等多个过程中。

12.2 样本均值与总体均值的比较

12.2.1 案例：基期消费者信心总指数均值与基准指数的比较

单个样本均值检验是关于一个总体均值的假设检验，此时只有一个随机抽取的样本，研究的目的是推断这个样本的总体均值是否等于（或大于／小于）某个已知总体均值。以例 12.1 为例，首先建立相应的假设：

原假设 $H_0: \mu = \mu_0$，2007 年 4 月城市 C 的总指数均值为 100。

备择假设 $H_1: \mu \neq \mu_0$，2007 年 4 月城市 C 的总指数均值不是 100。

显著性水平 $\alpha = 0.05$。

数据文件见 CCSS_Sample.sav，其中总指数变量 index1 为 2007 年 4 月的总指数。这是一个典型的单样本均值检验问题。

1. 界面说明

选择菜单"分析"→"比较平均值和比例"→"单样本 T 检验"命令，打开"单样本 T 检验"对话框，如图 12.5 所示，其各部分的功能简单介绍如下：

①"检验变量"框：用于选入需要检验的变量，下方的"检验值"文本框则用于输入已知的总体均值，默认为 0。

②"估算效应大小"复选框：要求计算检验所对应的效应量指标，默认选中该复选框。

③"选项"按钮：单击该按钮，打开"单样本 T 检验：选项"对话框。在该对话框中，"置信区间百分比"框用于设置需要计算的均值差值的置信区间的置信度，默认为 95%。如果是与总

体均值为 0 相比,则此处计算的就是样本所在总体的均值的置信区间。而"缺失值"框组则用于对缺失值的处理方法进行定义,一般按默认设置即可。

④ "拔靴法"按钮:单击该按钮,打开相应的对话框,该对话框要求对相应的单样本 t 检验进行指定的 bootstrap 估计。该方法已在 7.4 节中做过介绍,这里不再重复。

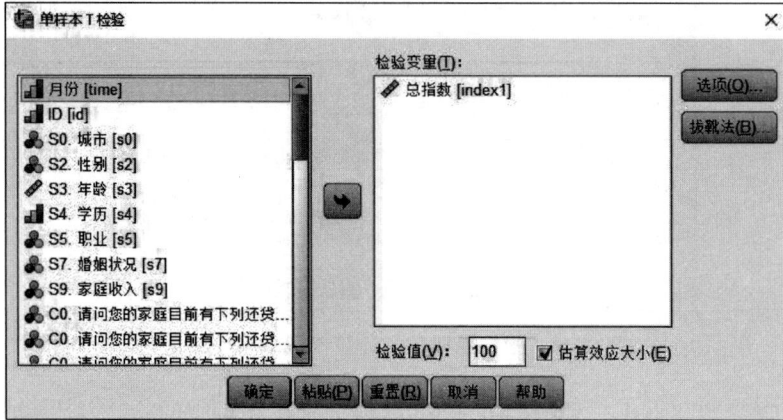

图 12.5 "单样本 T 检验"对话框

2. 操作说明与结果解释

本例在 SPSS 中的具体操作如下:

① 选择菜单"数据"→"选择个案"命令,打开"选择个案"对话框。

② 在"选择"框组中,选择"如果条件满足"项。

③ 单击"如果"按钮,打开"选择个案:If"对话框,在公式框中输入"time=200704 & s0=300",单击"继续"按钮,返回"选择个案"对话框。

④ 单击"确定"按钮。

⑤ 选择菜单"分析"→"比较平均值和比例"→"单样本 T 检验"命令,打开"单样本 T 检验"对话框。

⑥ 将总指数变量 index1 选入"检验变量"框。

⑦ 在"检验值"文本框中输入 100。

⑧ 单击"确定"按钮。

在输出的结果中,首先给出的是当前样本的描述性统计结果,如图 12.6 所示。可见,2007 年 4 月城市 C 的总指数均值为 97.164 7,低于基准指数 100。注意,最右侧的均值标准误差("标准误差平均值"列),是描述样本均值抽样误差大小的统计量。

	N	平均值	标准差	标准误差平均值
总指数	100	97.1647	20.80832	2.08083

图 12.6 单样本的描述性统计结果(★)

其次,给出如图 12.7 所示的单样本 t 检验结果,表格的第一行注明了用于比较的假定的总体均值为 100,下面从左到右依次为 t 值、自由度、p 值(单侧检验 p 值和双侧检验 p 值)、均值差值、均值差值的 95% 置信区间。结果显示, t 值为 -1.363, 双侧检验 p 值为 0.176, 由于 p 值大于显著性水平 0.05, 因此不能拒绝原假设, 尚不能认为样本所在总体的均值与假定的总体均值不同。

		检验值=100					
		显著性				**差值95%置信区间**	
	t	自由度	单侧 P	双侧 P	平均值差值	下限	上限
总指数	-1.363	99	.088	.176	-2.83527	-6.9641	1.2935

图 12.7　单样本 t 检验结果 (★)

最后, 给出如图 12.8 所示的该检验的效应量计算结果, 但由于计算结果并无统计学意义, 因此这里不用关注效应量的大小。

				95%置信区间	
		标准化量[a]	点估算	下限	上限
总指数	Cohen d	20.80832	$-.136$	$-.333$	.061
	Hedges 修正	20.96764	$-.135$	$-.330$	.061

a. 估算效应大小时使用的分母。
Cohen d 使用样本标准差。
Hedges 校正使用样本标准差, 加上校正因子。

图 12.8　单样本 t 检验的效应量计算结果 (★)

12.2.2　单样本 t 检验中的其他问题

1. 总体均值置信区间与 t 检验的一致性

图 12.7 同时给出了总体均值的置信区间和 t 检验的结果, 两者的结论实际上完全一致, 表明置信区间可用于回答假设检验问题。同时, 两者又互为补充: 置信区间回答 "量" 的问题, 即总体均值的范围是什么, 而假设检验则回答 "质" 的问题, 即总体均值之间是否存在差异, 以及在统计学中确认存在这种差异的把握有多大。

置信区间在回答这种差异有无统计学意义问题的同时, 还进一步回答了这种差异有无实际意义的问题。例如, 在例 12.1 中, 如果 2007 年 4 月的总指数与 100 之间的差值在一定的范围内都是正常的, 则即使差值具有统计学意义, 若差值的置信区间并未超过可接受的范围, 这个差值就仍然是可以接受的。

2. 单样本 t 检验的适用条件

由中心极限定理可知, 即使原数据不服从正态分布, 只要样本量足够大, 其样本均值的抽样分布就仍然是正态的。因此, 当样本量较大时, 研究者很少去考虑单样本 t 检验的适用条件, 此时真正限制该方法使用的是均值是否能够代表相应数据的集中趋势。也就是说, 只要数据分布不是强烈的偏态, 单样本 t 检验一般都是适用的。

当样本量 n 较小时, 一般要求样本取自正态分布的总体, 这可以通过第 11 章介绍过的正态分布检验 (K–S 检验) 来考察, 该方法适用于大样本的情况, 也可以用更直观的绘图方法来判断。但是单样本 t 检验是一个非常稳健的统计方法,只要没有明显的极端值,其分析结果就是稳定的。

12.3　成组设计两个样本均值的比较

在实际问题中,除了一个总体均值的检验问题,还常常会遇到两个总体均值的比较问题,此时可以考虑使用成组设计的 t 检验来进行分析。

12.3.1　方法原理

两个样本的 t 检验和单样本 t 检验的基本原理非常相似,设两个样本的样本量分别为 n_1 和 n_2,且均来自两个正态分布的总体: $X_1 \sim N(\mu_1, \sigma_1^2)$, $X_2 \sim N(\mu_2, \sigma_2^2)$,则建立的假设如下:

原假设 H_0: $\mu_1 = \mu_2$,两个样本之间的均值差异完全是由抽样误差造成的,两个总体的均值相同。

备择假设 H_1: $\mu_1 \neq \mu_2$,两个样本之间的差异除了是由抽样误差造成的,也确实反映了两个总体之间的均值差异。

1. 两个样本的 t 检验的基本思想

显然,原假设等价于认为 $\mu_1 - \mu_2 = 0$,而当前样本的情况和这一假设情况之间的差异为

$$(\overline{X}_1 - \overline{X}_2) - 0 = \overline{X}_1 - \overline{X}_2$$

和单样本 t 检验时的情况相同,上述数值虽然可以代表当前样本的情况与原假设情况之间的差异大小,但其大小还和数据的离散程度有关,同样需要找到一种方法对这种差异进行标准化。研究者发现,如果两个总体的方差完全相同,即 $\sigma_1^2 = \sigma_2^2$,说明这两个总体实际上是同一个正态分布总体,对该总体分别进行样本量为 n_1 和 n_2 的随机抽样,则两个样本之间的均值差异 $\overline{X}_1 - \overline{X}_2$ 也服从正态分布,其均值为 0,标准差(标准误差)则为

$$\sigma_{\overline{X}_1 - \overline{X}_2} = \sqrt{\sigma^2 (1/n_1 + 1/n_2)}$$

但是,和单样本 t 检验时的情况相似,在计算 $\sigma_{\overline{X}_1 - \overline{X}_2}$ 时也需要使用总体标准差 σ,但在实际工作中总体标准差常常是未知的,能够使用的仅仅是两个样本的标准差 S_1 和 S_2 而已。此时相应的合并样本方差计算公式如下:

$$S_c^2 = \frac{S_1^2(n_1 - 1) + S_2^2(n_2 - 1)}{n_1 + n_2 - 2}$$

将该方差值代入公式,即可求出两个样本之间的均值差异的标准误差的估计值 $S_{\overline{X}_1 - \overline{X}_2}$。那么,使用该估计值进行标准化所得到的差异会服从怎样的分布呢? 研究者发现,如果这两个样本所在的总体的标准差相同,则标准化后的差异应当服从自由度为 $(n_1 - 1) + (n_2 - 1)$ 的 t 分布,即

$$t = \frac{\overline{X}_1 - \overline{X}_2}{S_{\overline{X}_1 - \overline{X}_2}} = \frac{\overline{X}_1 - \overline{X}_2}{\sqrt{S_c^2(1/n_1 + 1/n_2)}}, v = (n_1 - 1) + (n_2 - 1) = n_1 + n_2 - 2$$

在计算自由度时减去的两个限制条件其实就对应了两个样本均值。由以上推导可知,进行两个样本的均值比较的 t 检验要求两个样本所在的总体方差相等,即方差齐性,这可以通过方差齐性检验来进行统计推断,后面将会对此做专门讲解。

2. 校正的 t' 检验

当两个样本所在的总体的方差不同,即方差不齐时,根据上面的公式计算出的 t 值并不服从相应的 t 分布,此时需要对结果做一定的校正,按校正后的 t 值和自由度计算出更合理的 p 值,这就是所谓的当方差不齐时进行两个样本的均值比较所使用的 t' 检验。

> t' 检验的校正原理相当于按照两个样本的样本量对方差做加权平均,然后再基于此计算出校正的 t 值和自由度。不同的校正方法得到的结果不同,但这些结果不会相差太大。

12.3.2 案例:考察婚姻状况对消费者信心总指数的影响

例 12.2 在图形分析中,研究者已经发现不同婚姻状况人群之间的消费者信心总指数均值可能存在差异,现希望进一步用假设检验对此差异进行确认。

婚姻变量 s7 为三分类变量,但是离异 / 分居 / 丧偶这一类别的个案只有 14 个,这里没有进一步分析的价值,因此只考虑对已婚人群和未婚人群进行比较,这就使该问题成为典型的两个样本的 t 检验问题,建立如下假设:

原假设 H_0: $\mu_1 = \mu_2$,已婚人群和未婚人群之间在总指数均值上无差异。

备择假设 H_1: $\mu_1 \neq \mu_2$,已婚人群和未婚人群之间在总指数均值上有差异。

显著性水平 $\alpha = 0.05$。

1. 界面说明

首先在"选择个案"对话框中,设置使用全部个案进行分析,然后选择菜单"分析"→"比较平均值和比例"→"独立样本 T 检验"命令,即可打开"独立样本 T 检验"对话框,如图 12.9 所示。

① "检验变量"框:用于选入需要检验的变量。

② "分组变量"框:用于选入分组变量,注意选入后还要定义需要比较的组别。

③ "定义组"按钮:单击该按钮,打开"定义组"对话框,该对话框用于定义需要进行比较的两个组的分组变量的取值,既可以直接指定分组变量的两个取值,对相应的两个组进行比较,也可以将分组变量的某个取值作为分割点将样本分为两组来进行比较(例如,将小于 30 岁的样本和大于或等于 30 岁的样本进行比较)。

④ "估算效应大小"复选框:设置是否计算检验所对应的效应量指标,默认选中该复选框。

⑤ "选项"按钮和"拔靴法"按钮:其相应的功能和"单样本 T 检验"对话框中的相应按钮完全相同,此处不再重复介绍。

2. 操作说明与结果解释

本例在 SPSS 中的具体操作如下:

① 选择菜单"分析"→"比较平均值和比例"→"独立样本 T 检验"命令,打开"独立样本 T 检验"对话框。

② 将总指数变量 index1 选入"检验变量"框。

③ 将婚姻变量 s7 选入"分组变量"框。

④ 在"定义组"对话框中,在"组 1"框中输入 1,在"组 2"框中输入 2。

⑤ 单击"确定"按钮。

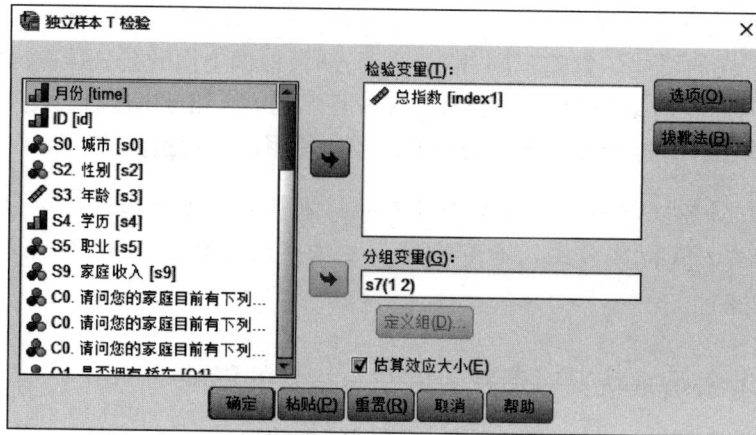

图 12.9   "独立样本 T 检验"对话框

在输出的结果中,首先,给出的是两组需要检验的变量的描述性统计结果,如图 12.10 所示,可见未婚人群的总指数均值略高一些,但总的来说差异不大。

	S7. 婚姻状况	N	平均值	标准差	标准误差平均值
总指数	已婚	790	95.0331	21.28249	.75720
	未婚	343	98.2824	19.95982	1.07773

图 12.10   描述性统计结果(★)

其次,给出的是最重要的方差齐性检验和 t 检验结果,由于内容较多,为了便于讲解,下面将其拆分为两个部分分别进行说明。

第一个部分为方差齐性检验结果,如图 12.11 所示,该检验用于判断两个总体的方差是否相同,其假设为

原假设 $H_0: \sigma_1^2 = \sigma_2^2$,两个总体的方差相等。

备择假设 $H_1: \sigma_1^2 \neq \sigma_2^2$,两个总体的方差不齐。

这里的检验结果为: F 值为 0.685, p 值为 0.408,因此不拒绝原假设,还不能认为在本例中两个样本所在的总体的方差不齐。由于这里的 p 值较大,因此从实用的角度出发,可以认为两个总体的方差相等。

		莱文方差等同性检验	
		F	显著性
总指数	假定等方差	.685	.408
	不假定等方差		

图 12.11   方差齐性检验结果(★)

第二个部分如图 12.12 所示,分别是两个样本所在的总体的方差相等和方差不齐时的 t 检验结果。当假设两个总体的方差相等时,就直接进行标准的两个样本的 t 检验;否则,就根据两个

样本的方差情况对自由度进行校正,得到校正的 t' 检验的结果。到底应当阅读这两个结果中的哪一个,需要根据方差齐性检验的结果来判断。在本例中,由于前面的方差齐性检验结果为方差相同,因此应当选用方差相等时的 t 检验结果,即 t 值为 −2.405,自由度为 1 131,p 值为 0.016,最终的统计结论为按照显著性水平 $\alpha=0.05$,拒绝原假设,接受备择假设,可以认为未婚人群和已婚人群之间在总指数均值上存在统计学差异。基于描述性统计结果,可以认为未婚人群的总指数值更高。

最后,还给出了两个样本之间的均值差值的置信区间等其他指标,此处不做详细解释。

| | | 平均值等同性t检验 | | | | | | |
| | | t | 自由度 | 显著性 | | 平均值差值 | 标准误差差值 | 差值95%置信区间 | |
				单侧 P	双侧 P			下限	上限
总指数	假定等方差	−2.405	1131	.008	.016	−3.24925	1.35089	−5.89979	−.59871
	不假定等方差	−2.467	690.088	.007	.014	−3.24925	1.31714	−5.83533	−.66318

图 12.12　两个样本的 t 检验结果(★)

图 12.13 所示的为该检验的效应量计算结果。可见,三种算法得到的效应量估计值都在 −0.16 上下,按照科恩建议的临界值,处在"无效应"区间,因此虽然不同婚姻状况人群之间的总指数均值差异有统计学意义,但其实际价值可能不太大。当然,关于效应量的结论也只是参考,究竟该差异是否重要,还要根据专业知识下最终的结论。

| | | 标准化量[a] | 点估算 | 95% 置信区间 | |
				下限	上限
总指数	Cohen d	20.89136	−.156	−.282	−.029
	Hedges 校正	20.90523	−.155	−.282	−.029
	Glass Delta	19.95982	−.163	−.290	−.035

a. 估算效应大小时使用的分母。
Cohen d 使用汇聚标准差。
Hedges 校正使用汇聚标准差,加上校正因子。
Glass Delta 使用控制组的样本标准差。

图 12.13　两个样本 t 检验的效应量计算结果(★)

在本例中,比较独特的地方是在分析过程中直接剔除了人数较少的第三类,此时分析结论将不再覆盖被剔除掉的人群。如果确实希望将离异/分居/丧偶人群纳入分析且得到对该类别人群有分析意义的结论,则可以考虑累积更多月份的数据,然后建立多因素模型,在多因素模型的框架下对三种婚姻状况人群之间的差异进行估计和检验。

12.3.3　两个样本的 t 检验的适用条件

在应用 t 检验进行两个样本的均值比较时,要求数据满足以下三个条件:

① 独立性:各观测值之间相互独立,取值不能相互影响。
② 正态性:各个样本均来自正态分布的总体。
③ 方差齐性:各个样本所在总体的方差相等。

关于上述三个适用条件的考察,以及违反适用条件时的应对策略详见第 14 章的介绍。

12.4　配对设计样本均值的比较

为了能够充分利用有限的经费和样本,很多研究者都采用配对设计来提高研究效率,常见的配对设计有 4 种情况:① 同一受试对象接受处理前后的数据;② 同一受试对象两个部分的数据;③ 对同一样品用两种方法(仪器等)进行检验的结果;④ 配对的两个受试对象分别接受两种处理之后的数据。情况① 的目的是推断处理有无作用;情况② 、③ 、④ 的目的则是推断两种处理(方法等)的结果有无差异。

在配对设计得到的样本中,每对数据之间都有一定的关系,如果忽略这种关系就会浪费大量的统计信息,因此在分析过程中应当采用与配对设计相对应的检验方法。当配对设计中观测到的数据为连续变量时,最常用的检验方法就是配对样本 t 检验。

12.4.1　方法原理

配对样本 t 检验的基本原理是求每对数据的差值:如果两种处理实际上没有差异,则差值的总体均值为 0,从该总体中抽出的样本的均值也在 0 附近波动;如果两种处理有差异,则差值的总体均值就远离 0,其样本均值也远离 0。这样,通过检验该差值的总体均值是否为 0,就可以得知两种处理有无差异。

配对样本 t 检验相应的假设如下:

原假设 $H_0: \mu_d = 0$,两种处理没有差异。

备择假设 $H_1: \mu_d \neq 0$,两种处理有差异。

其统计量的计算公式如下:

$$t = \frac{\overline{d} - 0}{S_{\overline{x}}} = \frac{\overline{d}}{S/\sqrt{n}}, v = n-1 \,(n \text{ 为对子数})$$

有了前面的基础,读者可以看出,配对样本 t 检验过程和单样本 t 检验过程的功能相同(等价于已知总体均值为 0 的情况),但由于配对样本 t 检验过程使用的数据记录格式和前者不同,因此它仍然有存在的价值。

由于配对样本 t 检验的本质就是单样本的 t 检验,因此对其适用条件的考察也和单样本 t 检验相似(注意,应当考察差值而不是原始数据),这里不再重复介绍。

12.4.2　案例:同一受访者回访前后消费者信心总指数的比较

例 12.3　为保证数据质量,CCSS 项目对于接受过访问的家庭半年内不会再进行访问,但半年之后会进行抽样回访。在 2007 年 12 月,对 2007 年 4 月的成功访问家庭进行了回访,共采集了 88 个有效个案,现希望比较这些个案的消费者信心总指数是否发生了变化,数据文件见 CCSS_pair.sav。

在数据文件中,按照配对样本 t 检验对数据记录格式的要求,每个个案(一行)代表一个受访者,而且数据会成对出现。例如,在本例中,变量 index1 代表 2007 年 4 月的总指数,而变量 index1n 则代表 2007 年 12 月回访时的总指数。显然本例为配对设计,建立的假设如下(注意,下文会同时对总指数、现状指数和预期指数进行检验,但这里只列出对总指数的假设):

原假设 $H_0: \mu_d = 0$,两个时间点的总指数之间无差异,差值的总体均值为 0。

备择假设 $H_1: \mu_d \neq 0$,两个时间点的总指数之间存在差异,差值的总体均值不为 0。

显著性水平 $\alpha = 0.05$。

1. 界面说明

配对样本 t 检验所使用的对话框为"成对样本 T 检验"对话框,如图 12.14 所示,其内容非常简单,右侧的"配对变量"框用于选入希望进行比较的一对或几对变量——注意,这里的量词是"对"而不是"个"。变量需要成对选入,如果只选入一个变量,则"确定"按钮不可用。右侧提供的双向箭头按钮则可以在选入变量对后交换变量对的次序。"估算效应大小"复选框、"选项"按钮、"拔靴法"按钮的功能和前面完全相同,此处不再重复介绍。

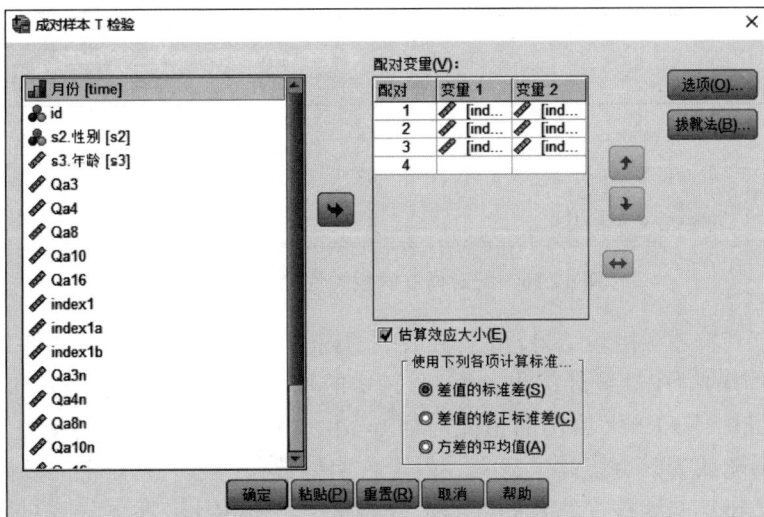

图 12.14 "成对样本 T 检验"对话框

2. 操作说明与结果解释

本例在 SPSS 中的具体操作如下:

① 选择菜单"分析"→"比较平均值和比例"→"配对样本 T 检验"命令,打开"成对样本 T 检验"对话框。

② 将变量 index1、index1n 成对选入"配对变量"框。

③ 将变量 index1a、index1an 成对选入"配对变量"框。

④ 将变量 index1b、index1bn 成对选入"配对变量"框。

⑤ 单击"确定"按钮。

输出的结果由三个表格构成,首先,给出的是如图 12.15 所示的配对样本的分组描述性统计结果,由于此处有三对,故出现了三个配对组。

		平均值	N	标准差	标准误差平均值
配对 1	index1	98.7872	88	16.15275	1.72189
	index1n	96.0357	88	20.10295	2.14298
配对 2	index1a	94.5386	88	22.42476	2.39049
	index1an	98.5402	88	26.69120	2.84529
配对 3	index1b	101.1220	88	19.60309	2.08970
	index1bn	94.6557	88	22.14602	2.36077

图 12.15 配对样本的分组描述性统计结果(★)

其次,给出的是如图 12.16 所示的配对样本相关性分析结果,该结果给出了两个样本的皮尔逊相关系数及其检验结果。这里实质上是对配对设计是否合理进行了考察,如果设计合理,各配对样本之间确实存在数量上的关联,则此处的相关系数应当有统计学意义;反之,则说明"配对"并不能提供更多的数据信息,配对设计是失败的。关于相关系数的介绍可参见第 18 章,这里不做详述。

		N	相关性	显著性	
				单侧 P	双侧 P
配对 1	index1 & index1n	88	.264	.007	.013
配对 2	index1a & index1an	88	.182	.045	.089
配对 3	index1b & index1bn	88	.305	.002	.004

图 12.16 配对样本的相关性分析结果(★)

最后,输出配对样本 t 检验结果,由于结果中的内容很多,这里拆成两个部分展示。图 12.17 给出的是配对样本的描述性统计结果。注意,其中的均值、标准差、标准误差和置信区间等都是针对差值的统计量。图 12.18 给出的是配对样本 t 检验结果,可见对于总指数和现状指数,p 值均大于 0.05,尚不能认为其有统计学意义。由于预期指数在前后时间点上的差值均值为正,因此可以认为在 2007 年年末这些受访者的预期指数与基准水平相比有所下降,但具体是由哪些指标导致预期指数下降还需要进一步分析,这一问题将在第 15 章中做进一步的讨论。

		配对差值				
					差值 95% 置信区间	
		平均值	标准差	标准误差平均值	下限	上限
配对 1	index1 − index1n	2.75149	22.21977	2.36864	−1.95643	7.45940
配对 2	index1a − index1an	−4.00163	31.57745	3.36617	−10.69225	2.68899
配对 3	index1b − index1bn	6.46630	24.69302	2.63229	1.23435	11.69826

图 12.17 配对样本的描述性统计结果(★)

			t	自由度	显著性	
					单侧 P	双侧 P
配对 1	index1−index1n		1.162	87	.124	.249
配对 2	index1a−index1an		−1.189	87	.119	.238
配对 3	index1b−index1bn		2.457	87	.008	.016

图 12.18　配对样本 t 检验结果

图 12.19 给出了该检验的效应量计算结果,预期指数的配对样本 t 检验虽然有统计学意义,但其效应量在 0.26 上下,按照科恩建议的临界值,属于"小效应"区间,看来半年多的时间里受访者的预期指数的变化不能被忽略。

			标准化量[a]	点估算	95%置信区间	
					下限	上限
配对1	index1−index1n	Cohen d	22.21977	.124	−.086	.333
		Hedges 校正	22.41364	.123	−.086	.330
配对2	index1a−index1an	Cohen d	31.57745	−.127	−.336	.083
		Hedges 校正	31.85297	−.126	−.333	.083
配对3	index1b−index1bn	Cohen d	24.69302	.262	.049	.474
		Hedges 校正	24.90848	.260	.048	.470

a. 估算效应大小时使用的分母。
Cohen d使用平均值差值样本标准差。
Hedges 校正使用平均值差值样本标准差,加上校正因子。

图 12.19　配对样本 t 检验的效应量计算结果(★)

12.5　本章小结

通过本章的学习,希望读者掌握以下内容:

① 本章介绍的是假设检验中非常基础和重要的 t 检验,t 检验采用的仍然是小概率反证法,在整个统计推断过程中,由于利用 t 分布求得 t 值,并据此得到相应的 p 值,因此该检验方法被称为 t 检验。而根据具体的设计方案和希望解决的问题的不同,又可以将其分为单样本 t 检验、两个样本的 t 检验和配对样本 t 检验等,它们的基本原理都是相同的。

② 作为参数检验方法,t 检验也有适用条件,但它比较稳健,对违反适用条件的情况有一定的耐受性。不过,如果适用条件被严重违反,则需要考虑采用适当的策略来进行处理。

③ 在通过配对设计得到的样本中,每对数据之间都有一定的关系,如果忽略这种关系就会浪费大量的统计信息,因此在分析过程中应当采用与配对设计相对应的检验方法。当配对设计中的数据为连续变量时,最常用的检验方法就是配对样本 t 检验。

思考与练习

1. 从一批木头中抽取 5 根木头,测得这 5 根木头的直径(单位: cm)如下:

12.3　12.8　12.4　12.1　12.7

能否认为这批木头的平均直径是 12.3 cm?

2. 用某药治疗 10 名高血压患者,对每一名患者治疗前后的舒张压进行了测量,结果如表 12.1 所示,问该药有无降压作用。另外,从研究设计的角度来看,该设计存在怎样的问题?

表 12.1　患者治疗前后的舒张压

单位: mmHg(1 mmHg=133.322 4 Pa)

阶段	患者 1	患者 2	患者 3	患者 4	患者 5	患者 6	患者 7	患者 8	患者 9	患者 10
治疗前	15.999	16.932	18.798	14.265	14.665	15.199	15.332	18.398	16.932	16.265
治疗后	16.399	14.399	15.999	14.265	13.332	13.066	13.599	20.265	13.866	14.265

3. 比较两批电子器材的电阻,对随机抽取的样本测量其电阻(单位: kΩ),如表 12.2 所示,试比较两批电子器材的电阻是否相同。(提示:需要考虑方差齐性问题)

表 12.2　两批电子器材的电阻

批次	样本 1	样本 2	样本 3	样本 4	样本 5	样本 6	样本 7
A 批	0.140	0.138	0.143	0.142	0.144	0.148	0.137
B 批	0.135	0.140	0.142	0.136	0.138	0.140	0.141

4. 配对样本 t 检验的实质就是对差值进行单样本 t 检验,请读者按此思路重新对例 12.3 进行分析,比较其结果和配对样本 t 检验结果之间有什么异同。

第13章　连续变量的统计推断(二)——单因素方差分析

第 12 章介绍的 t 检验可以解决单样本、两个样本的均值比较问题,但真实的世界不可能总是如此简单,如背景资料变量中的城市、学历、职业等均为多分类变量,而访问时间点也是多分类变量,此时如果要进行多组消费者信心总指数均值的比较,又该如何处理呢? 显然,多组均值比较已经超越了 t 检验的能力范围,需要采用本章所介绍的方差分析方法来进行考察。

本章主要介绍单因素方差分析的基本原理及其在 SPSS 中的实现方式,并在此基础上给出方差分析的一些引申内容,包括多重比较、精细比较和趋势检验等。

13.1　方差分析概述

13.1.1　为什么要进行方差分析

以 CCSS 项目数据为例,其中共有 4 个时间点,如果要做不同时间点的总指数均值的比较,就会形成 4 组均值比较的结构,而 t 检验最多只能完成两组均值的比较。

那么,能否使用两两 t 检验(例如,在本例中分别进行 6 次 t 检验)来解决此问题呢? 这样做在统计学中是不妥的。因为统计学中的结论都是带有概率性质的,存在犯错误的可能。例如,用 6 次 t 检验来考察 4 个时间点的总指数均值是否相同,对于某一次比较,其犯第一类错误的概率是 α,那么在连续进行 6 次比较后,其犯第一类错误的概率不是 α^6,而是 $1-(1-\alpha)^6$。也就是说,如果显著性水平取 0.05,那么在连续进行 6 次 t 检验的过程中,犯第一类错误的概率将上升至 0.264 9。显然,犯第一类错误的概率被明显放大,就好像考试的及格线原本是 60 分,现在被降到了 20 分,导致考试的权威性大打折扣。因此,在进行多组均值比较时不宜采用 t 检验进行两两比较,而必须要考虑新的分析方法。

英国统计学家罗纳德·费希尔(R.A.Fisher)为后人奠定了方差分析(analysis of variance,简写为 ANOVA)的理论基础,他将总变异分解为两个部分:由处理因素造成的变异和由抽样误差造成的变异,通过比较来自不同部分的变异,借助于 F 分布做出统计推断。后来又有学者将线性模型的思想引入方差分析,更是为这一方法提供了近乎无限的发展空间。

13.1.2　方差分析的基本思想

方差分析是基于变异分解的思想进行的,在单因素方差分析中,整个样本的变异可以看成由如下两个部分构成:

$$总变异 = 处理因素导致的变异 + 随机变异$$

其中,由于随机变异永远存在,因此处理因素导致的变异是否存在就是研究的目标,即只要证明它不等于 0,就等同于证明了处理因素的确存在影响。

那么,能否将上述等式中的各项量化? 在方差分析中,反映变异大小并用来进行变异分解的指标就是偏差平方和,它代表总的变异程度(总变异),记为 SS_T。可以发现,在样本数据中,总变异可以被分解为两项:第一项是各组内部的变异(组内变异),该变异只反映随机变异的大小,其大小可以用各组的偏差平方和之和,或称组内平方和来表示,记为 SS_W;第二项为各组之间的均值差异(组间变异),它反映了随机变异的影响与可能存在的处理因素的影响之和,其大小可以用组间平方和来表示,记为 SS_B,即

$$总变异 = 组内变异 + 组间变异$$

并且该等式和上面的等式存在如下对应关系:

$$总变异 = 随机变异 + 处理因素导致的变异$$

$$总变异 = 组内变异 + 组间变异$$

这样,就可以考虑用一定的方法(均方 MS)来比较组内变异和组间变异的大小,如果后者远远大于前者,则说明处理因素的影响的确存在;如果两者相差无几,则说明该影响不存在。以上就是方差分析的基本思想。

可以简单地将方差分析的检验统计量理解为将随机变异作为尺度来衡量组间变异,即

$$F = 组间变异测量指标 / 组内变异测量指标$$

可以想象,当原假设成立时,处理因素所导致的各组之间的均值差异应当为 0(理论上应当为 0,但由于存在抽样误差而不可能恰好为 0),即

$$\mu_1 = \mu_2 = \cdots = \mu_k$$

于是,组间变异将主要由随机变异构成,即组间变异应当接近于组内变异。因此,统计量 F 的值应当不会太大且接近于 1;否则,F 值会偏离 1,而且各组的不一致性越高,F 值就越大。

13.1.3 方差分析的假设检验过程

单因素方差分析的假设如下:

原假设 H_0:$\mu_1 = \mu_2 = \cdots = \mu_k$。

备择假设 H_1:k 个总体的均值不同或者不全相同。

沿用上一节中的变量标记方式,计算统计量 F 的公式如下:

$$F_{k-1, N-k} = \frac{MS_B}{MS_W} = \frac{SS_B / (k-1)}{SS_W / (N-k)}$$

在上式中,统计量 F 的分子和分母上的平方和分别除以一个数:前者除以 $k-1$,而后者除以 $N-k$,这两个数分别称为组间自由度和组内自由度,记作 ν_B 和 ν_W,两者之和为 $N-1$,称为总自由度,记作 ν_T。分子上的组间平方和除以自由度之后得到的数称为组间均方(mean square between groups,记为 MS_B),分母上的组内平方和除以自由度后得到的数称为组内均方(mean square within groups,记为 MS_W)。计算检验统计量时,在分子和分母上使用除法的出发点,与用标准差而非偏差平方和来描述变量的离散程度的道理相同,即变异程度不应当受样本量的影响。显然,样本量越大偏差平方和就越大,因此需要扣除样本量的影响,这样得到的比值才具有可比性。

注意,均方的计算方法本质上等价于方差,这也是该方法被称为方差分析的原因,只是由于历史原因这里使用了"均方"这样的名称。

在原假设成立时,F 值应当服从自由度为 $k-1$、$N-k$ 的中心 F 分布(central F distribution)。而

若检验统计量落在相应显著性水平所确定的拒绝域内（即 F 值大于或等于相应自由度下的检验临界值），就意味着如果在一次抽样研究中，在假定的总体内得到了小概率事件，则有理由拒绝原假设。

方差分析中常常将所计算出来的一些指标列成一张表格，称为方差分析表（analysis of variance table），具体如表 13.1 所示。

表 13.1　方差分析表

变异来源	偏差平方和	自由度	均方	F	p 值
组间变异	SS_B	$k-1$	MS_B	MS_B/MS_W	$p=\{F_{k-1,N-k} \geqslant F\}$
组内变异	SS_W	$N-K$	MS_W		
总变异	SS_T	$N-1$	MS_T		

实际上，SPSS 的相应输出结果中会包含一张与此几乎完全相同的表格。

如果假设检验拒绝了原假设，就可以得出多个样本并非来自同一个总体的结论。但是这些样本到底来自几个不同的总体？方差分析本身并不能回答这个问题，还需要进行不同水平的多重比较。

13.1.4　单因素方差分析的适用条件

一般而言，要使用方差分析，数据应当满足以下几个条件：

① 观察对象是来自处理因素的各个水平之下的独立随机抽样。

② 处理因素的每个水平下的因变量都应当服从正态分布。

③ 处理因素的各水平下的总体具有相同的方差。

显然，上述三个条件本质上与 t 检验的适用条件相同，概括起来就是独立性（independence）、正态性（normality）和方差齐性（homoscedasticity），它们的考察方法以及违反适用条件时的应对策略也与 t 检验完全相同。

13.2　案例：不同时间点消费者信心总指数均值的比较

例 13.1　CCSS 项目提供了 2007 年 4 月，以及 2007 年 12 月、2008 年 12 月、2009 年 12 月 4 个时间点的消费者信心总指数（简称"总指数"）监测数据，现希望分析这 4 个时间点的总指数平均水平之间是否存在差异。考虑到总指数在不同的地域可能存在差异，这里只使用城市 A 的受访者数据进行分析。

1. 预分析

进行方差分析之前，需要考察其适用条件。例如，利用均值过程进行分组描述性统计（需要事先筛选出城市 A 的个案）：

① 菜单"分析"→"比较平均值和比例"→"平均值"命令，打开"平均值"对话框。

② 将总指数变量 index1 选入"因变量列表"框。

③ 将月份变量 time 选入"自变量列表"框。

④ 单击"确定"按钮。

输出的分组描述性统计结果如图 13.1 所示,可见 4 组数据的标准差相差不大,即各组对应的总体,其方差可能是相同的。

总指数

月份	平均值	个案数	标准偏差
200704	100.0547	100	17.22341
200712	97.1307	101	19.39865
200812	91.9668	102	19.50445
200912	102.5801	75	16.95421
总计	97.5920	378	18.74116

图 13.1 分组描述性统计结果(★)

除了对统计量进行观察,还可以使用箱图、直方图等图形工具来考察数据的正态性、方差齐性等,读者可以自行进行这些分析操作。如果进行了方差齐性检验,则可以在方差分析过程中一并输出。

2. 界面说明

选择菜单"分析"→"比较平均值和比例"→"单因素 ANOVA 检验"命令,就会打开"单因素 ANOVA 检验"对话框,如图 13.2 所示。

①"因变量列表"框:用于选入需要进行分组均值比较的变量,如果选入多个变量(因变量),则系统会依次对其进行单因素方差分析。

②"因子"框:用于选入需要进行比较的分组因素,只能选入一个变量。

③"对比"按钮:单击该按钮,可以打开"单因素 ANOVA 检验:对比"对话框。该对话框有两个用途,分别是对需要做的某些精确的两两比较进行定义,以及对均值进行趋势检验。相关内容将在 13.4 节和 13.5 节中介绍。

④"事后比较"按钮:单击该按钮,可以打开"单因素 ANOVA 检验:事后多重比较"对话框。该对话框用于选择进行各组间均值两两比较的方法。相关内容将在 13.3 节中介绍。

⑤"选项"按钮:单击该按钮,可以打开"单因素 ANOVA 检验:选项"对话框,如图 13.3 所示。在该对话框中,"统计"框组用于设置需要输出的统计量;"描述"复选框用于指定输出描述性统计量;"固定和随机效应"复选框用于对固定效应模型输出标准差、标准误差和 95% 置信区间,对随机效应模型输出其标准误差、95% 置信区间及方差成分;"方差齐性检验"复选框用于指定进行方差齐性检验;"布朗 – 福塞斯检验"复选框和"韦尔奇检验"复选框针对组间方差不齐的情形提供了布朗 – 福塞斯(Brown–Forsythe)法和韦尔奇(Welch)法这两种校正的方差分析方法,其作用类似校正的 t' 检验;"均值图"复选框用于输出各组的均值的线图,以直观地了解它们之间的差异,辅助对均值的变化趋势做出判断;"缺失值"框组则用于定义分析过程中对缺失值的处理方法,其内容与前面学习过的很多过程相同,这里不再赘述。

⑥"拔靴法"按钮:单击该按钮,可以打开"拔靴法"对话框。利用该对话框可以对输出的统计分析进行指定的 bootstrap 估计。该方法已经在第 7 章中进行了介绍,这里不再重复介绍。

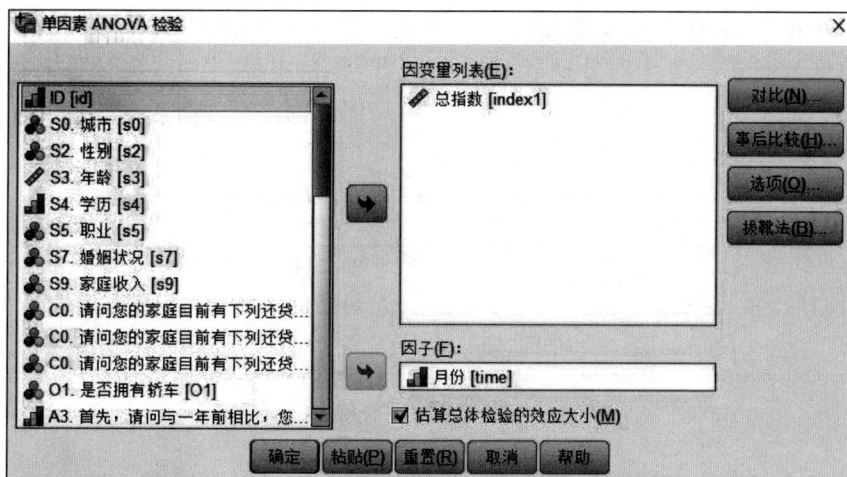

图 13.2 "单因素 ANOVA 检验"对话框

3. 操作步骤与结果解释

下面开始进行方差分析，具体操作如下：

① 选择菜单"分析"→"比较平均值和比例"→"单因素 ANOVA 检验"命令，打开"单因素 ANOVA 检验"对话框。

② 将总指数变量 index1 选入"因变量列表"框。

③ 将月份变量 time 选入"因子"框。

④ 在"单因素 ANOVA 检验：选项"对话框中，选中"方差齐性检验"和"均值图"复选框。

⑤ 单击"确定"按钮。

在输出的结果中，图 13.4 给出的是方差齐性检验结果。这里分别给出了 4 种针对原始数据不同分布特征的方差齐性检验结果。在本例中，因为数据分布无特殊性，因此使用标准的基于均值的检验结果即可。可见，莱文方差齐性检验统计量的值为 0.534，当前自由度对应的 p 值为 0.659，因此可以认为样本所在的总体满足方差齐性的要求。

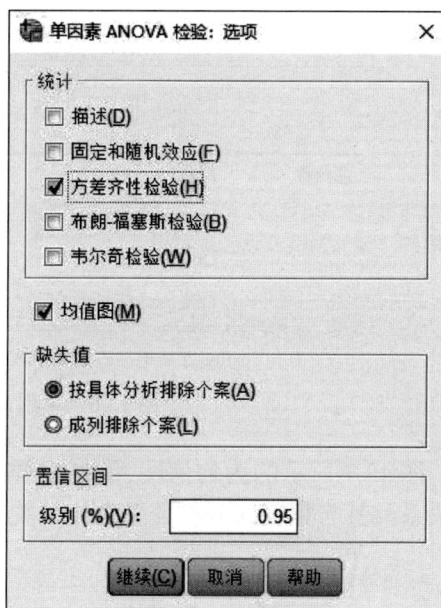

图 13.3 "单因素 ANOVA 检验：选项"对话框

		莱文统计	自由度1	自由度2	显著性
总指数	基于平均值	.534	3	374	.659
	基于中位数	.443	3	374	.722
	基于中位数并具有调整后自由度	.443	3	360.962	.722
	基于剪除后平均值	.601	3	374	.614

图 13.4 方差齐性检验结果（★）

图 13.5 所示的即为单因素方差分析表。该表的第 1 列为变异来源,分别表示组间变异、组内变异和总变异。第 2、3、4 列分别表示偏差平方和、自由度、均方,统计量 F 的值为 5.630,$p<0.001$,由此可以认为 4 个时间点的总指数的总体均值之间存在差异。

总指数

	平方和	自由度	均方	F	显著性
组间	5721.643	3	1907.214	5.630	<.001
组内	126692.442	374	338.750		
总计	132414.084	377			

图 13.5　单因素方差分析表(★)

图 13.6 给出了单因素方差分析的效应量计算结果。这里可以使用属于 r-family 的 η^2,其值为 0.043,按照科恩建议的临界值,属于"小效应"区间,说明总指数均值的变化还是有一定影响的。

		点估算	95%置信区间	
			下限	上限
总指数	Eta方	.043	.008	.084
	Epsilon方	.036	.000	.077
	Omega方固定效应	.035	.000	.076
	Omega方随机效应	.012	.000	.027

a. Eta方和Epsilon方是根据固定效应模型进行估算。

图 13.6　单因素方差分析的效应量计算结果(★)

图 13.7 所示的为均值图,即各组样本均值的线图,它可以更直观地展现各组样本均值的大小关系及其与相应的分组变量之间的关系。

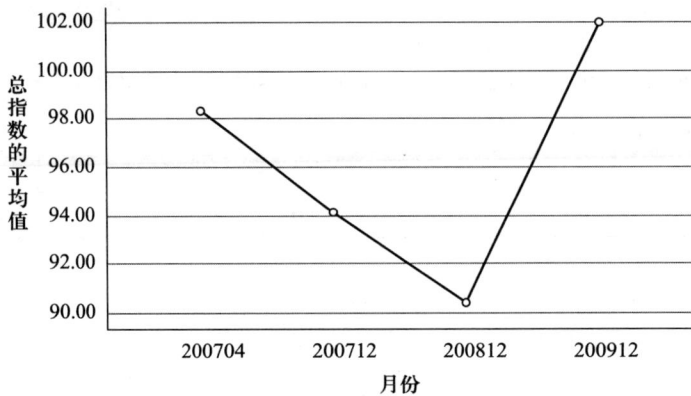

图 13.7　均值图(★)

13.3 均值的多重比较

上面已经得到了拒绝原假设的结论,但显然分析任务还没有全部完成:在解决实际问题时,仍然需要回答在多个均值中究竟是哪些均值之间存在差异。虽然结论提示各时间点的总指数均值不同,但研究者并不知道到底是 4 个时间点的总指数均值都有差异,还是某个时间点与其他时间点的总指数均值有差异。尽管对各组的均值描述可以给出大致的变化趋势,但如果没有相应的假设检验结果,就无法得出肯定的结论。这时就需要通过多重比较来进行考察。

⚠️ 从前面的介绍中可以知道,如果方差分析的检验结果没有拒绝原假设,则除非在研究设计中事先有计划,否则就不存在随后的两两比较问题。关于这一点,请读者注意。

13.3.1 直接校正显著性水平

显然,两两比较的关键就是控制犯第一类错误的概率的大小。对于两两比较过程中所遇到的第一类错误,有以下几个概念需要了解:

① CER:比较误差,即每进行一次比较犯第一类错误的概率。

② EERC:完全原假设下的试验误差率,即在原假设成立的情况下,进行完所有比较,犯第一类错误的概率。

③ MEER:最大试验误差率,即任何完全或部分原假设下,进行完所有比较,犯第一类错误的最大概率。

如前所述,当原假设成立、各组均值之间无差异时,k 个组完全两两比较的次数 $c=k(k-1)/2$,进行完所有这些比较,犯第一类错误的概率为 $1-(1-\alpha_{ij})^c$,此即 EERC,而方差分析实质上就是将 EERC 控制在期望的显著性水平 α 下。因此,人们在控制第一类错误时最直接的想法就是将总的显著性水平 α 控制到 0.05,从而由上述公式反推出每进行一次比较犯第一类错误的概率 $\alpha_{ij}=1-(1-\alpha)^{1/c}$,这种校正方式称为 Sidak 校正。

但是,Sidak 校正显然针对的是原假设完全成立的情况,在大多数实际问题中,有些组均值相同,而有些组均值不同,因此控制 MEER 更为合适。邦弗伦尼(Bonferroni)不等式被广泛用于此目的,它通过控制 CER,使得 MEER 被控制在所设定的显著性水平 α 以内,其公式为

$$CER=\alpha/c$$

只要 CER(即每进行一次比较,犯第一类错误的概率 α_{ij})小于 α/c,就可以保证 MEER 不会大于 α。

🖌️ Bonferroni 提出,如果在显著性水平上进行 c 次假设检验,当原假设成立时,检验结果为:至少有一次拒绝原假设的累积犯第一类错误的概率 α' 不超过 $c\times\alpha$,即有不等式 $\alpha'\leq c\times\alpha$。因此,可以重新选择犯第一类错误的概率 α,以使累积犯第一类错误的概率 $\alpha'=0.05$,此即所谓 Bonferroni 不等式。

实际上,可以简单地将其理解为:Sidak 校正认为各次比较犯第一类错误的概率与总的犯第一类错误的概率之间的关系为累乘,而 Bonferroni 校正则认为它们之间的关系是累加,从而分别按照累乘和累加的方式对总的概率进行了分解。

Bonferroni 校正等直接校正方法虽然可以解决两两比较的问题,但存在以下问题:首先,它分别对各次比较进行校正,使用起来比较麻烦;其次,它保证 MEER 不会大于 α,这显然意味着多数比较犯第一类错误的概率实际上是小于 α 的,因而结论仍然比较保守。

Sidak 校正和 Bonferroni 校正的计算方法都比较简单,需要时可以直接手工计算。但在分析过程中可能会遇到更为复杂的校正方法,如 Holm-Bonferroni 校正、Benjamini-Yekutieli 校正等。为此,SPSS 提供了 R 插件 STATS_PADJUST.spe,安装好该插件后,在"分析"菜单的"描述统计"子菜单中会增加相应的菜单命令,可以对已经计算出的相应检验的 p 值选择所需的校正方法,直接得到调整后(按对应方法倒乘后)的 p 值。该插件操作起来非常简单,本书不对其进行详细介绍。

13.3.2   专用的两两比较方法

除了相对粗糙的直接校正方法,针对不同的分析需求,统计学中还发展出了一系列专用的两两比较方法,即多重比较(multiple comparison)。一般而言,可以把多重比较分为两种类型:计划好的多重比较和非计划的多重比较。所谓计划好的多重比较(planned multiple comparison),是指在收集数据之前便决定了要通过多重比较来考察多个组与某个特定组之间的均值差异或者某几个特定组彼此之间的均值差异(即使总的方差分析结论为无统计学差异也要进行);而非计划的多重比较(unplanned multiple comparison 或 post-hoc multiple comparison)则只是在通过方差分析得到有统计学意义的 F 值后才进行,是一种探索性数据分析。

单击"单因素 ANOVA 检验"对话框中的"事后比较"按钮,打开"单因素 ANOVA 检验:事后多重比较"对话框,如图 13.8 所示。可以看到,在该对话框中竟然有 18 种两两比较方法。这并不是说两两比较的方法百花齐放,反映了统计学的欣欣向荣,相反,却说明了到目前为止仍然没有完全令人信服的方法或者没有统一的解决方法。

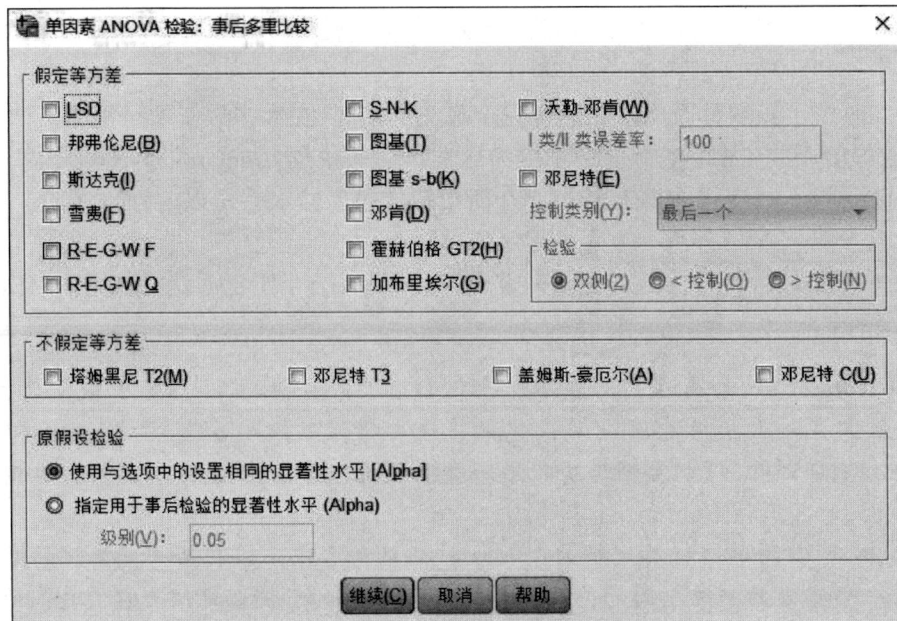

图 13.8   "单因素 ANOVA 检验:事后多重比较"对话框

对于非计划的多重比较,由于比较目的和适用条件不同,不同的方法有不同的侧重点,以下简要介绍几种常用的多重比较方法:

① LSD 法:这种方法即最小显著差异法(least-significance-difference method),是最简单的比较方法之一。它其实只是 t 检验的一个简单变形,并未对显著性水平做任何校正,只是在计算标准误差时充分利用了样本信息,为所有组的均值统一估计了一个更稳健的标准误差,因此一般用于计划好的多重比较。由于单次比较的显著性水平仍为 α,因此可以认为 LSD 法是最灵敏的,或者说假阳性(false positive)是最高的。

② 斯达克(Sidak)法:这种方法实际上是 Sidak 校正在 LSD 法上的应用,即通过 Sidak 校正降低每次进行两两比较犯第一类错误的概率,以达到使进行完所有比较犯第一类错误的概率为 α 的目的。但是,由于在统计分析中习惯上将每次比较的显著性水平都设定为 0.05,为了符合阅读习惯,统计软件往往采用倒乘的方式,即固定显著性水平,对检验的 p 值进行反向放大。例如,当需要进行 c 次比较时,对于相同的比较,Sidak 法的 p 值和 LSD 法的 p 值之间的关系为 $p_{\text{Sidak}} = 1-(1-p_{\text{LSD}})^c$。显然,Sidak 法比 LSD 法保守得多。

③ 邦弗伦尼(Bonferroni)法:这种方法和 Sidak 法类似,它的每一次比较实际上是 Bonferroni 校正在 LSD 法上的应用,对于相同的比较,Bonferroni 法和 LSD 法在 p 值上的关系为 $p_{\text{Bonferroni}} = p_{\text{LSD}} \times c$。一般而言,Bonferroni 法比 Sidak 法更保守一些。

④ 雪费(Scheffe)法:与一般的多重比较不同,Scheffe 法实质上是对多组均值的线性组合是否为 0 进行假设检验,多用于进行比较的两组的样本量不同的情况。

⑤ 邓尼特(Dunnett)法:这种方法常用于对多个试验组与一个对照组进行比较,因此在指定使用 Dunnett 法时,还应当指定对照组。

以上几种方法的排列次序大致是从最灵敏到最保守,除了这几种方法,还有几种旨在寻找同质子集(homogeneous subset)的多重比较方法,其中常用的有以下几种:

① S–N–K 法:这种方法根据预先指定的准则将各组的均值分为多个子集,利用学生化极差(studentized range)分布来进行假设检验,并根据所要检验的均值的个数调整总的犯第一类错误的概率,使其不超过 α。

② 图基(Tukey)法:使用这种方法时要求各组的样本量相同。它也是利用学生化极差分布来进行各组均值的比较,与 S–N–K 法不同的是,它控制所有比较中犯第一类错误的最大概率,即 MEER 不超过 α。

③ 邓肯(Duncan)法:这种方法的思路与 S–N–K 法类似,只不过检验统计量服从的是邓肯多重范围检验(Duncan's multiple range)分布。

还有一些方法并不常用,本书不再阐述。此外,当各组方差不齐时,SPSS 也提供了 4 种方法。但从方法的接受程度和结果的稳健性来讲,用户尽量不要在方差不齐时进行方差分析甚至两两比较,使用变量变换或者非参数检验往往更可靠。

在图 13.8 所示的对话框的“原假设检验”框组中,还可以自定义多重比较的显著性水平,以满足更复杂的需求。

13.3.3 两两比较方法的选择策略

两两比较方法如此之多,该如何选择呢?很多研究者都对方差分析后进行两两比较的策略提出了自己的看法,以下是笔者自己的心得,仅供参考:

① 如果两组的均值比较是独立的,或者虽然有多个组,但事先已计划好要进行其中某几个组的均值比较,则无论方差分析的结果如何,均应当进行比较。一般采用 LSD 法或 Bonferroni 法进行第一类错误校正。

② 如果事先未计划进行多重比较,在方差分析得到有统计学意义的 F 值之后,可以利用多重比较进行探索性数据分析。此时要根据研究的目的和样本的性质来选择方法。例如,在对多个试验组和一个对照组进行比较时,可以采用 Dunnett 法;在进行任意两组均值的比较且各组样本量相同时,可以采用 Tukey 法;若各组样本量彼此不相同,则可以采用 Scheffe 法。而若事先未计划进行多重比较,且方差分析未检验出差异,则不应当进行多重比较。

③ 绘制均值图,或者进行详细的描述性统计是有利无弊的。

④ 在进行非计划的多重比较时,只是以提示的方式给出各组间的均值差异,要对这些差异进行确认,最好重新设计并进行新的试验。

有时,研究者在设计试验之初就有对特定几组的均值进行比较的考虑(即计划好的多重比较),这种比较往往不像非计划的多重比较那样需要对几乎所有组的均值都进行比较,所以在进行相应的统计分析时不需要对显著性水平或统计量进行过多的校正。如果此类比较涉及多组均值的组合,则无法直接用 t 检验来实现,此时可以通过“单因素 ANOVA 检验：对比”对话框来实现,下一节将对此做详细介绍。

需要注意的是,如果组数较少,如 3 组、4 组,则选择不同的比较方法结果可能差异不大,但如果组数很多,则一定要慎重选择比较方法。

13.3.4　多重比较结果出现矛盾时的解释

在多重比较中可能会出现看上去有些矛盾的结论。例如,样本 1 与样本 2 之间的均值差异无统计学意义,样本 2 与样本 3 之间的均值差异也无统计学意义,但样本 1 与样本 3 之间的均值差异却有统计学意义。对于这种情形,只能说两两比较还不能判断样本 2 来自哪个总体,而以下两种解释都是错误的:

① “样本 2 所代表的总体介于总体 1 和总体 3 之间。”这种结论实际上已经默认了三个样本分别来自三个不同的总体。

② “既然样本 1 与样本 2 之间的均值差异无统计学意义,样本 2 与样本 3 之间的均值差异无统计学意义,样本 1 与样本 3 之间的均值差异就也没有统计学意义。”注意,统计学结论都是概率性的结论,存在犯错的可能性,因此不能直接递推,否则会推导出荒唐的结论。

有时方差分析拒绝了原假设,但方差分析后的两两比较却找不到任何两个有均值差异的样本。在 13.4 节中学习了对比的概念后,就可以很容易地解释方差分析中的这一特殊现象。方差分析中的差异有统计学意义,有时仅仅是说明诸多对比中的某一个或某几个不为 0,但这些对比却不一定是假设检验所关心的。因此,此时下结论应当极为谨慎,最好的方法是增加样本量重新进行试验。

13.3.5　案例：不同时间点消费者信心总指数均值的两两比较

这里继续对例 13.1 进行分析,考察在显著性水平为 0.05 的情况下,这 4 个时间点的总指数均值之间究竟存在怎样的差异。这是一个非计划的多重比较,由于各组样本量不同,因此在“单因素 ANOVA 检验：事后多重比较”对话框的“假定等方差”框组中选择“雪费”项，即 Scheffe 法。这样，输出的结果中就会增加“事后检验”段落。

图 13.9 所示的是多重比较结果。由于多重比较方法需要有一个对照组，因此在分析过程中要将所有组依次作为对照组，让其他各组与该对照组进行比较。这张表格中的计算结果依次是两组的均值差值、差值的标准误差、p 值以及差值的置信区间。其中，如果均值差值有统计学意义，则会自动在后面加上“*”作为标记。

因变量：总指数

雪费

(I)月份	(J)月份	平均值差值(I−J)	标准误差	显著性	95%置信区间 下限	上限
200704	200712	2.92397	2.59643	.737	−4.3675	10.2154
	200812	8.08787*	2.59009	.022	.8142	15.3615
	200912	−2.52545	2.81143	.848	−10.4207	5.3698
200712	200704	−2.92397	2.59643	.737	−10.2154	4.3675
	200812	5.16390	2.58361	.264	−2.0915	12.4193
	200912	−5.44942	2.80546	.289	−13.3279	2.4290
200812	200704	−8.08787*	2.59009	.022	−15.3615	−.8142
	200712	−5.16390	2.58361	.264	−12.4193	2.0915
	200912	−10.61332*	2.79960	.003	−18.4753	−2.7513
200912	200704	2.52545	2.81143	.848	−5.3698	10.4207
	200712	5.44942	2.80546	.289	−2.4290	13.3279
	200812	10.61332*	2.79960	.003	2.7513	18.4753

*. 平均值差值的显著性水平为.05。

图 13.9　多重比较结果（★）

显然，图 13.9 所示的内容虽然详细，但比较烦琐，阅读起来不太方便，因此 Scheffe 法也提供了类似 S–N–K 法的输出格式。S–N–K 法的目的是寻找同质子集（在 SPSS 中表达为“齐性子集”）。简单地说，各组首先在表格的纵向上按照均值的大小排序，其次根据多重比较的结果将所有组分为若干同质子集，不同同质子集的各组之间均值两两有差异（p 值小于 0.05），同一同质子集的各组之间均值两两无差异。图 13.10 所示的总指数的同质子集比较结果采取的就是这种输出格式，从中可以清楚地看到，4 个时间点的总指数均值被大致分为两个子集，但这两个子集之间存在重叠。此时，需要结合各组之间的均值差异，并利用结果表格最后一行的输出内容进行解读，该行会给出同质子集内部各组均值比较的 p 值。在本例中，这两个同质子集内部各组均值比较的 p 值都不是特别大，并且 2007 年 12 月和 2008 年 12 月的总指数均值之间的差异更大一些，因此出于实际应用的考虑，可以认为 2008 年 12 月的总指数均值确实是最小的。也就是说，总指数均值在三年的时间里构成了一个 U 形，而在 2009 年 12 月恢复到基准水平，唯一无法确认的是 2007 年 12 月的总指数均值是否也已经低于基准水平。

雪费[a,b]

月份	N	Alpha的子集=0.05	
		1	2
200812	102	91.9668	
200712	101	97.1307	97.1307
200704	100		100.0547
200912	75		102.5801
显著性		.302	.255

将显示齐性子集中各个组的平均值。

a. 使用调和平均值样本大小=92.941。

b. 组大小不相等。使用了组大小的调和平均值。无法保证I类误差级别。

图 13.10 总指数的同质子集比较结果(★)

由于算法原理不同,因此采用同一种方法按照图 13.9 和图 13.10 所示的格式输出的检验结果并不完全等价。简单地说,当需要精确的比较结果时,应当使用图 13.9 所示的多重比较结果,而图 13.10 则主要给出了关于哪些组有差异的简化输出结果。

13.3.6 制表模块的两两比较输出

前面的方差分析中给出的两两比较结果虽然详细,但是不太适合在报告中以表格的形式输出,而利用制表模块中的相关功能,则可以很好地满足在报告中以表格形式输出结果的需求,下面就对该功能进行介绍。

1. 界面说明

第 9 章曾经介绍过,利用"定制表"对话框的"检验统计"选项卡也可以进行各列均值间的两两比较。相关功能被放置在该选项卡的"列平均值和列比例"框组中,如图 13.11 所示。

①"检验"框组:用于确定是进行各列均值比较还是进行各列比例比较。其中,对于各列均值比较,还可以设置只使用相应两列的样本进行方差估算,此时进行的就是这两列均值比较的 t 检验。

②"确定显著性差异"框组:用于设置如何输出分析结果,默认为输出单独的结果表格,也可以设置为与主要结果表格(主表)合并输出,此时可以设置使用 APA 格式的下标进行标注。

③"显著性水平"框组:用于设置两两比较中使用的显著性水平 α。这里最多可以设置两个显著性水平 α,表格中会分别用不同格式的下标对比较结果进行标注。

④"调整 p 值以进行多重比较"复选框:用于对两两比较中被放大的犯第一类错误的概率进行校正。除了默认的 Bonferroni 法,这里还提供了 Benjamini-Hochberg 法,该方法比 Bonferroni 法更为保守。

2. 操作步骤与结果解释

如果要使用制表模块完成例 13.1 给出的两两比较任务,就要先设置好表格框架,然后选择相应的比较功能。有了前面的基础,下面只简单地列出所需的操作:

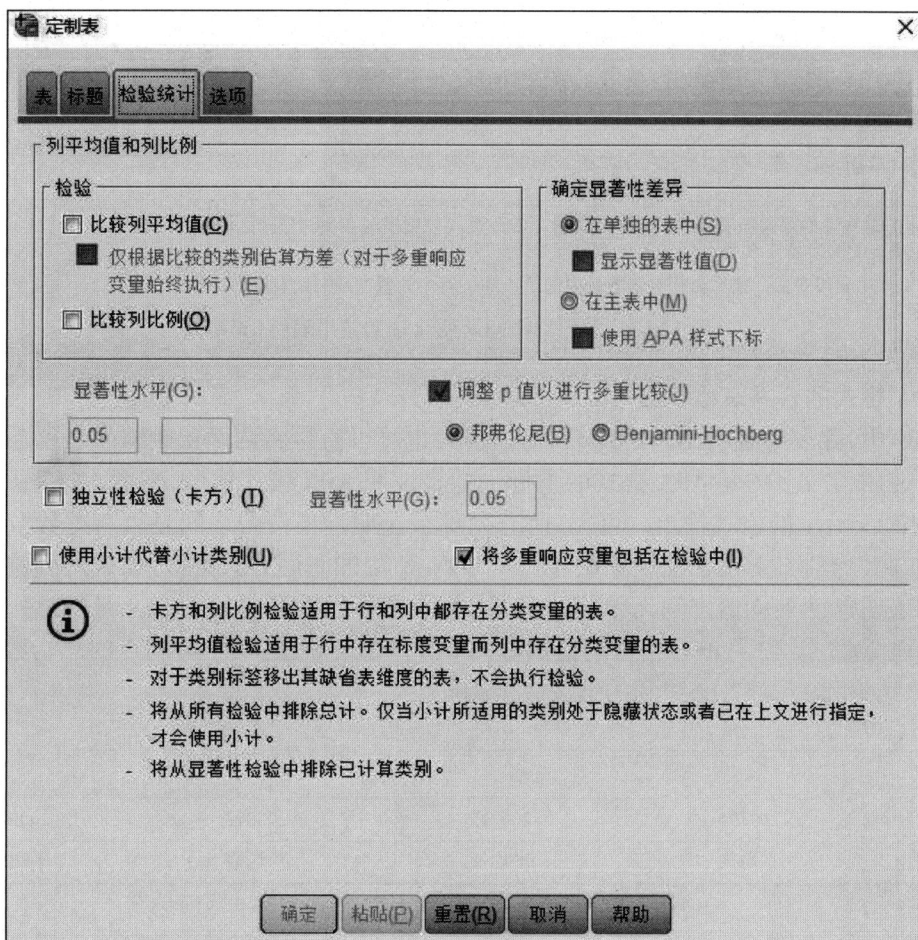

图 13.11 "定制表"对话框的"检验统计"选项卡

① 在"定制表"对话框的"表"选项卡中,将月份变量 time 拖放到"列"框中,将总指数变量 index1 拖放到"行"框中。

② 切换至"检验统计"选项卡,在该选项卡中选中"检验"框组中的"比较列平均值"复选框,以及"确定显著性差异"框组中的"显示显著性值"复选框。

③ 单击"确定"按钮。

上述操作完毕后,SPSS 会在主表之后继续输出各列均值间两两比较的结果表格,如图 13.12 所示。在该表格中,所有列会被依次标注为字母 A~Z,如果任意两列均值之间都有统计学差异,则会在均值较小的类别处给出与它有差异的列的标识,以及具体的 p 值。例如,表格中 2007 年 4 月的总指数所在的单元格被标注为"C",表示当前列和 C 列所对应的 2008 年 12 月的总指数均值之间有差异,相应的(校正后)p 值为 0.012。可以看到,该表格给出的结果为 2008 年 12 月和 2007 年 4 月、2009 年 12 月的总指数均值之间有差异,其余两两之间无差异。读者如果将这一结果和单因素 ANOVA 检验过程中的 Bonferroni 法的输出结果进行比较,就会发现两者的相应检验的 p 值和两两比较结果均完全相同。

	月份			
	200704	200712	200812	200912
	(A)	(B)	(C)	(D)
总指数	C(.012)			C(.001)

结果基于假定方差齐性的双侧检验。对于每个显著对，较小类别的键出现在平均值较大的类别之中。

大写字母(A、B、C)的显著性水平：.05。

a. 通过使用Bonferroni校正法，检验将针对每个最内部子表的一行中的所有成对比较进行调整。

图13.12　各列均值间两两比较的结果表格(★)

3. APA 格式的合并表格输出

在 SPSS 中，除了单独给出两两比较结果表格，也可以直接将两两比较结果表格与主表合并输出，此时使用得较多的是 APA 格式的下标。如果按照 APA 格式输出，则图 13.12 所示的结果就会以图 13.13 所示的格式输出。可见，所有列都被按照均值两两之间是否有差异分为若干同质子集，并在其均值右下角标注子集编号。与 S-N-K 法的阅读方式类似，如果两列被归入相同的子集，则表明这两列均值之间无差异。从图 13.13 中可以看到，2008 年 12 月的总指数均值被归入 b 组，而 2007 年 12 月的总指数均值被归入 a、b 两组，因此这两个时间点的总指数均值之间无差异。该结论和由图 13.12 得到的结论完全相同。

	月份			
	200704	200712	200812	200912
	平均值	平均值	平均值	平均值
总指数	100.05_a	$97.13_{a,b}$	91.97_b	102.58_a

注意：在列平均值的双侧等同性检验中，同一个行和子表中不共享同一下标的值在 $p<.05$ 时存在显著差异。此检验未包括不具有下标的单元格。此检验假定方差齐性。[1]

1. 通过使用Bonferroni校正法，检验将针对每个最内部子表的一行中的所有成对比较进行调整。

图13.13　各列均值间的两两比较结果(APA 格式)(★)

13.4　各组均值的精细比较

13.4.1　方法原理 [*]

实际上，可以将例 13.1 中要进行的多重比较归结为对均值线性组合

$$L=a_1\mu_1+a_2\mu_2+a_3\mu_3+a_4\mu_4$$

进行假设检验，其中 $a_1 \sim a_4$ 为系数，其值是研究者指定的常数。例如，若 4 个系数分别为 1、-1、0、0，则上式等价于 $L=\mu_1-\mu_2$。此时，对 $L=0$ 进行假设检验就等价于检验第一组和第二组的均值是否相等。同理，若要比较第一组和第三组的均值是否相等，则只要对 4 个系数分别为 1、0、-1、0 的均值线性组合是否为 0 进行假设检验就可以了。

---

[*] 本小节内容的理论性较强，为选学内容，读者即使不学习本小节，也不影响对后续内容的理解。

不失一般性,如果将现有的观测值分为 k 个组,则表达式

$$L=a_1\mu_1+a_2\mu_2+\cdots+a_k\mu_k$$

称为 k 个均值的对比(contrast),其中 $a_1,a_2,\cdots,a_k$ 为任意指定的常数,两个对比式:

$$L=a_1\mu_1+a_2\mu_2+\cdots+a_k\mu_k$$
$$L'=a_1'\mu_1+a_2'\mu_2+\cdots+a_k'\mu_k$$

如果满足 $a_1a_1'+a_2a_2'+\cdots+a_ka_k'=0$,则称它们是正交的(orthogonal)。对于样本均值,其线性组合:

$$\hat{L}=a_1y_1+a_2y_2+\cdots+a_ky_k$$

是总体均值相应的线性组合的无偏估计量(unbiased estimator)。

在引入正交和对比的概念后,便可以不受限于简单的两两比较,通过指定 a_i 的值来完成更多、更复杂的比较。根据方差分解的原理,组间变异可以被分解为 $k-1$ 个正交对比所能解释的部分,即总变异可以被分解为 $k-1$ 个正交对比所能解释的变异和一个组内变异,即

$$SS_T=SS_{L_1}+SS_{L_2}+\cdots+SS_{L_{k-1}}+SS_W$$

例如,对于 4 组观测值,如果对比 $\dfrac{\mu_1+\mu_2}{2}=\dfrac{\mu_3+\mu_4}{2}$,则 $a_1=a_2=\dfrac{1}{2},a_3=a_4=-\dfrac{1}{2}$;如果对比 $\dfrac{\mu_1+\mu_3}{2}=\dfrac{\mu_2+\mu_4}{2}$,则 $a_1'=a_3'=\dfrac{1}{2},a_2'=a_4'=-\dfrac{1}{2}$,且有

$$a_1a_1'+a_2a_2'+a_3a_3'+a_4a_4'=\frac{1}{2}\times\frac{1}{2}+\frac{1}{2}\times\left(-\frac{1}{2}\right)+\left(-\frac{1}{2}\right)\times\frac{1}{2}+\left(-\frac{1}{2}\right)\times\left(-\frac{1}{2}\right)=0$$

因此,对比式 $L_1=\dfrac{1}{2}\mu_1+\dfrac{1}{2}\mu_2-\dfrac{1}{2}\mu_3-\dfrac{1}{2}\mu_4$ 和 $L_2=\dfrac{1}{2}\mu_1-\dfrac{1}{2}\mu_2+\dfrac{1}{2}\mu_3-\dfrac{1}{2}\mu_4$ 之间是正交的。此时便可以对诸如原假设 $H_0:\dfrac{\mu_1+\mu_2}{2}=\dfrac{\mu_3+\mu_4}{2}$,或者原假设 $H_0:\dfrac{\mu_1+\mu_3}{2}=\dfrac{\mu_2+\mu_4}{2}$ 之类的假设进行检验,甚至连原假设 $H_0:\mu_1=\dfrac{\mu_2+\mu_3+\mu_4}{3}$ 这样的假设检验也可以。

13.4.2 案例:一个时间点与另两个时间点消费者信心总指数均值的比较

例 13.2 2007 年 12 月和其他各个时间点之间的总指数均值差异在两两比较中处于不确定的状态,由于 2007 年 4 月和 2009 年 12 月的总指数均值比较接近,因此可以考虑将两者合并,并视为基准指数,然后将其平均水平和 2007 年 12 月的总指数均值进行比较。

在本例中,实际上是检验下列等式是否成立:

$$a_1\mu_1+a_2\mu_2+a_3\mu_3+a_4\mu_4=0,\text{其中 } a_1=1,a_2=-2,a_3=0,a_4=1$$

1. 界面说明

打开"单因素 ANOVA 检验:对比"对话框,如图 13.14 所示。

① "多项式"复选框:用于定义是否在方差分析中进行趋势检验,即随着组别的变化,各组的均值是否具有某种变化趋势。

② "等级"下拉列表:和"多项式"复选框配合使用,用于定义需要检验的趋势曲线的最高次幂,可以在从线性趋势到五次幂曲线的 5 个选项中选择。如果选择了高次幂曲线,系统就会给出相应的各低次幂曲线的拟合优度检验结果(例如,当选择三次幂曲线时,系统就会给出线性、二次幂、三次幂曲线的拟合优度检验结果),供用户选择。

③ "系数"框:用于对某些组间均值的比较进行精确定义。这里按照分组变量升序赋予每

组一个系数值。注意,最终所有的系数值的总和应当为 0。

④"系数总计"信息栏:动态显示输入系数值的总和,以免用户因疏忽而导致系数值的总和不为 0。

⑤"估算对比的效应大小"复选框:要求对相应的检验计算效应量估计值。

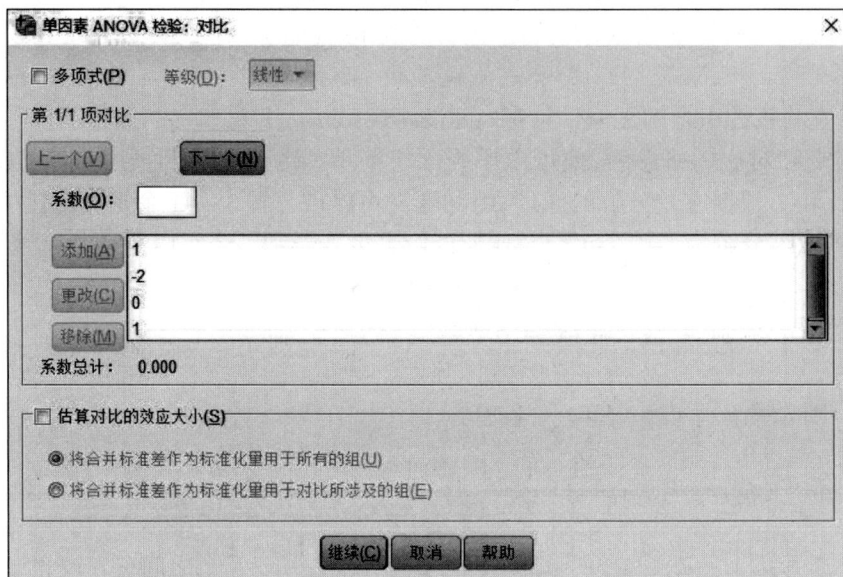

图 13.14　"单因素 ANOVA 检验:对比"对话框

当所有的系数值的总和不为 0 时仍然可以得到检验结果,但不推荐这样做。因为此时该检验的适用条件已被违反,其结果的准确性可疑,分析结论仅供参考。在 SPSS 的帮助中对此有明确的说明。

2. 结果解释

按照图 13.14 所示的设置方式,先给出如图 13.15 所示的对比系数列表,该列表可用于查错。

对比	月份			
	200704	200712	200812	200912
1	1	−2	0	1

图 13.15　对比系数列表(★)

图 13.16 分别针对进行比较的两组方差相同和方差不齐的情形给出了对比检验结果。其中,"对比"列指明了所比较的对子,"对比值"列给出了所要检验的对比的实际值(就是进行比较的均值之差),随后给出的是均值之差的标准误差、t 统计量的值、自由度、双侧检验的 p 值和95% 置信区间。在本例中,按照方差齐性时的比较结果,相应检验的 p 值为 0.071,因此仍然不能认为 2007 年 12 月的总指数均值和合并均值之间有差异。

| | | 对比 | 对比值 | 标准误差 | t | 自由度 | 显著性(双尾) | 95%置信区间 | |
								下限	上限
总指数	假定等方差	1	8.3734	4.61736	1.813	374	.071	−.7058	17.4526
	不假定等方差	1	8.3734	4.65858	1.797	187.761	.074	−.8165	17.5633

图 13.16　对比检验结果(★)

这里采用的对比方法等价于 LSD 法,本质上并未对犯第一类错误的概率做任何控制,因此只适用于计划好的多重比较。

13.5　组间均值的趋势检验

13.5.1　方法原理

理论上,方差分析所对应的分组变量是无序分类变量,但实际上分组变量的取值也可能有次序关系,如例 13.1 就是对多个时间点的某个指标进行比较,而在统计分析中这种类型的变量并不少见。

对于这类变量,由于是进行多组间连续变量的比较,因此优先考虑单因素方差分析。但是单纯的方差分析并未利用分组变量所蕴含的次序信息,这显然是一种信息的浪费。

在线性模型的方法被引入方差分析之前,对于有序分类变量有一些折中的解决方法,如斯皮尔曼(Spearman)等级相关系数、肯德尔等级相关系数等。但当自变量各取值间隔相等时,除了可以对其进行方差分析,还可以利用线性模型的有关原理做进一步的数据分析,以考察因变量与自变量之间是否存在某种依存关系,这在统计学中称为趋势检验。这种关系并非仅仅指线性关系,也可能是一种多项式关系。

一般而言,对于趋势检验,首先考虑的是因变量和分组变量之间的线性关系,即检验模型 $y=b_0+b_1x$ 是否成立。然而,从例 13.1 中也可以看到,因变量与分组变量之间并不一定呈线性关系,有可能是二项式抛物线,甚至更复杂的多项式关系,即 $y=b_0+b_1x+b_2x^2$,或者是 $y=b_0+b_1x+b_2x^2+b_3x^3$。对于这类模型,如果要选择比较合适的模型,则可以利用失拟合检验。然而由于一次项、二次项、三次项甚至更高次项之间存在相关性,对最后的结果解释不利,因此一般会通过建立正交多项式(orthogonal polynomials)模型的方法来进行趋势检验。关于正交多项式模型本章不做过多阐述,感兴趣的读者可以参考有关书籍。但需要指出的是,趋势检验的目的并非拟合线性或者非线性模型,而是希望知道当处理因素的水平发生改变时,均值以什么样的形式(线性、二次型或者其他)随之改变。

对于趋势检验,可以利用建立正交多项式模型的方法得到 $k-1$ 个正交的对比式,分别对应于一次多项式(线性)、二次多项式、三次多项式、……$k-1$ 次多项式,然后再将总变异分解为这 $k-1$ 个对比式所能解释的部分和一个剩余变异(在失拟合检验中称为纯误差),再利用方差分析得到相应的结论。

13.5.2　案例：对消费者信心总指数的变化做趋势检验

下面以例 13.1 为例对趋势检验进行介绍。由于在均值图中，前三个时间点的总指数均值持续下降，因此可以进一步考察该变化是否是线性的。在利用选择个案过程将前三个时间点的城市 A 的受访者数据筛选出来之后，进行如下操作：

① 选择菜单"分析"→"比较平均值和比例"→"单因素 ANOVA 检验"命令，打开"单因素 ANOVA 检验"对话框。

② 将总指数变量 index1 选入"因变量列表"框。

③ 将月份变量 time 选入"因子"框。

④ 在"单因素 ANOVA 检验：对比"对话框中选中"多项式"复选框，在"等级"下拉列表中选择"二次"项。

⑤ 单击"确定"按钮。

注意，在上面的操作中选择二次曲线只是为了演示，而在用三个数据点拟合曲线时是无法对二次曲线进行检验的。

图 13.17 所示的就是均值变化趋势的方差分析表，除了相当于一般方差分析的"组合"行的结果，还分别给出了加权、偏差两种输出结果。可以发现，在检验中将总的组间变异分解成了两个部分，分别解释如下：

① 加权：指在组间变异中剔除掉更低级别趋势的作用后，能够被当前级别的趋势解释的部分，其对应的原假设为：组间均值变化不存在该趋势。由于在本例中线性项"加权"行的 p 值为0.003，因此拒绝原假设，即前三个时间点的总指数均值变化趋势存在线性成分。

② 偏差：指在组间变异中扣除了上述趋势所导致的变异后，剩余的变异是否与随机变异无差异。或者说，当前模型与含有最高次项的模型相比是否有区别，用于辅助判断当前模型是否还需要使用更高次项。在本例中，线性项"偏差"行的 p 值为 0.363，无统计学意义，说明即使使用更高次项，拟合效果也不会有明显的改善。而这一结果正好等价于二次项的"加权"行。考虑到一共只有三个时间点的总指数均值，对于该结果就不难理解了。

总指数

			平方和	自由度	均方	F	显著性
组间	(组合)		3393.670	2	1696.835	4.829	.009
	线性项	加权	3101.950	1	3101.950	8.827	.003
		偏差	291.720	1	291.720	.830	.363
	二次项	加权	291.719	1	291.719	.830	.363
组内			105421.489	300	351.405		
总计			108815.159	302			

图 13.17　均值变化趋势的方差分析表（★）

上述趋势检验的结果提示，这三个时间点的总指数均值之间应当存在线性趋势，但需要注意的是，趋势类型并不是完全依靠 p 值来判定的，许多时候还要依靠图形、专业知识以及经验来得出结论。特别是在本例中三个时间点实际上并不等距，因此在结果解释上就要更加小心。

13.6 本章小结

通过本章的学习,希望读者掌握以下内容:

① 单因素方差分析针对的是组间均值比较。它的基本思想是变异分解,即将总变异分解为组间变异和组内变异,再利用 F 分布做出有关的统计推断。

② 单因素方差分析要求变量满足独立性、正态性和方差齐性。

③ 方差分析拒绝原假设只能说明各组之间存在均值差异,但并不足以说明各组之间的关系。利用多重比较可以初步判断各组之间的关系。

④ 多重比较可以分为计划好的多重比较和非计划的多重比较。多重比较有多种不同的方法,这些方法的核心问题都是如何控制犯第一类错误的总的概率的大小。

⑤ 在分组变量包含次序信息时,如果方差分析得出了组间差异有统计学意义的结论,并且均值图提示各组的均值具有某种变化趋势,则可以利用趋势检验探讨观测值与分组变量取值之间的数量依存关系。

思考与练习

1. 一家汽车厂设计出了三种新型号手刹,现欲比较它们与传统手刹的寿命。分别在传统手刹、型号 I、型号 II 和型号 III 中随机选取了 5 个样品,在相同的试验条件下,测量其使用寿命(单位:月),结果如下:

传统手刹: 21.2　13.4　17.0　15.2　12.0
型号 I: 21.4　12.0　15.0　18.9　24.5
型号 II: 15.2　19.1　14.2　16.5　20.3
型号 III: 38.7　35.8　39.0　32.2　29.6

(1) 各种型号手刹的寿命之间有无差别?

(2) 若汽车厂的研究人员在研究设计阶段,便关心型号 III 与传统手刹寿命的比较结果,则应当考虑什么样的分析方法?如何利用 SPSS 实现该分析方法?

(3) 如果方差分析拒绝了原假设,你会考虑进行多重比较吗?利用 SPSS 尝试进行一些多重比较,并解释所得到的结果。

2. 研究者要比较 4 种新型避孕药对雌激素分泌水平的影响,试验对象为相同品系的雌性大鼠。将 20 只大鼠随机分入 4 组,给予相应的药物,两周后通过测量大鼠的子宫重量(单位:mg)来衡量其雌激素水平。试验数据如下:

药物 1: 89.8　93.8　88.4　110.2　95.6
药物 2: 84.4　116.0　84.0　68.0　88.5
药物 3: 65.6　79.4　65.6　70.2　82.0
药物 4: 88.4　90.2　73.2　87.7　85.6

(1) 该数据是否满足方差分析的要求?

(2) 4 种药物对雌激素水平的影响是否相同?

(3) 利用 SPSS 进行多重比较,并解释所得到的结果。

第 14 章　均值比较方法适用条件的考察

包括 t 检验、方差分析在内的常用均值比较方法都有类似的适用条件,一般被总结为独立性、正态性和方差齐性。如何对这些适用条件进行考察,以及当这些适用条件被违反时应该如何应对,是在进行统计分析时需要严肃对待的问题,本章将对这些问题进行详细探讨。

> 实际上,如果学习了统计模型的知识,人们对方法适用条件的考察都是基于模型残差来进行的,因为本书基本上不涉及统计模型,因此这里的讲解不涉及残差分析问题。

14.1　独　立　性

14.1.1　独立性的考察方法

在独立性、正态性和方差齐性三个适用条件中,独立性对假设检验结果的影响最大。严格地讲,假设检验适用条件中的独立性指的是不同个案的取值互相独立,不受除研究设计中已经考虑到的分组因素、配对因素等研究因素之外的其他任何因素的影响,或者说其他非研究因素的影响基本上等同于随机误差。以下是一种比较典型的数据违反独立性的情形:在研究儿童生长发育时,如果样本数据中存在兄弟、表兄弟等近亲关系,那么这些数据很可能就是非独立的,它们彼此之间的相关性,比它们与其他样本数据之间的相关性强。

数据违反独立性对假设检验结果的影响较大:首先,会导致数据方差估计得不准确,进而导致假设检验结果错误;其次,会导致参数估计值出现偏差。但遗憾的是,检验数据独立性的方法并不完善,而且如果发现数据违反独立性,相应的处理措施也非常复杂,因此基本原则是尽量避免出现数据违反独立性的问题。具体来说,要在研究设计阶段就开始考虑这一问题,并在数据分析阶段进一步进行考察。

1. 研究设计阶段

从专业知识上尽量保证数据不违反独立性,一般要根据变量的性质来判断数据是否违反独立性。例如,遗传病、传染病数据可能就存在违反独立性的问题,而按照时间次序收集的数据之间也可能存在关联。如果从专业知识上可以肯定数据不存在上述问题,则数据总是能满足一般独立性。如果确实由于某些因素而导致数据存在违反独立性的问题,则要将其纳入研究设计的框架进行控制,如按照年龄段、生活形态的相似程度进行配对等。此外,严格遵循随机化原则,如随机抽样、随机分组等,也能最大限度地保证数据的独立性。

2. 数据分析阶段

如果根据专业知识已经怀疑某些数据之间存在关联了,则应当进行数据独立性考察,游程检验、德宾－沃森(Durbin-Watson)统计量、自相关分析等都是可以使用的方法,但在实际工作中应当尽量避免走到这一步。

14.1.2　数据违反独立性时的应对策略

当数据违反独立性时,基本上没有什么简单的校正方法可使用,这意味着研究者无法使用简单的 t 检验等方法,而需要到统计模型领域去寻求帮助。根据统计模型的原理,只要将能够代表数据关联性的参数加入模型架构即可满足非独立数据的建模需求。但在实际工作中,涉及的统计模型是复杂的广义估计方程(GEE)、混合效应模型、时间序列模型等专门的非独立数据分析模型。对这些模型感兴趣的读者可参考《高级教程》的相关内容,这里不展开讨论。

针对非独立数据的统计模型一直是过去几十年来统计学领域的研究热点之一。不过从应用角度而言,最好从研究设计起就解决数据的独立性问题。

14.2　正　态　性

14.2.1　正态性的考察方法

t 检验和单因素方差分析对变量的非正态性有一定的耐受能力,博克斯(Box)和安德森(Anderson)等人针对方差分析的研究表明,当正态性得不到满足时,如果数据分布只是少许偏离正态分布,则检验结果仍然是稳健的。当然,如果数据分布偏离正态分布很远,就可以知道此时均值不能很好地代表数据的集中趋势,在这种情况下检验显然无实际意义。对正态性的考察大致有图形化考察和假设检验两种思路。

从表面上看,假设检验应当是最精确的考察正态性的方式,但事实上并非如此:一方面,假设检验方法在样本量偏小时可能不够敏感,在样本量较大时往往又过于敏感,导致结果失去使用价值;另一方面,数据分布稍微偏离正态分布实际上对检验结果的影响并不大。因此,从笔者的经验来说,除非临床试验这类有法规强制性要求的领域,或者事先有严格试验设计的研究,对正态性的考察还是应当首选图形化考察。

1. 图形化考察

图形化考察即采用绘制统计图的方式进行观察。在图形化考察中,直方图、茎叶图、箱图等都很常用。其中,前两者是基于初步汇总后的原始数据进行分布特征考察,后者则是基于百分位数体系进行分布特征考察,箱图反映的信息的精细度比直方图差,但箱图能够同时比较多个组的数据分布,从而能直接观察各个组的方差齐性问题。

与上面三种统计图相比,P–P 图和 Q–Q 图是更专业的考察正态性的图形工具。P–P 图考察的是样本数据的实际分布和假定的理论分布的累积概率分布之间有无差异,而 Q–Q 图则是对变量的实际百分位数与理论百分位数进行比较,相比之下,Q–Q 图的适用条件更宽松,结果也更稳健。

图形化考察简单易行,并且能直观而全面地给出样本数据的分布特征,应当被作为首选方法。但需要注意的是,应当分组分别考察正态性,而不是合并进行正态性考察。

2. 假设检验

(1) K–S 检验

该方法在第 11 章的正态分布检验中已经介绍过了,它考察的是假定的理论分布(注意可以是任何分布)下累积相对频数和实际频数之间的差异,取两者差值绝对值的最大值为统计量。但正因为如此,K–S 检验的结论会比较严格,即使只有个别个案偏离也会拒绝原假设,在样本量较大时反而容易失去实用价值。

K–S 检验除了可以用第 11 章介绍的"分析"菜单的"非参数检验"子菜单中的单样本非参数检验过程实现,也可以用"分析"菜单的"描述统计"子菜单中的探索过程实现,在该过程的"探索: 图"对话框中选中"含检验的正态图"复选框,系统就会在绘制 Q-Q 图的同时,给出数据正态性的假设检验结果,其中就包括 K–S 检验结果。

(2) 夏皮洛 – 威尔克(Shapiro-Wilk)检验

该方法基于数据的偏度系数和峰度系数来进行正态分布偏离程度的检验,因此相对于 K–S 检验而言,对数据分布信息的利用更为充分,结果也更稳健。一般而言,K–S 检验适用于样本量较大的情形,而 Shapiro-Wilk 检验则更适用于小样本或者非整数加权样本的情形。

前面提及的探索过程中的正态性检验结果就包括了 Shapiro-Wilk 检验结果。

(3) 偏度系数和峰度系数检验

探索过程也可以直接给出偏度系数和峰度系数的估计值与标准误差,据此可以直接检验数据分布是否偏离正态分布,但在实际工作中很少会直接使用这两种检验方法进行考察。

14.2.2 发现变量非正态时的应对策略

当发现需要分析的变量不服从正态分布时,要先评估其对检验结果的影响程度。如果只是略微偏离正态分布且检验的 p 值离临界值较远,则不用过于紧张;否则,要考虑具体的应对策略,以得到更加准确的检验结果。

1. 样本量均衡

研究者发现,用于比较的各组样本量若基本相等,则能在一定程度上弥补由于正态性或方差齐性得不到满足而对检验功效产生的影响。因此,在进行试验设计时要充分考虑样本量均衡的问题。

2. 变量变换

在各种应对措施中,对原变量进行变换使其服从正态分布往往是首选方法,因为这样能够尽可能地保留变量的信息,但有可能无法找到合适的转换方法使其服从正态分布,有关变量变换的内容详见 14.4 节。

3. 换用非参数检验方法

与 t 检验、方差分析等参数检验方法相比,非参数检验方法在数据分布特征、方差大小方面没有什么限制,因此可以很好地应对数据不服从正态分布时的分析需求,但其缺点是会损失原始信息,而且难以进行复杂建模。因此,当样本量较大,也不需要进行复杂建模时,换用秩和检验等非参数检验方法来进行分析是很好的选择,相关内容详见第 15 章关于非参数检验方法的介绍。

4. 换用计算统计学方法

随着计算统计学的发展,bootstrap 抽样、贝叶斯统计推断等方法的应用日益普及,也可以考虑将它们运用在对非正态分布数据的推断上。但相对而言,人们对这些计算统计学方法的接受度还是远不如前面几种应对策略高。

14.2.3 探索过程中的相应功能

第 7 章中介绍的探索过程功能非常强大,在"探索:图"对话框中选中"含检验的正态图"复选框,系统就会在绘制 Q–Q 图的同时,给出数据的正态性检验结果。以例 12.2 中的不同婚姻状况人群的总指数均值比较为例。

如果使用探索过程,则首先会给出如图 14.1 所示的正态性检验结果,可见系统对数据按婚姻状况分组进行了正态性检验,并且同时给出了两种检验的结果,结论均为拒绝原假设,认为两组数据都不服从正态分布。

		柯尔莫戈洛夫–斯米诺夫[a]			夏皮洛–威尔克		
	S7. 婚姻状况	统计	自由度	显著性	统计	自由度	显著性
总指数	已婚	.103	790	<.001	.974	790	<.001
	未婚	.101	343	<.001	.975	343	<.001

a. 里利氏显著性校正。

图 14.1 正态性检验结果(★)

其次,给出了图 14.2 所示的分组的总指数的正态 Q–Q 图。可见,两组数据都是数值偏小的一侧略微偏离正态分布,但整体而言问题不算特别严重,随后还会给出分组的总指数的去趋势正态 Q–Q 图,请读者自行考察。

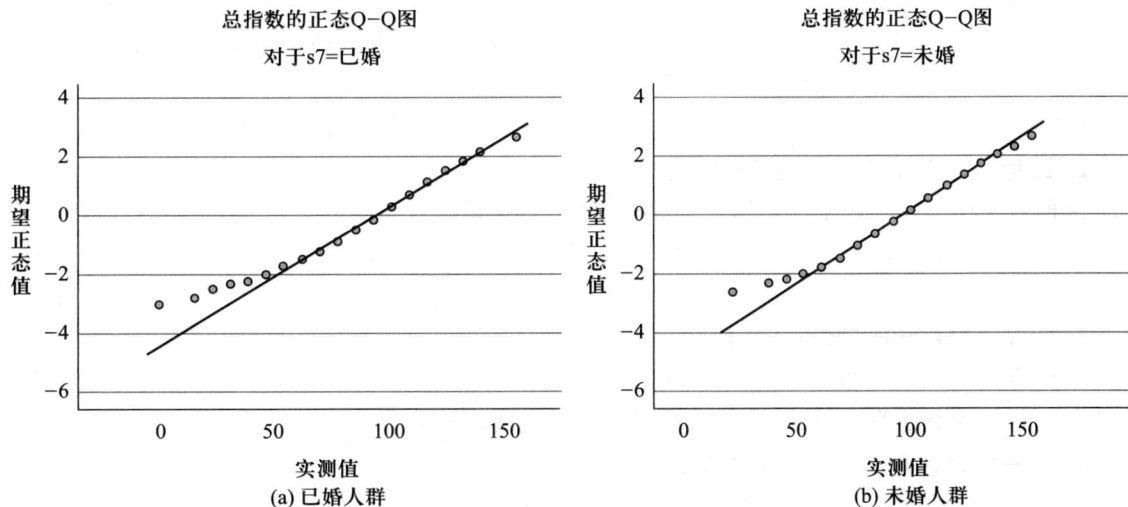

图 14.2 分组的总指数的正态 Q–Q 图(★)

最后,给出了图 14.3 所示的总指数的分组箱图,从中也可以看出,虽然数据分布确实有些偏离正态分布,但偏离程度是比较轻微的。

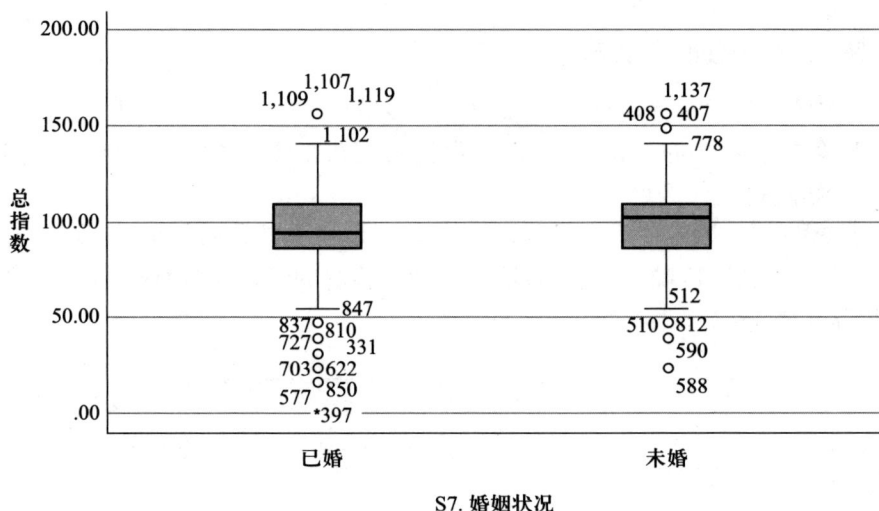

S7. 婚姻状况

图 14.3　分组箱图（★）

14.3　方差齐性

14.3.1　方差齐性的考察方法

对方差齐性的考察同样可以通过图形化考察和假设检验两种思路来进行。但是和数据违反正态性相比，方差不齐对检验结论的影响较大，所以往往需要对正态性和方差齐性都进行假设检验。例如，两个样本的 t 检验会自动进行方差齐性检验，单因素方差分析也提供了相应的检验选项。事实上，方差齐性检验的方法有多种，下面对其中几种常用的方法做简单介绍。

1. 巴特利特（Bartlett）方差齐性检验

这种方法在多元统计中应用得比较多，它基于数据正态分布的假设对其方差齐性进行检验。在数据分布略微偏离正态分布时，由于该方法的检验结果会出现较大偏差，因此它对正态性的要求很高。

2. 哈特莱（Hartley）方差齐性检验

这种方法利用统计量 $H=S_{max}^2/S_{mix}^2$ 检验多个组的方差齐性，其中 S_{max}^2 和 S_{mix}^2 分别是所有组中的最大方差和最小方差，当各组样本量相同时可以使用这种方法。

3. 科克伦（Cochran）方差齐性检验

这种方法利用统计量 $C=S_{max}^2\Big/\sum\limits_{i=1}^{k} S_i^2$ 检验多个组的方差齐性，其中 S_{max}^2 是所有组中的最大方差，S_i^2 是第 i 个组的方差，该方法同样适用于各组样本量相同的情况。

4. 莱文（Levene）方差齐性检验

前面三种方法都要求所检验的样本来自正态分布的总体，因此使用起来并不方便，在 SPSS 中默认采用莱文方差齐性检验。该方法对正态性检验是稳健的，其基本思想是在对各组变量进行中心化后，比较各组方差的加权均值与几何均值，若两者间的差异过大，则认为各组的方差不齐。当各组的样本量均大于 5 时，其检验统计量近似服从自由度为 $k-1$ 的卡方分布。该方法可用于正态分布或非正态分布的数据(此时平均水平可以使用均值或者中位数等来反映)。在数据分布可能是非正态分布的情况下,这种方法的精度比巴特利特检验好,因此可作为标准的方差齐性检验方法使用。

> 需要注意的是,SPSS 使用的莱文检验统计量虽然和国内很多统计学书籍介绍的不同,两者的值也并不相同,但检验的 p 值是完全等价的。

5. 弗利格纳 – 凯林(Fligner-Killeen)检验

这种方法是一种非参数的方差齐性检验方法,不依赖于具体分布。

> 除了上述方差齐性检验方法,对于一般线性模型中是否存在方差不齐的问题,SPSS 还提供了布罗斯 – 帕甘(Breusch-Pagan)等异方差检验方法,对这些方法感兴趣的读者可参考《高级教程》的相关内容。

14.3.2 发现方差不齐时的应对策略

1. 样本量均衡

根据统计学家博克斯的研究,在各组的样本量相差不大时,即使方差不齐,只要最大方差与最小方差之比小于 3,分析结果就是稳健的。因此,进行试验设计时要充分考虑样本量均衡的问题。

2. 变量变换

在对原变量进行变换后,也有可能找到使各组方差齐性的方法,详见 14.4 节。

3. 校正检验

对于不是特别严重的方差不齐问题,无论是 t 检验还是单因素方差分析都提供了校正检验方法,可以给出考虑了方差差异之后的更稳健的分析结果。但需要指出的是,当各组之间方差差异较大时,校正的结果也是不可信的。

4. 换用非参数检验方法

在非参数检验方法中,以秩和检验最为常用,相关内容详见第 15 章有关非参数检验方法的介绍。

5. 换用计算统计学方法

与非正态分布的数据的情况相同,可以考虑将各种计算统计学方法应用在对方差不齐的数据的推断上。

14.3.3 探索过程中的相应功能

探索过程针对方差齐性问题也提供了相应的分析功能,在"探索:图"对话框中的"含莱文检验的分布 – 水平图"框组中,有以下 4 个选项:

①"无"项:不进行各组方差齐性的考察,为默认选项。

②"功效估算"项:对使数据方差齐性的变量变换方法所对应的幂值进行估计,得到的数值可用于执行对应的博克斯 – 考克斯(Box-Cox)变换。

③"转换后"项:使用"功效"下拉列表提供的变量变换方法进行变换,并进行变换后变量的莱文方差齐性检验。

④"未转换"项:使用原始变量进行莱文方差齐性检验。

由于上述选项所对应的功能涉及博克斯 – 考克斯变换等变量变换方法,因此这里不做展开介绍,读者可参考 14.4 节的讲解。

14.4　变量变换方法

当数据不服从正态分布或者方差不齐时,变量变换是非常重要的应对策略。本节将对此问题进行深入探讨。

14.4.1　常用的变量变换方法

对原始数据进行数学变换,就有可能使其变换后的数据分布满足或者近似满足正态性 / 方差齐性的要求。常用的变量变换方法有以下几种:

1. 对数变换

对数变换(logarithmic transformation)将原始数据的自然对数值作为分析数据,其最常用的形式为 $y=\lg x$,当原始数据中有 0 或者负数时,可以用 $\lg(x+k)$ 进行数据变换,其中 k 为一个较小的值。当然也可以根据需要使用 $y=\lg(k-x)$。

对数变换可用于服从对数正态分布的变量,以及部分正偏态变量、等比变量,特别是各组的标准差与均值的比值相差不大(各组变异系数相近)的变量。

2. 平方根变换

平方根变换(square root transformation)显然只适用于非负数,必要时可以用 $x+k$ 的方式进行处理。平方根变换可用于服从泊松分布的变量、轻度偏态变量、方差与均值呈正相关的变量,以及将率作为分析数据且取值在 0~20% 或 80%~100% 这些比较极端的区间内(数据分布会明显偏离正态分布)的变量。

3. 平方根反正弦变换

平方根反正弦变换(square root arcsine transformation)将原始变量的平方根反正弦变换值 $y=\arcsin\sqrt{X}$ 作为分析数据。平方根反正弦变换可用于原始数据为率且取值范围广泛的变量。需要注意的是,当率的取值范围为 30%~70% 时,其分布与正态分布相差很小,一般不考虑进行变量变换。

4. 平方变换

平方变换(square transformation)将原始变量的平方作为分析数据,常用于方差与均值成反比或变量呈左偏态分布的情况。

5. 倒数变换

倒数变换(reciprocal transformation)将原始变量的倒数作为分析数据,常用于方差与均值的平方成正比的情况,并且往往要求变量中没有接近于 0 或小于 0 的数据。

6. 博克斯 – 考克斯变换

有时候并不能很容易地找到一种简单又合适的变换方式,博克斯和考克斯于 1964 年对此进行了研究,提出了一类变换,其公式为

$$f(y)=\begin{cases} y^{\lambda} & \lambda\neq 0 \\ \ln y & \lambda=0 \end{cases}$$

原始数据中如果有非正数,则同样可以先用 $x+k$ 的方式进行处理。在使用过程中,研究者需要根据原始变量来尝试不同的 λ 值。实际上,当 λ 分别为 $-1,0,0.5,2$ 时,博克斯 – 考克斯变换分别等价于倒数变换、对数变换、平方根变换和平方变换。博克斯 – 考克斯变换可以明显地改善数据的正态性、对称性和方差齐性,它对许多数据都是有效的。

初学者要慎用过于复杂的变量变换方法,因为根据模拟研究,过于复杂的变量变换方法可能会严重扭曲数据之间的真实关系,得出虚假的检验结论,因此在实际应用中,一定要将变量变换方法控制在比较简单的范围内。如果没有充分把握,宁可使用非参数统计方法,因为其结论更可靠。

14.4.2 博克斯－考克斯变换插件

　　SPSS 为博克斯－考克斯变换提供了插件 RegBoxCoxTransforms.spe,该插件可以自动搜寻最合适的 λ 值,由于在该插件中所有变量的取值都必须为正,而总指数中有数值 0,因此这里改用年龄变量 s3 来演示其操作。从图 14.4 可知,年龄变量的分布的确有些偏离正态分布,其各组的方差也不齐。事实上,如果进行相应的检验,则也的确是有统计学差异的。

　　如果使用博克斯－考克斯变换,则选择菜单"分析"→"回归"→"Box-Cox Transformations"命令,打开"Box-Cox Transformations"对话框,如图 14.5 所示。该对话框非常简单,只需要按照分组检验的结构分别选入自变量和因变量即可。

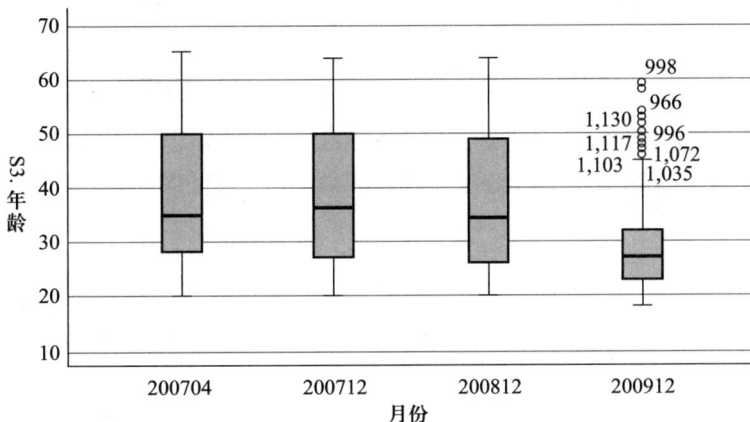

图 14.4　年龄变量 s3 的直方图和分组箱图(★)

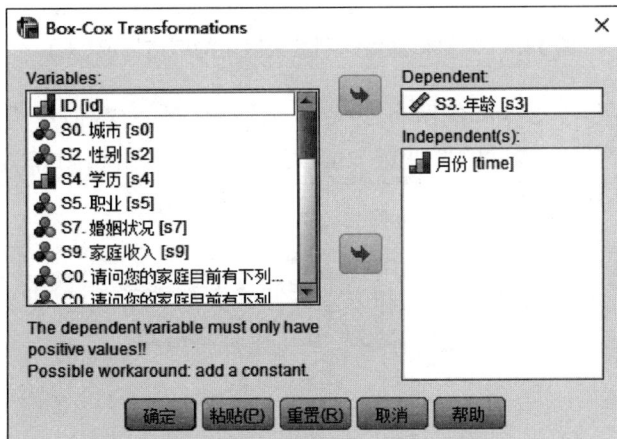

图 14.5　"Box–Cox Transformations"对话框

在输出的结果中,首先给出的是博克斯－考克斯变换中各种 λ 值与对数似然值的曲线图,如图 14.6 所示。对数似然值越大,说明变换后变量分布越趋于正态分布。显然在图 14.6 中,大致在 λ 的取值为 -0.4 时,对数似然值达到了最大值。

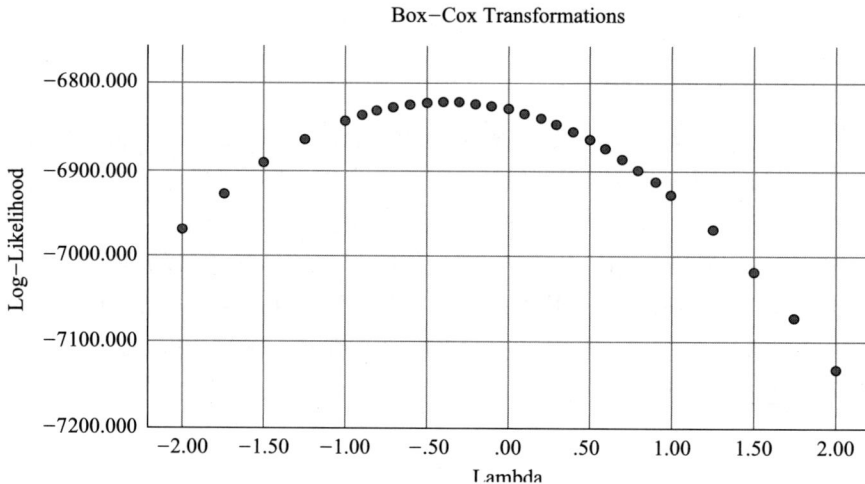

图 14.6   博克斯－考克斯变换的 λ 曲线图（★）

其次,给出的是对数似然值达到最大时 λ 的取值情况,如图 14.7 所示。可见,当 λ 的取值为 -0.4 时,对数似然值达到最大,但当 λ 的取值在 $-0.5\sim-0.2$ 区间时对数似然值的置信区间实际上都是一样大的。

	Lambda	Log-Likelihood	Limit Log-Likelihood for Confidence Interval
1	$-.50$	-6281.604	-6822.673
2	$-.40$	-6820.752	-6822.673
3	$-.30$	-6281.048	-6822.673
4	$-.20$	-6822.491	-6822.673
个案数	4	4	4

图 14.7   对数似然值达到最大时 λ 的取值情况（★）

最后,还给出了 λ 在 $-2\sim2$ 区间的所有 29 个取值所对应的对数似然值,此处略。

运行下列程序,计算出变换后的新变量 S3n,其直方图和分组箱图如图 14.8 所示。

```
COMPUTE S3n = S3**-0.4.
EXECUTE.
```

可以发现,变换后年龄变量的正态性和方差齐性确实都有所改善,但仍然不能达到要求。因此对本例而言,变量变换无法解决问题,需要考虑其他应对策略。

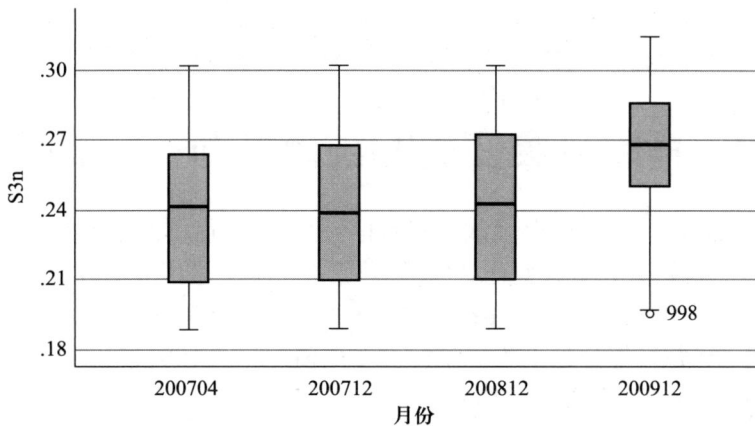

图 14.8 变换后年龄变量的直方图和分组箱图(★)

14.5 本 章 小 结

通过本章的学习,希望读者掌握以下内容:

① 数据违反独立性时对假设检验结果的影响较大,但数据独立性的检验方法并不完善,且如果发现数据违反独立性,相应的处理措施也非常复杂,因此基本原则是从研究设计阶段就开始考虑数据违反独立性的问题,以尽量避免出现这一问题。

② 正态性可以采用图形化考察,也可以用假设检验方法考察。$K\text{-}S$ 检验、Shapiro–Wilk 检验、偏度系数和峰度系数检验对数据分布略微偏离正态分布的情况都有一定的耐受性,结果仍然是稳健的。当数据分布偏离正态分布比较严重时,可以采用的应对措施有样本量均衡、变量变换、换用非参数检验方法、换用计算统计学方法等。

③ 方差齐性也可以通过图形化观察或者假设检验方法考察。当各组样本量相差不大时,方差轻微不齐仅会对方差分析的结论有少许影响。一般而言,只要最大方差和最小方差之比小于3,分析结果都是稳健的。当方差不齐的情况不严重时可以对原检验方法进行校正;当方差不齐的情况比较严重时可以采用的应对措施类似发现变量不服从正态分布时的情形。

④ 变量变换方法可用于应对某些特定的变量不服从正态分布/方差不齐的情况,但变量变换不是万能的。

思考与练习

1. 请针对例 12.2,完成适用条件考察、变量变换等操作。

2. 请自行尝试使用博克斯–考克斯变换插件,对实际工作中使用的数据进行变换,并思考其实用价值有多大。

第 15 章　有序分类变量的统计推断——非参数检验

通过前面几章的分析,已经可以确认消费者信心总指数(简称"总指数")的一些变化规律,如在不同的时间点上总指数确实有变化。但是,总指数实际上是由 5 个分项指标构成的,究竟是哪个或哪些分项指标在不同的时间点存在差异呢? 显然下一步就应当针对这些分项指标的题目得分进行分析。但是,题目得分是人为规定的 5 个取值:0、50、100、150、200,那么这些取值设置得是否合理呢? 显然,将其直接作为连续变量来分析并不妥当。

推而广之,前面介绍的 t 检验、方差分析等都是典型的参数检验方法,首先要假设研究总体的分布类型已知,其次要满足独立性、正态性、方差齐性等适用条件,这样这些参数检验方法才有用武之地。显然上述要求会限制其应用范围。例如,下列这些情形:

① 不知道样本所在的总体的具体分布类型,或者已知总体分布与检验要求不符。

② 数据的测量尺度是名义尺度或有序尺度,不能计算均值、方差等参数。

③ 数据的测量尺度为有序尺度,但由于仪器有效测量范围等的限制,无法对两端的数据进行精确测量,使得根本无法计算均值、方差等参数。

④ 数据不满足正态性、方差齐性等适用条件。

对于上述不适用参数检验方法的场合,就需要考虑新的分析思路了,如换用非参数检验方法、进行变量变换或者对统计量进行校正等,而换用非参数检验方法,则是其中最简单易行、最常用的一种方法。

> SPSS 为非参数检验提供了新旧两套对话框,本书只介绍新对话框的用法。

15.1　非参数检验概述

15.1.1　非参数检验的特点

非参数检验主要用于那些总体分布不能用有限个实参数来刻画,或者不考虑研究对象为何种分布的情形,它对总体分布几乎没有什么假设,只是有时对总体分布的形态做一些诸如连续、对称等的简单假设。顾名思义,这种检验方法和总体分布无关(distribution free),它的着眼点不是对总体分布的有关参数进行比较,其主要研究目标总体与理论总体的分布类型是否相同,或者各样本所在的总体分布的中心位置是否相同等。这种检验方法不受总体分布的限制,适用范围广,故称为非参数检验。但这个名称很容易让人误解,它并非说在统计推断过程中什么分布参数也不利用,而是指统计推断过程和结论均与原总体分布的参数无关。事实上,最常用的秩和检验就是基于秩的分布特征推导出来的,即可能会利用秩分布的参数。因此,有研究者提出将其名称改为分布自由检验更为妥当。

非参数检验依然遵循假设检验的基本思想和基本准则,它在缺乏总体分布信息的情况下,利用统计学思想、数学方法和技巧构造出相应的统计量来进行假设检验。与参数检验相比,非参数检验的优势如下：

① 稳健性。该检验方法大大放宽了对总体分布的约束条件,不会因为统计中的假设过分理想化而无法契合实际情况,这使得分析结果不会对个别偏离较大的数据太敏感。

② 对数据的测量尺度没有约束,对数据类型的要求也不严格。

③ 适用于小样本、无分布样本、数据污染样本、混杂样本等情况。

凡事有利必有弊,非参数检验对总体分布的要求和假设比较少,为什么不一直使用它呢? 原因在于以下两点:

① 检验功效较低。这是非参数检验最大的缺点,以其中功效最高的秩和检验为例,其检验功效大约是所对应的参数 t 检验的 90%~95%,而中位数检验等其他非参数检验方法的功效更低。因此,在可以使用参数检验时,一般首选参数检验。

② 缺少多变量建模方法。常用的非参数检验方法基本上都是单因素分析方法,在多变量建模领域仍然主要使用参数检验方法。实际上,近年来使用非参数检验方法的多变量分析模型发展得很快,也显示出了非参数检验方法无法比拟的优势,如适用范围广、稳健性好等,但其要求使用者有非常深厚的数理统计功底,并且大多数都要通过程序设计来完成,目前还很难推广。

> 虽然非参数检验方法的稳健性好,但其检验功效较低,因此要根据分析需求来权衡。如果对检验结果的准确性要求比较高,则当样本量不太小且数据可能不满足参数检验条件时,最好采用非参数检验方法。例如,在新药临床试验的统计分析中,如果在进行两个样本的 t 检验时方差不齐,则公认的做法是不考虑进行变量变换或者校正 t' 检验,而是直接使用两个样本的秩和检验方法。

15.1.2 非参数检验预备知识

1. 心中有"数"

一旦有了数据,就要先对其进行充分的了解,直方图、茎叶图、箱图、Q-Q 图等可以帮助研究者对数据的分布类型进行探索,避免因对数据特性缺乏了解而盲目使用不合适的方法,得出错误的结论。切记,在统计分析中数据的预处理很重要。

2. 次序统计量

非参数统计方法并不对总体分布的类型做出假设,因此往往将观测值的次序及其性质作为研究对象,只利用大小等次序关系而不利用具体的数值信息。正是由于这一特点,非参数检验方法中的秩和检验实际上就成为有序分类变量的标准检验方法。对于观测值 $X_1,\cdots,X_n$,如果将其按升幂排序,则可以得到:

$$X_{(1)} \leqslant X_{(2)} \leqslant \cdots \leqslant X_{(i)} \leqslant \cdots \leqslant X_{(n)}$$

以上次序就是次序统计量,其中 $X_{(i)}$ 为第 i 个次序统计量,对它的性质的研究构成了非参数检验的理论基础之一。

3. 秩(rank)和秩统计量

将观测值 $X_1,\cdots,X_n$ 按由小到大的次序排成一列,若 X_i 在这一列中占据第 R_i 位,则称 X_i 的秩为 R_i,$R_i = \sum_{j=1}^{n} I(X_j \leqslant X_i)$,其中 I 为指示函数,即小于或等于 X_i 的观测值数量,称 $R=(R_1,\cdots,R_n)$ 是原始样本的秩统计量。这实际上类似学校考试成绩的排名,名次就是一个最简单的秩,只不过倒了过来,最大的被排在了第一位,而秩对应着倒数的名次,如倒数第一、倒数第二等。

4. 结(tie)和结统计量

在许多情况下,观测值中有相同的值出现,此时如果编秩就会出现同秩的情况,就像学校考试成绩排名中的并列第五、并列第七,这种情况称为数据中的结。结中观测值的秩,默认等于将观测值按大小次序排序后结中观测值所处位置的均值。结统计量用 τ_i 表示,为第 i 个结中的观测值的数量。例如,数据序列 2,2,5,7,7,7,10,该数据序列一共有两个结:$\tau_1=2$,$\tau_2=3$,相应数据的秩分别为 1.5,1.5,3,5,5,5,7。

结的校正与否将会影响检验结果,但统计软件会自动完成这些工作。

15.2　两个配对样本的非参数检验

15.2.1　方法原理

单样本非参数检验的基本原理和配对样本的非参数检验完全相同,但其应用场景远少于配对样本的非参数检验,因此本书不再单独对单样本非参数检验进行介绍。如果要使用该检验方法,则可以选择菜单"分析"→"非参数检验"→"单样本"命令。

事实上,配对样本的非参数检验的基本逻辑和参数检验并无区别,也是先求出配对数据的差值,然后考察差值总体分布的中心位置是否为 0。只是由于不再涉及总体分布类型,因此不能使用均值这一与总体分布有关的参数进行检验。一般而言,相应的假设都被归结为考察总体的中位数是否为 0。

原假设 H_0:差值的总体中位数 $M_d=0$。

备择假设 H_1:差值的总体中位数 $M_d \neq 0$。

但是,仅有假设是不够的,还需要找到一个合适的统计量。为了构造统计量,研究者提出了各种独特的思路:

1. 符号检验

符号(sign)检验可以说是被最早提出来的非参数检验方法,其原理是如果两个配对样本无区别,则样本数据相减所得的差值大致有一半为正,一半为负,数量基本平衡。用数学符号来表示,就是将正的差值的个数记为 S^+,将负的差值的个数记为 S^-,按照中位数的意义,若 $H_0: M=M_0$ 成立,那么 S^+ 和 S^- 应当大体相等,S^+、S^- 都服从二项分布 $B(n,0.5)$。当 S^+、S^- 过大或过小,或者 $\min(S^+,S^-)$ 过小时,就有理由拒绝 H_0。

显然,符号检验只是利用了这些样本数据对差值的正负信息,并没有利用其大小信息,因此检验功效较低。一般而言,这种方法更适合无法用数字计量的情况,如变量本身就是二分类变量的情况,对于连续变量则最好不要使用这种方法。

需要指出的是,SPSS 在利用二项分布进行符号检验时都会计算确切概率值,因此给出的符号检验结果也是确切概率,可能会和手工查表得到的结果有差异,但更为准确。

2. 威尔科克森符号秩检验

由于符号检验的功效较低，威尔科克森（Wilcoxon）符号秩检验做了改进，既考虑了差值的符号，又考虑了差值的次序。不同的符号代表了差值在总体分布中心位置的哪一边，而绝对值次序则代表了距离总体分布中心位置的远近，两者结合起来会更有效。

威尔科克森符号秩检验的假设与符号检验相同，是考察差值总体分布的中心位置是否为 0，这一般被归结为考察总体的中位数是否为 0。在进行检验时，将差值的绝对值 $|d_i|$ 由低到高进行编秩，相同的数值将被赋予平均秩，若 X、Y 具有相同的分布，那么 $P(d_i>0)=P(d_i<0)$。把 $\{d_i\}$ 看成单样本，令 W^+ 表示 $|d_i>0|$ 的秩和，W^- 表示 $|d_i<0|$ 的秩和。检验统计量 $W=\min(W^+,W^-)$，也记为统计量 T；当 H_0（差值的总体中位数 $M_d=0$）成立时，任一配对样本数据的差值出现正号与负号的机会均等，因此其秩和 W^+ 与 W^- 在理论上相等。可以证明：当 H_0 成立时，秩统计量 W 的分布为对称分布，对称轴为 $W=\dfrac{n(n+1)}{4}$。当 H_0 不成立时，统计量 W 的分布为偏态分布，并且在大多数情况下 W 值远离 $\dfrac{n(n+1)}{4}$。因此，在 H_0 成立的情况下，W 值远离 $\dfrac{n(n+1)}{4}$ 为小概率事件，可以认为在一次抽样中不会发生，故当出现这种情况时拒绝 H_0。

在大样本的情况下，W 的抽样分布近似服从正态概率分布，$Z=\dfrac{W-\mu_w}{\sigma_w}$，$\mu_w=\dfrac{n(n+1)}{4}$，$\sigma_w=\sqrt{\dfrac{n(n+1)(2n+1)}{24}}$，其中 n 为配对样本数据的总数，因此在 SPSS 的输出中也会看到标准化统计量及其对应的近似检验的 p 值。

3. 其他检验方法

SPSS 共给出了 4 种可用来进行配对样本非参数检验的方法。除了上述两种方法，还提供了另外两种方法：

① 麦克尼马尔（McNemar）检验：是常用的配对卡方检验，因此只适用于二分类变量，它考察的重点是两组间的分类差异，对相同的分类则忽略不计。该检验方法特别适合自身对照设计，用于分析受试对象接受处理前后的变化情况。

② 边际同质性（marginal homogeneity）检验：是麦克尼马尔检验向多分类情形的扩展，适用于变量为有序分类变量的情形。

15.2.2　案例：同一受访者前后单个指标的比较

例 15.1　在例 12.3 中已经发现受访者的预期指数在 2007 年 12 月有所下降，那么在构成预期指数的三个分项指标中，究竟是哪些分项指标出现了下降呢？

本例显然为配对设计，预期指数由 A4、A8、A10 三个分项指标构成，因此需要分别对这三个分项指标的题目得分变量做配对比较。但是，题目得分变量实际上只有 0、50、100、150、200 这 5 个取值，而且是人为赋值，将其直接作为连续变量来处理不一定恰当，当样本量充足时，使用配对秩和检验方法更为合适。

1. 界面说明

选择菜单“分析”→“非参数检验”→“相关样本”命令，就会打开“非参数检验：两个或两个以上的相关样本”对话框。

① "目标"选项卡：如图 15.1 所示，分为"自动比较实测数据和假设数据"，以及"定制分析"两种情况，最下方的"描述"框用于给出关于相应检验方法的简单说明。实际上，只要更改选项卡，此处的设置就会自动进行调整。

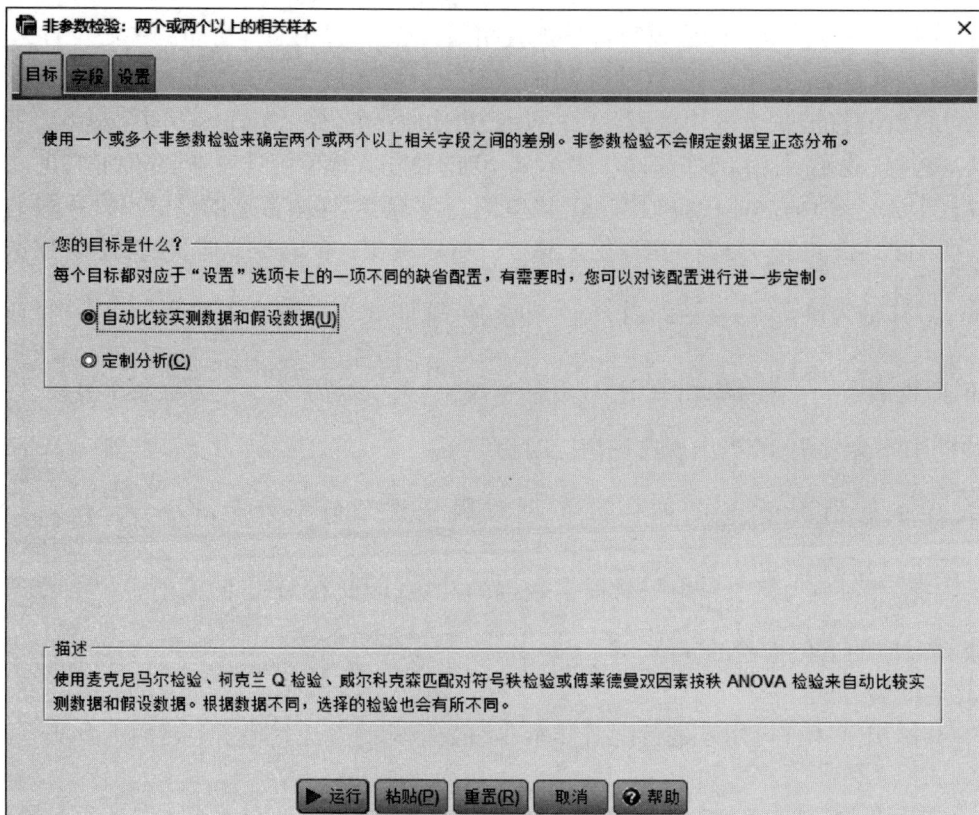

图 15.1　"非参数检验：两个或两个以上的相关样本"对话框的"目标"选项卡

② "字段"选项卡：用于指定需要检验的变量，将需要进行比较的一对变量选入"检验字段"框即可。需要说明的是，这里选入的变量数量应当和随后指定的检验方法所要求的一致，如果是两个配对样本的非参数检验方法，则此处只能选入一对变量，否则系统将拒绝执行，在本例中就是如此。

③ "设置"选项卡：如图 15.2 所示，列出了可供使用的各种两个相关样本、K 个相关样本的比较方法，在变量的测量尺度设置正确的情况下，可以选择"根据数据自动选择检验"项，此时系统会按照所选变量的测量尺度自动选择检验方法，否则就需要用户自定义检验方法，即选中"定制检验"项。此外，检验选项和用户缺失值的设置选项和第 11 章介绍的单样本非参数检验过程中的相关设置基本相同，这里不再重复介绍。

2. 操作说明与结果解释

本例的操作非常简单，由于每次只能选入一对变量，而预期指数由 A4、A8、A10 三个分项指标构成，因此只能分别进行分析。首先，将相应的题目得分变量 Qa4 和 Qa4n 选入"字段"选项卡的"检验字段"框，其余选项的设置如图 15.2 所示，即选择"威尔科克森匹配对符号秩检验（2 个样本）"项，单击"运行"按钮。在输出的结果中，首先给出的是如图 15.3 所示的假设检验摘要。注意，原假设处的文字说明是按照 Qa4n → Qa4 的方向进行的，对应的 $p=0.026$，该差异有统计学意义。

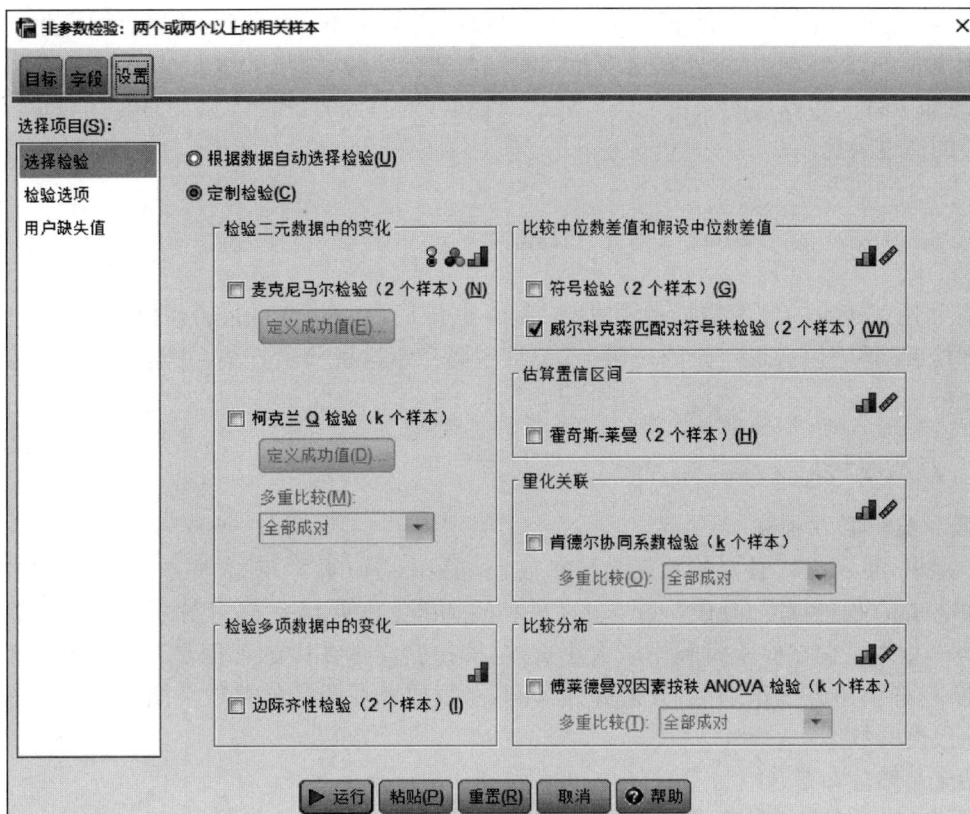

图 15.2　"非参数检验：两个或两个以上的相关样本"对话框的"设置"选项卡

	原假设	检验	显著性[a, b]	决策
1	Qa4与Qa4n之间的差值的中位数等于0。	相关样本威尔克森符号秩检验	.026	拒绝原假设。

a. 显著性水平为.050。
b. 显示了渐进显著性。

图 15.3　假设检验摘要（★）

　　其次，图 15.4 所示的相关样本威尔克森符号秩检验摘要，给出了更详细的检验结果报告。可见，相应的标准化统计量为负，这意味着 Qa4n 的秩小于 Qa4，这说明在 2007 年 12 月 A4（一年以后的家庭经济状况预期）的感受值确实比基期有所下降。

总计N	88
检验统计	414.000
标准误差	100.405
标准化检验统计	−2.226
渐进显著性(双侧检验)	.026

图 15.4　相关样本威尔克森符号秩检验摘要（★）

最后,给出的是差值秩的分布直方图和两个原始变量的分布直方图,这里不做详述。

采用类似的操作,还可以分别对变量 A8、A10 进行检验,结果为变量 A10 的差异无统计学意义,但变量 A8(一年以后的宏观经济发展状况预期)的差异有统计学意义,相应的 Qa8n → Qa8 的统计量的值也为负。

15.3　两个独立样本的非参数检验

在两个独立样本的非参数检验方法中,曼 – 惠特尼(Mann–Whitney)U 检验(即两个独立样本的秩和检验)是应用得最广泛的一种,本节将主要介绍这种检验方法,并对其他几种检验方法做简单介绍。

15.3.1　方法原理

1. 曼 – 惠特尼 U 检验

简单地讲,曼 – 惠特尼 U 检验就是与参数 t 检验相对应的两个独立样本的秩和检验方法,是由曼(H.B.Mann)和惠特尼(D.R.Whitney)在秩和的基础上发展起来的,用来检验两个独立样本是否来自同一总体。它在检验时利用了大小次序,即检验样本 A 中的数据是否多数都大于样本 B 中的数据,这样就避开了正态性、方差齐性等问题,仅要求在两个独立随机样本中产生的数据至少为有序尺度的数据。

设两个总体分布是连续分布,建立的假设如下:

原假设 H_0:两个总体分布的中心位置相同。

备择假设 H_1:两个总体分布的中心位置不相同。

X、Y 分别是来自这两个总体的样本。将 m 个样本 X 中的数据和 n 个样本 Y 中的数据混合排序,这样就可以计算出每个数据在混合样本中所在位置的次序,即等级或秩 R。在有结的情况下,每个结中的数据都会被赋予一个平均秩。分别计算样本 X 和 Y 的秩和,即令 $W_X = \sum\limits_{i=1}^{m} R_i$,$W_Y = \sum\limits_{j=1}^{n} R_j$。显然,如果这两个总体分布的中心位置相同,则两个样本中各数据的秩都应当围绕着平均秩 $(N+1)/2$(其中,$N=m+n$)均匀分布,样本 X 的秩和应当接近于 $m(N+1)/2$,样本 Y 的秩和应当接近于 $n(N+1)/2$,如果与该理论值的差别较大,则可以推断两个总体分布的中心位置有差异。为了进行检验,计算每个样本的 U 统计量:

$$U_{XY} = mn + m(m+1)/2 - \sum_{i=1}^{m} R_i,\ U_{YX} = mn + n(n+1)/2 - \sum_{j=1}^{n} R_j$$

其中,U_{XY} 表示大于样本 X 中数据的样本 Y 中数据的数量,U_{YX} 表示大于样本 Y 中数据的样本 X 中数据的数量。注意,有 $mn = U_{XY} + U_{YX}$,因此可以将以上两式简化为

$$U_{XY} = W_Y - n(n+1)/2,\ U_{YX} = W_X - m(m+1)/2$$

当 m 和 n 均大于 10 时,U 统计量近似服从正态分布,此时可以进一步计算标准正态分布的统计量 $Z = \dfrac{U-\mu}{\sigma} = \dfrac{U-mn/2}{\sqrt{mn(m+n+1)/12}}$。当样本 X、Y 中的数据有相同的值,即混合样本中有结时,可以用结统计量对 Z 值进行校正,由于公式比较复杂,这里不做介绍。在 SPSS 中相应的校正是自动进

行的,不需要用户进行操作。

除了曼-惠特尼 U 检验,更为常见的是威尔科克森秩和检验,这两种检验方法是各自独立提出的,但它们仅仅在统计量的构造方面略有不同,其原理和检验结果完全等价,因此这里不做单独解释,而 SPSS 在分析时也会同时给出这两种统计量。

2. 科尔莫戈罗夫-斯米尔诺夫 Z 检验

科尔莫戈罗夫-斯米尔诺夫 Z 检验和第 11 章中介绍的 K–S 检验是一类检验方法,用于对连续变量的分布情况进行考察。不过这种方法主要是检验两个独立样本是否来自同一个总体,其具体操作是做出两个样本的累积频数分布曲线,然后对这两条曲线进行比较。显然,这种方法检验的是总体的分布情况是否相同,而不仅仅考察总体分布的中心位置是否相同。因此,如果只是检验两个总体分布的中心位置是否相同,则最好不要使用这种方法。

3. 莫斯极端反应检验

莫斯极端反应(moses extreme reaction)检验有其特定的用途,注意其给出的检验结果均为单侧检验结果。顾名思义,如果施加的处理使得某些个体出现正向效应,而另一些个体出现负向效应,就应当采用该方法。例如,要研究人们对电信资费下调的反应,如果研究的目标人群中电信从业者比较多,则不妨考虑采用此法。

4. 沃尔德-沃尔福威茨游程检验

沃尔德-沃尔福威茨游程检验(Wald-Wolfowitz run test,在 SPSS 中表述为"瓦尔德-沃尔福威茨检验")检验属于游程检验的一种,即检验的是总体分布情况是否相同。更准确地说,只要两个样本各自所在的总体在分布上有差别,无论是集中趋势、离散趋势、偏离程度还是波动情况,就都可以使用这种方法检验出来。因此,如果只是检验总体分布的中心位置是否相同,就最好不要使用这种方法。

15.3.2 案例:不同婚姻状况下家庭经济状况感受值的比较

例 15.2 在例 12.2 中,已经确认了已婚人群和未婚人群的总指数均值之间存在差异,现需要进一步分析究竟是哪些指标导致了不同婚姻状况人群的总指数出现差异。

如前所述,将题目得分变量直接作为连续变量来分析并不妥当,这里改用秩和检验来分析。

1. 界面说明

选择菜单"分析"→"非参数检验"→"独立样本"命令,打开"非参数检验:两个或两个以上的独立样本"对话框。

① "目标"选项卡:有"在各个组之间自动比较分布""在各个组之间比较中位数"以及"定制分析"三个选项可供选择,最下方的"描述"框会给出相应检验方法的简单说明。

② "字段"选项卡:用于指定需要分析的变量,包括希望检验的变量,以及相应的分组变量。

③ "设置"选项卡:如图 15.5 所示,默认显示的是"选择检验"项,这里列出了可供使用的各种两个独立样本、多个独立样本的比较方法。在变量的测量尺度设置正确的情况下,可以选中"根据数据自动选择检验"项,此时系统会按照所选变量的测量尺度自动选择检验方法,否则就需要用户自定义检验方法。此外,该选项卡中的"检验选项"和"用户缺失值"项的设置和单样本非参数检验过程中的相关设置基本相同,这里不再重复介绍。

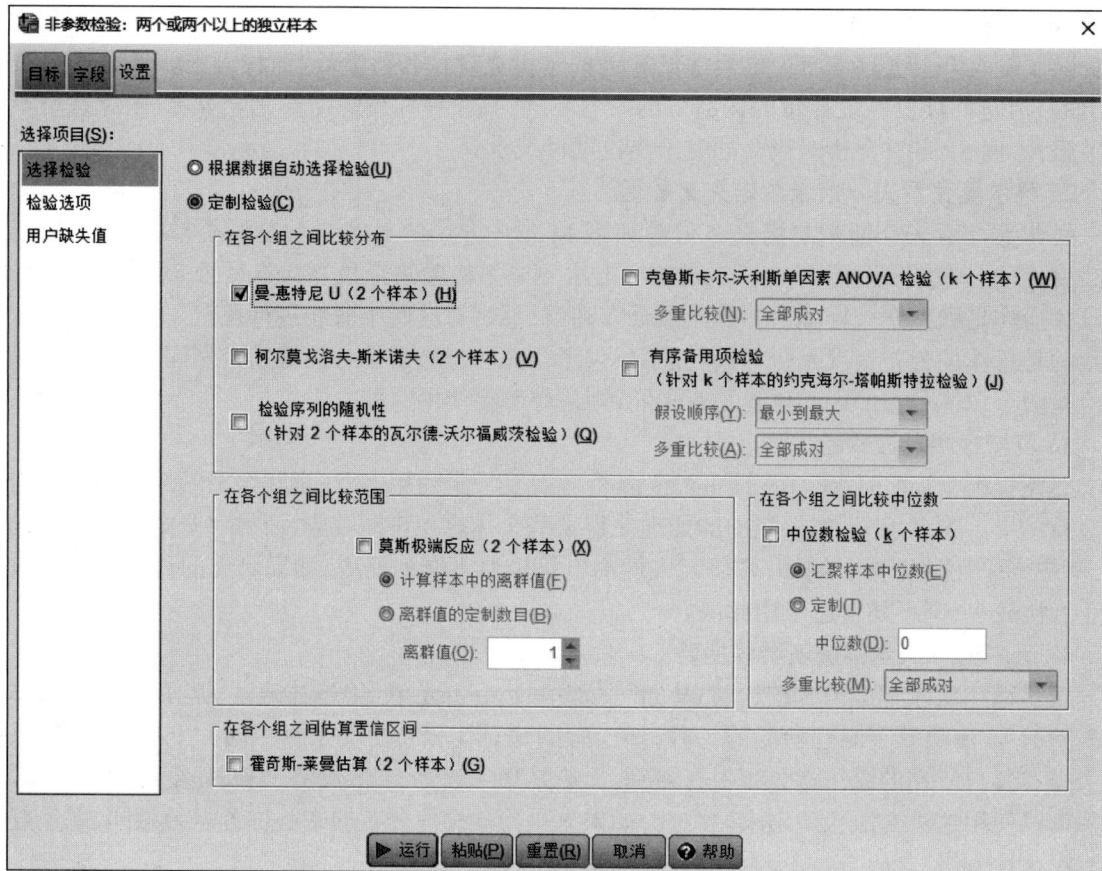

图 15.5　"非参数检验：两个或两个以上的独立样本"对话框的"设置"选项卡

2. 操作说明与结果解释

本例的操作并不复杂，但注意要先使用选择个案过程将婚姻状况变量 s7=3 的受访者过滤掉，否则将不能执行两个样本的检验。在"字段"选项卡中选择"使用定制字段分配"项，将变量 Qa3、Qa4、Qa8、Qa10、Qa16 选入"检验字段"框，将婚姻状况变量 s7 选入"组"框，然后在"设置"选项卡中选中"曼 – 惠特尼 U（2 个样本）"复选框，单击"运行"按钮后，就可以输出结果。其中，曼 – 惠特尼 U 检验的结果摘要如图 15.6 所示，可以看到具体是 Qa3 和 Qa8 的题目得分在不同的婚姻状况人群中存在差异，且就平均秩而言，均为未婚人群更高一些。更深入的结果解释请读者自行完成。

	原假设	检验	显著性[a, b]	决策
1	在S7. 婚姻状况的类别中，Qa3的分布相同。	独立样本曼–惠特尼U检验	.003	拒绝原假设。
2	在S7. 婚姻状况的类别中，Qa4的分布相同。	独立样本曼–惠特尼U检验	.172	保留原假设。
3	在S7. 婚姻状况的类别中，Qa8的分布相同。	独立样本曼–惠特尼U检验	.024	拒绝原假设。
4	在S7. 婚姻状况的类别中，Qa9的分布相同。	独立样本曼–惠特尼U检验	.936	保留原假设。
5	在S7. 婚姻状况的类别中，Qa10的分布相同。	独立样本曼–惠特尼U检验	.274	保留原假设。
6	在S7. 婚姻状况的类别中，Qa16的分布相同。	独立样本曼–惠特尼U检验	.090	保留原假设。

a. 显著性水平为.050。

b. 显示了渐进显著性。

图 15.6　曼 – 惠特尼 U 检验的结果摘要（★）

15.4　多个独立样本的非参数检验

在第 13 章中使用方差分析方法进行了多组均值的比较，并进一步完成了组间均值的两两比较，从而解决了连续变量的组间比较问题。但是方差分析方法也有适用条件，当诸如正态性、方差齐性等适用条件无法满足时，就必须采取有针对性的处理措施，换用非参数检验方法就是其中之一。

15.4.1　方法原理

1. 克鲁斯卡尔 – 沃利斯检验

克鲁斯卡尔（Kruskal）和沃利斯（Wallis）于 1952 年设计了一种类似威尔科克森秩和检验的方法——克鲁斯卡尔 – 沃利斯检验（Kruskal-Wallis 检验，简称 K–W 检验），来解决多个独立样本的非参数检验问题，其思路与威尔科克森秩和检验基本相同。实际上，K–W 检验可以被简单地看成两个独立样本的威尔科克森秩和检验的多样本推广：将数据转化为秩统计量。具体而言，就是把样本量为 $n_1, n_2, \cdots, n_i, \cdots, n_k$ 的样本混合起来成为一个单样本，将观测值按大小次序编秩，每一个观测值在混合样本中都有自己的秩，当取值相同时，取其秩的均值，记样本 i 的第 j 个观测值 x_{ij} 的秩为 R_{ij}，对样本 i 求秩和 R_i，再计算它们的均值 $R_i=R_i/n_i$，此处的检验假设仍然针对总体分布的中心位置：

原假设 H_0：k 个总体分布的中心位置（m_j）相同，即 $m_1=m_2=\cdots=m_j=\cdots=m_k$。

备择假设 H_1：k 个总体分布的中心位置（m_j）不同，即至少有一个 m_j 不同。

如果原假设成立，秩应当在 k 个样本之间均匀分布，也就是说，各样本的实际秩和与期望秩和的偏差应当很小，K–W 检验便建立在这一基础上。若 k 个样本的实际秩和相差太大，就可以怀疑原假设。基于上述原理，K–W 检验构造的检验统计量为

$$H = \frac{12}{N(N+1)} \sum_{i=1}^{k} n_i (R_i - \bar{R})^2 = \frac{12}{N(N+1)} \sum_{i=1}^{k} \frac{R_i^2}{n_i} - 3(N+1)$$

其中： $N = \sum_{i=1}^{k} n_i$， $\bar{R} = \sum_{i=1}^{k} R_i / N = \dfrac{N+1}{2}$。 R_i 是样本 i 的秩和； k 是总体个数； N 是所有观测值的总数； n_i 是样本 i 的观测值数（各样本的观测值数可以不一样）。可以验证，曼 – 惠特尼 –U 检验的 U_{XY} 统计量就是 K–W 检验的 H 统计量在两个独立样本时的特例。若存在结，则可以将 H 统计量校正为

$$H_c = \frac{H}{1 - \sum_{i=1}^{g} (\tau_i^3 - \tau_i) / (N^3 - N)}$$

在大样本的情况下，当 $\min(n_1, \cdots, n_k) \to \infty$ 时，在原假设成立的情况下，H 统计量近似服从 $\chi^2(k{-}1)$ 分布。

2. SPSS 中的其他检验方法

除了 K–W 检验，SPSS 还为组间比较提供了两种非参数检验方法：

① 中位数检验：考察各个样本是否来自具有相同中位数的总体，在几种检验方法中它的检验功效是最低的。但对于厚尾的对称分布来说，这种检验方法是很有效的。

② 约克海尔 – 塔帕斯特拉（Jonckheere-Terpstra）检验：该检验方法对于连续变量或有序分类变量都适用，并且当分组变量为有序分类变量时，该方法的检验功效高于 K–W 检验（换言之，该方法能有效利用分组间的次序关系）。

15.4.2　案例：受访者在不同时间点的题目得分比较

例 15.3　在例 13.1 中已经发现城市 A 的受访者的总指数平均水平在不同的时间点有差异，现需要进一步分析究竟是哪些指标导致总指数平均水平在不同的时间点出现差异。

本例是典型的成组设计四组平均水平比较问题，同样由于题目得分变量的取值范围问题，这里考虑使用秩和检验来分析。具体的操作步骤如下（注意，需要先筛选出城市 A 的受访者）：

① 选择菜单"分析"→"非参数检验"→"独立样本"命令，打开"非参数检验：两个或两个以上的独立样本"对话框。

② 在"字段"选项卡中，选择"使用定制字段分配"项，将变量 Qa3 选入"检验字段"框，将月份变量 time 选入"组"框。

③ 在"设置"选项卡中，选择"定制检验"项，并选中"克鲁斯卡尔 – 沃利斯单因素 ANOVA 检验（k 个样本）"复选框，在"多重比较"下拉列表中选择"全部成对"项。

④ 单击"运行"按钮。

1. 总体检验结果

图 15.7 所示的是独立样本克鲁斯卡尔 – 沃利斯检验摘要。可见，对变量 Qa3 的总体检验的近似 p 值为 0.008，故拒绝原假设，可以认为不同时间点受访者的家庭经济状况感受值之间的差异有统计学意义。同样存在差异的还有变量 Qa8。

总计N	378
检验统计	11.774[a]
自由度	3
渐进显著性(双侧检验)	.008

a. 检验统计将针对同分值进行调整。

图 15.7 独立样本克鲁斯卡尔 - 沃利斯检验摘要(★)

2. 两两比较结果

显然,4 个组在总体上存在差异,因此还应当进行事后的两两比较,图 15.8 所示的是以网络图的形式给出的 4 个组平均秩差异的两两比较结果,用两个结点之间不同颜色的连接线段代表这两个结点之间的差异是否有统计学意义。两个结点之间如果无连接线段,则说明无法对相应结点的两两比较进行检验。从图 15.8 中可见,变量 Qa3 在 2008 年 12 月和 2009 年 12 月的平均秩之间存在差异,其余时间点的平均秩两两之间无差异。

除网络图外,SPSS 也会以表格的形式给出两两比较结果,如图 15.9 所示。注意,这里提供了原始 p 值("显著性"列)和 Bonferroni 校正后的 p 值("调整后显著性"列)两列输出,在样本量充足的情况下,默认以 Bonferroni 校正后的 p 值的检验结果为准。可见,其提供的信息和网络图完全相同。对具体结果的分析和解释工作,请读者自行完成,这里不展开介绍。

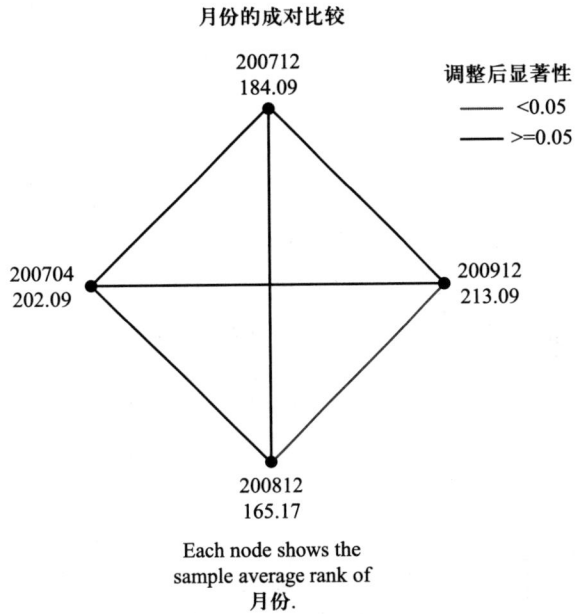

月份的成对比较

调整后显著性
—— <0.05
—— >=0.05

Each node shows the sample average rank of 月份.

图 15.8 4 个组平均秩差异的两两比较结果(网络图形式)(★)

Sample1-Sample2	检验统计	标准误差	标准检验统计	显著性	调整后显著性[a]
200812-200712	18.918	14.225	1.330	.184	1.000
200812-200704	36.918	14.261	2.589	.010	.058
200812-200912	-47.915	15.414	-3.109	.002	.011
200712-200704	18.001	14.296	1.259	.208	1.000
200712-200912	-28.998	15.446	-1.877	.060	.363
200704-200912	-10.997	15.479	-.710	.477	1.000

每行都检验"样本1与样本2的分布相同"这一原假设。
显示了渐进显著性(双侧检验)。显著性水平为.050。
a. 已针对多项检验通过Bonferroni校正法调整显著性值。

图 15.9 4 个组平均秩差异的两两比较结果(表格形式)(★)

3. 同质子集结果

和方差分析中两两比较的情形类似,秩和检验也有寻找同质子集的两两比较方法,在"非参数检验:两个或两个以上的独立样本"对话框的"设置"选项卡中,选择"定制检验"项,并选中"克鲁斯卡尔 – 沃利斯单因素 ANOVA 检验(k 个样本)"复选框,在"多重比较"下拉列表中选择"逐步降低"项,就会按照寻找同质子集的方式输出结果,如图 15.10 所示,可以看出 4 个组被明确地分为两个同质子集,分析结论则和前面完全相同。

		子集	
		1	2
样本[a]	200812	165.172	
	200712	184.089	184.089
	200704		202.090
	200912		213.087
检验统计		1.512	3.427
显著性(双侧检验)		.219	.180
调整后显著性(双侧检验)		.390	.180

齐性子集基于渐进显著性。显著性水平为.050。

a. 每个单元格都显示月份的样本平均秩。

图 15.10　同质子集的划分结果(★)

对于非参数检验中的两两比较是否需要调整显著性水平 α,研究者还有一些争议。一般而言,如果样本量较小,则不一定要调整显著性水平 α,直接比较即可,这样可以补偿非参数方法检验功效不足所带来的损失;如果样本量较大,如每个样本的样本量均在 30 以上,则必须调整显著性水平 α。

15.5　多个配对样本的非参数检验

在独立样本的试验设计中,各个样本的观测值相互独立,其取值只受到相应"处理"(treatment)因素的影响。可是在实际生活中,除了"处理"因素,还有别的因素在起作用。例如,在一个新口味食品的研究中,需要在不同的地区对不同的人群进行测试,但考虑到年龄差异也可能导致口味偏好不同,因此需要同时按年龄对受试对象进行分组。这里不同的地区(假定为 3 个)代表了 3 种不同的处理(k=3);如果将年龄分为 5 段,则表示有 5 个区组(b=5)。这种设计被称为区组设计,当区组存在时,所处理的样本的独立性就不再成立。事实上,可以将配对样本看成当 k=2 时的区组设计特例,或者说区组设计是配对设计的进一步推广。本节将介绍区组设计框架下的非参数检验方法。由于这些方法所使用的对话框与两个配对样本的非参数检验完全相同,输出的结果也没有新的内容出现,因此这里不再列举实例,只对其方法进行介绍。

15.5.1 弗里德曼检验

弗里德曼（Friedman）检验也称为弗里德曼双向评秩方差分析，于 1937 年由弗里德曼（Friedman）提出，它也是关于位置参数的检验。这种检验方法的基本思想是：由于区组之间的差异各式各样，直接对不同区组的原始数据进行比较没有意义。为了消除区组间的差异，采取在每个区组内独立地对原始数据进行编秩的策略，以检验各种处理之间是否存在差异。该检验的假设如下：

原假设 H_0：所有的位置参数 m_i 都相等（$m_1=m_2=\cdots=m_i=\cdots=m_k$）。

备择假设 H_1：不是所有的位置参数 m_i 都相等（至少有一个 m_i 与其他不同）。

上述假设看起来似乎和 K–W 检验一样，但是由于区组的影响，需要先分区组计算各种处理的秩，然后再把每一种处理在各区组中的秩相加，最后对各种处理进行比较。倘若 k 种处理之间不存在差异（原假设），那么无论从哪一个区组去观察，每一种处理所得到的数据在该区组内都能被随机地编秩为 1 至 k 中的任何一个数。因此，对于每一种处理，其在各区组中的秩的总和应当等于其他任何一种处理在各区组中的秩的总和，或者说，这两种处理的平均秩相等。弗里德曼提出如下检验统计量：

$$Q = \frac{12}{bk(k+1)}\sum_{i=1}^{k}\left(R_i - \frac{b(k+1)}{2}\right)^2 = \frac{12}{bk(k+1)}\sum_{i=1}^{k}R_i^2 - 3b(k+1)$$

对于有限的 b 和 k，可以通过原假设成立情况下的分布表查到，注意要做如下变换：

$$W = \frac{Q}{b(k-1)}$$

在大样本的情况下，Q 近似服从自由度为 $(k-1)$ 的 χ^2 分布。当某区组存在结时，可以将 Q 校正为 Q_c：

$$Q_c = \frac{Q}{(1-C)}$$

其中，$C = \sum_{i,j}(\tau_{ij}^3 - \tau_{ij})/(bk(k^2-1))$，$\tau_{ij}$ 是第 j 区组中第 i 个结统计量。

> ⚠ 弗里德曼检验的最大缺陷在于检验功效太低——其独特的按区组分别编秩的做法，虽然有效地利用了区组信息，但也使秩的取值范围大大缩减，这意味着在后续分析中可以利用的信息非常有限，因此当样本量有限（特别是比较的组数较少）时，该方法的实际应用价值不大。

15.5.2 肯德尔协同系数检验与科克伦检验

1. 肯德尔协同系数检验

在实际生活中，经常需要按照某些标准对个体进行评估或排序，如消费者对于品牌商品的偏好、选民对候选人的评价、咨询机构对一系列企业的评估以及裁判对参赛人的评分等。人们往往希望知道这些评价结果是否一致，如果很不一致，则说明这些评价有一定的随机性，没有多大意义。

原假设 H_0：这些评价（对于不同个体）是不相关的或者是随机的。

备择假设 H_1：评价是正相关的或者是一致的。

这里完全可以使用前面介绍的弗里德曼检验。但是,在弗里德曼检验的结果中如果 p 值 $\geqslant 0.05$,则仅说明尚不能认为有差异,并且不能告诉研究者这些评价的一致性究竟是怎样的,显然这还不能达到分析的目的。肯德尔(Kendall)协同系数就是专门针对此类问题提出的,其统计量为

$$W = \frac{T}{\dfrac{b^2 k (k^2 - 1)}{12}}$$

W 的取值范围为 0~1,W 越接近于 1,b 个变量之间的正相关性越好,即一致性越强;反之,W 越接近于 0,b 个变量之间的正相关性越差,即一致性越弱。因此,与弗里德曼检验相比,肯德尔协同系数不仅可以检验 k 个相关样本是否来自同一总体,还能检验 b 个区组变量之间的相关性。

由于肯德尔协同系数的具体应用属于信度分析的范畴,本书不再对其展开深入讨论,对此感兴趣的读者可参考《高级教程》中的有关内容。

2. 科克伦检验

在很多时候,样本观测值是定性数据和二分类(0 或 1)数据,如市场调查中顾客对商品满意与否,通常以好或差、有效或无效、成功或失败、是或否等形式出现,如果用弗里德曼检验将会出现很多打结现象,即有许多相同的秩,这时可以使用科克伦(Cochran)检验。它是两个配对样本的麦克尼马尔检验的推广,只适用于二分类变量。

15.6 秩变换分析方法

前面已经学习了很多非参数检验方法,但显然仅使用这些方法并不能解决所有问题,下面介绍一种通用的非参数检验方法,希望能对读者有所帮助。

15.6.1 秩变换分析方法简介

所谓秩变换分析方法,就是在原假设成立的情况下,先求出原始变量的秩,然后用秩代替原始变量进行参数检验。当样本量较大时,其检验结果和相应的非参数检验方法基本一致。但该方法可以充分利用已知的参数检验方法,如多个样本的两两比较、多变量回归等方法,从而大大扩展了非参数检验方法的应用范围。事实上,如果充分理解了前面所介绍的各种秩和检验方法的原理,就会发现这些检验方法实质上是秩变换分析方法的不同应用。例如,SPSS 28 在"分析"菜单的"非参数检验"子菜单中新增了"Quade 非参 ANCOVA 检验"命令(老版本用户可自行下载并安装该插件),其所执行的非参数协方差分析,本质上就是针对全部连续因变量和自变量计算秩,然后用秩代替原始变量进行协方差分析,这是秩变换分析方法的一个实际应用。因为涉及线性模型,该方法将在《高级教程》中介绍,这里不做详述。

可以用 SPSS 中的个案排秩过程来计算秩,该过程默认得到的是从 1 到 n 均匀分布的秩,用户也可以自行指定生成服从正态分布的秩,但由于进行秩变换分析所需要的样本量比较大,这样做基本上不会影响检验结果。

15.6.2 案例:用秩变换来比较不同时间点的家庭经济状况感受值

下面基于例 15.3 介绍秩变换分析的流程和结果。

首先,进行原始变量的秩变换,由于这里是基于原假设进行秩变换,因此不需要分组进行,具体操作如下:

① 选择菜单"转换"→"个案排秩"命令,打开"个案排秩"对话框。

② 将变量 Qa3 选入"变量"框。

③ 单击"确定"按钮。

上述操作会在数据文件中生成新变量 RQa3,其值为变量 Qa3 的不分组秩。

其次,使用新变量进行标准的单因素方差分析,具体操作如下:

① 选择菜单"分析"→"比较平均值和比例"→"单因素 ANOVA 检验"命令,打开"单因素 ANOVA 检验"对话框。

② 将变量 RQa3 选入"因变量"列表框。

③ 将月份变量 time 选入"因子"框。

④ 在"单因素 ANOVA 检验:事后多重比较"对话框中,选中"S–N–K"复选框。

⑤ 单击"确定"按钮。

在输出的结果中,首先给出的是图 15.11 所示的秩的方差分析表,可见家庭经济状况感受值的秩在不同时间点的差异是有统计学意义的。

Rank of Qa3

	平方和	自由度	均方	F	显著性
组间	120903.678	3	40301.226	4.019	.008
组内	3750476.322	374	10028.012		
总计	3871380.000	377			

图 15.11　秩的方差分析表(★)

其次给出的是图 15.12 所示的使用 S–N–K 法进行不同时间点的秩的同质子集划分结果,如果和 15.4 节中的同质子集划分结果进行对比,就可以发现两者完全相同,但同质子集内检验的 p 值略有差异,其中秩变换分析方法的 p 值更低一些。

S–N–K[a, b]

月份	N	Alpha的子集=0.05	
		1	2
200812	102	165.17157	
200712	101	184.08911	184.08911
200704	100		202.09000
200912	75		213.08667
显著性		.199	.120

将显示齐性子集中各个组的平均值。

a. 使用调和平均值样本大小=92.941。

b. 组大小不相等。使用了组大小的调和平均值。无法保证 I 类误差级别。

图 15.12　使用 S–N–K 法进行不同时间点的秩的同质子集划分结果(★)

虽然由于两两比较方法不同,不宜严格地进行 p 值大小的比较,但一般而言,秩变换分析方法的检验功效不低于(即等同于或者高于)秩和检验。

为了提高检验效率,还可以采用更复杂的变换方法,如要求生成的秩服从正态分布、在随机区组设计中要求分组生成秩等。因篇幅有限,本书不做深入介绍,对此感兴趣的读者可阅读相关的统计学书籍。

15.7　本 章 小 结

本章介绍了几种常用的非参数检验方法。如果非参数检验结论为有统计学意义,则相应的参数检验结论也大多与之相同。如果出现两者矛盾的情况,就必须仔细考察参数检验的适用条件是否得到满足。当总体分布为非正态分布,且无法通过适当的变量变换达到正态分布,甚至分布类型未知时,或者当样本数据为诸如"18 岁以下"或"大于 2 000 元"等开口型无法精确测量的数据以及分类数据,且样本量很小时,传统的参数检验方法将不再适用,此时可以转而求助于非参数检验方法。

非参数检验常用大小次序或符号来检验,这两种检验方法简单,易于理解,但是由于没有利用数据的数值信息,会损失部分信息,因而检验功效较低。下面将本章介绍的其他几种非参数检验方法简单总结如下:

① 关于两个配对样本的非参数检验。最常用的是威尔科克森符号秩检验,它是对符号检验只利用正负号的改进,其基本思想是:若检验的假设成立,则两个配对样本的秩和不应相差太大。这种检验方法不仅考虑了配对样本数据差值的方向,还考虑了配对样本数据差值的次序。

② 关于两个独立样本的非参数检验。曼 – 惠特尼 U 检验是功效最强、应用最广的非参数检验方法。其原假设和备择假设的基础是:如果两个独立样本之间有差异,它们所在的总体的分布的中心位置将不同。

③ 关于多个独立样本的非参数检验。SPSS 提供了 K–W 检验和中位数检验等方法,当组间有差异时需要进一步做两两比较,而且需要考虑显著性水平 α 的校正问题。

④ 关于多个配对样本的非参数检验。SPSS 提供了弗里德曼检验和肯德尔协同系数检验以及科克伦检验,但是这些检验方法的检验功效都比较低。

思考与练习

1. 在熟悉假设检验基本思想的基础上,比较参数检验与非参数检验的适用条件,并且以一种具体的检验方法为例进行说明。

2. 在关于放松(如听音乐等)对成年女性入睡所需时间影响的研究中,抽取了 10 名女性作为研究对象组成样本。表 15.1 给出了 10 个研究对象在无放松条件和有放松条件下入睡所需的时间。针对此数据,你的结论是什么?

表 15.1 研究对象入睡所需的时间

研究对象	入睡所需的时间 /min	
	无放松	有放松
1	15	10
2	12	10
3	22	12
4	8	11
5	10	9
6	7	5
7	8	10
8	10	7
9	14	11
10	9	6

3. 对于一个由冬季各月中的某些天数组成的样本和一个由夏季各月中的某些天数组成的样本,警察记录了如表 15.2 所示的每日犯罪报告的数据。给定显著性水平 0.05,请判断冬季各月与夏季各月的犯罪报告数量之间是否有显著的差异?

表 15.2 每日犯罪报告的数据

组次	冬季	夏季	组次	冬季	夏季
1	18	28	6	20	29
2	20	18	7	12	23
3	15	24	8	16	38
4	16	32	9	19	28
5	21	18	10	20	18

4. 一名证券经纪人收集到了某年三类公司的股票每股获利的比例数据,如表 15.3 所示。

表 15.3 某年三类公司的股票每股获利的比例数据

公司类别	每股获利比例 /%						
计算机公司	1.94	2.76	8.95	3.23	3.04	0.69	1.52
药品公司	7.89	1.65	2.59	1.09	−1.70		
公共服务公司	2.26	4.66	2.22	1.77	−0.15		

试比较这三类公司股票的获利倾向是否相同。

5. 在做一个智力游戏时,人们认为它与人的年龄以及是否是视障人士有关,现按年龄划分区组,研究该游戏同眼睛看见与否是否有关。第一组安排天生视障的儿童参加游戏,第二组安排眼睛正常但做游戏时把眼睛蒙上的儿童参加游戏,第三组是安排眼睛正常而且不蒙住眼睛的儿童参加游戏,观察他们的得分,如表 15.4 所示,请对此进行分析。

表 15.4　不同年龄、不同区组的儿童游戏得分

分组	年龄											
	1	2	3	4	5	6	7	8	9	10	11	12
视障	0	0	0	0	1	8	8	8	0	8	8	8
蒙眼	0	8	0	0	2	8	5	6	8	8	3	8
不蒙眼	8	1	8	8	0	8	8	8	8	8	8	8

第16章 无序分类变量的统计推断——卡方检验(上)

前面几章介绍的方法可以解决连续变量和有序分类变量的组间比较问题。显然,对于无序分类变量的组间比较问题,如比较不同月份的性别抽样比例,看其是否稳定,或者比较不同城市的职业分布,看它们之间是否存在差异等问题,就无法用 t 检验、方差分析或者秩和检验来解决。本章将介绍的卡方检验就主要用于无序分类变量的统计推断,是在应用频次上可以和 t 检验媲美的一种检验方法。

16.1 卡方检验概述

16.1.1 卡方检验的基本原理

1. 卡方检验的基本思想

卡方(χ^2)检验是以卡方分布为基础的一种常用假设检验方法,它的原假设 H_0 是:观测频数与期望频数之间没有差别。

该检验的基本思想是:首先原假设成立,基于此计算出 χ^2 值,它表示观测值与理论值的偏离程度。根据卡方分布及自由度可以确定在原假设成立的情况下获得当前统计量及更极端情况的概率,即 p 值。如果 p 值很小,说明观测值与理论值的偏离程度太大,应当拒绝原假设,样本所代表的实际情况和理论假设之间确实存在差异;否则就不能拒绝原假设,尚不能认为样本所代表的实际情况和理论假设之间存在差异。

2. 卡方值的计算与意义

卡方(χ^2)值表示观测值与理论值的偏离程度,其基本的计算思路如下:

① 设 A 代表某个类别的观测频数,E 代表基于原假设计算出的期望频数,A 与 E 之差称为残差。

② 显然,残差可以表示某一个类别的观测值与理论值的偏离程度,但将残差简单相加,却并不能表示各类别观测频数与期望频数的总差异。因为残差有正有负,相加后会彼此抵消,总和仍然为 0。为此,可以采取类似用偏差平方和表示离散程度的思路,将残差平方后再求和。

③ 残差的大小是一个相对的概念,当期望频数为 10 时,20 的残差非常大,但当期望频数为 1 000 时 20 的残差就很小了。考虑到这一点,人们又将残差的平方先除以期望频数(本质上就是将残差标准化)再求和,以估计观测频数与期望频数之间的差异。

在上述操作之后,就得到了常用的 χ^2 统计量,由于它是由英国统计学家卡尔·皮尔逊(Karl Pearson)在 1900 年首次提出的,因此又被称为皮尔逊卡方(Pearson χ^2),其计算公式为

$$\chi^2 = \sum \frac{(A-E)^2}{E} = \sum_{i=1}^{k} \frac{(A_i - E_i)^2}{E_i} = \sum_{i=1}^{k} \frac{(A_i - np_i)^2}{np_i}, (i = 1, 2, \cdots, k)$$

其中,A_i 为类别 i 的观测频数,E_i 为类别 i 的期望频数,n 为总频数,p_i 为类别 i 的期望概率。类别 i 的期望频数 E_i 等于总频数 $n \times$ 类别 i 的期望概率 p_i,k 为单元格数。当 n 比较大时,χ^2 统计量

近似服从自由度为 $k-1-$（计算 E_i 时用到的参数的个数）的卡方分布。

皮尔逊当初发表在《哲学杂志》上的论文题目很长："On the Criterion that a Given System of Deviations from the Probable in the Case of a Correlated System of Variables is Such that it Can be Reasonably Supposed to have Arisen from Random Sampling"。读者可以尝试翻译一下。

从 χ^2 的计算公式可知，当观测频数与期望频数完全一致时，χ^2 值为 0，表示在所有类别（单元格）中观测频数均等于期望频数；χ^2 值越小，说明整体上观测频数与期望频数越接近；χ^2 值越大，说明整体上观测频数与期望频数之间的差异越大，即表明数据偏离理论假设越远。因此，可以将 χ^2 作为原假设成立与否的度量指标。χ^2 值越大，就越倾向于拒绝原假设。但 χ^2 值究竟达到什么程度才能拒绝原假设呢？这就要借助于卡方分布求出所对应的 p 值。

3. 卡方检验的样本量要求

卡方分布本身是连续分布，但是在分类变量的统计分析中，观测频数显然只能以整数的形式出现，因此计算出的统计量是非连续的。只有当样本量比较充足时，两者之间的差异才能被忽略，否则将可能导致较大偏差。一般认为，在卡方检验中，每一个单元格中的期望频数都大于 1，且至少有 4/5 的单元格中的期望频数大于 5，此时使用卡方分布计算出的概率才是准确的。如果数据不符合要求，则可以采用确切概率法计算概率，详见 16.5 节。

16.1.2　卡方检验的用途

卡方检验有着非常广泛的应用，除了可以考察某个无序分类变量各类别在两组或多组间的分布是否一致，其用途还体现在以下几个方面：

① 检验某个连续变量的分布是否与某种理论分布一致，如是否符合正态分布、均匀分布、泊松分布等。为了使用卡方检验，此时需要对连续变量进行分组统计。

② 检验某个分类变量各类别的出现概率是否等于指定概率。例如，在 36 选 7 的彩票抽奖中，每个数字出现的概率是否均为 1/36；掷硬币时，正反两面出现的概率是否均为 0.5。

③ 检验某两个分类变量是否相互独立。例如，吸烟（二分类变量：是、否）是否与呼吸道疾病（二分类变量：是、否）有关；产品原料种类（多分类变量）是否与产品合格（二分类变量：是、否）有关？

④ 检验在控制了某种或某几种分类变量的作用以后，其他两个分类变量是否相互独立。例如，在控制了性别、年龄因素的作用以后，吸烟是否与呼吸道疾病有关；在控制了产品加工工艺因素的作用后，产品原料类别是否与产品合格有关？此时被控制的因素需要以分类变量的形式出现。

⑤ 检验两种方法的结果是否一致。例如，用两种诊断方法对同一批人进行诊断，其诊断结果是否一致；用两种方法对客户进行价值类别预测，预测的结果是否一致。

本章主要介绍卡方检验的基本应用，其他更深入的内容会在后续章节中依次介绍。

16.1.3　SPSS 中的相应功能

由于卡方检验的用途很广，因此会在 SPSS 中的多个地方出现，但很多地方都会以分布检验、方差齐性检验等其他检验的名义出现（或者说这些检验方法的统计量是服从卡方分布的），直接以卡方检验名义出现的主要是以下三个地方：

1. 非参数分布检验中的卡方检验

准确地说，其提供的就是检验某个分类变量各类别的出现概率是否等于指定概率的分布检验，即单样本卡方检验。

2. 交叉表过程

交叉表过程主要用于针对两个或两个以上的分类变量的交叉表进行关联程度的卡方检验，并且可以进一步计算出关联程度指标等，16.1.2 小节提到的卡方检验用途中的后三个都可以在该过程中实现，而一般所说的卡方检验指的就是该过程的相应功能。

3. 制表模块

制表模块中的"检验统计"选项卡可以完成对行变量和列变量的卡方检验，并且可以进一步完成列变量各类别之间的两两比较。

16.2　单样本案例：考察抽样数据的性别分布

第 11 章介绍过，如果希望考察某个二分类变量的分布是否服从假定的分布，可以考虑使用二项分布检验，那么当类别数多于两个时应当如何操作呢？无论是二分类还是多分类，都可以归结为：从已知的样本数据出发，判断总体各取值水平出现的概率是否与已知概率相符，即该样本是否的确来自已知总体。这实际上就是分类变量的分布拟合问题，在统计学中可以利用（单样本）卡方检验来进行分析。

> 在实践工作中，有很多对样本率与总体率进行比较的例子。例如，掷骰子是否公平，以检验各面出现的概率是否均等于 1/6；检验彩票中奖号码的数字分布是否均匀，以检验彩票开奖是否作弊；某产品的市场份额是否比以前更大；某病的发病率是否比以前低等。

例 16.1　在例 11.2 中用二项分布检验考察了 2007 年 4 月的受访者性别分布是否均衡，这里使用卡方检验来完成相同的任务。具体操作如下：

① 选择月份变量 time 取值为 2007 年 4 月的样本数据。

② 选择菜单"分析"→"非参数检验"→"单样本"命令，打开"单样本非参数检验"对话框。

③ 在"目标"选项卡中，选择"自动比较实测数据和假设数据"项。

④ 在"字段"选项卡中，选择"使用自定义字段分配"项，将性别变量 s2 选入"检验字段"框。

⑤ 在"设置"选项卡中，选中"定制检验"项下的"比较实测概率和假设概率（卡方检验）"复选框，由于在相应的选项中类别概率已经是所需的"所有类别概率相等"，因此不需要更改该设置。

⑥ 单击"运行"按钮。

在输出的结果中，图 16.1 给出了单样本卡方检验结果，由于男性单元格中的观测频数为 165，而期望频数为 150，因此该单元格的残差为 15，相应的女性单元格的残差为 –15。根据上述单元格残差可以计算出整个样本的标准化残差平方和，也就是卡方统计量为 3.000，最终基于 χ^2 值推导出的 p 值为 0.083，因此不能拒绝原假设，尚不能认为 2007 年 4 月的受访者性别分布不均衡。

总计N	300
检验统计	3.000[a]
自由度	1
渐进显著性(双侧检验)	.083

a. 共有0个期望值小于5的单元格(0%)。最小期望值为150。

图 16.1　单样本卡方检验结果(★)

如果把上述检验结果和二项分布检验结果相对应,就会发现这里卡方检验的 p 值为 0.083,与二项分布检验的 p 值(0.094)略有差异,这是因为此处卡方检验给出的是近似 p 值,而二项分布检验给出的是确切 p 值。由于本例样本量充足,因此两者之间的差异不大。但就正确性而言,显然二项分布检验的 p 值更加准确。

16.3　两个样本的案例:不同收入级别家庭的轿车拥有率比较

前面学习了样本率与已知总体率的检验方法,其中所使用的卡方检验原理很容易被推广到两个样本或多个样本的比较问题。也就是说,若要比较两个或多个样本所在的总体中某个分类变量的发生率/构成比是否相同,就可以使用卡方检验。

需要注意的是,卡方检验仅仅告知使用者各类别的构成/分布是否相同,如果交叉表中有变量是有序分类变量,则使用卡方检验并不能充分利用信息,这时要使用第 15 章介绍的秩和检验进行分析。

例 16.2　在 CCSS 项目的分析报告中,会按照家庭收入将所有受访家庭分为低收入家庭和中高收入家庭两个级别,现希望考察不同收入级别家庭的轿车拥有率是否相同。

显然,描述不同收入级别家庭的轿车拥有率,可以用第 8 章介绍的交叉表过程来完成,实际上,该过程还可以进一步完成相应的检验工作。下面介绍交叉表过程中与检验有关的对话框。

1. "交叉表:统计"对话框

"交叉表:统计"对话框如图 16.2(a)所示。该对话框不仅提供了常用的卡方检验,还提供了一大批用于计算行变量和列变量之间关联程度的指标,这里主要介绍本章将会用到的一些指标,其余指标将在随后两章中介绍:

①"卡方"复选框:进行卡方检验,对于四格表还会自动给出校正卡方检验和确切概率法的检验结果。

②"Kappa"复选框:计算 Kappa 值,即内部一致性系数。这是医学中常用的一致性指标,取值范围为 0~1。

③"风险"复选框:计算 OR(比值比)值和 RR(相对危险度)值,这些指标用于反映交叉表中行变量和列变量之间的关联程度。

④"麦克尼马尔"复选框:进行麦克尼马尔检验,即常用的配对卡方检验。

⑤"柯克兰和曼特尔 – 亨塞尔统计"复选框:对两个二分类变量进行分层卡方检验,即层间的独立性检验和同质(齐性)检验,同时可以进行分层因素的调整。该复选框下方的"检验一般比值比等于"文本框用于设置相应原假设的 OR 值,默认为 1。

2. "交叉表：单元格显示"对话框

"交叉表：单元格显示"对话框如图 16.2(b)所示，该对话框用于定义交叉表单元格中需要显示的指标。

① "计数"框组：设置是否输出观测频数和期望频数。

② "残差"框组：设置残差的显示方式，可以是原始残差、标准化后的残差（将残差转化为标准正态分布），或者被标准误差除的单元格残差。

③ "百分比"框组：设置是否输出行百分数、列百分数以及总计百分数。

④ "z-检验"框组：设置对两个以上组的样本率进行比较。在整个交叉表的卡方检验结果有了统计学意义之后，后续的分析和方差分析类似，也面临着各组间两两比较的问题。本框组就用于实现列变量各类别在行变量中的发生率/构成比之间的两两比较，并且可以进一步要求在两两比较中进行显著性水平的 Bonferroni 调整。

⑤ "非整数权重"框组：当所检验的数据为加权数据，且权重变量的取值可能是小数时，单元格中的观测频数也会出现小数，本框组用于确定此时对小数权重的处理方式。

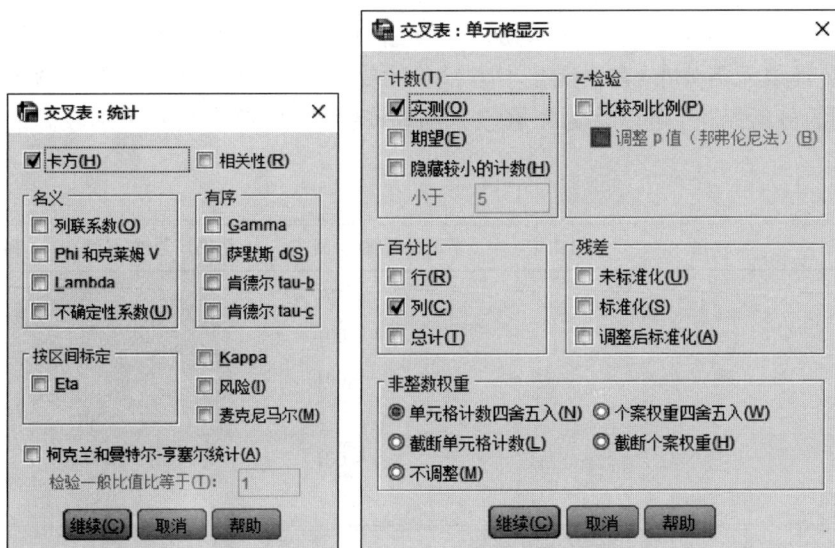

(a) "交叉表：统计"对话框　　　(b) "交叉表：单元格显示"对话框

图 16.2　"交叉表：统计"对话框和"交叉表：单元格显示"对话框

3. 操作说明与结果解释

由于已经有了第 8 章的基础，这里的操作思路就非常清晰了，具体操作如下：

① 选择菜单"分析"→"描述统计"→"交叉表"命令，打开"交叉表"对话框。

② 将变量"O1. 是否拥有轿车"选入"行"框。

③ 将变量"家庭收入 2 级"选入"列"框。

④ 在"交叉表：单元格显示"对话框中，选中"百分比"框组中的"列"复选框。

⑤ 在"交叉表：统计"对话框中，选中"卡方"复选框。

⑥ 单击"确定"按钮。

在输出的结果中，首先，给出变量"O1. 是否拥有轿车"×变量"家庭收入 2 级"交叉表，如

图 16.3 所示。可见,只有 9.6% 的低收入家庭拥有轿车,而有 34.4% 的中高收入家庭拥有轿车,样本数据之间的差异很明显,但对于该差异是否具有统计学意义尚需要进行检验。

			家庭收入2级		总计
			Below 48, 000	Over 48, 000	
O1. 是否拥有轿车	有	计数	32	225	257
		占家庭收入2级的百分比	9.6%	34.4%	26.0%
	没有	计数	303	429	732
		占家庭收入2级的百分比	90.4%	65.6%	74.0%
总计		计数	335	654	989
		占家庭收入2级的百分比	100.0%	100.0%	100.0%

图 16.3   变量 "O1. 是否拥有轿车" × 变量 "家庭收入 2 级" 交叉表(★)

其次,给出图 16.4 所示的卡方检验结果,先看其中的脚注:在该四格表中,没有单元格(0%)的期望频数少于 5,其中期望频数最少的那个单元格中的期望频数为 87.05。该脚注充分说明本例的样本量(及其单元格分布)完全满足卡方检验的要求,因此可以放心地阅读该卡方检验结果。最终得出本例的分析结论:可以认为家庭收入与轿车拥有率有关,收入级别较高的家庭,其轿车拥有率也较高。

	值	自由度	渐进显著性(双侧)	精确显著性(双侧)	精确显著性(单侧)
皮尔逊卡方	71.134[a]	1	<.001		
连续性校正[b]	69.848	1	<.001		
似然比	80.146	1	<.001		
费希尔精确检验				<.001	<.001
线性关联	71.062	1	<.001		
有效个案数	989				

a. 0个单元格(0%)的期望计数小于5。最小期望计数为87.05。
b. 仅针对2×2表进行计算。

图 16.4   卡方检验结果(★)

图 16.4 给出了多种卡方检验结果,分别解释如下:

① "皮尔逊卡方":即皮尔逊卡方检验结果,是最标准、最常用的卡方检验结果。皮尔逊卡方检验在样本量充足时使用。

② "连续性校正":即连续性校正卡方检验结果。连续性校正由统计学家弗兰克·耶茨(Frank Yates)提出,故又称为耶茨(Yates)校正。

③ "费希尔精确检验":即费希尔(Fisher)确切概率法(简称"确切概率法")的检验结果。

④ "似然比":即似然比(likelihood ratio)检验结果。似然比检验与皮尔逊卡方检验的原假设相同,但计算公式不一样,在处理多维表时有更大的优势。在大多数情况下,两者的结论都是基本一致的。

⑤ "线性关联": 即线性关联检验结果。线性关联检验的原假设是行变量与列变量之间无线性相关。它在列联表分类变量中使用得很少,更多地用于连续变量。

16.4 卡方检验的事后两两比较

例 16.3 不同城市的汽车牌照政策、生活习惯等并不相同,现希望考察 A、B、C 三个城市的家庭的轿车拥有率是否相同。

实际上,这里仍然是对两个分类变量之间的关联程度指标进行计算,具体的操作与例 16.2 几乎完全相同:

① 选择菜单 "分析" → "描述统计" → "交叉表" 命令,打开 "交叉表" 对话框。

② 将变量 "O1. 是否拥有轿车" 选入 "行" 框。

③ 将变量 "S0. 城市" 选入 "列" 框。

④ 在 "单元格: 单元格显示" 对话框中,选中 "百分比" 框组中的 "列" 复选框。

⑤ 在 "交叉表: 统计" 对话框中,选中 "卡方" 复选框。

⑥ 单击 "确定" 按钮。

图 16.5 给出的是变量 "O1. 是否拥有轿车" × 变量 "S0. 城市" 的交叉表,可见城市 B 的家庭的轿车拥有率明显低于城市 A 和城市 C。

			S0. 城市			总计
			100 A	200 B	300 C	
O1. 是否拥有轿车	有	计数	118	87	107	312
		占S0. 城市的百分比	31.4%	22.5%	28.1%	27.3%
	没有	计数	258	300	274	832
		占S0. 城市的百分比	68.6%	77.5%	71.9%	72.7%
总计		计数	376	387	381	1144
		占S0. 城市的百分比	100.0%	100.0%	100.0%	100.0%

图 16.5 变量 "O1. 是否拥有轿车" × 变量 "S0. 城市" 交叉表(★)

图 16.6 所示的为相应的卡方检验结果,由于本例并非四格表,因此不会默认给出校正卡方检验和确切概率法的检验结果,但从其中的脚注可知,本例符合卡方检验的适用条件,因此可以直接使用相应的检验结果,p 值为 0.020,认为三个城市的家庭的轿车拥有率确实是存在差异的。

	值	自由度	渐进显著性(双侧)
皮尔逊卡方	7.810[a]	2	.020
似然比	7.901	2	.019
线性关联	1.017	1	.313
有效个案数	1144		

a. 0个单元格(0%)的期望计数小于5。最小期望计数为102.55。

图 16.6 卡方检验结果(★)

上面的分析结果,得出了不同城市的家庭的轿车拥有率之间存在差异的结论,但由于有三个城市,因此后续分析需要考虑做两两比较,以得出更为精确的结论,新增的操作如下:在"交叉表:单元格显示"对话框中,选中"z– 检验"框组中的"比较列比例"复选框,进一步选中其下方的"调整 p 值(邦弗伦尼法)"复选框。

进行上述操作后,分析结果中的交叉表会发生变化,含两两比较结果的交叉表如图 16.7 所示。在该表格中,会用 APA 格式的下标给出各组间两两比较的结果。可见,在本例中,城市 A 和城市 B 的家庭的轿车拥有率之间的确存在差异,但城市 B 与城市 C 和城市 A 与城市 C 的家庭的轿车拥有率之间的差异尚无统计学意义。

			S0. 城市			总计
			100A	200B	300C	
O1. 是否拥有轿车	有	计数	118_a	87_b	$107_{a, b}$	312
		占S0. 城市的百分比	31.4%	22.5%	28.1%	27.3%
	没有	计数	258_a	300_b	$274_{a, b}$	832
		占S0. 城市的百分比	68.6%	77.5%	71.9%	72.7%
总计		计数	376	387	381	1144
		占S0. 城市的百分比	100.0%	100.0%	100.0%	100.0%

每个下标字母都指示S0. 城市类别的子集, 在.05级别,
这些类别的列比例相互之间无显著差异。

图 16.7　含两两比较结果的交叉表(★)

利用制表模块同样可以完成相应的各列之间的两两比较任务,输出格式在第 13 章中已经讲解过了,这里不再重复介绍。

16.5　确切概率法和蒙特卡洛法

16.5.1　耶茨校正与确切概率法

前面已经提到,卡方分布本身是连续分布,但是在分类变量的统计分析中,计算出的 χ^2 统计量是非连续的。只有样本量比较充足,才可以忽略两者之间的差异。如果样本量无法满足卡方检验的适用条件,那么应该如何处理呢?

针对所分析的数据样本量不算很小,且单元格中的期望频数分布还不算太极端的情况,统计学家弗兰克·耶茨提出可以对原 χ^2 值进行校正,以弥补此缺陷,具体的要求是:样本量大于 40,所有单元格中的期望频数均大于 1,而且只有 1/5 以下的单元格中的期望频数小于 5、大于 1。近年来,蒙特卡洛随机模拟表明,耶茨校正似乎有一点矫枉过正,且适用范围也比较窄,但在实际工作中该方法依然很常用。在 SPSS 中,进行卡方检验时会默认对四格表输出耶茨校正的结果。

那么,有没有更加妥当的方法呢?图 16.4 直接给出了确切概率法的检验结果,和皮尔逊卡方检验相比,确切概率法的优点在于不需要近似,其得到的 p 值最为准确,因此一般认为,当样本量不满足要求,或者计算出的近似 p 值接近于临界值时,应当以确切概率法的检验结果为准。但

该方法的计算量极大,SPSS 也只对四格表默认直接输出确切概率法的检验结果,更大的表格则不默认进行该方法的计算。而且对于单元格较多、样本量较大的表格,计算机有可能没有足够的内存资源来完成相应的确切概率计算。

> 这里使用的确切概率法是由英国统计学家费希尔(R.A.Fisher)于 1934 年提出的,概率计算的理论依据是超几何分布(hypergeometric distribution),它和卡方检验无关,但在应用上一般将其作为四格表假设检验的补充。

16.5.2 蒙特卡洛法简介

对于结果的精确性和计算的高效率之间的矛盾,一直有学者致力于寻找能在两者之间取得平衡的方法,而蒙特卡洛(Monte Carlo)法就是最早在这方面获得成功应用的方法之一。

一般认为,蒙特卡洛法是第二次世界大战期间美国"曼哈顿计划"计划的成员乌拉姆和冯·诺依曼在研究核武器过程中产生的方法学的副产品。他们用摩纳哥的城市蒙特卡洛(Monte Carlo)来命名这种方法。实际上,在这之前该方法就已经存在。1777 年,法国数学家布丰(Buffon)提出用投针实验的方法求圆周率,这被认为是蒙特卡洛方法的起源。

蒙特卡洛法又称为统计模拟法、随机抽样技术,其原理非常简单,就是使用随机数(或者更常见的伪随机数)来解决计算问题。对于这种方法,用下面这个例子就可以解释清楚:假设要计算一个不规则图形的面积,显然图形的不规则程度和计算方法(如是否使用积分)的复杂程度成正比,那么蒙特卡洛方法怎么解决这个问题呢?假设有一袋豆子,先画一个大圆圈(或者大方框)把这个不规则图形框进来,然后把豆子均匀地撒入这个大圆圈,最后数这个不规则图形中有多少颗豆子。这里要假定豆子都在一个平面上,而且它们相互之间没有重叠,那么最终基于不规则图形中的豆子数目(或者百分比)就可以推算出该图形的面积,因为该图形中豆子数目占大圆圈中豆子数目的比例近似等于该图形面积占大圆圈面积的比例。并且当豆子越小,撒的量越多时,结果就越精确。

该方法的原理虽然非常简单,但要在手工计算的条件下使用却并不容易,这也是为什么传统的蒙特卡洛方法长期得不到推广的主要原因。但是随着 20 世纪下半叶以来计算机技术的快速发展,数据模拟和数据抽样变得非常容易,蒙特卡洛方法在近年来得到快速普及。

> 初学者可能会把蒙特卡洛法和自助法混淆起来。简单地说,蒙特卡洛法是一个更基础的方法。例如,当无法在一些数学、物理或者工程问题中写出精确的表达式,或者这样做的成本过高时,为了得到一个数值解,就可以通过随机抽样的方法快速得到足够精确的估计值。自助法则完全是一种统计方法。一般的统计推断方法或统计量只是浓缩了样本中的有效信息,并没有充分利用样本中的信息,而自助法则通过重抽样,充分利用剩余的信息构建置信区间,而且该方法在重抽样计算中一般会用到蒙特卡洛法。

16.5.3 蒙特卡洛法的 SPSS 实现

1. 界面说明

SPSS 中的许多过程,特别是涉及分类变量推断的非参数检验和卡方检验的过程,都会提供如图 16.8 所示的"精确检验"对话框,其中有三个选项:

①"仅渐进法"项：只计算基于检验统计量的渐进分布的近似概率值,而不计算确切概率值。此为默认选项,当样本量较大且真实 p 值远离显著性水平 α 时,这样做可以节省计算时间。但是如果 p 值接近于显著性水平 α,或者样本量不够大或分布太偏,则计算出的结果可能偏差较大。

②"蒙特卡洛法"项：即利用模拟抽样方法来求得对确切概率的无偏估计。当样本量较大时,与严格计算确切概率相比,蒙特卡洛方法可以在节约计算时间的情况下得到足够精确的结果。利用"置信度级别"文本框和"样本数"文本框可以进一步设置抽样细节。一般而言,采用默认的 1 万次抽样,计算出真实 p 值的 99% 置信区间就可以了,而其耗时一般在 10 s 以内,远低于确切概率法。

图 16.8　"精确检验"对话框

③"精确"项：使用确切概率法计算出精确的 p 值,由于在大样本情况下这样做有可能非常耗时,因此默认将计算时间限制在 5 min 内,若超过此时限则自动停止。该默认值可以更改。除非非常大的数据集,否则当前的计算机在大多数情况下都不会超过此时限,但这样做一般并无实际意义,完全可以用更高效的蒙特卡洛法替代。

2. 结果解释

如果在例 16.3 中使用蒙特卡洛法来计算 p 值,则蒙特卡洛抽样结果如图 16.9 所示(注意,因为是随机种子,具体数值可能和该图中的不完全相同),其右侧会多出用蒙特卡洛法计算出的 p 值估计值,以及相应 p 值的 99% 置信区间的上限和下限。以皮尔逊卡方检验为例,其 p 值的 99% 蒙特卡洛置信区间为 0.016~0.023,由于该区间整体都小于 0.05 的临界值,因此即使不知道 p 值的点估计值,也仍然可以得出拒绝原假设的结论。因此,当确切概率法的计算量过大时,蒙特卡洛法是一个很好的替代方法。

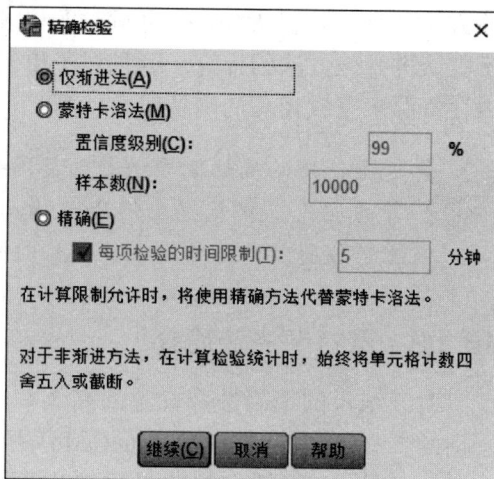

	值	自由度	渐进显著性(双侧)	蒙特卡洛显著性(双侧)			蒙特卡洛显著性(单侧)		
				显著性	99%置信区间		显著性	99%置信区间	
					下限	上限		下限	上限
皮尔逊卡方	7.810[a]	2	.020	.020[b]	.016	.023			
似然比	7.901	2	.019	.019[b]	.016	.023			
Fisher–Freeman–Halton精确检验	7.876			.019[b]	.016	.023			
线性关联	1.017[c]	1	.313	.332[b]	.319	.344	.171[b]	.161	.180
有效个案数	1144								

a. 0个单元格(0%)的期望计数小于5。最小期望计数为102.55。
b. 基于10000个抽样表,起始种子为2000000。
c. 标准化统计为1.009。

图 16.9　蒙特卡洛抽样结果

16.6 样本率比较的其他检验方法

卡方检验虽然可以满足分类变量统计推断的需求,但当样本量较小,或者率/率差接近于0或1时并不能很好地满足检验精度的要求。第8章在讲解二项分布的参数区间估计时,已经介绍了很多精确的置信区间计算方法。SPSS从27.0.1版本起增强了样本率的比较功能,本节就将介绍相应的功能。

16.6.1 样本率与总体率的比较

1. 界面说明

该方法实际上在第8章中计算精确置信区间时已经使用过,这里介绍其具体功能。选择菜单"分析"→"比较平均值和比例"→"单样本比例"命令,打开"单样本比例"对话框,如图16.10所示:

① "检验变量"框:用于选入希望进行比较的变量。

② "定义成功"框组:对于二项分布的数据,确定代表"成功"事件的取值。

③ "置信区间"按钮:单击该按钮,打开"置信区间"对话框,如图16.11(a)所示。该对话框用于设置置信区间的计算方法,以及置信度的数值。相关方法的含义在第8章中已经介绍过,这里不再重复。

④ "检验"按钮:单击该按钮,打开"检验"对话框,如图16.11(b)所示。该对话框用于选择具体的检验方法。对于这里列出的检验方法读者可能会感到陌生,但实际上"得分"项等价于卡方检验,"得分(连续性校正)"项等价于耶茨校正,"瓦尔德(连续性校正)"项是指在大样本情况下才可使用的正态近似检验,"精确二项式"项是指确切概率法,唯一新出现的是"P中间值调整后二项式"项,是指基于中间概率值(mid-p)计算的确切概率法。

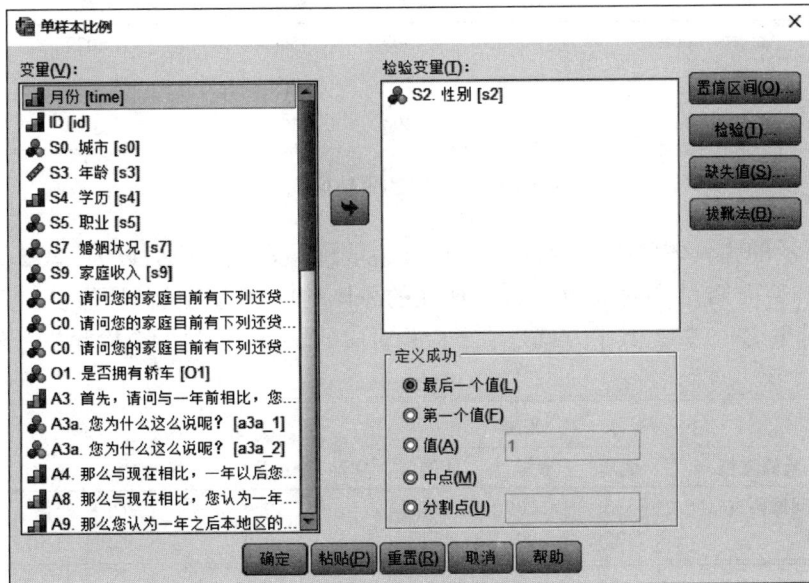

图 16.10 "单样本比例"对话框

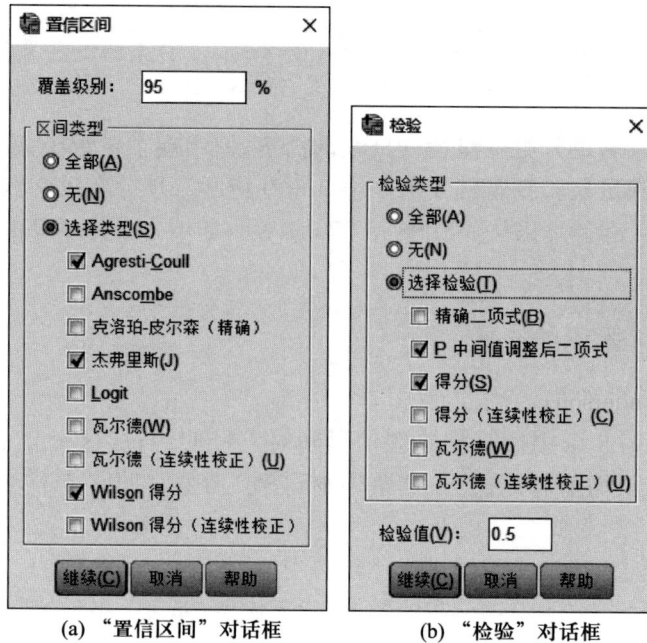

(a) "置信区间"对话框　　　　(b) "检验"对话框

图 16.11　"置信区间"对话框和"检验"对话框

2. 结果解释

以例 16.1 为例,如果按照如图 16.10 和图 16.11 所示的设置,则首先输出的是率的置信区间,如图 16.12 所示。由于在分析过程中设置"最后一个值"为成功事件,因此这里计算的就是女性比例的置信区间,可见在大样本情况下,三种计算方法的结果基本上无差异。

		实测				95%置信区间	
	区间类型	成功	试验	比例	渐进标准误差	下限	上限
S2. 性别=女	Agresti−Coull	135	300	.450	.029	.395	.507
	杰弗里斯	135	300	.450	.029	.394	.507
	Wilson得分	135	300	.450	.029	.395	.507

图 16.12　率的置信区间

图 16.13 所示的为具体的率的检验结果,脚注说明检验对应的原假设为 $\pi=0.5$,而给出的两种检验结论也均和前面相同,尚不能认为样本所在的总体的性别比例偏离原假设。需要注意的是,得分检验的统计量 $Z=-1.732$,其平方就是卡方检验对应的 χ^2 值,即这两个检验是完全等价的。

		实测				渐进		显著性	
	检验类型	成功	试验	比例	实测−测试值[a]	标准误差	Z	单侧 P	双侧 P
S2. 性别=女	P中间值调整二项式	135	300	.450	−.050	.029		.042	.084
	得分	135	300	.450	−.050	.029	−1.732	.042	.083

a. 检验值=.5。

图 16.13　率的检验结果

16.6.2　两个样本率的比较

1. 界面说明

选择菜单"分析"→"比较平均值和比例"→"独立样本比例"命令,打开"独立样本比例"对话框,如图 16.14 所示,该对话框的大部分功能与"单样本比例"对话框一样,这里不再重复解释,下面只介绍一些新增的功能:

①"置信区间"按钮:单击该按钮,在打开的对话框中列出了各种置信区间的计算方法,这些方法都是对第 8 章介绍过的置信区间计算方法的改进。例如,Agresti-Caffo 区间法就是改进自 Agresti-Coull 区间法(将校正方式更改为对试验次数和成功次数分别加 2 和 1),唯一新增的是豪克－安德森(Hauck-Anderson)区间法,该方法更多地用于等效性/非劣效性检验(本书未涉及),普通的假设检验一般不需要使用该方法。

②"检验"按钮:单击该按钮,在打开的对话框中,"Hauck-Anderson"项更多地用于等效性/非劣效性检验,"瓦尔德(连续性校正)"项等价于正态近似检验,"Wald H0"项等价于皮尔逊卡方检验,"Wald H0(连续性校正)"等价于耶茨校正。

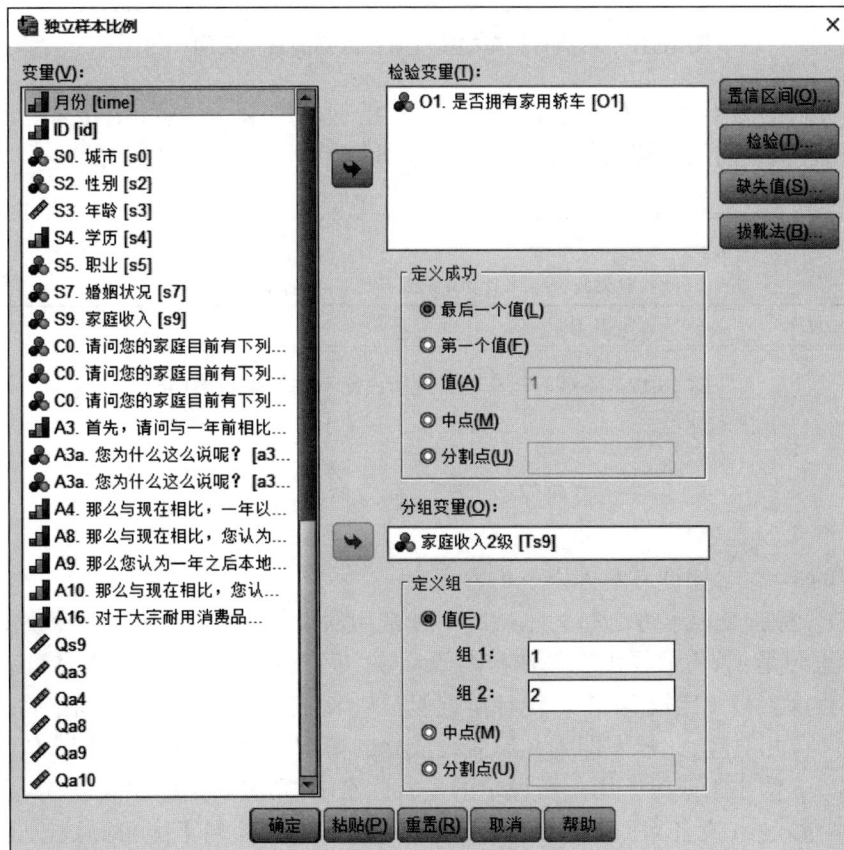

图 16.14　"独立样本比例"对话框

2. 结果解释

以例 16.2 为例,如果按照图 16.14 所示的设置(其上的按钮所对应的对话框均采用默认设置),则首先输出的是率的分组描述性统计量,如图 16.15 所示。注意,这里由于是按照默认设置将"最后一个值"定义为成功事件,因此计算的是不拥有轿车的家庭所占的比例。

	家庭收入2级	成功	试验	比例	渐进标准误差
O1. 是否拥有轿车=没有	=Below 48000	303	335	.904	.016
	=Over 48000	429	654	.656	.019

图 16.15　率的分组描述性统计量(★)

图 16.16 所示的为不拥有轿车的家庭所占比例的置信区间,可见在大样本情况下,各种计算方法的结果基本上无差异。

	区间类型	比例中的差异	渐进标准误差	差值的95%置信区间 下限	差值的95%置信区间 上限
O1. 是否拥有轿车=没有	Agresti–Caffo	.249	.025	.198	.295
	Newcombe	.249	.025	.198	.295

图 16.16　不拥有轿车的家庭所占比例的置信区间(★)

图 16.17 所示的为不拥有轿车的家庭所占比例的检验结果。注意,此处 Z 统计量(精确值)的平方是 71.134,就是前面计算出的皮尔逊卡方值,即两种检验结果是等价的。

	检验类型	比例中的差异	渐进标准误差	Z	显著性 单侧P	显著性 双侧P
O1. 是否拥有轿车=没有	瓦尔德 H0	.249	.025	8.434	<.001	<.001

图 16.17　不拥有轿车的家庭所占比例的检验结果(★)

16.7　本 章 小 结

通过本章的学习,希望读者掌握以下内容:

① 卡方(χ^2)检验是以卡方分布为基础的一种常用假设检验方法,常用于计数变量的显著性检验。其基本思想是:首先假设观测频数与期望频数之间没有差异。而 χ^2 统计量表示观测值与理论值的偏离程度。当 n 比较大时,χ^2 统计量近似服从卡方分布。当自由度固定时,每个 χ^2 值都与一个概率(p 值)相对应,此概率即为在原假设成立的情况下,出现这样一个样本或更大差别样本的概率。如果 p 值小于或等于用户所设定的显著性水平,则应当拒绝原假设,接受备择假设。

② 当样本量较小,或者率/率差接近于 0 或 1 时,卡方检验并不能很好地满足分类数据比较的精度要求,此时可以使用其他更精确的置信区间计算和检验方法。

思考与练习

1. 某机构在修改周六晚上的节目单前后,分别做了收视率调查。在修改节目单前,电视收

视数据为

ABC：29%、CBS：28%、NBC：25%、独立电台：18%

在修改节目单后，由 300 个家庭组成的样本产生下列电视收视数据：

ABC：95 个家庭、CBS：70 个家庭、NBC：89 个家庭、独立电台：46 个家庭

取显著性水平 $\alpha=0.05$，检验电视收视率是否已经发生了变化。请用 SPSS 做分析，并解释分析结果中各项内容的含义。

2. 某机构在修改周六晚上的节目单前后，分别做了收视率调查。在修改节目单前，电视收视数据为

ABC：76 个家庭、CBS：89 个家庭、NBC：83 个家庭、独立电台：52 个家庭

在修改节目单后，由 300 个家庭组成的样本产生下列电视收视数据：

ABC：95 个家庭、CBS：70 个家庭、NBC：89 个家庭、独立电台：46 个家庭

取显著性水平 $\alpha=0.05$，检验电视收视率是否已经发生了变化。请用 SPSS 做分析，并解释分析结果中各项内容的含义（请将本题与第 1 题做比较）。

3. 三名推销员在三个月内的销售数量如表 16.1 所示。取显著性水平 $\alpha=0.05$，对推销员与产品类型的独立性进行检验，你有何结论？

表 16.1　三名推销员在三个月内的销售数量

推销员	产品		
	A	B	C
Michael	14	12	4
David	21	16	8
Alice	15	5	10

第17章 无序分类变量的统计推断——卡方检验(下)

第 16 章介绍了卡方检验的基本知识,本章将进一步就分类变量的统计推断进行讲解,涉及的方法虽然有些是卡方检验的拓展,有些是独立发展的,但都是在应用上和卡方检验关联非常密切的方法。

17.1 二分类变量之间关联程度的度量

卡方检验可以从定性的角度确认两个变量之间是否存在关联,当拒绝原假设时,在统计学中有把握认为两个变量之间存在关联。但接下来的问题是:它们之间的关联程度如何? 有没有什么指标可以客观地表示其大小? 例如,在进行一项有关客户满意度的研究时,研究者发现价格、质量、服务都与总体客户满意度相关,但哪一项与总体客户满意度的关系更密切一些呢? 如果要提高客户满意度,最需要做的是调整价格、提高服务水平,还是改进产品质量? 下面就来探讨分类变量之间关联程度的度量方式。

在 SPSS 中,可以针对不同的变量类型,计算各种度量关联程度的指标,而且交叉表过程也对此提供了完整的支持,但此处只涉及度量二分类变量之间关联程度的指标。

17.1.1 相对危险度与比值比

在实际应用中,χ^2 值的大小可以粗略地反映两个变量之间联系的强弱,但很难有贴近实际的解释,如果有一个指标能够告诉研究者:男性购买该产品的可能性是女性的 3 倍,就非常容易理解了。相对危险度和比值比(又称为优势比)就可以满足这一要求,它们与其他度量关联程度的指标的最大不同之处在于,相对危险度和比值比关心的是行变量某一水平和列变量某一水平相对于基础水平的关联程度,即不同水平之间的比较,而其他度量关联程度的指标,关心的则是整体上行变量与列变量各水平之间的关联程度。

1. 相对危险度

相对危险度是两个概率的比值,具体是指试验组人群反应阳性概率与对照组人群反应阳性概率的比值,用公式表示为

$$RR = \frac{P_\mathrm{T}}{P_\mathrm{C}} = \frac{a/n_\mathrm{T}}{c/n_\mathrm{C}}$$

其中,P_T 为试验组人群反应阳性概率,P_C 为对照组人群反应阳性概率,n_T 为试验组总人数,a 为试验组反应阳性人数,n_C 为对照组总人数,c 为对照组反应阳性人数。RR 值用于反映试验因素与反应阳性之间的关联程度,其取值范围为从 0 到无穷大。RR 值等于 1,表明试验因素与反应阳性之间无关联;RR 值小于 1,表明试验因素导致反应阳性的发生率降低;RR 值大于 1,表明试验因素导致反应阳性的发生率提高。

2. 比值比

显然,关于相对危险度的解释非常容易理解,但是只有得到各组的反应阳性概率才能对其进行计算,由于在回顾性研究中很难求得人群反应阳性概率,因此也无法估计相对危险度,此时研究者常用比值比代替相对危险度,来反映试验因素与对照因素之间的关联程度。比值比是两个比值的比,具体是指反应阳性人群中有无试验因素的比例与反应阴性人群中有无试验因素的比例之比,其计算公式为

$$OR = \frac{a/b}{c/d} = \frac{ad}{bc}$$

其中,a 为反应阳性人群中有试验因素的人数,b 为反应阳性人群中无试验因素的人数,c 为反应阴性人群中有试验因素的人数,d 为反应阴性人群中无试验因素的人数。显然,OR 值大于 1,表明该试验因素更容易导致反应阳性,或者说采用试验因素和反应阳性之间有关联。

由于比值比是两个比值的比,对于其含义不太好解释,而解释相对危险度则容易得多,因此在大多数情况下人们希望将比值比按照相对危险度的含义来解释。当所关注的事件发生率比较小(小于 0.1)且所设计的研究是病例 – 对照研究时,可以将比值比作为相对危险度的近似。

17.1.2 案例:计算家庭收入级别和轿车拥有率之间的关联程度

在例 16.2 中已经对家庭收入级别和轿车拥有率的四格表做了卡方检验,结果显示两者之间存在关联,中高收入家庭的轿车拥有率更高。如果使用相对危险度、比值比等一系列指标来对其关联程度进行定量描述,则具体操作如下:

① 选择菜单 "分析" → "描述统计" → "交叉表" 命令,打开 "交叉表" 对话框。
② 将变量 "家庭收入 2 级" 选入 "行" 框。
③ 将变量 "O1. 是否拥有轿车" 选入 "列" 框。
④ 在 "交叉表:统计" 对话框中,选中 "风险" 复选框。
⑤ 单击 "确定" 按钮。

由于本例不是前瞻性的研究设计,严格地说,这里得到的只是两种人群的轿车拥有率,而不是购买概率,所得到的 RR 值并不符合其定义,因此下面的数值解释也只是用于演示。

注意,上述操作中对行变量、列变量的设置和前面相反,这主要是为了得到符合需求的 RR 值,相应的风险评估结果如图 17.1 所示,从中可知:

① 比值比是两个比值的比,某个事件的比值是它发生的概率除以它不发生的概率。在本例中,低收入家庭拥有轿车的比值是 9.6%/90.4%=0.106,中高收入家庭拥有轿车的比值是 34.4%/65.6%=0.524,则 OR 值为 0.106/0.524=0.202,该指标的 95% 置信区间同样不包括 1,说明该 OR 值的确不等于 1(有统计学差异)。

② 对于不同收入级别的家庭而言,其拥有轿车的相对危险度是两种家庭拥有轿车的概率之比,其估计值是 9.6%/34.4%=0.279,即低收入家庭拥有轿车的概率是中高收入家庭的 0.279 倍,或者倒过来讲,中高收入家庭拥有轿车的概率是低收入家庭的 1/0.279=3.584 倍,而且其 95% 置信区间不包括 1,具有统计学意义。

③ 相应地,不同收入级别家庭不拥有轿车的相对危险度则是两种家庭不拥有轿车的概率之比,其估计值为 90.4%/65.6%=1.378,即低收入家庭不拥有轿车的概率是中高收入家庭的 1.378 倍(当然本例更关心的是前面的 0.279 那个数据),该数值的 95% 置信区间同样也不包括 1。

	值	95%置信区间	
		下限	上限
家庭收入2级(Below 48000/Over 48000)的比值比	.202	.135	.300
对于cohort O1.是否拥有轿车=有	.279	.196	.392
对于cohort O1.是否拥有轿车=没有	1.378	1.291	1.472
有效个案数	989		

图 17.1　风险评估结果(★)

上述三个指标的假设检验实际上是完全等价的,此外 OR 值也等于拥有轿车与不拥有轿车的相对危险度之比(在本例中,0.279/1.378=0.202)。

17.2　分层卡方检验

对于例 16.2,经卡方检验发现家庭收入级别的确会影响家庭的轿车拥有率,随后又进一步计算出了两者之间的关联程度指标 OR 值和 RR 值。但研究者发现还存在如下问题:

① 不同城市的家庭轿车拥有情况存在差异,那么对于不同的城市来说,不同家庭收入级别对轿车拥有率的影响是否也存在差异? 例如,在有的城市影响大一些,而在其他城市影响小一些?

② 如果对于不同的城市,家庭收入级别的影响有差异,那么自然需要分城市进行分析;即使没有差异,由于不同城市的家庭收入分布不同,直接将数据混合起来进行分析难免会影响结果的准确性。在考虑了此问题,或者说控制了城市因素的混杂作用之后,校正后的 RR 值或者 OR 值应当是多少?

可用于解决上述问题的统计方法很多,而分层卡方检验就是其中最基本和最常用的一种,其基本思想是把研究对象分解成不同的层次,针对每个层次分别研究行变量与列变量之间的关联程度,然后再想办法将分析结果合并起来。分层因素在几个组之间的分布不均匀,既可能削弱原本存在的行变量与列变量之间的关系,也可能使得原本无关的两个变量之间的关系呈现统计学显著性。而分层分析则可以避开这一问题。

例 17.1　在例 16.2 的基础上,进一步控制城市因素的作用,在控制城市因素作用的前提下得到更准确的家庭收入级别和轿车拥有率之间的关联程度指标。

① 选择菜单"分析"→"描述统计"→"交叉表"命令,打开"交叉表"对话框。

② 将变量"家庭收入 2 级"选入"行"框。

③ 将变量"O1. 是否拥有轿车"选入"列"框。

④ 将城市变量 s0 选入"层"框。

⑤ 在"交叉表：统计"对话框中，选中"风险"复选框、"柯克兰和曼特尔 – 亨塞尔统计"复选框。

⑥ 单击"确定"按钮。

这里省略分层交叉表的输出结果，直接给出相应的分析结果。图 17.2 所示的为"风险"复选框所对应的分层的风险评估结果（内容有删减），由于设置了分层变量，因此会对每个层次单独进行风险评估，并同时给出总计样本的风险评估结果。仅从 *OR* 值就可以看出，A、B、C 三个城市的 *OR* 值虽然都不等于 1，但样本估计值并不相同，城市 B 的 *OR* 值只有 0.089，而城市 C 的 *OR* 值则高达 0.333。这种差异究竟代表的是抽样误差，还是真实存在的总体差异，仅靠普通的卡方检验／风险评估是无法回答的，而这则是分层卡方检验应当完成的任务。

S0. 城市		值	95%置信区间	
			下限	上限
100A	家庭收入2级(Below 48000/Over 48000)的比值比	.156	.075	.326
	有效个案数	319		
200B	家庭收入2级(Below 48000/Over 48000)的比值比	.089	.031	.251
	有效个案数	337		
300C	家庭收入2级(Below 48000/Over 48000)的比值比	.333	.189	.586
	有效个案数	333		
总计	家庭收入2级(Below 48000/Over 48000)的比值比	.201	.135	.300
	有效个案数	989		

图 17.2 分层的风险评估结果（内容有删减）（★）

在分层卡方检验的分析结果中，图 17.3 所示的是层间一致性的检验结果（即比值比齐性检验结果），即考察不同层次的家庭收入级别与轿车拥有率之间的关联程度是否相同。其中采用了两种检验方法，这两种检验方法在本例中的结论相同，认为对于不同城市，行变量和列变量之间的关联程度并不相同，因此不应当将不同城市的数据结合起来得到一个总的分析结果。

	卡方	自由度	渐进显著性(双侧)
Breslow–Day	6.165	2	.046
塔罗内	6.161	2	.046

图 17.3 比值比齐性检验结果（★）

如果按照多变量统计模型来解释，上述结果就意味着城市这个因素，与行变量和列变量之间的关联程度存在交互作用，需要在模型中引入交互项。

图 17.4 给出的是条件独立性检验结果，是在考虑了（或者说去除了）分层因素的作用后，对行变量和列变量之间关联程度的检验结果。其中，共给出 CMH 卡方检验（图中标记为"柯

克兰")和 MH 卡方检验(图中标记为"曼特尔 – 亨塞尔")两种结果,前者是后者的改进,可见两者的 p 值均小于 0.05,即可以认为家庭收入级别与轿车拥有率之间有关联,但是由于层间一致性的检验结果是差异有统计学意义,因此这里的结论仅供参考。

	卡方	自由度	渐进显著性(双侧)
柯克兰	72.397	1	<.001
曼特尔–亨塞尔	70.879	1	<.001

在条件独立性假定下,仅当层数固定,而曼特尔–亨塞尔统计始终渐进分布为1自由度卡方分布时,柯克兰统计才渐进分布为1自由度卡方分布。请注意,当实测值与期望值之差的总和为0时,曼特尔–亨塞尔统计将不会进行连续性校正。

图 17.4　条件独立性检验结果(★)

图 17.5 给出的是曼特尔 – 亨塞尔一般比值比估计结果(OR_{MH} 值,即调整了分层因素作用的综合 OR 值,图中标记为"估算")、OR_{MH} 值的自然对数、置信区间及其相应的 p 值,可见检验结论和前面一致,$OR_{MH}=0.195$,即去除了分层因素的混杂作用后,和中高收入家庭相比,中低收入家庭拥有轿车的比值比为 0.195。当然,由于一致性检验有统计学差异,因此在本例中不应当计算综合 OR 值,而应当分层考察结果,这里的分析结果仅供参考。

估算			.195
ln(估算值)			−1.636
ln(Estimate)标准误差			.206
渐进显著性(双侧)			<.001
渐进95%置信区间	一般比值比	下限	.130
		上限	.292
	ln(一般比值比)	下限	−2.040
		上限	−1.232

曼特尔–亨塞尔一般比值比估算在假定一般比值比为1.000 的前提下进行渐进正态分布。自然对数估算也是如此。

图 17.5　曼特尔 – 亨塞尔一般比值比估计结果(★)

分层卡方检验是一种很好的控制其他因素的方法,能得到更准确的结果。如果数据量足够大,还可以引入更多的分层因素。但是,和 SAS 中的 CMH 卡方不同,SPSS 提供的 CMH 卡方检验只能进行二分类变量检验,而不能进行多分类变量检验。这是因为分层卡方检验只是对分层因素进行了简单的控制,当各层间效应的大小不同,或者说分层因素和要分析的变量之间存在交互作用时,分层卡方检验就不再适用。而这种情况在多分类变量的分层分析中会经常遇到,此时应当使用对数线性模型或者逻辑斯谛回归模型来进行更为深入和准确的分析,这些方法可参见《高级教程》的相关章节,这里不做详述。

17.3　一致性检验与配对卡方检验

17.3.1　科恩卡帕检验

在前面提及的交叉表中,行变量和列变量是一个事物的两个不同的属性。但还有一种交叉表,其行变量和列变量反映的是一个事物的同一属性,只是对该属性各水平的区分方法不同,这相当于在研究设计中采用了配对设计。例如,在一张表内显示某病的诊断结果,行变量为一种诊断方法,列变量为另一种诊断方法。再如,在一张表内显示对某事物的评价等级,行变量和列变量分别显示不同人员的评价。如果希望检验使用这两种方法区分对同一属性的评价结果是否一致,则不应当使用皮尔逊卡方检验,因为皮尔逊卡方检验并不适用于这种配对设计的数据,它无法告诉这两种评价结果的一致性如何,此时可以采用科恩卡帕(Cohen Kappa)检验对这两种评价结果的一致性进行检验。

> 更准确地说,皮尔逊卡方检验只能告诉两种评价结果之间是否存在关联,而不能判断其是否具有一致性。例如,对于甲分别诊断为患轻度、中度、重度疾病的患者,乙一律将他们分别诊断为患中度、重度、轻度疾病,两者的诊断结果显然不具有一致性,但如果使用卡方检验,则是有统计学意义的,因为它们的诊断结果之间的确存在关联。

例 17.2　某公司期望扩展业务,增开几家分店,但对开店地址不太确定。于是选择了 20 个地址,请两位顾问分别对这 20 个地址做评价,把它们评为好、中、差三个等级,以便确定应对哪些地址进行更进一步的调查,那么这两位顾问的评价结果是否一致?数据文件见 site.sav。

在 SPSS 中,依然用"交叉表"对话框,将两位顾问的评价结果分别作为行变量和列变量,并在"交叉表:统计"对话框中指定要求进行科恩卡帕检验。另外,因为本例中的样本量很小,故要求计算确切概率以保证结果的正确性。具体操作如下:

① 选择菜单"数据"→"个案加权"命令,打开"个案加权"对话框。

② 选择"个案加权系数"项。

③ 将频数变量 count 选入"频率变量"框。

④ 选择菜单"分析"→"统计描述"→"交叉表"命令,打开"交叉表"对话框。

⑤ 将顾问一的评价变量 cons1 选入"行"框。

⑥ 将顾问二的评价变量 cons2 选入"列"框。

⑦ 在"交叉表:统计"对话框中,选中"Kappa"复选框。

⑧ 单击"确定"按钮。

图 17.6 所示的是顾问一的评价变量 × 顾问二的评价变量交叉表。

图 17.7 所示的就是一致性检验结果。注意,这里科恩卡帕检验的原假设是:Kappa=0,即两者完全无关。检验结果显示,Kappa=0.429,$p < 0.001$,拒绝原假设(两位顾问的评价结果不一致),认为两位顾问的评价结果存在一致性。但根据经验,一般认为:Kappa ≥ 0.75,表明两者的一致性较好;0.4 ≤ Kappa<0.75,表明两者的一致性一般,Kappa<0.4 则表明两者的一致性较差。因此,本例中数据的一致性并不是很强,特别是有一个地址两位顾问竟然给出了完全相反的评价。

计数

		顾问二的评价			
		差	中	好	总计
顾问一的评价	差	6	0	0	6
	中	5	2	2	9
	好	1	0	4	5
总计		12	2	6	20

图 17.6　顾问一的评价变量 × 顾问二的评价变量交叉表（★）

	值	渐进标准误差[a]	近似T[b]	渐进显著性
协议测量　Kappa	.429	.131	3.333	<.001
有效个案数	20			

a. 未假定原假设。

b. 在假定原假设的情况下使用渐进标准误差。

图 17.7　一致性检验结果（★）

科恩卡帕检验在医学研究中应用得很多。例如，在一种简单易行的诊断方法是否可替代另一种结果可靠、但操作烦琐的诊断方法的研究中，就会用到科恩卡帕检验。另外，在数据分析中，比较两种方法预测结果的一致性时也可能会用到这种检验方法。

17.3.2　弗莱斯卡帕检验

前面介绍的科恩卡帕检验用于检验两种评价结果的一致性。但是当要进行多种评价结果的一致性检验时就不适用了，此时可以考虑使用弗莱斯卡帕（Fleiss Kappa）检验。

弗莱斯卡帕检验和科恩卡帕检验使用不同的方法来估计一致性概率。简单地说，科恩卡帕检验假设评价者是特意选择且保持不变的，而弗莱斯卡帕检验则认为评价者是从一组可用的评价者中随机选择的。但是在进行一致性检验时，两者使用的标准基本相同。

SPSS 提供了 Python 插件 STATS_FLEISS_KAPPA.spe，安装后就可以使用弗莱斯卡帕检验了，相应的对话框如图 17.8 所示，在"评分变量"框中可以同时选入多个评价者，各用一个变量来记录其评价信息。

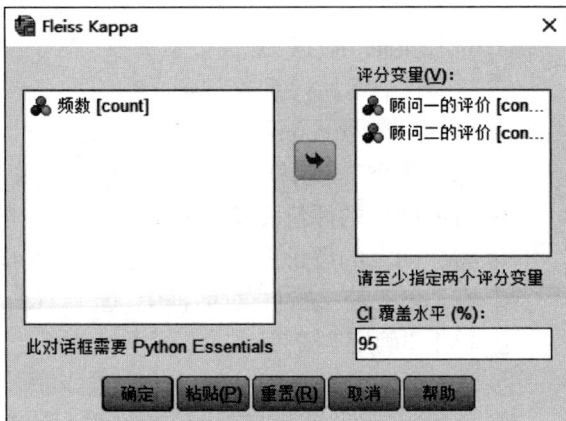

图 17.8　"Fleiss Kappa"对话框

较新版本的 SPSS 也可以在信度分析对话框中直接实现弗莱斯卡帕检验，两种方式的分析结果完全等价，要想了解相应的内容，可参考《高级教程》。

仍然以数据文件 site.sav 为例,具体操作如下(假定数据已经完成个案加权操作):
① 选择"分析"→"刻度"→"Fleiss kappa"命令,打开"Fleiss kappa"对话框。
② 将顾问一的评价变量 cons1、顾问二的评价变量 cons2 均选入"评分变量"框。
③ 单击"确定"按钮。

图 17.9 给出的是数据整体的弗莱斯卡帕检验结果,可见 $p=0.017$,认为两位顾问的评价结果存在一致性,但是 Kappa=0.381,一致性并不算高,整体结论和科恩卡帕检验相同。图 17.10 给出的则是差、中、好三个级别的弗莱斯卡帕检验结果,从中可见两位顾问对好地址评价的一致性比较高,Kappa=0.727,且有统计学意义,但是对差地址、中地址评价的一致性则较差,并且一致性尚无统计学意义。显然相比之下,弗莱斯卡帕检验提供的统计信息比科恩卡帕检验更丰富。

	Kappa	Asymptotic Standard Error	Z	P Value	Lower 95% Asymptotic CI Bound	Upper 95% Asymptotic CI Bound
Overall	.381	.160	2.384	.017	.068	.694

图 17.9　数据整体的弗莱斯卡帕检验结果(★)

Rating Category	Conditional Probability	Kappa	Asymptotic Standard Error	Z	P Value	Lower 95% Asymptotic CI Bound	Upper 95% Asymptotic CI Bound
1	.667	.394	.224	1.762	.078	−.044	.832
2	.364	.122	.224	.547	.585	−.316	.561
3	.727	.624	.224	2.790	.005	.186	1.062

图 17.10　差、中、好三个级别的弗莱斯卡帕检验结果(★)

17.3.3　加权卡帕检验

前面介绍的两种卡帕检验方法虽然能够检验不同评价结果的一致性,但在计算一致性时并不考虑各评价结果之间是否存在次序关系,而这显然并不适于检验有序评价结果的一致性。例如,当两位顾问的评价结果不一致时,相对于中和差,好和差的不一致性显然更高,因而在计算一致性时就需要给予更大的惩罚。加权卡帕检验是在科恩卡帕检验的基础上发展起来的,通过在各评价结果的差异间引入权重,来充分利用这种有序信息。

加权卡帕检验主要有以下两种加权方式:
① 线性加权:假设相邻两个有序级别的差异权重均相等(等距),$w_i=1-i/(k-1)$,其中 i 是级别距离,k 是级别的数量。
② 平方加权:级别距离和权重下降之间呈曲线关系,$w_i=1-[i/(k-1)]^2$,其中 i 是级别距离,k 是级别的数量。

在分析过程中,并不是说哪种加权方式一定更好,使用者需要根据专业知识来判断使用哪种加权方法最合适。

仍然以数据文件 site.sav 为例,显然在本例中顾问的评价结果为有序评价结果,因此使用加

权卡帕检验来检验一致性最合适,相应的操作如下:

① 选择菜单"分析"→"刻度"→"加权 kappa"命令,打开"加权 kappa"对话框,如图 17.11 所示。

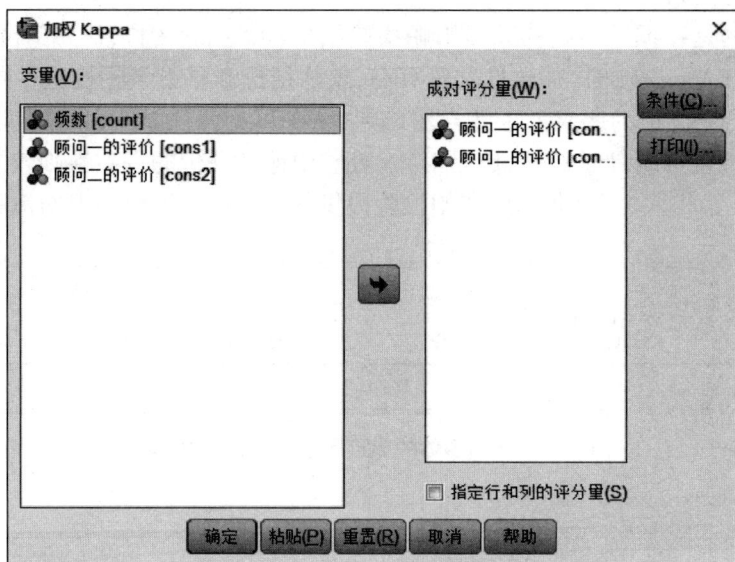

图 17.11　"加权 Kappa"对话框

② 将顾问一的评价变量 cons1 和顾问二的评价变量 cons2 选入"成对评分量"框。

③ 单击"确定"按钮。

在分析过程中可以选入多个评分变量,分析结果会给出两两加权卡帕检验的结果。此外,也可以在"加权 kappa"对话框中选中"指定行和列的评分量"复选框,此时对话框界面将切换为分别选择行评分变量和列评分变量字段,从而可以精确地控制结果输出的格式。单击"条件"按钮,打开相应的对话框则可以做进一步的设置,如是使用线性加权还是使用平方加权,或者修改置信区间的宽度等。

较早版本的 SPSS 并未直接整合加权卡帕检验,但单独提供了 Python 插件 STATS_WEIGHTED_KAPPA.spe 用于实现该方法,安装好该插件后,加权卡帕检验过程所在的菜单位置完全相同,结果也完全一致,仅是对话框的设置稍有差异。

图 17.12 所示的为加权卡帕检验结果,可见结论与前面基本相同,但检验结果和 Kappa 的值都有所变化。对本例而言,能充分利用有序信息的加权卡帕检验结果才是最准确的。

Weighting	Kappa	Asymptotic Standard Error	Z	P Value	Lower 95% Asymptotic CI Bound	Upper 95% Asymptotic CI Bound
Linear	.521	.137	3.206	.001	.253	.790

cons1 vs. cons2

图 17.12　加权卡帕检验结果（★）

17.3.4　配对卡方检验

利用卡帕检验可以回答两种评价结果之间究竟有无关联的问题。但是通过对列联表进行观察,可以发现两位顾问的评价结果似乎不太一样,对于这种问题又应该如何分析呢? 这可以用麦克尼马尔配对卡方检验来回答,在"交叉表:统计"对话框中选中"麦克尼马尔"复选框,输出的配对卡方检验结果如图 17.13 所示。此处的原假设 H_0 为:两位顾问的评价结果之间无差异,显然,p 值小于 0.05,因此拒绝该假设,认为两位顾问的评价结果之间有差异。进一步考察数据,会发现顾问二比顾问一更倾向于给出较差的评价,但究竟哪一位顾问的评价更客观、准确,则并非卡帕检验或配对卡方检验所能回答的,需要根据实际情况自行判断。

	值	自由度	渐进显著性(双侧)
麦克尼马尔-鲍克检验	8.000	3	.046
有效个案数	20		

图 17.13　配对卡方检验结果(★)

> 对于四格表,配对卡方检验会直接使用更精确的二项分布检验给出确切的 p 值。但对于更大的表格,则只能使用近似的麦克尼马尔 – 鲍克检验给出近似 p 值。

现在卡帕检验认为两位顾问的评价结果存在一致性,而配对卡方检验则认为两位顾问的评价结果是有差异的。实际上,参考前面介绍的卡帕检验的评价方式,就可以理解这两个结论并不矛盾。另外,两者在信息的利用上也有差异:卡帕检验会利用列联表中的全部信息,而配对卡方检验只利用列联表中非主对角线单元格内的信息,即它只关心两者不一致的评价情况,因此用于判断两个评价者是否存在某种特定的倾向。

> 在实际应用中,对于一致性较好,即绝大多数的数据都在主对角线单元格中的列联表,配对卡方检验可能会失去使用价值。例如,对 1 万个个案进行一致性评价,其中对 9995 个个案的评价结果都是完全一致的,它们分布在主对角线单元格中,另有 5 个个案分布在左下方的三角区中。显然,此时的一致性相当好。但如果使用配对卡方检验,由于它并不考虑主对角线单元格中的数据,只会利用上、下三角区中的信息,此时反而会得出两种评价结果有差异的结论。而正确应用这些检验方法的关键,就在于弄清楚自己希望考察的究竟是一致性,还是差异性。

17.4　本 章 小 结

通过本章的学习,希望读者掌握以下内容:

① 关联程度的度量:卡方检验可以从定性的角度告诉人们两个变量之间是否存在关联,而度量关联程度的指标则可以从定量的角度告诉人们两个变量之间的关联程度如何。不同的关联程度度量指标适用于不同类型的变量。相对危险度是两个概率的比值,是试验组人群反应阳性概率与对照组人群反应阳性概率的比值,用于反映试验因素与反应阳性之间的关联程度。比值

比是两个比值的比,是反应阳性人群中有无试验因素的比例与反应阴性人群中有无试验因素的比例之比。在下列两个条件均满足时,可用于估计 RR 值:一是所关注的事件发生率比较小(小于 0.1),这个条件保证了比值比能够对相对危险度有一个好的近似;二是所设计的研究是病例–对照研究。

② 分层卡方检验:分层卡方检验是把研究对象分解成不同的层次,针对每个层次分别进行行变量与列变量的独立性研究。可以在去除分层因素的作用后更准确地对行列变量的独立性进行考察。

③ 卡帕检验:卡帕检验可以对不同评价结果的一致性进行检验,常用的为科恩卡帕检验,用于检验两种评价结果的一致性。当进行多种评价结果的一致性检验时可以考虑使用弗莱斯卡帕检验。加权卡帕检验则适用于检验有序评价结果的一致性。

④ 配对卡方检验:该方法可用于分析两种评价结果之间是否有差异,但对于一致性较好的数据可能会没有使用价值。

思考与练习

1. 请在控制月份因素作用的前提下,计算能够度量家庭收入级别和轿车拥有率之间关联程度的指标。

2. 两位教练对同一批学员进行了结业评价,其结果如图 17.14 所示,请对两种评价结果的一致性进行检验。

		教练乙			
		优秀	良好	合格	不合格
教练甲	优秀	3	1	0	0
	良好	2	9	0	0
	合格	0	2	13	0
	不合格	0	0	1	3

图 17.14   两位教练对同一批学员的结业评价结果

第18章 相 关 分 析

任何事物之间都是有关系的,各种关系之间无非存在强弱、直接或间接的差别。相关分析用定量指标来描述这种关系。在第15章中,我们实际上已经接触到了相关分析的指标体系,根据变量类型的不同,可以使用不同的相关性测量指标。本章将主要针对连续变量对相关分析做进一步的探讨。

> 提到相关分析,读者可能会认为其研究的是两个变量之间的关系。但实际上,广义的相关分析既可以是研究一个变量和多个变量之间的关系,也可以是研究两个变量群,甚至多个变量群之间的关系。后两种情况由于涉及比较复杂的模型,因此不在本书介绍的范围之内,读者可以在《高级教程》中学习相应的方法。

18.1 相关分析简介

18.1.1 相关分析的指标体系

尽管提及相关分析时,考察的往往都是两个连续变量之间的相关关系,但实际上对于任何测量尺度的两个变量,其彼此之间的相关关系都可以使用相应的指标来考察。在介绍相关分析的指标体系之前,先介绍测量相关性的相关系数的种类。

测量相关性的相关系数有很多种,有的是基于卡方(χ^2)值的相关系数,有的则是主要考虑预测效果的相关系数;有的是对称性相关系数,有的则是非对称性相关系数(在将变量的位置对换后,对称性相关系数将不变,非对称性相关系数则会改变)。大部分相关系数的取值范围为0~1,0代表完全不相关,1代表完全相关。但是,用于测量连续变量或有序分类变量之间相关性的相关系数,其取值范围则为 –1~1,其绝对值的大小代表相关性的强弱,其符号则代表相关的方向,即是正相关,还是负相关。

1. 连续变量的相关分析指标

连续变量的相关分析是最常见的,一般使用的指标是皮尔逊相关系数。皮尔逊相关系数又称为积差相关系数,用来表示连续变量之间相关性的强弱,其取值范围为 –1~1。当两个变量之间的相关性达到最强,且散点图上的散点呈一条直线时,该相关系数的取值为 –1 或 1,其中符号表示相关的方向;当两个变量完全无关时,相关系数的取值为 0。

皮尔逊相关系数应用得非常广泛,但严格地讲只适用于两个变量呈线性相关的情况。此外,作为参数检验方法,皮尔逊相关系数有一定的适用条件,当数据不满足这些条件时,研究者可以考虑使用斯皮尔曼(Spearman)等级相关系数。

2. 有序分类变量的相关分析指标

有序分类变量之间的相关性又称为一致性。所谓一致性强,是指行变量等级高时列变量等级也高,行变量等级低时列变量等级也低。如果行变量等级高时列变量等级低,则称为不一致。

在详细介绍有序变量的相关分析指标之前,要先明确 P 和 Q 这两个指标的含义:若按照两个变量的取值列出交叉表,则 P 表示一致对子数,Q 表示不一致对子数,基于此可以计算以下 4 个指标:

(1) Gamma 统计量

Gamma 统计量用于描述有序分类变量之间的相关性,其取值范围为 –1~1,当观测值集中在对角线上时,该统计量的取值为 –1 或 1,表示两个变量的取值绝对一致或绝对不一致;如果两个变量完全无关,则该统计量的取值为 0。它的计算公式非常简单:

$$\gamma=(P-Q)/(P+Q)$$

(2) 肯德尔 tau-b (Kendall's tau-b) 等级相关系数

要了解肯德尔 tau-b 等级相关系数,必须先了解肯德尔 tau-a 等级相关系数 τ_a,在计算该相关系数时将 P 与 Q 之差作为分子:

$$\tau_a=\frac{P-Q}{n(n-1)/2}$$

理论上,τ_a 的取值范围为 –1~1,但是当相同等级太多时,其最大值或最小值不能达到 1 或 –1。为此对上式中的分母按照相同等级的对子数进行校正,以保证其取值范围为 –1~1,此即肯德尔 tau-b 等级相关系数 τ_b。由于校正后的公式比较复杂,这里不再给出。

(3) 肯德尔 tau-c (Kendall's tau-c) 等级相关系数

肯德尔 tau-c 等级相关系数,在肯德尔 tau-b 等级相关系数的基础上又进一步考虑了整张列联表的大小,并对其进行了校正。

(4) 萨默斯 d (Somers' d) 系数

该系数是萨默斯 (Somers) 提出的,因此称为萨默斯 d 系数。它是肯德尔 tau-b 等级相关系数 τ_b 的不对称调整,只对自变量相等的对子进行校正,并分别给出 d_{yx} 和 d_{xy} 两个系数:

$$d_{yx}=\frac{P-Q}{P+Q+P_y},\ d_{xy}=\frac{P-Q}{P+Q+P_x}$$

其中,d_{yx} 表示 x 为自变量、y 为因变量时的情况,其中 P_y 表示 y 方向上的一致对子数;d_{xy} 表示 y 为自变量、x 为因变量时的情况,其中 P_x 表示 x 方向上的一致对子数。

在上述 4 个指标中,后 3 个指标实际上都是从 Gamma 统计量衍生出来的。

3. 无序分类变量的相关分析指标

对于无序分类变量,使用 χ^2 值就可以测量两个变量之间的相关性,下面介绍更专业的相关分析指标,它们实际上也是从 χ^2 值衍生出来的。

(1) 列联系数 (coefficient of contingency)

该系数基于 χ^2 值得出,其公式为 $\sqrt{\chi^2/(\chi^2+n)}$,其中 n 为总样本量。该系数的取值范围为 0~1,值越大,表明两个变量之间的相关性越强。

(2) Phi 系数 (φ 系数) 和克拉默 V (Cramer's V) 系数

这两个系数也是基于 χ^2 值得出的。其中,Phi 系数是基于 χ^2 值和总观测频数计算出来的:

$$\varphi=\sqrt{\chi^2/n}$$

在四格表卡方检验中,其取值范围为 0~1。在其他列联表卡方检验中,其取值在理论上没有上限,值越大,表明相关性越强。

克拉默 V 系数是 Phi 系数的一个调整。与 Phi 系数相比,克拉默 V 系数对相关性的测量相对保守,经调整其取值在任何列联表中均不超过 1。该系数的值越大,相关性就越强:

$$V = \sqrt{\varphi^2/\min\left[(r-1),(c-1)\right]}$$

上式分母中的 $\min\left[(r-1),(c-1)\right]$,表示选择 $(r-1)$ 和 $(c-1)$ 中的较小者作为除数。经过这样的改进,克拉默 V 系数的取值范围也是 0~1,因此就克服了 Phi 系数不能与其他相关系数进行比较的缺点。

(3) λ 系数(Lambda 系数)

λ 系数用于反映自变量对因变量的预测效果,即人们在知道自变量取值的情况下,能在多大程度上改进对因变量的预测,或者说期望预测误差减少的比例。λ 系数将误差定义为预测列(行)变量时出现的错误,其预测值是个体所在行(列)的众数,其计算公式为

$$\lambda = \frac{\sum_{i=1}^{n} f_{im} - F_{ym}}{n - F_{ym}}$$

在上式中,f_{im} 为变量 x 的类别 i 中变量 y 次数分布的众数次数,F_{ym} 为变量 y 的各类别次数分布的众数次数,n 为总次数。变量 x 和变量 y 之间的相关性是通过消减误差比例来衡量的,对于计算结果自然也从消减误差比例的角度去解释,即"根据变量 x 去估计变量 y 可以减少 $(\lambda \times 100)\%$ 的误差",因此 λ 的取值范围必定为 0~1。$\lambda=1$,表明知道了自变量的取值就可以完全确定因变量的取值,$\lambda=0$,表明自变量对因变量完全没有预测作用。

另外,需要注意的是,如果将表中的行变量和列变量的位置对换,计算出的 λ 值就会不同,也就是说,行变量为自变量和列变量为自变量的结果是不一样的。当无法确定自变量与因变量时,可以取两个 λ 值的均值作为 λ 相关量,SPSS 会同时给出这三种结果。

(4) 不确定性系数(uncertainty coefficient)

不确定性系数的取值范围为 0~1。和 λ 系数类似,不确定性系数也用于反映在知道自变量的取值后,因变量的不确定性下降了多少(比例),两者只是在误差的定义上稍有差异。在 SPSS 中,将熵作为不确定性的度量指标,一共会输出行变量为自变量、列变量为自变量、对称不确定性系数三种结果,后者为前两者的对称平均指标。

> 相信很多读者看到这里都会有疑问:这么多指标,究竟用哪个指标合适呢?如同方差分析中的两两比较方法,此处众多指标恰恰说明了统计学在解决分类指标相关性方面所面临的困境。就现状而言,研究者所能做的只是根据具体的问题特征,在这些各具特点的指标中挑选最合适的一个加以使用。同时也要注意,对于不同的指标是不能简单地进行数值大小的对比的。

4. 其他相关分析指标

除了以上相关分析指标,当希望测量一个分类变量和一个连续变量之间的相关性时,还可以使用一个名为 Eta 的指标,其计算方法来自方差分析,Eta 的平方(η^2)表示由组间差异解释的因变量的方差所占的比例,即 SS_B/SS_T。

在上一章中还学习过相对危险度、比值比、Kappa 等统计指标,它们实际上也都是相关性的测量指标,这里不再重复介绍。

18.1.2　SPSS 中的相应功能

　　SPSS 的相关分析功能分散在几个过程中,这些过程可被归为以下两类:

1. 交叉表统计过程

　　该过程可以通过图 18.1 所示的"交叉表:统计"对话框实现。该对话框针对无序分类变量、有序分类变量、连续变量,提供了非常完整的相关分析指标体系,用户可以在其中找到前面介绍的几乎全部指标,具体解释如下:

　　① "相关性"复选框:用于对两个连续变量进行分析,计算行变量和列变量的皮尔逊相关系数和斯皮尔曼等级相关系数。

　　② "按区间标定"框组:包含度量一个连续变量和一个分类变量之间关联程度的指标。选中"Eta"复选框,系统一共会给出两个 Eta 值,分别对应了行变量为因变量(连续变量)和列变量为因变量的情况。

图 18.1　"交叉表:统计"对话框

　　③ "有序"框组:包含一组用于反映有序分类变量一致性的指标,这些指标只能在两个变量均为有序分类变量时使用。它们均是由 Gamma 统计量衍生而来的。

　　④ "名义"框组:包含一组用于反映分类变量相关性的指标,这些指标在变量为有序或无序分类变量时均可使用,但当两个变量均为有序分类变量时效率没有"有序"框组中的统计量高。

　　⑤ "Kappa"复选框:计算 Kappa 值,即一致性检验系数。

　　⑥ "风险"复选框:计算相对危险度和比值比的值。

2. 相关分析过程

　　由于针对连续变量的相关分析更为常用,因此 SPSS 还专门在"分析"菜单的"相关"子菜单中提供了几个过程,用于满足相应的分析需求:

　　① 双变量过程:用于进行两个/多个变量之间的参数/非参数相关分析,如果是多个变量,则给出两两相关分析结果。这是相关分析中最常用的一个过程,实际上该过程的应用频次可能占所有相关分析过程应用频次的 95% 以上。

　　② 偏相关过程:如果需要进行相关分析的两个变量的取值均受其他变量的影响,就可以利用偏相关分析对其他变量进行控制,并输出控制了其他变量的影响后的相关系数。偏相关过程就专门用于偏相关分析。

　　③ 距离过程:调用此过程可以对同一个变量的各个观测值或各个变量进行相似性或不相似性(距离)分析,前者可用于检测观测值的接近程度,后者则用于考察各个变量间的内在联系。该过程一般不单独使用,而是用于因子分析、聚类分析和多维尺度分析的预分析,以帮助用户了解复杂数据集的内在结构,为进一步分析做准备。

　　至于更复杂的相关分析问题,如两组变量之间的相关分析等,SPSS 还提供了线性回归模型、典型相关分析等更复杂的过程,但这已经超出了本书的讲授范围,相关内容可参见《高级教程》。

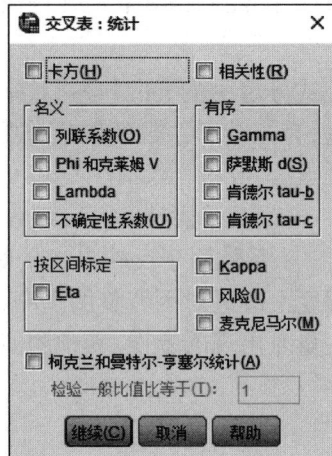

18.2 简单相关分析

18.2.1 方法原理

1. 一些基本概念

连续变量相关分析的一个显著特点是变量不分主次,两者具有同等地位。与其相关的基本概念如下:

① 线性相关:这是最简单的一种情况,即两个变量呈线性共同增大,或者呈线性一增一减的情况。相关分析中所讨论的情况基本上都属于线性相关。

② 曲线相关:两个变量之间存在相关趋势,但并非线性,而是呈现出各种可能的曲线趋势。此时如果直接进行线性相关分析,则有可能得出无相关性的错误结论,此类问题一般用曲线回归来分析。

③ 正相关与负相关:如果变量 A 增加时变量 B 也增加,则称为正相关;如果变量 A 增加时变量 B 减小,则称为负相关。显然,正相关和负相关都是针对线性相关而言的。

④ 完全相关:两个变量之间的相关性非常强,如果得知变量 A 的取值,就可以准确地推算出变量 B 的取值。完全相关又分为完全正相关和完全负相关两种。

> 当数据为有序尺度或者名义尺度时,一般不再考虑线性相关、曲线相关,但正相关、负相关和完全相关则仍然适用。

2. 相关系数的计算

当两个连续变量在散点图上的散点呈线性趋势时,可以认为两者之间存在线性相关趋势,也称为简单相关趋势。皮尔逊相关系数就是人们定量描述线性相关程度的一个常用指标。

> 一般认为,相关和回归的概念是由弗朗西斯·高尔顿(Francis Galton)提出的,他在 1889 年出版的《自然遗传》一书中总结了自己的工作。但真正将这方面的理论系统化的是皮尔逊,正是后者的出色工作使相关和回归理论大放光彩,并得到了广泛的应用。而为了纪念他的贡献,简单相关分析中所用的相关系数也被称为皮尔逊相关系数。

要介绍皮尔逊相关系数的计算方法,就需要从方差讲起。对于相关分析中的两个变量 X 和 Y,其方差 SS_X 和 SS_Y 分别反映了各自的变异程度。在相关分析和回归分析中,样本方差被记为 l_{xx} 和 l_{yy}。以 X 的样本方差为例,其计算公式为

$$l_{xx} = \frac{1}{n-1} \sum_{i=1}^{n} (x_i - \bar{x})^2$$

在相关分析中,协方差是一个非常重要的概念。样本协方差用符号 l_{xy} 来表示,其计算公式和样本方差类似:

$$l_{xy} = \frac{1}{n-1} \sum_{i=1}^{n} (x - \bar{x})(y - \bar{y})$$

可见,样本协方差是偏差乘积的样本均值,它可以近似反映变量 X 与 Y 之间关系的强弱和方向。若偏差乘积的样本均值接近于 0,则表明变量 X 和 Y 的部分取值同向,部分取值反向,因

而偏差乘积有正有负相互抵消,其和就接近于 0。而若变量 X、Y 为同向变化,则偏差乘积大多数为正,其和也为正;反之,偏差乘积之和为负。

显然,样本协方差可以反映两个变量之间相关性的强弱,但由于样本协方差的大小与变量 X、Y 的量纲有关,不能直接比较不同问题中的样本协方差,因此考虑使用变量 X、Y 的样本方差对其进行标准化处理,得到指标:

$$R^2 = \frac{l_{xy}^2}{l_{xx}l_{yy}}$$

由于同时使用变量 X 和 Y 的样本方差进行标准化处理,所以在上式中将样本协方差的平方作为分子。该指标称为决定系数,其取值范围为 0~1,可以很好地反映两个变量之间相关性的强弱:决定系数越大,表明两个变量之间的相关性越强;当两个变量完全相关时,决定系数为 1;当两个变量不相关时,决定系数为 0。

但是,仅使用决定系数仍然有问题。由于对样本协方差进行平方运算使得决定系数的值为正,因此决定系数不能反映相关的方向。为了解决这个问题,在进行标准化处理时可以不对样本协方差进行平方运算,而是对变量 x 和变量 y 的样本方差的乘积进行平方根运算:

$$r = l_{xy} \Big/ \sqrt{l_{xx}\, l_{yy}} = \frac{\sum\limits_{i=1}^{n} (x_i - \bar{x})(y_i - \bar{y})}{\sum\limits_{i=1}^{n}(x_i - \bar{x}) \sum\limits_{i=1}^{n}(y_i - \bar{y})}$$

上述指标就是皮尔逊相关系数,显然,它也是经过标准化处理的样本协方差,可以很好地反映相关性的强弱,而且取值介于 -1 和 1 之间,其正负就反映了相关的方向,应用起来更方便。

归纳起来,皮尔逊相关系数具有如下特点:

① 皮尔逊相关系数 r 是一个无单位的量值,且 $-1 \leqslant r \leqslant 1$。

② $r > 0$ 为正相关,$r < 0$ 为负相关。

③ $|r|$ 越接近于 1,说明相关性越强;$|r|$ 越接近于 0,说明相关性越弱。

3. 皮尔逊相关系数的检验方法

计算出皮尔逊相关系数后必须对其进行检验,以确定该相关系数不是从一个值为 0 的相关系数的总体中抽取出来的(避免计算出的相关系数受抽样误差的影响)。它的假设检验如下:

原假设 H_0:总体相关系数 $\rho = 0$,两个变量之间无线性相关关系。

备假设 H_1:总体相关系数 $\rho \neq 0$,两个变量之间有线性相关关系。

主要采用 t 检验进行检验,其计算公式为

$$t = \frac{r - 0}{s_r}, \quad v = n - 2$$

求出 t 统计量后即可根据自由度得到 p 值,通过 p 值与临界值的比较就可以进行判断了。但是在 SPSS 的输出结果中只会给出相关系数的值和最终的 p 值,并不会给出 t 统计量的具体计算结果。

4. 皮尔逊相关系数的适用条件

任何一种统计方法都有适用条件。在进行相关分析时,首先要考虑的问题就是两个变量之间是否存在相关关系,只有得到了肯定的结论,才有必要进行下一步的定量分析。具体来说,在使用皮尔逊相关系数进行相关分析时必须满足以下几个条件:

① 皮尔逊相关系数适用于线性相关的情形,对于曲线相关等更为复杂的情形,它的大小并不能代表相关性的强弱。

② 样本中存在的极端值对计算皮尔逊相关系数影响极大,因此要慎重处理,必要时可以将其剔除,或者进行变量变换,以避免因为一两个数值而导致出现错误的结论。需要注意的是,有时极端值问题在观测一个变量时并不明显,但在联合观测两个变量时就会凸显出来。

③ 皮尔逊相关系数要求相应的变量呈双变量正态分布。注意,双变量正态分布并非简单地要求变量 x 和变量 y 各自服从正态分布,而是要求它们服从一个联合的双变量正态分布,图 18.2 所示的是双变量正态分布及其样本散点图。

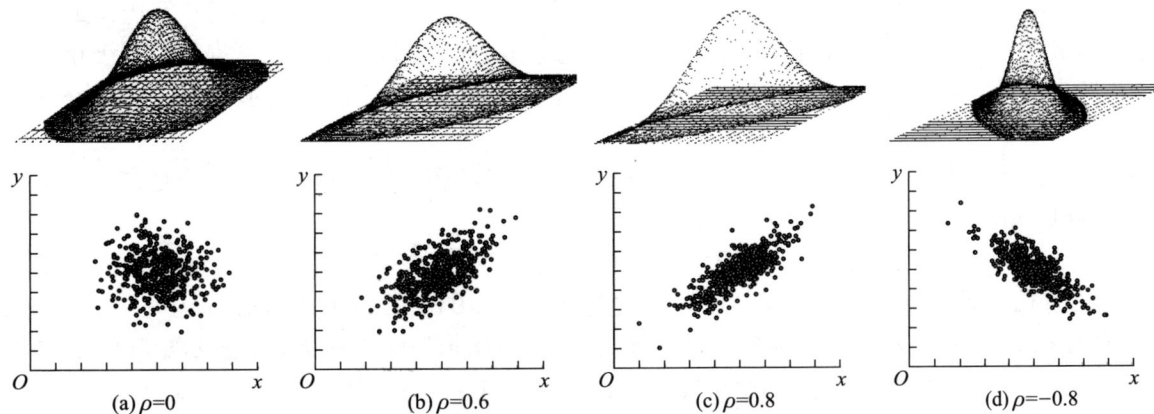

图 18.2 双变量正态分布及其样本散点图

在以上三个条件中,前两个条件要特别注意,第三个条件比较宽松,即使相应的变量不呈双变量正态分布,皮尔逊相关系数的计算结果也是比较稳健的。因此,在 SPSS 中虽然可以使用双变量 Q–Q 图(参见第 10 章)来直接考察双变量正态分布,但在实际操作中却很少这样做。一般而言,研究者可以使用图形工具来考察以上三个条件,其中散点图和直方图是最常用的图形工具。特别是散点图,使用它可以同时考察变量之间是否存在线性相关、有无极端值、变量的分布是否近似服从正态分布,因此在进行相关分析时更为常用。从散点图中可以发现以下重要信息:

① 两个变量之间是否存在相关趋势。

② 这种相关趋势是呈现为线性趋势还是呈现为曲线趋势,是否可以直接使用线性相关的皮尔逊相关系数加以刻画。

③ 散点图上是否有明显的异常值,或者说是否有强影响点。

只有基于上述信息进行相关分析,得到的相关分析结果才是可信的。

18.2.2 案例:考察年龄和消费者信心总指数之间的相关性

例 18.1 利用相关分析考察年龄和消费者信心总指数(简称"总指数")之间的相关性。

由于本例所涉及的变量均为连续变量,因此应当考虑使用测量两个连续变量之间相关性的相关分析指标。

因为在第 10 章中已经绘制过年龄和总指数的散点图,可以确认两者之间存在线性负相关趋势,因此直接进入后续的分析操作,否则要先绘制散点图,对两者之间的关系进行考察。

1. 界面说明

在 SPSS 中,双变量相关分析是通过"双变量相关性"对话框来实现的,该对话框如图 18.3 (a)所示,其内容非常简单,简要介绍如下:

① "变量"框:用于选入需要进行相关分析的变量,要求至少选入两个变量。如果选入多个变量,则分析结果会以相关性矩阵的形式给出两两变量之间的线性相关分析结果。

② "相关系数"框组:用于选择需要计算的相关分析指标。其中,"皮尔逊"复选框是指计算皮尔逊相关系数,系统默认选中该复选框;"肯德尔 tau-b"复选框是指计算肯德尔等级相关系数;"斯皮尔曼"复选框则是指计算斯皮尔曼等级相关系数,即进行最常用的非参数相关分析(秩相关)。

③ "显著性检验"框组:用于确定是进行相关系数的单侧(one-tailed)检验,还是进行相关系数的双侧(two-tailed)检验,一般选择双侧检验。

④ 最下方有三个复选框:"标记显著性相关性"复选框是指在结果中用星号标记有统计学意义的相关系数,一般选中该复选框。此时会在 $p \leqslant 0.05$ 的相关系数旁标记一个星号,在 $p \leqslant 0.01$ 的相关系数旁则标记两个星号。"仅显示下三角形"复选框要求只显示矩阵的下三角形区域,而"显示对角线"复选框则可在此基础上进一步省略副对角线上的单元格中的无意义输出。

⑤ "选项"按钮:利用该按钮打开"双变量相关性:选项"对话框,在该对话框的"统计"框组中,可以选择需要计算的描述性统计量,包括常用的均值和标准差,以及相关分析所特有的叉积偏差和协方差。下方的"缺失值"框组则用于定义处理缺失值的方法。

⑥ "置信区间"按钮:利用该按钮可打开"双变量相关性:置信区间"对话框,如图 18.3(b)所示。该对话框用于计算相关系数的置信区间,包括皮尔逊相关系数或者斯皮尔曼等级相关系数的置信区间。较早的 SPSS 版本无此功能,但可以通过 Python 插件 STATS_CORRELATIONS. spe 得到相应的结果。

2. 操作说明与结果解释

本例的操作步骤非常简单,具体如下:

① 选择菜单"分析"→"相关"→"双变量"命令,打开"双变量相关性"对话框。

② 将总指数变量 index1、年龄变量 s3 选入"变量"框。

③ 单击"确定"按钮。

图 18.4 所示的就是皮尔逊相关系数的计算结果,是以相关性矩阵的形式给出的,由于这里只分析了两个变量,因此是 2×2 矩阵。每个单元格都有三行内容,分别是两个变量之间的相关系数、p 值和个案数。可以看到,总指数和年龄之间的相关系数为 -0.219,其双侧检验的 p 值小于 0.01,所以可以认为两个变量之间的负相关有统计学意义,随着年龄的增加,总指数呈现减少趋势。

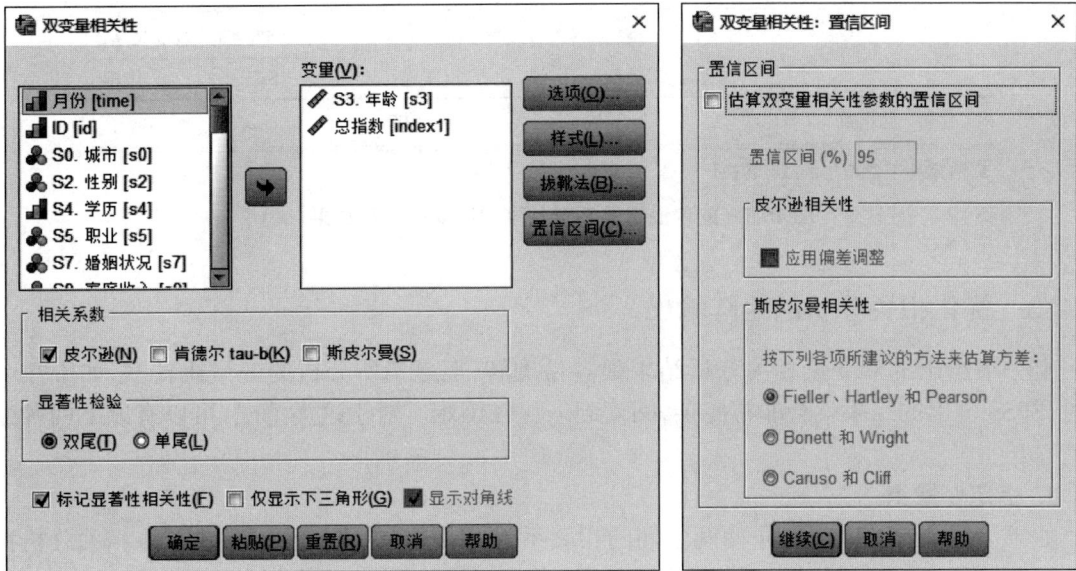

(a) "双变量相关性"对话框　　　(b) "双变量相关性：置信区间"对话框

图 18.3　"双变量相关性"对话框和"双变量相关性：置信区间"对话框

		S3. 年龄	总指数
S3. 年龄	皮尔逊相关性	1	−.219**
	显著性(双尾)		<.001
	个案数	1147	1147
总指数	皮尔逊相关性	−.219**	1
	显著性(双尾)	<.001	
	个案数	1147	1147

**. 在.01级别(双尾)，相关性显著。

图 18.4　皮尔逊相关系数的计算结果(★)

如果在"双变量相关性：选项"对话框中选中"叉积偏差"和"协方差"复选框，则输出的表格会包括偏差平方和以及协方差，读者可以按照前面介绍的公式计算相关系数，所得到的值就是 −0.219，这有助于读者理解前面介绍的计算过程。

3. 置信区间

相关分析默认的输出结果只有参数的点估计和相应的检验结果，如果希望计算相关系数的置信区间，则可在"双变量相关性：置信区间"对话框中设置相应的选项。皮尔逊相关系数的置信区间的计算结果如图 18.5 所示。可见本例中的相关系数的置信区间为 (−0.273, −0.163)，不包括 0，检验结论则与前面相同。

	皮尔逊相关性	显著性(双尾)	95%置信区间(双尾)[a]	
			下限	上限
S3. 年龄−总指数	−.219	<.001	−.273	−.163

a. 估算基于费希尔的r到z转换。

图 18.5　皮尔逊相关系数的置信区间的计算结果(★)

18.2.3　优化相关分析的矩阵输出

　　上一节给出的双变量相关分析结果很容易理解,但是当所分析的变量比较多,如十几个变量时,SPSS 输出的结果就会非常庞杂,阅读起来比较困难。对于这类情况,可以有以下两种处理方式:

1. 指定变量组

　　如果不需要计算多个变量两两之间的相关系数,则可以在程序操作方式下将相关分析指定为两组变量之间的相关分析,此时输出的就是两组变量各对应变量之间的相关分析结果,而不包含同组内两两变量之间的相关分析结果。例如,在例 18.1 中,将使用“双变量相关性”对话框中的“粘贴”按钮生成的程序,修改为如下内容:

```
CORRELATIONS
/VARIABLES=s3 with index1
/PRINT=TWOTAIL NOSIG LNODIAG
/MISSING=PAIRWISE.
```

　　在上述程序的 VARIABLES 子句中加入 with 关键字,就将该相关分析变成了变量 s3 所在的变量组和 index1 所在的变量组之间的两两相关分析,得到的优化的两个变量的相关性矩阵如图 18.6 所示。显然,其内容比图 8.4 所示的相关性矩阵少了很多。

		S3.年龄
总指数	皮尔逊相关性	−.219[**]
	显著性(双尾)	<.001
	个案数	1147

**. 在.01级别(双尾),相关性显著。

图 18.6　优化的两个变量的相关性矩阵(★)

2. 格式化相关性矩阵

　　相关性矩阵的每一个单元格都默认有三行内容,当变量较多时阅读起来比较麻烦。因此SPSS 又提供了用于格式化相关性矩阵的 Python 插件,该插件位于“实用程序”菜单下,相应的对话框如图 18.7 所示。通过该对话框可以对相关性矩阵进行高度定制,而且既可以针对已有的输出结果进行定制,也可以针对后续输出的所有结果进行定制。

　　注意,该 Python 插件仅支持对结果查看器窗口中的相关性矩阵进行定制,而不支持对以工作簿格式输出的相关性矩阵进行定制。

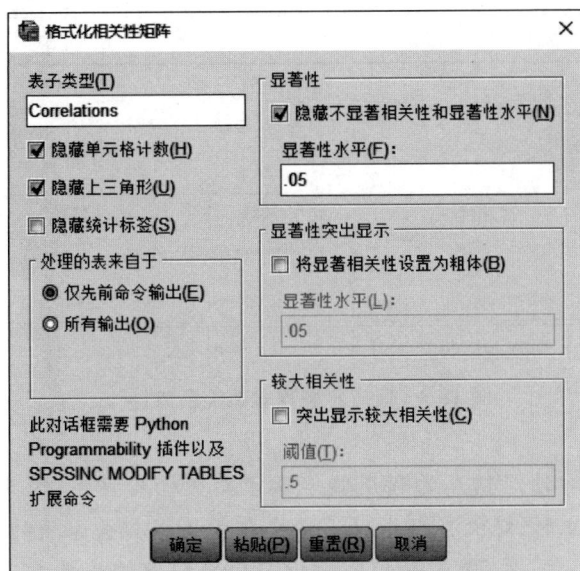

图 18.7　"格式化相关性矩阵"对话框

　　以图 18.4 所示的相关性矩阵为例,如果要求在"格式化相关性矩阵"对话框中隐藏统计标签(选中"隐藏统计标签"复选框),并且将显著的相关系数设置为粗体(选中"将显著相关性设置为粗体"复选框),则输出的结果如图 18.8 所示,其内容显然简洁了很多。

		S3. 年龄	总指数
S3. 年龄	皮尔逊相关性	1	
总指数	皮尔逊相关性	**−.219**	1

图 18.8　格式化后的相关性矩阵(★)

18.2.4　等级相关系数

1. 斯皮尔曼等级相关系数

　　皮尔逊相关系数作为一种参数分析方法,要求变量 x、y 服从双变量正态分布,当这两个变量明显偏离正态分布时,再用这种方法来测量相关性显然并不恰当,此时可以使用其他相关分析指标,其中最常用的一个就是斯皮尔曼等级相关系数。

　　斯皮尔曼等级相关系数又称为秩相关系数,是利用两个变量的秩的大小进行线性相关分析,对原始变量的分布不做要求,属于非参数检验方法,因此它的适用范围比皮尔逊相关系数广得多。可以套用皮尔逊相关系数的计算公式计算斯皮尔曼等级相关系数,只要将公式中的 x 和 y,分别用 x 和 y 所对应的秩代替即可。当样本量 n 小于或等于 50 时,斯皮尔曼等级相关系数可以通过查找临界值表来检验。当样本量 n 大于 50 时其检验公式与皮尔逊相关系数相同。

　　对于例 18.1,如果计算斯皮尔曼等级相关系数,则输出的斯皮尔曼等级相关系数如图 18.9 所示。可见斯皮尔曼等级相关系数为 −0.213,p 值小于 0.01,在显著性水平 0.05 上拒绝原假设,可以认为两个变量之间的负相关有统计学意义。

			S3. 年龄	总指数
斯皮尔曼 Rho	S3. 年龄	相关系数	1.000	−.213**
		显著性(双尾)	·	<.001
		N	1147	1147
	总指数	相关系数	−.213**	1.000
		显著性(双尾)	<.001	·
		N	1147	1147

**. 在.01级别(双尾)，相关性显著。

图 18.9　斯皮尔曼等级相关系数（★）

由于非参数检验方法对信息的利用效率低于参数检验方法,因此对于相同的变量,在双变量正态分布成立时,绝大多数情况下斯皮尔曼等级相关系数的绝对值都小于皮尔逊相关系数的绝对值。同时,皮尔逊相关分析是比较稳健的统计方法,数据轻微偏离适用条件也影响不大。

2. 肯德尔等级相关系数

在"双变量相关性"对话框中还提供了肯德尔 tau-b 等级相关系数的选项,该相关系数适用于两个变量均为有序分类变量的情况。对于例 18.1,如果计算等级相关系数(这里仅仅是演示计算),则得到的肯德尔 tau-b 等级相关系数如图 18.10 所示,其分析结论和 18.2.2 小节相同。读者可以发现,对于相同的数据,等级相关系数的绝对值小于皮尔逊相关系数的绝对值,这是由于秩变换或者对数据进行有序分类处理会导致信息损失。

			S3. 年龄	总指数
肯德尔tau_b	S3. 年龄	相关系数	1.000	−.152**
		显著性(双尾)	·	<.001
		N	1147	1147
	总指数	相关系数	−.152**	1.000
		显著性(双尾)	<.001	·
		N	1147	1147

**. 在.01级别(双尾)，相关性显著。

图 18.10　肯德尔 tau-b 等级相关系数（★）

18.3　偏相关分析

18.3.1　方法原理

1. 偏相关所要解决的问题

前面介绍的相关分析都只是分析两个变量之间的相关关系,没有考虑第三方的影响,这就有可能导致对事物的解释出现偏差。例如,年龄和总指数之间存在负相关趋势,家庭收入和总指数之间也存在负相关趋势,显然年龄和家庭收入之间可能存在一定的关联,那么在前面求得的年龄和总指数之间的相关系数 −0.219 中,究竟有多少反映的是年龄 − 家庭收入 − 总指数这样一种间接链条的影响? 或者说在控制了家庭收入的影响之后,年龄和总指数之间还有相关性吗? 这就是偏相关分析所要考虑的问题。

2. 偏相关分析的计算公式

偏相关分析是在相关分析的基础上考虑两个因素以外的其他因素,或者说在消除了其他因素的影响后,重新考察这两个因素之间的关联程度。这种方法可以防止其他因素的影响在两个因素之间传递。

在计算偏相关系数时可以先分别计算三个因素之间的皮尔逊相关系数,然后再通过这三个皮尔逊相关系数来计算偏相关系数,计算公式如下:

$$r_{12(3)} = \frac{r_{12} - r_{13} \times r_{23}}{\sqrt{1 - r_{13}^2} \times \sqrt{1 - r_{23}^2}}$$

其中,$r_{12(3)}$ 就是在控制了第三个因素的影响后所计算的第一个因素和第二个因素之间的偏相关系数。同理,可以考虑有两个或两个以上的因素的影响的偏相关系数的计算公式。

> 事实上,如果从回归分析的角度来解释,偏相关系数就是先以待分析的变量为因变量、被控制的变量为自变量,分别拟合两个回归方程,然后对这两个回归方程的残差进行皮尔逊相关分析。有兴趣的读者可以自行尝试。

18.3.2 案例:控制家庭收入的影响之后考察年龄的作用

例 18.2 在控制了家庭收入变量 Qs9 的影响后,考察年龄和总指数之间的相关性。

可以先对上述三个变量两两之间的相关性进行考察,得到的三个变量的相关性矩阵如图 18.11 所示。可见,家庭收入与年龄之间呈负相关关系,同时与总指数之间呈正相关关系,且两者均有统计学意义。这样,年龄就完全可以通过上述相关关系与总指数建立数量上的关联,从而利用偏相关分析来得到更加纯粹的分析结果。

皮尔逊相关性

	总指数	S3. 年龄	Qs9
总指数	1	−.219**	.084**
S3. 年龄	−.219**	1	−.138**
Qs9	.084**	−.138**	1

**. 在.01级别(双尾),相关性显著。

图 18.11 三个变量的相关性矩阵(★)

1. 界面说明

在 SPSS 中,偏相关分析是通过"偏相关性"对话框来实现的。"偏相关性"对话框如图 18.12(a)所示,该对话框的大部分内容和"双变量相关性"对话框类似,下面只对部分内容做简要介绍:

①"控制"框：用于选入在偏相关分析中需要进行控制的变量。如果不选入变量，则进行的是皮尔逊相关分析（求出的是皮尔逊相关系数）。

②"选项"按钮：利用该按钮，可打开"偏相关性：选项"对话框，如图 18.12（b）所示。在该对话框的"统计"框组中，除了提供"均值和标准差"复选框，还提供了"零阶相关性"复选框，前者是指输出均值、标准差等描述性统计量，后者是指输出包括协变量在内的所有变量两两之间的相关性矩阵。

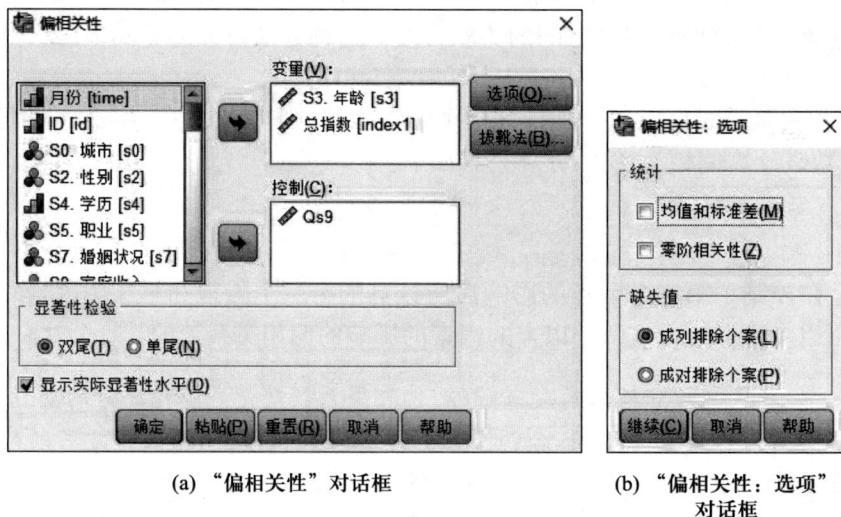

(a)　"偏相关性"对话框　　　　(b)　"偏相关性：选项"
对话框

图 18.12　"偏相关性"对话框和"偏相关性：选项"对话框

2. 操作说明与结果解释

本例的操作步骤非常简单，具体如下：

① 选择菜单"分析"→"相关"→"偏相关"命令，打开"偏相关性"对话框。

② 将总指数变量、年龄变量选入"变量"框。

③ 将家庭收入变量 Qs9 选入"控制"框。

④ 单击"确定"按钮。

图 18.13 所示的就是在控制了家庭收入的影响之后计算出的年龄和总指数之间的偏相关性矩阵，可见两者之间的偏相关系数为 -0.216，虽然其绝对值有所减小，但仍然具有统计学意义。因此，在控制了家庭收入的影响之后，仍然可以确认年龄和总指数之间存在负相关关系。

控制变量			S3. 年龄	总指数
Qs9	S3. 年龄	相关性	1.000	−.216
		显著性(双尾)	.	<.001
		自由度	0	989
	总指数	相关性	−.216	1.000
		显著性(双尾)	<.001	.
		自由度	989	0

图 18.13　偏相关性矩阵

18.4 本章小结

通过本章的学习,希望读者掌握以下内容:

① 虽然通常所说的相关分析考察的是两个连续变量之间的相关关系,但实际上任意测量尺度的两个变量都有相应的指标来测量其相关关系,并且也可以对两组甚至多组变量进行相关分析。

② 皮尔逊相关系数 r 表示变量 x 和 y 之间的线性相关程度,其取值范围为 $-1 \sim 1$。r 为正,表示变量 x 与 y 之间正相关;r 为负,表示变量 x 与 y 之间负相关。r 接近于 0,表示两个变量之间的关系不密切;r 的绝对值接近于 1,表示两个变量之间的关系比较密切。但 r 有抽样误差,故计算出相关系数之后,必须检验相应的总体相关系数 ρ 是否为 0。

③ 一般的研究只涉及线性相关分析,但理论上讲,可以进行变量之间的曲线相关分析;如果希望消除其他变量的影响,可以进行偏相关分析;如果变量不满足线性相关分析的适用条件,则可以进行斯皮尔曼等级相关分析。

思考与练习

某医师研究婴儿出生体重和双顶径之间的数量关系,收集的婴儿出生体重(X,单位:g)和双顶径(Y,单位:mm)数据如图 18.14 所示,请分析两者之间的数量关系。

X	273	299	226	315	294	260	383	273	234	329	302	357
Y	94	88	91	99	93	87	94	93	81	94	94	91

图 18.14 婴儿出生体重和双顶径之间的数量关系

第19章 线性回归模型入门

经过相关分析,已经发现年龄和总指数之间存在负相关关系。但是,在相关分析中变量是不分主次的,而在 CCSS 项目中,研究者显然更关心总指数的大小,或者说重点考虑的是年龄的变化会给总指数的平均水平带来怎样的影响。不仅如此,在分析年龄对总指数的影响时,还需要考虑如何控制收入、职业、性别等其他背景资料变量的影响,这样才能得出更准确的结论。这些分析需求都是相关分析难以满足的,而线性回归模型就是满足这些需求的有力工具。

19.1 线性回归模型简介

19.1.1 相关分析和回归分析之间的联系与区别

除了第 18 章介绍的相关分析,也可以用回归分析来考察两个连续变量之间的关系,但回归分析反映的是这种联系的不同侧面。以图 19.1(a) 和图 19.1(b) 为例,这两张散点图的坐标尺度相同,都反映了变量 x 和 y 之间的关联趋势,但它们有两个明显的差别:

首先,图 19.1(a) 中的散点明显比图 19.1(b) 中的稀疏,这表明图 19.1(a) 中的两个变量之间在数量上的关联弱于图 19.1(b)。如果要在统计中对这种差别进行描述,就应当进行相关分析,相关系数可以反映散点的疏密,根据图 19.1(a) 计算出来的相关系数比根据图 19.1(b) 计算出来的相关系数小。

其次,如果观察当变量 x 变动时变量 y 的数量变化,就会发现在图 19.1(a) 中变量 x 每增加一个单位,变量 y 平均增加得较多,而在图 19.1(b) 中变量 x 每增加一个单位,变量 y 平均增加得较少。也就是说,在图 19.1(a) 中变量 x 的变动对变量 y 取值的影响要比在图 19.1(b) 中的大,这种差别在统计中可以用回归分析来描述。

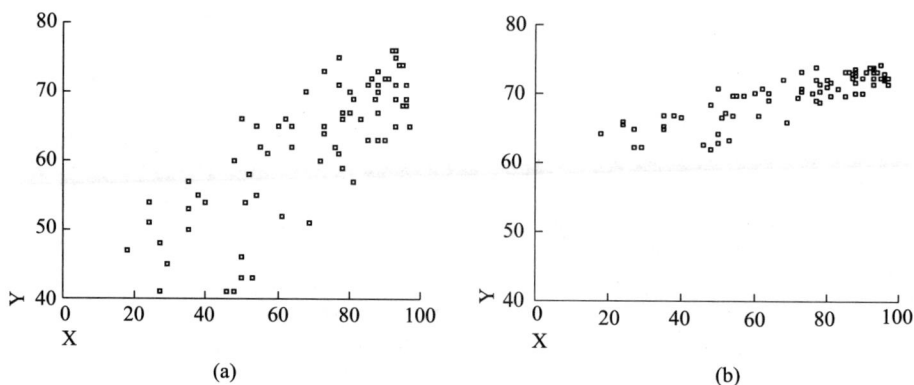

图 19.1 两个变量之间关系的散点图(★)

从上述比较可知,用回归方程来描述两个变量之间的关系会更加精确。例如,可以计算出年龄每增加一岁总指数平均下降的单位数量,这是相关分析无法做到的。除了描述两个变量之间的关系,还可以利用回归方程进行预测和控制:预测是指只要在回归方程中控制了变量 x 的取值范围就可以得到变量 y 的上限和下限,而控制则正好相反,也就是通过限制结果变量 y 的取值范围来得到变量 x 的上限和下限。预测和控制在实际应用中十分重要。

19.1.2　简单线性回归分析的原理和要求

1. 简单线性回归模型的基本结构

回归模型是对统计关系进行定量描述的一种数学模型,回归方程则是描述这种关系的数学表达式。如果将两个事物的取值分别定义为变量 x 和变量 y,则可以用简单线性回归方程 $\hat{y}=a+bx$ 来描述两者之间的关系,这里需要注意两点:第一,将变量 x 称为自变量,而将变量 y 称为因变量,一般来讲有理由认为由于变量 x 的变化而导致变量 y 发生变化。第二,$\hat{y}$ 不是一个确定的值,而是对应于当变量 x 取某个特定值时变量 y 的均值的估计值。该方程的含义可以从其等式右边的组成来理解,即每个预测值都可以被分解成以下两个部分:

① 常数项(constant):是当变量 x 等于 0 时回归直线在 y 轴上的截距(intercept),即当变量 x 取值为 0 时变量 y 的平均估计量。

② 回归部分:它刻画了在变量 y 的取值中由变量 y 与变量 x 的线性关系决定的部分,即可以由变量 x 直接估计的部分。b(在总体回归直线中表示为 β)称为回归系数(regression coefficient),又称为回归直线的斜率(slope)。

估计值 $\hat{y}$ 和每一个实际观测值之间的差称为残差,记为 ε_i。它刻画了在变量 y 的变异中,除变量 x 外由其他所有未进入该模型,或未知但可能与变量 y 有关的随机因素和非随机因素共同引起的变异,即变量 y 的变异中不能由变量 x 直接估计的部分。一般假定 ε_i 服从正态分布 $N(0,\sigma^2)$。

既然简单线性回归方程中有无法消除的残差存在,采用两点确定一条直线的方法就无法求出方程的具体参数值。由于简单线性回归方程会尽可能地拟合大多数观测数据点,因此利用该方程计算出的预测值就应当是当变量 x 取某个特定值时变量 y 的均值的估计值,为此一般采用最小二乘法来拟合模型,即保证各个观测数据点到回归直线的纵向距离的平方和最小。

2. 回归系数的计算和检验

简单线性回归方程中的常数项 a 和回归系数 b 可以分别通过下列公式计算:

$$a=\bar{y}-b\bar{x},\ b=l_{xy}/l_{xx},\ v=n-2$$

计算出回归系数 b 以后,需要对其进行假设检验,以确定计算出的不为 0 的回归系数并不是由于抽样误差而导致的。对于回归系数的假设检验可以用 t 检验或方差分析:

① t 检验:其检验统计量为 $t_b=(b-\beta)/S_b$,其中 S_b 为回归系数的标准误差,其定义为

$$S_b=S_{y\cdot x}\sqrt{1/l_{xx}},\ v=n-2$$

② 方差分析:其原理和前面的单因素方差分析相同,其检验统计量为

$$F=\frac{MS_{回归}}{MS_{残差}}=\frac{SS_{回归}/v_{回归}}{SS_{残差}/v_{残差}},\ v_{回归}=1,\ v_{残差}=n-2$$

3. 总体回归直线的置信区间

在应用回归分析的结果时,经常会涉及区间估计的问题,这里可以对回归直线的总体进行置

信区间的估计,置信区间的估计范围在散点图上表现为一个二维空间的弧形区带,也称为回归直线的置信带(confidence band)。以 95% 的置信区间为例,其含义是在满足线性回归的假设条件下,两条弧形曲线所形成的区带包含总体回归直线的置信度为 95%。其标准误差如下:

$$S_{\hat{y}_x}=S_{y.x}\sqrt{\frac{1}{n}+\frac{(x_i-\overline{x})^2}{\sum\limits_{i=1}^{n}(x_i-\overline{x})^2}}$$

相应的总体回归直线的 $100(1-\alpha)\%$ 置信区间为 $(\hat{y}-t_{\alpha(n-2)}S_{\hat{y}}, \hat{y}+t_{\alpha(n-2)}S_{\hat{y}})$。因为其方差是变量 x 的函数,所以该置信区间在均值 $(\overline{x},\overline{y})$ 处的宽度最小,越远离该均值,其宽度就越大。

4. 个体 y 预测值的区间估计

该区间指的是当变量 x 取某个特定值时,个体 y 的参考值范围的波动区间,其分布的标准差 $S_{y|x_p}$ 按下式估计:

$$S_{y|x_p}=S_{y.x}\sqrt{1+\frac{1}{n}+\frac{(x_p-\overline{x})^2}{\sum\limits_{i=1}^{n}(x_i-\overline{x})^2}}$$

为了简化计算,当 x_i 与 $\overline{x}$ 接近且 n 充分大时,可以用 $S_{y.x}$ 代替 $S_{y|x_p}$,其参考值区间为 $(\hat{y}-t_{\alpha(n-2)}S_{\hat{y}}, \hat{y}+t_{\alpha(n-2)}S_{\hat{y}})$。该区间是由两条弧形曲线所形成的比总体回归直线置信区间更宽的区带。例如,个体 y 的 95% 参考值区间,表示的是期望有 95% 的观测数据点落入这个范围。

在 SPSS 中,可以使用散点图对简单线性回归分析进行直观的图形呈现,并通过编辑的方式直接绘制出回归直线、回归直线的 95% 置信区间和个体的 95% 参考值范围,并加绘实际观测值和预测值之间的差距(残差),从而大大地方便了后续使用。具体操作可参见第 10 章。

5. 线性回归模型的适用条件与注意事项

即使是进行简单线性回归分析,线性回归模型对数据也有一定的要求,其基本的适用条件如下:

① 线性趋势:自变量与因变量之间的关系是线性的,如果不是,则不能采用线性回归模型来分析。这可以通过散点图来判断。

② 独立性:因变量的取值相互独立,彼此之间没有联系。反映到线性回归模型中,就是要求残差之间相互独立,不存在自相关性,否则要采用自回归模型来分析。

③ 正态性:对于自变量的任何一个线性组合,因变量均服从正态分布,反映到线性回归模型中,就是要求残差服从正态分布。

④ 方差齐性:对于自变量的任何一个线性组合,因变量的方差均相同,反映到线性回归模型中,就是要求残差的方差相等。

如果只是通过建立线性回归方程,来探讨自变量与因变量之间的关系,而无须根据自变量的取值预测因变量的容许区间、置信区间等,则后两个条件可以适当放宽。

此外,在进行回归分析时,还要注意不能将线性回归模型的分析结果随意延伸到因果关系上去。也就是说,自变量和因变量之间有回归关系,并不一定代表两者之间一定有因果关系,但这是一个常见的误用和误解——虽然统计分析在许多情况下都是重要的分析工具,但它绝不是万能的！因果关系的推定需要统计学以外的专业知识，仅靠数据和回归模型尚不能做到这一点。例如，在流行病学中进行疾病原因的因果推断时，至少要用到 8 条标准，统计学关联的只是这 8 条标准中的一条而已。

> 遗憾的是，很多著名的学者都曾在因果推断上犯过错误，太阳黑子活动周期和犯罪率之间的关系就是一个广为人知的例子。这个例子表明，仅仅基于统计上的关联建立因果关系是不够的，还需要满足更多的标准。这里举另一个有趣的例子：冥王星刚被发现时，人们以为它的直径很大，随着观测手段的不断进步、观测工具精度的不断提高，人们观测到的它的直径在不断缩小：
>
> 1949 年：10 000 km
>
> 1950 年：6 000 km
>
> 1965 年：5 500 km
>
> 1977 年：2 700 km
>
> ……
>
> 这使得有的人以测量时间为自变量、冥王星的观测直径为因变量做了回归分析，结论是：在 1980 年，冥王星将会消失。由此可见，仅仅基于统计学上的关联来预测冥王星的直径是不准确的。

19.2 案例：建立用年龄预测消费者信心总指数的回归方程

这里对第 18 章中的例 18.1 进行回归分析，计算它的回归方程。与相关分析类似，在进行回归分析之前要考虑两个变量之间是否可能存在某种趋势，通过前面的散点图分析已经得到了肯定的结论，因此可以直接进行回归分析。

1. 界面说明

在 SPSS 中，线性回归分析是通过"线性回归"对话框来实现的。选择菜单"分析"→"回归"→"线性"命令，即可打开"线性回归"对话框，如图 19.2 所示。

① "因变量"框：用于选入要纳入线性回归模型的因变量，这里只能选入一个变量。

② "块"按钮组：包括"上一个"按钮和"下一个"按钮，用于对选入"自变量"框的自变量进行分组。由于在多变量回归分析中，筛选纳入线性回归模型的自变量的方法有多种，如果对于不同的自变量所采用的筛选方法不同，则可以利用该按钮组将自变量分组纳入，并分别指定相应的筛选方法。

③ "自变量"框："自变量"框在重复调用后会被重命名为"块"框，该框用于选入要纳入线性回归模型的自变量。可以使用"块"按钮组，对将这些自变量纳入模型的方法分别进行定义。

④ "方法"下拉列表：用于选择自变量的筛选方法，具体的筛选方法有输入法、前进法、后退法、逐步回归法等，该选项对当前"自变量"框中的所有变量（即当前"块"框中的变量组）均有效。

⑤ "选择变量"框：用于选入筛选个案的变量。选入一个筛选变量，并利用右侧的"规则"按钮建立一个筛选条件，这样只有满足该条件的个案才会进入回归分析。

⑥ "个案标签"框：选择一个变量，系统将会把它的取值作为每个个案的标签。ID 是常见的

用作标签的变量。

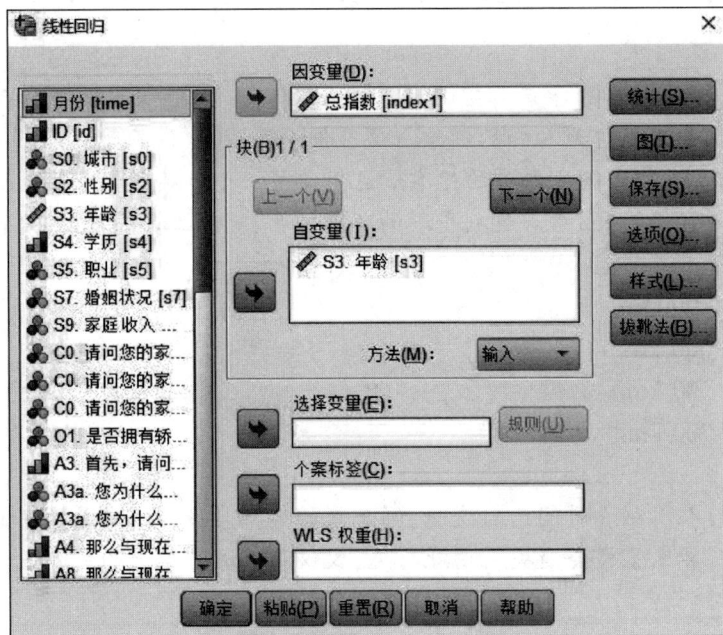

图 19.2 "线性回归"对话框

⑦ "WLS 权重"框：可选择权重变量，用来进行加权最小二乘法的回归分析。

关于"统计"按钮、"图"按钮、"保存"按钮、"选项"按钮、"样式"按钮，将在后面介绍。

2. 存储预测值和区间估计值

如果建立线性回归模型的任务不仅是寻找潜在的影响因素，还包括对因变量进行预测，那么就需要计算出预测值、个体参考值范围等，并将它们保存在数据集中。在如图 19.3 所示的"线性回归：保存"对话框中提供了以下的信息存储功能：

① "预测值"框组：提供了各种可供存储的因变量预测值，包括原始预测值（"未标准化"复选框）、标准化预测值（服从标准正态分布，"标准化"复选框）、调整后的预测值（去掉当前个案时模型对该个案的因变量的预测值，"调整后"复选框），以及预测值的标准误差（"平均值预测标准误差"复选框）。

② "残差"框组：提供了可供存储的各种残差，以用于模型诊断。具体包括原始残差（"未标准化"复选框）、标准化残差（服从标准正态分布，"标准化"复选框）、学生化残差（服从 t 分布，"学生化"复选框）、删除残差（调整后预测值所对应的残差，"删除后"复选框）、学生化删除残差（对删除残差进行 t 变换后的结果，"学生化删除后"复选框）。

③ "距离"框组：提供了一系列用于测量数据点和拟合模型之间距离的指标，包括马哈拉诺比斯距离（"马氏距离"复选框）、库克距离（"库克距离"复选框）、杠杆值（"杠杆值"复选框）等，这些指标主要用于对强影响点进行诊断。

④ "影响统计"框组：提供了一些专门用于判断强影响点的统计量，如 DfBeta、DfFit、协方差比率等。

⑤ "预测区间"框组：要求给出均值的置信区间或个体参考值范围的上限和下限，默认为

95% 置信区间。

⑥ "系数统计" 框组：可以将回归系数等模型结果输出到一个新的数据集中，供后续分析使用。

⑦ "将模型信息导出到 XML 文件" 框组：将所拟合的模型输出为 PMML（预言模型标记语言）格式的 XML 文件，使得支持该格式的数据分析软件可以利用该模型。该功能与数据挖掘方面的应用有关，这里不做详述。

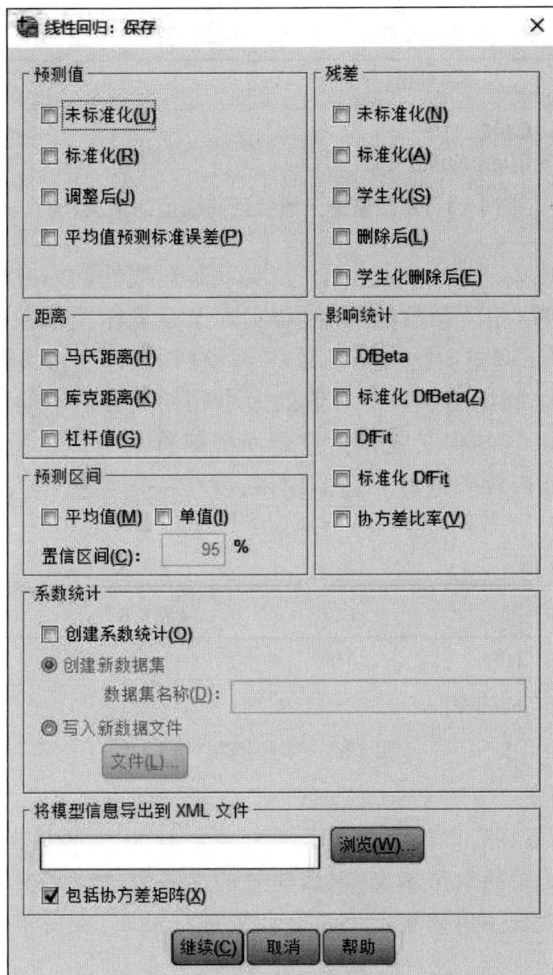

图 19.3 "线性回归：保存" 对话框

在本例中，如果希望存储预测值和个体参考值范围，则需要在 "线性回归：保存" 对话框中，选中 "预测值" 框组中的 "未标准化" 复选框，以及 "预测区间" 框组中的 "单值" 复选框。这样在建模完成后，原数据集中就会增加 PRE_1、LICI_1 和 UICI_1 三个新变量，分别代表每个个案的模型预测值、个体预测值的 95% 参考值范围的下限和上限。

3. 操作说明和结果解释

本例的操作步骤比较简单，具体如下：

① 选择菜单 "分析" → "回归" → "线性" 命令，打开 "线性回归" 对话框。

② 将总指数变量 index1 选入 "因变量" 框；将年龄变量 s3 选入 "自变量" 框。

③ 单击 "确定" 按钮。

在输出的结果中，首先给出的是自变量纳入线性回归模型的情况，如图 19.4 所示。由于本例只有一个自变量，所以该结果比较简单。可以看到，纳入模型的只有年龄这一个自变量，所使用的自变量筛选方法为输入法，也就是将所有的自变量都纳入模型。筛选自变量的方法有很多种，在不同的情况下可以使用不同的筛选方法。

模型	输入的变量	除去的变量	方法
1	S3. 年龄[a]	.	输入

因变量：总指数。

a. 已输入所请求的所有变量。

图 19.4 自变量纳入线性回归模型的情况（★）

其次，给出的是模型摘要，如图 19.5 所示，其实就是对线性回归方程拟合情况的描述。通过这张表，可以知道相关系数（相关系数的绝对值，实际上是复相关系数）的取值（"R"）、决定系数（相关系数的平方，"R 方"）、调整后的决定系数（"调整后 R 方"）和回归系数的标准误差（"标准估算的错误"）。注意，这里的相关系数绝对值的大小和相关分析中的计算结果完全相同。决定系数的取值在 0 到 1 之间，它的含义就是自变量所能解释的方差占总方差的百分比，其取值越大说明线性回归模型的分析效果越好。通俗地讲，就是决定系数越大，相应因素所起的作用就越大。

模型	R	R方	调整后R方	标准估算的错误
1	.219[a]	.048	.047	20.49596

a. 预测变量：(常量)，S3. 年龄。

图 19.5 模型摘要（★）

决定系数 R^2 如果为 0.8，则说明回归关系可以解释 80% 的因变量变异。换言之，如果能够成功地控制自变量的取值不变，则因变量的变异程度会减少 80%。调整后的决定系数主要用于对自变量数不同的模型的拟合效果进行对比，在简单线性回归模型中没有实际价值。

再次，给出的是方差分析表，如图 19.6 所示。可以看到方差分析的结果：F 值为 57.726，p 值小于 0.05，所以该模型有统计学意义，由于只有一个自变量，也就等价于该自变量的回归系数有统计学意义。在只有一个自变量的线性回归模型中，方差分析的结果和回归系数 t 检验的结果完全等价。

最后，给出的是回归系数表，如图 19.7 所示。它给出了线性回归方程中的常数项、回归系数的估计值和检验结果，可见 a=108.898，b=−0.358，通过它就可以写出以下回归方程：

$$总指数\hat{}=108.898−0.358×年龄$$

模型		平方和	自由度	均方	F	显著性
1	回归	24249.673	1	24249.673	57.726	<.001[a]
	残差	480996.625	1145	420.084		
	总计	505246.298	1146			

因变量：总指数。

a. 预测变量：(常量)，S3. 年龄。

图 19.6　方差分析表（★）

模型		未标准化系数		标准化系数	t	显著性
		B	标准错误	Beta		
1	(常量)	108.898	1.816		59.982	<.001
	S3. 年龄	−.358	.047	−.219	−7.598	<.001

因变量：总指数。

图 19.7　回归系数表（★）

上述线性回归方程提供了如下信息：

① 当年龄变量 s3 为 0 时，受访者的总指数均值为 108.898，但显然这只是一个理论值，因为 CCSS 项目的受访者必须年满 18 岁。

② 年龄每增加一个单位，总指数就会平均下降 0.358 个单位。

在回归系数表中，还有对线性回归方程的各个参数进行 t 检验的结果。对于常数项，是检验其是否显著不为 0，但这在回归问题中一般没有实际意义，因此不用特别关注。

如果不希望线性回归模型包括常数项，即将常数项设置为 0，则在"线性回归：选项"对话框中去除对"在方程中包括常量"复选框的选择即可。

19.3　多元线性回归模型入门

所谓多元线性回归模型（multiple linear regression model，也称为多重线性回归模型），是指包括一个或多个自变量的回归模型，由于自变量数可能超过一个，因此架构更为复杂，本节就对其做简要介绍。

19.3.1　多元线性回归模型简介

以 19.2 节分析的年龄和总指数的线性回归模型为例，如果在模型中进一步加入家庭收入因素，希望建立同时考虑年龄和家庭收入影响的线性回归方程，则所拟合的模型架构如下：

$$\hat{y} = a + b_1 x_1 + b_2 x_2$$

这里，$\hat{y}$ 称为变量 y 的估计值或预测值（predicted value），表示当给定各自变量的取值时因变量 y 的估计值；a 为截距，又称为常数项，表示当各自变量均为 0 时因变量 y 的估计值；b_i 称为偏回归系数(partial regression coefficient),表示当其他自变量不变时,自变量 x_i 每改变一个单位,所预测的因变量 y 的平均变化量。例如,在上述方程中 x_1 代表年龄,并最终求得 $b_1 = -0.2$,则表示年龄每增加一个单位(即增加一岁),受访者的总指数平均下降 0.2 个单位。

如果从个体的角度来看待线性回归模型,则可将上式改写为如下形式:

$$y_i = \hat{y} + e_i = a + b_1 x_{1i} + b_2 x_{2i} + e_i$$

其中,e_i 为随机误差,被假定为服从均值为 0 的正态分布。即对于每一个个体而言,在知道了所有自变量的取值时,能确定的只是因变量的平均取值,个体的具体取值则落在其附近的一个范围内;而具体取值和平均取值之间的差异(即 e_i)被称为残差,这一部分变异是当前模型所无法控制的。

> 多元线性回归模型的适用条件与简单线性回归模型类似,也是线性趋势、独立性、正态性、方差齐性四项,但为了保证参数估计值的稳定,还需要注意模型对样本量的要求。虽然在这方面还没有精确的计算公式,但根据经验,样本量在希望分析的自变量数的 20 倍以上为宜。例如,如果希望将 5 个自变量纳入模型,则样本量应当在 100 以上,少于此数则可能会出现检验功效不足的问题。此时得到的拒绝原假设的结论并非不可信,但在解释时要注意所得到的系数可能是不稳定的。

19.3.2　多元线性回归模型的标准分析步骤

多元线性回归分析应用得十分广泛。作为一个统计学模型,它有着严格的适用条件,在拟合时需要不断判断是否满足这些适用条件。但是,人们在进行回归分析时容易陷入只追求方程形式的误区,觉得只要得到一个数学表达式,就能用它来预测或解释现象。只是把方程做出来就完事,不仅会浪费信息,还可能得出错误的结论。因此,在进行多元线性回归分析时要遵循标准的分析步骤,具体如下:

1. 关联趋势的图形考察

绘制散点图,通过散点图来观察变量之间的关联趋势。如果有多个变量,则还应当绘制散点图矩阵、重叠散点图和三维散点图。具体做法请参见第 10 章。

图 19.8 给出了 4 张散点图:在图 19.8(a)所示的散点图中,两个变量之间的关系基本上呈现为线性关系,可以进行多元线性回归分析;在图 19.8(b)所示的散点图中,两个变量之间的关系呈现为曲线关系,应当进行曲线方程的拟合;在图 19.8(c)所示的散点图中,两个变量之间的关系虽然呈现为线性关系,但存在一个异常点,必须先评估它的影响程度,然后才能进行分析,而且可能要采用其他拟合方法;在图 19.8(d)所示的散点图中,两个变量之间存在的线性趋势非常微弱,但异常点的出现,使得这种关系被虚假地大大增强了。在这种情况下,同样要先评估异常点的影响程度,并考虑采用其他拟合方法来分析。要特别注意图 19.8(d)所示的情况,因为异常点离虚假的线性趋势线不远,很容易被误认为是正常的数据点。

从图 19.8 所示的 4 张散点图中可以看出,绘制散点图是进行线性回归分析之前的必要步骤,不能随意省略。

2. 数据分布考察与预处理

用统计量或者图形考察数据的分布,并进行必要的预处理。即分析变量的正态性、方差齐性等问题,并确定是否可以直接进行线性回归分析。如果进行了变量变换,则应当重新绘制散点图,以确保变量之间的线性趋势在变换后仍然存在。

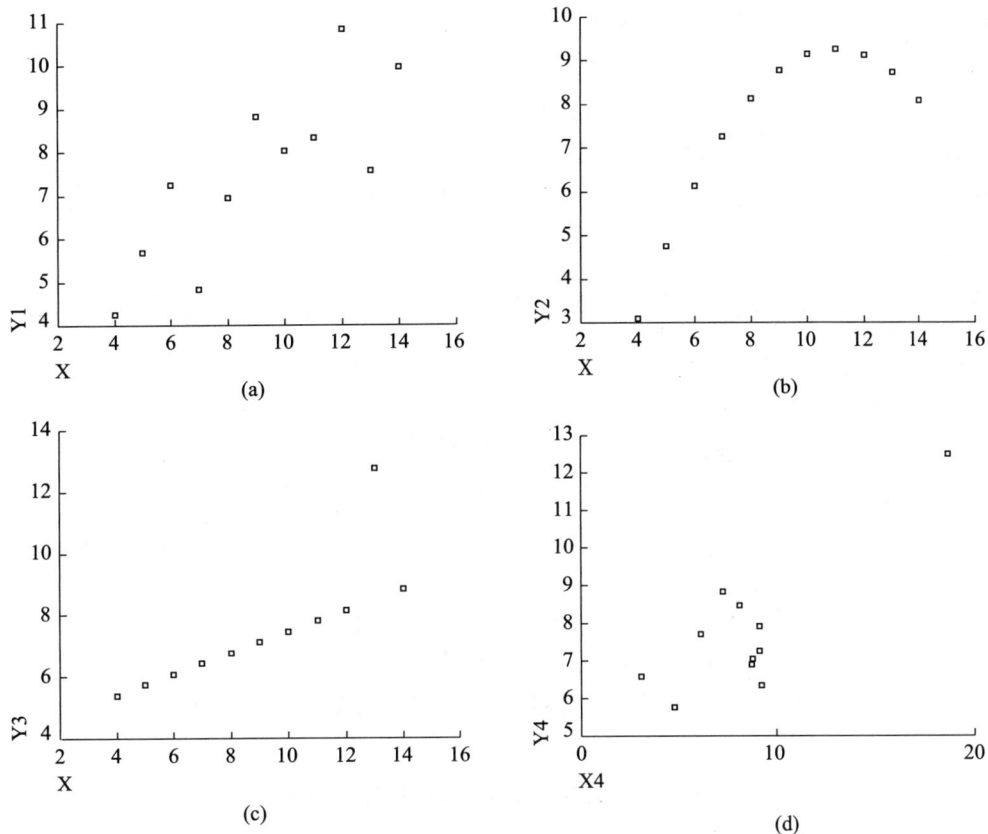

图 19.8　不同情况下的散点图(★)

3. 初步建模

对数据进行线性回归分析,包括变量的初筛、确定变量的筛选方法等,建立基本模型,这里不再重复。

4. 残差分析

在建模完毕后,就可以开始模型的诊断工作了,残差分析是模型诊断的第一步,主要包括以下两个方面的内容:

① 残差之间是否相互独立:一般采用德宾 - 沃森检验来分析残差序列之间的相关性。

② 残差分布是否为正态分布:可以采用残差列表及一些统计指标来分析,但最重要和最直观的方法是图示法。图 19.9(a)所示的残差分布非常好,没有什么问题;图 19.9(b)所示的残差虽然围绕均值均匀分布,但其波动范围随着拟合值的增大而增大,提示方差不齐,不满足模型的适用条件,应当进行变量变换,或者采用加权最小二乘法进行分析;图 19.9(c)所示的残差随着拟合值的不同有明显的变化趋势,提示因变量与自变量之间的关系并非线性关系,应当按曲线趋势进行拟合。

5. 强影响点的诊断及多重共线性问题的判断

这个步骤往往和残差分析混在一起进行,由于操作较为复杂,具体的方法和操作可参见《高级教程》的相应内容。

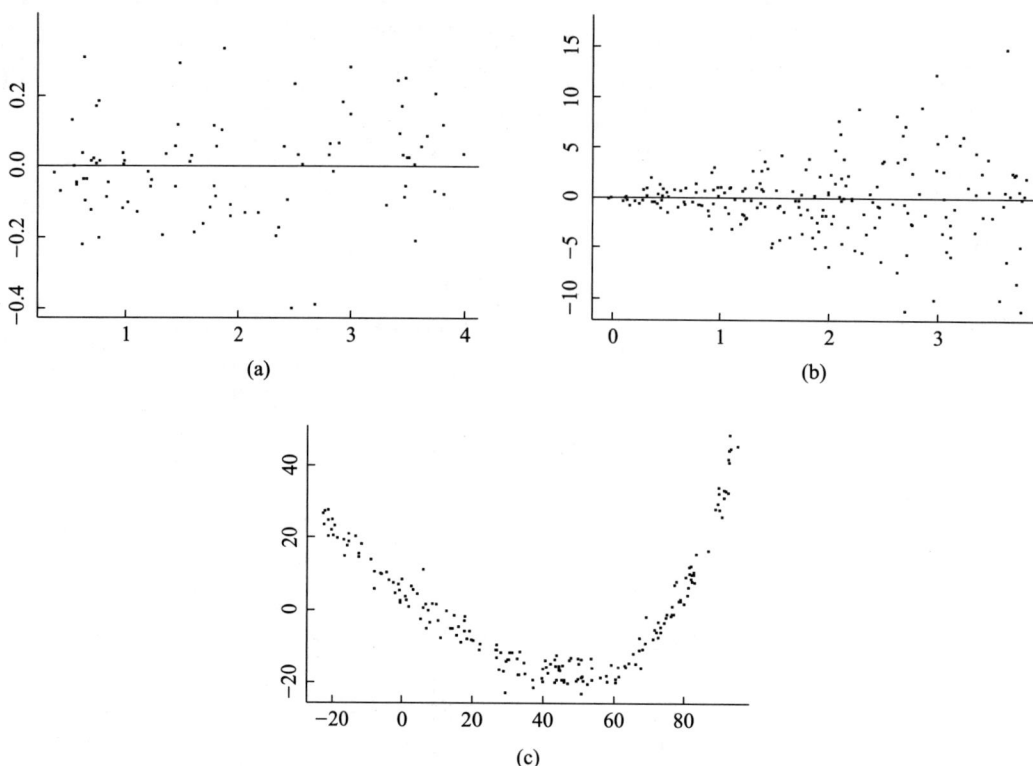

图 19.9 几种常见的残差分布情况(★)

只有经过以上 5 个步骤,研究者才能认为得到的是一个统计学上无误的模型,下一步就是结合专业知识,将分析结果应用到现实中去,来看看其有无实用价值,以及在应用中还存在哪些问题。

19.3.3 回归方程中的自变量筛选方法

这里需要特别注意的是:自变量筛选不是纯粹的数学问题,不能孤立于专业背景来考虑。在许多时候,专业上的判断要优先于统计学检验的结果。

多元线性回归分析中的一个重要问题是如何进行自变量的筛选,虽然最为稳妥的方法是先分别建立简单线性回归方程,然后根据所得到的结果建立多元线性回归方程。但 SPSS 也提供了一些方法以简化统计分析人员的工作,具体来说有以下几种:

1. 输入法

输入法将所有选入“自变量”框的变量均纳入模型,不涉及变量筛选问题,系统默认选择该方法。

2. 前进法

① 分别对 q 个自变量 $(x_1, x_2, \cdots, x_q)$ 拟合其与因变量的线性回归模型,共有 q 个模型。

② 考察其中有统计学意义的 k 个线性回归模型 $(k \leqslant q)$,将其中 p 值最小的模型所对应的自变量 (x_i) 先纳入模型。如果所有模型均无统计学意义,则运算结束,没有模型被拟合。

③ 在将 x_i 纳入模型的基础上,分别拟合剩余的 $q-1$ 个自变量的线性回归模型,即自变量组

合为 $x_i+x_1,\cdots,x_i+x_{i-1},x_i+x_{i+1},\cdots,x_i+x_q$ 的 $q-1$ 个线性回归模型。将这些模型中的 p 值最小且有统计学意义的那个自变量(x_j)纳入模型。如果除 x_i 外的 $q-1$ 个自变量中没有一个有统计学意义,则运算过程终止,SPSS 给出模型 $\hat{y}=a+b_i x_i$ 的参数估计。

④ 如此反复进行,直至所有未被纳入模型的自变量均无统计学意义为止。

3. 后退法

后退法与前进法相反,其具体操作步骤如下:

① 对因变量拟合包含全部 q 个自变量的线性回归模型。

② 考察其中无统计学意义的 k 个自变量($k \leqslant q$),将其中 p 值最大的自变量(x_i)剔除出模型。如果所有自变量的 p 值均有统计学意义,则运算过程终止,SPSS 给出包含所有自变量的线性回归模型。

③ 对因变量拟合包含剩余 $q-1$ 个自变量的线性回归模型,同样剔除其中 p 值最大且无统计学意义的自变量。

④ 如此反复进行,直至模型中剩余的所有自变量均有统计学意义为止。

4. 逐步回归法

前进法只进不出,而后退法只出不进,两者在逻辑上都有缺陷,而逐步回归法则将这两种方法结合起来筛选自变量。逐步回归法的前面几步与前进法基本相同,其具体操作步骤如下:

① 分别对 q 个自变量($x_1, x_2, \cdots, x_q$)拟合其与因变量的线性回归模型,共有 q 个模型。

② 考察其中有统计学意义的 k 个线性回归模型($k \leqslant q$),将其中 p 值最小的模型所对应的自变量(x_i)先纳入模型。如果所有模型均无统计学意义,则运算结束,没有模型被拟合。

③ 在将 x_i 纳入模型的基础上,分别拟合剩余的 $q-1$ 个自变量的线性回归模型,即自变量组合为 $x_i+x_1,\cdots,x_i+x_{i-1},x_i+x_{i+1},\cdots,x_i+x_q$ 的 $q-1$ 个线性回归模型。将这些模型中的 p 值最小且有统计学意义的那个自变量(x_j)纳入模型。

④ 考察步骤② 中纳入模型的自变量(x_i)是否仍有统计学意义。若没有统计学意义,则将其剔除出模型,拟合步骤③ 中纳入模型的自变量(x_j)与剩余的除 x_i 外的 $q-2$ 个自变量的线性回归模型,将其中 p 值最小且有统计学意义的自变量纳入模型。此时若没有自变量有统计学意义,则运算过程终止,SPSS 给出仅包含自变量 x_j 的模型参数估计结果。

⑤ 如果步骤② 中纳入模型的自变量(x_i)有统计学意义,则在将自变量 x_i、x_j 纳入模型的基础上继续拟合包含剩余 $q-2$ 个自变量的线性回归模型,考察剩余的 $q-2$ 个自变量是否有统计学意义,纳入 p 值最小且有统计学意义的自变量。如果剩余的 $q-2$ 个自变量均无统计学意义,则运算过程终止,SPSS 输出包含 x_i、x_j 的模型参数估计结果。

⑥ 如此反复进行,直至所有未被纳入模型的自变量均无统计学意义,而纳入模型的自变量均有统计学意义为止。

由此可见,与前进法、后退法相比,逐步回归法是比较"负责任"的:每将一个新变量纳入模型,就要考察原来纳入模型的自变量是否还有统计学意义,是否可以将其剔除。

5. 删除法

删除法会将规定为删除(remove)的自变量强制剔除出模型,但 SPSS 会给出在纳入该自变量的情况下模型的参数估计及检验结果。该方法实际上是和将自变量分组的功能联合使用的。

19.3.4　SPSS 中的相应功能

SPSS 的"分析"菜单的"回归"子菜单提供了丰富和强大的回归建模功能,但就多元线性回归模型而言,主要使用以下两个过程:

1. 线性回归过程

线性回归过程既有强大的回归模型拟合功能,也有强大的模型诊断、模型输出等功能,完全可以满足多元线性回归模型的变量筛选和建模工作。下面简单介绍"线性回归"对话框中的几个按钮的功能,以便读者对该过程有一个比较全面的了解。

① "统计"按钮:单击该按钮,打开"线性回归:统计"对话框,如图 19.10 所示。该对话框用于选择所需要的各种统计量。其中,"回归系数"框组用于设置在结果中输出回归系数的估计值和检验结果,以及相应的置信区间、协方差矩阵等;"残差"框组则用于选择输出的残差诊断信息,包括德宾 – 沃森检验、超出规定的 n 倍标准误差的残差列表等;右侧的复选框用于输出与模型诊断有关的指标,包括决定系数、自变量之间的相关系数、部分相关系数和偏相关系数,以及一些共线性诊断统计量,如特征值(eigenvalue)、方差膨胀因子(VIF)等。

② "图"按钮:单击该按钮,打开"线性回归:图"对话框,如图 19.11(a)所示。该对话框用于绘制残差分析所需的图形输出,可以直接绘制残差的直方图和 P–P 图,也可以使用左侧列表中预设的模型变量绘制各种散点图。而右下角的"生成所有局部图"复选框的含义是对于每一个自变量都绘制出它与因变量残差的散点图,以用于模型诊断。

③ "选项"按钮:单击该按钮,打开"线性回归:选项"对话框,如图 19.11(b)所示。该对话框用于设置回归分析的一些选项。其中,"步进法条件"框组用于设置纳入和剔除自变量的标准,可以按照 p 值或 F 值来设置;"在方程中包括常量"复选框用于设置是否在模型中包含常数项,默认选中该复选框;"缺失值"框组则用于选择对缺失值的处理方式。

图 19.10　"线性回归:统计"对话框

2. 自动线性建模过程

自动线性建模过程是 SPSS 近年来向自动化、智能化操作平台努力的成果之一,利用该过程,用户可以采用几乎完全自动化的方式进行自变量的预变换、筛选、模型优化、检验等工作。自变量可以具有不同的测量尺度,包括连续变量、有序分类变量、无序分类变量等,对于不同测量尺度的自变量,系统会自动选择相应的转换方式 / 算法来加以分析。

由于自动线性建模过程的自动化程度较高,中间又会涉及一些比较复杂的算法,因此并不适合不了解线性回归模型细节的初学者使用,本书将不对其做深入介绍,对该过程感兴趣的读者可以参考《高级教程》。

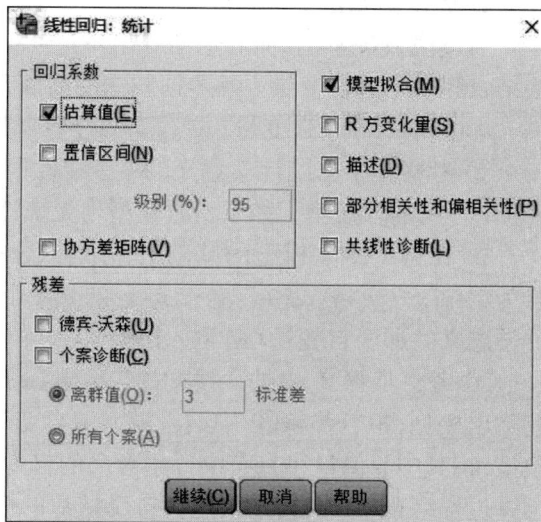

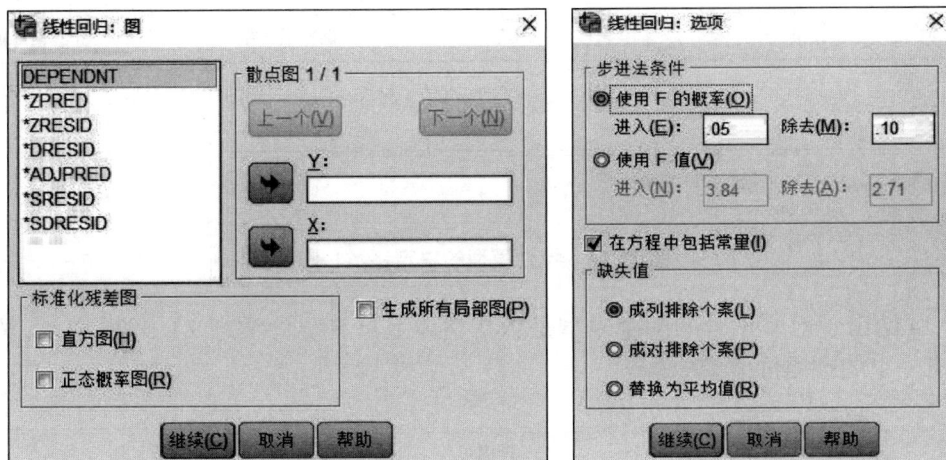

(a) "线性回归:图"对话框　　　　　　(b) "线性回归:选项"对话框

图 19.11　"线性回归:图"对话框和"线性回归:选项"对话框

19.3.5　案例:建立包含年龄、性别、家庭收入的消费者信心总指数线性回归方程

例 19.1　建立候选自变量包含年龄、性别、家庭收入的消费者信心总指数线性回归方程。

本例需要建立包含三个候选自变量的线性回归方程,由于事前不能确定这些自变量是否都具有统计学意义,因此考虑用后退法进行变量筛选。注意,在实际的数据分析中,需要先分别绘制出散点图来进行观察,这里将该工作留给读者自行完成。

1. 操作说明与结果解释

① 选择菜单"分析"→"回归"→"线性"命令,打开"线性回归"对话框。

② 将总指数变量选入"因变量"框,将年龄变量 s3、性别变量 s2、家庭收入变量 Qs9 选入"自变量"框。

③ 在"方法"下拉列表中选择"后退"项。

④ 单击"确定"按钮。

图 19.12 给出了 SPSS 在多元线性回归过程中所进行的操作:第一步是采用输入法纳入全部三个候选自变量;第二步按照检验 p 值大于 0.1 的标准,剔除了性别变量 s2。

模型	输入的变量	除去的变量	方法
1	Qs9,S2.性别,S3.年龄[a]	.	输入
2	.	S2.性别	向后(准则:要除去的F的概率>=.100)。

因变量:总指数。

a. 已输入所请求的所有变量。

图 19.12　纳入 / 剔除变量的操作(★)

图 19.13 给出了以上两步中所拟合模型的决定系数。可见,这两个模型的总决定系数几乎没有变化,而校正的决定系数在自变量数较少的第二个模型中则略有上升,说明被剔除的自变量的确不应当被纳入模型。

模型	R	R方	调整后R方	标准估算的错误
1	.231[a]	.053	.050	20.93061
2	.231[b]	.053	.051	20.92005

a. 预测变量：(常量)，Qs9，S2. 性别，S3. 年龄。
b. 预测变量：(常量)，Qs9，S3. 年。

图 19.13　拟合模型的决定系数(★)

图 19.14 给出了对所拟合的两个模型是否在整体上具有统计学意义的检验结果，显然两个模型都具有一定的预测价值。

模型		平方和	自由度	均方	F	显著性
1	回归	24360.728	3	8120.243	18.536	<.001[a]
	残差	432833.227	988	438.090		
	总计	457193.955	991			
2	回归	24359.741	2	12179.871	27.830	<.001[b]
	残差	432834.214	989	437.648		
	总计	457193.955	991			

因变量：总指数。
a. 预测变量：(常量)，Qs9，S2. 性别，S3. 年龄。
b. 预测变量：(常量)，Qs9，S3. 年龄。

图 19.14　方差分析表(★)

图 19.15 给出了所拟合的两个模型中自变量的偏回归系数估计值。双击表格，可以进入表格编辑状态。将鼠标指针指向显示为 0 的家庭收入变量 Qs9 的偏回归系数，就可以看到其精确值。需要注意的是，第一个模型中性别变量的检验 p 值高达 0.962，没有统计学意义。而从偏回归系数的估计值可见，在性别变量 s2 被剔除出模型之后，年龄变量 s3、家庭收入变量 Qs9 的偏回归系数基本上没有发生变化，这也间接地支持了应当将性别变量 s2 剔除出模型的结论。

模型		未标准化系数		标准化系数	t	显著性
		B	标准错误	Beta		
1	(常量)	108.238	2.960		36.565	<.001
	S3. 年龄	−.362	.052	−.217	−6.948	<.001
	S2. 性别	.064	1.339	.001	.047	.962
	Qs9	.000	.000	.054	1.721	.086
2	(常量)	108.330	2.238		48.409	<.001
	S3. 年龄	−.362	.052	−.217	−6.952	<.001
	Qs9	.000	.000	.054	1.721	.085

因变量：总指数。

图 19.15　偏回归系数估计值(★)

图 19.16 则给出了所有被剔除出模型的变量的检验结果,包括在将其纳入模型的情况下的偏回归系数估计、偏相关系数、共线性统计量等。这里的偏相关系数是在控制了模型中的所有自变量之后计算出的模型残差与该自变量的偏相关系数,显然其绝对值越小,就说明该自变量越没有必要被纳入模型。

模型		输入Beta	t	显著性	偏相关	共线性统计 容差
2	S2. 性别	.001[a]	.047	.962	.002	.996

因变量:总指数。

a. 模型中的预测变量:(常量),Qs9,S3. 年龄。

图 19.16 被剔除出模型的变量的检验结果

最终,本次分析得到的是包含两个自变量的线性回归方程,其表达式如下:

$$\widehat{总指数}=108.33-0.362 \times 年龄 +1.65 \times 10^{-4} \times 家庭收入$$

注意,在最终得到的模型 2 中,家庭收入变量 Qs9 的 p 值是大于 0.05 的,之所以仍将其保留在模型中,是因为后退法所使用的剔除标准是 $p \geq 0.1$。对于候选自变量的纳入和剔除标准,可以在"线性回归:选项"对话框中设置。

虽然通过前面的操作已经得到了所需的线性回归模型,并进行了相应的假设检验,但分析工作还没有结束,这是因为关于数据是否满足回归模型的适用条件这一问题还未得到彻底的回答:前面的工作只是完成了对线性趋势的考察,而独立性、正态性和方差齐性这几项均未涉及。

2. 残差的独立性检验

下面对独立性(即残差的独立性)、正态性(即残差服从正态分布)、方差齐性(即残差的方差齐性)进行考察。

首先,是残差的独立性检验,可以使用"线性回归:统计"对话框中的"德宾－沃森"复选框来进行,增加了残差检验结果的模型摘要如图 19.17 所示。可见,模型摘要的右侧增加了德宾－沃森统计量的输出。该统计量的取值范围为 0~4。具体取值可查找相应的临界值表,若该值大于临界值的上限,说明残差之间相互独立;若该值小于临界值的下限,说明残差之间存在自相关性。一般地,若该统计量的取值范围为 1~3,则基本上可以肯定残差之间相互独立,本例的计算结果为 1.880,显然残差之间相互独立,满足独立性的适用条件。

模型	R	R方	调整后R方	标准估算的错误	德宾－沃森
1	.231[a]	.053	.050	20.93061	
2	.231[b]	.053	.051	20.92005	1.880

a. 预测变量:(常量),Qs9,S2. 性别,S3. 年龄。

b. 预测变量:(常量),Qs9,S3. 年龄。

因变量:总指数。

图 19.17 增加了残差检验结果的模型摘要(★)

3. 残差分布的图形观察

下面利用图形来检验残差的正态性,具体的操作在"线性回归:图"对话框中完成。在该对话框中,选中"直方图"和"正态概率图"复选框,相应的输出结果分别如图 19.18(a)和图 19.18(b)所示。从图 19.18 所示的残差直方图和 P–P 图可以看出,该模型的残差基本上服从正态分布,没有严重偏离正态分布的假设,但是存在个别残差值低于 –4 的个案,说明模型中有可能存在强影响点。

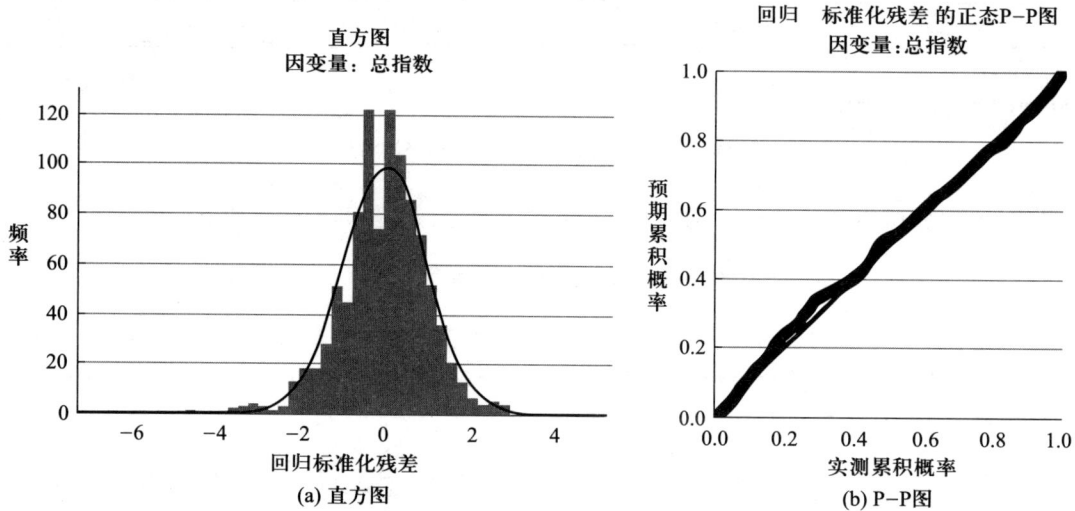

图 19.18   模型残差的直方图与 P–P 图

需要注意的是,自变量与因变量之间的关系并非线性、残差方差不齐、观测值之间不独立等情况,均会导致残差的直方图、P–P 图等呈现非正态分布。因此,在考察残差是否服从正态分布之前,确认模型的其他假设条件是否得到满足,是非常重要的。

4. 方差齐性的图形观察

方差齐性同样也可以通过图形的方式来考察,具体的操作也在"线性回归:图"对话框中完成。在该对话框中,将 ZPRED(标准化预测值)选入"X"框,将 ZRESID(标准化残差)选入"Y"框。最终绘制出的散点图如图 19.19 所示,从中可以看到,的确存在个别残差值偏离较远的个案。一般而言,残差的绝对值大于 3 就需要加以注意,若残差的绝对值大于 5,则最好进行有针对性的分析和评估,本例就属于此类情况。由于本书篇幅有限,上述残差分析中发现的线索本书将不再继续深入分析,有兴趣的读者可参考《高级教程》自行完成相应的工作。

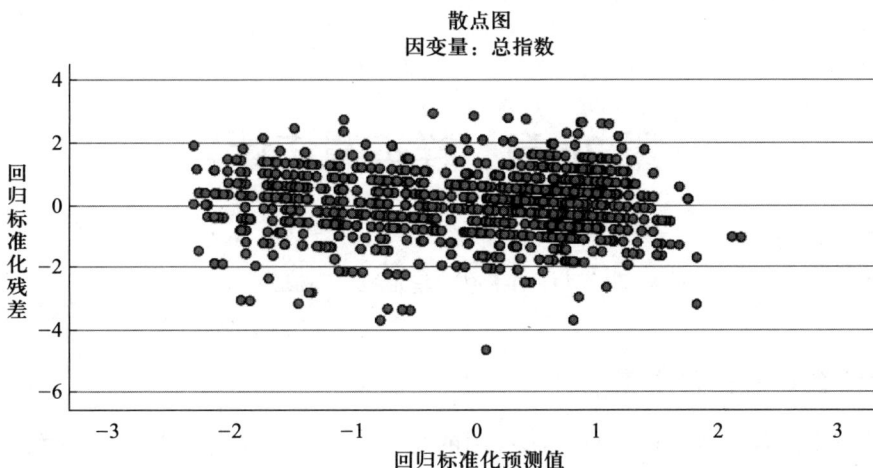

图 19.19 标准化预测值和标准化残差的散点图

19.4 本 章 小 结

通过本章的学习,希望读者掌握以下内容:

① 相关分析和回归分析之间有着密切的联系,如果要用统计指标对两个变量之间数量关系的密切程度进行描述,则应当进行相关分析;如果希望反映一个或多个变量(自变量)变化对另一个变量(因变量)数量影响的大小,则应当使用回归分析。相关系数 ρ 反映了两个变量之间关系的密切程度,而回归系数 β 则反映了自变量与因变量之间的平均数量变化关系;两者的正负号与假设检验一致,但在数量上没有定量的对应关系。

② 多元线性回归模型可以使用前进法、后退法、逐步回归法等多种方法来进行自变量筛选,但这些方法在线性回归分析中处于辅助地位,变量的自动筛选不能完全替代人工筛选。

③ 回归模型有着严格的适用条件,在拟合时需要不断地判断这些适用条件是否还满足。多元线性回归模型的标准分析步骤包括:关联趋势的图形考察(绘制散点图);数据分布考察与预处理(用统计量或图形考察数据的分布,并进行必要的预处理);初步建模(对数据进行线性回归分析,建立基本模型);残差分析;强影响点的诊断及多重共线性问题的判断。只有经过以上 5 个步骤,研究者才能认为得到的是一个统计学上无误的模型,下一步就是结合专业知识,将分析结果运用到现实中去,来看看其有没有实用价值,以及在应用中存在哪些问题。

思考与练习

请按照回归分析的方法,重新对第 18 章中的例 18.2 进行分析,在建立线性回归方程后,利用"线性回归:保存"对话框存储残差(选中"残差"框组中的"未标准化"复选框),然后对这两组残差进行简单相关分析,并将其结果与直接用偏相关分析得到的结果进行比较。

第 20 章　样本量估计

20.1　样本量估计概述

20.1.1　为什么要进行样本量估计

在进行研究时,研究者往往更重视所采用的统计方法或模型是否"先进",而忽视最基本的样本量的估计问题,实际上该问题对于保证研究成果的质量和可靠性来说是至关重要的。那么,为什么要进行样本量估计呢？从本质上讲,估计样本量是为了合理分配资源,避免浪费。如果不进行样本量估计,就有可能出现所用的样本量过小或者过大两种情形:

① 样本量过小:样本量过小会导致采集到的数据中的有效信息过少,无法充分反映总体的特征。样本量过小还会导致相应统计方法的检验功效过低,增大检验中犯第二类错误的可能性,使得原本应当得到验证的研究假设无法得到验证,从而浪费了大量的研究资源。

② 样本量过大:样本量过大会造成资源的浪费。例如,用 100 个个案就可以完成的研究,却使用了 500 个个案,显然 400 个个案所对应的资源实际上是被浪费了。再如,只要样本量足够大,再微小的样本差异也可以得出有统计学意义的检验结论,而该差异可能在专业上毫无价值(参见第 12 章中有关检验效应量的内容),如果最终得到的是没有专业价值的结论,无疑也是资源的浪费。样本量过大还会给研究实施带来很多问题,如所要控制的随机因素更多,管理起来更困难。例如,原先一个动物中心就可以供应试验所需的动物,现在由于试验所需的动物数量增加,可能需要 5 个动物中心来供应,从而使动物的质量控制更加困难。

在实际的研究工作中,样本量估计主要用于以下两个阶段:

① 设计阶段:按照给定的条件计算所需要的样本量,以严格控制成本,提高资源的投入产出效率。

② 分析阶段:针对将要采用的统计分析方法,估计当前的样本量并计算其检验功效,当发现其检验功效过低时,及时采取补救措施。

20.1.2　估计样本量所需的信息

在估计样本量时,需要知道一系列关键信息,这些信息有的直接用于样本量估计,有的虽然不直接用于样本量估计,但对相关参数的估计有间接影响。下面按照重要性从高到低的次序依次进行介绍。

1. 研究的主要目标与所使用的主要测量指标

每项研究都有主要目标和次要目标,样本量的估计要以满足主要目标为准,而主要目标可能会涉及多个测量指标,此时也要以主要的测量指标为准。此外,还要尽量以数值型变量指标为准进行计算。

2. 研究设计与分析方法

一个恰当的研究设计与分析方法能够有效地减少所需的样本量。例如,在条件相同时,配对设计与成组设计相比可以节省 40%~60% 的样本量。然而,过于复杂的研究设计与分析方法会给样本量估计和研究实施的质量控制带来困难,因此需要根据具体情况进行权衡。

3. 期望检测出的差异

期望检验出的差异,也就是效应量,表示研究中期望观测到的最小差异,该差异对估计样本量来说至关重要,通常用专业领域内认为有意义的差值来代替。例如,舒张期血压的平均差值大于或等于 0.67 kPa,白细胞计数的平均差值为 0.5×10^9 个 /L 等。也可以根据试验的目的人为设定该差值。例如,规定如果一种新药在临床试验中显示出来的有效率超过标准药物的 30%,那么这种新药就具有推广意义。当然,还可以通过查阅资料、借鉴前人的经验或进行预试验来确定合适的差值。

4. 变量的离散程度

在估计样本量时,要对不同类型变量的离散程度进行不同的处理。对于分类变量,不需要事先估计测量离散程度的指标,由于分类变量是通过各类别的频数、比例或率来表示的,因此人们在估计样本量时,可以用各类别的频数、比例或率的变化来描述离散程度。而对于数值型变量,由于标准差是测量其离散程度的一个关键指标,因此人们在估计样本量时,要估计其标准差,以便更准确地确定所需的样本量。

在设计研究方案之前,最好进行预试验(如 I 期临床试验或前期的小样本研究),预试验可以提供期望检测出的差值、离散程度等关键信息。如果没有进行预试验,则可以通过检索历史资料来估计这些信息;如果没有检索到相应的信息,对于接近于正态分布的非负指标,则可以使用一些经验规则来估计其标准差。例如,可以使用均值的 1/2~1/4 来估计标准差。

5. 检验功效的大小

检验功效(power)是指在给定的样本量、效应量和显著性水平的情况下,假设检验能够正确地拒绝原假设的概率。换句话说,它反映了研究设计与分析方法能够在多大程度上检测出实际存在的效应量。对于一个严肃的研究设计与分析方法而言,其检验功效不应低于 0.75,最好能达到 0.8 以上。

6. 犯第一类错误的概率大小,单侧及双侧检验问题

犯第一类错误的概率大小用显著性水平 α 表示,通常将 α 的值设定为 0.05,α 的值越小,研究者对于第一类错误的容忍度就越低。要更准确地做出判断,就需要更大的样本量。在设定 α 的值时,研究者还需要考虑是单侧检验还是双侧检验。由于双侧检验考虑了更多的可能性,因此相对于单侧检验,它所需的样本量更大。在实际应用中,如果研究者没有充分的理由采用单侧检验,那么应当尽量采用保守的双侧检验。

7. 组间样本量的分配比例

在涉及两组或多组比较的研究中,如何在各组之间分配样本量是需要考虑的一个重要问题。在总样本量固定的情况下,当各组的样本量完全相等时检验功效最高,因此应当尽量在各组之间均匀地分配样本量。但是实际操作中,可能会遇到一些组的样本比较难找或成本较高的情况,如对罕见病或特定人群的研究。在这些情况下,完全均匀地分配样本量可能并不现实。此时,在保持难以获得样本数据的组的样本量不变的同时,增加其他组的样本量,仍然可以提高整体的检验功效。

8. 基准水平

在临床试验或其他类型的研究中,基准水平是指研究开始前对参与者进行的测量或评估,通

常用于确定一个比较的基准点。在对照组（接受安慰剂的组）中，基准水平特别重要，因为它们代表了没有接受研究干预情况下的自然状态或疾病进程。虽然基准水平本身并不直接参与样本量的计算，但是它们可以帮助研究者设定期望检测出的差值。例如，如果基准水平显示对照组的某个指标为 20%，研究者就会设定一个目标，期望试验组在接受研究干预后该指标能够增加一倍，到达 40%。这样的目标在统计学和临床上是合理且可实现的。然而，如果基准水平已经非常高了，如 90%，那么试验组的该指标最多只能增加到 95%，要增加到更高的水平就非常困难了。

20.1.3　样本量的具体估计方法

样本量估计的基本原理与假设检验中的第一类错误和第二类错误问题密切相关，其示意图如图 20.1 所示。为了平衡这两类错误，需要选择一个合适的样本量。可以通过联立与第一类错误、第二类错误相关的公式来求解样本量。如果要基于给定的样本量估计检验功效，则对上述公式进行变换，即可得到检验功效的计算公式。

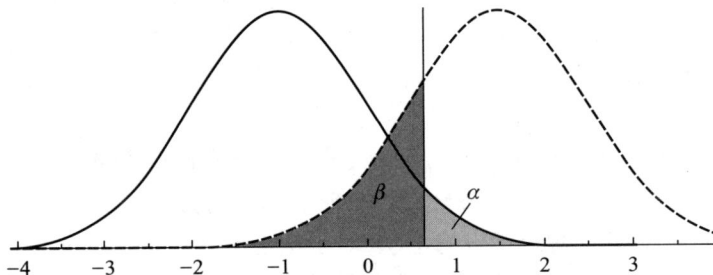

图 20.1　样本量估计的基本原理示意图

在进行假设检验时，要先计算出一个统计量，并根据这个统计量与某个临界值的比较结果来决定是否拒绝原假设。图 20.1 展示了假设检验中的两个关键的临界值，分别对应于犯第一类错误的概率（α）和犯第二类错误的概率（β）。它们通常与特定统计量的分布相关。第一个临界值位于分布的右侧，表示在原假设成立时拒绝原假设的决策点。第二个临界值位于分布的左侧，表示在备择假设成立时未能拒绝原假设的决策点。

样本量估计的目的是选择一个足够大的样本量，以确保统计量能够以足够高的概率落在正确的决策区域内，也就是说，确保统计量在原假设成立时不会超出第一个临界值（从而避免犯第一错误），并且在备择假设成立时能够超出第二个临界值（从而避免犯第二类错误）。

> 用上述方式估计的样本量为理想值，并未考虑实际应用中的问题。在实际应用中理想值往往会受到各种因素的影响，所需要的样本量比估计值大。例如，在研究过程中如果有 10%~20% 的失访率，就需要相应地增加 10%~20% 的参与者的数量，以确保即使有部分参与者失访，仍然有足够的样本量来得出准确的结论。

1. 单样本 / 配对样本的均值比较

单样本 / 配对样本的均值比较方法为单样本 t 检验 / 配对样本 t 检验。它们的样本量和检验功效的计算公式分别为

$$N=\left[\frac{(Z_\alpha+Z_\beta)\sigma}{\delta}\right]^2, \quad Z_\beta=\delta\frac{\sqrt{N}}{\sigma}-Z_\alpha$$

在上式中,N 为样本量,Z_α 为显著性水平 α 所对应的标准正态分布上的临界值,Z_β 为犯第二类错误的概率 β 所对应的标准正态分布上的临界值,δ 为期望的样本均值与某个已知值的差值,σ 为总体标准差。

2. 成组设计两个样本的均值比较

成组设计两个样本的均值比较方法为两个样本的 t 检验,其样本量和检验功效的计算公式分别为

$$N=\left[\frac{2(Z_\alpha+Z_\beta)\sigma}{\delta}\right]^2, \quad Z_\beta=\frac{\delta\sqrt{N}}{2\sigma}-Z_\alpha$$

在上式中,N 为样本量,Z_α 为显著性水平 α 所对应的标准正态分布上的临界值,Z_β 为犯第二类错误的概率 β 所对应的标准正态分布上的临界值,δ 为两个总体均值的差值,σ 为总体标准差。

3. 成组设计多个样本的均值比较

成组设计多个样本的均值比较方法为单因素方差分析,样本量计算有简便计算和精确计算两种方法:

(1) 简便计算

这种方法比较实用,其基本思路是先根据最重要的两个样本的数据特征来推算所需的总样本量,即找到专业上最具有比较意义的两个样本,计算出对其进行两个样本的 t 检验所需的样本量,然后根据研究的总样本量来放大该样本量,最后根据研究经费等实际情况对样本量进行调整。这种方法比较简单(甚至可以利用公式手工计算),也能保证研究中最关键的分析内容有足够的检验功效,但可能会导致次要内容的检验功效不足。

(2) 精确计算

这种方法基于整体的组间变异进行计算,进而估计期望检测出的效应量,再根据该效应量计算所需的样本量。显然,这里的难点在于如何计算效应量,比较常见的效应量计算公式为

$$f=\sqrt{\frac{\sum_{i=1}^{k}p_i(\mu_i-\mu)^2}{\sigma^2}}$$

上式中,f 为效应量,p_i 为第 i 个样本的样本量占比,μ_i 为第 i 个样本的均值,μ 为总体均值,σ^2 为组间变异。由于在很多情况下 f 很难被准确估计,因此科恩(Cohen)建议将 f 值设置为 0.1、0.25、0.4,分别作为小效应、中等效应、大效应的值,直接用于样本量估计。

4. 率的比较

在分类变量的率的比较中,样本量估计的原理和均值比较完全相同,而且所需要的信息更少。但其样本量估计的难点在于如何给出效应量的合理估计值。下面以成组设计两个样本的率的比较为例介绍两种样本量估计方法:

(1) 变量变换

在统计学中,当处理率时,常常会遇到数据不服从正态分布的情况。为了应用基于正态分布的统计方法,可以采用一些变换来使数据分布更接近于正态分布。其中,平方根反正弦变换是一种常用的方法。对率进行平方根反正弦变换,变换后的指标就服从正态分布,可直接用于计算,最终的效应量计算公式为

$$f = 2\left(\arcsin\sqrt{p_1} - \arcsin\sqrt{p_2}\right)$$

上式中，f 为效应量，p_1 和 p_2 是两组分类变量的率，由于在具体使用时比较烦琐，因此科恩建议将 f 值设置为 0.2、0.5、0.8，分别作为小效应、中等效应、大效应的值，直接用于样本量估计。

（2）正态近似估计

当率不太极端且预计样本量较大时，可以直接用正态近似法来估计样本量：

$$N = \frac{(Z_\alpha + Z_\beta)^2 4\pi_c(1-\pi_c)}{(\pi_1 - \pi_2)^2}, \quad Z_\beta = \frac{\sqrt{N}\,|\pi_1 - \pi_2|}{2\sqrt{\pi_c(1-\pi_c)}} - Z_\alpha$$

上式中，N 为样本量，Z_α 为显著性水平 α 所对应的标准正态分布上的临界值，Z_β 为犯第二类错误的概率 β 所对应的标准正态分布上的临界值，π_1 为第一组分类变量的率，π_2 为第二组分类变量的率，π_c 为两组合并后的总体率。

当样本量较小时，上述估计方法的误差可能比较大，此时可以用基于二项分布的确切概率法做精确计算，因该公式比较烦琐，这里不再列出，读者只需要知道 SPSS 能够实现该方法即可。

5. 其他方法

SPSS 还提供了针对相关分析和回归分析的样本量估计方法。针对相关分析的样本量估计方法，实质上是由单样本 / 配对样本的均值比较方法变换而来的，针对回归分析的样本量估计方法则实用价值不大，一般更倾向于根据经验值进行粗估，因此本章不对这些方法进行介绍。

以上介绍的只是样本量估计的基本方法，实际上 SPSS 提供的方法远不止这些，对于样本量、检验功效、样本量分配比例等各项指标之间的联动关系，SPSS 都可以直接输出，详情可参见随后的分析案例。

SPSS 29 还提供了一个 Power Simulation 插件（STATS_POWERSIM.spe），该插件实际上只是为其他过程提供了一个统一的对话框界面。由于该界面存在中文兼容问题，而且需要学习对应的命令语法，因此本书不对其进行介绍。

20.2　案例：估计单样本 t 检验的样本量

例 20.1　现对一种新药降低高血脂患者胆固醇的效果进行研究，研究者规定试验组与对照组相比，血清胆固醇平均降低 0.5 mmol/L，才有进一步研究的价值。已知文献中胆固醇的标准差为 0.8 mmol/L，试估计样本量。

20.2.1　界面说明

选择菜单"分析"→"功效分析"→"平均值"→"单样本 T 检验"命令，打开"功效分析：单样本平均值"对话框，如图 20.2 所示。

① "估算"下拉列表：用于设置要估计的指标类型，可以是样本量或检验功效。如果是估计样本量，则需要在该下拉列表的下方设置具体的检验功效值，或者以网格的方式设置一系列数值。如果是估计检验功效，则需要在该下拉列表的下方输入给定的样本量。

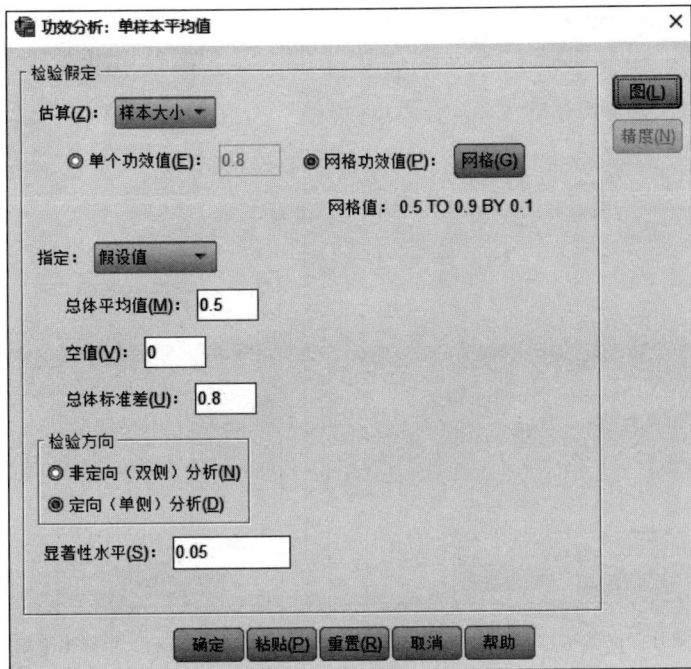

图 20.2 "功效分析：单样本平均值"对话框

　②"指定"下拉列表：用于设置总体信息，可以是假设值或效应量，如果是假设值，则在其下方输入总体均值、总体标准差，以及原假设所对应的总体参数值（通常被称为"空值"）。

　③"图"按钮：单击"图"按钮，可以打开"功效分析：单样本平均值：图"对话框，如图 20.3（a）所示。利用该对话框，可以绘制样本量和检验功效的曲线图，从而更直观地表达两者之间的数量关系。

　④"精度"按钮：单击"精度"按钮，可以打开"功效分析：单样本平均值：精度"对话框，如图 20.3（b）所示。利用该对话框，可以基于指定的置信区间宽度估计样本量，该功能比较复杂，初学者可以不对该对话框进行设置。

　⑤其他框组："检验方向"框组用于确定是单侧检验还是双侧检验，"显著性水平"框用于输入检验的显著性水平。

20.2.2 操作说明与结果解释

　首先，由于该新药只可能降低胆固醇，因此考虑进行单侧检验。其次，由于尚未为估计样本量提供期望的检验功效，因此这里使用网格方式，在 0.5~0.9 的范围内进行全面的样本量估计。本例的具体操作如下：

　①选择菜单"分析"→"功效分析"→"平均值"→"单样本 T 检验"命令，打开"功效分析：单样本平均值"对话框。

　②在"估算"下拉列表中选择"样本大小"项，然后选择"网格功效值"项并单击"网格"按钮，在打开的对话框中将检验功效的范围指定为 0.5~0.9，步长为 0.1。

　③在"指定"下拉列表中选择"假设值"项，并将"总体平均值"设置为 0.5，将"空值"设置为 0，将"总体标准差"设置为 0.8。

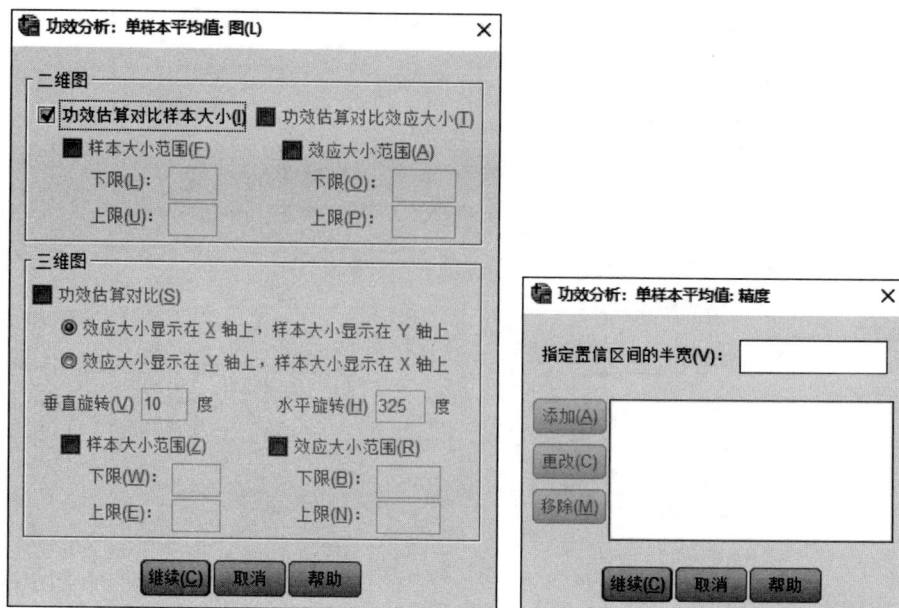

(a) "功效分析：单样本平均值：图"对话框　　(b) "功效分析：单样本平均值：精度"对话框

图 20.3　"功效分析：单样本平均值：图"对话框和"功效分析：单样本平均值：精度"对话框

④ 在"检验方向"框组中，选择"定向（单侧）分析"项。

⑤ 单击"图"按钮，在打开的对话框中，选中"功效估算对比样本大小"复选框。

⑥ 单击"确定"按钮。

在输出的结果中，首先给出的是图 20.4 所示的检验功效分析表，其内容为检验功效在从 0.5 到 0.9 按步长 0.1 上升时所对应的样本量，以及该样本量所对应的实际检验功效。从图 20.4 中可以看到，当检验功效为 0.5 时只需要 9 个个案，当检验功效为 0.9 时则需要 24 个个案。研究者可以根据实际情况（主要是研究经费的情况）来选择可接受的检验功效与样本量的组合进行应用。

| 平均值检验[a] | N | 实际功效[b] | 检验假定 | | | |
			幂	标准差	效应大小	显著性
1	9	.528	.500	.8	.625	.05
2	11	.612	.600	.8	.625	.05
3	14	.715	.700	.8	.625	.05
4	18	.816	.800	.8	.625	.05
5	24	.907	.900	.8	.625	.05

a. 单侧检验。

b. 基于非中心T分布。

图 20.4　检验功效分析表（★）

其次，给出的是图 20.5 所示的样本量与检验功效的曲线图，它以图形的方式更加清晰地展示了两者之间的数量关系，方便研究者做出决策。

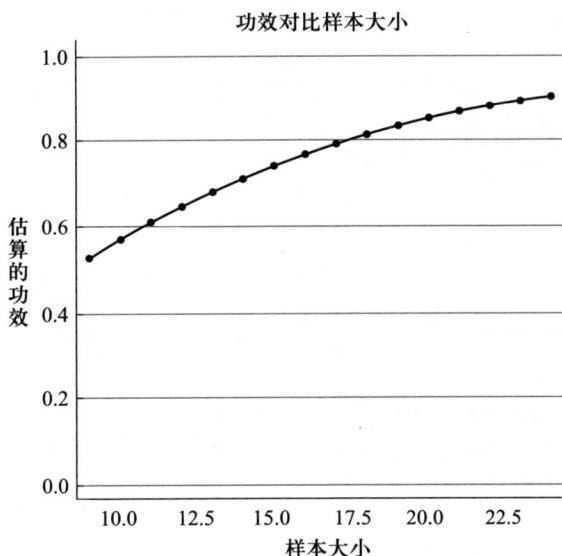

图 20.5　样本量与检验功效的曲线图(★)

20.3　案例:估计两个样本的 *t* 检验的功效

例 20.2　现对一种新药降低高血脂患者胆固醇的效果进行研究,研究者规定试验组与对照组相比,血清胆固醇平均降低 0.5 mmol/L,才有推广价值。目前已确定使用成组设计两个样本的均值比较方法,但是由于研究经费有限,能承受的最大总样本量为 60。已知文献中胆固醇的标准差为 0.8 mmol/L,试估计在当前研究条件下检验功效是否充足,并判断该研究是否可行。

20.3.1　界面说明

选择菜单"分析"→"功效分析"→"平均值"→"独立样本 T 检验"命令,打开"功效分析:独立样本平均值"对话框,如图 20.6 所示。

① "估算"下拉列表:在估计检验功效时,需要在该下拉列表的下方输入两个组的样本量,可以任意设置两个组的样本量,两者不需要相等。在估计样本量时,则可以设置两个组样本量的比值。

② "指定"下拉列表:用于设置总体信息,可以输入假定的总体均值差值(选择"总体平均值差值"项),也可以分别输入两个总体均值(选择"组 1 的总体平均值"项和"组 2 的总体平均值"项);对于总体标准差,可以输入两个组的合并标准差(选择"两个组相等"项),也可以分别输入两个组的标准差(选择"两个组不等"项)。

20.3.2　操作说明与结果解释

首先,由于只是与接受安慰剂的对照组相比,没有理由认为新药的效果会低于安慰剂,因此考虑进行单侧检验。其次,在总样本量固定的情况下,当两个组的样本量相同时检验功效最高,因此先按照每组各 30 个个案分配样本量。本例的具体操作如下:

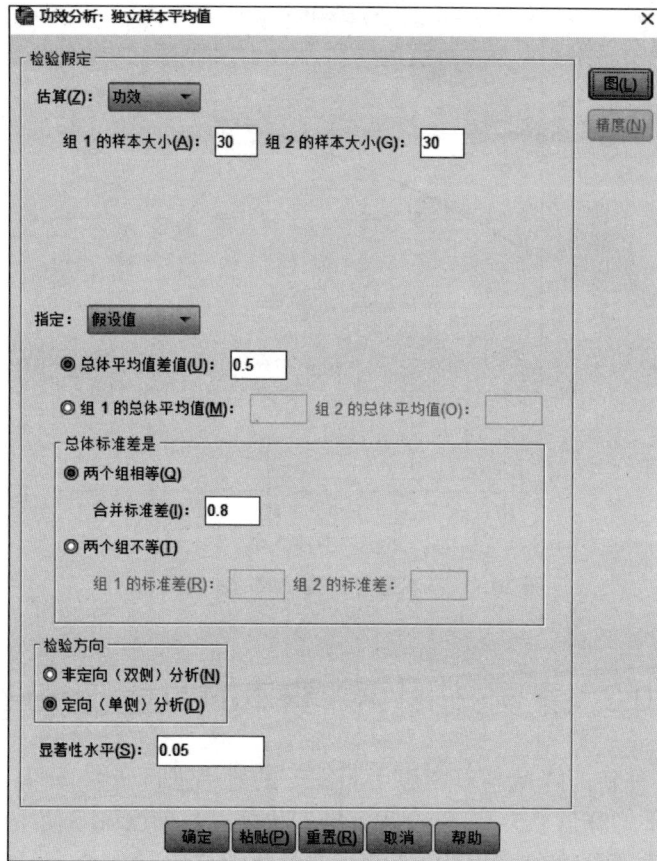

图 20.6　"功效分析：独立样本平均值"对话框

①　选择菜单"分析"→"功效分析"→"平均值"→"独立样本 T 检验"命令，打开"功效分析：独立样本平均值"对话框。

②　在"估算"下拉列表中选择"功效"项，在其下方的"组 1 的样本大小"框和"组 2 的样本大小"框中均输入 30。

③　在"指定"下拉列表中选择"假设值"项，并将"总体平均值差值"设置为 0.5。

④　在"总体标准差是"框组中，设置两个组的总体标准差相等，并将"合并标准差"设置为 0.8。

⑤　在"检验方向"框组中，选择"定向（单侧）分析"项。

⑥　"图"按钮：单击"图"按钮，打开"功效分析：独立样本平均值：图"对话框，选中"功效估算对比样本大小比率"复选框，将样本量分配比例的上限和下限分别设置为 0.5 和 2。选中"功效估算对比效应大小"复选框，将效应量的上限和下限分别设置为 0.5 和 1。

⑦　单击"确定"按钮。

在输出的结果中，首先给出的是图 20.7 所示的检验功效分析表，其内容为在两组各有 30 个个案的单侧检验的情形下，检验功效的估计值为 0.773，表明检验功效基本上充足。

	幂[b]	N1	N2	标准差[c]	效应大小	显著性
				检验假定		
平均值差值检验[a]	.773	30	30	.8	.625	.05

a. 单侧检验。
b. 基于非中心T分布。
c. 假定组方差相等。

图 20.7 检验功效分析表（★）

其次，给出了图 20.8 所示的样本量分配比例（图中表述为"样本大小比率"）与检验功效（图中表述为"估算的功效"）的曲线图（纵坐标已编辑过）。由于一个点估计值能为决策提供的信息是有限的，因此在前面的操作中，在"功效分析：独立样本平均值：图"对话框中，选中了"功效估算对比样本大小比率"复选框和"功效估算对比效应大小"复选框，以观察样本量分配比例和效应量变动时检验功效的变化情况。从图 20.8 中可以看到，当两个组的样本量相同时检验功效最高，在这方面已经没有进一步提高检验功效的潜力。

最后，给出图 20.9 所示的效应量（图中表述为"效应大小"）与检验功效（图中表述为"估算的功效"）的曲线图。从该图中可见，当样本量固定时，效应量越大，检验功效就越高。要使检验功效达到 0.75，效应量应当达到 0.61 左右。如果标准差的确为 0.8 mmol/L，则对应的均值差应当至少为 $0.61 \times 0.8 = 0.49$ mmol/L。因此综合来看，只要研究者能够从专业的角度保证新药和安慰剂的效果差异达到 0.49 mmol/L，实施该研究的样本量就应当是足够的。

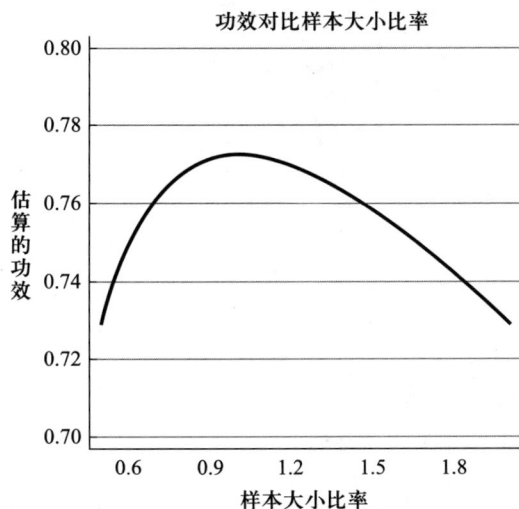

图 20.8 样本量分配比例与检验功效的曲线图（★）

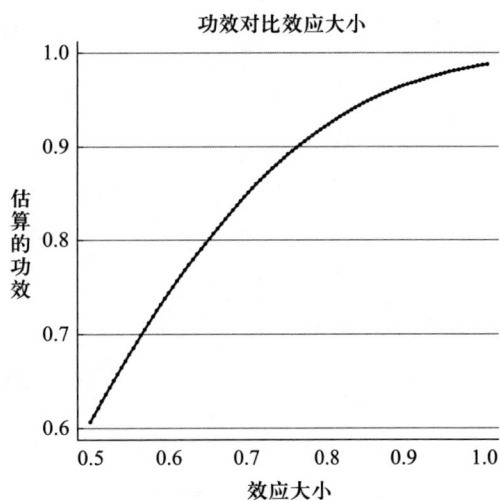

图 20.9 效应量与检验功效的曲线图（★）

在本例中，除对检验功效进行估计之外，研究者还可以反过来，在将检验功效设定为理想值的情况下，估计所需的样本量，该操作和例 20.1 中的操作类似，请读者自行完成，这里不做详述。

20.4　案例：估计方差分析的样本量

例 20.3　基于已有的研究结果，希望进一步比较降胆固醇新药的低剂量组、高剂量组与对照组（接受安慰剂的组）的差异，已知：与对照组相比，低剂量组的血清胆固醇平均降低 0.5 mmol/L；与低剂量组相比，高剂量组的血清胆固醇平均降低 0.2 mmol/L 以上。在进行事后两两比较时采用 LSD 法，不对显著性水平 α 进行调整。但由于新药的研究费用较高，考虑将对照组的样本量设置为另外两个组样本量的 2 倍，以提高研究效率。试估算所需的样本量。

20.4.1　界面说明

选择菜单"分析"→"功效分析"→"平均值"→"单因素 ANOVA 检验"命令，打开"功效分析：单因素 ANOVA"对话框，如图 20.10 所示。

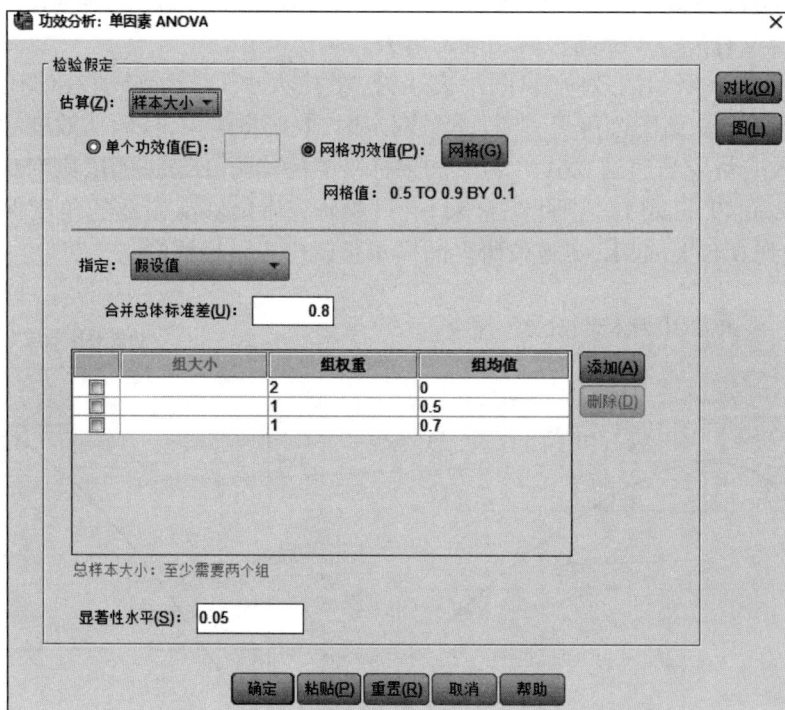

图 20.10　"功效分析：单因素 ANOVA"对话框

①"估算"下拉列表：用于设置要估计的指标类型，可以是样本量或检验功效。如果是估计样本量，则需要在该下拉列表的下方设置具体的检验功效值，或者以网格的方式设置一系列数值。如果是估计检验功效，则需要在该下拉列表的下方输入给定的样本量。

②"指定"下拉列表：用于设置总体信息，可以选择输入假定的总体均值（或均值差值）和标准差，或者设定 Cohen's f 值或者 Eta 的平方作为效应量。其下方网格中的每一行对应于一个分析组，可以单击"添加"按钮增加网格的行数至所需的数量。除了在网格中输入假定的总体均值，还可以设置组权重，即各组的样本量分配比例。

③ "对比" 按钮：单击 "对比" 按钮，可以打开 "功效分析：单因素 ANOVA 对话框：对比" 对话框。该对话框用于设置两两比较或者精细比较的具体细节，可以为这些检验分别估计样本量或者检验功效。其中，两两比较可以使用 LSD 法、Sidak 法和 Bonferroni 法三种方法。两两比较所使用的方法就是 13.3 节中介绍的方法。

20.4.2 操作说明与结果解释

首先，由于本例涉及三个组之间的比较，因此只能进行双侧检验。其次，在方差分析之后还需要进行两两比较，同时估计进行两两比较时检验功效是否充足。本例的具体操作如下：

① 选择菜单 "分析" → "功效分析" → "平均值" → "单因素 ANOVA 检验" 命令，打开 "功效分析：单因素 ANOVA" 对话框。

② 在 "估算" 下拉列表中选择 "样本大小" 项，然后选择 "网格功效值" 项并单击 "网格" 按钮，在打开的对话框中将检验功效的范围指定为 0.5~0.9，步长为 0.1。

③ 在 "指定" 下拉列表中选择 "假设值" 项，并将 "合并总体标准差" 设置为 0.8。

④ 单击 "添加" 按钮，形成三个组的相关参数：将组权重分别设置为 2、1、1，将组均值分别设置为 0、0.5、0.7，最终的设置如图 20.10 所示。

⑤ "对比" 按钮：单击 "对比" 按钮，在打开的对话框中选中 "估计成对检验差值的功效" 复选框，将比较方法改为 "最低显著性差异(LSD)"。

⑥ 单击 "确定" 按钮。

注意，这里直接将各组均值设置为 0、0.5、0.7，主要是为了操作方便，只要保证各组均值差值的绝对值符合本例要求，所计算出的结果就都是等价的。

在输出的结果中，图 20.11 所示的是检验功效分析表，其内容是当检验功效为 0.5 至 0.9 时所估计的总样本量。

总体检验[a]	N[b]	实际功效[c]	检验假定			
			幂	标准差	效应大小[d]	显著性
1	39	.531	.500	.8	.472	.05
2	47	.622	.600	.8	.473	.05
3	56	.709	.700	.8	.476	.05
4	68	.800	.800	.8	.476	.05
5	91	.909	.900	.8	.474	.05

a. 检验 "所有组的总体平均值相同" 原假设。
b. 各个组的总样本大小。
c. 基于非中心F分布。
d. 由均方根标准化效应测量的效应大小。

图 20.11 检验功效分析表(★)

图 20.12 所示的则是对应的三个组的样本量分配情况，这里三个组的样本量是按照 2：1：1 的比例进行分配的，其具体数值也都进行了向上取整。

	幂				
	.500	.600	.700	.800	.900
组1	19	23	28	34	45
组2	10	12	14	17	23
组3	10	12	14	17	23
总体	39	47	56	68	91

图 20.12　三个组的样本量分配情况（★）

图 20.13 所示的为使用 LSD 法进行两两比较时，检验功效为 0.5 至 0.9 时各组所需要的样本量。例如，组 1 与组 2（即对照组和低剂量组）相比，要使检验功效达到 0.5 以上，三个组的总样本量就要至少为 63。

	多重比较	N	实际功效[b]	请求的功效	效应大小
1	组1−组2	63	.515	.500	.625
	组1−组3	35	.539	.500	.875
	组2−组3	495	.502	.500	.250
2	组1−组2	79	.612	.600	.625
	组1−组3	43	.631	.600	.875
	组2−组3	631	.602	.600	.250
3	组1−组2	99	.711	.700	.625
	组1−组3	52	.714	.700	.875
	组2−组3	792	.700	.700	.250
4	组1−组2	124	.805	.800	.625
	组1−组3	64	.803	.800	.875
	组2−组3	1008	.801	.800	.250
5	组1−组2	164	.901	.900	.625
	组1−组3	87	.910	.900	.875
	组2−组3	1348	.900	.900	.250

a. 合并标准差：.8。显著性：.05。采用最低显著性差异的双侧检验。
b. 基于非中心 T 分布。

图 20.13　使用 LSD 法进行两两比较时的样本量估计（★）

图 20.14 则进一步给出了各个组的样本量分配情况：在总样本量为 63 的情况下，三个组的样本量的分配比例为 31∶16∶16。结合图 20.11 所示的结果可知，样本量 63 大致对应总检验功效接近 0.8 的情况。

将上面这几张表格的结果联合起来阅读，可得到如下结论：

① 当总样本量达到 63 时，总检验功效接近 0.8，总的方差分析有足够的信息拒绝原假设。

多重比较	分组	幂				
		.500	.600	.700	.800	.900
组1−组2	1	31	39	49	62	82
	2	16	20	25	31	41
	3	16	20	25	31	41
	总体	63	79	99	124	164
组1−组3	1	17	21	26	32	43
	2	9	11	13	16	22
	3	9	11	13	16	22
	总体	35	43	52	64	87
组2−组3	1	247	315	396	504	674
	2	124	158	198	252	337
	3	124	158	198	252	337
	总体	495	631	792	1008	1348

图 20.14　各个组的样本量分配情况（★）

② 当总样本量为 63 时，对照组与低剂量组比较的检验功效为 0.5，对照组与高剂量组比较的检验功效接近 0.8，因此利用 LSD 法进行两两比较，很有可能会发现对照组和高剂量组的均值有差异，但是不太可能得出对照组和低剂量组的均值有差异的结论。

基于上述结果，研究者就可以进一步调整设计方案，提高检验功效，更好地达到研究目的。

20.5　案例：估计比例检验的功效

例 20.4　在常规条件下某个动物模型成功的概率大约为 40%，某研究人员考虑采用另一种方法进行试验，预期成功的概率可上升至 60%，但由于新方法的成本很高，目前的研究经费能支持的样本量为 40，老方法组（对照组）的样本量则可以增大一些，试估计该检验的功效是否充足。

20.5.1　界面说明

选择菜单"分析"→"功效分析"→"平均值"→"独立样本二项检验"命令，打开"功效分析：独立样本比例"对话框，如图 20.15 所示。

① "估算"下拉列表：在估计检验功效时，需要在该下拉列表的下方输入两个组的总试验次数，可以任意设置两个组的总试验次数，两者不需要相等。在估计样本量时，则可以设置两个组的总试验次数的比值。

② "检验方法"框组：用于设置进行率的比较时所使用的统计方法，大样本时可以使用卡方检验、似然比检验，小样本时使用上述方法会存在偏差，应当尽量选择确切概率法。

③ "估算方法"框组：用于设置估计样本量或者检验功效的具体方法，大样本时可以选择"正态近似"项，而在小样本时，则应当尽量选择"二项枚举"项，即基于二项分布的确切概率法。

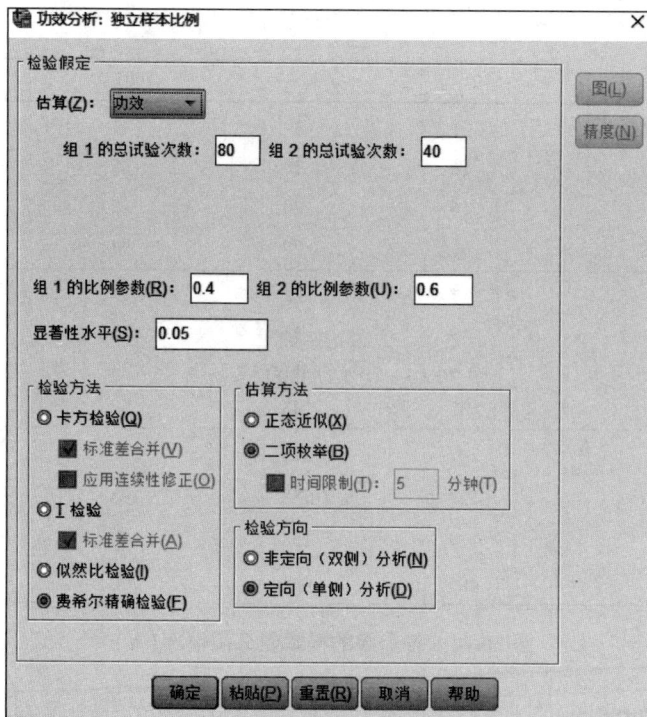

图 20.15　"功效分析：独立样本比例"对话框

20.5.2　操作说明与结果解释

首先，由于可以确认新方法的成功概率至少不低于老方法，因此考虑进行单侧检验。但是从经验上讲，在率的比较中，每个组的样本量为 40 显然是比较少的，很可能检验功效不足，因此这里先尝试将对照组的样本量设置为 80，然后再根据计算结果对其进行调整。此外，由于样本量不大，因此直接考虑使用确切概率法进行率的比较，并且采用二项分布进行检验功效估计，以避免计算误差。本例的具体操作如下：

① 选择菜单"分析"→"功效分析"→"平均值"→"独立样本二项检验"命令，打开"功效分析：独立样本比例"对话框。

② 在"估算"下拉列表中选择"功效"项，将其下方的"组 1 的总试验次数"和"组 2 的总试验次数"分别设置为 80、40，将"组 1 的比例参数"和"组 2 的比例参数"分别设置为 0.4、0.6。

③ 在"检验方法"框组，选中"费希尔精确检验"项。

④ 在"估算方法"框组，选中"二项枚举"项。

⑤ 在"检验方向"框组中，选择"定向（单侧）分析"项。

⑥ 单击"确定"按钮。

在输出的结果中，图 20.16 给出的是检验功效分析表，其内容是对照组的样本量为 80、试验组的样本量为 40 时的检验功效估计值。可见，此时检验功效只有 0.584，远远不能满足要求。由于试验组的样本量无法增大，因此可以尝试增大对照组的样本量，以观察检验功效的变化情况。最终，当对照组的样本量增大到 200 时，检验功效达到 0.69。一般而言，两个组的样本量分配比例若超过 1：4，进一步加大样本量分配比例所带来的收益就会非常少，而现在这个比例已经达到了 1∶5,因此仅继续增大对照组的样本量已无太大的价值,研究者应当尽可能地增大试验组的样本量,或者考虑采用配对设计等功效更高的研究设计与分析方法。

	幂[b]	检验假定					
		N1	N2	风险差异	风险比	比值比	显著性
比例差值检验[a]	.584	80	40	−.200	.667	.444	.05

a. 使用二项枚举的单侧检验。
b. 基于费希尔精确检验。

图 20.16 检验功效分析表(★)

思考与练习

1. 在采用老方法进行试验时某动物模型成功的概率为 15%,现考虑采用改进的新方法进行试验,预期新方法成功的概率为 30%,试估计该研究所需的动物样本量。

2. 如果在例 20.2 中,检验功效无法达标,而且由于研究经费有限,样本量无法进一步增大,请思考可以使用哪些方法来改进该研究方案。

3. 如果在例 20.3 中,由于新药的价格很高,研究经费只能保证两个新药剂量组的总样本量为 40,现在希望用于这两个新药剂量组和对照组比较的 LSD 法的检验功效均在 0.75 以上,试分析怎样设计研究方案可以满足该要求。

第四部分

统计实战案例集锦

第 21 章　CCSS 项目的自动化生产

21.1　项目背景

通过对本书前面章节的学习,读者已经对 CCSS 项目有了一个全面的了解,并掌握了如何利用 SPSS 来得到所需要的信息,解决所研究的问题。但是,应当如何将分析结果以适当的形式提供给最终用户呢? 毕竟不是所有人都懂得统计分析,也不是所有人都会使用 SPSS。

在 CCSS 项目中,向最终用户提交的报告主要包括数据报告和分析报告两种,具体需求如下:

① 每个月的最后一个工作日,向付费用户提交当月的 CCSS 项目报告。

② 数据报告用 Excel 制作,最终以 PDF 文件的形式向用户提供详细的数据汇总表格。

③ 分析报告用 PowerPoint 制作,最终以 PDF 文件的形式为用户提供对当月数据变化趋势的深入解读。

由于 CCSS 项目要求数据采集尽量覆盖一整月,从原始数据采集完毕到正式向用户提交报告只有 3 个工作日,而这期间项目团队需要完成的工作很多,因此尽量减少人工干预,提高工作的自动化程度,就显得非常重要了。高度自动化不仅意味着工作效率的提高,也意味着出错的风险大大降低。下面就介绍如何充分利用 SPSS 的相关功能来完成这些工作。

21.2　分析思路

为了实现自动化生产,可以考虑将整个工作流程分解为若干环节,并尽量使其中可由计算机自动或半自动执行的环节自动化。这样不仅可以显著提高工作效率,还可以减少出错概率。具体而言,CCSS 项目自动化生产的思路如下:

1. 分解工作流程

对工作流程进行分解,便于研究者分别研究对策。可以将整个项目的工作流程分解为如下6 个环节:

① 数据核查、数据编码、数据合并入库。

② 数据分析,得到生成报告所需要的统计分析结果,包括计算统计量 / 汇总表格、进行所需的假设检验、绘制所需要的统计图。

③ 利用 Excel 将计算出的统计量 / 汇总表格按照标准格式输出,完成数据报告的制作。

④ 利用 PowerPoint 整合统计表和统计图等,完成分析报告的撰写。

⑤ 将 Excel 文档和 PowerPoint 文档转换成 PDF 文件,完成报告封装。

⑥ 将封装好的报告提交至产品发送系统,准备定时向用户发送。

2. 整理分析需求

在上述 6 个环节中,最后 2 个环节和 SPSS 完全无关,第 4 个环节主要依赖人工操作。可见,

前面 4 个环节有很大的自动化潜力,因此可以将相应的分析需求归纳为如下两点:

① 在前 2 个环节中,尽量做到程序化、自动化。

② 在第 3 个环节和第 4 个环节中,重点研究 SPSS 的输出结果能否被直接应用,如果不能被直接应用,而需要转化为所需要的表格 / 图形,就尽量减少转化所需要的人工干预工作量。

> 实际上,产生 CCSS 项目报告的绝大部分工作都已经实现了自动化,但所使用的工具不限于 SPSS,由于本书讲述的是 SPSS,因此这里只涉及利用 SPSS 完成的部分。

在整理好分析需求之后就会发现,将前 2 个环节程序化、自动化是比较容易的,毕竟每个月所要做的分析工作都是非常相似的,完全可以考虑将程序代码固定化。读者通过对前面章节的学习也已经掌握了这方面的内容,这里不再重复介绍。

3. 整理输出格式需求

在第 3 个环节和第 4 个环节中,需要进一步考虑相应的输出格式是否满足最终报告的格式需求。在仔细分析之后,发现大致有如下几种情况:

① 可直接生成具有所需格式的统计表:这种情况基本上能够满足最终报告的格式需求。例如,在第 9 章中,利用 SPSS 的制表模块制作的针对 A3、A3a 等题目的统计表,其格式基本上符合数据报告所要求的格式,至多只需要针对个别细节进行调整。

② 无法直接生成具有所需格式的统计表:在这种情况下,只能生成包含所需统计指标的统计表,难以直接输出具有特定格式的统计表。典型的情况是,对于显示统计量和检验结果的统计表,SPSS 几乎没有直接设置统计量和检验结果输出格式的功能,虽然可以通过输出管理系统(OMS)来制作具有特定格式的输出报表,但与其他自动化工具相比,这样做是否效率最高还有待讨论。

③ 统计图:尽管 SPSS 提供了丰富的图形绘制功能,但其绘制的图形与微软 Office 软件(如 PowerPoint)的默认风格不一致,这可能会影响图形在演示文稿中的呈现效果和受众的接受度,因此基本上不能直接使用 SPSS 制作的图形。

4. 确定需求的实现方式

根据前面整理出来的输出格式需求,最终的实现方式如下:

① 可基本上满足需求的统计表:利用 SPSS 制作统计表,然后将统计表导出为 XLS 格式文件,并按照输出格式的需求对其进行编辑。

② 难以直接满足需求的统计表 / 统计图:先使用 SPSS 计算出所需的汇总数据,然后再用其他工具来完成图形或表格的制作工作。

5. 业务流程的技术实现

在满足需求的实现方式确定后,利用技术来实现相应的业务流程成为关键。基于简单、高效、低故障率的原则,可以采取以下方式:

① 可基本上满足需求的统计表:由于这种统计表的格式比较规范,SPSS 提供了 3~4 种表格模板,因此在 SPSS 中可以先对表格模板进行设计,再使用宏代码的方式编写程序,以自动生成所需的统计表。

② 难以直接满足需求的统计表 / 统计图:利用 SPSS 的输出管理系统,将所需的数据输出为扩展名为 .sav 的数据文件,接着根据统计表 / 统计图的输出格式需求,利用 SPSS 绘制出初步的表格或图形,之后直接导出为扩展名为 .xls 的数据文件,以便在 Excel 中完成剩余的制表或制图工作。

21.3 具体操作

下面介绍生成可基本上满足需求的统计表的业务流程的技术实现方式。

1. 表格模板设计

在第 9 章中制作的题目 A3、A3a 的统计表,实际上采用了最终报告(向最终用户提交的报告)所广泛使用的格式。因此,可以考虑将其制作成标准模板,包括按照最终报告所需的格式来设置字体、行高、网格线等,以尽可能地减少后期对表格的人工编辑操作。

因篇幅所限,这里不再详细介绍具体的表格模板设计过程,读者可以参考 9.5 节"表格模板技术"中的相应内容。

2. 提取基本制表程序框架

将设计的表格模板所对应的代码提取出来,并改写为宏代码,可以大大简化程序设计工作。这里以针对题目 A3 的统计表为例来说明。根据第 9 章中的例 9.1,生成针对题目 A3 的统计表的宏代码:

```
CTABLES
  /VLABELS VARIABLES=a3 Qa3 time DISPLAY=NONE
  /TABLE a3 [ C ][ ROWPCT.COUNT"F40.1 ]+ Qa3 [ S ][ MEAN ' 感受值 ' F40.1 ]
   BY time [ C ]
  /SLABELS POSITION=ROW
  /CATEGORIES VARIABLES=a3 ORDER=A KEY=VALUE EMPTY=INCLUDE
  /CATEGORIES VARIABLES=time ORDER=A KEY=VALUE EMPTY=EXCLUDE.
```

3. 编写制表宏代码

由于其他题目(如 A4、A5 等)也使用了相同的表格模板,因此只需要将上述代码中与具体题目有关的部分替换为宏变量即可。宏变量的替换方式有以下两种:

① 将变量 a3、Qa3 分别用两个宏变量替换,也就是说,在调用宏程序的同时指定这两个宏变量。这种方式虽然有些麻烦,但易于理解。

② 先指定一个宏变量,然后用宏函数生成另一个宏变量。这种方式更加简洁。

方式② 的相应的宏代码如下:

```
* 表框架一: 频数 + 均值的组合输出,Q 变量用于计算均值 .
DEFINE M_Tb01 (invar1= ! charend('/')).
  CTABLES
  /VLABELS VARIABLES= ! invar1 ! concat("Q", ! invar1) time DISPLAY=NONE
  /TABLE ! invar1 [ C ][ ROWPCT.COUNT"F40.1 ]
   + ! concat("Q", ! invar1)[ S ][ MEAN ' 感受值 ' F40.1 ]BY time [ C ]
  /SLABELS POSITION=ROW
  /CATEGORIES VARIABLES= ! invar1 ORDER=A
KEY=VALUE EMPTY=INCLUDE
```

```
    /CATEGORIES VARIABLES=time ORDER=A KEY=VALUE EMPTY=EXCLUDE.
    ! ENDDEFINE.


    M_tb01 invar1=a3.
```

在上述宏代码中，! concat( )是用于合并宏字符串的宏函数，在它的帮助下，只需要指定一个宏变量，就可以生成所需的另一个宏变量。而代码中的最后一个语句调用 M_tb01 宏所得到的结果表格，与利用前面的宏代码得到的结果表格完全相同。

> 读者或许会想：显然还可以将上述宏代码写得更简洁一些。例如，只需将 invar1 指定为数字 3，然后用! concat("a", ! invar1)、! concat("Qa", ! invar1)来分别生成针对变量 a3 和变量 Qa3 的统计表，这样宏代码不是更简洁吗？
>
> 有这种想法并且希望将其付诸实践的读者可以思考以下问题：
> ● 宏代码更简单了吗？显然宏代码的可读性随着函数使用量的增多而变差了。
> ● 宏代码的执行效率提高了吗？多用了一个! concat( )函数，程序的执行效率会不可避免地降低。
> ● 宏代码的使用范围扩大了吗？只要是输出相同的表格框架，对于先前的宏代码，无论是题目 A3 变量 a3 还是题目 C3 变量 c3 都可以使用，而新的宏代码只能用于"a"开头的题目变量，适用范围明显变窄了。
>
> 简言之，上述做法只能得到一个更难阅读、执行速率更低、适用范围更窄的代码，对于需要解决实际问题的读者来说，选择简单而实用的方法才是最好的选择。

4. 导出结果表格

将上述步骤生成的可以直接用于最终报告的结果表格，直接导出为扩展名为 .xls 的数据文件。

```
SAVE TRANSLATE OUTFILE='D：\OutTbl1.xls'
 /TYPE=XLS
 /VERSION=8
 /MAP
 /REPLACE
 /FIELDNAMES
 /CELLS=VALUES.
```

> 在导出结果之前，如果能使表格的生成次序与其在最终报告中的次序一致，则可以大大简化后续的操作。对于熟悉 Excel 中的 VB 宏的读者来说，可以通过编写宏代码来提高自动化程度。在 CCSS 项目中，这些工作也是自动进行的，不需要人工干预。

5. 编写 OMS 代码

当无法直接生成统计表或统计图时，可以利用输出管理系统（OMS）来输出相应的汇总数据，在这一过程中有以下几个关键点需要注意：

① 输出管理系统无法同时输出不同格式的数据模板，对于不同格式的数据模板要分别设计。因此，要先对数据需求进行分类和标准化，在此基础上设计有限的几个通用的数据模板。

② 在设计数据模板时,要考虑统计表/统计图的制作需求,如果后续还需要对数据模板的格式进行大量的编辑,才能将其用于制作统计表/统计图,则该数据模板还有很大的改进空间。

③ 输出管理系统同样可以利用宏代码,特别是如果能将数据需求统一为几个通用的数据模板,就可以对每个数据模板进行 OMS 代码的编写工作。

下面是 CCSS 项目中的一个 OMS 代码实例:

```
*OMS 例程开始,此处 'D：\temp.sav' 为临时文件,熟悉 OMS 的用户可以不生成
临时文件,而是将信息存储在内存的工作区中.
OMS
 /SELECT TABLES
 /IF COMMANDS=［'CTables'］SUBTYPES=［'Custom Table'］
 /DESTINATION FORMAT=SAV NUMBERED=TableID
VIEWER=yes OUTFILE='D：\temp.sav'.


* 相应的汇总数据指标宏代码段,此处省略.
*OMS 例程结束.
OMSEND.


* 读取临时文件,准备导出.
GET
 FILE='D：\temp.sav'.
* 指定变量 var5 的输出格式,以方便随后的工作.
Formats var5 (f5.1).


* 将数据导出为扩展名为 .xls 的数据文件.
SAVE TRANSLATE OUTFILE='D：\InSheet.xls'
 /TYPE=XLS
 /VERSION=8
 /MAP
 /REPLACE
 /FIELDNAMES
 /CELLS=VALUES.
```

对于上述 OMS 代码所涉及的知识,读者可参考第 6 章中的相应内容,这里不做详述。

21.4 总结与讨论

菜单 + 对话框的操作方式直观、简便。菜单和对话框都能够直观地展示功能选项,人们通过点击和输入即可完成操作,从而大大降低了学习成本和使用门槛。然而,在涉及具体的业务需求时,特别是在需要重复执行分析任务的场景中,程序操作方式更具优势。人们使用程序操

作方式,就是因为其具有高可重用性、高执行效率等优点。

　　在第 6 章的 6.4 节中,已经介绍过如何利用程序操作方式来完成 CCSS 项目的数据计算任务。本章则更进一步,面对项目需求综合利用了编写代码、制表、输出管理系统等功能,这对于读者充分理解 SPSS 在实际项目中的应用很有帮助。

　　同时,本项目还有一个值得注意的特点:并非所有的工作都是在 SPSS 系统内部完成的,而是涉及了与微软 Office 软件的交互。在现代数据分析工作中,几乎没有一个软件能够独立满足所有的业务需求。不同的软件有不同的优势和专长,而本项目的需求又是多方面的,只有在多个软件的协作下才能满足本项目的全部需求。因此,多软件 / 多系统协作成为一个普遍现象。

　　在实际工作中,业务人员要根据公司政策、版权许可以及个人使用习惯等因素,充分发掘可用的资源,并根据业务的核心需求进行优化,以最大限度地满足实际需求,并最终得到客观真实的分析结果。

　　事实上,CCSS 项目剩余的工作,包括数据报告的更新、格式化和英语翻译,分析报告的统计图表更新等,都是依靠 Excel 和 PowerPoint 中的 VB 宏来完成的,这些工作都不需要人工干预。

思考与练习

　　请自行练习本章案例中的相关操作。

第22章　X药物治疗原发性高血压的临床试验研究

22.1　案例背景

22.1.1　研究概况

1. X药物的基本情况

X药物是由××公司研发的长效二氢吡啶类钙离子拮抗剂,国外临床研究表明,该药可以平稳、长效地降血压,而且对老年高血压的治疗效果稳定、安全性高,对伴有肾功能不全的高血压患者具有肾脏保护作用。

2. 研究目的

以苯磺酸氨氯地平为对照药,通过多中心、随机、双盲、平行对照试验,验证X药物单独给药对原发性高血压患者的疗效和安全性。

22.1.2　研究方法

1. 试验方案简述

① 使用药品:受试制剂为X药物,参比制剂为苯磺酸氨氯地平。

② 随机和分组:本试验在门诊原发性高血压患者(在门诊环境中被诊断为患有原发性高血压的患者)中完成。经过筛选,有251例合格的原发性高血压患者在治疗期0周随访时被随机分组。研究者按照患者在治疗期0周随访的先后次序为其分配随机号码。试验组接受X药物,对照组接受苯磺酸氨氯地平。

③ 诊室血压的研究内容:患者回顾病史,接受全面体检,签署书面知情同意书。

对于在试验开始前2周服用过降压药,且完全符合观察期开始时的入选标准和排除标准(坐位舒张压SeDBP $\geq$ 12.00 kPa 且坐位收缩压SeSBP < 24.00 kPa)的患者,启动观察期,同时停服所有的降压药。观察期持续时间为停止服药后2周以上。观察期结束后进行血常规、尿常规、心电图及胸部平片检查,对于其中完全符合治疗期开始时的入选标准和排除标准(SeDBP为12.67 ~ 15.20 kPa 且 SeSBP < 24.00 kPa)的患者启动治疗期。

对于在试验开始前2周未服用过任何降压药,且完全符合观察期开始时的入选标准和排除标准(SeDBP $\geq$ 12.67 kPa 且 SeSBP < 24.00 kPa)的患者,进行血常规、尿常规、心电图及胸部平片检查,对于其中完全符合治疗期开始时的入选标准和排除标准(SeDBP为12.67 ~ 15.20 kPa 且 SeSBP < 24.00 kPa)的患者启动治疗期。

> ⚠ 为了保护项目信息,本案例只随机抽取了251例真实患者中的159例用于分析。

2. 试验对象

① 患者来源：4 个临床中心于 2003 年 9 月 ~2004 年 2 月选择门诊原发性高血压患者 251 例（SeDBP 为 12.67~15.20 kPa 且 SeSBP<24.00 kPa）。在两周停药观察期后，随机双盲接受 X 药物（$n=126$）或苯磺酸氨氯地平（$n=125$），治疗 8 周。

② 入选标准、排除标准、退出实验标准：此处略。

3. 疗效评价和安全性评价

① 主要疗效的评价指标：根据治疗期开始前和治疗结束时坐位舒张压的差值评价降血压的效果。疗效按以下方式分类：

- 显效：坐位舒张压至少下降 1.33 kPa 并降到了正常的血压范围内，或至少下降 2.67 kPa。
- 有效：坐位舒张压下降的幅度没有达到 1.33 kPa，但降到了正常的血压范围内，坐位舒张压下降的幅度为 1.33~2.53 kPa。
- 无效：未达到上述标准。

需要说明的是，如果为收缩期高血压，则坐位收缩压至少下降 4.00 kPa 为有效。

② 次要疗效的评价指标：血压正常化率，是指在治疗期末，坐位舒张压达到正常范围（即低于 12.00 kPa）的病例数占总的可供疗效评价的入选病例数的比例。

③ 安全性参数：不良事件、体格检查、胸部正位片、导联心电图检查、实验室检查（红细胞、血红蛋白、白细胞、血小板、总蛋白、白蛋白、总胆红素、总胆固醇、血糖、肌酐、尿酸、尿蛋白、尿糖、尿胆素原、尿沉渣等）。

4. 样本量估计

① 根据相关文献，在某个马来酸氨氯地平与苯磺酸氨氯地平治疗原发性高血压的临床试验中，两组各有 60 例患者参与，其中马来酸氨氯地平组的有效率为 87%，而苯磺酸氨氯地平组的有效率为 85%。

② 根据相关文献，X 药物在以尼卡地平为对照的临床试验中的有效率为 84%。

③ 本次试验用苯磺酸氨氯地平作为对照药，假设苯磺酸氨氯地平或 X 药物的有效率为 85%，而对照的另一方的有效率为 70%，显著性水平为 0.05，把握度为 80%，可以计算出样本量为每组 100 例患者。假设脱落率为 20%，本试验至少需要选入有效患者 240 例。每组各有 120 例，以确保有足够的患者完成本次试验并得到可靠的结果。

5. 统计分析方法

① 疗效分析采用符合方案集（per protocol set，PPS），安全性分析采用安全集（safety set，SS）。

② 根据数据的性质和研究目的来选择合适的统计方法。对于连续变量，可以使用均值、标准差、中位数等统计量来描述，并且根据正态性检验结果采用 t 检验，或组间比较采用秩和检验，组内前后比较采用配对样本 t 检验或威尔科克森符号秩检验。对于分类变量可以使用频数、百分比等统计量来描述，并采用 χ^2 检验。

③ 所有统计检验均采用双侧检验，将显著性水平设定为 0.05。

22.2　数 据 准 备

在试验过程中，出于数据安全的考虑，将原始数据备份存储在不同的文件中，本案例具体涉及以下两个数据文件：

① Xdrug_key：患者分组文件，包括患者的 ID 号（由流水号＋临床中心号组成），以及具体的药品分组，在揭盲之前两个药品组分别用 A、B 表示。

② Xdrug_main：存储了患者所在的临床中心号、流水号、患者背景资料变量、实验室检查结果、不良事件和不良反应记录等数据。涉及的基准变量以 V1 开头，治疗结束时变量均以 V2 开头。

实际上，本案例中原始数据的存储方式比上面描述的复杂得多，为了便于理解，同时也为了保护真实的试验信息，这里进行了大幅度简化。

在进行正式的统计分析之前，研究者要将不同的数据文件按照索引变量合并起来，并计算出分析过程中需要使用的一些变量，如疗效指标等，具体的 SPSS 程序如下：

```
* 分别读入所需的两个数据文件,假设这两个数据文件均被存储在 E 盘的根目录上 .
GET
  FILE='E:\XDRUG_KEY.SAV'.
DATASET NAME KEY.
GET
  FILE='E:\XDRUG_MAIN.SAV'.
DATASET NAME MAIN WINDOW=FRONT.

* 计算 ID 变量 .
STRING ID(A10).
COMPUTE ID=CONCAT(STRING(RANDONO,F2.0),"-",STRING(CENTERNO,F1.0)).
EXECUTE.

* 文件中的 KEY 已排序,只需对 MAIN 进行排序操作 .
SORT CASES BY ID(A).
MATCH FILES/FILE=*
  /FILE='KEY'
  /BY ID.
EXECUTE.

* 计算疗效指标 .
COMPUTE TREATRES=0.
IF V1SBP>180 & V2SBP-V1SBP>=30 TREATRES=1.
IF(V2DBP-V1DBP<10 & V2DBP<95)|RANGE(V2DBP-V1DBP,10,19)=1 TREATRES=1.
IF(V2DBP-V1DBP>=10 & V2DBP<95)|V2DBP-V1DBP>=20 TREATRES=2.
EXECUTE.
VARIABLE LEVEL TREATRES(SCALE).

COMPUTE BPNORMAL=0.
```

```
IF V2DBP<95 & V2SBP<180 BPNORMAL=1.
EXECUTE.
```

22.3 基准情况比较

基准情况比较的目的是确认两组患者符合随机入组的要求。这里需要进行比较的变量分为以下几类:

① 性别、身高、体重、体重指数等基本背景资料变量。

② 高血压病史和病程、家族史、高血压患者服药情况、其他既往疾病史等疾病相关的背景资料变量。

③ 基准血压、血细胞、实验室检查相关变量。

由于变量较多,这里只以少数变量的分析结果为例,来说明具体的操作。

1. 性别的组间比较

① 选择菜单"分析"→"描述统计"→"交叉表"命令,打开"交叉表"对话框。

② 将分组变量 keys 选入"行"框。

③ 将表示患者性别的变量 sex 选入"列"框。

④ 单击"统计"按钮,在打开的对话框中选中"卡方"复选框,单击"继续"按钮。

⑤ 单击"确定"按钮。

图 22.1 所示的是分组变量 keys × 患者性别 sex 的交叉表,图 22.2 所示的是卡方检验结果。从图 22.1 和图 22.2 所示的结果可见,由于本例中的样本量满足卡方检验的要求,因此可以直接使用卡方检验的 p 值 0.474。性别分布在两组患者间的差异无统计学意义。

计数

		患者性别	sex	
		1	2	总计
keys	A	43	39	82
	B	36	41	77
总计		79	80	159

图 22.1 分组变量 keys × 患者性别 sex 的交叉表(★)

	值	自由度	渐进显著性(双侧)	精确显著性(双侧)	精确显著性(单侧)
皮尔逊卡方	.514[a]	1	.474		
连续性校正[b]	.311	1	.577		
似然比	.514	1	.473		
费希尔精确检验				.527	.289
有效个案数	159				

a. 0个单元格 (0%) 的期望计数小于5。最小期望计数为38.26。
b. 仅针对2×2表进行计算。

图 22.2 卡方检验结果(★)

2. 身高、体重、体重指数的组间比较

按照分析方案,首先进行分组的正态性检验。

① 选择菜单"分析"→"描述统计"→"探索"命令,打开"探索"对话框。

② 将表示身高、体重、体重指数的变量选入"因变量列表"框。

③ 将分组变量 keys 选入"因子列表"框。

④ 单击"图"按钮,在打开的对话框中选中"含检验的正态图"复选框,单击"继续"按钮。

⑤ 单击"确定"按钮。

结果如图 22.3 所示,由于本例中的样本量较小,因此应当阅读夏皮洛－威尔克检验的结果,可见表示身高、体重、体重指数的变量在各组中都没有拒绝正态性假设,因此可以直接进行标准的两个样本的 t 检验。

	keys	柯尔莫戈洛夫–斯米诺夫[a]			夏皮洛–威尔克		
		统计	自由度	显著性	统计	自由度	显著性
身高(cm)	A	.074	82	.200*	.984	82	.415
HEIGHT	B	.077	77	.200*	.980	77	.252
体重(kg)	A	.077	82	.200*	.980	82	.240
WEIGHT	B	.075	77	.200*	.991	77	.892
体重指数	A	.070	82	.200*	.979	82	.213
WINDEX	B	.067	77	.200*	.984	77	.429

*. 这是真显著性的下限。

a. 里利氏显著性校正。

图 22.3　表示身高、体重、体重指数的变量的分组正态性检验结果(★)

这里的分析思路和本书前面所介绍的不太一样,是严格按照正态性检验结果来选择后续方法的,而这里之所以这样处理,是因为临床试验在统计分析方面的规定是非常严格的。

① 选择菜单"分析"→"比较平均值和比例"→"独立样本 T 检验"命令,打开"独立样本 T 检验"对话框。

② 将表示身高、体重、体重指数的变量选入"检验变量"框。

③ 将分组变量 keys 选入"分组变量"框。

④ 单击"定义组"按钮,在打开的对话框中,在"组 1"和"组 2"中分别输入 A 和 B。

⑤ 单击"确定"按钮。

图 22.4 所示的是分组描述性统计结果,图 22.5 所示的是独立样本检验结果。图 22.4 和图 22.5 所示的结果显示,两组患者的身高、体重、体重指数均满足方差齐性,p 值分别为 0.306、0.593 和 0.770,均无统计学意义。

3. 基准血压的比较

基准血压比较的思路和前面介绍的身高、体重、体重指数的组间比较基本相同,这里省略对相关操作的叙述,直接给出结果。首先是正态性检验结果。图 22.6 所示的基准血压的正态性检验结果显示, B 组患者的基准坐位收缩压和基准坐位舒张压的正态性检验 p 值均小于 0.05, 因此拒绝其服从正态分布的假设, 后续应当使用秩和检验方法进行比较。

	keys	N	均值	标准差	标准误差平均值
身高(cm)	A	82	166.63	8.719	.963
HEIGHT	B	77	165.26	8.108	.924
体重(kg)	A	82	73.3598	10.45545	1.15461
WEIGHT	B	77	72.4675	10.55666	1.20304
体重指数	A	82	26.3659	2.71772	.30012
WINDEX	B	77	26.5039	3.22284	.36728

图 22.4　分组描述性统计结果 (★)

		莱文方差等同性检验		平均值等同性t检验		显著性	
		F	显著性	t	自由度	单侧 P	双侧 P
身高(cm)	假定等方差	.395	.531	1.028	157	.153	.306
HEIGHT	不假定等方差			1.030	156.987	.152	.305
体重(kg)	假定等方差	.006	.940	.535	157	.297	.593
WEIGHT	不假定等方差			.535	156.169	.297	.593
体重指数	假定等方差	3.176	.077	−.293	157	.385	.770
WINDEX	不假定等方差			−.291	149.034	.386	.771

图 22.5　独立样本检验结果 (部分) (★)

	keys	柯尔莫戈洛夫−斯米诺夫[a]			夏皮洛−威尔克		
		统计	自由度	显著性	统计	自由度	显著性
V1SBP	A	.076	82	.200*	.969	82	.046
	B	.124	77	.005	.960	77	.016
V2SBP	A	.085	82	.200*	.982	82	.285
	B	.114	77	.014	.960	77	.015

*. 这是真显著性的下限。
a. 里利氏显著性校正。

图 22.6　基准血压的正态性检验结果 (★)

图 22.7 所示的独立样本秩和检验结果显示, 基准坐位收缩压和基准坐位舒张压的分布在两

组之间的差异均无统计学意义。

原假设	检验	显著性[a,b]	决策
1 在keys的类别中，V1SBP的分布相同。	独立样本曼–惠特尼U检验	.363	保留原假设。
2 在keys的类别中，V1DBP的分布相同。	独立样本曼–惠特尼U检验	.728	保留原假设。

a. 显著性水平为 .050。

b. 显示了渐进显著性。

图 22.7　独立样本秩和检验结果（★）

4. 基准情况比较结论

两组患者的基准坐位血压之间的差异无统计学意义。在服降压药前两组患者的性别、身高、体重、体重指数，以及高血压病史和病程、家族史、高血压患者服药情况、其他既往疾病史等的分布之间的差异均无统计学意义，说明两组患者符合随机入组的要求。

22.4　疗 效 评 价

1. 总有效率

由于在所有患者中，没有患者的疗效为显效，只有无效和有效两类，因此可以只采用卡方检验来进行分析。图 22.8 所示的交叉表显示，接受两种药物治疗后的总有效率分别为 80.5% 和 88.3%。从图 22.9 所示的卡方检验结果可见，总有效率的组间比较的 p 值为 0.176，表明接受两种药物治疗后的总有效率之间的差异无统计学意义。

			TREATRES		总计
			.00	1.00	
keys	A	计数	16	66	82
		占keys的百分比	19.5%	80.5%	100.0%
	B	计数	9	68	77
		占keys的百分比	11.7%	88.3%	100.0%
总计		计数	25	134	159
		占keys的百分比	15.7%	84.3%	100.0%

图 22.8　变量 keys × 变量 TREATRES 交叉表（★）

2. 坐位血压下降情况

这里需要先将数据按组别进行拆分，以分别比较两组患者治疗前后的血压下降情况。

① 选择菜单"数据"→"拆分文件"命令，打开"拆分文件"对话框。

② 选择"比较组"项，将变量 keys 选入"分组依据"框。

③ 单击"确定"按钮。

④ 选择菜单"分析"→"比较平均值和比例"→"成对样本 T 检验"命令，打开"成对样本 T

检验"对话框。

	值	自由度	渐进显著性(双侧)	精确显著性(双侧)	精确显著性(单侧)
皮尔逊卡方	1.834[a]	1	.176		
连续性校正[b]	1.292	1	.256		
似然比	1.859	1	.173		
费希尔精确检验				.197	.128
有效个案数	159				

a. 0个单元格 (.0%) 的期望计数小于5。最小期望计数为12.11。
b. 仅针对2×2表进行计算。

图 22.9　卡方检验结果(★)

⑤ 将差值变量 V1SBP–V2SBP、V1DBP–V2DBP 成对选入"配对变量"框。

⑥ 单击"确定"按钮。

图 22.10 所示的配对样本 t 检验结果显示,A、B 两组患者的坐位收缩压/坐位舒张压均较试验前明显下降,p 值小于 0.001。A 组患者的坐位收缩压下降 2.40 kPa,而 B 组患者的坐位收缩压下降 2.57 kPa。两组患者的坐位舒张压则分别下降 1.75 kPa 和 2.05 kPa,两者相差不大。

keys			配对差值			t	自由度	显著性	
			均值	标准差	标准误差平均值			单侧 P	双侧 P
A	配对 1	V1SBP–V2SBP	17.963	12.242	1.352	13.288	81	<.001	<.001
	配对 2	V1DBP –V2DBP	13.146	7.293	.805	16.323	81	<.001	<.001
B	配对 1	V1SBP –V2SBP	19.338	16.495	1.880	10.287	76	<.001	<.001
	配对 2	V1DBP –V2DBP	15.429	7.752	.883	17.465	76	<.001	<.001

图 22.10　配对样本 t 检验结果(部分)(★)

要进一步比较两组患者的血压下降程度之间有无差异,需要先将差值变量计算出来:

```
COMPUTE SBPMIN=V2SBP–V1SBP.
COMPUTE DBPMIN=V2DBP–V1DBP.
EXEC.
```

然后使用差值变量进行两个样本的 t 检验(要先去除上面的文件拆分状态)。从图 22.11 所示的 t 检验结果可见,两组患者治疗前后的坐位收缩压/坐位舒张压的下降幅度比较的 p 值均大于 0.05,因此两者之间的差异无统计学意义。

3. 血压正常化率

两组患者的血压正常化率的卡方检验的 p 值大于 0.05,表明两组患者的血压正常化率之间的差异无统计学意义。此处略去输出的结果。

		莱文方差等同性检验		平均值等同性t检验				
						显著性		
		F	显著性	t	自由度	单侧P	双侧P	平均值差值
SBPMIN	假定等方差	4.446	.037	.599	157	.275	.550	1.37425
	不假定等方差			.594	139.844	.277	.554	1.37425
DBPMIN	假定等方差	.564	.454	1.913	157	.029	.058	2.28223
	不假定等方差			1.909	154.618	.029	.058	2.28223

图 22.11　两个样本的 t 检验结果(部分)(★)

22.5　安全性评价

1. 实验室检查

实验室检查涉及血常规、尿常规、血生化三大类指标。这里只以红细胞、总蛋白为例给出正态性检验结果,如图 22.12 所示。可见,试验前后的红细胞数均服从正态分布,但总蛋白数均不服从正态分布,因此将分别使用 t 检验与秩和检验进行组间比较。

	keys	柯尔莫戈洛夫-斯米诺夫[a]			夏皮洛-威尔克		
		统计	自由度	显著性	统计	自由度	显著性
1红细胞	A	.069	78	.200*	.986	78	.531
	B	.051	73	.200*	.990	73	.842
1总蛋白	A	.360	78	<.001	.565	78	<.001
	B	.349	73	<.001	.519	73	<.001
2红细胞	A	.073	78	.200*	.986	78	.541
	B	.048	73	.200*	.990	73	.855
2总蛋白	A	.358	78	<.001	.535	78	<.001
	B	.393	73	<.001	.482	73	<.001

*. 这是真显著性的下限。

a. 里利氏显著性校正。

图 22.12　实验室检查指标的正态性检验结果(★)

图 22.13 所示的两个样本的 t 检验结果显示,试验前后的红细胞数在两组患者间的差异都无统计学意义。图 22.14 所示的秩和检验结果显示,试验前后的总蛋白数在两组患者间的差异都无统计学意义。

血常规、尿常规、血生化三大类指标的分析结果显示,绝大部分指标在试验前后的差异均无统计学意义。极个别指标虽然存在试验后升高或下降的统计学意义,但变化幅度均无临床意义。此外,各指标在两组患者间的差异也均无统计学意义。

		莱文方差等同性检验		平均值等同性t检验				
						显著性		
		F	显著性	t	自由度	单侧 P	双侧 P	平均值差值
1 红细胞	假定等方差	.177	.674	−1.235	156	.109	.219	−.09913
	不假定等方差			−1.236	155.888	.109	.218	−.09913
2 红细胞	假定等方差	.542	.463	.775	149	.220	.439	.05698
	不假定等方差			.773	145.912	.220	.441	.05698

图 22.13　两个样本的 t 检验结果（部分）（★）

原假设	检验	显著性[a,b]	决策
1 在keys的类别中，1总蛋白的分布相同。	独立样本曼−惠特尼U检验	.288	保留原假设。
2 在keys的类别中，1总蛋白的分布相同。	独立样本曼−惠特尼U检验	.246	保留原假设。

a. 显著性水平为 .050。
b. 显示了渐进显著性。

图 22.14　秩和检验结果（★）

2. 不良事件和不良反应

图 22.15 所示的交叉表显示，A 组患者的不良事件的发生率为 35.4%（29 例 /82 例），B 组患者的不良事件的发生率为 49.4%（38 例 /77 例），在试验过程中无严重的不良事件发生。图 22.16 所示的卡方检验结果显示，对两组患者的不良事件率进行比较，相应的 p 值大于 0.05，表明两组患者的不良事件率之间的差异无统计学意义。

对不良反应的分析略。

			不良事件		
			0	1	总计
keys	A	计数	53	29	82
		占keys的百分比	64.6%	35.4%	100.0%
	B	计数	39	38	77
		占keys的百分比	50.6%	49.4%	100.0%
总计		计数	92	67	159
		占keys的百分比	57.9%	42.1%	100.0%

图 22.15　变量 keys × 变量"不良事件"的交叉表（★）

	值	自由度	渐进显著性(双侧)	精确显著性(双侧)	精确显著性(单侧)
皮尔逊卡方	3.185[a]	1	.074		
连续性校正[b]	2.638	1	.104		
似然比	3.194	1	.074		
费希尔精确检验				.080	.052
有效个案数	159				

a. 0个单元格 (0.0%) 的期望计数小于5。最小期望计数为32.45。
b. 仅针对2×2表进行计算。

图 22.16　卡方检验结果(★)

22.6　结论与讨论

1. 结论

① 每日一次口服 A 药物 4~8 mg 能有效地降低轻中度原发性高血压患者的坐位舒张压和收缩压,治疗 8 周的总有效率为 80.5%(66 例 /82 例),其降压作用与 B 药物(88.3%,68 例 /77 例)相比无明显差异。两组患者的血压下降幅度、血压正常化率等也无差异。

② 两种药物每日一次服药的安全性和耐受性较好。A 组患者的不良事件发生率为 35.4%(29 例 /82 例),B 组患者的不良事件发生率为 49.4%(38 例 /77 例),两者之间的差异无统计学意义,在试验过程中无严重不良事件发生。

在揭盲之后,就可以知道 A、B 两组患者所对应的药物究竟是试验用的 X 药物,还是对照用的苯磺酸氨氯地平,并形成最终的 X 药物临床研究总报告。

2. 讨论

对于不熟悉临床试验项目的读者而言,本案例在许多方面都显得有些机械化:

① 在临床试验中,确保数据安全性和保密性非常重要。因此,不但真实的药物名称不会在分析中出现,而且所有的原始数据都被分成多个单独的数据文件进行管理、保存(在本案例中,将其简化为两个数据文件)。

② 虽然是多中心研究,而且也涉及很多变量,但是统计分析方法以最简单的 t 检验、秩和检验为主,在整个统计分析过程中也没有使用包含过多因素的模型,更不用说更高级的方法(如随机效应模型、混合效应模型等)了。

③ 整个研究流程显得十分刻板。以连续变量为例,完全按照是否服从正态分布来考虑,如果检验结果拒绝正态分布假设,则必须采用秩和检验这种具有严格规定的方法,不存在任何例外。

实际上,这些正是临床试验这一特殊的分析对象的特点所在:为了保障患者的利益、杜绝一切可能的漏洞,整个临床试验的统计分析体系都尽量采用保守、稳妥的思路来构建,只要采用简单的方法能够解决问题,就不考虑采用更加复杂的方法。读者在深入了解了这一行业的特点之后,就会真正明白上述做法的原因。

事实上,临床试验统计分析由于具有上述特点,往往会限制研究者在分析过程中的自由度和创造性。对于那些喜欢自由发挥、追求创造性和挑战性的研究者来说,临床试验统计分析可能显得单调和刻板。研究者在这个领域更多的是执行预先设定的分析计划和相关法规的要求,而不是探索应用新的统计方法或挑战传统的统计方法。

思考与练习

请自行练习本章案例中的相关操作。

第 23 章　咖啡屋需求调查

23.1　案例背景

1. 研究目的

2002 年,受已毕业校友的委托,高校 A 的几位在读研究生进行了一次关于本校师生对咖啡屋及类似的休闲场所的需求调查,以便对这些校友的创业决策(在校园内开设一家咖啡屋)提供数据支持。具体而言,本研究的目的如下:

① 了解高校 A 校园内咖啡消费人群的基本背景状况。

② 了解高校 A 校园内咖啡消费人群的咖啡消费习惯,包括咖啡消费的频次、额度、消费原因等。

③ 了解高校 A 校园内咖啡消费人群可能存在但目前尚未被满足的潜在需求。

2. 项目问卷

该调查共收集了 302 个受访者的回答,问卷的部分内容如下:

高校 A 师生对咖啡屋及类似的休闲场所的需求调查

第一部分: 甄别问卷

F3. 您是否在过去的一年中去过咖啡屋或类似的休闲场所?

1. 是; 2. 否(跳至 Q9)。

第二部分: 主体问卷

Q1. 在以下咖啡屋或类似的休闲场所中,您光顾得最频繁的是:

1. XBG 咖啡馆; 2. XLZ 餐厅; 3. ZG 咖啡馆; 4. DKSG 咖啡馆; 5. LYG 餐厅;

6. SSY 咖啡厅; 7. SY 咖啡屋; 8. XMW 酒吧; 9. XQOJ 茶艺馆; 10. 其他。

Q2. 在以下咖啡屋或类似的休闲场所中,您最喜欢的是:

1. XBG 咖啡馆; 2. XLZ 餐厅; 3. ZG 咖啡馆; 4. DKSG 咖啡馆; 5. LYG 餐厅;

6. SSY 咖啡厅; 7. SY 咖啡屋; 8. XMW 酒吧; 9. XQOJ 茶艺馆; 10. 其他。

Q3. 您喜欢的原因是(最多选择三项):

1. 有喜欢的饮料;　 2. 喜欢那里的情调和环境;

3. 价格公道;　 4. 因为朋友喜欢;

5. 距离近;　 6. 其他原因。

Q4(略)

Q5. 您去咖啡屋或类似的休闲场所的主要目的是(最多选择三项):

1. 喝喜欢的东西;　 2. 与朋友聊天;　 3. 自习或一个人读书;

4. 讨论问题;　 5. 约会;　 6. 其他。

Q6. 您去咖啡屋或类似的休闲场所主要消费的是(多选):

1. 咖啡; 2. 奶茶; 3. 啤酒; 4. 冰激凌; 5. 碳酸饮料; 6. 果汁;

7. 牛奶; 8. 茶; 9. 矿泉水; 10. 爆米花; 11. 点心; 12. 薯条;

13. 沙拉; 14. 套餐; 15. 其他。

Q7. 您去咖啡屋或类似的休闲场所平均每次花费:

1. 20 元以下; 2. 20—39 元; 3. 40—59 元; 4. 60 元及以上。

Q8—Q11(略)

Q12. 一般来说,您是通过何种途径得知校园内开设新店的消息(多选):

1. 路过看到; 2. 朋友介绍; 3. 校内海报; 4. 网上广告; 5. 校内 BBS; 6. 其他。

Q13. 您觉得在校园内开咖啡屋或类似的休闲场所的理想位置是:

1. 中心地带; 2. 学生宿舍区; 3. 校门附近; 4. 教学楼附近;

5. 图书馆附近; 6. 食堂附近; 7. 校园水景旁; 8. 其他。

第三部分: 个人信息

P1. 性别: 1. 男; 2. 女

P2. 年龄:

P3. 您是: 1. 本科生; 2. 硕士生; 3. MBA 学生; 4. 博士生; 5. 进修生;

6. 留学生。

P4. 可支配的月收入(人民币):

1. 500 元以下; 2. 500—999 元; 3. 1 000—2 999 元;

4. 3 000—4 999 元; 5. 5 000 元以上。

为了便于讲解,本案例对项目的原始问卷及原始数据均有所修改,以简化输出的结果。

整理完毕的数据文件见 coffee.sav。

23.2　数据预分析

由于本案例的结构非常清楚,因此这里省略关于分析思路的讨论,直接开始进行数据预分析。首先需要了解受访者的个人信息,由于有去过咖啡屋或类似的休闲场所,以及没有去过咖啡屋或类似的休闲场所两个样本,因此直接进行交叉表分析。

需要注意的是,交叉表的总样本量如果小于 302,则说明相应变量中存在缺失值,而这些含缺失值的个案会被直接剔除出交叉表分析。

图 23.1 所示的交叉表显示,本研究中的受访者以男生为主,占 62.9%,由于性别比例不平衡,因此需要注意性别是否会对问卷中某些题目的答案产生影响,以免由于数据解释错误而导致决策错误。其中,用变量"是否去过"表示是否去过咖啡屋或类似的休闲场所。

			性别		
			男	女	总计
是否去过	是	计数	151	101	252
		占 是否去过 的百分比	59.9%	40.1%	100.0%
		占 性别 的百分比	79.5%	90.2%	83.4%
	否	计数	39	11	50
		占 是否去过 的百分比	78.0%	22.0%	100.0%
		占 性别 的百分比	20.5%	9.8%	16.6%
总计		计数	190	112	302
		占 是否去过 的百分比	62.9%	37.1%	100.0%
		占 性别 的百分比	100.0%	100.0%	100.0%

图 23.1 变量"是否去过"× 变量"性别"交叉表(★)

图 23.2 所示的卡方检验结果显示,女生去过咖啡屋或类似的休闲场所的比例更高一些,且差异具有统计学意义,这表明将女生作为新店客源的突破口比较可行。

	值	自由度	渐进显著性(双侧)	精确显著性(双侧)	精确显著性(单侧)
皮尔逊卡方	5.845[a]	1	.016		
连续性校正[b]	5.096	1	.024		
似然比	6.235	1	.013		
费希尔精确检验				.016	.010
线性关联	5.825	1	.016		
有效个案数	302				

a. 0个单元格 (0%) 的期望计数小于5。最小期望计数为18.54。
b. 仅针对2×2表进行计算。

图 23.2 卡方检验结果(★)

⚠️ 为了节约篇幅,此处不再列出本案例中所进行的卡方检验、制表等的具体操作,也不再列出交叉表所对应的卡方检验结果。而且除非特别指明,后续的交叉表的卡方检验 p 值均为小于 0.05。

图 23.3 所示的描述性统计结果表明,两个样本的年龄平均水平和分布基本相同。

		年龄					
		平均值	最小值	百分位数25	中位数	百分位数75	最大值
是否去过	是	25	18	22	24	28	45
	否	25	16	22	24	27	37

图 23.3 变量"年龄"的描述性统计结果(★)

　　图 23.4 所示的交叉表显示，本科生和研究生在受访者中所占的比例合计为 58.0%，MBA 学生和博士生所占的比例合计为 30.4%，进修生和留学生所占的比例合计为 11.6%，因此分析时应当先考虑本科生和硕士生的需求，MBA 学生和博士生由于经济状况、年龄等与本科生和硕士生相差较大，因此可作为次要研究人群考虑。

| | | | 身份 | | | | | | |
			本科生	硕士生	MBA学生	博士生	进修生	留学生	总计
是否	是	计数	64	81	38	34	7	28	252
去过		占是否去过的百分比	25.4%	32.1%	15.1%	13.5%	2.8%	11.1%	100.0%
	否	计数	19	11	8	12	0	0	50
		占是否去过的百分比	38.0%	22.0%	16.0%	24.0%	.0%	.0%	100.0%
总计		计数	83	92	46	46	7	28	302
		占是否去过的百分比	27.5%	30.5%	15.2%	15.2%	2.3%	9.3%	100.0%

图 23.4　变量"是否去过"×变量"身份"交叉表（★）

　　图 23.5 所示的交叉表显示，受访者可支配的月收入以 3 000 元以下为主，特别是收入在 1 000 元以下的占 2/3，符合学生的特征。收入分布在是 / 否去过咖啡屋或类似的休闲场所的人群之间的差异无统计学意义（通过秩和检验得知）。

| | | | 可支配月收入 | | | | | |
			500元以下	500-999元	1 000-2 999元	3 000-4 999元	5 000以上	总计
是否	是	计数	63	100	55	9	21	248
去过		占行%	25.4%	40.3%	22.2%	3.6%	8.5%	100.0%
	否	计数	18	17	8	3	3	49
		占行%	36.7%	34.7%	16.3%	6.1%	6.1%	100.0%
总计		计数	81	117	63	12	24	297
		占行%	27.3%	39.4%	21.2%	4.0%	8.1%	100.0%

图 23.5　变量"是否去过"×变量"可支配月收入"交叉表（★）

　　综合上述对个人信息的分析，可以得到如下线索：

　　① 整个研究针对的核心人群应当是本科生和硕士生，在抽样合理的情况下，这也是主要的咖啡消费人群。

　　② 需要注意不同性别的咖啡消费人群之间可能存在的差异。

23.3　主体问卷分析

　　下面就针对主体问卷中的题目进行分析。

1. 受访者关于咖啡屋或类似的休闲场所的习惯和态度

受访者关于咖啡屋或类似的休闲场所的习惯和态度,涉及主体问卷中的题目 Q1~Q3。首先,对受访者光顾咖啡屋或类似的休闲场所的频次(对应于题目"Q1. 在以下咖啡屋或类似的休闲场所中,您光顾得最频繁的是"),以及咖啡屋或类似的休闲场所受欢迎的程度(对应于题目"Q2. 在以下咖啡屋或类似的休闲场所中,您最喜欢的是")进行交叉分析。从图 23.6 所示的交叉表中可以看出:

① 在受访者光顾咖啡屋或类似的休闲场所的频次方面,SSY 咖啡厅具有明显的优势,处于第一梯队,其次为 XBG 咖啡馆,与其他咖啡屋或类似的休闲场所相比也具有明显的优势。

② 将受访者光顾频次(用变量"最频繁"表示)和受欢迎的程度(用变量"最喜欢"表示)交叉起来,会发现 SSY 咖啡厅其实并不是最受欢迎的,XBG 咖啡馆、DKSG 咖啡馆的受欢迎程度也不相上下,均明显优于其他咖啡屋或类似的休闲场所。

计数

		最喜欢							
		XBG 咖啡馆	XLZ 餐厅	DKSG 咖啡馆	SSY 咖啡厅	SY 咖啡屋	XMW 酒吧	其他	总计
最频繁	XBG咖啡馆	26	2	5	1	0	0	6	40
	XLZ餐厅	2	17	5	0	0	0	1	25
	DKSG咖啡馆	3	1	19	1	0	0	0	24
	SSY咖啡厅	13	9	10	27	3	2	16	80
	SY咖啡屋	5	2	1	0	5	0	1	14
	XMW酒吧	1	2	6	0	0	17	4	30
	其他	3	2	4	0	1	0	23	33
总计		53	35	50	29	9	19	51	246

图 23.6　变量"最频繁"×变量"最喜欢"交叉表(★)

在上述结果的基础上,需要进一步考察以下几个问题:

① 为什么 SSY 咖啡厅在受访者光顾频次方面的表现明显优于其在受欢迎程度方面的表现? 这是由价格因素引起的,还是由风格等因素引起的?

② DKSG 咖啡馆受欢迎的程度为什么无法被转换为受访者实际的实际消费行为?

下面进一步结合多选题 Q3("您喜欢的原因是(最多选择三项)")的答案来对上述问题进行解答。

图 23.7 所示是受欢迎的原因,从中可以看到:

① 平均而言,受访者在选择咖啡屋或类似休闲场所时最看重的是情调和环境,"喜欢那里的情调和环境"的平均提及率高达 70%。

② SSY 咖啡厅的最大优势就是"距离近",其得分较高的"喜欢那里的情调和环境"就已经低于均值,其他几项的提及率就更差。

XBG 咖啡馆和 DKSG 咖啡馆在"喜欢那里的情调和环境"这项指标上的得分都比较高,

但在"距离近"方面明显不占优势,导致了其受欢迎程度无法被充分转换为受访者的实际消费行为。

⚠️ 图 23.7 所示的表格是使用制表模块生成的,制表时要将题目 Q1、Q2 所对应的变量的测量尺度指定为名义尺度,而不是直接使用系统默认的测量尺度,否则将无法得到所需的表格,具体操作可参见第 9 章。

		有喜欢的饮料	喜欢那里的情调和环境	价格公道	因为朋友喜欢	距离近	其他原因
最喜欢	XBG咖啡馆	22.6%	81.1%	9.4%	22.6%	3.8%	3.8%
	XLZ餐厅	8.8%	82.4%	2.9%	20.6%	11.8%	8.8%
	DKSG咖啡馆	8.0%	82.0%	16.0%	24.0%	8.0%	2.0%
	SSY咖啡厅	3.4%	51.7%	10.3%	17.2%	65.5%	.0%
	SY咖啡屋	.0%	55.6%	11.1%	22.2%	77.8%	.0%
	XMW酒吧	15.8%	57.9%	21.1%	36.8%	36.8%	10.5%
	其他	14.3%	55.1%	30.6%	12.2%	40.8%	10.2%

图 23.7   受欢迎的原因(★)

🖌️ 对于多选题的交叉表也是可以进行假设检验的,但相应的方法比较麻烦。与单选题相比,多选题的分析过程更为复杂。所使用的标准分析模型是多水平模型(也称为分层模型或混合效应模型)。然而,在探索性的调研项目中,研究者通常更关注对数据的初步了解和对趋势的探索,而不是进行严格的假设检验。因此,一般来说,通过数据描述来探索多选题中的可能趋势就足够了。

上述结果已经很清楚地展示了距离远近是影响咖啡屋或类似的休闲场所受欢迎程度一个重要的因素,下面再利用多选题 Q5("您去咖啡屋或类似的休闲场所的主要目的是(最多选择三项)")的答案来进一步剖析数据。图 23.8 给出了受访者去咖啡屋或类似的休闲场所的主要目的。从中可以看出:

① XBG 咖啡馆既适合于"自习或一个人读书",也适合于"与朋友聊天",但不适合于"约会"。

② XBG 咖啡馆的另一个优势是饮料品种/口味更受欢迎(对应于变量"喝喜欢的东西"),在这方面仅有 XMW 酒吧的提及率与其相近。

③ 相比之下,XLZ 餐厅是比较适合"约会"的地方。

④ SSY 咖啡厅是比较合适与朋友聊天的地方,但实际上其在这方面的提及率并不算特别高,总体而言看不出该场所有明显的优势。

上述结果进一步确认了前面的发现:距离远近是影响受访者光顾频次的关键因素,SSY 咖啡厅虽然各项指标都不突出,但距离近使得其成为受访者最常光顾的咖啡屋。

		喝喜欢的东西	与朋友聊天	自习或一个人读书	讨论问题	约会	其他目的
最	XBG咖啡馆	22.0%	80.5%	24.4%	26.8%	7.3%	7.3%
频	XLZ餐厅	12.0%	76.0%	16.0%	8.0%	56.0%	4.0%
繁	ZG咖啡馆	.0%	.0%	.0%	.0%	.0%	.0%
	DKSG咖啡馆	4.2%	79.2%	25.0%	8.3%	16.7%	4.2%
	LYG餐厅	.0%	.0%	.0%	.0%	.0%	.0%
	SSY咖啡厅	4.8%	83.1%	8.4%	19.3%	24.1%	4.8%
	SY咖啡屋	14.3%	100.0%	7.1%	28.6%	35.7%	.0%
	XMW酒吧	16.1%	87.1%	16.1%	6.5%	19.4%	9.7%
	XQOJ茶艺馆	.0%	.0%	.0%	.0%	.0%	.0%
	其他	9.1%	90.9%	9.1%	9.1%	15.2%	6.1%

图 23.8 受访者去咖啡屋或类似的休闲场所的主要目的(★)

2. 受访者在咖啡屋或类似的休闲场所的消费情况

下面再进一步考察受访者的具体消费情况(对应于多选题"Q6. 您去咖啡屋或类似的休闲场所主要消费的是(多选)"),如图 23.9 所示。为了节省篇幅,删除了其中提及过少的饮料/食品种类,从中可以发现一些有趣的信息:

① XBG 咖啡馆在受访者心目中已经牢牢地占据了正宗咖啡的形象阵地,受访者在该场所喝咖啡的比例非常高。

② XLZ 餐厅则以咖啡、奶茶、果汁的消费为主,看来这几样饮料比较适合于"约会"的人群。

③ SSY 咖啡厅在这方面没有表现出明显的特点,也就是说,没有发现它的消费人群更偏向于消费哪种饮料/食品。

④ XMW 酒吧消费啤酒的比例很高。

		咖啡	奶茶	啤酒	冰激凌	碳酸饮料	果汁	茶	爆米花	薯条
最	XBG咖啡馆	85.4%	14.6%	14.6%	19.5%	14.6%	24.4%	26.8%	4.9%	2.4%
频	XLZ餐厅	52.0%	48.0%	16.0%	32.0%	12.0%	52.0%	20.0%	8.0%	20.0%
繁	ZG咖啡馆	.0%	.0%	.0%	.0%	.0%	.0%	.0%	.0%	.0%
	DKSG咖啡馆	62.5%	25.0%	20.8%	16.7%	8.3%	33.3%	29.2%	25.0%	16.7%
	LYG餐厅	.0%	.0%	.0%	.0%	.0%	.0%	.0%	.0%	.0%
	SSY咖啡厅	38.1%	22.6%	26.2%	16.7%	14.3%	35.7%	21.4%	21.4%	25.0%
	SY咖啡屋	53.8%	15.4%	15.4%	30.8%	7.7%	38.5%	30.8%	15.4%	23.1%
	XMW酒吧	32.3%	9.7%	61.3%	9.7%	25.8%	16.1%	16.1%	22.6%	22.6%
	XQOJ茶艺馆	.0%	.0%	.0%	.0%	.0%	.0%	.0%	.0%	.0%
	其他	57.6%	21.2%	30.3%	27.3%	9.1%	27.3%	21.2%	33.3%	39.4%

图 23.9 受访者在咖啡屋或类似的休闲场所的消费情况(部分)(★)

下面来考察人均花费的情况(对应于单选题"Q7. 您去咖啡屋或类似的休闲场所平均每次花费")。图 23.10 给出了咖啡屋或类似的休闲场所的人均消费情况。由图 23.10 可知,咖啡屋或类似的休闲场所的人均消费为 20—60 元。虽然从受访者的回答来看,DKSG 咖啡馆、SY 咖啡屋的人均消费偏低,而 XLZ 餐厅、XMW 酒吧的人均消费则偏高,但秩和检验的结果显示它们之间的差异无统计学意义。

占最频繁的百分比

		人均消费				
		20元以下	20—39元	40—59元	60元以上	总计
最频繁	XBG咖啡馆	14.6%	39.0%	34.1%	12.2%	100.0%
	XLZ餐厅	4.0%	36.0%	32.0%	28.0%	100.0%
	DKSG咖啡馆	8.3%	54.2%	29.2%	8.3%	100.0%
	SSY咖啡厅	19.0%	38.1%	28.6%	14.3%	100.0%
	SY咖啡屋	7.1%	64.3%	21.4%	7.1%	100.0%
	XMW酒吧	6.5%	35.5%	35.5%	22.6%	100.0%
	其他	12.1%	30.3%	33.3%	24.2%	100.0%
总计		12.7%	39.7%	31.0%	16.7%	100.0%

图 23.10   咖啡屋或类似的休闲场所的人均消费情况(★)

3. 咖啡屋或类似的休闲场所的信息来源

下面来进一步考察咖啡屋或类似的休闲场所的主要信息来源,由图 23.11 可知:

		路过看到	朋友介绍	校内海报	网上广告	校内BBS	其他信息渠道
是否去过	是	36.5%	63.9%	38.6%	2.0%	14.5%	0.8%
	否	37.5%	50.0%	45.8%	4.2%	14.6%	2.1%
最频繁	XBG咖啡馆	50.0%	65.0%	40.0%	2.5%	7.5%	.0%
	XLZ餐厅	32.0%	52.0%	36.0%	4.0%	24.0%	.0%
	ZG咖啡馆	.0%	.0%	.0%	.0%	.0%	.0%
	DKSG咖啡馆	56.5%	47.8%	26.1%	.0%	13.0%	4.3%
	LYG餐厅	.0%	.0%	.0%	.0%	.0%	.0%
	SSY咖啡厅	28.9%	59.0%	41.0%	2.4%	13.3%	1.2%
	SY咖啡屋	21.4%	78.6%	35.7%	.0%	14.3%	.0%
	XMW酒吧	41.9%	80.6%	38.7%	3.2%	22.6%	.0%
	XQOJ茶艺馆	.0%	.0%	.0%	.0%	.0%	.0%
	其他	30.3%	72.7%	42.4%	.0%	12.1%	.0%

图 23.11   主要信息来源(★)

① 受访者对此类场所的了解还是以"路过看到""朋友介绍""校内海报"等传统方式为主,当时比较新的"网上广告""校内 BBS"所占的比例并不高。

② 对于喜欢去 XLZ 餐厅和 XMW 酒吧的人群而言,校内 BBS 是当时的一个有价值的推广渠道。

③ 无论是否去过酒吧,受访者的信息来源渠道是非常接近的。

下面来看咖啡屋或类似的休闲场所的选址结果(对应于单选题"Q13. 您觉得在校园内开设咖啡屋或类似的休闲场所的理想位置是",用变量"选址"表示)。由图 23.12 所示的交叉表可知,去过咖啡屋消费经验的受访者倾向于将新店开设在学生宿舍区,而没有去过咖啡屋消费经验的受访者会同时考虑学校的中心地带,但学生宿舍区仍然是其首选的新店开设地点。

占是否去过的百分比

		选址								
		中心地带	学生宿舍区	校门附近	教学楼附近	图书馆附近	食堂附近	校园水景旁	其他	总计
是否	是	9.2%	33.1%	16.3%	17.9%	11.6%	1.2%	5.2%	5.6%	100.0%
去过	否	20.8%	43.8%	4.2%	10.4%	14.6%	2.1%	2.1%	2.1%	100.0%
总计		11.0%	34.8%	14.4%	16.7%	12.0%	1.3%	4.7%	5.0%	100.0%

图 23.12 变量"是否去过" × 变量"选址"交叉表(★)

4. 加入个人信息进行结果验证

下面将上面得到的结果和个人信息结合起来做进一步的分析,以验证该结果的真实性。这里为了节省篇幅,只给出几个比较重要的表格。

> 个人信息和主体问卷题目的交叉分析一般是和主体问卷分析一并完成的,本案例为了节省篇幅,也为了讲解得更清晰,将其放在最后用于结果核查和补充。

从图 23.13 所示的交叉表来看,女生更喜欢 XBG 咖啡馆,比较少去 SSY 咖啡厅,但其卡方检验的 p 值为 0.1,两者之间的差异尚无统计学意义。

占性别的百分比

		最频繁							
		XBG咖啡馆	XLZ餐厅	DKSG咖啡馆	SSY咖啡厅	SY咖啡屋	XMW酒吧	其他	总计
性别	男	11.9%	9.9%	9.3%	35.1%	4.0%	15.9%	13.9%	100.0%
	女	22.8%	9.9%	9.9%	30.7%	7.9%	6.9%	11.9%	100.0%
总计		16.3%	9.9%	9.5%	33.3%	5.6%	12.3%	13.1%	100.0%

图 23.13 变量"性别" × 变量"最频繁"交叉表(★)

图 23.14 所示的交叉表显示,相对而言,硕士生和博士生更喜欢 DKSG 咖啡馆和 SSY 咖啡厅。而 MBA 学生和留学生更倾向于去 XBG 咖啡馆。

图 23.15 所示的交叉表显示,可支配的月收入在 1 000 元以下的人群的消费行为明显集中在 SSY 咖啡厅,随着可支配月收入的增加,受访者对 XBG 咖啡馆和 XMW 酒吧的兴趣似乎也在增

加。但是上述趋势在检验中均无统计学意义。

占身份的百分比

		最喜欢							总计
		XBG 咖啡馆	XLZ 餐厅	DKSG 咖啡馆	SSY 咖啡厅	SY咖啡屋	XMW酒吧	其他	
身份	本科生	21.9%	17.2%	26.6%	10.9%	1.6%	12.5%	9.4%	100.0%
	硕士生	15.0%	13.8%	26.3%	16.3%	3.8%	3.8%	21.3%	100.0%
	MBA学生	36.8%	15.8%	7.9%	10.5%	2.6%	2.6%	23.7%	100.0%
	博士生	6.3%	9.4%	25.0%	12.5%		3.1%	43.8%	100.0%
	进修生	33.3%	16.7%			16.7%	16.7%	16.7%	100.0%
	留学生	34.6%	11.5%	3.8%	3.8%	11.5%	19.2%	15.4%	100.0%
总计		21.5%	14.2%	20.3%	11.8%	3.7%	7.7%	20.7%	100.0%

图 23.14　变量"身份"×变量"最喜欢"交叉表（★）

占可支配月收入的百分比

		最频繁							总计
		XBG 咖啡馆	XLZ 餐厅	DKSG 咖啡馆	SSY 咖啡厅	SY 咖啡屋	XMW 酒吧	其他	
可支配 月收入	500元以下	7.9%	7.9%	12.7%	34.9%	6.3%	12.7%	17.5%	100.0%
	500-999元	15.0%	8.0%	11.0%	38.0%	4.0%	11.0%	13.0%	100.0%
	1 000-2 999元	20.0%	12.7%	3.6%	29.1%	7.3%	16.4%	10.9%	100.0%
	3 000-4 999元	11.1%	11.1%	11.1%	22.2%	11.1%	22.2%	11.1%	100.0%
	5 000以上	33.3%	14.3%	9.5%	23.8%	4.8%	4.8%	9.5%	100.0%
总计		15.7%	9.7%	9.7%	33.5%	5.6%	12.5%	13.3%	100.0%

图 23.15　变量"可支配月收入"×变量"最频繁"交叉表（★）

图 23.16 所示的交叉表显示，虽然女生去过咖啡屋或类似的休闲场所的比例更高，但其消费额度却比男生低，集中在 20 元到 39 元之间。

占性别的百分比

		人均消费				总计
		20元以下	20-39元	40-59元	60元以上	
性别	男	12.6%	33.1%	31.8%	22.5%	100.0%
	女	12.9%	49.5%	29.7%	7.9%	100.0%
总计		12.7%	39.7%	31.0%	16.7%	100.0%

图 23.16　变量"性别"×变量"人均消费"交叉表（★）

23.4 结论与讨论

1. 结论

根据上述分析,可以得出如下结论:

① 校园内的咖啡屋或类似的休闲场所的消费人群以本科生和硕士生、可支配的月收入在 1 000 元以下的人群为主。

② 要在校园内开设咖啡屋或类似的休闲场所,大致有两种思路:以便捷性为主(如 SSY 咖啡厅),或者有突出的特色(如 DKSG 咖啡馆或者 XMW 酒吧),但是前者显然更贴近消费人群的需求。

③ 主要消费人群的消费额度是人均 30~60 元,相对而言,咖啡屋或类似的休闲场所提供的饮料 / 食品的种类及特色并不重要,重要的是控制总价,或者说提供除食品之外的消费选择。

④ 咖啡屋或类似的休闲场所的选址应当尽量考虑学生宿舍区这样的场所。

⑤ 如果不是特殊的定位,那么网上广告和校内 BBS 对于当时来说不是特别重要的宣传渠道。

⑥ 在新店开业初期,女生群体可以作为首批推广的对象。

可以看到,前面的分析最终被汇总为几个简单的结论。实际上,对于一个实际的研究项目,在研究目标的指导下,研究者应当尽可能地考察所涉及的各个分析维度,但是并不需要将所有的分析结果都呈现在报告里。研究者只有具有高超的技术能力和深厚的专业知识,才能把上百页的内容浓缩成两三页的研究报告。这种浓缩不仅是对报告内容的深度理解,也是对用户需求的精准把握。

2. 讨论

在本研究中,并未使用过于复杂的分析方法,而是通过单选题交叉表、多选题交叉表,以及相应的卡方检验来对数据进行分析。虽然也可以使用对应分析图等更复杂的分析方法,但显然这些方法的应用只是锦上添花。只要能够解决实际问题,就应当优先考虑简单的方法。

思考与练习

请自行练习本章案例中的相关操作。

第24章 牙膏新品购买倾向研究

24.1 案例背景

某地的牙膏市场近年来一直处于相对稳定的状态,G*、J* 等牙膏品牌占据了主要的市场份额,而 H*、Z*、L* 等牙膏品牌则因在某些方面具有优势而占据着某个细分市场。但是,即使对于相对稳定的市场,企业推出新品也是一件非常慎重的事情,错误的产品投放决策可能导致原本稳固的市场份额流失。因此,在上市前对新品的受欢迎程度,特别是具体的市场定位进行研究,可以为企业决策提供依据。

在 2003 年,受客户的委托,对某牙膏新品的市场潜力进行了一次研究,本研究的主要目的如下:

① 考察该牙膏新品的受欢迎程度是否达到预期。

② 受访者对该牙膏新品的评价是否超过现有的牙膏品牌。

③ 受访者对该牙膏新品的评价受到哪些因素的影响,是否存在合适进入的细分市场。

在具体的研究设计方面,与本案例有关的内容如下:

① 核心评价指标:本研究的核心评价指标是受访者对该牙膏新品的购买倾向(购买倾向评分),将其设置为 1~10 分,10 分表示一定会购买,1 分则表示一定不会购买。

② 人口背景资料变量的影响:将不同受访者的性别、年龄、收入、所在城市等人口背景资料变量纳入分析的范围,对其可能的影响进行研究。

③ 卫生习惯的影响:受访者的卫生习惯(如每日的刷牙次数等)也是重要的潜在影响因素。

④ 当前最常使用的牙膏品牌的影响:不同品牌的牙膏实际上占据的是不同的细分市场,而牙膏新品的细分市场定位是否准确,将会直接影响其能否在市场上获得成功。因此,受访者当前最常使用的牙膏品牌也是重要的潜在影响因素。

考虑到本研究的复杂性,这里只提取了受访者的购买倾向评分、年龄、当前最常使用的牙膏品牌这三个变量用于研究,本研究的目的则是:

① 考察受访者的年龄、当前最常使用的牙膏品牌这两个变量是否对其购买倾向评分有影响。

② 如果有影响,则给出不同状况下受访者购买倾向评分的估计值。

本案例的数据文件见"牙膏新品研究 .sav"。

24.2 分析思路

在有针对性的研究设计框架之下,本研究中的数据分析实际上是比较简单的:

① 本研究所关心的结局变量为受访者的购买倾向评分,其取值范围为 1~10,由于其取值范围较广,因此可以按照连续变量进行分析(为了稳妥起见,最好列出频数表确认受访者的购买倾

向评分的实际取值范围)。

② 由于该评分是通过询问每一个受访者得来的,因此本研究的基本观察单位是受访者。

在本案例中,需要考虑的潜在影响因素有两个:一个潜在影响因素为当前最常使用的牙膏品牌,该因素共有 6 个水平,如果只分析该因素的作用,则研究的目的就是考察这 6 组人群的平均购买倾向评分之间有无差异,可以考虑使用单因素方差分析,即将牙膏品牌作为影响因素,考察它对受访者的购买倾向评分有无影响;另一个潜在影响因素为年龄,如果只分析该因素的影响,则可以考虑使用相关分析或者回归分析。

③ 如果同时考虑上述两个影响因素的作用,则必须建立一个多变量分析模型,然后在该模型的架构下通过引入不同的影响因素组合来更准确地估计受访者的购买倾向评分均值。

④ 在实际的分析中,不能直接建立多变量模型,而应当先逐个进行变量筛选和数据准备,等了解了足够的信息之后再建立复杂的模型。

下面就按照该思路进行分析。

24.3 数据预分析

1. 因变量的描述性统计

在本研究中,因变量为受访者的购买倾向评分(用变量"上市后购买指数"来表示),属于连续变量,可以考虑使用描述过程进行描述性统计,具体操作如下:

① 选择菜单"分析"→"描述统计"→"描述"命令,打开"描述"对话框。

② 将变量"上市后购买指数"选入"变量"框。

③ 单击"确定"按钮。

图 24.1 所示的描述性统计结果显示,上市后购买指数的值介于 1 到 10 之间,而且其标准差只有均值的 1/3 左右,因此不存在明显的极端值 / 偏态分布。当然,也可以使用图形工具来更好地观察此问题,对于本例而言,可以使用条图或者直方图,这里使用条图。

	N	最小值	最大值	平均值	标准差
上市后购买指数	484	1	10	6.37	2.088
有效个案数(成列)	484				

图 24.1 描述性统计结果(★)

如果因变量的取值范围较窄,如在 3 到 7 之间,则按照有序分类变量来分析更为合理。

① 选择菜单"图形"→"图表构建器"命令,打开"图表构建器"对话框。

② 在"图库"选项卡中选择"条形图"项,将其左侧出现的简单条图图标拖入画布。

③ 用鼠标右键单击变量"上市后购买指数",利用弹出的快捷菜单将其测量尺度更改为"有序"。

④ 将变量"上市后购买指数"拖入画布上的横轴放置区。

⑤ 单击"确定"按钮。

注意,在上述操作中,必须先将变量"上市后购买指数"的测量尺度改为"有序"或者"名义",如果按照默认的测量尺度,系统会自动切换为绘制直方图。从图 24.2 所示的变量"上市后购买指数"的条图中可以看出,该数据分布虽然左侧的频数略少,似乎略呈偏态,但不是非常明显,而且也不存在极端值(因取值范围所限),对于实际数据而言是比较好的分布情况。

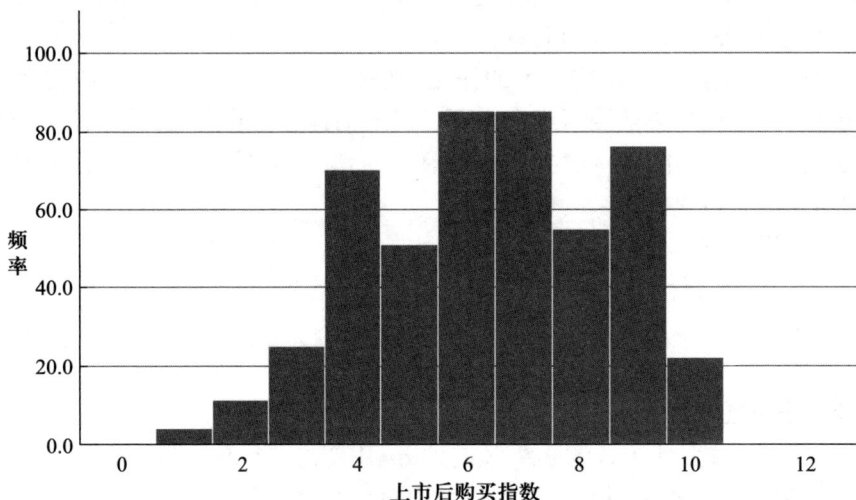

图 24.2   变量"上市后购买指数"的条图(★)

严格地说,应当将条图用于分类变量,这里由于变量"上市后购买指数"只有 10 个取值,使用条图反而比使用直方图更容易对原始数据进行观察,因此这里灵活运用了条图这个图形工具。

2. 分类自变量的描述性统计

首先考察的是受访者当前最常使用的牙膏品牌(用变量"最常使用的品牌"表示)的分布情况,这可以采用频数过程来实现。

① 选择菜单"分析"→"描述统计"→"频率"命令,打开"频率"对话框。

② 将变量"最常使用的品牌"选入"变量"框。

③ 单击"确定"按钮。

最常用的品牌如图 24.3 所示,依次为频数(图中表述为"频率")、百分比、有效百分比、累积百分比的数值。这里由于在设计时根据市场表现对不同的牙膏品牌进行了配额控制,因此 G* 和 J* 牙膏品牌的样本量约是其他几个牙膏品牌的两倍。

对于受访者当前最常使用的牙膏品牌的分布情况,也可以使用条图进行描述,读者可自行操作,此处不做介绍。

3. 连续自变量的描述性统计

下面考虑对年龄进行描述,可以使用探索过程进行全面的描述性统计。

① 选择菜单"分析"→"描述统计"→"探索"命令,打开"探索"对话框。

② 将变量"年龄"选入"因变量列表"框。

③ 单击"确定"按钮。

图 24.4 所示的就是变量"年龄"的描述性统计结果,依次解释如下:

		频率	百分比	有效百分比	累积百分比
有效	G*	108	22.3	22.4	22.4
	J*	105	21.7	21.8	44.2
	H*	51	10.5	10.6	54.8
	Z*	56	11.6	11.6	66.4
	L*	47	9.7	9.8	76.1
	其他	115	23.8	23.9	100.0
	总计	482	99.6	100.0	
缺失	系统	2	.4		
总计		484	100.0		

图 24.3 最常使用的品牌(★)

			统计	标准错误
年龄	平均值		38.42	.507
	平均值的95% 置信区间	下限	37.43	
		上限	39.42	
	5% 剪除后平均值		37.99	
	中位数		38.00	
	方差		124.526	
	标准偏差		11.159	
	最小值		19	
	最大值		72	
	全距		53	
	四分位距		16	
	偏度		.467	.111
	峰度		−.459	.222

图 24.4 描述性统计结果(★)

① 集中趋势指标:样本的年龄均值(图中表述为"平均值")为 38.42 岁,5% 的截尾均值(图中表述为"5% 剪除后平均值")为 37.99,中位数为 38.00,三者相差不明显,说明变量"年龄"基本上呈对称分布。

② 离散趋势指标：样本年龄在 19 到 72 岁之间分布，方差为 124.526，其平方根即标准差为 11.159，全距和四分位距分别为 53 和 16。由于标准差只约为均值的 1/3，因此可以粗略看出数据分布情况是比较好的。

③ 参数估计：变量"年龄"的总体均值的标准误差为 0.507，相应的总体均值的 95% 置信区间为 37.43~39.42。

④ 分布特征指标：图 24.4 的最下方还给出了表示数据偏离正态分布程度的偏度系数和峰度系数，以及其各自的标准误差，这里不做详述。

在描述性统计结果之后，探索过程还会给出变量"年龄"的茎叶图和箱图，这里只给出箱图，如图 24.5 所示。从该图中得到的年龄分布信息与描述性统计结果基本上相似，即变量"年龄"的分布虽然呈偏态，但其程度是非常轻微的。

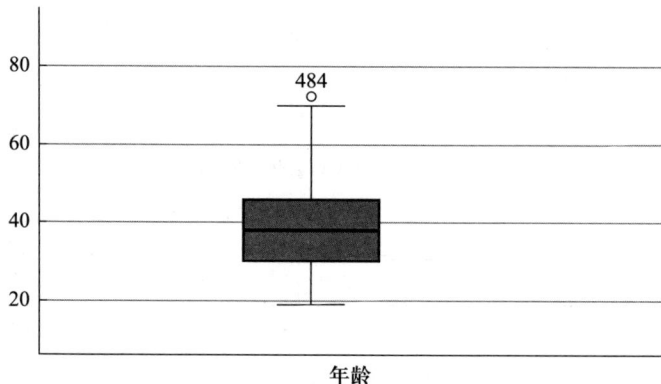

图 24.5　变量"年龄"的箱图（★）

24.4　数 据 建 模

1. 年龄对受访者购买倾向评分影响程度的分析

由于变量"年龄"和变量"上市后购买指数"（表示受访者购买倾向评分）均为连续变量，因此可以直接使用散点图对其关联性进行考察。当然，由于变量"上市后购买指数"的取值较少，可以考虑在散点图中加绘回归线，以使得趋势更加清晰。

① 选择菜单"图形"→"图表构建器"命令，打开"图表构建器"对话框。

② 在"图库"选项卡中选择"散点图点图"项，将其左侧出现的简单散点图图标拖入画布。

③ 将变量"年龄"拖入画布上的横轴放置区，将变量"上市后购买指数"拖入画布上的纵轴放置区。

④ 单击"确定"按钮。

⑤ 双击生成的散点图，进入编辑状态。

⑥ 选择菜单"元素"→"总计拟合线"命令，打开"属性"对话框。

⑦ 选择"拟合线"选项卡，在"置信区间"框组中选择"平均值"。

⑧ 单击"应用"按钮。

从图 24.6 中可以看到，如果对这两个变量进行回归分析，则相应模型的决定系数只有

0.002,这意味着两者之间的关联即使具有统计学意义,也是非常微弱的。

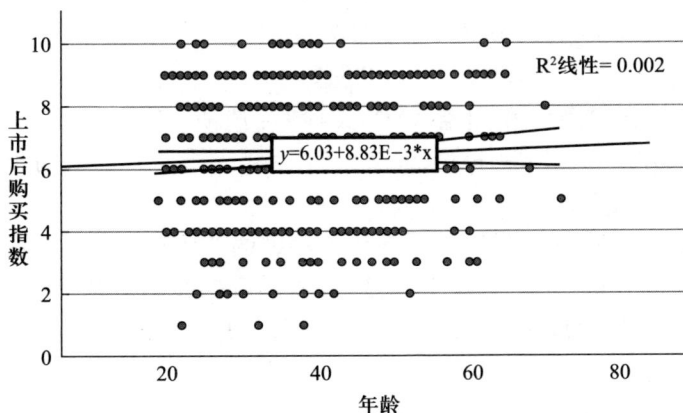

图 24.6 变量"年龄"与变量"上市后购买指数"的散点图与相应的拟合线(★)

下面可以采用相关分析来进一步给出假设检验的结果。
① 选择菜单"分析"→"相关"→"双变量"命令,打开"双变量相关性"对话框。
② 将变量"年龄"和变量"上市后购买指数"选入"变量"框。
③ 单击"确定"按钮。

图 24.7 所示的就是皮尔逊相关系数的计算结果,是以相关性矩阵的形式给出的,由于这里只分析了两个变量,因此给出的是 2×2 矩阵。每个单元格都有三行,分别是皮尔逊相关系数、p 值和样本量。可以看到变量"年龄"和变量"上市后购买指数"的相关系数为 0.047,对相关系数的双侧检验的 p 值为 0.300,远大于 0.05,因此这两个变量之间的线性关联趋势没有统计学意义。

		年龄	上市后购买指数
年龄	皮尔逊相关性	1	.047
	显著性(双尾)		.300
	个案数	484	484
上市后购买指数	皮尔逊相关性	.047	1
	显著性(双尾)	.300	
	个案数	484	484

图 24.7 皮尔逊相关系数的计算结果(★)

2. 对受访者当前最常使用的牙膏品牌的影响进行总体检验

下面进一步考察受访者当前最常使用的牙膏品牌(用变量"最常使用的品牌"表示)对上市后购买指数的影响大小。该问题可以被归纳为一般线性模型框架下的方差分析。由于在前面的分析中已经发现变量"年龄"不具有统计学意义,因此可以将问题简化成单因素方差分析问题。根据标准的分析流程,首先应当按照变量"最常使用的品牌"对变量"上市后购买指数"进行分组描述,但这里将其合并,直接利用单因素方差分析对话框中的描述功能来完成,具体操作如下:

　　① 选择菜单"分析"→"比较平均值和比例"→"单因素 ANOVA",打开"单因素 ANOVA 检验"对话框。

　　② 将变量"上市后购买指数"选入"因变量列表"框。

　　③ 将变量"最常使用的品牌"选入"因子"框。

　　④ 单击"选项"按钮,打开"单因素 ANOVA 检验:选项"对话框,在其中的"统计"框组选中"描述"复选框和"方差齐性检验"复选框。

　　⑤ 单击"确定"按钮。

　　图 24.8 所示的描述性统计结果给出了各牙膏品牌的"上市后购买指数"的均值、标准差和样本量。可以很清晰地看到,目前使用 G* 或 J* 牙膏品牌的受访者对于测试新品给出的上市购买指数均值较低,但与其他牙膏品牌相比是否具有统计学意义,还需要进行检验才能知道。

上市后购买指数

	N	平均值	标准差	标准误差	平均值的95% 置信区间 下限	平均值的95% 置信区间 上限	最小值	最大值
G*	108	5.33	1.943	.187	4.96	5.70	1	9
J*	105	5.67	1.736	.169	5.33	6.00	1	9
H*	51	7.27	2.272	.318	6.64	7.91	3	10
Z*	56	6.48	1.748	.234	6.01	6.95	2	10
L*	47	6.62	2.132	.311	5.99	7.24	2	10
其他	115	7.44	1.888	.176	7.09	7.79	3	10
总计	482	6.37	2.092	.095	6.19	6.56	1	10

图 24.8　描述性统计结果(★)

　　图 24.9 所示的是方差齐性检验的结果,此处的原假设为各牙膏品牌的方差相等。可见 p 值为 0.057,大于 0.05,因此尚不能拒绝该原假设。虽然 p 值非常接近显著性水平,但由于因变量的取值范围为 1~10 分,且不存在极端值,即使方差略有不齐也不会对结果产生明显的影响,因此可以考虑直接进行标准的方差分析。

		莱文统计	自由度1	自由度2	显著性
上市后购买指数	基于平均值	2.163	5	476	.057
	基于中位数	1.148	5	476	.334
	基于中位数并具有调整后自由度	1.148	5	447.749	.334
	基于剪除后平均值	2.068	5	476	.068

图 24.9　方差齐性检验(★)

　　图 24.10 所示的就是结果中最重要的方差分析表,可见该检验的 p 值远小于 0.05,因此各牙膏品牌之间确实存在差异,即受访者最常使用的牙膏品牌不同,对该牙膏新品的购买倾向评分也不同。

上市后购买指数

	平方和	自由度	均方	F	显著性
组间	345.819	5	69.164	18.717	<.001
组内	1758.961	476	3.695		
总计	2104.780	481			

图 24.10 方差分析表(★)

3. 不同牙膏品牌的两两比较

上面的结果表明不同牙膏品牌之间是有差异的,但究竟是哪些牙膏品牌之间有差异呢? 为了进一步回答该问题,在方差分析之后要使用两两比较方法做进一步的分析。这里采用 S–N–K 法进行两两比较,具体操作如下:

① 选择菜单"分析"→"比较平均值和比例"→"单因素 ANOVA 检验",打开"单因素 ANOVA 检验"对话框。

② 单击"单因素 ANOVA 检验"对话框中的"事后比较"按钮,打开"单因素 ANOVA 检验:事后多重比较"对话框。

③ 在"假定等方差"框组中,选中"S–N–K"复选框。

④ 单击"确定"按钮。

图 24.11 所示的是利用 S–N–K 法进行两两比较的结果,可见 6 个牙膏品牌被分在了三个不同的同质子集中,第一个同质子集由 G*、J* 牙膏品牌组成,其购买倾向评分最低,且它们之间的比较无差异,本同质子集检验的 p 值为 0.307;第二个同质子集由 Z*、L* 牙膏品牌组成,其购买倾向评分居中;第三个同质子集由 H* 及其他牙膏品牌组成,其购买倾向评分最高。如果两个牙膏品牌被分在完全不同的同质子集中,则它们的均值之间有统计学差异,G* 和 H* 牙膏品牌,或者 G* 和 Z* 牙膏品牌均是如此。

S–N–K[a,b]

最常使用的品牌	N	Alpha的子集 = 0.05		
		1	2	3
G*	108	5.33		
J*	105	5.67		
Z*	56		6.48	
L*	47		6.62	
H*	51			7.27
其他	115			7.44
显著性		.307	.679	.604

将显示齐性子集中各个组的平均值。

a. 使用调和平均值样本大小= 69.589。

b. 组大小不相等。使用了组大小的调和平均值。无法保证 I 类误差级别。

图 24.11 利用 S–N–K 法进行两两比较的结果(★)

24.5 结论与讨论

本案例分析了受访者当前最常使用的牙膏品牌以及年龄,对牙膏新品上市后受访者的购买倾向评分的影响。结果显示,后者对牙膏新品上市后受访者的购买倾向评分没有影响,而前者对牙膏新品上市后受访者的购买倾向评分则有明显的影响。根据以上结果,可以得出如下分析结论:

① 可以将 6 个牙膏品牌的使用人群大致分为三组,最常使用 H* 及其他牙膏品牌的人群对牙膏新品表现出了较大的兴趣,平均购买倾向评分为 7 分。

② G*、J* 牙膏品牌的使用人群表现出了较高的忠诚度,他们对于牙膏新品的平均购买倾向评分仅为 5.5 分。

③ Z*、L* 牙膏品牌的使用人群的情况介于两者之间,他们对于牙膏新品的平均购买倾向评分居中。

综上,建议该牙膏新品在上市后应当主攻使用 H* 及其他牙膏品牌的人群,这样相对而言成功进入该细分市场的可能性较大,应当会有较好的收益。

思考与练习

请自行练习本章案例中的相关操作。

第25章 证券业市场结构与市场绩效间关系的实证分析

25.1 案例背景

在证券业中,为了描述市场结构和市场绩效之间的关系,人们提出了各种各样的理论模型和假说,如市场结构假说、有效结构假说、共谋假说等,这些假说都有其合理之处,但也存在一定的局限性。因此,在开展进一步的研究工作之前,需要根据所研究的证券市场来选择最合适的假说。

2008 年,某研究者针对我国证券业进行了有关研究。经过文献检索,该研究者认为我国证券业市场结构与市场绩效之间的关系比较符合市场结构假说和共谋假说,并在借鉴斯默劳克(Smirlock)、谢帕德(Shepherd)、蒂姆(Timme)和伯格尔(Berger)等人所用模型的基础上,进一步构建了以下模型:

$$P=\beta_0+\beta_1CR+\beta_2MS+\beta_3EF+\beta_4TA+\beta_5ACR+\beta_6GR+\beta_7SR+\varepsilon$$

在上式中,P 代表证券业的市场绩效,CR 代表市场集中度,MS 代表证券公司的市场份额,EF 代表证券公司的经营效率,TA 代表证券公司的总资产,ACR 代表证券公司总资产与所有者权益的比率(反映了证券公司利用财务杠杆提高效益的能力,同时也反映了证券公司的经营风险),GR 和 SR 都是反映市场绩效的环境变量(其中,GR 代表国内生产总值的增长率,SR 代表股票市场的增长率),β_i 代表各个待估的系数,ε 代表随机项。

在构建完上述模型之后,该研究者进一步对模型中的各个系数进行了比较与计算,以确定其更符合哪种细分的绩效模型,因为这些工作相对偏离本节的主题,此处不再赘述。

25.2 数据的采集

1. 进一步确定模型中的变量

上面模型中列出的变量是比较理想的变量,但是在实际操作中,其中一些变量可能难以获取,或者说难以准确测量,因此需要根据实际情况对模型中的若干变量进行调整,具体如下:

① 经营效率变量:在验证有效结构假说时,斯默劳克(1985)等用市场份额代表证券公司的经营效率变量,理由是经营效率高的证券公司会占据更大的市场份额,两者之间高度相关。但是伯格尔(1995)等人对此提出了质疑,认为市场份额高的证券公司未必经营效率高,因此不宜用市场份额来代表证券公司的经营效率。基于这一原因,研究者最终在模型中使用了证券公司的经营效率这一变量。但是,在具体计算该变量时,涉及证券公司的投入、产出及劳动力价格、经营成本、营业收入等数据,而这类数据的获取难度较大,其中相对容易获得的数据只有证券公司的营业收入 / 总资产。虽然严格来说,证券公司的营业收入 / 总资产过于笼统,但它与证券公司的综合经营效率之间有着较高的相关性。因此,在数据来源有限的情况下,使用它来衡量经营效率变量是一个可行的选择。

② 市场绩效变量：对于证券公司而言，其市场绩效主要体现在收益率上。因此，在本研究中用净资产收益率（ROE）来衡量市场绩效。

③ 其他变量：市场集中度 *CR* 用 H 指数（Herfindahl–Hirschman index）来表示，*SR* 则用证券市场增长率来衡量。

2. 实证检验的数据来源

证券市场波动频繁，有关公司的变化很大，因此最终选取的研究对象是 2007 年国内总资产排名前 20 位的证券公司。这样选择的原因，一是这 20 家证券公司能基本上反映我国证券业当时的整体状况，二是更早时间的数据不仅无法代表当时的市场状况，而且很难收集完整。

样本数据的采集区间为 6 年，即 2002—2007 年，数据主要来源于《中国证券期货统计年鉴》等资料。最终整理完毕的数据文件见"证券实证分析 .sav"。

25.3 数据预分析

1. 原始变量描述

首先，利用描述过程对所有需要纳入模型的变量进行描述性统计，相应的结果如图 25.1 所示。可以发现，几乎所有的变量都存在一定数量的缺失值，这导致所采集到的 107 个样本数据中只有 78 个具有完整的信息，数据之所以缺失，有一部分是由于未能收集到相关数据，还有一部分是由于各种原因而无法计算。

	N	最小值	最大值	平均值	标准差
营业收入	105	−1699.05	3087111.41	274433.2303	462951.44699
利润总额	103	−70247.80	1990417.28	151051.2413	319913.76884
净利润	104	−132463.58	1354578.59	103079.4217	221767.89590
总资产	107	146436.64	18965388.17	2226362.7287	2849258.45363
负债合计	104	45075.41	13563045.62	1818178.6829	2308847.27388
实收资本	83	51874.52	873443.89	255170.6120	198925.85845
所有者权益	85	−614594.09	1230994.94	251783.6613	214779.14810
净资本	102	−39329.58	5402342.55	399512.9902	697876.38109
净资产收益率	104	−.85	.67	.1096	.25949
H指数	107	.04	.05	.0427	.00626
证券市场增长率	107	−.18	1.30	.3963	.61229
GDP增长率	107	9.10	11.90	10.4832	.84580
市场份额	107	.00	.11	.0273	.02137
经营效率	105	−.01	.38	.0999	.06482
ACR	85	−7.03	31.36	4.8944	3.94273
有效个案数(成列)	78				

图 25.1 描述性统计结果（★）

　　一般而言,样本中若数据缺失量超过数据总量的10%,就可能对分析结果造成明显的影响。在本例中,数据缺失量已经接近数据总量的30%。但是除非能够继续收集缺失的数据,在统计上暂时还不能主动采取什么措施来弥补这些缺失的数据,这是因为证券市场的波动非常频繁,在没有摸清其规律之前,任何一种缺失值填充方法都可能带来更大的误差。而且本研究的目的只是通过获取拟合方程的系数估计值来推断合适的假说,并不涉及数值预测,因此保持原始数据的状况是更合理的做法。

　　在图25.1中,从很多变量的标准差都接近甚至大于均值可以看出另一个问题:这些变量具有高度的离散性,很可能不服从正态分布。实际上,这是所有金融数据模型都可能遇到的问题。这里同样不考虑进行事前处理,而是在建模之后再进行数据处理。

2. 数据变换

　　下面对建模所需的变量进行计算。根据上面的讨论,相应的计算程序如下:

```
COMPUTE 经营效率 = 营业收入 / 总资产 .
COMPUTE ACR= 总资产 / 所有者权益 .
EXEC.
```

　　上述程序运行之后,数据文件中就增加了经营效率和ACR这两个新变量。注意,这两个新变量也存在缺失值,这是由于计算它们所使用的原始变量存在缺失值而导致的。

25.4　数据建模

　　熟悉统计模型的读者,可能会想到这是一个典型的重复测量数据结构——由20家公司在6个年份重复给出的测量数据构成的数据结构,因此在分析时就应当采用可用于重复测量的一般线性模型,最好采用GEE模型或者混合效应模型来进行模型估计。但是模型是用来解决问题的,不必盲目追求使用复杂的模型。本案例的研究目的比较简单,没有必要使用那么复杂的模型。

　　下面考虑基于上述数据对前面构建的模型进行估计,具体采用线性回归过程来分析。注意此处不进行变量筛选,而是将所有变量都纳入模型。相应的模型汇总结果如图25.2所示,可见整个模型的决定系数为39.0%,也就是说,这些变量对样本的因变量变异有一定的解释能力,但对于其是否具有统计学意义还需要进行检验。

模型	R	R方	调整后R方	标准估算的错误
1	.624[a]	.390	.333	.16951

a. 预测变量:(常量),H指数,ACR,市场份额,经营效率,GDP增长率,证券市场增长率,总资产

图25.2　模型汇总结果(★)

　　图25.3所示的为模型总体检验结果,表示将整个模型用于预测因变量是有价值的,具有统计学意义。

模型		平方和	自由度	均方	F	显著性
1	回归	1.376	7	.197	6.844	<.001[b]
	残差	2.155	75	.029		
	总计	3.531	82			

a. 因变量：净资产收益率。
b. 预测变量：（常量），H指数，ACR，市场份额，经营效率，GDP增长率，证券市场增长率，总资产。

图 25.3　模型总体检验结果（★）

图 25.4 给出了模型中每个系数的估计值和检验结果，可见大多数系数都没有统计学意义，那么是否需要将这些系数剔除后再建立简化的模型呢？在本例中，恰恰不需要这样做，至少在回答本案例所要研究的问题上，简化模型并不重要。

模型		未标准化系数		标准化系数		
		B	标准错误	Beta	t	显著性
1	（常量）	−.023	.553		−.041	.967
	证券市场增长率	.232	.134	.687	1.737	.087
	ACR	−.002	.005	−.048	−.511	.611
	市场份额	.362	3.939	.035	.092	.927
	经营效率	1.090	.349	.314	3.120	.003
	GDP增长率	.031	.086	.080	.362	.718
	总资产	1.088E−8	.000	.060	.147	.883
	H指数	−10.050	14.265	−.340	−.704	.483

a. 因变量：净资产收益率。

图 25.4　系数的估计值和检验结果（★）

作为建模后的一般步骤，也可以考虑对模型的残差分布等进行考察，得到的模型残差的直方图和 P–P 图，如图 25.5 所示，可见模型的残差分布并不理想，主要是在数值较小的一侧可能存在极端值。可以考虑删除相应的样本数据，重新拟合没有极端值的模型，以观察回归系数的估计值是否会因极端值的出现而发生变化，读者可自行按此思路操作，此处不做详述。

除极端值外，如果进行多重共线性分析，就会发现该模型存在多重共线性问题，但是对于本例而言，多重共线性问题是无法解决的，因为模型中的自变量从其专业含义上就应当存在数量关联。因此，基于本案例的研究目的，首先要考虑模型分析结果能否协助研究者找到合适的假说，只有在由于系数的估计值不合理而导致无法达成分析目的时，才考虑是否需要去解决多重共线性问题。

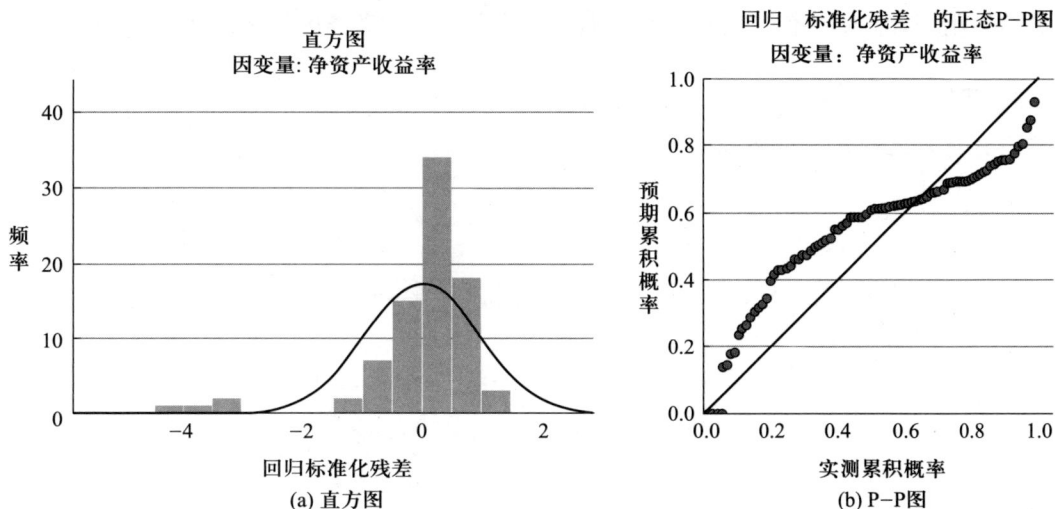

图 25.5 模型残差的直方图和 P-P 图（★）

25.5 结论与讨论

1. 结论

由于上述模型的总体检验结果具有统计学意义，因此可以用该模型来解释我国证券业市场结构与市场绩效之间的关系。在本案例中，从具体的线性回归方程的系数来看，可以得出以下结论：

① 市场绩效与市场集中度之间的正相关关系并未通过显著性检验（p 值为 0.483），因此根据有关理论，可以拒绝纯共谋假说。

② 市场绩效与市场份额之间没有表现出显著的正相关关系（p 值为 0.927），因此根据有关理论，拒绝纯有效结构假说和混合的共谋／有效结构假说。

③ 市场绩效与经营效率之间的正相关关系有统计学意义，而与市场集中度之间的正相关关系不显著，因此可以考虑接受校正的有效结构假说。

④ 证券业并未体现出一定程度的规模经济（p 值为 0.883）。

⑤ 证券业总体上并不能较好地控制财务风险并提高资本创利能力（p 值为 0.611）。

⑥ 证券市场绩效与国内生产总值之间正相关但无统计学意义。

⑦ 市场绩效在很大程度上依赖于股市行情（回归系数检验的 p 值为 =0.087，非常接近显著性水平 0.05）。

2. 讨论

本研究在统计分析上是一个比较简单的回归问题，将它作为案例是为了演示统计方法在不同领域中的具体应用。对于不熟悉证券业的读者而言，在进行本研究时会可能考虑得比较复杂：如何处理缺失值？如何处理模型中的多重共线性问题、异常值问题？但是实际上，只需要抓住本研究的目的即可，即在几种可能的假说中找到最合适的一种，并非要求建立一个高度精确的模型。只要能够正确解答这一问题，就无须面面俱到地去考虑和解答所有的统计学问题，更何况所要拟合的模型本身就蕴含着可能出现多重共线性问题的自变量。简言之，在实践中，要根据具体情况灵活运用统计方法,客观地进行取舍,而不是拘泥于各种教条的规定,导致寸步难行。

思考与练习

请自行练习本章案例中的相关操作。

参 考 文 献

［ 1 ］ IBM Corporation.IBM SPSS Statistics 29 简介指南［Z］.2022.

［ 2 ］ IBM Corporation.IBM SPSS Statistics 29 Core System 用户指南［Z］.2022.

［ 3 ］ IBM Corporation.IBM SPSS Statistics Base 29［Z］.2022.

［ 4 ］ IBM Corporation.IBM SPSS Statistics 29 Command Syntax Reference［Z］.2022.

［ 5 ］ IBM Corporation.IBM SPSS Custom Tables 29［Z］.2022.

［ 6 ］ IBM Corporation.IBM SPSS Bootstrapping 29［Z］.2022.

［ 7 ］ IBM Corporation.IBM SPSS Regression 29［Z］.2022.

［ 8 ］ IBM Corporation.IBM SPSS Data Preparation 29［Z］.2022.

［ 9 ］ SPSS Inc.Presenting Data with SPSS Tables™ : Advanced［Z］.2003.

［ 10 ］ SPSS Inc.Statistical Analysis Using SPSS［Z］.2001.

［ 11 ］ DAVID F G.Business Statistics : A Decision-making Approach［M］.5th ed. 北京：中国统计出版社,2003.

［ 12 ］ KLEINBAUM D G,KUPPER L L,MULLER K E.Applied Regression Analysis and Other Multivariable Methods
［M］.Pacific Grove,CA：Brooks/Cole,1998.

［ 13 ］ EFRON B,TIBSHIRANI R J.An Introduction to the Bootstrap［M］.New York：Chapman & Hall,1994.

［ 14 ］ SAHAI H,AGEEl M I.The Analysis of Variance：Fixed,Random and Mixed Models［M］.Boston：Birkhauser,
2000.

［ 15 ］ STEEL R G D,TORRIE J H.Principles and Procedures of Statistics：A Biometrical Approach［M］.2nd ed.New
York：McGraw-Hill,1980.

［ 16 ］ 梅森,道格拉斯,林斯. 商务经济统计方法［M］.9 版. 影印版. 北京：机械工业出版社,1998.

［ 17 ］ 韦珀斯. 商务统计导论［M］.4 版. 影印版. 北京：北京大学出版社,2003.

［ 18 ］ 曹素华. 卫生统计学方法［M］.上海：复旦大学出版社,2003.

［ 19 ］ 陈希孺. 数理统计学简史［M］.长沙：湖南教育出版社,2002.

［ 20 ］ 方积乾. 卫生统计学［M］.5 版. 北京：人民卫生出版社,2003.

［ 21 ］ 方开泰,全辉,陈庆云. 实用回归分析［M］.北京：科学出版社,1988.

［ 22 ］ 何灿芝. 概率统计学习指导［M］.长沙：湖南科学技术出版社,1984.

［ 23 ］ 刘彤. 利用非参数方法对上海股市周末效应的研究［J］.数理统计与管理,2003（1）：69-71.

［ 24 ］ 陆守曾. 医学统计学［M］.北京：中国统计出版社,2002.

［ 25 ］ 茆诗松,周纪芗. 概率论与数理统计［M］.北京：中国统计出版社,1996.

［ 26 ］ 茆诗松. 统计手册［M］.北京：科学出版社,2003.

［ 27 ］ 缪铨生. 概率与数理统计［M］.2 版. 上海：华东师范大学出版社,1997.

［ 28 ］ 潘晓平,倪宗瓒,殷菲. 一种稳健的方差齐性检验方法［J］.现代预防医学.2002（6）：774-776.

［ 29 ］ 盛骤,谢式千,潘承毅. 概率论与数理统计［M］.3 版. 北京：高等教育出版社,2001.

［ 30 ］ 张文彤.SPSS 统计分析基础教程［M］.3 版. 北京：高等教育出版社,2017.

［ 31 ］ 张文彤,董伟.SPSS 统计分析高级教程［M］.3 版. 北京：高等教育出版社,2018.

［ 32 ］ 张文彤,钟云飞,王清华.IBM SPSS 数据分析实战案例精粹［M］.2 版. 北京：清华大学出版社,2020.

附录 1 常用的统计检验方法 [*]

1. 单变量

连续	单样本 t 检验
有序多分类	单样本秩和检验
无序多分类	单样本卡方检验
二分类	二项分布的确切概率法

2. 因变量:连续变量

单个自变量:	连续	相关分析、回归分析
	有序多分类	单因素方差分析,利用有序信息解释结果
	无序多分类	单因素方差分析
	二分类	两个样本的 t 检验
多个自变量:	连续变量为主	线性回归模型
	分类变量为主	方差分析模型,实际上与回归模型等价

3. 因变量:有序分类变量

单个自变量:	连续	有序分类的逻辑斯谛回归
	有序多分类	秩相关分析
	无序多分类	多个样本的秩和检验(K–W 检验)
	二分类	两个样本的秩和检验(威尔科克森秩和检验)
多个自变量:	连续变量为主	有序分类的判别分析、有序分类的逻辑斯谛回归
	分类变量为主	有序分类的逻辑斯谛回归

4. 因变量:无序分类变量

单个自变量:	连续	无序分类的逻辑斯谛回归
	有序多分类	可以将自变量 / 因变量交换后再进行分析
	无序多分类	卡方检验,若要深入分析则可使用对数线性模型
	二分类	卡方检验
多个自变量:	连续变量为主	判别分析、无序分类的逻辑斯谛回归
	分类变量为主	无序分类的逻辑斯谛回归

5. 因变量:二分类变量

单个自变量:	连续	二分类的逻辑斯谛回归
	有序多分类	可以将自变量 / 因变量交换后再进行分析
	无序多分类	卡方检验、二分类的逻辑斯谛回归
	二分类	四格表卡方检验、确切概率法
多个自变量:	连续变量为主	判别分析、二分类的逻辑斯谛回归,这两种方法等价

---

[*] 这里给出的是常用的统计检验方法,只是便于初学者选用,并不意味着必须使用相应的方法来进行分析。

分类变量为主　　二分类的逻辑斯谛回归

6. 多元分析方法

考察的特征由多个因变量来表示,同时研究多个自变量对它们的影响:多元方差分析模型、多元回归模型。

希望将变量 / 个案分成若干类别,但类别数或各类别的特征不明:聚类分析。

已知分类情况,希望建立判别方程,对新进入的个案进行所属类别的预测:判别分析。

需要探索多个连续变量之间的内在联系或数据的内在结构:因子分析。

需要探索多个分类变量之间的内在联系或数据的内在结构:对应分析。

考察多个概念之间的相似性,并寻找受访者评价相似性的标准:多维尺度分析。

生存时间和生存结局都是需要关心的因素,同时数据中存在大量的删失(censoring):生存分析。

得到的是时间序列数据,需要根据历史资料对以后的情形进行预测:时间序列模型。

附录 2 SPSS 函数一览表

在 SPSS 中有上百个函数,可以将其分为十多个类别。每个函数由两部分构成:一部分是函数名称,用大写字母表示;另一部分是参数,用小写字母表示,一个函数中可以有一个或几个参数,每个参数之间都用逗号分隔,所有参数都用括号括起来。

参数是人们在使用函数时要替换和更改的部分,因此要掌握函数,就必须掌握每个参数的意义。不同的参数所要求的表达式的形式是不一样的:有的参数要求是数值型(既可以是具体的数字,也可以是数值型变量);有的参数要求是字符型(既可以是具体的字符,也可以是字符型变量);有的参数要求是日期型(既可以是具体的日期和时间,也可以是日期型变量);还有的参数对取值范围有具体的要求。SPSS 函数涉及的参数大致有以下几类:

① 将数字或数值型变量作为参数,如 num、radians、mod、high、low、test、pos、length、divisor、value、numexpr、numvar 等。

② 各种分布的参数,如 quant、prob、shape、r、scale、loc、df、mean、std、sample、hits、total、threshold、size、min、max、zvalue、nc 等。

③ 将字符或字符型变量作为参数,如 high、low、test、char、needle、haystack、strexpr 等。

④ 将数值或日期型变量作为参数,如 timevalue、day、month、year、quarter、weeknum、daynum、hours、min、sec、datevalue 等。

⑤ 将变量作为参数,如 variable 等。

下面分类介绍各类函数。

1. 数学函数(附表 1)

附表 1 数 学 函 数

函数形式	返回值类型	函数说明
ABS(num)	数值型	计算 num 的绝对值。 例:ABS(−3)=3
ARSIN(num)	数值型	返回 num 的反正弦值,以弧度为单位,num 必须介于 −1 和 1 之间
ARTAN(num)	数值型	返回 num 的反正切值,以弧度为单位
COS(radians)	数值型	返回 radians 的余弦值,以弧度为单位
EXP(num)	数值型	返回 e 的 num 次幂。 例:EXP(2)=e^2=7.389
LG10(num)	数值型	返回 num 的以 10 为底的对数值,num 必须大于 0。 例:LG10(100)=lg 100=2
LN(num)	数值型	返回 num 的自然对数值,num 必须大于 0。 例:LN(7.389)=2

续表

函数形式	返回值类型	函数说明
LNGAMMA（num）	数值型	返回 num 的完全 Gamma 函数的自然对数值，num 必须大于 0。 例：LNGAMMA（5）=3.18
MOD（num,mod）	数值型	返回 num 除以 mod 以后的余数，mod 不能为零。 例：MOD（3,2）=1
RND（num,[mult,fuzz]）	数值型	只使用参数 num，返回最接近于 num 的整数；mult 指定结果为该数值的整数倍；fuzz 用于设置四舍五入时所需要考虑的小数位数阈值，默认为 6，该选项用于在一些特殊情况下避免程序计算错误，一般不需要使用。 例：RND（4.75）=5，RND（4.75,0.1）=4.7
SIN（radians）	数值型	返回 radians 的正弦值，参数必须为数值型。 例：SIN（3.14）=0
SQRT（num）	数值型	返回 num 的平方根，参数必须为数值型，且不为负数。 例：SQRT（4）=2
TRUNC（num,[mult, fuzz]）	数值型	返回 num 向 0 方向截尾的值，用法类似 RND 函数。 例：TRUNC（4.7）=4

2. 累积概率函数、逆分布函数、概率密度函数与显著性函数（附表 2）

基于统计分布的函数有以下几类：

① CDF 族函数：用于计算当概率函数值等于 quant 时指定分布函数的下侧（左侧）累积概率值，共有 25 种常用的分布函数可供选择。

② 非中心 CDF 族函数：返回非中心化分布函数的下侧累积概率值，和普通分布函数相比，其中非中心化分布函数需要多指定一个非中心参数。

③ IDF 族函数：相当于 CDF 族函数的反函数，返回指定分布函数的下侧累积概率值为给定数值时的函数值。共有 18 种函数，基本上和 CDF 族函数一一对应，这里不再一一列出。

④ PDF 族函数：即概率密度函数，用于计算当概率函数值等于 quant 时指定分布函数的点概率密度值。共有 25 种函数，和上面的 CDF 族函数一一对应，此处不再重复。

⑤ 非中心 PDF 函数：共有 4 种函数，用于计算非中心化分布函数的点概率密度值，和上面的非中心 CDF 族函数一一对应，此处不再重复。

⑥ SIG 族函数：用于计算相应分布函数的右侧累积概率值，目前只有 Chisq 和 F 两种函数。

附表 2　累积概率函数、逆分布函数、概率密度函数与显著性函数

函数形式	返回值类型	函数说明
CDF.BERNOULLI（quant,prob）	数值型	返回参数为 prob 的伯努利分布的 quant 分位点的累积概率值
CDF.BETA（quant,shapel,shape2）	数值型	返回参数为 shape1、shape2 的贝塔分布的 quant 分位点的累积概率值
CDF.BINOM（quant,n,prob）	数值型	返回试验次数（n）和成功概率（prob）的二项分布的 quant 分位点的累积概率值

续表

函数形式	返回值类型	函数说明
CDF.BVNOR(q1,q2,r)	数值型	返回相关系数为 r 的双变量标准正态分布的 q1,q2 分位点的累积概率值
CDF.CAUCHY(quant,loc,scale)	数值型	返回位置、比例参数分别为 loc 和 scale 的柯西分布的 quant 分位点的累积概率值
CDF.CHISQ(quant,df)	数值型	返回自由度为 df 的卡方分布的 quant 分位点的累积概率值
CDF.EXP(quant,shape)	数值型	返回参数为 shape 的指数分布的 quant 分位点的累积概率值
CDF.F(quant,df1,df2)	数值型	返回自由度为 df1、df2 的 F 分布的 quant 分位点的累积概率值
CDF.GAMMA(quant,shape,scale)	数值型	返回来自给定形状参数(shape)和比例参数(scale)的伽马分布的 quant 分位点的累积概率值
CDF.GEOM(quant,prob)	数值型	返回概率参数为 prob 的几何分布的 quant 分位点的累积概率值
CDF.HALFNRM(quant,mean,std)	数值型	返回总体均值为 mean 和标准差为 std 的半正态分布的 quant 分位点的累积概率值
CDF.HYPER(quant,total,sample,hits)	数值型	返回总体为 total 和对应项大小为 hits 以及样本量为 sample 的超几何分布的 quant 分位点的累积概率值
CDF.IGAUSS(quant,mean,scale)	数值型	返回来自给定均值和标准差的逆高斯分布的 quant 分位点的累积概率值
CDF.LAPLACE(quant,mean,scale)	数值型	返回均值为 mean 和比例参数为 scale 的拉普拉斯分布的 quant 分位点的累积概率值
CDF.LOGISTIC(quant,mean,scale)	数值型	返回均值为 mean 和比例参数为 scale 的逻辑斯谛分布的 quant 分位点的累积概率值
CDF.LNORMAL(quant,a,b)	数值型	返回参数为 a、b 的对数正态分布的 quant 分位点的累积概率值
CDF.NEGBIN(quant,thresh,prob)	数值型	返回次数为 thresh 和概率为 prob 的获取成功所需试验次数的 quant 分位点的累积概率值
CDF.NORMAL(quant,mean,stddev)	数值型	返回均值为 mean 和标准差为 stddev 的正态分布的 quant 分位点的累积概率值
CDF.PARETO(quant,threshold,shape)	数值型	返回参数为 threshold 和 shape 的帕累托分布的 quant 分位点的累积概率值
CDF.POISSON(quant,mean)	数值型	返回均值为 mean 的泊松分布的 quant 分位点的累积概率值
CDF.SMOD(quant,size,df)	数值型	返回参数为 size、df 的学生化最大模数分布的 quant 分位点的累积概率值
CDF.SRANGE(quant,size,df)	数值型	返回参数为 size、df 的学生化极差分布的 quant 分位点的累积概率值
CDF.T(quant,df)	数值型	返回自由度为 df 的 t 分布的 quant 分位点的累积概率值

续表

函数形式	返回值类型	函数说明
CDF.UNIFORM （quant，min，max）	数值型	返回最小值为 min 和最大值为 max 的均匀分布的 quant 分位点的累积概率值
CDF.WEIBULL （quant，a，b）	数值型	返回参数为 a、b 的韦布尔分布的 quant 分位点的累积概率值
CDFNORM（zvalue）	数值型	返回标准正态分布的 zvalue 分位点的累积概率值
NCDF.BETA （quant，shapel，shape2，nc）	数值型	返回形状参数为 shapel、shape2 和非中心参数为 nc 的非中心贝塔分布的 quant 分位点的累积概率值
NCDF.CHISQ （quant，df，nc）	数值型	返回自由度为 df 和非中心参数为 nc 的非中心卡方分布的 quant 分位点的累积概率值
NCDF.F （quant，df1，df2，nc）	数值型	返回自由度为 df1、df2 和非中心参数为 nc 的非中心 F 分布的 quant 分位点的累积概率值
NCDF.T（quant，df，nc）	数值型	返回自由度为 df 和非中心参数为 nc 的非中心 t 分布的 quant 分位点的累积概率值
SIG.CHISQ（quant，df）	数值型	返回自由度为 df 的卡方分布的 quant 分位点的右侧累积概率值
SIG.F（quant，df1，df2）	数值型	返回自由度为 df1、df2 的 F 分布的 quant 分位点的右侧累积概率值

3. 日期时间函数（附表 3）

日期时间函数主要有 6 类，在计算时均以 1582 年 10 月 15 日前一天零点为基准时间，它们的功能如下：

① 当前日期与时间：用于返回函数执行时的系统时间。

② 日期运算：对时间变量进行四则运算。

③ TIME：用于创建时间变量，返回数值型时间变量，参数 day、hour、min、sec 为数值型。

④ DATE：用于创建日期，返回数值型时间变量，参数 day、month、quarter、year、weeknum、daynum 均为数值型。

⑤ CTIME：用于提取时间段，返回数值型变量，参数 timevalue 为时间变量或表达式，即一般使用 TIME 或 DATE 系列函数来设置变量参数，返回该日期与基准时间相差的累积日、时、分或秒数。计算时会对上一层次的差异进行换算，如将小时换算为分。

⑥ XDATE：用于提取日期，返回数值型变量，参数 datevalue 为时间变量或表达式，即一般使用 TIME 或 DATE 系列函数来设置变量参数，返回该日期与基准时间相差的日、时、分或秒数。注意，只计算同级差异，如计算秒时不考虑分的差异。

附表 3　日期时间函数

函数形式	返回值类型	函数说明
$DATE	字符型	返回采用两位数记年格式的当前日期
$DATE11	字符型	返回采用四位数记年格式的当前日期
$JDATE	数值型	返回从基准时间开始计算的当前日期，格式为 F6.0

续表

函数形式	返回值类型	函数说明
$TIME	数值型	返回从基准时间午夜到命令执行时间所经历的秒数,格式为 F20
DATEDIFF(time2,time1, "unit")	数值型	返回两个日期变量的差值,unit 则为用引号引起来的有效时间单位值,如 year、month 等
DATESUM(time,value,"unit", "method")	日期型	按照 unit 给定的时间单位,将 value 的值和 time 相加,备选的 method 默认为 closest,即使用月中最接近的合法日期,可更改为 rollover,即将多余的天数前移
DATE.DMY(day,month,year)	日期型	返回日期 year 年 month 月 day 日。 例:DATE.DMY(02,03,1982)的意思是 1982 年 3 月 2 日
DATE.MDY(month,day,year)	日期型	返回日期 year 年 month 月 day 日。 例:DATE.MDY(02,03,1982)的意思是 1982 年 2 月 3 日
DATE.MOYR(month,year)	日期型	返回日期 year 年 month 月。 例:DATE.MOYR(02,1982)的意思是 1982 年 2 月
DATE.QYR(quarter,year)	日期型	返回日期 year 年第 quarter 季度。 例:DATE.QYR(3,1982)的意思是 1982 年第 3 季度
DATE.WKYR(weeknum,year)	日期型	返回日期 year 年第 weeknum 周。 例:DATE.WKYR(21,1982)的意思是 1982 年第 21 周
DATE.YRDAY(year,daynum)	日期型	返回日期 year 年第 daynum 天。 例:DATE.YRDAY(1982,21)的意思是 1982 年第 21 天
XDATE.DATE(datevalue)	数值型	返回 datevalue 距离基准时间的秒数。 例:XDATE.DATE(1952/02/03)=11 654 150 400.00
XDATE.HOUR(datevalue)	数值型	返回 datevalue 为本天第几时,为整数,介于 0 和 23 之间。 例:XDATE.HOUR(02-MAR-2003 02:30:30)=2
XDATE.JDAY(datevalue)	数值型	返回 datevalue 为本年度第几天,为整数,介于 1 和 366 之间。 例:XDATE.JDAY(31-DEC-2004)=366
XDATE.MDAY(datevalue)	数值型	返回 datevalue 为本月第几天,为整数,介于 0 和 31 之间。 例:XDATE.MDAY(31-DEC-2003)=31
XDATE.MINUTE(datevalue)	数值型	返回 datevalue 为本时第几分,为整数,介于 0 和 59 之间。 例:XDATE.MINUTE(02-MAR-2003 02:30:29)=30
XDATE.MONTH(datevalue)	数值型	返回 datevalue 为本年度第几月,为整数,介于 1 和 12 之间。 例:XDATE.MONTH(02-MAR-2003 02:30:29)=3
XDATE.QUARTER(datevalue)	数值型	返回 datevalue 为本年度第几季,为整数,介于 1 和 4 之间。 例:XDATE.QUARTER(02-MAR-2003 02:30:29)=1
XDATE.SECOND(datevalue)	数值型	返回 datevalue 为本分第几秒,为整数,介于 1 和 60 之间。 例:XDATE.SECOND(02-MAR-2003 02:30:29)=29
XDATE.TDAY(datevalue)	数值型	返回 datevalue 距离 1582 年 1 月 1 日的整数天数。 例:XDATE.TDAY(02-MAR-2003 02:30:29)=153 541.00

续表

函数形式	返回值类型	函数说明
XDATE.TIME(datevalue)	数值型	返回 datevalue 为本天第几秒。 例：XDATE.TIME(02-MAR-2003 02：30：29)=26 430.00
XDATE.WEEK(datevalue)	数值型	返回 datevalue 为本年第几整周。 例：XDATE.WEEK(02-MAR-2003 02：30：29)=9.00
XDATE.WKDAY(datevalue)	数值型	返回 datevalue 为星期几，取值范围为 1~7 的整数 例：XDATE.WKDAY(02-MAR-2003 02：30：29)=7.00
XDATE.YEAR(datevalue)	数值型	返回 datevalue 的用四位整数表示的年号。 例：XDATE.YEAR(02-MAR-2003 02：30：29)=2003.00
YRMODA(year,month,day)	数值型	返回从 1582 年 10 月 15 日开始一直到参数 year、month 和 day 所代表的天数 例：YRMODA(03,3,2)=153 541.00
TIME.DAYS(days)	数值型	返回 days 天的秒数，days 必须为数值型。 例：TIME.DAYS(1)=86 400(1 天为 86 400 s)
TIME.HMS(hours,[min,sec])	数值型	返回 hour 小时 min 分 sec 秒所对应的秒数，参数必须为数值型，且后两者可选。如果希望结果显示为时间，则将其指定为时间格式。 例：TIME.HMS(1,1,1)=3 661(1 小时 1 分 1 秒 =3 661 s)
CTIME.DAYS(timevalue)	数值型	返回 timevalue 距基准时间的天数，包括小数，timevalue 必须是数字或日期格式的表达式。 例：CTIME.DAYS(1952/02/03)=134 886.00
CTIME.HOURS(timevalue)	数值型	返回 timevalue 距基准时间的小时数，包括小数，timevalue 必须是数字或日期格式的表达式。 例：CTIME.HOURS(1952/02/03)=3 237 264.00
CTIME.MINUTES(timevalue)	数值型	返回 timevalue 距基准时间的分钟数，包括小数，timevalue 必须是数字或日期格式的表达式。 例：CTIME.MINUTES(1952/02/03)=194 235 840.00
CTIME.SECONDS(timevalue)	数值型	返回 timevalue 距基准时间的秒数，包括小数，timevalue 必须是数字或日期格式的表达式。 例：CTIME.SECONDS(1952/02/03)=11 654 150 400.00

4. 缺失值函数(附表 4)

附表 4　缺失值函数

函数形式	返回值类型	函数说明
$SYSMISS		返回系统缺失值
MISSING(variable)	逻辑型	判断变量 variable 是否为缺失值,如果是,返回 1,否则返回 1
NMISS(variable(…))	数值型	返回 variable(…)中含缺失值的变量个数
NALID(variable(…))	数值型	返回 variable(…)中不含缺失值的变量个数

续表

函数形式	返回值类型	函数说明
SYSMIS(numvar)	逻辑型	判断数值型变量 numvar 是否为系统缺失值
VALUE(variable)	数值型 / 字符型	返回变量 variable 的值,即使是用户自定义的缺失值也返回,不再把它看作缺失值

5. 随机函数

随机函数主要为 RV 系列函数,用于返回随机数,RV 函数共有 25 种,同样可以和 CDF 族函数一一对应,这里不再重复介绍。

6. 检索函数(附表 5)

附表 5　检 索 函 数

函数形式	返回值类型	函数说明
ANY(test,value,(value [,…]))	逻辑型	如果 test 与各个 value 中的任何一个匹配,返回 1,否则返回 0。 例: ANY('a','b','c','d')=0 　　　ANY('a','b','a','d')=1
MAX(value,value [,…])	数值型 / 字符型	返回 value 中的最大值,需要两个或两个以上的 value,可以为本函数指定有效变量的最小个数。 例: MAX(2,3,7,9)=9; MAX(a,b,c,d)=d
MIN(value,value [,…])	数值型 / 字符型	返回 value 中的最小值,需要两个或两个以上的 value,可以为本函数指定有效变量的最小个数。 例: MAX(2,3,7,9)=2; MAX(a,b,c,d)=a
RANGE(test,low,high)	逻辑型	如果 test 落在由 low 与 high 确定的范围内,返回 1,否则返回 0。如果 low 与 high 为字符,则两者必须等长。 例: ANY(2,10,20)=0 　　　ANY('d','a','f')=1

7. 统计函数(附表 6)

附表 6　统 计 函 数

函数形式	返回值类型	函数说明
CFVAR(numexpr,numexpr [,…])	数值型	返回 numexpr 中的有效值构成样本的变异系数,需要两个或两个以上的 numexpr,可以为本函数指定有效变量的最小个数
MAX(value,value [,…])	数值型 / 字符型	返回 value 中的最大值,需要两个或两个以上的值,可以为本函数指定有效变量的最小个数。 例: MAX(2,3,7,9)=9; MAX(a,b,c,d)=d
MEDIAN(value,value [,…])	数值型	返回 value 中的中位数,需要两个或两个以上的 value,可以为本函数指定有效变量的最小个数

续表

函数形式	返回值类型	函数说明
MEAN(numexpr,numexpr〔,…〕)	数值型	返回 numexpr 这些数值型变量的样本均值,需要两个或两个以上的 numexpr,可以为本函数指定有效变量的最小个数。 例:MEAN(3,4,8)=5
MIN(value,value〔,…〕)	数值型/字符型	返回 value 中的最小值,需要两个或两个以上的 value,可以为本函数指定有效变量的最小个数。 例:MIN(2,3,7,9)=2;MIN(a,b,c,d)=a
SD(numexpr,numexpr〔,…〕)	数值型	返回 numexpr 这些数值型变量中包含有效值的变量的标准差,此函数需要两个或两个以上的数值型变量,可以为此函数指定有效变量的最小个数
SUM(numexpr,numexpr〔,…〕)	数值型	返回 numexpr 这些数值型变量中包含有效值的变量的总和,此函数需要两个或两个以上的数值型变量,可以为此函数指定有效变量的最小个数
VARIANCE(numexpr,numexpr〔,…〕)	数值型	返回 numexpr 这些数值型变量中包含有效值的变量的方差,此函数需要两个或两个以上的数值型变量,可以为此函数指定有效变量的最小个数

8. 字符串函数(附表 7)

附表 7　字符串函数

函数形式	返回值类型	函数说明
CHAR.INDEX(haystack,needle〔,divisor〕)	数值型	返回 haystack 中第一次出现 needle 的位置,可选参数 divisor 则用于指定可以将 needle 划分为单独字符串的字符数
CHAR.RINDEX(haystack,needle〔,divisor〕)	数值型	返回 haystack 中最后一次出现 needle 的位置,可选参数 divisor 则用于指定可以将 needle 划分为单独字符串的字符数
CHAR.LENGTH(strexpr)	数值型	返回 strexpr 的长度,不包括尾部空格。 例:CHAR.LENGTH('abcde')=5
CHAR.LPAD(strexpr,length〔,str2〕)	字符型	使用 str2 在 strexpr 左侧填充,直至其长度达到 length,如果省略 str2,则使用空格填充。 例:CHAR.LPAD('ab',5,'c')='cccab'
CHAR.RPAD(strexpr,length〔,str2〕)	字符型	使用 str2 在 strexpr 右侧填充,直至其长度达到 length,如果省略 str2,则使用空格填充
CHAR.MBLEN(strexpr,pos)	数值型	返回在 strexpr 的字符位置 pos 处的字符的长度
CHAR.SUBSTR(strexpr,pos〔,length〕)	字符型	返回 strexpr 中从字符位置 pos 开始,长度为 length 的字符串,pos、length 均为整数,省略 length 则返回至末尾
CONCAT(strexpr,strexpr〔,…〕)	字符型	返回由各个 strexpr 合并起来的字符串,需要两个或两个以上的字符。 例:CONCAT('a','b')=ab

续表

函数形式	返回值类型	函数说明
LENGTH(strexpr)	数值型	返回 strexpr 的长度,在常用的代码页模式下,该函数返回的实际上是定义的字符串长度,包括尾部空格
LOWER(strexpr)	字符型	将 strexpr 中的大写字母变为小写字母。 例:LOWER('aBcD')=abcd
UPCAS(strexpr)	字符型	将 strexpr 中的小写字母变为大写字母。 例:LOWER('aBcD')=ABCD
LTRIM(strexpr [,char])	字符型	删除 strexpr 左侧的 char,char 必须是一个单一字符,若省略则删除空格。 例:LTRIM('aatt','a')=tt
MBLEN.BYTE(strexpr,pos)	数值型	返回在 strexpr 的字符位置 pos 处的字符的字节数
NORMALIZE(strexp)	字符型	返回 strexp 标准化版本。在 Unicode 模式下,返回 Unicode NFC;在代码页模式下,无效应并返回未修改的 strexp。结果长度可能与输入长度不同
NTRIM(varname)	字符型	返回 varname 值,不用删除拖尾空格。varname 的值必须是一个变量名,不能是一个表达式
REPLACE(a1,a2,a3 [,a4])	字符型	在 a1 中,将所有 a2 实例替换为 a3,a4 用于指定允许替换的次数,默认为全部替换
RTRIM(strexpr,char)	字符型	删除 strexpr 右侧的 char,char 必须是一个单字符,若省略则删除空格
SUBSTR(strexpr,pos)	字符型	返回 strexpr 中从字符位置 pos 开始至最后一个字符的字符串,pos 是一个数字。 例:SUBSTR('factory',2)=actory
STRUNC(strexp,length)	字符型	返回截断长度 length(以字节为单位)的 strexp,然后删除所有拖尾空格。截断将删除任何可能被截断的字符片段

9. 转换、特殊变量与其他函数(附表 8)

附表 8　转换、特殊变量与其他函数

函数形式	返回值类型	函数说明
NUMBER(strexpr,format)	数值型	以 format 格式返回 strexpr 的数值。 例:NUMBER('3.2',f8.1)=3.2(为数值型)
STRING(num,format)	字符型	以 format 格式读取 num 数值,并把它返回为字符型。 例:STRING(-1.5,F5.2)=-1.50(为字符型)
$CASENUM		返回当前个案的序号
LAG(variable [,n])	数值型 / 字符型	返回前面第 n 个个案的 variable 的取值,针对前 n 个个案返回系统缺失值(对于数值型变量)或空格(对于字符型变量),第二个参数可选,默认为 1
VALUELABEL(varname)	字符型	返回变量的值标签,如果没有值标签,则返回空字符串

续表

函数形式	返回值类型	函数说明
APPLYMODEL（handle，"func"，value）	数值型	使用句柄指定的模型将特定得分函数应用于输入个案数据，其中 func 是以下字符串文本值之一，用引号引起：predict、stddev、probability、confidence、nodeid、cumhazard、neighbor、distance。模型句柄是与外部 XML 文件相关联的名称，用 MODEL HANDLE 命令定义。当功能是"概率""邻元素"或"距离"时，可选第三个参数：对于"概率"，其被指定为计算概率的类别；对于"邻元素"和"距离"，其被指定为最近邻模型的特定邻元素（作为整数）。如果无法计算值，则 APPLYMODEL 返回系统缺失值
STRAPPLYMODEL（handle，"func"，value）	字符型	使用句柄指定的模型将特定得分函数应用于输入个案数据，其中 func 是以下字符串文本值之一，用引号引起：predict、stddev、probability、confidence、nodeid、cumhazard、neighbor、distance。模型句柄是与外部 XML 文件相关联的名称，用 MODEL HANDLE 命令定义。当功能是"概率""邻元素"或"距离"时，可选第三个参数：对于"概率"，其被指定为计算概率的类别；对于"邻元素"和"距离"，其被指定为最近邻模型的特定邻元素（作为整数）。如果无法计算值，则 STRAPPLYMODEL 返回空字符串

郑重声明

高等教育出版社依法对本书享有专有出版权。任何未经许可的复制、销售行为均违反《中华人民共和国著作权法》，其行为人将承担相应的民事责任和行政责任；构成犯罪的，将被依法追究刑事责任。为了维护市场秩序，保护读者的合法权益，避免读者误用盗版书造成不良后果，我社将配合行政执法部门和司法机关对违法犯罪的单位和个人进行严厉打击。社会各界人士如发现上述侵权行为，希望及时举报，我社将奖励举报有功人员。

反盗版举报电话　（010）58581999　58582371

反盗版举报邮箱　dd@hep.com.cn

通信地址　北京市西城区德外大街 4 号
　　　　　高等教育出版社知识产权与法律事务部

邮政编码　100120

防伪查询说明

用户购书后刮开封底防伪涂层，使用手机微信等软件扫描二维码，会跳转至防伪查询网页，获得所购图书详细信息。

防伪客服电话　（010）58582300

新形态教材网使用说明

1. 通过计算机访问 https://abooks.hep.com.cn/62238。

2. 注册并登录，进入"个人中心"，点击"绑定防伪码"。

3. 输入教材封底的防伪码（20 位密码，刮开涂层可见），完成课程绑定。

4. 在"个人中心"→"我的图书"中选择本书，开始学习。

绑定成功后，课程使用有效期为一年，受硬件限制，部分内容无法在手机端显示，请按提示通过计算机访问学习。

如有账号问题，请发邮件至：abook@hep.com.cn。